LE GÉNÉRAL COMTE GAZAN
1765-1845

Du même auteur

« Général Gazan de la Peyrière : Fighting for Napoléon », in *History today*, volume 53, Issue 4, April 2003.
Napoléon en Pologne : la campagne de 1806-1807, Le Livre chez Vous , 2008 (avec Vladimir Chikanov).
La Corogne : les Aigles en Galice, Le Livre chez Vous, 2009.
Chiclana-Barrosa, le 5 mars 1811 : les Aigles en Andalousie, Historic'One, 2012 (en français et en anglais).

Série *Gloire & Empire* :

Vimeiro, 1808
La bataille de Vitoria, 1813
La bataille de Talavera, 1809
La bataille de Fuentes de Oñoro, 1811
La bataille des Arapiles, 1812
La bataille d'Albuera, 1811
La bataille des Pyrénées, 1813
Masséna au Portugal, 1810 : de Ciudad Rodrigo à Almeida
Masséna au Portugal, 1810 : la bataille de Bussaco

Illustration de couverture :

Le général Gazan en Espagne.
Par Charles Nègre.
Collections du Musée d'art et d'histoire de Provence, Grasse.

Natalia Griffon de Pleineville

LE GÉNÉRAL COMTE GAZAN

1765-1845

Préface de Jacques-Olivier Boudon

Quatre-vingt-dixième volume de la collection Kronos
fondée et dirigée par Eric Ledru

SPM

2015

Remerciements

Notre premier remerciement s'adresse au professeur Jean Tulard, de l'Institut, qui avait dirigé le début de nos recherches sur le sujet et nous a encouragée à persévérer.

Toute notre gratitude va à :

Éric Ledru, notre éditeur, pour sa disponibilité et son sérieux.
Jérôme Viaud, maire de Grasse, pour avoir aimablement accepté de fournir l'avant-propos de ce livre.
Jacques-Olivier Boudon, président de l'Institut Napoléon, pour son aimable préface.
Bertrand Châtelain, responsable du Centre de documentation du Musée d'art et d'histoire de Provence, pour les précisions apportées sur les archives Gazan à Grasse.
Bruno Griffon de Pleineville, pour son aide précieuse avec les fastidieuses recherches généalogiques.

Ainsi qu'à Yvette Brun, Olivier Chauvelin, Serge Decourt (Association Sorézienne), Ian Fletcher (Ian Fletcher Battlefield Tours), Bernard Got, Jean-Marie Husselstein, Jacques L'Azou, Yves Martin, Maria Mnatsakanova, Christine Monpoix (directrice de la communication de la Ville de Grasse), Frédéric Naulet, Robert Ouvrard, Pierre Rolland et Dominique Timmermans.

© SPM, 2015
Kronos n° 90
ISSN : 1148-7933
ISBN : 978-2-917232-40-8
Editions SPM
16 rue des Écoles 75005 Paris
Tél : 06-86-95-37-06
courriel : Lettrage@free.fr - site : www.editions-spm.fr

DIFFUSION – DISTRIBUTION : L'Harmattan
5-7 rue de l'Ecole-Polytechnique 75005 Paris
Tél. : 01 40 46 79 20 – télécopie : 01 43 25 82 03
site : www.harmattan.fr

Avant-propos

Il m'est donné ici l'occasion de saluer le travail extraordinairement documenté de Natalia Griffon de Pleineville. En tant que Maire de Grasse, je suis heureux qu'une étude comme celle-ci voie le jour pour raconter le destin d'un des héros de l'épopée napoléonienne. Je suis particulièrement sensible à cet ouvrage consacré au général Gazan, comte de la Peyrière, qui vécut, joua un rôle local et mourut à Grasse, à l'époque où la ville, *bien peuplée et fort riche*, était décrite comme étant *bâtie sur une hauteur dans une contrée agréable et très fertile en fruits délicieux et en huiles d'olives fort estimées.*

L'Association Nationale des Élus de la Route Napoléon (ANERN), que j'ai l'honneur de présider, salue l'initiative et la qualité de cette biographie qui retrace la vie d'un homme associé au passé glorieux de la France et à ses plus belles victoires militaires. Gazan jusqu'à ce jour n'avait pas eu de livre qui lui soit consacré, alors qu'il fut l'un des plus célèbres soldats de Napoléon. Je me félicite que la lumière lui soit rendue à l'occasion du bicentenaire du vol de l'Aigle.

Jérôme VIAUD
Maire de Grasse
Vice-président du Conseil départemental des Alpes-Maritimes
Président de la Communauté d'agglomération du Pays de Grasse
Président de l'ANERN

À mes parents,
Valentina et Aleksandr

Le comte Gazan.
Gravure. Collection particulière.

Préface

Le 1ᵉʳ mars 1815, Napoléon débarquait à Golfe-Juan, provoquant un coup de tonnerre dans l'opinion publique. Parti en direction de Grenoble par l'itinéraire désormais connu sous le nom de « Route Napoléon », il arrivait près de Grasse le 2 mars, espérant bien gagner à sa cause le général Gazan, retiré dans sa ville natale, après avoir été placé à sa demande en non-activité. Peu soucieux de se compromettre avec son ancien maître, Gazan choisit de quitter la ville avant de rallier quelque temps plus tard le duc d'Angoulême venu dans le Midi s'opposer au retour de Napoléon. Une fois l'Empereur revenu au pouvoir, Gazan fera amende honorable avant de reprendre du service comme commandant de la défense de la Somme, donc à proximité du principal théâtre d'opérations, à savoir la Belgique, mais de fait absent de Waterloo.

L'exemple de ce général, devenu comte de l'Empire, et même pair de France sous les Cent-Jours, illustre la difficulté qu'ont eue les officiers issus de l'armée napoléonienne à prendre position face aux changements politiques successifs qui ont marqué la France entre 1814 et 1815. Il relativise l'impression d'une armée qui se serait tout entière ralliée à Napoléon au retour de l'île d'Elbe. C'est vrai d'une majorité d'entre elle, mais selon des cheminements variés qui n'excluent pas les doutes sur le choix finalement opéré.

Mais au-delà de cet épisode final, c'est une existence passionnante que nous retrace Natalia Griffon de Pleineville, historienne très connue par ses travaux d'histoire militaire, notamment consacrés à la guerre d'Espagne, et qui s'intéresse au général Gazan depuis une quinzaine d'années. C'est du reste sur les champs de bataille de la péninsule Ibérique qu'elle l'a rencontré pour la première fois et a décidé de lui consacrer une étude approfondie, qu'à ce jour aucun historien n'avait tentée.

S'appuyant sur une riche documentation d'où émergent les fonds du Service historique de la Défense et sur une excellente connaissance des mémoires du temps, Natalia Griffon de Pleineville évoque avec brio le parcours de cet officier, aîné de quatre ans de Napoléon, passé par le prestigieux collège de Sorèze, avant d'entrer dans la compagnie écossaise de la Maison du Roi. Revenu à Grasse au début de la Révolution, il intègre la garde nationale, faisant délibérément le choix de soutenir l'ordre nouveau, et représente son département à la fête de la Fédération le 14 juillet 1790, puis devient commandant en second d'un bataillon de volontaires et s'engage donc dans une armée nationale chargée de défendre les principes de 1789 contre l'Europe coalisée. Il combat notamment sur le Rhin et fait donc partie de ces officiers qui n'ont pas combattu aux côtés de Bonaparte en Italie ou en Égypte. À la même époque, Gazan, devenu général de brigade, guerroie en Suisse avec Masséna. Il est également aux côtés de Masséna lors du siège de Gênes en 1800. Il continue ensuite à servir en Italie jusqu'en

1805. Il rejoint alors l'armée des côtes de l'Océan pour très vite participer à la campagne sur le Danube qui le verra s'illustrer à Dürrenstein malgré une force en infériorité numérique. Sa division caserne ensuite à Vienne où elle se trouve lors de la bataille d'Austerlitz. Il sera ensuite à Iéna et participe à la campagne contre les Russes en 1807, avant d'être envoyé en Espagne, où il combat pendant six ans, étant notamment présent à Vitoria.

Ce parcours montre que l'armée de Napoléon fut aussi formée d'officiers et de soldats qui n'étaient pas toujours nécessairement dans l'ombre de l'Empereur, mais n'en participèrent pas moins à la domination militaire exercée par la France pendant ces années. Sans doute faut-il y voir l'une des explications de la moindre notoriété de Gazan par rapport à d'autres officiers supérieurs, mais aussi la raison d'un avancement plus lent, dont lui-même se plaint, de même qu'il s'emploiera sous la première Restauration à se faire payer ses arriérés de solde et rembourser ses effets perdus.

Car le portrait proposé du général Gazan nous permet, au-delà des actions d'éclat, d'observer la vie quotidienne d'un militaire de rang supérieur, et de mesurer les souffrances endurées. Lorsqu'il franchit les Pyrénées durant l'été 1813, Gazan est un homme brisé qui aspire à retrouver ses foyers, d'où le choix de la mise en non-activité sous la Restauration. Napoléon le sort finalement de la retraite, ce qui le conduira à faire partie des officiers supérieurs appelés à juger le maréchal Ney en novembre 1815, avant finalement d'être mis en non-activité, disgrâce fort mal perçue par l'intéressé qui ne retrouvera un commandement qu'au début de la monarchie de Juillet, comme beaucoup d'officiers supérieurs de l'Empire.

Il faut saluer la performance de Natalia Griffon de Pleineville qui a su rendre compte avec brio de cette existence d'un officier de l'ombre, remis grâce à elle, en pleine lumière.

Jacques-Olivier Boudon
Président de l'Institut Napoléon

Buste de Gazan à Sorèze.
Photo Serge Decourt.

Introduction

En mars 1900, une foule compacte se pressait au théâtre Sarah-Bernhardt à Paris pour voir la représentation de l'*Aiglon*, pièce en vers d'Edmond Rostand racontant le sort tragique du fils de Napoléon. Dans la dernière scène du premier acte, les spectateurs entendirent la comédienne Lucy Gérard qui jouait Fanny Elssler et, après elle, le duc de Reichstadt prononcer le nom d'un général qui était complètement oublié de tous : Gazan... N'ayant pas écrit de mémoires à la saveur des récits héroïques d'un Marbot, il était alors un de ces « oubliés de la gloire » dont les noms s'alignaient comme à une revue militaire dans les dictionnaires spécialisés recouverts de poussière.

Dans son *Napoléon ou le mythe du sauveur*, parmi les généraux de l'Empire « *qui attendent leur biographe* », le professeur Jean Tulard cite le général Gazan de la Peyrière. Louis Garros, auteur d'une biographie de Cambronne, déclare que Gazan était « *l'un des trois plus beaux divisionnaires des armées impériales* ». Sans tomber dans l'exagération, force est de constater que le palmarès de cet officier général est très honorable et que sa carrière embrasse toutes les années des campagnes des armées républicaines et impériales. Quatre noms de batailles ou sièges sont gravés sur sa tombe, en préférence aux autres : Zurich, Gênes, Diernstein et Saragosse.

Cette biographie est destinée à combler cette lacune et à redonner vie à un personnage dont le nom est inscrit sur l'Arc de Triomphe de l'Étoile, mais dont les états de service ne sont connus des amateurs de l'Épopée que par la sobre notice de l'incontournable *Dictionnaire biographique des généraux et amiraux français de la Révolution et de l'Empire* par Georges Six paru en 1934. Que de chemin parcouru depuis Grasse, sa ville natale, à travers l'Allemagne, la Pologne et l'Espagne ! Chef de brigade courageux, divisionnaire fiable, chef d'état-major consciencieux, mais commandant d'armée plutôt médiocre, le parcours du général Gazan fut celui d'un officier d'Ancien Régime épris des idées nouvelles et devenu un de ces « *soldats de l'An II* » qui, « *sans repos, sans sommeil, coudes percés, sans vivres* » [1], allaient porter aux peuples européens le flambeau de la Liberté. Tous les jours, dans les chocs des combats, ils s'aguerrissaient et acquéraient cette précieuse expérience que Napoléon devait ensuite largement mettre à contribution dans les guerres contre les coalitions successives. De Zurich à Ostrolenka, d'Iéna à Albuera, de Pozzolo à Vitoria, sans prendre beaucoup de repos, à peine de quoi reprendre son souffle, le général Gazan servit fidèlement sa patrie. Sa carrière peut paraître typique, mais elle est le reflet d'une époque de grandes possibilités et d'énormes sacrifices. L'épreuve des Cent-Jours lui posa un cas de conscience, comme à tous ses camarades. L'orage passé, tant les bonapartistes que les royalistes se déchaînèrent sur son compte. Tout s'apaisa avec le temps. Retiré à Grasse, sa ville natale, le vétéran y vécut jusqu'à un âge vénérable au milieu des siens… et des souvenirs d'une époque révolue chère à son cœur.

Nous nous proposons de faire découvrir, à tous ceux que cette période de notre histoire passionne, la vie de ce Grassois célèbre dont les meilleures années furent consacrées au service de son pays. Les documents émanant de lui ne sont pas nombreux, il n'a pas laissé de mémoires : la tâche n'est donc pas facile de détecter son vrai visage derrière des correspondances administratives et quelques rares lettres privées. Cependant, en glanant la moindre information au détour d'une phrase dans les souvenirs ou d'une mention sobre dans un courrier officiel, il est possible de reconstituer son parcours exceptionnel et de restituer le contexte dans lequel évolua ce soldat brave et généreux, fils de son époque si riche en événements. Nous nous permettons d'espérer que le lecteur y trouvera la réponse à quelques-unes de ses questions sur un personnage attachant et méconnu.

Pour la commodité de lecture, nous avons pris le parti de corriger l'orthographe des écrits de l'époque et de supprimer les majuscules superflues, sauf quelques cas isolés qui sont spécialement indiqués.

---

1   Victor Hugo, *Ô soldats de l'an deux*, dans *Les Châtiments*.

Chapitre I

Les premières armes

La famille Gazan était une vieille lignée bourgeoise de Vallauris, divisée en plusieurs branches. La branche aînée était installée à Antibes, représentée par Jean Antoine Louis Gazan (1768-1853), avocat et notaire, qui sera sous l'Empire maire de Vallauris, président du canton d'Antibes, membre du collège électoral du Var. La branche cadette dont fut issu Honoré Théodore Maxime Gazan, le futur divisionnaire de Napoléon, s'était fixée à Grasse, chef-lieu d'une viguerie et une des villes les plus considérables en Provence. La branche puînée était représentée par trois frères : Nicolas Gazan (1752-1799), adjudant-général, gouverneur d'Ancône, mort au combat ; Honoré Paul Gazan (1758-1831), membre du collège électoral de Grasse, père du colonel d'artillerie Alexandre Zacharie Alexis Nicolas Gazan (1792-1887), auteur de nombreux travaux sur l'archéologie romaine du Midi ; et Emmanuel Gaspard Gazan, négociant, marié à la sœur du général baron Honoré Vial qui sera tué en 1813 à la bataille de Leipzig. Le couple Gazan-Vial eut comme fils le général Marie Joseph Gazan (1785-1849) [1], créé baron Gazan en 1824, marié à la fille du célèbre écrivain Bernardin de Saint-Pierre ; on confond souvent ce Marie Joseph Gazan avec le général Gazan qui fait l'objet de cette étude. Enfin, la dernière branche de la famille était représentée à Antibes par Jean-Jacques Gazan, avocat, membre du collège électoral de Grasse [2].

Grasse au XVIIIe siècle

La ville de Grasse, avec son incomparable air parfumé et un climat doux, séduit toujours les voyageurs. C'était au XVIIIe siècle une ville riche qui tenait une place très importante en Provence, bien qu'elle fût moins prestigieuse qu'Aix, siège de parlement et résidence de l'intendant. Accrochée à un ressaut rocheux, elle jouissait d'une excellente situation

---

1. Voir les Annexes.
2. Frédéric d'Agay, *Grands notables du Premier Empire : Var*, CNRS éditions, 1988, p. 92.

La ville de Grasse.
Photo Natalia Griffon de Pleineville.

stratégique. L'abbé Expilly écrivait en 1764 : « *Cette ville, bien peuplée et fort riche, est bâtie sur une hauteur, dans une contrée agréable et très fertile en fruits délicieux et en huiles d'olives fort estimées.* » [1] La ville possédait plusieurs communautés religieuses, abritant les couvents des dominicains, des cordeliers, des augustins, des capucins, des oratoriens, des filles de la Visitation et des ursulines. Une image de la Vierge, avec une lampe qui brûlait devant toute la nuit, se trouvait à chaque porte. Sur le blason de la ville figure toujours l'agneau pascal.

Le pays qui formait la viguerie de Grasse « *est mêlé de montagnes, de collines et de plaines ; le climat y est fort tempéré, et le sol très fertile en fruits, tels que les figues, les raisins, les olives, les oranges, les citrons, etc. C'est aussi principalement en ces denrées que commercent ses habitants. La ville de Grasse en particulier fait un commerce considérable de fruits secs, d'huiles d'olives, de parfums, de peaux en mégie, de cuirs tannés qui jouissent à bon titre de la plus grande réputation.* » [2] L'arbre

---

1. Abbé Expilly, *Dictionnaire géographique, historique et politique des Gaules et de la France*, tome troisième, Amsterdam, 1764, p. 655.
2. *Ibid.*

dominant était l'olivier, dont l'espèce couvrait la plus grande partie du terrain disponible. Les fleurs, très nombreuses, assuraient la matière première de la parfumerie qui se développait rapidement.

En 1764, la viguerie de Grasse comprenait 34 paroisses ou communautés affouagées. Près du tiers des Grassois, métayers ou ouvriers agricoles, vivaient dans les villages. La population de Grasse-ville était de 6 000 habitants en 1765. Enserrée dans ses murailles moyenâgeuses, la cité avait du mal à s'étendre. Son église-cathédrale datait du XIIIe siècle ; Grasse était siège épiscopal. Les ruelles étroites et tortueuses, mal pavées, étaient surmontées de maisons assez hautes – on construisait à Grasse en hauteur par manque de place.

Bien que située près de la frontière du Piémont, Grasse ne semble pas avoir été particulièrement concernée par les problèmes de défense. La participation des habitants à l'effort militaire du royaume se limitait aux milices gardes-côtes ; la ville fournissait à ce titre 67 hommes âgés de 18 à 60 ans, tirés au sort et désignés pour cinq années parmi ceux qui n'étaient pas chargés de famille. En temps de paix, les gardes-côtes ne servaient effectivement que pendant l'été dans les batteries côtières. Autant dire que Grasse n'avait pas cette tradition militaire qui distinguait par exemple plusieurs villes de l'Est. Bourgeoisie et noblesse composaient l'essentiel des professions libérales et juridiques, assurant aussi le gouvernement effectif de la communauté. Il n'y avait pas de conflits entre les deux élites. Les charges administratives retombaient régulièrement sur les membres des mêmes familles, toutes plus ou moins apparentées [1].

LES AÏEUX PATERNELS

L'arrière-grand-père paternel du futur général, Jérôme Gazan, décédé à Vallauris le 29 mars 1693 à l'âge de 46 ans, avait épousé Jeanne Cavasse. Leur fils Joseph Gazan, né le 15 octobre 1691, avait pour parrain Honoré Gazan et pour marraine Geneviève Gazan. Il mourut le 15 mars 1721 à Vallauris, sa ville natale, où il avait exercé la profession d'avocat. Il s'était marié à Vallauris le 28 octobre 1709 avec Marie Magdeleine de Blancard, du lieu de La Colle de Saint-Pol.

De cette union naquit Joseph Gazan, le 18 février 1716 à Vallauris. Il fut baptisé le lendemain et eut pour parrain Joseph Gazan, fils de Me Jean-Antoine Gazan, notaire royal, et pour marraine Marie Françoise Gazan,

---

1. Georges Carrot, *La Garde nationale de Grasse, 1789-1871*, thèse, Nice, 1975, pp. XXV-XXVI.

« *sœur dudit parrain* ». Après avoir étudié à l'université d'Aix et obtenu son diplôme de licence en droit le 15 juin 1745, il suivit les traces de son père en devenant avocat. Il avait une sœur aînée, Magdeleine, née le 5 décembre 1714 à Vallauris ; elle avait comme parrain Jean de Blancard, écuyer, conseiller et secrétaire du roi, son grand-père, et comme marraine Magdeleine de Raimbert, son épouse.

Les aïeux maternels

Antoine Luce, fils de Louis Luce, marchand tanneur, et de Claire Courmes, semble avoir occupé une position sociale plus élevée que celle de la famille Gazan. Il s'était marié le 26 janvier 1723 à Grasse avec Marie Raibaud, fille de Joseph Raibaud, marchand drapier, et d'Anne Cresp [1]. L'hôtel Luce à Grasse, solide bâtisse du XVIIe siècle, avait servi de logement à l'illustre d'Artagnan alors qu'il commandait les troupes françaises en quartier en Provence et dans le comté de Nice [2]. Les Luce étaient une vieille famille de marchands et négociants grassois, répartie à la fin du XVIIIe siècle en de très nombreuses branches, dont l'une s'éteindra avec la mère du général Gazan.

Joseph Gazan convola en justes noces le 14 avril 1749. Il était alors « *avocat en la cour* ». La jeune mariée se nommait Anne Claire Luce, née et baptisée le 26 février 1729 à Grasse. Elle était la fille d'Antoine Luce, marchand et « *receveur des deniers du Roy et du Païs* », et de Marie Raibaud. Le mariage fut conclu en présence « *de Me Antoine Trestoux, avocat à la cour de la ville de Saint-Paul, cousin germain de l'époux, de Me Honoré Isnard, avocat à la cour, Sr Antoine et Honoré Raibaud, négociants, oncles germains de l'épouse* » [3]. L'auteur de l'ouvrage sur les grands notables du Premier Empire dans le Var conclut que, par les familles Luce et Raibaud, « *Gazan est ainsi le cousin issu de germain de Court de Fontmichel, des frères Luce d'Audiffret, des Cresp et parent de tous les notables grassois et antibois* » [4].

La fratrie

Nos recherches dans les archives de l'état-civil de la ville de Grasse prouvent sans équivoque que le général Gazan fut loin d'être fils unique.

---

1. La famille Cresp joua un grand rôle dans la vie sociale de Grasse.
2. Ce n'est pas la famille Luce qui possédait l'hôtel à l'époque du séjour du célèbre mousquetaire ; elle l'acquit bien plus tard.
3. Archives départementales des Alpes-Maritimes, état civil.
4. Frédéric d'Agay, *op. cit.*, p. 93.

Les premières armes

Le premier enfant du couple Gazan-Luce, André Antoine Joseph, naquit le 30 mai 1750 à Grasse. Il eut pour parrain André Luce, son oncle, et pour marraine Marie Raibaud, son aïeule maternelle. Cet enfant ne vécut probablement pas longtemps.

Jean-François, né le 27 mars 1752 à Grasse, eut pour parrain Jean-François Raimbert, conseiller au siège, et pour marraine Anne d'Albanelly. Son père Joseph Gazan est désigné dans l'acte comme « *avocat en la cour, subdélégué de Mgr l'intendant* ». Jean-François connaîtra un sort tragique.

La première fille, Anne Marie Henriette, naquit le 19 juillet 1754 à Grasse. Son parrain fut Henry Pons, négociant, et sa marraine Marie Anne Luce, son épouse. Elle sera très proche de la famille de son frère le général jusqu'à sa mort en 1816.

Joseph Léonard, né le 5 novembre 1756 à Grasse et baptisé le lendemain, eut pour parrain Antoine Émerigon, bourgeois, et pour marraine Catherine Blancard, son épouse. Cet enfant ne vécut probablement pas.

Louise Françoise Élisabeth naquit le 8 juin 1758 et fut baptisée le lendemain. Son parrain fut Jean-François Gazan, son frère, et sa marraine Marie Élisabeth Luce. Louise Françoise Élisabeth mourut le 23 août 1775 et fut enterrée le 24 dans l'église de Grasse.

Anne Pauline, née le 10 avril 1761 à Grasse, eut pour parrain Léopold d'Ainely, écuyer, coseigneur de Briançon, et pour marraine Anne d'Albanelly, fille de feu Léopold d'Albanelly, avocat. Elle mourut le 12 septembre 1766 et fut enterrée le lendemain dans l'église de Grasse.

Honoré Théodore Maxime, le futur général de Napoléon, naquit à Grasse au 24 de la rue des Dominicains [1] le 29 octobre 1765. « *Le trentième octobre a été baptisé Honoré Théodore Maxime Gazan, né le jour précédent, fils de Me Joseph, avocat en la cour, subdélégué de Mgr l'intendant, et de dame Anne Claire Luce, son épouse. Le parrain a été Sr Honoré Ricord, nég^t, la marraine dame Thérèse Floris son épouse, tous de cette paroisse, qui ont signé avec Mgr Joseph Bruno Bernard, chanoine en la présente église, qui a administré le baptême. Signatures : J. Gazan, Ricord cadet, Floris Ricord, Luce, Bernard chan., Chery curé vic.* » [2] C'est lui qui sera l'objet du présent ouvrage. Il est fort probable

---

1. Arthur Chuquet, « Napoléon à Cannes et à Grasse », in *Revue de Paris*, le 15 mars 1923, p. 349, note. Paul Sénequier, *Grasse : notes à la suite de l'inventaire des archives communales*, Grasse, 1893, p. 383.
2. Honoré Ricord (1717-1794) épousa Anne-Thérèse Floris, tante de la marquise de Lombard-Gourdon et cousine germaine du baron Isnard, célèbre député du groupe des Girondins à l'Assemblée législative et à la Convention. Honoré Ricord mourut sans postérité, laissant une fortune de 350 000 francs. Source : Frédéric d'Agay, *op. cit.*, p. 153.

que, d'après une vieille coutume provençale, les voisins venus voir le nouveau-né lui apportèrent des offrandes symbolisant des vœux : un morceau de pain pour le rendre bon, du sel pour qu'il soit sage et sain, une allumette pour qu'il soit droit, un œuf pour le rendre plein (comblé de tout) et du miel pour le rendre doux.

Françoise Félicité, née le 30 novembre et baptisée le 1er décembre 1768 à Grasse, eut pour parrain Antoine Court, négociant, et pour marraine Françoise Isnard, son épouse. On remarque sur l'acte la signature de Jean-François Gazan, son frère. Elle épousera François Payen, propriétaire, et aura une descendance.

Marie Joseph Élisabeth Théodore Agnès, née à Grasse le 6 septembre 1772, fut baptisée le 7 du même mois. Son parrain fut son frère Honoré Théodore Maxime Gazan âgé de 7 ans, dont on voit la signature au bas de l'acte. Sa marraine fut Marie Élisabeth Luce, sa tante.

Joseph Gazan

En 1765, au moment de la naissance du futur général, Joseph Gazan était subdélégué de l'intendant à Grasse. Esprit cultivé et philosophe, il sera vénérable de la loge maçonnique de la « Nouvelle Amitié », ouverte en 1785 et composée de 28 membres, dans laquelle seront réunis les deux groupes sociaux de la noblesse féodale et de la bourgeoisie fortunée.

Le poste de subdélégué était important. Dans plusieurs provinces, les subdélégués pourvus d'offices créés par l'édit d'avril 1704, bénéficièrent d'un statut spécial. Il en fut ainsi en Provence, où les subdélégués obtinrent un accroissement d'autorité et de pouvoirs. Ils étaient autorisés à présider les conseils généraux des communautés qui se tenaient pour l'élection des nouveaux consuls et conseillers. Ils vérifiaient les comptes des trésoriers. D'autre part, ils pouvaient se faire installer sans difficulté dans les sièges de justice où ils avaient accès. Ils avaient d'autres avantages supplémentaires qui furent encore augmentés au courant du XVIIIe siècle. Après la suppression des offices de subdélégué dans tout le royaume en 1715, s'ouvrit l'époque des subdélégués par commission, de 1715 à 1789. Ils dépendaient très étroitement de l'intendant, dont la diversité des attributions expliquait la variété de leurs propres activités, comme agents de renseignement et comme agents d'exécution. Véritable homme de confiance de l'intendant, son représentant dans la tutelle des communautés, le subdélégué était avant tout chargé de fournir les rapports et les enquêtes contenant des indications sur l'état de la subdélégation : les communautés, la situation économique et sociale, etc. Il devait aussi informer l'intendant de tous les événements risquant d'avoir de fâcheuses conséquences. Il était chargé de diffuser les édits du roi, les arrêts du Conseil et les ordonnances de l'intendant qui concernaient l'ensemble de la population. Sur le plan de la police, le subdélégué était appelé à faire des recherches dans l'intérêt des familles et des enquêtes sur les individus suspects ou dangereux. La surveillance exercée par le subdélégué s'étendait aux affaires religieuses (désordres dans les églises, conflits entre curés et confréries, surveillance des protestants) et militaires (réclamations des recrues, fournitures et logement des troupes, recrutement des milices, étude des demandes d'exemption). En mai 1765, année de naissance du futur général, l'intendant de La Tour confia aux subdélégués une enquête systématique sur la population et les institutions municipales de l'ensemble des communautés de Provence. Pour l'industrie comme pour l'agriculture, le rôle des subdélégués consistait surtout à faire des enquêtes, notamment sur la situation des corps d'arts et métiers. Exceptionnellement, le subdélégué Gazan envoya en 1762 un mémoire sur les modifications à apporter à la fabrication de l'huile, et l'intendant rendit une ordonnance conforme. Cependant, malgré ces vastes attributions, les communautés en Provence obéissaient plus facilement aux procureurs du pays dont l'opinion comptait parfois davantage que celle des subdélégués, qui n'agissaient jamais par eux-mêmes mais toujours pour le compte de l'intendant [1].

Malgré ses importantes fonctions, Joseph Gazan ne semble pas avoir participé activement à la vie sociale de Grasse, ni avoir été très apprécié par ses concitoyens. En effet, on ne trouve pratiquement jamais son nom sur les actes de baptême des enfants de ses voisins. Il ne signera pas le cahier des doléances de Grasse. Lors des élections municipales à Grasse en 1790, il ne sera pas élu dans la nouvelle administration municipale, ni dans l'administration départementale.

À L'ÉCOLE DE SORÈZE

Soucieux de donner à son rejeton une bonne éducation, Joseph Gazan décida de l'envoyer dans un établissement prestigieux, suivant une vieille coutume d'Ancien Régime selon laquelle les fils cadets des notables étaient destinés à l'armée. Un cousin, François Raimbert,

---

1. Maurice Bordes, « Le rôle des subdélégués en Provence au XVIIIe s. », in *Provence historique*, tome 23, fasc. 93-94, 1973, pp. 386-403.

lieutenant-colonel dans le régiment du comte d'Hostein de Son Altesse l'Électeur de Bavière, avait légué à Joseph Gazan tous ses biens en France (5 000 livres et une maison). C'est peut-être à ce militaire de carrière que pensait le jeune Gazan lorsqu'il prenait la route du collège de Sorèze...

Honoré Théodore Maxime fut admis à l'école de Sorèze en 1775 et y resta jusqu'en 1781 [1]. Son buste dû à Lamaulinarié (1906) figure en bonne place dans la Galerie des Illustres. Les murs de Sorèze virent passer comme élèves les futurs généraux Dejean, Sanson, Hautpoul, les frères Caffarelli, Andréossy, Paulin, Marbot, ainsi que le célèbre chef vendéen Henri de La Rochejaquelein qui combattra avec tant d'éclat les armées de la République en 1793, et l'Espagnol Castaños qui se battra contre les Français en 1808.

Le collège de Sorèze était situé dans le Languedoc (actuel département du Tarn). La fondation de l'abbaye Sainte-Marie de Sorèze remontait au haut Moyen Âge. En partie démolie pendant les guerres de Religion, elle fut rebâtie par les moines. Le nouveau monastère fut achevé en 1642, le « séminaire » qui y fut ouvert, acquit une grande réputation, et les bénédictins qui enseignaient aux gentilshommes dépourvus de fortune passaient pour être de bons professeurs. En 1759, l'école jouissait déjà d'une solide réputation à travers le pays, le nombre de ses élèves ne cessait d'augmenter ; ils étaient une centaine en 1760. La qualité de l'enseignement dispensé dans cet établissement valut au collège de Sorèze d'être transformé en une école royale militaire par le *Règlement* du 28 mars 1776. À cette époque, Louis XVI décida de la création de dix écoles de ce type : Sorèze, Brienne (qui accueillit le jeune Napoléon Bonaparte), Tiron, Rebais, Beaumont, Pont-le-Voy, Vendôme, Effiat (qui compta le futur général Desaix parmi ses élèves), Pont-à-Mousson et Tournon [2].

L'hymne de l'école, composé par le père Lacordaire pour le centenaire du collège, rend hommage à cette pépinière de futurs serviteurs de la Monarchie et de l'Empire :

> *« Si nos aînés furent de Louis Seize*
> *Les défenseurs et les derniers amis ;*
> *Si Bonaparte a trouvé dans Sorèze*
> *Vingt généraux et cinq Caffarelli... »*

---

1. Des doutes subsistent sur le passage de Gazan à l'école de Sorèze (Marie-Odile Munier, *La Salle des Illustres de l'abbaye-école de Sorèze*, Presses du Centre universitaire Champollion, 2006), bien qu'il figure dans l'ouvrage *Les Soréziens du siècle*.
2. *État général de la France*, tome premier, Paris, 1789, p. 144.

Les premières armes

À ses débuts, l'école de Sorèze était dirigée par dom Raymond Despaulx, bénédictin et prieur du couvent de ce nom. Une discipline quasi militaire régnait à l'école qui comptait, à l'époque de Gazan, quelque 400 élèves. Les jeunes garçons, réveillés à 5 heures et demie du matin au son du tambour qui se répercutait sourdement dans les dortoirs, se lavaient à l'eau froide, allaient à la chapelle pour la prière avant de prendre leur petit déjeuner, puis remplissaient les salles de classe pour suivre les cours de français, de latin, de grec, de langues vivantes, de sciences mathématiques, d'histoire, de géographie, de « *sciences de la vie* », de techniques économiques et militaires, de dessin, etc., ce qui donnait une bonne instruction générale. Le catéchisme avait une place non négligeable, de même que les écrits des philosophes français. Ils devaient fréquenter le manège, la piscine et la salle d'armes. Il y avait aussi des cours de musique et de danse, puisqu'on considérait au XVIIIe siècle qu'un officier devait savoir se faire apprécier en société. Parfois ils avaient des manœuvres ; pour cette occasion, on les formait en bataillons, placés sous les ordres d'anciens militaires en retraite. La plupart des élèves dormaient à quatre dans une petite chambre dont chaque angle contenait un lit en fer, avec une simple couverture même pendant la saison la plus rigoureuse. Ce régime spartiate était complété par une nourriture saine et frugale. Tout devait y préparer les jeunes garçons à leur futur métier.

La vie monotone du collège était ponctuée par quelques fêtes, pendant lesquelles les élèves endossaient un bel uniforme : un habit de drap bleu doublé de rouge avec parements assortis à la doublure et boutons blancs, un chapeau noir. Le reste du temps, ils portaient une redingote de peluche grise avec parements et collet en poil cramoisi [1]. Les élèves recevaient parfois la visite de hauts personnages, comme celle du comte de Provence, en juin 1777. On dressa pour l'occasion des arcs de verdure et on tendit les rues « *tout en blanc* ». Le comte assista aux manœuvres, dont il fut extrêmement satisfait, puis parcourut les classes, s'attardant particulièrement dans une classe de latin et demandant à un élève de faire la traduction d'une ode d'Horace, exercice favori du futur Louis XVIII. Ravi par « *un motet à grand orchestre* » exécuté en sa présence, il s'écria : « *Sommes-nous à Paris ou à Versailles ?* » Après avoir vu encore les élèves à table, le comte de Provence déclara au moment du départ : « *Messieurs, les moments les plus agréables de ma*

---

1. Jacques Fabre de Massaguel, *L'école de Sorèze de 1758 au 19 fructidor an IV*, Sorèze, 2000, p. 126.

route sont ceux que j'ai passés à Sorèze. »[1] Un autre hôte de marque fut Joseph II, empereur d'Autriche, venu lui aussi pendant la scolarité de Gazan mais reparti aussitôt, fâché de ne pas voir son *incognito* respecté. En novembre 1779, ce fut la visite du comte de Sinzendorf, ambassadeur d'Autriche, venu voir « *si le grand éloge qu'on lui en avait fait était bien véritable et bien fondé* ». Un mois plus tard, Anne-Claire Luce, la mère de Gazan, trépassait à Grasse le 15 décembre 1779. Elle fut enterrée le lendemain dans l'église de la ville.

UNE ERREUR COURANTE

Dans plusieurs documents, entre autres le certificat délivré par le conseil d'administration de la 10e demi-brigade légère établi à Constance le 10 floréal an VII, et par conséquent dans des dictionnaires de référence, il est écrit que Gazan fut nommé le 13 octobre 1778 sous-lieutenant aux gardes-côtes d'Antibes, et qu'il y servit jusqu'au 6 octobre 1786. Le dictionnaire de G. Six indique la date de 1780 pour son service dans cette unité. Or, Gazan lui-même démentait ce fait et affirmait le 13 août 1815 dans une lettre au ministre de la Guerre : « *Dans l'an trois, le conseil d'administration de la 11e demi-brigade d'infanterie légère dont j'étais le chef, envoya des mémoires de proposition pour obtenir des brevets aux officiers du corps, il chargea de suivre l'expédition de cette affaire, un membre du conseil qui se trouvait à Paris. Je ne sais quelle marche fut suivie, mais quelque temps après, je reçus mon brevet, et je m'aperçus qu'on m'avait gratifié de quelques années de service que je n'avais pas, et que l'on me faisait commencer mon service dans le b^{on} des gardes-côtes d'Antibes, corps où je n'avais jamais paru et dont j'ignorais même l'existence. Je fis immédiatement des représentations à la commission de mouvement de terre, qui remplaçait à cette époque le ministre de la Guerre, je me plaignis de l'erreur qui avait été commise à mon égard, et j'en demandai le redressement, mais ma lettre resta sans réponse et sans effet. Comme il m'importe que dans cette circonstance ou dans toute autre il ne me soit compté que mes services réels, je viens, Monseigneur, renouveler ma demande à ce sujet et prier Votre Excellence d'ordonner qu'il soit vérifié si j'ai jamais servi ou même signé sur le tableau des officiers du B^{on} des gardes-côtes d'Antibes et si ainsi que je l'annonce mes services ont une date antérieure à celle du 6 8bre 1786, époque de mon entrée dans la compagnie écossaise des gardes du*

---

1. *Ibid.*, pp. 167-169.

Les premières armes

corps du Roi. » Il est écrit en marge de cette lettre : « *Vérification faite. Le Gal Gazan a raison.* » Nous pensons donc que la question peut être définitivement close.

Dans la compagnie écossaise des gardes du corps

Le 6 octobre 1786, suffisamment instruit, Gazan entra comme garde surnuméraire dans la compagnie écossaise de la Maison du Roi, un corps prestigieux à la longue histoire, avec de nombreux privilèges et traditions. Les gardes du corps, qu'on appelait anciennement archers de la garde, faisaient partie des « gardes du dedans », définis par Guyot précisément au moment où Gazan y entrait comme « *un corps d'officiers établis pour garder jour & nuit la personne du Roi et la défendre contre quiconque formerait le dessein d'attenter à sa sûreté* »[1]. Parmi les quatre compagnies des gardes du corps du roi, la compagnie écossaise avait le pas sur les trois autres de par son ancienneté. Formée en 1440 du dédoublement d'un corps écossais amené en France en 1422 par Jean Stuart, comte de Buchan, elle fut attachée à la garde de Charles VII. Elle devait être composée entièrement d'Écossais, mais on dérogea déjà à cet usage sous François Ier. L'accident du tournoi où le capitaine des Écossais Jacques de Lorge, comte de Montgomery blessa à mort le roi Henri II, puis le départ de Marie Stuart, veuve de François II, refroidirent les sentiments qui unissaient l'Écosse à la France. Par conséquent, la compagnie, tout en conservant son nom d'origine, devint exclusivement française ; ses membres gardèrent cependant la coutume de répondre « hamir » (« me voici ») à l'appel du guet. Le symbole de la compagnie était la massue d'Hercule, sa devise – « On les reconnaîtra, eux aussi, à leurs actions d'éclat ».

Malgré leur réputation d'un corps parasite et inutile, trop coûteux, n'ayant pas combattu depuis la guerre de Succession d'Autriche, les gardes du corps étaient maintenus sur les contrôles de l'armée. Par ordonnance du 2 mars 1788, une nouvelle organisation des gardes du corps fut instaurée par souci d'économie. Chaque compagnie devait désormais comprendre 1 chef d'escadron, 4 lieutenants, 12 sous-lieutenants dont 4 de remplacement, 8 maréchaux des logis, 16 brigadiers, 1 porte-étendard, 1 fourrier, 148 gardes, ainsi qu'un maître sellier, un maréchal expert, un maître éperonnier et un maître armurier à la suite de la compagnie. Le capitaine avait le droit d'admettre jusqu'à 48 surnuméraires[2].

---

1. M. Guyot, *Traité des droits, fonctions, franchises et privilèges*, tome second, Paris, 1787, p. 43.
2. M Boullier., *Histoire des divers corps de la maison militaire des rois de France*, Paris, 1818, pp. 312-313.

La compagnie écossaise avait beaucoup de privilèges. Elle fournissait la garde la plus intime du roi, et les 24 « gardes de la manche » étaient tirés des Écossais. Quand le roi assistait aux offices à l'église, les gardes écossais entouraient le chœur [1]. Pendant les voyages, la compagnie écossaise avait toujours la préférence pour le choix des lieux et pour celui des logis. Lors des funérailles royales, les gardes de la compagnie écossaise déposaient le corps dans le cercueil, et le cercueil dans le caveau. Son capitaine portait le titre de « premier homme d'armes de France ». La robe que le roi portait à son sacre appartenait de droit à son capitaine, qui marchait à la tête des quatre compagnies d'ordonnance. En voyage, cet officier recevait et gardait les clés des villes remises au roi par les magistrats. Lors du service de Gazan, le capitaine était Jean-Paul de Noailles, duc d'Ayen. Le traitement d'un simple garde s'élevait à 610 francs par an [2]. Beaucoup de recrues provenaient de la noblesse pauvre, en particulier celle des provinces méridionales ; le recrutement se faisait aussi parfois dans les écoles militaires. Après l'édit du 25 novembre 1750, qui créait la noblesse militaire, l'obligation d'appartenir à la noblesse pour faire partie des gardes du corps, indispensable autrefois, ne fut plus très exactement suivie. Des fils de bonnes familles bourgeoises, qui vivaient de leur revenu et désiraient s'agréger à la noblesse, y furent alors admis. Le candidat devait être présenté par un personnage connu et digne de confiance, qui se portait en quelque sorte garant des qualités de l'impétrant ; dans la pratique, près des trois quarts des gardes du corps étaient introduits par des membres de la compagnie ou le capitaine, un véritable système de cooptation [3]. La sélection était rigoureuse. Il fallait mesurer au moins 5 pieds 5 pouces (1 m 78), être agréé par le roi, avoir une bonne constitution, être bon cavalier et expert en maniement d'armes. Aucun garde ne pouvait servir près de la personne du monarque à Versailles s'il n'avait pas au moins 1 an de réception et de service au quartier de sa compagnie.

En 1786, en sa qualité de garde, « *de Gazan* » (sic) obtint le rang de lieutenant de cavalerie [4] ; le rang de capitaine de cavalerie pouvait être obtenu au bout de 15 ans de service. Dans les gardes du corps, Gazan fréquenta plusieurs membres de la plus haute noblesse de France [5]. Lorsque

---

1. François Grouvel, *Histoire des gardes du corps du roi pendant la période révolutionnaire, 1789-1801*, Dijon, 1998, p. 6.
2. SHD, O1 3675.
3. J. F. Labourdette, « La compagnie écossaise des gardes du corps du roi au XVIIIe siècle : recrutement et carrières », in *Histoire, économie et société*, 1984, 3e année, numéro 1, pp. 96-98.
4. SHD, Ya 242.
5. Il peut être intéressant de noter que sur les listes de la compagnie écossaise se trouvait un certain Luce, palefrenier au service des gardes du corps depuis 40 ans. Une simple coïncidence ou un parent de Gazan du côté de sa mère ? (SHD, O1 3675)

Les premières armes

la compagnie n'était pas de service auprès du monarque (du 1er janvier au 1er avril), elle se trouvait en garnison à Beauvais. C'est dans cette ville qu'en 1787, Gazan se fit recevoir dans la loge maçonnique « l'Héroïsme »[1], où il côtoya le futur maréchal Grouchy admis en même temps que lui. Il était déjà membre de la loge de la « Nouvelle Amitié » à Grasse, comme son père : il existe un certificat délivré au *« frère Gazan de Clausonne*[2] *(Honoré Théodore Maxime), garde du corps, membre de la régulière loge de Saint-Jean à Grasse (la Nouvelle Amitié), grande loge provinciale de Provence »*, daté de 1786. La franc-maçonnerie était alors très en vogue dans l'armée. Les notions de justice, d'égalité et de fraternité que prêchaient les maîtres des loges répondaient parfaitement aux idées nouvelles qui remuaient la société dans ce siècle des Lumières. Le nombre des loges augmenta sensiblement à la fin du XVIIIe siècle. Pour se faire admettre, il fallait subir des épreuves très rigoureuses. À l'armée, on appréciait surtout la promesse des francs-maçons de tous les pays de se porter mutuellement assistance et secours, même entre ennemis ; plusieurs membres des loges auront ainsi la vie sauve pendant les guerres napoléoniennes.

Il y a lieu de croire que cette activité plaisait beaucoup à Gazan, car il existe de nombreux écrits de lui sur le sujet qu'il signait en utilisant le signe distinctif maçonnique : trois points disposés en triangle, qu'on retrouve notamment en bas du brevet reçu le 13 juin 1787 et ainsi conçu : *« Gazan de Clausonne, garde du corps, prince maçon, 22 ans, membre de la loge de Saint-Jean, sous le titre distinctif de l'Héroïsme à l'Orient de la compagnie écossaise régulièrement constituée. Étant pleinement convaincus de sa capacité et instruits de sa conduite, vie et mœurs, ainsi que de la régularité qu'il porte à ses devoirs maçonniques »*, il fut fait, sur son souhait, *« chevalier prince de l'Aigle, parfait maçon libre d'Héredon, sous le titre souverain de Rose-Croix. Béni soit celui qui lui fera bon accueil et lui sera utile, que son nom soit à jamais honoré et béni de tous les maçons. Signé : d'Espagne. À Beauvais. »*[3] Ce n'était pas encore le grand aigle de la Légion d'honneur, certes… mais le dénouement de la grande crise qui secouait la France était proche. Un beau jour de juillet 1789, pendant que Louis XVI s'adonnait à la chasse dans les environs de Versailles, le peuple parisien s'emparait d'une lugubre forteresse à l'est de Paris : la Bastille. Ce n'était pas une simple révolte : la Révolution éclata, ouvrant le chemin d'une carrière militaire à de nombreux hommes de talent, avides de gloire et de reconnaissance nationale.

---

1. Alain Le Bihan, *Francs-maçons parisiens du Grand Orient de France*, Paris, 1966, p. 218.
2. Clausonne était un quartier de Vallauris.
3. Centre de documentation du Musée d'art et d'histoire de Provence (Grasse), MF 3.

Chapitre II

L'appel de la Nation

> *« Dans les temps de révolutions, le plus difficile n'est pas de faire son devoir, mais de le connaître. »*
> (Bonald)

Les changements politiques survenus dans le pays imposaient à tout un chacun la nécessité de faire un choix. Gazan ne tergiversa pas longtemps : alors que ses camarades de la compagnie écossaise risquaient leur vie pour protéger la famille royale à Versailles pendant les émeutes d'octobre, il était déjà revenu dans sa ville natale et engagé dans la garde nationale. L'historien et statisticien Six a compté 477 généraux, dont 10 marins, de la Révolution et de l'Empire qui avaient servi d'abord dans l'ancienne armée royale avant de se retrouver dans les corps de volontaires ; il écrit sur leur compte : « *Si leurs services dans l'armée régulière leur ont donné l'esprit, la discipline et la méthode militaires, leur enthousiasme, leur patriotisme ou leur jeunesse, parfois aussi une ambition irrésistible autant qu'ingénue les ont poussés vers ces bataillons de gardes nationales volontaires créées pour défendre le territoire en cas d'invasion des ennemis de la Révolution. Et ils en ont été les véritables animateurs par leur instruction militaire, par la confiance qu'elle inspirait à leurs camarades plus novices et aussi par cet esprit juvénile d'initiative qui leur avait fait abandonner leur situation modeste mais stable pour un avancement, inespéré sans doute, mais dont l'avenir s'annonçait bien incertain. C'est ce qui donne à cette catégorie de généraux un caractère particulier d'originalité qui, associé à l'aptitude militaire déjà acquise, contribuera à former des cadres excellents. Le trait essentiel de ces généraux sera l'initiative intelligente, l'initiative née du raisonnement, de l'expérience, mais déclenchée par l'enthousiasme.* »[1]

---

1. Georges Six, *Les généraux de la Révolution et de l'Empire*, Paris, 2002, p. 55.

L'AN 1789 À GRASSE

Les événements de 1789, année cruciale pour toute la France, trouvèrent naturellement leur écho à Grasse. L'historien Lombard donne un aperçu très juste de l'état d'esprit de la ville : « *Parmi les localités qui acceptèrent des premières l'idée révolutionnaire, il faut citer Grasse, patrie d'Isnard* [1]. *Cette ville, actuellement comprise dans les Alpes-Maritimes, était riche, intelligente, d'humeur indépendante, comme toutes les vieilles cités du Midi. Dès 1789, Grasse s'était montrée amie des réformes et décidée à les faire appliquer. Aussi, se lança-t-elle à corps perdu dans la Révolution, non pas avec la fougue presque sauvage des Toulonnais, leurs voisins, ou des Avignonnais, chez qui s'agitait un naissant prolétariat agricole et industriel, mais avec la prudence éveillée, la sagesse mûre de propriétaires à peu près aisés. […] Rien n'est plus pur que le ciel, rien n'est si fécond que le sol de Grasse : ces qualités du milieu influèrent probablement sur les caractères qui ne montrèrent point l'âpreté des autres cités dans les revendications révolutionnaires.* » [2]

Dès janvier, le maire et premier consul de Grasse, Jean-Joseph Mougins de Roquefort, affirma à l'assemblée des États de Provence sa solidarité avec le tiers état sur le problème de la double représentation, puis se retira, en même temps que ses collègues, pour marquer son opposition au clergé et à la noblesse. Cette attitude reçut en février l'approbation du Conseil général de Grasse. Les deux frères Mougins de Roquefort furent peu de temps après désignés comme députés du tiers état (Jean-Joseph) et du clergé (Boniface) aux États généraux que le roi convoquait à Versailles. Aucun incident ne marqua les élections et la rédaction du cahier des doléances à Grasse. Le cahier avait été préparé, selon Georges Carrot, « *dans les salons de la bourgeoisie locale ou de la loge maçonnique* » [3] (dont faisait partie Joseph Gazan, quoiqu'on ne trouve pas sa signature au bas du cahier), et fut accepté facilement par le peuple et la moyenne bourgeoisie, ce qui dénote l'influence que détenaient dans la ville les élites bourgeoises. Ce calme est d'autant plus remarquable que le pays se trouvait dans un profond marasme économique qu'avaient encore aggravé la mauvaise récolte et les intempéries de l'hiver 1788-1789. À Grasse, la neige et la gelée avaient endommagé les oliviers, les arbres fruitiers et les cultures florales, perturbé moulins et savonneries, mettant en péril l'industrie du parfum.

---

1. Maximin Isnard, célèbre homme politique grassois, fut député du Var à la Convention nationale. Il y fit partie de la fraction des girondins. Il sera fait baron de l'Empire en 1813.
2. Jean Lombard, *Un volontaire de 1792*, Paris, 1903, pp. 7-8.
3. Georges Carrot, *La Garde nationale de Grasse, 1789-1871*, thèse, Nice, 1975, p. 22.

Pour conjurer la pénurie de l'approvisionnement en grain, les autorités locales avaient fait preuve de prévoyance en faisant des achats massifs en Languedoc, à Gênes et jusqu'en Toscane. Tant que le prix du pain restait stable, une émeute n'était pas à craindre.

La création de la garde nationale de Grasse

L'annonce de la prise de la Bastille ne généra pas d'inquiétude particulière à Grasse. Cependant, les agissements des spéculateurs finirent par exaspérer la population qui vit les prix grimper. Le peuple se révolta le 1er août au moment où « *des circonstances fâcheuses et imprévues* » occasionnèrent un manque de blé au marché public du vendredi après-midi. Des groupes de gens se répandirent dans la campagne, à la recherche des stocks de blé. Ne trouvant rien, les émeutiers rentrèrent en ville, où ils se trouvèrent tout d'un coup confrontés à une force armée de bourgeois que les responsables de la communauté venaient de mettre en place. À cette période-là, des milices bourgeoises se créaient partout dans le pays, à l'instar de la garde nationale parisienne. À Grasse, la garde nationale se forma donc pour la circonstance, en quelques heures. Sa fière contenance en imposa à la foule, qui se dispersa tranquillement après avoir reçu l'assurance des mesures prises contre les « *affameurs* »[1]. Organisée à la hâte pour faire face à une émeute frumentaire, la garde nationale de Grasse fut maintenue suite aux manifestations de la terreur collective, la « Grande Peur », qui s'était propagée en Provence sur la nouvelle d'une irruption prochaine de plusieurs milliers de brigands. Cette milice, destinée à préserver la sécurité des citoyens et la liberté du commerce, devait être formée de « *tous les habitants de la ville capables de porter les armes, sans rang ni distinction* ». Elle était composée de dix compagnies subdivisées en escouades et dénommées selon le quartier de recrutement, ce qui représentait 800 à 900 miliciens, soit la presque totalité des hommes mobilisables de la ville et de ses faubourgs. Les officiers étaient nommés de droit par le maire et les consuls, mais élus au scrutin tous les trois mois dans les compagnies. Les anciens militaires y étaient naturellement les bienvenus. En cette qualité, Honoré Gazan fut élu adjudant-major de la garde nationale de Grasse le 10 août 1789[2], tout en restant nominalement dans les registres des Gardes du Roi. Son service dans la garde nationale se poursuivit le 15 décembre 1789 comme lieutenant des grenadiers, puis il fut élu capitaine aide-major le 5 juillet 1790.

---

1. *Ibid.*, p. 24.
2. C'est la date qui figure sur ses états de service, alors que Carrot donne le dimanche 9 août comme date des élections des officiers.

Comme toutes les élections, celles des officiers de la garde nationale de Grasse devinrent une source de rivalités et de conflits, les bourgeois et les négociants voulant tous être officiers et non simples miliciens. Leurs abus indisposèrent les artisans qui portèrent plainte au maire, déclarant ne pas vouloir obéir à des officiers qui n'avaient été nommés « *que par la cabale et l'intrigue* ». Malgré les nombreux incidents, le service de la garde bourgeoise se fit au début avec régularité : chaque matin à 6 heures, garde journalière montée par divisions ou par escouades, patrouilles nocturnes après la sonnerie de la retraite. Les patrouilles avaient la mission d'arrêter les tapageurs, les maraudeurs ou les personnes suspectes. Les hommes étaient armés de fusils de chasse et d'armes blanches, le problème de l'armement des milices bourgeoises n'ayant toujours pas été résolu par le comte de Caraman, commandant militaire en chef en Provence. Quant aux uniformes, les bourgeois et les artisans de Grasse composant la garde nationale semblent avoir fait leur service avec leurs vêtements de ville. Seuls les officiers se firent confectionner une tenue militaire « *qui leur donnait l'occasion d'arborer l'épaulette* », encore que certains d'entre eux « *se contentaient du hausse-col porté sur l'habit bourgeois, qui constituait une marque de reconnaissance suffisante à satisfaire leur soif de paraître* »[1].

L'attrait de la nouveauté laissa petit à petit place à la lassitude, en sorte que de nombreux gardes voulaient échapper à ce service contraignant sous le moindre prétexte. Les récalcitrants étaient pourchassés et punis, mais l'absentéisme ne cessait de se répandre. C'est dans ce climat instable qu'arrivèrent des nouvelles de l'Assemblée constituante siégeant dans la capitale. Il avait été décidé d'organiser une grandiose fête de la Fédération à Paris le 14 juillet 1790, jour anniversaire de la prise de la Bastille, dans l'idée de sceller les liens de la fraternité entre tous les Français. Les gardes nationales des départements furent invitées à y envoyer des députations, afin de faire communier toute la nation sur « l'autel de la Patrie » et prêter serment à la constitution nouvelle qui n'était pas encore achevée. Chaque district devait y dépêcher un homme sur deux cents, élu par la totalité des gardes nationaux. Gazan fut élu un des sept députés de la ville de Grasse ; les autres furent : Luce aîné, Artaud, Ricord fils, Fanton père, Jaume, Court. Le district devait leur payer 360 livres chacun pour le voyage et le séjour, en application du décret du 8 juin 1790.

---

1. Georges Carrot, *op. cit.*, p. 33.

L'INCIDENT DU 20 JUIN 1790

Avant d'aller à Paris, Gazan assista à la fête de la Fédération [1] de Châteauneuf, le 20 juin 1790, décrétée lors de la réunion à Grasse le 4 juin des députés des différentes gardes nationales locales. Le lieu choisi se situait dans la plaine de la Grande Bastide, une métairie appartenant au baron de Châteauneuf. On fit aussitôt des travaux pour organiser le camp et le décorer. Un autel fut élevé au centre, décoré de feuillages et de morceaux de toile rouge, avec l'inscription « Amour de la Patrie ». Au-dessus, se trouvait un dôme porté par quatre colonnes, lui-même surmonté d'un grand drapeau tricolore. C'est ce drapeau qui allait devenir un objet de discorde.

Le 20 juin, la garde nationale de Grasse fut regroupée dès 4 heures du matin sur la place Neuve ; après l'inspection des armes, elle partit en ordre derrière les officiers municipaux. Le commandant de la garde nationale de Grasse, Jean-François Barbery, avait été désigné commandant général pour cette journée, en guise d'hommage rendu par la majorité des délégations à la commune qui avait pris l'initiative d'organiser cette fête. Cette nomination ne fut pas du goût de tous, et des protestations s'élevèrent notamment à Antibes et à Vallauris. Selon le capitaine de la garde nationale de Vallauris, Paul Girard, ce camp « *n'avait été imaginé que pour donner un certain relief ou ostentation aux personnes de la ville de Grasse* » [2]. Néanmoins, les délégations des gardes nationales de différentes villes se réunirent dès le matin à Châteauneuf. Les incidents éclatèrent sur-le-champ ; en particulier, les sapeurs de Vallauris refusèrent d'obéir à Barbery. La cérémonie se déroula donc dans une ambiance très tendue. Vers 11 heures, on prêta le serment fédératif, et les chefs de délégation, groupés au pied de l'autel, jurèrent de se prêter mutuellement assistance. Ensuite on se dispersa pour le déjeuner. Les états-majors de Grasse et de Châteauneuf et les municipalités se réunirent dans le domaine de la Grande Bastide, alors que les autres gardes nationaux accompagnés de leurs parents et de spectateurs s'installèrent dans les habitations voisines ou dans les bosquets et les prés. Au cours de ce pique-nique, le vin coula à flots. C'est alors qu'un sapeur de Vallauris essaya de décrocher le drapeau tricolore qui couronnait l'autel, encouragé par son commandant Girard. D'autres gardes nationaux présents, en

---

1. Les fédérations se formèrent d'abord dans les provinces comme la riposte des patriotes aux agissements contre-révolutionnaires. Habitants des campagnes et des villes fraternisèrent dans ces fédérations, se promettant assistance mutuelle.
2. Cité dans Georges Carrot, *op. cit.*, p. 43.

particulier ceux de Grasse, voulurent le reprendre. À l'issue de la bagarre, Girard se rendit à la Grande Bastide pour remettre le drapeau à Barbery, qui décida de le replacer sur l'autel. Toutefois, il ne restait plus de cet autel qu'un tas de planches. On résolut alors de rapporter le drapeau d'abord à la Bastide et ensuite à Grasse. Ceci provoqua de nouveaux incidents ; le bruit courut que Barbery venait d'être assassiné. Comme les Grassois se regroupaient dans le but de venger leur commandant, les Antibois conduits par l'adjudant-major André Masséna, le futur maréchal de Napoléon, se rangèrent en bataille et firent mine de charger les fusils, soutenus par leurs alliés de Vallauris. Tout le monde était passablement énervé ; on entendait les cris « *au diable les gens de Grasse* ». Comme la plupart n'avaient pas de poudre, la situation finit par se désamorcer, et tous revinrent chez eux sans que le sang eût coulé.

La fête de la Fédération à Paris

Pendant que les gardes nationaux de Grasse et de Châteauneuf réclamaient justice et participaient à une enquête ouverte à propos de cette journée chaotique [1], Gazan se rendit à Paris avec les autres députés pour assister à la grandiose fête de la Fédération du 14 juillet 1790. Loin des tracasseries et des querelles de clocher de sa région natale, cette manifestation d'envergure, qui devait unir tous les Français par le serment de fidélité « à la nation, à la loi et au roi », dut faire une profonde impression sur lui. Cet événement, à l'origine de notre fête nationale actuelle du 14 Juillet, était pour ainsi dire, selon l'expression de Jaurès, « *une revue des gardes nationales de France* » [2], et affirma définitivement l'unité du pays.

La réunion des milices nationales eut lieu au Champ-de-Mars, dans un décor grandiose au fort goût antiquisant. L'attente fut longue ; les fédérés, trempés, affamés, mais n'ayant rien perdu de leur gaieté, recevaient des pains, des jambons et des bouteilles qu'on leur descendait avec une corde des fenêtres de la rue Saint-Martin et de la rue Saint-Honoré. Ils passèrent ensuite la Seine sur un pont de bois construit de-

---

1. Georges Carrot écrit : « *Au-delà du conflit local, il semble bien que les événements du 20 juin 1790 aient été le résultat d'une opposition entre des dirigeants grassois, assez modérés dans leur majorité, et le clan avancé qui dominait alors la ville de Vallauris. Mais les événements ultérieurs démontreront que cela ne détermina rien pour l'avenir politique de Grasse et n'empêcha pas la ville d'évoluer à son tour, pour aboutir à un jacobinisme des plus actifs* » (op. cit., p. 51).
2. Jean Jaurès, *Histoire socialiste de la Révolution française*, tome 1, Éditions sociales, 1968, p. 834.

vant Chaillot et entrèrent par un arc de triomphe improvisé [1]. Une pluie torrentielle, qui provoqua la plaisanterie que « *le ciel est aristocrate* » [2], ne gâcha guère le spectacle. Pendant quatre heures, défilèrent les délégués des 83 départements créés par le décret du 26 février 1790 pour se substituer aux anciennes provinces. Dans le champ même manœuvrèrent environ 50 000 hommes, dont 14 000 gardes nationaux de province, ceux de Paris, les députés de l'armée, de la marine, etc. Madame de Staël, présente ce jour-là, raconte : « *Devant l'École militaire, en face de la rivière qui borde le Champ-de-Mars, on avait placé des gradins, avec une tente pour servir d'abri au roi, à la reine et à toute la cour. Quatre-vingt-trois lances plantées en terre, et auxquelles étaient suspendues les bannières de chaque département, formaient un grand cercle dont l'amphithéâtre où devait s'asseoir la famille royale faisait partie.* » [3] Devant 300 000 spectateurs, la moitié assis et la moitié debout, Talleyrand, alors évêque d'Autun, célébra sur l'autel de la Patrie une messe solennelle. Grave et serein, le général Lafayette, « héros des Deux Mondes », commandant en chef de la garde nationale, au nom de tous les fédérés des départements, fit le serment « *qui unit les Français entre eux et les Français à leur roi pour défendre la liberté, la Constitution et la loi* » [4] au nom de l'armée française et de toutes les formations de garde nationale du royaume. Après le président de l'Assemblée, le roi prononça à son tour le serment de fidélité à la nation et à la loi. L'assistance enthousiaste salua par d'immenses acclamations cette concorde retrouvée entre le monarque et le peuple ; encore qu'il convient de noter que cette fédération n'unissait point toutes les couches de la population, les gardes nationales de 1790 étant constituées des représentants de la bourgeoisie et des milieux aisés.

Madame de Staël décrit cet enthousiasme enivrant : « *Les spectateurs étaient dans l'ivresse ; le roi et la liberté leur paraissaient alors complètement réunis. La monarchie limitée a toujours été le véritable vœu de la France ; et le dernier moment d'un enthousiasme vraiment national s'est fait voir à cette fédération de 1790.* » [5] Cette journée fut plus qu'une cérémonie : ce fut une grande fête publique, accompagnée de danses et de farandoles, achevée par des banquets. On entendait partout chanter un nouveau refrain : le « Ça ira ». Selon les historiens Furet et Richet, « *ce*

---
1. Jules Michelet, *Histoire de la Révolution française*, tome 1, Paris, 1979, p. 338.
2. *Ibid.*
3. Madame de Staël, *Considérations sur les principaux événements de la Révolution française*, tome premier, Paris, 1820, p. 291.
4. Albert Soboul, *Histoire de la Révolution française*, tome I, Gallimard, 1962, p. 197.
5. Madame de Staël, *op. cit.*, p. 291.

fut surtout l'image d'une unité volontaire, confiante et pacifique, qui aurait voulu être l'aube d'une époque nouvelle » [1].

Au milieu des cris, des ovations et des roulements de tambour, à quoi pouvait penser le capitaine venu de Grasse ? Croyait-il sincèrement à la durabilité des sentiments qui animaient alors la foule ? Il resta encore quelques jours dans la capitale ; les réjouissances prirent fin le dimanche 18 juillet, et les délégués purent alors regagner leurs foyers, emportant un souvenir inoubliable de cette première grande fête de la Révolution.

De retour à Grasse, qui faisait partie depuis le 4 mars (décret du 26 février) 1790 du département du Var [2], Gazan fut nommé en novembre de la même année, par les administrateurs du département, commandant d'un camp d'observation établi sur le Var. Ce camp avait été formé en application du principe selon lequel les gardes nationaux devaient assurer le service aussi bien à l'intérieur qu'à l'extérieur ; on craignait dans le département de voir surgir des contre-révolutionnaires réfugiés à Nice. En décembre 1790, 600 gardes nationaux, dont 115 grassois, se portèrent sur la frontière du Var. Ce camp de Saint-Laurent-du-Var ne fut finalement d'aucune utilité, tant par les difficultés d'organisation que par le problème de solde. Cette mission n'eut donc pas de résultat, sans compter qu'elle valut à Gazan une lettre de félicitations de l'Assemblée nationale en février 1791.

La compagnie écossaise des gardes du corps du roi, ainsi que les trois autres, fut licenciée par décret de l'Assemblée nationale du 25 juin 1791, mis à exécution le 12 septembre suivant [3]. Gazan cessa donc officiellement d'en faire partie à compter de cette date. Il fut encore témoin à Grasse d'une émeute populaire le 14 juillet 1791 qui nécessita l'intervention de l'armée. Le climat politique en France ne cessait de se détériorer.

Les bataillons de volontaires

Après la fuite de Louis XVI et Marie-Antoinette et leur arrestation à Varennes le 21 juin 1791, lorsque les menaces d'une guerre extérieure commencèrent à se concrétiser, le pays connut un grand sursaut patriotique. L'élan national conduisit cette année-là à la formation de bataillons

---

1. François Furet et Denis Richet, *La Révolution française*, Paris, Fayard, 1973, p. 114.
2. Ce n'est qu'en 1860, lors du rattachement du comté de Nice à la France, que l'arrondissement de Grasse sera attaché au nouveau département des Alpes-Maritimes.
3. Dans un document de 1819, Gazan écrivit de sa main : « *Je suis entré au service dans la compagnie écossaise des Gardes du Corps du Roi, le 6 8bre 1786 et j'ai compté dans ce corps jusques au mois d'avril 1792, époque du licenciement de ce corps.* » Ce fut probablement un défaut de mémoire. SHD, dossier Gazan.

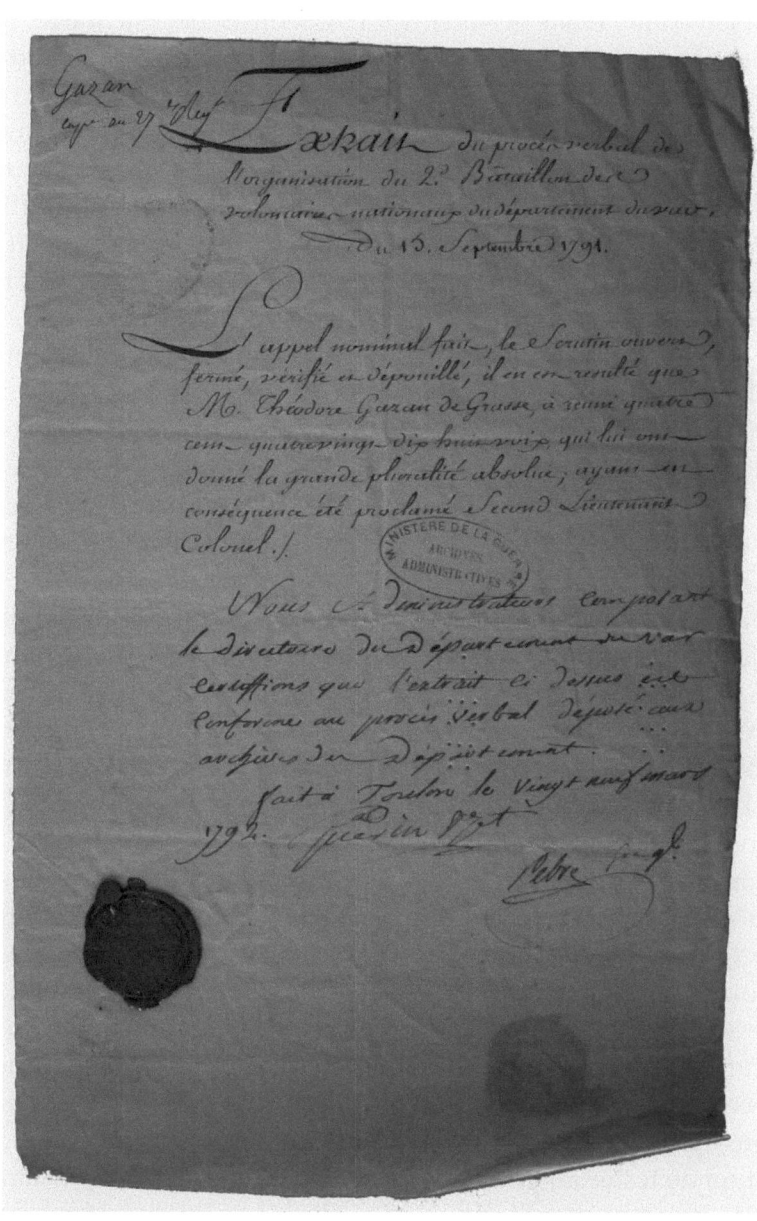

Extrait du procès-verbal de l'organisation du 2e bataillon des volontaires nationaux du département du Var.

Archives du Service historique de la Défense, château de Vincennes.

de volontaires dans tout le pays. Dans certaines communes, des patriotes avaient déjà commencé la mobilisation et ouvert des registres d'enrôlement bien avant la fuite de Varennes. L'Assemblée décréta que les bataillons de volontaires seraient formés avec les soldats tirés au sort parmi les gardes nationaux, et surtout ceux de bonne volonté pour lesquels furent ouverts des registres d'enrôlement. Ces formations étaient destinées à faire le même service que l'armée régulière, mais elles étaient soumises à une discipline moins rigoureuse et avaient le droit d'élire leurs officiers. C'est par le biais de ces élections démocratiques que nombre d'officiers d'origine modeste parviendront à arborer leurs premiers galons, avant de parvenir aux plus hauts grades dans la hiérarchie militaire.

Le département du Var fournit plusieurs bataillons de volontaires. Le 2ᵉ bataillon, dans lequel furent versés les volontaires grassois, devait être rassemblé à Vence ; il fut placé sous les ordres du lieutenant-colonel Sanglier de la Nollaye, ancien capitaine de l'armée royale et major de la place d'Antibes de 1782 à 1791. Gazan fut élu commandant en second le 15 septembre 1791, réunissant 498 voix, « *qui lui ont donné la grande pluralité absolue* » [1] ; son service dans les gardes du corps du roi, puis dans la garde nationale, faisait de lui un chef expérimenté et en imposait à ces jeunes gens dont beaucoup revêtaient l'uniforme pour la première fois. À cette occasion, le maire et les officiers municipaux de Grasse lui délivrèrent un certificat affirmant qu'il « *a constamment rempli avec beaucoup de zèle et de patriotisme ses devoirs* ». La revue de formation du 2ᵉ bataillon fut faite à Draguignan par le maréchal de camp du Muy, désigné à cet effet par le ministre de la Guerre.

D'un commun accord, les deux commandants du 2ᵉ bataillon demandèrent Masséna, connu dans la région pour avoir bien entraîné la garde nationale d'Antibes, comme capitaine instructeur. Une délégation se rendit à Antibes pour lui offrir ce poste. Masséna ne se fit pas prier et rejoignit le bataillon à Vence. Ainsi, par une ironie du sort, le futur maréchal Masséna se retrouvait-il sous les ordres du lieutenant-colonel Gazan, qu'il devait retrouver quelques années plus tard en sous-ordre dans l'armée d'Helvétie ! En fait, Gazan n'avait aucune intention de rester au bataillon ; il lui importait avant tout de faire oublier ses origines, et à l'époque, la meilleure façon de se faire oublier était d'entrer avec un grade inférieur dans l'armée active. Il demanda donc sa mutation et obtint d'être incorporé le 12 janvier 1792 au 27ᵉ ré-

---

1. SHD, dossier Gazan, extrait du procès verbal de l'organisation du 2ᵉ bataillon des volontaires nationaux du département du Var.

giment d'infanterie, acceptant d'être rétrogradé au grade de capitaine commandant une compagnie. Comme il fallait le remplacer, Masséna se porta candidat et fut élu par 431 voix sur 463 [1]. Quant à Sanglier, il demanda à être relevé de son commandement en juillet 1792 pour des raisons d'âge et de santé, de sorte que Masséna, qui commandait déjà le bataillon *de facto*, en fut nommé lieutenant-colonel en premier le 1er août 1792. Ce bataillon sera incorporé plus tard dans la légendaire 32e demi-brigade.

Le 6 mars 1792, au moment de son départ, Gazan reçut un témoignage d'estime de la part de Jean-François Ricord, maire de Grasse et futur député montagnard du Var à la Convention nationale [2], et des officiers municipaux de la ville, qui certifièrent qu'il « *a constamment servi avec fidélité et distinction dans la garde nationale* » [3]. Le 13 mars, alors que Gazan était déjà à Aix, un autre certificat fut signé et expédié par les administrateurs composant le directoire du district de Grasse, affirmant que Gazan « *a toujours donné des preuves du civisme le plus parfait et de l'attachement le plus sincère à la constitution, soit lors de son service dans la garde nationale, soit ensuite lorsqu'il était lieutenant-colonel en second dans le deuxième bataillon des volontaires nationaux en garnison à Vence dans notre district* » [4].

LE 27e RÉGIMENT D'INFANTERIE

Le 27e régiment d'infanterie était l'ancien régiment de Lyonnais, créé en 1616 et formé par Nicolas de Neufville, marquis de Villeroy, avec des compagnies de garnison de la province de Lyonnais, dont les Villeroy avaient possédé le gouvernement héréditaire depuis l'avènement d'Henri IV [5]. Au début de la Révolution, le régiment se trouvait en garnison à Aix-en-Provence, sous les ordres du colonel de Montesquiou-Fezensac, un libéral acquis aux idées nouvelles, jouissant de l'estime des militaires autant

---

1. *Mémoires d'André Masséna*, tome premier, Paris, 1966, p. LXXXIV.
2. Le nom du député Ricord, régicide, proche de Robespierre et représentant en mission à Toulon, est surtout cité dans les ouvrages historiques en rapport avec Napoléon Bonaparte, dont le pamphlet *Le Souper de Beaucaire* fut publié grâce à Ricord. Inquiété sous la réaction thermidorienne, décrété d'accusation pour avoir soutenu l'insurrection du 1er prairial an III, amnistié lors de la séparation de la Convention, puis impliqué dans la conjuration de Babeuf mais acquitté, Ricord fut placé sous surveillance sous le Consulat et l'Empire. Napoléon le nomma commissaire général de la police de Bayonne pendant les Cent-Jours. Exilé en Belgique sous la Restauration comme régicide, il mourut le 21 février 1818.
3. SHD, dossier Gazan.
4. SHD, dossier Gazan.
5. Général Susane, *Histoire de l'infanterie française*, tome 3, Paris, 1985, p. 289.

que des populations civiles. Le régiment participa à la répression des émeutes populaires dans le Midi et au rétablissement de l'ordre, évitant de fraterniser avec le peuple, comme d'autres unités le firent à maintes occasions.

Dans les premiers mois de 1790, le corps des officiers commença à se débander. Pourtant, le 5 juin 1790, les magistrats d'Aix décernèrent un certificat de patriotisme au régiment et à son colonel. Le 20 juin, le 27e d'infanterie prêta le serment civique et choisit ses délégués à la fête de la Fédération. Peu de temps après, il fut à nouveau appelé à réprimer les troubles. Le 12 décembre 1790, les officiers « aristocrates » du Lyonnais eurent une rixe avec les jacobins d'Aix, après quoi le régiment dut quitter la ville. Le corps des sous-officiers crut prudent d'envoyer une députation à Aix pour protester de leurs bonnes intentions [1].

Le 1er janvier 1791, lorsque disparurent les anciennes dénominations des unités de l'armée française, le Lyonnais devint 27e régiment d'infanterie. Au printemps 1791, la désobéissance au sein du régiment était déjà très prononcée ; après les événements de Varenne, elle dégénéra en mutineries. Les sous-officiers y virent une occasion de prendre les places des officiers « *cy-devant nobles* » qui restaient encore au régiment ; leurs accusations n'apportèrent aucun résultat, et le 9 juillet, le 27e reçut un nouveau certificat de civisme. Le 28 octobre, Montesquiou-Fezensac promu maréchal de camp remit son commandement au lieutenant-colonel de Goué.

Suite à l'incident d'Aix et la fuite du roi, plusieurs officiers émigrèrent, laissant ainsi leurs places vacantes. Non moins de 18 officiers manquaient à l'appel, dont 7 furent d'office déclarés déserteurs et rayés des contrôles. Le ministre de la Guerre mit tout en œuvre pour les remplacer ; la situation était identique partout en France. Le roi envoya donc en janvier 1792 de nouveaux officiers au régiment pour remplir les vacances. Gazan était du nombre.

Les convenances exigeaient que les intéressés remerciassent le ministre pour leur promotion. Gazan ne manqua pas à cet usage. Le 12 mars 1792, il écrivit à Narbonne, ministre de la Guerre : « *Je vous prie d'agréer mes remerciements de votre sollicitude à mon égard, et de croire à ma vive reconnaissance. Je pars demain pour me rendre au nouveau poste que le roi a bien voulu me confier.* » Et il signa : « *Gazan, ancien garde du corps refformé (sic)* ».

---

1. Sadi Carnot, *Le régiment de Lyonnais, 1616-1794*, Lyon, 1929, p. 321 (SHD, 4M 36).

Tracasseries administratives

Dès le 2 avril 1791, le 27ᵉ d'infanterie était cantonné à Montpellier. Le nouveau capitaine se présenta dès son arrivée, le 15 mars 1792, devant le major de La Volvenne commandant le régiment, en vertu d'une lettre ministérielle signée par monsieur de Narbonne, en date du 25 février, par laquelle le ministre annonçait que le roi avait bien voulu le nommer à une compagnie vacante dans ce régiment. Mais le lieutenant-colonel lui dit qu'il ne pouvait point le faire recevoir, vu que sa commission ne lui était point parvenue. La Volvenne montra au jeune officier une note le concernant venant du bureau aux nominations des emplois militaires par laquelle Gazan était invité à produire son extrait de baptême et son certificat de service dans les gardes du corps du roi. Maudissant la bureaucratie qui le mettait dans une situation irrégulière, sans solde, Gazan expédia ces documents le 16 du même mois et attendit impatiemment l'arrivée de sa commission. Dans l'intervalle, un dénommé Costard, officier retiré nommé comme lui par le roi pour prendre une compagnie dans le régiment, arriva, et sa commission étant au corps, il fut reçu de suite à sa compagnie. Quant à Gazan, il reçut une nouvelle note du bureau des nominations en date du 4 avril, par laquelle on lui annonçait que l'on n'avait point reçu ses certificats de service, et qu'il devait les envoyer de nouveau.

Gazan écrivit de suite aux chefs des gardes du roi pour en demander. Fatigué d'attendre, il demanda à La Volvenne l'exécution de l'article 15 du décret du 6 août 1791, qui stipulait ceci : « *Pour que rien ne retarde le remplacement effectif des officiers qui manquent actuellement dans l'armée, les officiers supérieurs et autres seront reçus, mis en fonctions et payés, sans attendre l'expédition de leurs brevets ou commissions, sur l'avis de leur nomination adressé par le ministre de la Guerre, soit aux généraux d'armée, soit aux commandants en chef des divisions et aux chefs des corps dans lesquels les remplacements devront s'opérer.* »[1] La Volvenne hésita et l'engagea à se rendre à Nîmes auprès du maréchal de camp d'Albignac, commandant la division, pour prendre ses ordres. Gazan en revint avec un ordre pour sa réception, le remit à La Volvenne et eut la promesse d'être reçu quand il voudrait. Cependant, lorsqu'il se présenta devant son chef le lendemain, celui-ci déclara qu'il ne le pouvait pas, vu que les sous-officiers s'y opposaient et qu'ils prétendaient

---

1. *Collection générale des lois, décrets, arrêtés, sénatus-consultes, etc., etc.*, recueillie et mise en ordre par L. Rondonneau, tome deuxième, *Assemblée constituante, mars – 19 septembre 1791*, Paris, 1817, p. 574.

que la loi était contre Gazan en ce qu'elle ne donnait que le quart des compagnies au choix du roi, qu'il n'y avait que dix compagnies vacantes dans le régiment dont les quatre premières appartenaient aux lieutenants du corps, les trois quarts des compagnies restantes aux plus anciens lieutenants de l'armée, et qu'il s'ensuivait que le roi n'avait pas le droit de disposer de deux places sur six qui étaient vacantes. Exaspéré, Gazan observa à La Volvenne que dès lors, il n'aurait pas dû faire recevoir Costard, puisque sa nomination était de la même date que celle de cet officier ; que dans la lettre ministérielle qui annonçait l'arrivée de ces officiers au corps, Gazan était annoncé avec Costard et que par conséquent sa nomination était antérieure à la sienne ; qu'il était au régiment huit jours avant lui et qu'il devait donc être reçu, d'autant qu'il y avait un lieutenant de l'armée, nommé à une compagnie, qui n'avait pas voulu rejoindre, et qu'un autre capitaine du régiment avait quitté tout nouvellement le corps. Malgré toutes ces raisons, La Volvenne ne voulut point faire droit à sa demande et le renvoya attendre l'arrivée du général de Montesquiou qui devait commander l'armée du Midi, pour que celui-ci décidât son affaire.

Ignorant le moment de son arrivée et se trouvant « *dans la plus triste des positions* », Gazan écrivit le 26 avril de Montpellier au ministre de la Guerre pour implorer sa justice, en concluant ainsi : « *La Révolution m'a ôté mon premier état, elle m'en avait donné un second, ayant été nommé dès le mois de septembre dernier lieutenant-colonel à un bataillon des volontaires nationaux du département du Var, je l'ai abandonné pour prendre celui que le roi me confiait ; il serait bien douloureux pour moi, si après avoir fait un long voyage, après avoir été deux mois à la suite d'un régiment, j'étais obligé de me retirer sans emploi.* »[1] Le maréchal de camp d'Aguesseau, ancien major général de la Maison du Roi, lui avait envoyé un nouveau certificat sur son service aux gardes du corps le 23 avril 1792. Finalement, après bien des tracasseries, l'affaire fut réglée à la satisfaction de Gazan, et il reçut sous ses ordres une compagnie au 27e d'infanterie.

LA MORT DE JEAN-FRANÇOIS GAZAN

Pendant que l'officier du roi se morfondait à Montpellier, son frère aîné faisait de la politique à Toulon, chef-lieu du département du Var. Jean-François Gazan, né le 27 mars 1752, avocat de métier, membre des loges maçonniques aixoises « L'Amitié » et « L'Homme libre », était procureur

---

1. SHD, dossier Gazan.

général syndic à Toulon depuis 1790. Le 19 août 1793, le tribunal populaire de Toulon condamnait à la peine de mort Alexis Lambert, tonnelier, et Antoine Barry, dit le Boiteux, chaudronnier, tous deux natifs de Toulon, « *atteints et convaincus d'assassinats, de provocation à ces crimes avec attroupement armé, et d'exactions forcées de sommes indues* »[1].

Voici les faits. Le 27 juillet 1792 au soir, Lambert excita par ses discours l'assemblée du club contre Louis Reboul, négociant, au point qu'une foule hostile se porta à la maison dudit Reboul. Celui-ci ayant été averti, alla se réfugier ailleurs, mais il fut ensuite arrêté, assassiné et pendu par les mains (après qu'on lui eut coupé la tête) à un réverbère, non loin du poste où Lambert était de garde cette nuit-là. Le 28 juillet, vers 6 heures du matin, à la tête d'une bande de gens armés, Lambert passa devant le directoire du département et menaça de son sabre les citoyens Gazan, procureur général syndic, et Roubaud, administrateur, qui étaient à une des fenêtres du directoire. Environ une heure après, Lambert vint au directoire du département avec une députation du club et réitéra ses menaces envers Gazan qui voulait l'embrasser ; il le repoussa par trois fois, en lui disant : « *Non, je ne vous donnerai point le baiser de Judas, j'en ai un autre à vous donner.* »[2] Après être retourné au club, Lambert revint au directoire du département avec une bande de forcenés, ayant tous le sabre nu à la main, l'air furieux et menaçant. Les magistrats furent invités à se rendre au vœu de la société populaire qui désirait fraterniser avec eux. Cependant, les énergumènes conduits par Lambert massacrèrent à coups de sabre et pendirent à divers réverbères Gazan et trois administrateurs (Roubaud, Guérin et Maure), au moment où ceux-ci étaient prêts à sortir pour se rendre au club avec la bannière du département. La garde nationale n'avait pas eu le temps de se rassembler pour les défendre. Un chef de légion nommé Aune, voulant sauver Gazan, l'avait saisi et entraîné vers la rue de la Cathédrale, mais il avait été aperçu par les assassins et roué de coups. Lambert s'introduisit même, toujours brandissant son sabre, jusque dans la salle du conseil, pour y chercher de nouvelles victimes. Il présida encore le lendemain à l'assassinat et la pendaison du citoyen Denans, accusateur public.

Une autre condamnation à mort fut prononcée le 27 juillet 1793 contre un dénommé Jacques-Victor Silvestre, ci-devant commis de l'administration du département du Var, « *atteint et convaincu d'avoir été, dans la*

---

1. *Mémoires pour servir à l'histoire de la ville de Toulon en 1793,* rédigés par M. Z. Pons, Paris, 1825, p. 247.
2. Hubert Lavergne, *Histoire de la Révolution française dans le département du Var*, Toulon, 1839, p. 115.

journée du 28 juillet 1792 et jours suivants, un des principaux moteurs et provocateurs des assassinats et pendaisons, à des lanternes ou réverbères, de divers administrateurs, juges et citoyens » [1]. Cet homme, venu de Paris, présidait la société jacobine de la ville, dite le *Club des blancs*.

Les événements tragiques de Toulon montrent le degré de la violence atteint en Provence au moment où les fédérés se préparaient à prendre d'assaut les Tuileries à Paris et à déposer le roi. Une nouvelle ère s'ouvrait en France, celle de la République « une et indivisible ».

---

1. *Mémoires pour servir à l'histoire de la ville de Toulon en 1793*, rédigés par M. Z. Pons, Paris, 1825, p. 195.

Chapitre III

Sur le Rhin

« Ô soldats de l'an deux ! ô guerres ! épopées ! »
(Victor Hugo)

Pendant la seconde quinzaine de mai 1792, le 27e de ligne se trouvait rassemblé à Uzès pour faire face aux attroupements royalistes. Mais bientôt il reçut une nouvelle destination : le Rhin. La guerre était déclarée depuis le 20 avril 1792, et la France avait besoin de ses vieux régiments expérimentés pour lutter contre la coalition dont les troupes convergeaient vers ses frontières.

Sur l'ordre du ministre Servan, le 27e de ligne fut d'abord dirigé sur Lyon, d'où il prit le 25 juin la route de l'Alsace. À petites étapes, il passa par Belfort et Colmar où sa belle contenance fut très admirée [1] ; le 21 juillet, il entra à Strasbourg. Là, ses bataillons se séparèrent : tandis que le 1er bataillon dénommé « bataillon de guerre » alla camper dans la petite île du Rhin, avant d'être envoyé à l'armée active en décembre, le 2e bataillon qualifié de « bataillon de garnison » fut cantonné dans les faubourgs de Strasbourg, faisant partie de la garnison de la citadelle. Il avait en outre la tâche d'instruire les recrues et d'alimenter le 1er bataillon, conformément au décret de l'Assemblée du 15 mars 1792. À cette époque, le régiment se trouvait sous les ordres du lieutenant-colonel Dumortier. L'armée du Rhin était commandée par Biron qui remplaça le vieux général Lamorlière. Elle s'organisait lentement entre Strasbourg et la Lauter.

À l'armée des Vosges

Après la bataille de Valmy suivie de la proclamation de la République, il ne restait plus que de faibles détachements ennemis sur la rive gauche du Rhin dans le Palatinat. Le général en chef voulut en profiter et réunit

---

1. Général Susane, *Histoire de l'infanterie française*, tome 3, Paris, 1985, p. 308.

un corps de 14 300 [1] hommes qu'il confia au général Custine sous le nom d'armée des Vosges, pour marcher sur les places du bas Rhin. Le 27e d'infanterie envoya à cette armée deux compagnies de grenadiers (139 hommes) et deux compagnies de chasseurs (140 hommes), dont la deuxième était commandée par Gazan. En effet, en automne 1792, à l'époque du tiercement du régiment, se trouvant forcé par le sort de passer au 2e bataillon, le capitaine Gazan demanda avec instance et obtint l'agrément de commander une compagnie de chasseurs.

Après la prise de Spire suivie d'un pillage effréné, Custine porta sa troupe sur Mayence. Le 18 octobre, l'armée des Vosges arriva devant Mayence et se déploya de façon à présenter une force bien plus grande qu'en réalité ; la place forte se rendit le 21, à la première sommation. L'entrée des troupes républicaines dans la ville le lendemain donna lieu à quelques réflexions que Chuquet a décrites avec tant de verve : « *Quelle différence aux yeux des Mayençais entre leurs soldats de parade, découplés, râblés, bien poudrés, bien brossés, sanglés dans leur habit, aux culottes collantes, aux guêtres cirées, au fusil brillant comme une glace, et ces Français négligés, sales, couverts de poussière, portant au bout de leur baïonnette rouillée un morceau de viande ! C'étaient là les vainqueurs ! Les soldats de ligne, sous leur uniforme blanc, avaient encore bon air et belle tournure. Mais quel spectacle comique offrait la foule des volontaires nationaux vêtus de bleu !* » [2]

Après avoir livré quelques combats, l'armée des Vosges repassa le Rhin et établit ses cantonnements. La compagnie commandée par Gazan reçut une mission particulière : elle fut envoyée au camp de Schaidt sous Wissembourg pour faire partie d'un corps chargé d'assurer la liaison entre l'armée des Vosges et l'armée du Rhin. Elle y fut maintenue pendant sept mois. Le 13 avril 1793, Berdot, commandant de la ville et du château de Bitche, signala l'arrivée des éclaireurs du 27e régiment commandés par Gazan, qui séjournèrent dans la ville jusqu'au 24 avril et se comportèrent « *en militaires et républicains* », sans provoquer aucune plainte [3]. Quant à Gazan, il était caractérisé à cette époque comme un vrai républicain, zélé et actif.

---

1. Arthur Chuquet, *Les Guerres de la Révolution. L'expédition de Custine*, Plon, Paris, s. d., p. 52. Colonel Ramsay Weston Phipps, *The Armies of the First French Republic and the Rise of the Marshals of Napoleon I*, volume II, Westport, 1980, p. 31.
2. Arthur Chuquet, *op. cit.*, p. 98.
3. Centre de documentation du Musée d'art et d'histoire de Provence (Grasse), MF 3.

Une expédition avortée

De retour à Strasbourg le 23 juin 1793, les chasseurs reprirent leur place dans le 2ᵉ bataillon. Le bataillon fut maintenu pendant un an à Strasbourg dans une inaction relative. En juillet 1793, il quitta les casernes de la ville pour aller à la citadelle de Strasbourg. Le bataillon comptait alors 821 hommes et était incorporé dans la 3ᵉ division dite du moyen Rhin sous les ordres du général Sparre. Le 14 août suivant, il reçut la mission de quitter la citadelle pour aller camper dans l'île du Rhin, puis rentra à nouveau dans la citadelle.

Impatients de faire agir les troupes stationnées à Strasbourg et de forcer les événements, les représentants de la Convention aux armées décidèrent d'entreprendre une diversion pour tenter ou simuler le passage du Rhin sur trois points. L'attaque fut fixée au 12 septembre 1793. Le 2ᵉ bataillon du 27ᵉ de ligne fut désigné pour faire partie des troupes lancées sur Kehl, sous les ordres du général Sparre. Les représentants, persuadés que l'ennemi était faible de ce côté, jubilaient d'avance ; Berger, commissaire du pouvoir exécutif, écrivait à Bouchotte, ministre de la Guerre : « *Les citoyens qui arrivent de toutes parts sont innombrables ; il est temps d'employer leur zèle et leur courage ; l'air retentit de toutes parts du cri de "Vive la République !"* », et terminait sa lettre ainsi : « *Tout nous présage un succès certain.* » [1]

L'ennemi, qui avait remarqué qu'il se passait quelque chose dans le camp républicain, se mit sur le qui-vive. L'offensive commença dès le soir du 11 septembre. Le 2ᵉ bataillon du 27ᵉ d'infanterie marchait avec la colonne de droite du général Bizy [2] ; il comptait 400 hommes environ. Sparre était au centre. Gazan reçut le commandement de l'avant-garde de la colonne de droite. On comptait surprendre l'ennemi par un débarquement, sous le couvert de la nuit, et en profiter pour rétablir la travée rompue du pont de bateaux. À 18 heures, les différents corps qui composaient la colonne de droite levèrent leurs cantonnements et se mirent en marche en sortant de Strasbourg par différents points pour cacher leurs mouvements. Cependant, on avait oublié de leur donner des guides ; en conséquence, les troupes s'égarèrent dans l'obscurité sur de mauvais chemins et ne parvinrent au lieu du rassemblement qu'avec difficulté, pas avant minuit.

---

1. J. Colin, *Campagne de 1793 en Alsace et dans le Palatinat*, tome 1, Paris, 1902, pp. 308-309.
2. Ce militaire était directeur des fortifications à Strasbourg au commencement de la guerre.

La colonne de droite avait la mission de s'emparer brusquement de la batterie ennemie placée « *vis-à-vis la pointe de la fascinade* »[1]. Arrivé à l'endroit où il devait s'embarquer, Bizy constata avec surprise que le nombre de bateaux était plus qu'insuffisant : onze seulement, pouvant transporter tout au plus 110 hommes. Bizy fit embarquer les premiers détachements, mais les mariniers refusaient de faire leur travail : plus tard, on imputera l'échec de l'entreprise à la trahison des bateliers. Ceux qui levèrent l'ancre, rôdèrent à l'aveuglette entre les îles du Rhin, incapables de reconnaître l'endroit où il fallait débarquer. On perdit plusieurs heures. Lorsque le jour parut, l'opération fut abandonnée et les troupes rentrèrent dans leur camp. Pour se venger de cet échec, les représentants firent bombarder Kehl dès le lendemain ; pendant trois jours et trois nuits, la ville brûla ; plusieurs maisons furent entièrement consumées par les flammes, dont celle où Beaumarchais avait établi jadis son imprimerie[2].

Le général Sparre apprécia la conduite de Gazan dans l'affaire du 12 ; dans un certificat daté du 25 septembre, il déclara que Gazan à cette occasion « *s'est comporté avec tout le zèle et la bravoure d'un vrai républicain ; je ne puis rendre trop de justice à son patriotisme et à ses connaissances militaires* »[3]. Gazan reçut également un certificat de civisme le 28 septembre.

Dans la division Férino

Après cette tentative manquée de traverser le Rhin, le 2ᵉ bataillon revint à Strasbourg. Début novembre, il fut chargé de faire une forte reconnaissance en aval du Rhin ; en chemin, le 4 novembre, il se heurta à l'ennemi devant le village d'Ollingen, et au cours d'une fusillade, le capitaine Gazan reçut sa première blessure : une balle lui transperça la jambe droite.

Cependant, la situation militaire sur le Rhin s'aggravait. L'armée, battue sur les bords de la Lauter, chassée des lignes de Wissembourg qui passaient pour inexpugnables, s'était retirée en désordre sous la protection des canons de Strasbourg, grossie d'un grand nombre de paysans qui fuyaient en épouvante devant la progression de l'ennemi. Heureusement pour les Français, le général autrichien Wurmser mettait une lenteur inconcevable dans ses opérations, en sorte que l'armée

---
1. J. Colin, *op. cit.*, p. 311.
2. Arthur Chuquet, *Les Guerres de la Révolution : Wissembourg (1793)*, Paris, s. d., p. 129.
3. Centre de documentation du Musée d'art et d'histoire de Provence (Grasse), MF 3.

du Rhin eut le temps de s'établir sur de bonnes positions fortifiées. Le Comité de salut public mobilisa toutes les forces et envoya un nouveau commandant en chef à l'armée du Rhin en remplacement du général Carlenc : le général Pichegru. Celui-ci, voulant y employer tous les bataillons ayant une certaine valeur, expédia aussitôt l'ordre de marche au 2ᵉ bataillon du 27ᵉ d'infanterie à Strasbourg : dans sa réorganisation de l'armée, il n'était pas question de laisser inactive une troupe de cette qualité. Le bataillon fut immédiatement incorporé dans la division Férino (brigade Ferey puis Pierre) et reçut son ordre de marche.

La division Férino faisait partie de la gauche de l'armée ; dès le 16 octobre, elle campa sur les ruines du vieux château de Kochersberg et les collines avoisinantes. Le 2ᵉ bataillon du 27ᵉ régiment, parti de Strasbourg le 9 novembre, la rejoignit quelques jours plus tard. Le 18 novembre 1793, la division Férino, qui devait jouer le rôle principal dans les opérations, marcha pour prendre les redoutes autrichiennes à revers ; à Hochfelden, elle attaqua d'abord le corps des émigrés et le refoula ; elle avançait lentement, prenant les villages sur son chemin. Tous les jours, les soldats faisaient un kilomètre seulement ; prenant les armes le matin, ils disaient : « *Allons à la corvée du balayage.* » [1] Le 19 novembre, le colonel Dumortier du 27ᵉ fut tué au combat de Schaffhouse [2].

Après une affaire malheureuse à Berstheim contre les troupes du prince de Condé, le général Pierre, incapable, fut remplacé par l'adjudant-général Gouvion Saint-Cyr qui s'était bien comporté dans ce combat ; le 2ᵉ bataillon du 27ᵉ régiment passa dans sa brigade, où il retrouva le 1ᵉʳ bataillon. Voulant réparer l'échec de son prédécesseur, Gouvion Saint-Cyr mena la brigade contre Berstheim le 8 décembre. Les morts du combat d'il y a quelques jours n'étaient pas encore enterrés, mais la vue de ces cadavres à moitié décomposés gisant sur la neige n'ébranla point le moral des républicains, qui entamèrent aussitôt une vive fusillade. Ce jour-là, Gouvion Saint-Cyr ne comptait entreprendre rien de décisif et se borna à tâtonner l'adversaire pour savoir s'il avait des réserves. À 15 heures, suffisamment instruit de tout ce qu'il voulait savoir, Gouvion Saint-Cyr ordonna la retraite. Le duc d'Enghien le suivit à la tête de sa cavalerie, mais il dut bientôt s'arrêter : la gauche républicaine s'appuyait à l'escarpement du ravin de Niederaltorf, et ses flancs étaient couverts par les tirailleurs commandés par Gazan. L'attaque décisive eut

---

1. Arthur Chuquet, *Les Guerres de la Révolution : Hoche et la lutte pour l'Alsace (1793-1794)*, Paris, 1893, p. 116.
2. Général Susane, *op. cit.*, p. 308.

lieu le 9 décembre. La brigade s'avança sous la protection de l'artillerie ; au milieu du fracas, Gouvion Saint-Cyr s'efforçait de modérer l'ardeur de ses soldats qui couraient en avant comme des forcenés. L'ennemi fut battu et se retira dans l'obscurité, sous la neige tombant à gros flocons.

La bataille du Geisberg

Le principal objectif des troupes républicaines était le déblocument de la place forte de Landau assiégée par les troupes austro-prussiennes que commandaient le duc de Brunswick et Wurmser. Aux derniers jours de décembre, les Alliés étaient incertains sur le parti à prendre ; ils encerclaient toujours Landau, mais il devenait difficile de soutenir le blocus. Le 24 décembre, Wurmser rejoignit les troupes du général Hotze devant Wissembourg, et son armée s'étendit sur une ligne de 4 lieues, des pentes du Geisberg à Niederlauterbach. Les Alliés étaient fortement démoralisés et ne songeaient qu'à la retraite. Néanmoins, cédant aux instances du duc de Brunswick, qui préférait une bataille perdue à une retraite honorable, Wurmser consentit à demeurer sur le Geisberg encore quelque temps. Le 25, il obtint un succès contre un détachement de cavalerie française ; enhardi, il se décida à livrer bataille. Déjà ses colonnes d'attaque se mettaient-elles en mouvement, lorsque l'état-major des coalisés prit la décision finale de regagner le Rhin. Mais il était trop tard, car les Français marchaient à leur rencontre et les accrochaient, sans qu'il fût possible de faire demi-tour.

Pour les Français, le choc décisif était proche. La veille, les armées du Rhin et de la Moselle s'étaient réunies sous les ordres du général Hoche. Le 26 à 11 heures du matin, par un temps serein, l'artillerie française commença la canonnade, et toutes les troupes s'ébranlèrent en ordre parfait. À droite, la division Férino, déployée en tirailleurs, fut chargée d'une attaque de flanc contre le Geisberg ; s'élançant à la baïonnette sur les pentes enneigées aux cris de « *Landau ou la mort !* », elle culbuta les Austro-Prussiens qui opposaient une vive résistance. On entendait partout jouer la *Marseillaise*. Les coalisés, éperdus, s'enfuyaient en toutes directions, se débarrassant de leurs sacs et gibernes, empoignant les queues des chevaux qui passaient au galop et les emportaient loin du champ de carnage. Ils ne se reformèrent que derrière la Lauter, grâce à la fermeté du duc de Brunswick. La victoire des républicains fut complète ; l'ennemi fut culbuté sur tous les points, et le 28 décembre, les Français triomphants entraient dans la place de Landau débloquée.

Dans la 54ᵉ demi-brigade

Après ce succès important, la division Férino s'établit le long du Rhin depuis Rheinzabern jusqu'à Lingenfeld, avec mission d'observer Philippsbourg et d'empêcher les secours austro-prussiens de parvenir par ce côté au Fort-Louis assiégé par les Français [1]. Le 2ᵉ bataillon du 27ᵉ d'infanterie occupait Schwegenheim, ses rangs éclaircis par de nombreuses pertes : plus de la moitié des hommes se trouvaient aux hôpitaux. Le 26 janvier 1794, la division reçut l'ordre de se porter en avant du Speyerbach, afin d'y former l'avant-garde de gauche de l'armée du Rhin. Le bataillon de Gazan s'établit à Deidesheim, au nord de Neustadt, et y prit ses quartiers d'hiver, les rigueurs de la saison faisant suspendre les hostilités. Les troupes fatiguées devaient se procurer des subsistances dans un pays ennemi, ce qui n'était pas chose facile. Parfois, on s'amusait à faire des escarmouches.

Dès janvier 1794, l'armée du Rhin était commandée par le général Michaud, en remplacement de Pichegru passé à l'armée du Nord [2]. Le chef de bataillon Legrand s'exprimait ainsi à propos de Michaud : « *Servant d'exemple au soldat, il en a été constamment le père ; il était également le protecteur des malheureux habitants du pays. Jamais un seul ne s'est adressé à lui en vain, et combien de fois il a réprimé les brigandages.* » [3] L'hiver fut employé à donner du repos aux troupes et à réparer les attirails de guerre. Le gouvernement profita de cette inaction forcée pour mettre à exécution le décret de l'organisation des demi-brigades [4], nouvelles unités faites par la fusion des bataillons de ligne avec les bataillons de volontaires ; le but en était de conjuguer au sein de ces formations l'expérience des anciennes troupes avec l'ardeur révolutionnaire des volontaires, créant ainsi une armée réellement efficace.

En exécution de ce décret, le 21 mai 1794, la 54ᵉ demi-brigade de bataille fut formée par l'amalgame des 2ᵉ bataillon du 27ᵉ régiment d'infanterie, 1ᵉʳ bataillon des volontaires du Puy-de-Dôme et 1ᵉʳ bataillon des volontaires de l'Indre. Elle fut mise sous les ordres du chef de brigade Glinec, l'ancien

---

1. Le 1ᵉʳ bataillon du 27ᵉ d'infanterie fut employé à ce siège.
2. Robert Fonville, *Un général jacobin de la Révolution et de l'Empire : Claude Ignace François Michaud*, Besançon-Paris, 1978, p. 76.
3. Cité dans L. Hennequin, *La campagne de 1794 entre Rhin et Moselle*, Paris, 1909, p. 219.
4. Ce décret de la Convention nationale datait du 21 février 1793. Il stipulait : « *L'infanterie que la République entretiendra à sa solde, sera formée en demi-brigades composées chacune d'un bataillon des ci-devant régiments de ligne, & de deux bataillons de volontaires. L'uniforme sera le même pour toute l'infanterie.* »

Monument sur la colline du Geisberg dominant Wissembourg, qui commémore entre autres la bataille de décembre 1793.
Photo Natalia Griffon de Pleineville.

chef du 2ᵉ bataillon du 27ᵉ d'infanterie. Gazan fut promu chef de bataillon [1] et reçut sous ses ordres le 3ᵉ bataillon de cette nouvelle unité, avec laquelle il participa à quelques escarmouches, toujours à la brigade Gouvion Saint-Cyr. L'effectif des trois bataillons était alors de 2 884 hommes dont 838 aux hôpitaux [2].

---

1. On apprend dans les *Fastes de la Légion d'honneur* (tome 3, p. 238) qu'en l'an III, le capitaine Gazan serait passé à l'armée des Alpes commandée par Kellermann. « *Le 23 messidor de cette année, le capitaine Gazan, chargé de défendre les cols de Tanée et de Fréjus avec le 10ᵉ bataillon des grenadiers, fut attaqué par 2 colonnes de Croates, fortes de 1 500 hommes, qui parvinrent à envelopper les Français après une vive fusillade. Sommé de se rendre, Gazan refuse, et jure, avec les braves qu'il commande, de combattre jusqu'à la mort. Atteint d'un coup de feu à l'épaule gauche, l'intrépide capitaine jette alors son sabre dans les rangs ennemis, et crie à ses soldats : "Grenadiers, sauvez mon sabre de la main des esclaves." Ses soldats, électrisés par ces paroles, redoublent d'ardeur, puis s'élançant comme des furieux sur les Croates, étonnés d'une si opiniâtre résistance, les culbutent, en font un horrible carnage, et les forcent à battre précipitamment en retraite.* » Il est difficile d'accorder confiance à cette anecdote qui se retrouve dans plusieurs publications (*Les Soréziens du siècle, Grand dictionnaire universel* de Pierre Larousse, *Victoires et conquêtes*). Serait-elle liée à la participation du 2ᵉ bataillon du Var aux opérations dans le comté de Nice sous les ordres de Masséna ? Ou bien au dédoublement du régiment de Lyonnais et à la formation du régiment de Maine qui combattit justement contre les Croates dans les Alpes-Maritimes en 1793 ? Ou alors, tout simplement, s'agit-il d'un homonyme ?
2. SHD, 4M 55 : *Historique du 54ᵉ régiment d'infanterie de 1657 à 1898* (manuscrit).

Cette période fut une véritable école de la vie pour les futurs officiers généraux des armées napoléoniennes. Le futur maréchal Soult l'évoque dans ses mémoires : « *Les officiers donnaient l'exemple du dévouement : le sac sur le dos, privés de solde [...] ils prenaient part aux distributions comme les soldats et recevaient des magasins les effets d'habillement qui leur étaient indispensables. On leur donnait un bon pour toucher un habit ou une paire de bottes. Cependant aucun ne songeait à se plaindre de cette détresse ni à détourner ses regards du service, qui était la seule étude et l'unique sujet d'émulation. [...] Je puis le dire, c'est l'époque de ma carrière où j'ai le plus travaillé et où les chefs m'ont paru le plus exigeants. Aussi, quoiqu'ils n'aient pas tous mérité d'être pris pour modèles, beaucoup d'officiers généraux, qui plus tard ont pu les surpasser, sont sortis de leur école.* » [1]

La guerre avait recommencé le 20 mai. Le 23, à 3 heures du matin, l'armée du Rhin fut attaquée dans ses cantonnements ; malgré le succès de la contre-offensive, elle dut se replier par prudence sur la Queich. C'est après cette retraite que l'amalgame des unités fut enfin effectué. Le 28 mai, Michaud voulut faire une reconnaissance, mais l'ennemi lui imposa le combat. La division Férino à la gauche essaya de chasser les Alliés postés en avant de Neustadt ; elle dut céder le terrain et placer son artillerie sur une éminence pour retarder la poursuite de la cavalerie ennemie. L'armée du Rhin attendit ensuite pour reprendre l'offensive que l'armée de la Moselle eût regagné ses positions. Cette année-là, le gouvernement, par la voix de Carnot, avait décidé que la partie principale se jouerait dans le Nord, alors que les deux armées du Rhin et de la Moselle ne devaient que tenir l'ennemi en échec et l'empêcher de porter ses forces du côté du Nord. Le rôle qui leur était attribué était donc « *plus menaçant qu'agressif* » [2].

Gazan chef de brigade

Le 23 messidor an II (11 juillet 1794), à Landau, Rougemont, représentant du peuple près l'armée du Rhin pour l'embrigadement, « *d'après les témoignages avantageux du civisme, du zèle, de la bonne conduite et des talents militaires du citoyen Théodore Gazan, chef du 3ᵉ bataillon de la 54ᵉ ½ brigade* », le nomma chef de brigade [3] de la 11ᵉ demi-brigade d'infanterie légère [4], « *pour en faire le service et jouir des appointements*

---
1. *Mémoires du maréchal-général Soult*, tome premier, Paris, 1854, pp. 198-199.
2. *Mémoires sur Carnot par son fils*, tome premier, Paris, 1861, p. 469.
3. Ce grade correspondait à l'ancien colonel.
4. La 11ᵉ demi-brigade légère avait été formée lors de l'amalgame avec le 11ᵉ bataillon des volontaires des Ardennes, le 6ᵉ bataillon des volontaires de la Drôme et le 5ᵉ bataillon des volontaires du Doubs.

de ce grade, à dater de ce jour » [1]. Le conseil d'administration de la 54ᵉ demi-brigade lui délivra un certificat de ses « *talents et bravoure* ». Mais le 12 janvier 1795, le nouveau chef de brigade n'aura toujours pas reçu le brevet de la place qu'il occupait depuis six mois, ses services ayant été mal établis dans les procès verbaux de la formation de la demi-brigade tant par Rougemont que par le conseil d'administration.

Au début juillet 1794, la 11ᵉ légère faisait partie de la 2ᵉ division du général Gouvion Saint-Cyr tout récemment promu en remplacement de Férino, toujours à l'armée du Rhin commandée par Michaud. Il fut décidé au conseil des généraux et des représentants de la Convention à Landau de reprendre l'offensive dans le Palatinat le 2 juillet ; c'était la proposition du fougueux général Desaix. La division Gouvion Saint-Cyr, placée au centre, avait pour mission d'observer et de contenir le corps de Hohenlohe. Elle se porta au-devant de l'ennemi sur le revers oriental des Vosges, avançant lentement. L'ennemi montrait aussi une certaine hésitation. Après le recul des troupes de Desaix, Michaud ordonna la retraite, qui se fit en bon ordre.

Une nouvelle attaque fut décidée quelques jours plus tard. La 2ᵉ division avait ordre d'attaquer vigoureusement les Prussiens campés sur les revers des Vosges et de les jeter de l'autre côté du Speyerbach. Le 13 juillet, entre 5 et 6 heures du matin, Gouvion Saint-Cyr à la tête de sa division s'emparait du village d'Edesheim et du plateau de Rhodt. Maître de cette position, il détacha Gazan avec la 11ᵉ légère pour accomplir une mission importante : monter sur le Blödersberg par le chemin le plus direct, et de là, se diriger sur les derrières des troupes prussiennes qui défendaient les retranchements du Schänzel, au centre du dispositif. Gouvion Saint-Cyr ordonna à Gazan de les attaquer aussitôt son arrivée et d'y jeter de la confusion. Les Prussiens venaient d'envoyer des renforts sur cette position, quand Gazan parvenait sur le Blödersberg et se dirigeait sur le Kiesselberg défendu par un bataillon de grenadiers. Son mouvement permit aux Français de reprendre l'offensive et de tourner les Prussiens par la droite. L'attaque inopinée de Gazan sur leur gauche produisit un désarroi dans les rangs ennemis ; les retranchements furent abordés à la baïonnette et enlevés, l'artillerie prise. Il ne restait plus qu'un bataillon prussien qui, ayant défendu la position du Kiesselberg pendant toute la journée, tenait encore. Gazan lança contre l'ennemi sa demi-brigade. Les Prussiens ne purent résister au choc et se sauvèrent en se précipitant des hauteurs à travers les broussailles dans

---

1. SHD, dossier Gazan.

la vallée, d'où ils rejoignirent dans le plus grand désordre la droite du prince de Hohenlohe. Dans ce combat, connu sous le nom de bataille de Trippstadt, l'ennemi perdit plus de mille hommes, onze canons, un général et plusieurs officiers supérieurs. Gazan contribua puissamment au succès de cette journée. Les Français auraient dû prendre le Schänzel, clé de la position, à midi, mais ils ne l'avaient enlevé que dans l'après-midi, et l'ennemi eut le temps d'amener des renforts, qui auraient pu faire échouer toute l'entreprise, si Gazan ne fût arrivé bien à propos pour rétablir la situation [1].

Quelques jours plus tard, la situation politique de la France changea : les 9 et 10 thermidor (27 et 28 juillet 1794), la chute de Robespierre marqua la fin du régime sanglant de la Terreur. « *Je n'ai pas besoin de dire,* écrit Gouvion Saint-Cyr, *que cette nouvelle fut reçue avec allégresse.* » L'armée vit avec plaisir les commissaires envoyés sous l'influence de Robespierre remplacés par d'autres plus modérés. Mais la campagne était loin d'être gagnée. Pendant les deux mois qui suivirent la bataille de Trippstadt, l'armée du Rhin demeura tranquille dans sa position. En septembre et octobre, elle fit quelques mouvements, puis se rapprocha de la formidable forteresse de Mayence, son nouvel objectif.

LE BLOCUS DE MAYENCE

Fin octobre, les Français s'établirent devant Mayence [2] pour faire le blocus de cette place. La forteresse de Mayence était la plus importante sur la ligne du Rhin et constituait un enjeu permanent pour les armées belligérantes en Allemagne ; en Italie, le même rôle incombait à Mantoue. Les représentants de la Convention réunirent, pour accomplir cette tâche difficile, la gauche de l'armée du Rhin à la droite de l'armée de la Moselle ; ces troupes, dénommées « armée devant Mayence », furent placées sous les ordres du général Kléber, qui connaissait parfaitement le terrain depuis le temps où il avait été lui-même assiégé dans cette place en 1793. Le 8 novembre, la division Gouvion Saint-Cyr rejeta les postes ennemis jusque sur les glacis des ouvrages de la place, dans le but de bien reconnaître le terrain devant elle ; puis elle s'étendit depuis la route de Marienborn jusqu'à Drais. Le 1er décembre eut lieu l'attaque d'une redoute.

---

1. Maréchal Gouvion Saint-Cyr, *op. cit.*, pp. 83-88.
2. Cette « armée devant Mayence » – sa dénomination officielle – comprenait des troupes des armées de la Moselle et du Rhin. Le général Kléber vint en prendre le commandement début décembre. La 11e légère fit partie de la brigade commandée par Desgranges, puis par Girard dit Vieux (SHD, B2 238 et B2 329).

Le blocus dura huit mois. Les troupes s'occupaient constamment de la construction des batteries ; elles étaient souvent inquiétées par les sorties des assiégés. Ce fut une terrible épreuve : les maladies, les privations fauchaient les soldats pendant cet hiver, le plus rigoureux du siècle. Le Rhin était complètement gelé, en sorte que les convois les plus chargés pouvaient le passer sans risque. Les rangs étaient tellement clairsemés que Gouvion Saint-Cyr se rappelait dans ses mémoires avoir vu une compagnie de la 11e légère réduite à un seul homme en état de faire le service. Plusieurs cavaliers se trouvaient démontés, car on employait les chevaux pour transporter les vivres ; le manque de fourrage faisait mourir les bêtes par centaines. Pour se protéger du froid, les soldats construisaient des cabanes sous terre avec une ingéniosité remarquable, mais les moyens étaient insuffisants ; ainsi, au mois de janvier, la moitié de l'armée remplissait les hôpitaux. Pour suppléer au manque de nourriture, les soldats déterraient des racines ; il s'en trouvait des vénéneuses qui, si elles ne donnaient pas la mort, faisaient perdre la raison.

Soult raconte dans ses mémoires : « *Les opérations ne présentèrent rien de remarquable ; on s'observait des deux côtés avec une égale vigilance, et de temps à autre il se faisait quelques sorties pour contrarier les travaux. Le plus redoutable ennemi que nos troupes eurent à combattre fut l'hiver, pendant lequel elles souffrirent beaucoup et peut-être plus que partout ailleurs : la difficulté de se procurer des subsistances augmenta encore leurs souffrances. Les environs étaient complètement épuisés ; les approvisionnements ne pouvaient venir que de fort loin ; les chevaux avaient péri pour la plupart, et l'armée fut en proie à la famine en même temps qu'à l'inclémence de la saison. Les maladies vinrent ensuite, et toutes ces causes, jointes à la désertion à l'intérieur, qui avait commencé lorsqu'on avait cessé de se battre, éclaircirent beaucoup les rangs.* » [1]

Au 30 mars 1795, la 11e légère avait 2 035 hommes malades et seulement 778 présents sous les armes [2]. Le printemps améliora peu le sort des troupes ; les chemins devinrent meilleurs, mais la plus grande partie des chevaux destinés aux transports étaient morts de fatigue ou de faim. Les soldats affamés allaient à la maraude dans les champs ensemencés qu'ils retournaient avec la baïonnette pour enlever les pois, les grains et les lentilles confiés à la terre, ainsi que les plus petits quartiers de pommes de terre. La saison des semailles passée, les soldats allaient au-devant des fourgons de pain qui arrivaient de temps à autre des derrières de l'armée,

---

1. *Mémoires du maréchal-général Soult*, tome premier, Paris, 1854, pp. 227-228.
2. SHD, B2 329.

et les pillaient. Les demi-brigades furent obligées d'envoyer jusqu'aux manutentions de nombreux détachements qui escortaient les provisions jusqu'à leurs camps. Gouvion Saint-Cyr se souvenait : « *Dans le courant d'une si longue guerre, qui a duré un quart de siècle, j'ai eu souvent occasion de voir nos troupes souffrir de grandes privations, mais si elles ont été aussi pénibles, elles n'ont jamais eu la même durée ; je n'en excepte pas même la campagne de Russie. Devant Mayence, le froid fut plus grand, plus long que celui qu'on éprouva jusqu'au passage de la Bérézina.* » [1] Malgré ces terribles souffrances, l'armée devant Mayence était toujours en bon ordre et en état de continuer la guerre.

LA REPRISE D'UNE GUERRE ACTIVE

Sur ces entrefaites, le 5 avril 1795, la Prusse quitta la coalition en signant le premier traité de Bâle avec la République française. Le 20 avril 1795 fut créée l'armée de Rhin-et-Moselle sous les ordres du général Pichegru, par la fusion des armées du Rhin et de la Moselle ; la 11e légère y conserva sa place. En juin, l'ennemi recommença les hostilités ; il passa le Rhin derrière les positions françaises, les tourna et força les républicains à revenir sur la Lauter. La campagne d'automne de 1795 sur le Rhin se résuma en une série d'échecs successifs aux environs de Mannheim. Au début décembre, la gauche française commandée par Gouvion Saint-Cyr reprit l'offensive ; elle attaqua Deux-Ponts et s'empara de Homburg et de Landstuhl. Le 21 décembre, un armistice fut conclu. L'armée resta sur ses positions, campée dans la boue ou sur la neige et manquant même de paille de couchage, pendant que le général en chef Pichegru s'adonnait à la débauche à Strasbourg.

En janvier 1796, la 11e légère fit partie de l'avant-garde de l'armée de Rhin-et-Moselle, placée sous les ordres du charismatique général Desaix. Elle était cantonnée à Thionville, puis changea d'emplacement plusieurs fois. En mars, Desaix prit le commandement en chef de l'armée par intérim ; la division d'avant-garde passa sous les ordres du général Beaupuy. La 11e légère au complet demeurait à Frankweiler. La situation de l'armée était alarmante, comme l'attestent les rapports de Desaix au ministre de la Guerre, auquel il demandait du secours dans les termes les plus pressants. Exténués par les privations, les soldats commettaient des abus et s'aliénaient encore davantage la population, déjà fort mal intentionnée à leur égard. Les fournitures étaient rares ; il fallait un ordre spécial du

---

1. Maréchal Gouvion Saint-Cyr, *op. cit.*, pp. 153-154.

général en chef pour que tel ou tel corps jouît du privilège d'en recevoir. Ainsi, le 18 mars, Desaix mandait à Gazan : « *Je vous renvoie ci-joint les états de demandes de gibernes, revêtus de mon visa ; je vous engage à vous mettre bien en règle pour les recevoir, parce que l'on est très difficultueux pour en délivrer. Quant à moi, je n'en fais aucune, parce que je vous connais trop bien pour n'être pas persuadé de la justesse de votre demande et qu'elle tend au bien du service et au succès de la République.* » [1] On constate que Desaix ne se départissait jamais de sa politesse infaillible même dans les situations les plus contrariées. Le ministre prêta enfin l'oreille aux demandes de Desaix ; au 10 avril, la viande et le pain ne manquaient plus. Les soldats, assagis, continuaient à s'exercer journellement aux manœuvres et au maniement d'armes.

La campagne de 1796

La situation changea lorsque Moreau vint prendre le commandement de l'armée. Le 21 avril, il releva Desaix de son commandement provisoire. Soulagé de ce poste qui l'embarrassait, Desaix reprit sa place à la division d'avant-garde. Suite à une réorganisation de l'armée en mai, la 11e légère changea de numéro et devint la 10e demi-brigade légère (par l'amalgame de la 11e légère avec la 20e bis composée à l'origine du 1er corps franc, du 4e bis bataillon des volontaires de la Charente [2] et du 11e bataillon des volontaires du Doubs), sans pour autant changer son affectation.

Moreau, pressé par le Directoire, décida de prendre l'offensive. Les Français, insuffisamment préparés, s'engageaient dans un pays qu'ils ne connaissaient pas, sans coordination entre les armées de Jourdan et de Moreau. Le 21 mai, Wurmser, commandant en chef de l'armée autrichienne, fit notifier au général Beaupuy à l'avant-garde que l'armistice était rompu et que les hostilités recommenceraient dans dix jours. Moreau fit aussitôt expédier les ordres aux troupes de se mettre en marche. Vers le 28 mai, toutes étaient parvenues à leur destination. Avant d'entrer en campagne, Moreau organisa ses unités en corps d'armée ; la 10e légère, forte de 2 610 hommes, fut affectée à la brigade Sainte-Suzanne, division Beaupuy au corps du centre, sous les ordres du général Desaix.

La guerre active recommença le 1er juin 1796. Wurmser partit peu de temps après avec des renforts pour l'Italie, où les fulgurantes victoires

---

1. SHD, B2 235.
2. Jean Maingarnaud, futur aide de camp de Gazan, servit dans cette unité.

du jeune général Napoléon Bonaparte jetaient l'épouvante dans la cour de Vienne. Moreau crut le moment propice pour avancer contre l'archiduc Charles d'Autriche. L'ennemi était en retraite ; les Français marchaient en avant sans obstacles, harcelant son arrière-garde. Le 13 juin, l'archiduc s'arrêta et prit position en avant de son camp retranché de la tête de pont de Mannheim. Desaix décida de l'attaquer le lendemain à la pointe du jour. Ses troupes avancèrent avec la plus grande intrépidité sur un terrain marécageux ; parvenues sur la grande route, elles furent chargées par la cavalerie autrichienne. Agissant avec un grand sang-froid, les Français se formèrent en bataille, prirent les cavaliers en joue et, par un feu bien dirigé, leur firent prendre la fuite. L'ennemi se retira dans son camp retranché, laissant plusieurs hommes sur le carreau.

Le 15 juin, l'ennemi, furieux de son échec de la veille, revint à la charge en force et obligea les Français à se retirer après un combat meurtrier qui dura quatre heures. Mais le 20, Moreau eut sa revanche, fondant sur les Autrichiens avec ses forces rassemblées et les rejetant dans leur camp de Mannheim. Après quoi, les républicains prirent la direction de Strasbourg pour effectuer le passage du Rhin à Kehl. Les bords du grand fleuve se remplirent à nouveau de troupes. Le passage se fit dans la nuit du 23 au 24 juin. Le 25, sur les sept heures du soir, Desaix chargea Decaen, commandant l'avant-garde de la division Beaupuy, d'enlever le village de Neumühl avec la 10e légère [1] et le 8e chasseurs ; l'ennemi l'évacua sans opposer de résistance. Le 26, une marche fut ordonnée, afin de gagner du terrain pour déployer l'armée ; l'avant-garde, dont la 10e légère, se porta sur le camp de Wilstedt et rencontra l'ennemi à Corich (Kork) sur la rive droite de la Kinzig. Comme les Français débouchaient du village, les cuirassiers d'Anspach chargèrent la tête de la colonne avec fureur et culbutèrent ce qui n'avait pas eu le temps de se former. Le général Beaupuy fut grièvement blessé de sept ou huit coups de sabre. Deux bataillons de la 10e légère, placés dans les haies du village, arrêtèrent cette charge par un feu de file bien dirigé, puis la cavalerie française chargea à son tour et rétablit la situation [2]. Le 27, Desaix surveillait personnellement le mouvement ordonné à la 10e légère, que Gazan fit avancer sur trois colonnes. Le lendemain, ce fut le combat de Renchen, pendant lequel Gazan occupa Oberkirch, coupant un des chemins de retraite à l'ennemi. Après cette affaire, une nouvelle réorganisation de l'armée

---

1. Au moment du passage du Rhin, la 10e légère comptait 2 640 hommes.
2. SHD, 1M 335.

survint : Desaix fut nommé commandant de l'aile gauche, où fut incorporée l'ancienne division Beaupuy, commandée depuis la blessure de son général par Sainte-Suzanne.

À la première nouvelle de l'apparition des Français sur la rive droite du haut Rhin, l'archiduc Charles qui venait les 19 et 21 juin de forcer l'armée de Sambre-et-Meuse à repasser sur la rive gauche du fleuve à Neuwied et Düsseldorf, accourut des bords de la Lahn avec toutes les troupes dont il pouvait disposer. Le 5 juillet, l'adjudant-général Decaen fut chargé de l'attaque du pont de Kuppenheim ; il envoya Gazan avec la 10e légère, renforcée d'un bataillon de la 10e de ligne, chasser les Autrichiens des montagnes proches du pont. L'ennemi se défendit avec un grand acharnement ; au bout de quatre heures de combat, ayant épuisé presque toutes ses réserves et impatient d'en finir, Gazan se décida à employer une ruse. Decaen la raconte dans ses mémoires : « *L'ennemi recevait continuellement des renforts et cherchait à pénétrer à peu près au centre du terrain sur lequel nous combattions. Au fur et à mesure que ces renforts arrivaient, Gazan avait toujours eu la précaution de les faire repousser ; mais l'ennemi envoya un bataillon de grenadiers pour tenter une décision à son avantage. C'est là que Gazan, qui n'avait plus qu'une compagnie de réserve, suppléa au nombre en réunissant plusieurs tambours derrière lesquels furent placés une vingtaine d'hommes. Il dirigea cette colonne sur la gauche de l'ennemi, et il donna ordre au citoyen Toussaint, tambour-major du 2e bataillon de la 10e de ligne, de conduire cette colonne, d'avancer avec audace et de faire battre la charge, ce qui fut exécuté avec la plus grande précision, de sorte que l'ennemi crut que c'était une colonne qui arrivait sur ce point. L'épaisseur du bois l'empêcha d'apercevoir la supercherie. Ce pas de charge, battu avec vigueur, ayant aussi ranimé le courage des soldats qui se trouvaient disséminés dans le bois, ce qu'occasionnent ordinairement ces sortes de combats, ils s'avancèrent audacieusement sur l'ennemi, le culbutèrent et lui firent plus de cinq cents prisonniers. Le tambour-major ne cessa pas de marcher en avant, tant que l'ennemi parut vouloir résister. Si ce tambour-major avait eu les talents convenables pour être promu au grade de sous-lieutenant, le général en chef lui aurait conféré ce grade ; mais il lui donna une récompense de trois cents francs.* »[1] Cette attaque, appuyée à droite par les troupes du général Lecourbe, eut un plein succès, l'ennemi fut chassé de Kuppenheim et forcé de repasser la Murg. Aux dires de ses chefs, Gazan y « *a donné de grandes preuves de talent et de bravoure* ». Dans cette affaire, qui

---

1. *Mémoires et journaux du général Decaen*, tome premier, Paris, 1910, pp. 107-108.

porte aussi le nom de combat de Rastadt, Louis-François Delhaye, adjudant-major de la 10ᵉ légère, sauva par sa bonne contenance et son intrépidité le chef de brigade Gazan, en se précipitant entre lui et l'ennemi qu'il combattit, facilitant ainsi la retraite de son supérieur qui eût été infailliblement fait prisonnier sans ce secours [1]. Selon l'archiduc Charles, si Moreau eût rassemblé toutes ses forces au pied des montagnes, sa victoire eût été moins coûteuse et plus complète [2].

Cette campagne fut une suite de combats interminables. Le 9 juillet, c'est à Malsch – ce combat est connu également sous le nom d'Ettlingen – que les adversaires se mesurèrent à nouveau. Decaen reçut l'ordre de se mettre en marche pour se porter en avant et attaquer l'ennemi ; à cet effet, il donna ordre à Gazan de se rassembler sur Niederweiler. Comme ses troupes n'étaient pas embarrassées de bagages et par conséquent étaient « légères » au plein sens du terme, elles se dirigèrent prestement sur le village de Malsch, avec la consigne de tenir la montagne le plus longtemps possible et d'attaquer l'ennemi. Une action vive s'engagea sous peu. Decaen vint soutenir Gazan avec un escadron du 8ᵉ chasseurs et les deux bataillons de la 10ᵉ de ligne. Au moment où ces troupes accouraient par un chemin pratiqué dans la montagne et heureusement découvert par Decaen, Gazan avait déjà, par deux fois, tenté d'enlever Malsch de vive force, mais une défense opiniâtre de la part des Autrichiens embusqués dans le village l'en avait empêché ; ces derniers disposaient en outre de deux canons, tandis que Gazan n'avait que son infanterie. En plus de l'attaque de Malsch, la 10ᵉ légère avait un combat terrible à soutenir dans les bois à droite de ce village. Decaen fit placer trois compagnies de réserve qui restaient à Gazan sous les ordres du capitaine Marcognet [3] et attaqua l'ennemi dans le bois. Son succès permit ensuite de tourner les efforts contre Malsch. L'ennemi fit encore une tentative d'enlever ce village, mais il fut arrêté par 200 hommes conduits par Gazan et par le feu de l'artillerie française, arrivée et mise en position en face de Malsch. Le combat ne cessa qu'à 22 heures, lorsque les Français, ayant consommé toutes leurs munitions, durent abandonner le village. Le commandant en chef Moreau écrivit dans son rapport que dans ce combat, « *Gazand (sic) s'est particulièrement distingué* ». « *Le succès de cette journée a été complet et bien intéressant pour les suites de la campagne* », déclarait-il [4].

---

1. SHD, 4M 56 : *Historique du 56ᵉ régiment d'infanterie de ligne*.
2. Archiduc Charles d'Autriche, *Principes de la stratégie, développés par la relation de la campagne de 1796 en Allemagne*, tome 2, Paris, 1818, p. 135.
3. Futur général de Napoléon.
4. Cité dans Decaen, *op. cit.*, tome 1, p. 115, note.

L'archiduc Charles devait alors agir en tenant compte des mouvements de l'armée de Sambre-et-Meuse et de ceux de l'armée de Moreau. Après la bataille d'Ettlingen, il se retira sur le haut Neckar, craignant pour ses communications, et décida de disputer le terrain pied à pied, sans recevoir de bataille, et de profiter de la première occasion pour réunir ses troupes jusqu'alors divisées et se jeter avec supériorité, ou au moins à forces égales, sur une des deux armées ennemies. La réussite ne pouvait couronner ce plan que s'il parvenait à arrêter une des armées françaises, à rompre l'accord de leurs mouvements, et à les empêcher de s'avancer simultanément. L'archiduc se décida, en conséquence, à opposer la plus grande résistance à Moreau, tant parce que sa marche vers le Danube l'inquiétait le plus que parce qu'il voulait s'assurer de ce fleuve comme pivot de ses opérations et ligne de retraite naturelle vers l'Autriche.

Le 14 juillet, Decaen donna l'ordre à la 10e légère de partir de ses cantonnements à Ettlingen où elle avait pris un peu de repos, et de balayer les postes ennemis qui étaient dans les montagnes. Gazan les atteignit à Langensteinbach, leur tua plusieurs hommes et fit 15 prisonniers, puis il occupa une position avantageuse permettant de découvrir l'ennemi à une longue distance [1].

Depuis le passage du Rhin, les Français poursuivaient les Autrichiens en vue de leur imposer une bataille rangée. L'occasion se présenta le 11 août à Neresheim. Les Autrichiens étaient établis à Forheim ; dans cette position, il leur était impossible de continuer la retraite, ayant à dos les vallées qui n'offraient que de mauvais chemins. L'archiduc Charles, voyant sa retraite compromise, résolut de prendre l'offensive. Decaen écrit : « *C'était la première fois que l'ennemi s'était retourné, depuis un mois que les Français avaient passé le Rhin.* » [2] Les Français se tenaient depuis le 10 août derrière Neresheim ; les trois bataillons de la 10e légère se trouvaient à l'aile gauche avec Desaix, toujours à la division Beaupuy dont le chef, rétabli de ses blessures, avait repris son poste. La bataille se déroula dans un pays montagneux, fortement accidenté et coupé de ravins profonds ; des hauteurs couronnées de bois épais, on descendait dans les vallées très basses, sillonnées par une multitude de cours d'eau. Par un heureux hasard, la position prise par l'armée française était très avantageuse ; en effet, Moreau n'avait pas prévu une offensive autrichienne et n'avait pas expédié d'ordres allant dans ce sens [3].

---

1. Decaen, *op. cit.*, tome 1, pp. 117-118.
2. SHD 1M 339 : *Journal tenu par le général de brigade Decaen, 1796.*
3. SHD, 1M 336 : *Relation de la bataille de Neresheim*, par le capitaine Perrin-Solliers.

Malgré un orage épouvantable dans la nuit du 10 au 11 août, Moreau mit ses troupes en mouvement ; la gauche française fut placée derrière Schweindorf dans la forêt que traversait la route de Nördlingen à Neresheim. Les Autrichiens se mirent aussi en mouvement de leur côté ; retardées par l'obscurité, la pluie et les mauvais chemins, leurs colonnes d'attaque ne furent prêtes à entrer en action qu'à 7 heures du matin. L'archiduc attendait la colonne de Hotze pour engager une action sérieuse. Ce dernier éprouva beaucoup de difficultés en route, le terrain lui fut disputé avec vigueur ; cependant, ses efforts portèrent leurs fruits, et il occupa le village de Kösingen. Les Français prirent une nouvelle position sur les hauteurs entre Kösingen et Neresheim, ayant un ravin sur leur front. Les Impériaux essayèrent vainement à plusieurs reprises de franchir cet obstacle et d'aborder la ligne française ; ils furent constamment repoussés. Gazan avec la 10ᵉ légère se maintenait dans le village de Schweindorf et repoussa toutes les attaques ennemies sur ce point. Dedon écrit : « *Le chef de brigade Gazan fermait la gauche de notre corps de bataille à Schweindorf, avec la 10ᵉ demi-brigade d'infanterie légère ; il y fut attaqué par la cinquième colonne de l'armée autrichienne, qui s'était dirigée contre notre gauche. Cet officier jugea d'abord que ce n'était qu'une fausse attaque ; et quoiqu'elle fût très vive, il fit dire au général Desaix qu'il avait assez de monde pour y résister, et qu'on pouvait être tranquille sur ce point. Il repoussa la première attaque de l'ennemi au matin, et vers 10 heures, il en essuya une seconde, qu'il soutint avec la même fermeté que la première.* »[1] Sa conduite lui valut les éloges de ses supérieurs.

Vers 13 heures, Moreau rassembla ses troupes à Neresheim et fit avancer la réserve avec son artillerie qui réduisit les batteries ennemies au silence ; l'archiduc, inquiet pour sa droite, arrêta l'offensive. De son côté, Desaix avança et réoccupa la forêt de Kösingen. Le feu cessa alors sur toute la ligne, et le combat dégénéra en escarmouches. Les deux armées bivouaquèrent en présence, malgré le fait que Moreau eut appris la fuite des munitions et du trésor de son armée devant l'ennemi dans le plus grand désordre. Des munitions tirées de l'aile gauche furent distribuées pendant la nuit aux troupes du centre qui en manquaient.

Le 12 août, à 6 heures du matin, les colonnes d'attaque françaises étaient déjà formées, lorsqu'on s'aperçut que les Autrichiens commençaient à se retirer. L'historien Phipps écrit : « *Le matin du 12 août trouva l'archiduc toujours occupant les lieux, dans l'espoir de voir Moreau*

---

1. Dedon l'aîné, chef de brigade d'artillerie, *Précis historique des campagnes de l'armée de Rhin-et-Moselle*, Paris, 1798, pp. 106-107.

accepter que le combat de la veille fut une défaite ; mais comme les Français restaient fermes, il entama sa retraite. » [1] Moreau, s'estimant heureux d'en être débarrassé, n'inquiéta point la retraite de l'ennemi, le poursuivant mollement, puis revint sur ses pas pour passer le Danube à Dillingen. C'était exactement ce qu'attendait l'archiduc Charles, puisqu'ainsi Moreau rejetait définitivement la possibilité de sa jonction avec l'armée de Sambre-et-Meuse, qui resta désormais isolée et privée de tout secours. Ayant gagné quelques jours sur Moreau, l'archiduc repassa le Danube avec une grande partie de ses forces et les dirigea prestement contre Jourdan.

Moreau continua néanmoins son offensive contre le corps de Latour laissé par l'archiduc pour le contenir. Le 24 août, la division Beaupuy passa le Lech à Langweid ; les carabiniers du 3e bataillon de la 10e légère, qui passèrent les premiers, prirent un poste de 25 hussards avec l'officier [2]. Le 1er septembre, l'ennemi attaqua l'avant-garde française près de Geisenfeld. Gazan, qui marchait en tête, prit des dispositions pour soutenir le choc et arrêter les Autrichiens au débouché du bois ; il fit prévenir ses supérieurs d'être tranquilles sur le point où il était. Desaix arriva sur le terrain et fit avancer la réserve ; après un combat long et meurtrier, l'ennemi battit en retraite. Moreau notait que Gazan « *dirigea toutes les attaques avec la plus grande intelligence et le plus grand sang-froid* ».

Le 10 septembre, Moreau décida, bien tardivement, d'envoyer des secours à l'armée de Sambre-et-Meuse et de tenter une diversion en sa faveur [3]. Un corps de 10 000 hommes sous les ordres de Desaix devait passer le Danube et se reporter sur les routes de communications de l'archiduc Charles. Gazan, qui commandait l'avant-garde des troupes de Decaen, s'étant approché du pont à 15 heures, vit la cavalerie ennemie formée en bataille avec l'intention de barrer le passage. Gazan fit tirer sur elle quelques coups de canon. Les cavaliers autrichiens, ne voulant pas se faire décimer sur place, entreprirent une charge, mais furent obligés de reculer. Ce furent les cuirassiers d'Anspach, fleuron de l'armée autrichienne. Le 13 septembre, Desaix ordonna à Decaen de diriger sa brigade sur Nennslingen : elle n'arriva pas jusqu'à cet endroit, car Gazan, qui marchait avec les troupes d'avant-garde, ne voulut pas passer outre : un bailli, accompagné de quelques hussards, était venu à sa rencontre et lui représenta que ce territoire avait conclu récemment un traité de paix.

---

1. Colonel Ramsay Weston Phipps, *op. cit.*, p. 324.
2. Decaen, *op. cit.*, tome 1, p. 137.
3. SHD, 1M 336 : *Journal d'opérations du corps de Desaix.*

Cependant, on apprit à l'armée de Moreau la défaite de Jourdan à Amberg. La retraite de l'armée de Sambre-et-Meuse entraînait nécessairement celle de l'armée de Rhin-et-Moselle, car l'archiduc, qui avait désormais les mains libres, pouvait facilement lui couper les communications avec la France et, l'ayant ainsi isolée, la battre avec des forces supérieures. Moreau n'avait pas d'autre solution que de se replier derrière le Rhin. Le 16 septembre, les troupes de Desaix rebroussèrent chemin et repassèrent le Danube à Neubourg ; leur courte promenade sur la rive gauche avait été inutile. Le 20, la brigade Decaen repassa le Lech. Le 21, Gazan livra un petit combat près de Zusamzell contre les habitants du pays qui avaient fait feu sur ses éclaireurs. La retraite s'annonçait difficile au milieu d'une population hostile qui se formait en bandes armées et venait harceler les colonnes de Moreau, dans un pays de montagnes, torrents et immenses forêts de pins, alors que les Français étaient poursuivis de près par l'armée autrichienne. Le 24 septembre, la 10ᵉ légère passa le Danube à Ulm, sous le feu de l'ennemi qui provoqua un incendie dans la ville. Après avoir livré quelques combats sur les hauteurs d'Ulm et sur les bords de l'Iller, l'armée poursuivit son mouvement rétrograde. Le 2 octobre, il fallut tenir tête aux Autrichiens à Biberach. Le 19 octobre, à Waldkirch, rien ne présageait l'attaque ; cependant, au début de l'après-midi, Gazan expédia un officier prévenir Decaen que ses avant-postes avaient été forcés de reculer sous la pression des forces supérieures. Decaen fit dire à Gazan de ne pas s'opiniâtrer pour la défense de la position et lui envoya deux pièces d'artillerie légère, qui servirent efficacement. Après avoir soutenu le combat, Gazan fit sa retraite, sous la menace d'être coupé. Dans ce combat, le général Beaupuy fut tué ; les Français perdirent 600 hommes. Le lendemain, une nouvelle attaque se déroula : la 10ᵉ légère, quoique exténuée et à bout de forces, tint ferme. Decaen lui rend hommage : « *La 10ᵉ légère, exténuée de fatigue par la retraite et surtout par six jours de combats successifs, y donna encore des preuves de la plus haute valeur.* » [1] Enfin, le 21 octobre, la brigade Decaen arriva à Vieux-Brisach entre 4 et 5 heures du matin et passa le Rhin sans être inquiétée. La campagne était terminée ; malgré toutes les difficultés, Moreau avait réussi à ramener presque intacte son armée aventurée en Bavière. Cependant, la retraite des armées de Sambre-et-Meuse et de Rhin-et-Moselle n'avait peut-être pas été absolument nécessaire, car selon le lieutenant Longy, écrivain militaire, ces deux armées « *renonçaient à la lutte sans avoir perdu toute chance de victoire* » [2].

---

1. Decaen, *op. cit.*, tome 1, p. 183.
2. Lieutenant Longy, *La campagne de 1797 sur le Rhin*, Paris, 1909, p. 1.

Fin octobre, la brigade Decaen s'installa dans les environs de Strasbourg pour prendre quelques jours de repos. Gazan y eut la joie de recevoir une lettre de félicitations du Directoire, datée du 23 septembre, pour ses exploits lors de la dernière campagne, conçue en ces termes : « *Votre conduite, citoyen, a été honorablement distinguée dans plusieurs affaires et surtout dans celle du 15 fructidor* [combat de Geisenfeld]. *Le Directoire exécutif ne se borne pas à louer l'audace dans les combats de la troupe que vous commandez et celle de son chef ; il met encore le plus grand prix au maintien de la discipline, et votre zèle à cet égard sera particulièrement recommandable auprès de lui.* »

Le 26 octobre, la 10ᵉ légère fut dirigée sur Kehl assiégé par les Autrichiens. Moreau était disposé à reprendre l'offensive, mais pas avant que l'archiduc eût échoué à Kehl. L'ennemi, de son côté, s'attendait à ce que le général français repassât le Rhin. Cependant, Moreau se consacra uniquement à la défense de Kehl et de la tête de pont d'Huningue et laissa aux Autrichiens le temps d'élever en toute tranquillité de solides retranchements. Dès le 3 novembre, l'ennemi reçut de puissants renforts ; l'artillerie de siège n'arrivera que vers le 28 novembre. Pour sa part, Moreau se bornait à observer l'ennemi sans rien entreprendre. Desaix, au contraire, le poussait à agir plus résolument. Leur ligne de contrevallation étant achevée, dans la nuit du 21 au 22 novembre, les Autrichiens ouvrirent la première tranchée. Le 22, avant le jour, Moreau exécuta contre les ouvrages de l'ennemi une sortie vigoureuse avec 27 000 hommes ; c'était trop pour une simple sortie, mais pas assez pour une affaire générale. Gouvion Saint-Cyr l'avait d'ailleurs prévenu contre des sorties inutiles et hasardeuses, « *car c'était sacrifier trop de monde pour le mince avantage de faire un bulletin, qui serait d'ailleurs contredit par l'ennemi : celui qui abandonne le champ de bataille, quelques avantages qu'il se donne dans ses rapports, étant toujours censé battu* »[1]. Le but de cette entreprise tardive n'était pas de faire lever le siège, mais d'en retarder les travaux. La 10ᵉ légère prit Sundheim après un combat opiniâtre et poursuivit l'ennemi jusqu'à Neumühl. Mais voyant l'arrivée des réserves autrichiennes, Desaix ordonna la retraite, emmenant toutefois plusieurs canons et 800 prisonniers. Selon Reynier, dans cette affaire, les Français eurent 21 officiers tués et 60 blessés [2]. Toutefois, d'après le rapport de Moreau, la perte des Français fut beaucoup plus considérable :

---

1. Gouvion Saint-Cyr, *Mémoires sur les campagnes des armées du Rhin et de Rhin-et-Moselle*, tome 4, Paris, 1829, p. 71.
2. SHD, 1M 347 : *Journal de la 5ᵉ campagne de l'armée de Rhin-et-Moselle, 12 prairial an IV – 22 nivôse an V*, par Reynier.

environ 500 hommes tués ou blessés, probablement même bien davantage, dont Gazan qui avait reçu un coup de feu à la hanche droite. Il fut immédiatement évacué à Strasbourg.

Après la malheureuse affaire du 22 novembre, les soldats répugnaient à faire les sorties ; de plus, la place ne possédait pas de fortifications assez solides pour pouvoir tenir longtemps. Elle finit par capituler le 10 janvier 1797.

Le mariage de Gazan

La présence forcée de Gazan à Strasbourg pour soigner sa blessure, pendant plusieurs mois, lui donna le temps nécessaire pour arranger ses affaires personnelles.

Plusieurs officiers de la République française trouvèrent l'amour en Allemagne ou en Alsace pendant leurs campagnes militaires. Les futurs maréchaux Soult et Mortier, entre autres, épousèrent des Allemandes. Gazan ne fut pas en reste.

Sa fiancée était une jeune Alsacienne âgée de 24 ans [1], probablement vivandière ou blanchisseuse. Elle se nommait Marie Madeleine Reis (ou Reiss, comme il est écrit dans son acte de naissance), née le 31 janvier 1773 à Nordhausen (Nordhouse), canton de Sélestat. Elle était la fille de Fridolin (Fridolinus) Reis (Reiss, Reist, Reys, Reyst, Reyset – l'orthographe varie selon les actes), maître d'école à Wolxheim entre 1773 et 1781 au moins, musicien ensuite, né vers 1733, et de son épouse Catherine Raumer, née le 25 novembre 1739 à Sélestat [2], fille de Jean Raumer, boucher, qui était toujours vivante en 1797.

Le ménage Reiss-Raumer avait eu plusieurs enfants. La première Marie Madeleine (Maria Magdalena) Reiss était née le 21 août 1771 à Nordhausen ; elle y décéda le 9 novembre de la même année. Les parents nommèrent par la suite leur seconde fille Marie Madeleine. Catharina Maria Ursula naquit le 28 septembre 1775 à Wolxheim. Maria Anna, née le 11 novembre 1777 à Wolxheim, mourut enfant. Marie Madeleine avait aussi un frère cadet, Fridolin Xavier, né le 4 mars 1781 à Wolxheim.

La famille n'était pas riche et n'avait pas de grandes relations ; la marraine de Fridolin Xavier n'avait même pas signé son acte de baptême,

---

1. Tant dans son acte de mariage et que dans son acte de décès, l'âge de Marie Madeleine est indiqué incorrectement : elle est rajeunie de quatre ans. L'acte de naissance est pourtant formel sur la véritable date.
2. C'est l'information figurant sur son acte de décès. Nous avons trouvé dans les archives l'acte de naissance d'Anne Catherine Romer, née à Sélestat le 1er novembre 1740, fille de Jean Georges Romer et d'Anne Marie Guntzin : s'agit-il de la même personne ?

ne sachant pas écrire. Le père, Fridolin Reist, avait dû quitter Wolxheim suite à la plainte collective des habitants. Voici le texte de la supplique que le curé, le prévôt, le bourgmestre et les bourgeois de Wolxheim avaient adressée à monseigneur de La Galaizière, conseiller du roi, intendant de justice, police et finances : « *L'inconduite et les ivrogneries de Fridolin Reyss, leur maître d'école et marguillier qui les a poussés même au plus grand scandale de toute la bourgeoisie et de la jeunesse, a nécessité les suppliants de lui donner son congé il y a trois mois pour quitter aux fêtes de Noël de la présente année, après l'avoir néanmoins averti et exhorté précédemment à différentes reprises, même en présence de monsieur le bailli qui a bien voulu joindre ses exhortations à celles des suppliants lors des renouvellements de justice, sans qu'il ait voulu se corriger. Et comme ledit Reyss a eu l'audace de présenter requête à Votre Grandeur pour se maintenir en lad. place, les suppliants auxquels lad. requête a été communiquée, et qui se sont déjà pourvus d'un autre maître d'école et marguillier suivant les us et coutumes dud. village de Wolxheim et de l'évêché, auquel led. Reyss s'obstine de céder et refuse d'évacuer la maison et remettre les clefs.* » [1] Les habitants eurent donc recours à l'autorité de monseigneur de La Galaizière pour faire partir le maître d'école récalcitrant, qui s'installa ensuite comme musicien à Molsheim, où il décéda dans la maison d'un boulanger, rue Bruchgaß, le 4 nivôse an II (24 décembre 1793).

Le premier enfant du couple Gazan-Reis, Félix Théodore Gazan, naquit le 10 vendémiaire an V (1er octobre 1796) à 7 heures du soir à Sélestat. Dans son acte de naissance, il est indiqué comme « *fils légitime de Théodore Gazan, chef de brigade de la 10ᵉ ½ brigade d'infanterie légère, et de Magdelaine Reiss, citoyens conjoints, l'époux à l'armée, & ladite citoyenne Reiss, de passage à Schlestat pour se rendre à Strasbourg* ». La déclaration fut faite par l'accoucheuse en présence d'un capitaine et d'un quartier-maître de la 10ᵉ demi-brigade légère et d'un adjudant-major. Ce premier enfant ne vécut pas longtemps et décéda le 7 pluviôse an V (26 janvier 1797) à 21 heures à Molsheim, chez Joseph Groß, vigneron, âgé de 28 ans, domicilié rue Schwemgaß. C'est sa grand-mère Catherine Raumer qui déclara son décès. L'acte de décès ne porte pas le nom de la mère, seulement celui du père, « *chef de brigade n° 10 ½ brigade infanterie légère* ».

Peu de temps après la naissance de son fils, Gazan perdit son père. Joseph Gazan mourut le 11 frimaire an V (1ᵉʳ décembre 1796), âgé de 80

---

1. Archives départementales du Bas-Rhin, C 193.

ans, dans « *sa maison d'habitation sisse (sic) dans le terroir quartier de la Pairrière* », commune de Mougins. L'acte fut dressé « *en présence d'Antoine Ardisson, officier de santé, âgé de 27 ans, et de Jean-Baptiste Signoret, boulanger, âgé de 28 ans* ».

Le 7 ventôse an V (25 février 1797), à Strasbourg, Honoré Théodore Maxime Gazan épousa officiellement Marie Madeleine Reis ; les bans avaient été publiés deux jours plus tôt. Le mariage fut contracté en la maison commune. Gazan est indiqué dans l'acte comme chef de brigade de la dixième demi-brigade d'infanterie légère à l'armée de Rhin-et-Moselle depuis trois ans, « *fils de feu Joseph Gazan, homme de loi* » ; quant à Marie Madeleine âgée de 20 ans (sic), « *fille mineure de feu Fridolin Reiss et de Catherine Raumer* », elle était « *attachée*[1] *à la susdite demi-brigade depuis un an* ». Les témoins furent trois employés de la maison commune et un garde de police. La jeune épousée avait obtenu le consentement de sa mère le 22 novembre 1796, devant un notaire.

Le couple mena une existence errante liée aux campagnes militaires. Cette situation perdurera presque sans interruption jusqu'à la fin des guerres de l'Empire. Le ménage aura plusieurs enfants dont la plupart survivront. Le 24 thermidor an VI (11 août 1798), à 3 heures du matin, naquit à Molsheim, au domicile de sa grand-mère, 2 rue Bruchgaß, Henry Gazan, fils de « *Théodore Gazan, chef de la n° 10 brigade d'infanterie légère, natif de Grasse, présentement au service de la République, et de Magdalene Reis, épouse en légitime mariage* ». L'acte de naissance fut dressé en présence de Xavier Reis, horloger, oncle du nouveau-né, et de Rosalie Reis, fille de feu Fridolin Reis et de Catherine Raumer : il s'agit peut-être de Catharina Maria Ursula citée ci-dessus. L'accoucheuse se nommait Cunigonde Weiß. Le petit Henry Gazan décéda le 30 nivôse an VII (19 janvier 1799) à 4 heures du matin au domicile de sa grand-mère.

LES REVUES D'INSPECTION

Aussitôt marié, Gazan partit en congé à Grasse ; la permission délivrée le 11 février 1797 stipulait qu'il devait être de retour à l'armée le 20 avril. Au printemps, le Directoire décida Moreau à reprendre l'offensive.

---

1. Par le décret du 30 avril 1793, « *pour congédier des armées les femmes inutiles* », seules les blanchisseuses et les vivandières pouvaient être officiellement attachées aux demi-brigades. Chaque bataillon avait droit à quatre blanchisseuses ; quant aux vivandières agréées, elles devaient recevoir une marque distinctive des généraux divisionnaires.

Le 20 avril 1797 commencèrent les opérations du passage du Rhin. La 10e légère forte de 2 977 hommes [1], qui faisait partie de l'aile gauche sous les ordres de Gouvion Saint-Cyr, 5e division Sainte-Suzanne, brigade Decaen, partit de ses cantonnements dans le Palatinat. Le lendemain, elle était à Lauterbourg. Dans la nuit du 21 au 22, les troupes de Gouvion Saint-Cyr rejoignirent Moreau et le gros de l'armée. En ce moment, arriva un messager porteur d'une dépêche annonçant l'ouverture des négociations à Léoben entre le général Bonaparte, vainqueur en Italie, et les représentants autrichiens. Moreau communiqua sur-le-champ cette nouvelle aux généraux ennemis et les invita à une réunion pour tracer ensemble la ligne de démarcation.

Le 27 avril, une semaine seulement après l'ouverture de la campagne, les divisions françaises repassèrent le Rhin. La 10e légère prit ses cantonnements à Deidesheim. Le 25 mai, elle fut convoquée à Strasbourg pour y passer la revue de l'inspecteur général [2]. Le 2 juin, la demi-brigade de Gazan, forte de 2 276 hommes, comparut devant le général Schauenburg. L'inspecteur fit les constatations suivantes : « *L'espèce d'hommes de ce corps est en général une des plus vigoureuses de l'infanterie de cette armée* [Rhin-et-Moselle]. *Il n'existe pas six hommes qui passent 40 ans. Le corps d'officiers et sous-officiers est très bien composé, et costumé aussi militairement que décemment. Tous les habits bien agrafés, les cheveux bien régulièrement tenus et proprement peignés. La buffleterie est soignée aussi bien que l'était celle de nos régiments en temps de paix, toutes les gibernes cirées et banderoles bien blanchies. Les armes sont en bon état. Tout fait remarquer dans ce corps l'énergie et les soins du chef et ses officiers.* » Il nota la bonne discipline et la subordination exacte au sein de la demi-brigade. L'esprit du corps fut caractérisé comme « *exemplaire* », et les officiers « *cultivés* » ; l'instructeur resta satisfait de la qualité de l'instruction des soldats pour le maniement d'armes et les charges ; cependant, il nota que la demi-brigade « *a besoin d'être cultivée pour la marche* ». L'expérience acquise par le corps au cours des dernières campagnes le rompit pour les manœuvres. L'inspecteur nota dans son carnet : « *Tenue exemplaire depuis le chef jusqu'aux chasseurs. Habillement en aussi bon état que les circonstances le permettent. Équipement et armement en très bon état et parfaitement soigné. Administration des finances exactement suivie.* » Il donna un avis favorable sur presque tous les officiers. Sur le propre compte de

---

1. Lieutenant Longy, *op. cit.*, p. 255. L'état de situation porte : 2 977 présents, 1 460 aux hôpitaux (SHD, B2 336).
2. SHD, B2 360.

Gazan, Schauenburg ne tarissait pas d'éloges et le présentait comme « *un officier distingué par sa valeur et ses connaissances militaires* » ; il attribuait à juste titre à son activité et son énergie la régularité de la tenue de la troupe, et il concluait : « *La manière distinguée avec laquelle la 10ᵉ a été conduite par son chef de brigade Gazan, les utiles services que ce brave corps a rendus dans la glorieuse campagne (an IV) prouvent son aptitude.* » Ce tableau idyllique n'était assombri que par quelques détails : l'inspecteur goûta le pain et le trouva « *passable* », mais qualifia les casernes et les chambres de « *très mauvaises et très malpropres* » [1].

Après cette revue, la 10ᵉ légère retourna dans ses cantonnements dans le Palatinat. Le 20 octobre 1797, la fusion des armées de Sambre-et-Meuse et de Rhin-et-Moselle créa l'armée d'Allemagne, placée sous les ordres du général Augereau, qui eut une existence éphémère, puisque déjà le 16 décembre de la même année elle se séparait en deux armées distinctes : celle du Rhin (qui deviendra en février 1798 l'armée d'Helvétie) et celle de Mayence sous les ordres du général Hatry ; la 10ᵉ légère fut attachée à cette dernière, division Chateauneuf-Randon, brigade Poinsot [2]. Le repos prolongé permit à la demi-brigade de restaurer ses forces ; le nombre de ses malades était alors insignifiant.

En 1798, en vue d'une prochaine descente sur les îles Britanniques, fut créée l'armée d'Angleterre, basée sur les côtes de l'Atlantique. De nombreuses unités et des cadres y furent transférés des autres armées de la République. Ainsi, le 12 février 1798, la 10ᵉ légère quittait ses camps entre Bingen et Spire, avec trois autres demi-brigades, et prenait la route du Luxembourg, d'où, sans s'arrêter, elle gagna Cherbourg. Elle fut incorporée dans le corps du centre (Kilmaine), division Duhesme, brigade Tharreau [3]. Après le départ de Duhesme, elle fit partie de la division Vandamme, puis de la division Lemoine. Jusqu'à la fin de juillet 1798, elle parcourut la côte normande, séjournant à Valognes, Caen, Bayeux, Carentan, etc. Gazan y fréquenta la loge maçonnique de l'Unité et y acquit le grade de maître le 26 avril [4].

Bonaparte ayant finalement opté pour l'Égypte, le projet d'une grande expédition en Angleterre n'était plus à l'ordre du jour. Les 29, 30 et 31 juillet, le 2ᵉ bataillon marchant à une journée d'étape du 1ᵉʳ et le 3ᵉ bataillon à une étape du 2ᵉ, la 10ᵉ légère partit de Valognes pour Sarrebruck, où elle arriva les 22, 23 et 24 août [5]. Elle fut incorporée dans

---
1. SHD, Xb 328.
2. SHD, B2 337 et B2 338.
3. SHD, B5 135.
4. Certificat délivré à Valognes. Centre de documentation du Musée d'art et d'histoire de Provence (Grasse), MF 3.
5. SHD, B5 135.

la division Championnet, à l'armée de Mayence. Championnet choisit une des compagnies de carabiniers de la 10ᵉ légère pour fournir la garde d'infanterie près le quartier général conjointement avec celle de la 25ᵉ légère qui s'y trouvait déjà [1]. Pendant toute cette période, les obligations du service n'étaient ponctuées que par des changements dans les cantonnements et par quelques fêtes, comme celle du 18 fructidor an VI (4 septembre 1798), l'anniversaire du coup d'État de l'an V qui avait provoqué des changements au sein du Directoire et la proclamation comme illégales des élections favorables aux royalistes. Les festivités se déroulèrent dans la plaine en avant de Homburg, à droite du chemin conduisant à Francfort ; chaque demi-brigade s'y fit représenter par 100 hommes, et chaque unité de cavalerie par un escadron. À 10 heures du matin arriva le général en chef Joubert accompagné du général Championnet ; ils furent salués par des salves d'artillerie. Le général en chef prononça un discours énergique, dans lequel il retraça « *le péril dont était menacée la République avant le 18 fructidor an V* » et « *la reconnaissance due au gouvernement pour sa conduite ferme et rigoureuse dans cette immortelle journée* ». Les soldats, comme cela avait été convenu d'avance, crièrent : « *Vive la République, vive le Directoire exécutif, vivent les Conseils, périssent leurs ennemis* », puis ils défilèrent devant Joubert qui témoigna sa satisfaction de leur air martial et de leur bonne tenue. La journée se termina par un « *repas fraternel* » [2].

Le 14 octobre 1798, le général Jourdan, auteur de la loi sur la conscription votée en septembre, fut nommé commandant en chef de l'armée de Mayence, où il arriva le 1ᵉʳ novembre. Au 22 octobre, la 10ᵉ légère (division Sainte-Suzanne) était cantonnée comme suit : le 1ᵉʳ bataillon (927 hommes) à Kehl, le 2ᵉ bataillon à Strasbourg (898 hommes), le 3ᵉ bataillon à Landau (881 hommes) [3]. Le mois suivant, le 3ᵉ bataillon se déplaça lui aussi à Strasbourg ; Férino prit le commandement de la division. En janvier 1799, la 10ᵉ légère était cantonnée près d'Huningue. Elle y resta pendant trois mois, avant d'aller camper près d'Alstetten.

Le 7 mars 1799, à la reprise des hostilités, l'armée de Mayence devint l'armée du Danube. Ses unités furent passées en revue par Dubois-Crancé. Le 16 mars, ce fut le tour de la 10ᵉ légère. L'inspecteur nota pour son compte : « *Esprit du corps républicain ferme et brave jouissant d'une réputation très méritée. Bonne discipline.* » Sa tenue fut caractérisée comme « *une des plus belles de l'armée* », malgré le fait que les ba-

---

1. SHD, B2 317*.
2. SHD, 1M 356 : *Bulletin historique*.
3. SHD, B13 192*.

taillons de guerre manquaient de culottes – par opposition au bataillon de garnison qui, lui, « *manque de tout* ». L'œil exercé de Dubois-Crancé constata le manque d'armement, les mauvaises casernes, la médiocre instruction théorique des sous-officiers. On est loin des louanges démesurées décernées par Schauenburg ! On ne sait pourquoi, l'inspecteur indiqua pour Gazan le 13 octobre 1778 comme date de son entrée au service. Cette fois, le chef de brigade essuya des critiques : il fut caractérisé comme « *bon militaire, mais ayant très mal dirigé la comptabilité de son corps* ». Lors d'une autre inspection, Dubois-Crancé nota néanmoins sur le compte de Gazan : « *Jouit d'une très bonne réputation sous tous les rapports.* »[1]

UNE NOUVELLE DESTINATION

Le 1er mars 1799, l'armée de Jourdan avait passé le Rhin. Les Autrichiens franchirent le Lech et marchèrent à sa rencontre. Le 25 mars, l'archiduc Charles infligea une cuisante défaite à Jourdan près de Stockach, après quoi l'armée du Danube recula et prit position à la tête des défilés des montagnes Noires. Le 3 avril, Jourdan quitta l'armée, après avoir remis le commandement au général Masséna ; fin avril, leurs deux armées du Danube et d'Helvétie seront réunies sous un chef unique.

Pour Gazan, le temps des changements était arrivé. Déjà depuis le mois de janvier 1799, Masséna avait écrit au ministre de la Guerre en demandant pour Gazan le grade de général de brigade et un emploi en Suisse, où Masséna commandait l'armée d'Helvétie. Pour appuyer sa demande, il avait pris la peine de rassembler les témoignages des généraux ayant servi sur le Rhin et connaissant personnellement le brave chef de brigade. On lit dans le rapport au Directoire fait par le ministre de la Guerre en pluviôse an VII : « *Il [Masséna] annonce qu'il a servi avec lui dans le même bataillon et qu'il est de plus son compatriote et son ami ; que tous les généraux de l'armée du Rhin lui ont fait le plus grand éloge de la bravoure et des talents militaires de cet officier et lui ont certifié qu'il méritait d'être général de brigade. Le citoyen Gazan jouit effectivement d'une excellente réputation, il est considéré comme un des meilleurs chefs de brigade.* »

D'ailleurs, Gazan lui-même exprima le désir de servir sous les ordres de Masséna dont il avait la confiance et auquel il était très attaché. En

---

1. Résumé d'inspection de l'infanterie de l'armée du Danube par le général de division Dubois-Crancé, in *Carnet de la Sabretache*, 1901, p. 190. SHD, Xb 328.

germinal an VII, dans son rapport au sujet de la nomination au grade de général de brigade des chefs de brigade Gazan et Cassagne, le ministre de la Guerre écrivait sur le compte du premier : « *J'observe au Directoire exécutif que le Gal Masséna a déjà demandé l'avancement de cet officier dont la bravoure et les talents militaires sont généralement reconnus. Il jouit d'une excellente réputation sous tous les rapports, il est considéré comme un des meilleurs chefs de brigade. Il a servi avec distinction pendant toute la guerre actuelle.* » Le 15 germinal an VII (5 avril 1799), le Directoire exécutif l'éleva au grade de général de brigade. Le 28 avril, à Constance, Gazan fit ses adieux à la 10e légère qu'il avait « *si souvent conduite à l'ennemi* » ; les officiers déclarèrent à l'unanimité à leur chef, qu'ils couvrirent d'éloges pour « *sa conduite et sa moralité* », qu'il « *emporte avec lui tous nos sentiments* ». Sa place fut prise par le chef de brigade Camus, surnuméraire à la 61e demi-brigade [1], qui sera remplacé en juillet par le chef de brigade Grandeau [2].

---

1. SHD, Xb 328.
2. Georges Six, *Dictionnaire biographique des généraux & amiraux français de la Révolution et de l'Empire (1792-1814)*, tome I, Paris, 1934, p. 519.

Chapitre IV

En Suisse

Au printemps 1799, l'armée d'Helvétie sous les ordres de Masséna opérait contre les Autrichiens en Suisse. Le général, placé d'abord sous les ordres de Jourdan, fut nommé le 31 mars commandant en chef provisoire des armées du Danube et d'Helvétie réunies à la place de Jourdan, lequel quitta son poste officiellement pour des raisons de santé. Les principaux événements devaient désormais se dérouler aux confins de l'Helvétie, du pays des Grisons et sur les bords du lac de Constance, où l'archiduc Charles venait d'accourir avec la majeure partie de ses forces. Au 1er floréal (20 avril) la ligne occupée par l'armée du Danube s'étendait depuis Düsseldorf jusques dans le pays des Grisons [1]. Masséna fut confirmé définitivement dans son commandement par le Directoire le 29 avril.

La tâche du général en chef n'était pas facile. L'armée se désorganisait, à commencer par la tête : plusieurs généraux avaient quitté leur poste, les uns sous prétexte de maladie, d'autres dans la croyance que présenter des excuses était incompatible avec leur rang. La cavalerie et l'artillerie souffraient beaucoup du manque de fourrage, les magasins étaient vides, et les troupes vivaient au jour le jour dans leurs cantonnements sur la rive gauche du Rhin. Masséna déploya une activité admirable pour rétablir l'ordre et la discipline ; il pourvut aux places des divisionnaires absents et pressa le Directoire de lui fournir les moyens nécessaires pour l'ouverture de la campagne. Au 4 mai, l'armée se composait de neuf divisions d'inégale force, réparties dans quatre grands corps.

Le 4 mai, de son quartier général à Ermatingen, Gazan demandait encore au ministre Milet-Mureau de lui envoyer son brevet. Il servit à la 2e division du centre sous les ordres du général Oudinot. Le 16 mai, la brigade Gazan fut passée en revue. Lors de la concentration sous Zurich fin mai, l'armée reçut une autre organisation plus adaptée aux circonstances ; la division Oudinot forma l'avant-garde. Gazan avait sous ses ordres la brigade de droite constituée du 10e léger, de la légion helvétique, du 4e hussards et d'une compagnie d'artillerie légère.

---

1. SHD, B2 365.

D'ÂPRES COMBATS EN MAI ET JUIN

Le 22 mai au matin, l'avant-garde autrichienne passa la Thur et rencontra à Hettlingen les premiers postes français qu'elle attaqua. Masséna, apprenant la marche du général Hotze pressé de rejoindre l'armée de l'archiduc, prit promptement ses mesures pour chasser les Autrichiens derrière la Thur et le corps de Hotze à Pfyn. Le fougueux général Ney, arrivé la veille à la division d'avant-garde, se vit confier la moitié des troupes qui la composaient et fut chargé de l'attaque du centre des postes ennemis dans la direction d'Altikon ; il avait ordre de se porter ensuite sur Pfyn. Le reste de l'avant-garde fut mis sous les ordres d'Oudinot, auquel Masséna prescrivit de s'emparer de Frauenfeld.

Le 25 mai, à 3 heures du matin, la division d'avant-garde se dirigea en colonne de marche sur les routes de Winterthur à Stein et Frauenfeld. La brigade de droite commandée par Gazan culbuta l'ennemi posté en avant de Frauenfeld, enleva la ville à la baïonnette et alla prendre position sur la route de Constance, laissant seulement un bataillon et 100 chevaux en observation sur celle de Saint-Gall [1]. Mais dans le moment où la brigade de gauche commandée par Ney enlevait le pont de Pfyn, la division autrichienne Petrasch enfila la grande route de Frauenfeld, replia sans peine un détachement qu'Oudinot avait laissé en observation, et, précipitant son mouvement, arriva à Frauenfeld avant que la brigade Gazan eût pu faire ses dispositions de défense. Oudinot, à la vue de cette situation critique, fit mettre ses canons en batterie sur les bords de la Murg ; leur canonnade força les Impériaux à se retirer derrière Frauenfeld. Oudinot ordonna alors à Gazan de reprendre la ville. La 10ᵉ légère (ancienne unité de Gazan) en tête, sa brigade s'élança impétueusement à l'assaut et y pénétra, les Autrichiens s'étant retirés derrière la ville sous la canonnade ; après une vive fusillade, les tirailleurs ennemis furent chassés et poursuivis dans les jardins qui environnaient Frauenfeld. Un bataillon entier fut pris dans le coude de la rivière. Exploitant ce premier succès, Gazan lança sa brigade sur les hauteurs ; cette tentative fut d'abord repoussée. Il s'y passa un épisode bizarre, une méprise si fréquente à la guerre. Gazan s'était fait soutenir par un bataillon de milice lucernoise ; cette troupe, ayant conçu le projet de passer à l'ennemi, courut vers les Autrichiens après avoir désarmé ses officiers. Mais le général Petrasch, ne soupçonnant pas

---

1. *Mémoires d'André Masséna*, tome 3, Paris, 1966, p. 218.

leur dessein, les fit canonner par une batterie ; les miliciens, furieux de cette réception tout au moins désobligeante, chargèrent alors les Autrichiens à coups de baïonnette et de crosse et les repoussèrent.

Cependant le général autrichien fit soutenir le centre avec une partie de sa réserve. Gazan se maintenait dans la ville avec beaucoup de peine et commençait à perdre du terrain, lorsque l'arrivée des renforts conduits par le général Soult changea la face du combat : ils passèrent entre les rangs de la brigade Gazan exténuée par plusieurs heures de lutte et parvinrent à rompre les lignes de l'ennemi. Oudinot indiqua dans son rapport que Gazan « *contribua au succès de la journée* » [1].

Le soir de la bataille, Ney prit le commandement de l'avant-garde. Le 26, l'archiduc Charles se décida à porter une division sur Pfyn, afin de renforcer le corps de Hotze qui reçut l'ordre d'attaquer le lendemain l'avant-garde française. Le 27 au matin, Hotze se mit en mouvement sur trois colonnes ; il déploya la majeure partie de ses troupes sur le front des Français, pendant qu'une de ses colonnes manœuvrait pour tourner leur droite. Ney occupait, près d'Ober-Winterthur, une hauteur environnée de marécages. À la vue des denses colonnes ennemies, il décida de se replier sur Winterthur ; en ce moment, le général Tharreau, arrivant au galop, lui enjoignit, au nom du général en chef, de prendre l'offensive, promettant qu'il serait secouru par Soult. Ney obéit ; il lança la brigade Gazan en avant et prit des dispositions pour les autres troupes sous ses ordres. Gazan échoua dans son offensive, écrasé par le nombre que l'ennemi opposait à sa progression. Ney, de son côté, se battit comme un lion, mais rencontra le même obstacle ; les renforts promis n'arrivaient pas. Blessé d'un coup de feu au genou, et son cheval ayant été tué, Ney remit momentanément le commandement à Gazan, qui « *s'en est dignement acquitté* » [2]. Après s'être fait panser, l'intrépide général à la chevelure rousse revint au combat et, désespérant d'être secouru, ordonna la retraite sur la Toss dont il défendit le pont pendant une heure et demie. Il y reçut un second coup de feu au poignet, eut le pied percé d'un coup de baïonnette et perdit de nouveau son cheval ; hors d'état de combattre davantage, il remit définitivement le commandement de la division à Gazan. Les Autrichiens chargèrent et bousculèrent les Français, mais l'artillerie de Ney arrêta leur élan. Grâce aux vigoureux coups que le 4e hussards porta à l'ennemi, la brigade Gazan put se retirer à Winterthur sans être trop pressée [3]. La ligne

---

1. SHD, 1M 365 : *Rapport du général Oudinot, commandant l'avant-garde, de la journée du 6 au 7 prairial an VII*.
2. *Mémoires du maréchal Ney*, tome 1, Bruxelles, 1833, p. 314.
3. Comte Pajol, *Pajol, général en chef*, Paris, 2006, p. 324.

de la Toss était perdue ; Ney, avec 3 000 hommes, s'était battu pendant onze heures contre plus de 8 000 Autrichiens. Gazan suivit le mouvement de retraite de l'armée sur la ligne de la Glatt ; à Kloten, Oudinot reprit le commandement de l'avant-garde.

D'âpres combats eurent lieu en juin, dont la première bataille de Zurich (4 juin). Au point du jour, les Autrichiens commandés par l'archiduc Charles chassèrent les Français de leurs retranchements, les rejetèrent dans la ville et se logèrent dans les faubourgs. Mais la brigade Gazan s'engagea avec l'ennemi, et après un combat opiniâtre, repoussa les bataillons du général Jellachich avec perte sur les hauteurs de Riesbach dont elle ne put cependant les déposter, neutralisant ainsi cette colonne pour le reste de la journée. Les mouvements des autres colonnes autrichiennes ne furent guère plus heureux. L'ennemi perdit dans cette affaire plus de monde que les Français, abrités par leurs retranchements. Néanmoins, craignant une nouvelle attaque à laquelle il ne se croyait pas en mesure de faire face avec une armée exténuée de fatigue et aux effectifs nettement inférieurs à ceux de l'ennemi, Masséna prit la décision d'évacuer Zurich et alla s'établir dans les nouvelles positions sur la chaîne des montagnes de l'Albis, « *une ligne de défense plus avantageuse* » selon l'archiduc Charles [1].

Dans les jours suivants, les Autrichiens tâtèrent les positions françaises ; quelques combats eurent lieu. Le *Bulletin historique* mensuel de l'armée du Danube annonçait pour celui du 15 juin : « *Le général Gazan, avec la brigade de droite de la 4ᵉ division, en vertu des ordres donnés la veille par le général en chef au citoyen Walther, commandant ladite division, déboucha par Schlieren pour marcher sur Alstetten. Les troupes fondirent avec rapidité sur l'ennemi, culbutèrent et enlevèrent presque tous ses postes et le forcèrent à se retirer en désordre jusque sous les murs de Zurich. Le combat dura jusqu'à 11 heures du matin au milieu du feu le plus vif et avec le plus grand acharnement. La colonne de gauche, ayant à sa tête le général de brigade Gazan, enveloppa le village d'Alstetten et y fit 130 prisonniers.* » [2] Aucun événement important ne se passa dès lors sur la ligne, où l'armée de Masséna resta, à quelques rectifications près, jusqu'à la deuxième quinzaine d'août [3].

---

1. Archiduc Charles d'Autriche, *Campagne de 1799 en Allemagne et en Suisse*, tome I, Vienne, 1819, p. 350.
2. SHD, B2 365.
3. *Mémoires d'André Masséna*, tome 3, Paris, 1966, p. 267.

Nouveaux changements

Au 19 juin, la brigade Gazan faisait partie de la 4ᵉ division Walther [1] ; elle se composait de la 6ᵉ demi-brigade auxiliaire helvétique, des 57ᵉ et 100ᵉ demi-brigades, en tout 5 495 hommes dont 4 155 présents sous les armes. Le général Walther passa le 28 juin à la 6ᵉ division et fut remplacé par le général Oudinot, qui fut nommé à son tour chef d'état-major de l'armée du Danube à la place de Suchet fin juillet et remplacé à la tête de la 4ᵉ division par le général de division Lorge. On voit apparaître à cette période la 10ᵉ légère et la 37ᵉ de ligne dans la composition de la brigade Gazan [2]. Fin juin, le quartier général de l'armée était à Bremgarten. La 4ᵉ division occupait les hauteurs de la rive gauche de la Limmat ; son front était couvert par la rivière qui n'était guéable nulle part depuis Zurich jusqu'à Baden [3].

Le 30 prairial an VII (18 juin 1799), une sorte de coup d'État se produisit à Paris et entraîna des changements au sein du Directoire. Lors du renouvellement des ministères, en juillet 1799, le général Bernadotte devint ministre de la Guerre. Hostile à Masséna, il échafauda plusieurs plans d'opérations militaires qui portent le sceau d'une grande incohérence ; c'est en Allemagne qu'il désirait diriger le principal effort de la guerre.

L'armée du Danube, passée tout entière sur la rive gauche du Rhin après son échec à Stockach le 25 mars, fut, en juillet 1799, divisée en deux armées distinctes : l'armée du Rhin qui comprenait toutes les forces laissées sur le fleuve depuis Bâle jusqu'à Düsseldorf ; l'armée du Danube proprement dite qui se composait de toutes les troupes occupant la Suisse. Depuis que Masséna avait abandonné le camp retranché de Zurich, les forces actives de l'armée du Danube formaient un arc de cercle depuis Bâle jusqu'à Saint-Maurice dans le Valais.

Tout le mois de juillet et la première quinzaine d'août s'écoulèrent sans qu'aucune opération importante eût lieu en Suisse ; ne s'estimant pas assez fort pour attaquer le gros de l'armée française, l'archiduc voulait attendre l'arrivée du corps russe de Korsakov avant de reprendre l'offensive, tandis que Masséna ne voulait rien entreprendre avant que son armée ne fût complètement pourvue en vivres, munitions et effets d'habillement. De toute façon, en juillet, toute l'attention du pouvoir central se portait sur le théâtre d'opérations en Italie. Le 6 juillet, suite à

---
1. SHD, B2 341.
2. SHD, B2 341.
3. L. Hennequin, *Zürich : Masséna en Suisse*, Paris-Nancy, 1911, p. 76.

l'entrée du général russe Souvorov à Turin, fut créée l'armée des Alpes sous les ordres du général Championnet. Bernadotte, mû par ses inimitiés personnelles, voulait remplacer Masséna et affaiblir l'armée du Danube pour renforcer celle des Alpes. Pour sa part, Masséna considérait le ministre comme son plus cruel ennemi. Nous sommes déjà ici face aux rancunes des futurs maréchaux de l'Empire...

Au milieu d'août, la droite de Masséna attaqua la gauche de l'armée de l'archiduc Charles et s'empara des deux rives du lac des Quatre-Cantons, de la Haute-Reuss et du Saint-Gothard. Au même moment, le 15 août, Souvorov infligeait une importante défaite à l'armée française à Novi en Italie ; le général Joubert [1], commandant en chef, fut tué. L'idée de la coalition était alors de grouper toutes les troupes russes en Suisse, laissant aux seuls Autrichiens le soin de poursuivre les conquêtes au-delà des Alpes, et d'employer Souvorov à la conquête de l'Helvétie. Ceci fait, Souvorov et les troupes émigrées du prince de Condé envahiraient la France par une frontière dépourvue de forteresses et y rétabliraient la royauté.

Après la défaite de Novi, l'armée du Danube restait la seule capable de résister efficacement à la coalition. Le gouvernement ne put que maintenir Masséna à son poste et lui prescrire de prendre l'offensive s'il avait « *la certitude de vaincre* ». L'armée du Danube était alors en très mauvais état ; elle manquait terriblement de vivres, le dénuement poussait même les officiers à vendre leurs effets. La Suisse, mise en coupe réglée depuis le début de la campagne, ne pouvait plus rien fournir ; ses habitants, exaspérés, étaient au bord de la révolte. Dans ces conditions, le nouveau ministre de la Guerre [2] demanda tout de même à Masséna de prendre l'offensive, car depuis la défaite de Novi, ce n'est plus en Italie que se situait le centre de gravité de la guerre, mais en Helvétie. Seule une victoire prompte et décisive pouvait sauver la situation.

L'ARRIVÉE DU CORPS DE KORSAKOV

Entre-temps, les intérêts politiques des trois principales puissances coalisées avaient déterminé une nouvelle répartition des forces. Suite à différents accords, les armées adverses se mirent à exécuter des mouvements complexes dans l'objectif de remplacer derrière la Limmat l'ar-

---

1. Certains politiciens à Paris avaient reposé leurs espoirs sur Joubert pour changer la situation en France à l'aide de l'armée haranguée par un général populaire. Sa mort à Novi les obligea à chercher un autre « sabre ».
2. Bernadotte fut remplacé à ce poste mi-septembre par Dubois-Crancé.

mée de l'archiduc Charles, destinée à opérer sur le Rhin, par celle du général Korsakov, puis la jonction fin septembre de cette armée avec celle de Souvorov venant d'Italie et celle du général autrichien Hotze placée derrière la Linth. À partir du 26 août, l'archiduc Charles achemina ses troupes sur Schaffhouse pour y passer le Rhin, laissant en Suisse le corps de Hotze fort d'environ 20 000 hommes qui occupait la Linth, le canton de Glaris et les Grisons, jusqu'à ce qu'il pût être relevé par des troupes russes venues d'Italie. Masséna décida de profiter de ces mouvements et du retard éprouvé par Souvorov pour se jeter avec 34 000 hommes placés sous son commandement direct sur les 24 000 Russes de Korsakov [1], parfaitement isolés dans Zurich.

Pour se faire une idée de ce qu'était l'armée russe en Suisse, donnons la parole à l'historien Miliutin : « *Les troupes russes étaient alors plus habituées aux opérations contre les Turcs qu'à une guerre européenne, et cette constatation s'affirmait surtout chez les généraux et les officiers. Comme compensation à tous ces défauts, elles pouvaient sans conteste se faire gloire de leur valeur intrinsèque et de leur excellent esprit militaire. Les vieux soldats, endurcis dans des campagnes ininterrompues, brûlaient du désir de se battre ; ils luttaient comme des héros, sans se préoccuper du nombre de leurs ennemis ; ils exécutaient sans murmures les marches les plus dures et supportaient avec une patience admirable tous les genres de privations et les influences déprimantes d'un climat auquel ils n'étaient pas habitués. C'était au général en chef à savoir employer de pareilles troupes.* » [2] Mais Korsakov était loin d'égaler le charismatique Souvorov. Général expérimenté, il avait une trop haute opinion de ses talents ; orgueilleux, trop confiant en soi, il rejetait tout conseil émanant des autres et avait beaucoup de mépris pour les troupes étrangères. Selon les *Mémoires de Masséna* rédigés par le général Koch, Korsakov « *ne voyait rien au-dessus des manœuvres automatiques, de la discipline des verges, et des hauts bonnets coniques dont les grenadiers russes étaient coiffés* » [3]. Le colonel suisse Roverea, qui vécut dans son entourage, critique beaucoup ses dispositions imprévoyantes à Zurich : « *Il négligea la garde du Zurichberg et des aboutissants de cette importante hauteur, et malgré tous les avis, n'observa que faiblement la courbe que décrit la Limmat près de Höngg, qui par sa nature facilitait à l'ennemi le passage de cette rivière.* » [4]

---
1. L. Hennequin, *op. cit.*, p. 249.
2. Cité dans Hennequin, *op. cit.*, p. 139.
3. *Mémoires d'André Masséna*, tome 3, Paris, 1966, p. 347.
4. *Mémoires de F. de Roverea*, tome second, Bern-Zurich-Paris, 1848, p. 215.

Les préparatifs de Masséna

Une tentative du passage de la rivière Limmat par les Français dans la nuit du 29 au 30 août ayant échoué, le commandant en chef de l'armée du Danube ne voulait plus opérer qu'à coup sûr. À la suite de reconnaissances minutieuses, Masséna choisit le point de Dietikon pour y établir un pont et traverser la Limmat, se portant ainsi sur la ligne de communications des Russes. Gazan se vit attribuer l'honneur de conduire les troupes de l'avant-garde. Hennequin écrit : « *Quelques postes russes, fournis par un bataillon de grenadiers et un régiment de cosaques, campés sur le plateau au nord des pentes boisées, se trouvaient dans la plaine. Leurs sentinelles ou vedettes, chargées de surveiller le bord opposé, s'abritaient dans les bosquets longeant la rive droite. Il n'est pas téméraire de penser que, jetée sur la berge nord au moyen de barques, appuyée efficacement par le tir de pièces de position placées sur les pentes au nord de Nieder-Urdorf et par les feux convergents de pièces légères mises en batterie sur le pourtour de la boucle, une avant-garde française parviendrait à repousser devant elle les premiers postes russes et à prendre possession des bois du Hard. En escomptant une résistance opiniâtre des troupes qui occuperaient cette sorte de tête de pont, Masséna pouvait entreprendre la construction d'un pont de bateaux au point choisi pour le passage du gros de ses forces.* » [1] Le point de Dietikon présentait aussi quelques inconvénients, comme l'absence d'une île protectrice pour couvrir le matériel et le personnel employés au transport des bateaux sur la rive et à leur lancement sur la Limmat qui avait à cet endroit seulement 90 mètres de largeur, mais la puissante protection d'artillerie que procurait le plateau d'Urdorf l'emportait sur toutes les considérations. Le même jour, les troupes commandées par le général Soult devaient franchir la Linth ; les deux opérations ne pouvaient réussir que si elles étaient exécutées simultanément. Des diversions étaient aussi prévues sur d'autres points pour tenir l'ennemi en alerte.

À la veille de la bataille, la brigade Gazan faisant partie de la 5ᵉ division Lorge avait la composition suivante : 37ᵉ demi-brigade (2 411 hommes) à Dietikon, 57ᵉ demi-brigade (1 133 hommes) à Urdorf, 18ᵉ compagnie du 1ᵉʳ régiment d'artillerie à pied (105 hommes) à Bremgarten, 2ᵉ compagnie du 6ᵉ régiment d'artillerie à pied (47 hommes) à Bremgarten, ouvriers d'artillerie (5 hommes) à Bremgarten, pontonniers (200 hommes) à Bremgarten

---

1. L. Hennequin, *op. cit.*, p. 236.

et environs, 13ᵉ régiment de dragons (584 hommes) à Wettswil, 9ᵉ régiment de hussards (519 hommes) à Dietikon ; 5 004 hommes au total [1]. Les compagnies d'artillerie et les pontonniers étaient à Dietikon et environs le jour du passage de la Limmat, le 3 vendémiaire (25 septembre). La 10ᵉ demi-brigade légère [2], faisant partie de la brigade Bontemps, passa momentanément à l'avant-garde et se trouvait sous les ordres de Gazan le 3 vendémiaire.

Le 24 septembre, Masséna écrivit à Soult : « *La brigade Gazan passera la première dans les barques, s'emparera du plateau de Fahr et culbutera tout ce qui pourra se trouver d'ennemis.* » Il en avertit également Lorge : « *Nous passerons la Limmat le 3 du courant à la pointe du jour. La brigade Gazan passera la première dans les barques et s'emparera du plateau de Fahr, et culbutera tout ce qui pourra se trouver d'ennemis dans cette partie.* » [3] Il était nécessaire, pour effectuer le passage, d'apporter les barques sur des voitures, de les décharger à quelque distance du rivage, de les porter à bras et de les lancer à l'eau. L'embarquement des troupes chargées de protéger la construction du pont devait s'opérer à la vue des postes ennemis de la plaine. Le chef de brigade d'artillerie Dedon fut chargé du soin de réunir et de mettre en œuvre le matériel et les embarcations nécessaires ; malgré de nombreux obstacles, il s'en acquitta parfaitement. Masséna fit faire en même temps à Brugg des préparatifs bruyants pour donner à croire à l'ennemi que son point de passage était le confluent de la Limmat, de la Reuss et de l'Aar.

Villeneuve-Bargemon fut présent ce jour-là sur les bords de la Limmat : « *La veille du passage, raconte-t-il, je me rendis avec le colonel Marès* [4] *au village de Dietikon où se trouvait le général Gazan, mon compatriote, avec sa division. Dans la route nous rencontrâmes des trains de bateaux, quantité d'artillerie et de troupes qui se dirigeaient aussi de ce côté. Au coucher du soleil nous fûmes parcourir les bords de la Limmat ; tout y était tranquille. Les postes avancés et les vedettes russes, dont nous n'étions séparés que par la rivière qui n'est pas large, nous regardaient avec indifférence. Sur la hauteur, à demi-portée de canon, on apercevait un camp russe qui offrait un joli coup d'œil à cause des tentes rayées de vert et de blanc. Pendant la nuit, les troupes arrivaient et je ne pus goûter un instant de sommeil sur le banc où je m'étais étendu enveloppé dans mon manteau.* » [5]

---
1. *Ibid.*, p. 246.
2. Après la campagne de Suisse, la 10ᵉ légère passa à l'armée du Rhin en janvier 1800 (SHD, B13 194*).
3. SHD, B2 77.
4. Chef de brigade du génie à l'armée de Masséna.
5. « Mémoires de Ferdinand-Emmanuel, marquis de Villeneuve-Bargemon », in *Carnet de la Sabretache*, 1923, pp. 327-328.

La deuxième bataille de Zurich

Le 25 septembre, avant le lever du jour, l'avant-garde française [1] se trouvait rangée en bataille à cinquante pas du rivage ; les soldats reçurent l'ordre de garder le silence absolu. Les brigades Bontemps et Quétard (de la division Ménard) étaient réunies respectivement à proximité de Nieder-Urdorf et Dietikon. La réserve de Klein tenait la plaine face à Zurich, à cheval sur la grande route de Baden à Zurich, prête à appuyer la gauche de la division Mortier qui avait pour mission d'arrêter tout ce qui pouvait sortir de Zurich. L'adjudant-général Duvivier décrivait ainsi cette ville : « *Zurich est située à l'extrémité septentrionale du lac auquel elle donne son nom et sur les deux rives de la Limmat au point où cette rivière sort du lac ; plusieurs ponts lient les deux parties de la ville. Elle est entourée d'un rempart, d'un bon fossé et de quelques ouvrages extérieurs qui, sans la rendre susceptible d'une longue défense à cause des hauteurs dont elle est environnée, la mettent cependant à l'abri d'un coup de main.* » [2]

Entre 4 et 5 heures du matin, Gazan donna l'ordre de s'embarquer. Aussitôt que les barques furent lancées à l'eau, une compagnie de la 10e légère forte de 182 hommes monta à bord. Pilotées par les pontonniers, les barques se dirigèrent vers la rive droite. Quelques nacelles surchargées de troupes s'engravèrent sur un bas-fond ou furent arrêtées par des troncs de saules submergés ; le bruit fait pour les renflouer donna l'éveil aux postes russes qui prirent les armes. Dès que les troupes de Gazan atteignirent la rive opposée, elles furent accueillies par une fusillade qui à chaque instant devenait plus vive. De toutes parts retentissaient les cris de : « En avant ! ».

Villeneuve-Bargemon raconte : « *Au moment où on allait commencer à passer la rivière et que la fusillade était fort vive, un colonel d'infanterie légère arriva tout essoufflé auprès du général Gazan. Ses yeux exprimaient la colère. — Général, s'écria-t-il, je viens me plaindre du tort que vous nous faites. Nous sommes troupe légère et cependant on fait marcher avant nous de l'infanterie de ligne ! — Vous avez raison, répondit le général, et il lui fit prendre le premier rang avec son corps, aux applaudissements des officiers et des soldats.* » [3]

---

[1]. L'avant-garde commandée par Gazan était composée des trois compagnies de carabiniers de la 10e légère, d'un bataillon de la même demi-brigade, et de quatre compagnies de la 37e de ligne (L. Hennequin, *op. cit.*, p. 260).
[2]. Cité dans Édouard Gachot, *La campagne d'Helvétie (1799)*, Paris, 1904, p. 99.
[3]. « Mémoires de Ferdinand-Emmanuel, marquis de Villeneuve-Bargemon », in *Carnet de la Sabretache*, 1923, p. 329. Il s'agit probablement du chef de brigade Grandeau.

D'autres fractions de l'avant-garde s'embarquèrent sous les encouragements de Masséna, Gazan lui-même traversant la rivière à bord de la 2ᵉ escadrille, et bientôt 600 hommes, commandés par les chefs de bataillon Maransin et Graindorge, étaient jetés sur l'autre rive. L'artillerie du chef d'escadron Foy [1] entra en action ; sous un ouragan de feu, les postes russes qui défendaient le rivage se replièrent sur le plateau de Hard. Gazan ne leur laissa point de répit et les fit poursuivre par ses bataillons dont les effectifs grossissaient à vue d'œil, de nouvelles troupes débarquant sans cesse. L'avant-garde chassa les grenadiers et les mousquetaires russes après un combat opiniâtre et fit un grand nombre de prisonniers, dont le général Markov blessé. À 6 heures, Gazan s'établit sur le plateau de Kloster-Fahr. Les portes du couvent des bénédictins de Fahr furent enfoncées et les cosaques qui s'y abritaient égorgés. À l'entrée du village d'Unter-Engstringen, autour d'une fontaine et dans l'enceinte d'une grange, les Russes chassés du flanc oriental de Hard et des chaumières de Fahr opposèrent une forte résistance, mais ils furent culbutés par une charge à la baïonnette. Les bataillons français reprirent haleine et attendirent des renforts pour s'engager plus avant vers Zurich.

Jomini décrit ce combat dans son célèbre ouvrage sur les guerres de la Révolution : « *La supériorité de l'artillerie française eut bientôt fait taire les batteries moins nombreuses de l'ennemi ; sous la protection de son feu, le passage de l'avant-garde s'opéra rapidement, et, au bout de quelques instants, le général Gazan, qui la commandait, fut assez fort pour assaillir le corps de Markov, établi derrière un bois sur le plateau du couvent de Fahr. L'intrépide 10ᵉ légère, soutenue par la 37ᵉ de ligne, l'aborda impétueusement. Le choc fut sanglant sans être long ; malgré l'infériorité du nombre, les Russes se défendirent avec une résolution digne d'un meilleur sort ; mais à 6 heures, Gazan, étant parvenu à déboucher de la forêt, s'empara de 7 pièces de canon qui en battaient toutes les issues, et déborda la brigade Markov : vainement chercha-t-elle à faire face en arrière par son troisième rang, elle succomba bravement les armes à la main, après avoir vu tomber blessé et prendre son général.* » [2]

Les travaux de la construction du pont continuèrent avec vigueur alors que les sapeurs ouvraient à travers le bois un chemin praticable à l'artillerie et à la cavalerie. En une heure et demie, le pont fut terminé, et à 7 heures 30, 8 000 hommes des brigades Gazan et Bontemps se trouvaient déjà sur la rive opposée. L'artillerie légère, la cavalerie et la brigade Quétard

---

1. Le futur général Foy commandait l'artillerie de la division Lorge.
2. Lieutenant-général Jomini, *Histoire critique et militaire des guerres de la Révolution*, tome 12, Paris, 1822, pp. 251-252.

défilèrent sur le pont. Toute la division Lorge était sur la rive droite de la Limmat à 9 heures. L'armée russe était alors divisée en deux corps ; il fallait donc les empêcher de se réunir et les combattre séparément.

Après la prise du plateau, Gazan reçut l'ordre de s'emparer de la partie occidentale du Zurichberg et du village de Höngg ; repoussant les dragons russes démontés, il tourna le village par une manœuvre habile, l'enleva à la baïonnette vers 10 heures [1] et poursuivit les restes des corps russes jusqu'aux murs de Zurich. Oudinot prit le commandement de toutes les troupes qui marchaient sur Zurich par la rive droite. Gazan attaqua, avec une partie de sa brigade, et enleva à la baïonnette les hauteurs entre Höngg et Affoltern, puis attaqua conjointement avec Oudinot les faubourgs de Zurich et le Zurichberg. Il s'avança ensuite sur Schwamendingen, pour se rendre maître de la route de Winterthur. Masséna écrivait dans son rapport au Directoire : « *Rien n'égale l'acharnement qu'on a mis de part et d'autre dans ce combat qui a duré depuis dix heures du matin jusqu'à la nuit close.* » [2]

Les deux ailes des forces de Masséna manœuvraient pour enfermer l'ennemi dans la ville comme dans une nasse. À la fin de la journée, les Russes étaient encerclés dans Zurich, quoiqu'une contre-attaque des grenadiers du général Sacken eût dégagé les abords immédiats de la place. La ville était encombrée de bagages, d'artillerie et de blessés ; la cohue était indescriptible. Les Français étaient sur le point d'y pénétrer, lorsque la nuit fit cesser le feu. Les opérations de Soult sur la Linth contre le corps de Hotze se soldèrent aussi par un éclatant succès.

Des parlementaires furent envoyés ; comme Masséna n'acceptait pas de laisser sortir la garnison de Zurich avec armes et bagages, Korsakov se décida à une tentative désespérée de s'ouvrir un chemin par la force, d'autant plus qu'il avait appris la défaite de Hotze sur la Linth, ce qui ôtait au général russe tout espoir de secours de ce côté. Hennequin écrit : « *Il n'est pas douteux que, s'il fût resté un jour de plus sous les murs de la ville, il eût été réduit à une capitulation honteuse avant de pouvoir être secouru par Souvorov. Il fallait l'énergie du désespoir, pour songer à se frayer un chemin à travers 16 000 Français victorieux avec 13 000 hommes harassés par quatorze heures de lutte, en partie débandés et menacés sur leurs derrières par des forces importantes. Il fallait aussi que le commandant en chef russe eût une confiance sans bornes dans la valeur de ses soldats pour faire pareille tentative.* » [3]

---

1. Masséna dit dans son rapport au Directoire que Gazan « *attaqua avec impétuosité et tourna par une manœuvre habile le village de Höngg dont il s'empara* ». Il citait son nom « *avec distinction* ».
2. Le *Moniteur*, n° 39, le 9 brumaire an VIII.
3. L. Hennequin, *op. cit.*, pp. 280-281.

Monument des deux batailles de Zurich en juin et septembre 1799.
Photo Jean-Marie Husselstein.

Le 26, à la pointe du jour, alors que Masséna prenait des dispositions pour attaquer la partie nord de la ville, Korsakov se mit à la tête de son infanterie et, suivi de sa cavalerie et de son artillerie, se fit partiellement jour par la route de Winterthur. La première surprise passée, les Français se ressaisirent et contre-attaquèrent l'ennemi. Une partie de la colonne russe fut coupée et refoulée dans Zurich. Après un combat acharné, elle fut forcée de mettre bas les armes. Au total, à la bataille de Zurich, les Français prirent quelques dizaines de canons, tous les bagages, six drapeaux [1] et 5 000 prisonniers, la plupart blessés, dont trois généraux. 3 000 Russes furent tués. Le second jour de la bataille, Gazan s'empara de l'artillerie ennemie et de la caisse de l'armée russe. Masséna, qui apprécia beaucoup sa contribution à la victoire, le nomma général de division sur le champ de bataille.

Korsakov se hâta de regagner le Rhin avec moins de la moitié de son corps d'armée. L'archiduc Charles constate : « *La bataille de Zurich fit une impression fâcheuse sur l'esprit des Russes. Le découragement s'empara d'eux, lorsque désabusés de la haute opinion de leur supériorité et du mépris de leurs adversaires, ils virent s'évanouir leurs plus belles espérances.* » [2] La victoire de Zurich, dans une année extrêmement difficile, eut un grand retentissement. Elle redressa la situation et décida le tsar Paul Ier à se retirer de la coalition. Suite à la retraite de Korsakov, l'armée de Souvorov qui venait d'Italie le joindre, se retrouva en mauvaise posture ; après avoir effectué l'héroïque passage des Alpes ponctué par de nombreux combats, perdant ses canons et ses bagages, Souvorov finira par évacuer totalement la Suisse. On peut dire donc que la victoire de Zurich sauva la France d'une invasion. Cette sévère défaite creusa encore davantage la mésentente entre les Russes et Autrichiens, que les Moscovites accusaient de la traîtrise, de sorte que Souvorov écrivit à l'archiduc Charles : « *Vous répondrez devant Dieu pour le sang qui coula à Zurich.* » [3]

Les hostilités au début octobre

Dans les premiers jours d'octobre, les Français poursuivirent les hostilités contre les troupes de Souvorov arrivant d'Italie et leurs alliés, dont un corps d'émigrés sous les ordres du prince de Condé et du duc d'Enghien. L'armée de Masséna fut réorganisée et formait quatre groupes. Gazan commanda les troupes sur la Linth, autour de Näfels : la 3e division (en remplacement de Soult) et la brigade Molitor. Le 1er octobre, le général Molitor soutint un combat opiniâtre à Näfels. Sa position était critique lorsqu'il fut dégagé par un bataillon de grenadiers amené par Gazan. Par un ordre de l'armée en date du 3 octobre, Masséna confia à Soult le commandement des deux groupes formés à Schwyz et Näfels

---

1. Le chiffre le plus souvent cité pour les drapeaux est 9, mais Andolenko le ramène à 6 pour la bataille de Zurich (Général Andolenko, *Aigles de Napoléon contre drapeaux du tsar*, Eurimprim, 1969, p. 42).
2. Archiduc Charles d'Autriche, *Campagne de 1799 en Allemagne et en Suisse*, tome II, Vienne-Paris, 1820, p. 201.
3. Cité dans A. A. Kersnovski, *Histoire de l'armée russe*, tome 1 : *De Narva à Paris, 1700-1814* [Istoria rousskoï armii : ot Narvy do Parija], Moscou, 1992, p. 191.

En Suisse

en vue de s'opposer aux mouvements de Souvorov. À partir de ce moment, Gazan commanda la 4ᵉ division (brigades Molitor, Lapisse, Laval). Son quartier général était à Schänis. Elle comprenait au total quinze bataillons appartenant aux 25ᵉ légère, 36ᵉ, 44ᵉ, 84ᵉ et 94ᵉ de ligne, un bataillon de grenadiers et un bataillon de la 2ᵉ demi-brigade helvétique [1], ainsi que deux compagnies d'artillerie légère, le 10ᵉ chasseurs et deux escadrons du 7ᵉ hussards.

Le 2, les reconnaissances signalèrent la présence des Russes dans la vallée de la Muota. Soult prescrivit à Gazan de faire « *une résistance terrible* » en cas d'attaque ; son repli, si nécessaire, devait s'effectuer sur les deux rives de la Linth, de façon à couvrir les routes menant à Zurich. Le 3 octobre, il le prévint que l'ennemi avait évacué la vallée de la Muota ; ceci faisait présumer qu'il pourrait bien s'être porté vers Glaris pour attaquer vigoureusement les troupes de Gazan le lendemain. Il fallait donc qu'il se tînt prêt. S'il n'y avait pas d'attaque, il devait pousser de fortes reconnaissances et chercher à établir sa liaison avec Mortier en poussant de forts détachements sur Glaris. Plus préoccupé de se conformer à la recommandation de ne point engager d'affaire générale que d'obéir à l'ordre lui prescrivant de diriger des détachements sur Glaris, Gazan resta immobile sur ses positions toute la journée du 4. Soult se rendit auprès de lui et, constatant avec étonnement que sa division n'avait fait aucun mouvement, il donna l'ordre à Gazan de se porter le lendemain sur Glaris. Soult se proposait de rejoindre d'autres troupes dans la vallée de la Thur avec la division Gazan, dès qu'on n'aurait plus rien à redouter de la part de Souvorov.

Le 5 octobre au matin, toute la division Gazan, précédée de la brigade Molitor, se porta à l'attaque de Glaris, mais n'y trouva plus l'ennemi qui avait décampé avant le jour. Gazan ordonna à Molitor de poursuivre l'ennemi avec sa brigade ; elle enleva 800 prisonniers, une pièce de canon et quantité de chevaux et mulets. La division reçut alors l'ordre de se diriger sur Lichtensteig dès que les troupes de Mortier l'auraient rejointe en amont de Glaris. Le 6, toutes les troupes de Soult se trouvaient sur la haute Thur, celles de Gazan en tête, du côté de Wil. Par suite de nouvelles mutations, Soult plaça sous ses ordres les 53ᵉ, 67ᵉ et 102ᵉ demi-brigades, le 10ᵉ chasseurs, 2 escadrons du 7ᵉ hussards et quatre compagnies du 7ᵉ d'artillerie légère [2].

---

1. Ce dernier bataillon passa à la division Lorge après les combats dans la vallée de Glaris.
2. Hennequin commente ainsi ces modifications : « *On ne s'explique pas ces mutations fréquentes dans le commandement des grandes unités* » (*op. cit.*, p. 412, note).

LA PRISE DE CONSTANCE

Le 6 octobre, Soult donna l'ordre à la division Gazan de partir le 7 de Wil à 6 heures du matin sur Constance. « *Vous ferez votre possible*, écrivit-il à Gazan, *pour vous emparer de Constance et y mettrez un corps de troupes capable d'assurer sa défense pendant tout le temps que vous resterez en position en arrière de cette ville.* » [1] Si l'ennemi n'avait pas déjà détruit son pont sur le Rhin, Gazan devait essayer de s'en emparer. Il devait aussi imposer Constance d'une fourniture de 2 000 paires de souliers et d'une contribution fixée par Masséna : la somme de 150 000 francs payables dans six heures ; « *il prendra à cet effet 12 otages et menacera de brûler la ville* ».

La position occupée par les émigrés de l'armée de Condé [2], quelques troupes russes et un régiment de dragons autrichiens Archiduc Ferdinand formait un demi-cercle autour de Constance. L'aile gauche, commandée par le duc d'Enghien, composée du régiment de Durand, de l'artillerie et de deux escadrons, l'un de ses dragons, l'autre des dragons autrichiens, se trouvait au sud-est de la ville en travers de la route de Saint-Gall. L'aile droite, commandée par le général russe Bauer et comprenant le régiment de Titov, trois escadrons de hussards et une pièce d'artillerie, était placée au sud-ouest à cheval sur la route de Zurich. Une réserve aux ordres du général de Salgues – le régiment de Bourbon avec 200 chasseurs nobles – se trouvait aux abords sud de la ville. Le reste de la cavalerie était à Petershausen, espèce de faubourg de l'autre côté du lac, pour garder la ligne de retraite. La nombreuse cavalerie était plus embarrassante qu'utile sur un terrain parsemé de vignes, jardins, murs et haies, alors que les 2 800 hommes d'infanterie étaient insuffisants pour garder un front très étendu. Les Alliés avaient négligé de remettre en état de défense les vieilles fortifications, ainsi que le camp retranché qui les couvrait ; les remparts n'étaient ni fraisés ni palissadés.

L'attaque commença le 7 octobre au matin. La division Gazan emporta les villages de Kreuzlingen et d'Emmishofen et refoula leurs défenseurs jusque sous les murs de Constance. La charge des hussards de Bauer se brisa sur les baïonnettes. Le combat y traîna jusqu'à 15 heures. Lorsque le régiment de Durand eut épuisé ses cartouches, le duc d'Enghien ordonna la retraite, qui se fit en désordre, les Condéens recevant

---

1. AN, 402 AP 36.
2. Ce corps d'émigrés avait quitté la Volhynie pendant l'été, traversa la Galicie, puis pénétra en Moravie. Il passa ensuite par Prague et, en octobre, se réunit en entier sur les bords du lac de Constance. Son effectif était de 5 400 hommes.

des coups de feu et ne pouvant pas riposter. Toutefois, ils franchirent la porte de Kreuzlingen, la fermèrent et la barricadèrent. Les soldats de Gazan, n'ayant pas constaté le manque de munitions chez leurs adversaires, hésitaient à donner l'assaut.

Au moment où le duc d'Enghien attendait avec impatience l'arrivée des caisses de cartouches, il entendit les cris de « Vive la République ! » et des coups de fusil sur la gauche, dans la partie de la ville qui regardait le lac. Un bataillon de la 53ᵉ demi-brigade, payant d'audace, avait suivi les remparts qui baignaient dans le lac, s'accrochant aux anfractuosités des pierres, était parvenu ainsi jusqu'à la porte du port et l'avait ouverte à coups de hache. Une fois la porte forcée, les soldats de Gazan déferlèrent dans les rues. L'aile droite ennemie, pressée par la gauche de Gazan qu'avait rejointe la cavalerie de la réserve de Klein, chercha un refuge dans la ville, mais trouva les portes fermées ; les issues furent dégagées par des fractions du régiment de Durand, et les généraux Bauer et de Salgues ramenèrent le gros de leurs troupes dans la ville. Dans leur retraite, les soldats de Condé se rallièrent vingt fois au cri de « Bouvines et Fontenoy ! ».

Les Français étaient pêle-mêle dans les rues de Constance avec les émigrés qui cherchaient à gagner le pont de Petershausen, leur unique moyen de retraite. On se battit à la lueur des quinquets, jusque dans les maisons. Le régiment de Bourbon fit une violente charge à la baïonnette et s'ouvrit un passage, dans lequel s'engouffra toute la masse des Condéens. Les émigrés et les Russes réussirent à détruire le pont derrière eux ; tous ceux qui n'avaient pas eu le temps de passer tombèrent entre les mains des vainqueurs. Les Français y firent environ 200 prisonniers. Gazan voulut poursuivre le corps de Condé sur l'autre rive : il fit passer quelques compagnies en bateaux, mais aussitôt débarqués, ses soldats furent chargés et repoussés par des piquets de cavalerie menés par le duc d'Enghien en personne.

Les royalistes eurent 332 officiers et soldats [1] mis hors de combat ; le général de Salgues fut tué. Les pertes de la division Gazan s'élevaient à une quarantaine d'hommes. La 53ᵉ demi-brigade se vit enlever son drapeau dans la bagarre, alors que le lieutenant Gentilly de la 67ᵉ demi-brigade en prit un aux émigrés. L'un des porte-drapeaux du régiment de Bourbon s'était précipité dans le Rhin ; nageant et poussant devant lui son drapeau

---

1. Édouard Gachot, *op. cit.*, p. 466. Les chiffres divergent considérablement dans différentes sources.

qu'il retenait sous ses deux bras, il fut englouti par les flots et son étendard resta flotter dans le Rhin, où il fut ramassé par Gentilly [1].

Le mémorialiste Comeau, qui servira plus tard Napoléon dans les rangs de l'armée bavaroise, servait en 1799 à l'armée de Condé. Il raconte qu'à 9 heures du soir, les troupes de l'avant-garde française étaient plus occupées à piller les jolies maisons de l'évêque et des chanoines qui bordaient le lac que de poursuivre l'ennemi, tout en faisant du bruit pour simuler de la résistance, ce qui était « *une ruse connue des soldats d'avant-garde, la nuit surtout, pour récolter du butin au lieu d'aller en avant et de laisser ce qui est bon à prendre à ceux qui viennent après* » [2]. Ce comportement scandaleux avait permis aux émigrés de couper le pont.

Jomini résume ainsi ce combat : « *Si les républicains n'eussent pas été harassés d'une marche forcée, le corps de Condé se serait vu forcé de poser les armes. Mais ils pénétrèrent dans Constance en colonne mince et très allongée ; les hommes se répandirent dans les rues, et il fut impossible de les réunir. Les émigrés, témoins de ce désordre et favorisés par la nuit qui survint, rentrèrent en ville, s'ouvrirent un passage le sabre au poing à travers une grêle de balles, et arrivèrent enfin au pont, qu'ils forcèrent également. Toutefois Constance resta au pouvoir des Français.* » [3]

Le futur général Maransin fut présent à la prise de Constance et fit part des événements à son père : « *Nous avons attaqué et pris Constance avant-hier ; nous y sommes entrés de vive force, on s'est battu dans les rues jusqu'à minuit. Un général russe a été tué, le drapeau des légionnaires de Condé est tombé en notre pouvoir, on a fait peu de prisonniers mais les pertes de l'ennemi ont été considérables en tués, les rues de Constance étaient jonchées de cadavres. [...] Nous avons affaire ici à de fort vilaines gens ; nous préférerions nous battre avec les Autrichiens qui, quoique brutaux, font la guerre loyalement, et puis d'ailleurs on pourrait se faire entendre.* » [4]

Bittard des Portes constate : « *Les Condéens prisonniers, conduits au quartier général de Masséna, furent traités avec égard et, sous le couvert de l'uniforme russe qui ne trompait personne, ils furent échangés avec les républicains prisonniers. Les blessés reçurent des soins empressés dans les deux armées.* » [5] D'après les *Mémoires de Masséna*, une partie des prisonniers furent envoyés en France. Le Directoire voulut d'abord les exécu-

---

1. A. Antoine de Saint-Gervais, *Histoire des émigrés français*, tome 2, Paris, 1828, p. 276.
2. Baron de Comeau, *Souvenirs des guerres d'Allemagne*, Paris, 1900, p. 137.
3. Lieutenant-général Jomini, *op. cit.*, pp. 285-286.
4. Jean Cambon, *Jean-Pierre Maransin*, Tarbes, 1991, pp. 37-38.
5. René Bittard des Portes, *Histoire de l'armée de Condé pendant la Révolution française (1791-1801)*, Genève, 1975, p. 349.

ter en vertu de la loi révolutionnaire ; mais, sur l'observation de Masséna que ces soldats portaient l'uniforme et la cocarde russes, ils furent traités selon les lois ordinaires de la guerre à l'égard des prisonniers [1].

Le combat dans les rues de Constance ne se termina que le soir très tard. Gazan rapportait à Soult : « *Nous leur avons tué un officier général dont on m'a remis le cordon rouge* [2] » – il pourrait s'agir du général de Salgues, dont le corps avait été emporté par les émigrés. Les troupes françaises se portèrent à quelques excès dans la ville, entre autres celui de fouiller dans la caisse communale. Gazan imposa sur Constance la contribution demandée par Masséna et, après avoir pris des otages, partit avec sa division pour Wil où il établit ses quartiers. Les bourgeois se plaignirent de la contribution et refusèrent de la payer. Le 11 octobre, n'ayant toujours rien reçu de la ville, Gazan fit conduire dix otages à Masséna, deux ayant été relâchés « *pour cause de maladie très grave* ».

Dans les semaines suivantes, les projets offensifs des deux côtés ne se réalisèrent pas. Le 16 octobre, Soult annonçait à Masséna qu'il n'avait pas de moyens pour pouvoir entreprendre le passage du Rhin. Il avait compté sur différents approvisionnements appartenant à la 3e division, mais Gazan s'en était emparé et c'est en vain que Soult les lui avait réclamés.

GAZAN GÉNÉRAL DE DIVISION

Le 19 octobre, le grade de général de division de Gazan fut confirmé par le Directoire. Le 31 octobre, Masséna lui transmit le « *témoignage de la vive satisfaction de notre gouvernement* » [3].

Au 30 brumaire an VIII (21 novembre 1799), la 4e division Gazan occupait la position suivante : la droite au Rhin vers Rheineck, la gauche à Münsterlingen sur le lac de Constance. Gazan avait sous ses ordres les généraux de brigade Brunet, Laval et Molitor. Sa division se composait des 36e (1 915 hommes, à Tobel), 53e (1 943 hommes, à Wil), 57e (2 170 hommes, à Lommis), 94e (1 757 hommes, à Altstätten) et 102e (1 986 hommes, à Bischofszell) demi-brigades, à trois bataillons chacune. Elle incorporait aussi la 25e demi-brigade légère (3 bataillons, 2 455 hommes, à Altstätten). Sa cavalerie se constituait du 17e dragons (4 escadrons, 478 hommes, 457 chevaux, à Weinfelden), du 10e chasseurs à cheval (2 escadrons, 127 hommes, 136 chevaux, à Rebstein) et du 7e hussards (4 escadrons, 650 hommes, 640 chevaux, à Bischofszell). Les armes savantes

---

1. *Mémoires d'André Masséna*, tome 3, Paris, 1966, p. 396.
2. Le cordon rouge était porté par les membres de l'ordre royal et militaire de Saint-Louis.
3. Centre de documentation du Musée d'art et d'histoire de Provence (Grasse), MF 3.

comptaient la 16ᵉ compagnie du 1ᵉʳ d'artillerie à pied (78 hommes, 249 chevaux, à Elgg), les 2ᵉ et 3ᵉ compagnies du 6ᵉ d'artillerie légère (133 hommes, 416 chevaux, à Altstätten), la 4ᵉ compagnie du 7ᵉ d'artillerie légère (63 hommes, 207 chevaux, à Meliken)[1]. Le 24 novembre, la fusion des armées du Rhin et du Danube fut effectuée ; le commandement supérieur fut confié au général Moreau. Quant à Masséna, il reçut une nouvelle destination : l'Italie.

Dans son rapport au Directoire, Masséna résumait ainsi sa campagne de l'an VIII en Suisse : « *Une bataille de quinze jours sur une ligne de plus de soixante lieues de développement contre trois armées combinées, conduites par des généraux expérimentés, la plupart environnés de grandes réputations, occupant des positions réputées inexpugnables : telles ont été ses opérations. Trois armées battues et dispersées, vingt mille prisonniers, plus de dix mille morts ou blessés, cent pièces de canon, quinze drapeaux, tous les bagages des ennemis, neuf de leurs généraux tués ou pris, l'Italie et le Bas-Rhin dégagés, l'Helvétie libre, le prestige de l'invincibilité des Russes dissipé : tel a été le résultat de ces combats.* »[2]

---

1. L. Hennequin, *op. cit.*, annexe : « Situation de l'armée du Danube au 30 brumaire an VIII ».
2. Cité dans L. Hennequin, *op. cit.*, p. 496. Le *Moniteur*, n° 38, le 8 brumaire an VIII.

CHAPITRE V

Le siège de Gênes

Les 18 et 19 brumaire an VIII (9 et 10 novembre 1799), un coup d'État instaura en France un nouveau régime politique : le Consulat. Par la Constitution de l'an VIII promulguée le 24 décembre, le pouvoir allait se trouver aux mains de trois consuls élus pour dix ans, ainsi que de trois assemblées : le Tribunat, le Sénat et le Corps législatif. Bonaparte devenait ainsi Premier consul de la République.

Même sans les Russes, la guerre continuait toujours contre l'Autriche. Elle fut menée en 1800 sur deux fronts : le général Moreau avec l'armée du Rhin, dans laquelle était fondue celle du Danube, en Allemagne, et l'armée de réserve officiellement commandée par le général Berthier, mais en réalité par Bonaparte, en Italie. Cette armée était formée à Dijon dans le plus grand secret. Pendant qu'elle se constituait, il fallait fixer l'ennemi en Italie le plus longtemps possible pour lui laisser le temps d'arriver. Cette tâche difficile incomba au général Masséna, tout auréolé de sa victoire de Zurich.

La possession de la ville de Gênes, sur la côte ligure, était primordiale pour la réalisation des projets du Premier consul. De par sa situation, Gênes avait une grande importance pour le commerce et la sûreté de la Corse et de tout le midi de la France, sans parler de sa grande importance militaire. Thiébault décrit ainsi l'enjeu que constituait Gênes : « *Tout devait nécessairement faire désirer aux puissances belligérantes, d'une part, de conquérir, et de l'autre, de conserver Gênes ; puisque si l'empereur* [d'Autriche] *parvenait à nous l'enlever, il se trouvait maître de l'Italie entière, pouvait espérer de reprendre ses premières positions sur les Alpes maritimes, attaquer la Suisse, ou, avec la réunion de ses troupes, résister aux efforts que nous pourrions faire de ce côté, ou enfin renforcer son armée du Rhin ; et puisque si, au contraire, nous restions toujours maîtres de Gênes, nous formions une diversion puissante qui ne pouvait manquer de favoriser, de la manière la plus heureuse, les opérations de nos armées dans la Suisse, ou leur entrée en Italie, par les débouchés du Haut-Piémont.* »[1] Le but de Masséna était donc de fixer le général autrichien Melas pour l'empêcher de venir au pied des Alpes attendre l'armée de réserve conduite par Bonaparte.

Une armée en loques

Ayant fait allégeance au nouveau gouvernement, Masséna fut nommé à la tête de l'armée d'Italie le 23 novembre 1799 à la place de Championnet. Le cadeau était en fait empoisonné, car cette armée était dans un dénuement affreux et dans un véritable état de dissolution. Thiébault raconte la première vision qu'eut Masséna de ses nouvelles troupes : « *Cette malheureuse armée, dans la misère la plus profonde, achevait l'hiver le plus rigoureux, sur les âpres rochers de la Ligurie. Pâles, languissants et défigurés, affamés et nus, découragés et abattus, les soldats ne présentaient aux yeux que des spectres. Les routes étaient couvertes de mourants et de cadavres ; et ceux qui parvenaient à se traîner jusqu'à un hôpital, y étaient sans paille, sans le plus léger aliment, sans secours d'aucune espèce.* »[2] Beaucoup de militaires préféraient rester malades à leur corps plutôt que d'aller à l'hôpital, où la mortalité était effrayante. Une épidémie de typhus emporta de nombreuses vies, y compris celle du précédent commandant en chef, le général Championnet. Les magasins et les caisses étaient vides, toutes les ressources étant épuisées. La désertion et les privations continuelles rendaient cette armée, dont l'ancien prestige ne se reflétait plus que dans son nom, impropre à tout service. C'est donc avec une armée en pleine dissolution que Masséna devait retenir devant Gênes le plus longtemps possible le maximum de forces autrichiennes pendant que l'armée de réserve opérerait une vaste diversion en Lombardie. Face à elle, l'ennemi disposait d'une armée fraîche, nombreuse, électrisée par ses victoires, secondée par des régiments sardes, par l'insurrection du Piémont et d'une partie de la Ligurie, par une flottille napolitaine et par une flotte anglaise.

Lors d'un séjour à Paris, où il reçut de première main les instructions de Bonaparte, Masséna demanda à choisir un certain nombre de ses généraux subordonnés. Marcelin de Marbot écrit : « *Masséna avait bien l'espoir d'être rejoint en Italie par plusieurs des généraux qui l'avaient aidé à battre les Russes en Helvétie, entre autres par Soult, Oudinot et*

---

1. *Journal des opérations militaires du siège et du blocus de Gênes*, par un des officiers généraux de l'armée [Thiébault], Paris, An Neuf, pp. 10-11.
2. *Ibid.*, pp. 12-13.

Gazan. »[1] Le 30 frimaire an VIII (21 décembre 1799), de Wil, Gazan annonçait à Berthier, ministre de la Guerre, qu'il avait reçu les lettres de service pour passer à l'armée d'Italie, et qu'il allait se rendre à sa nouvelle destination[2].

Dès son arrivée à l'armée d'Italie, Masséna constata l'étendue du désastre et prit aussitôt des mesures énergiques pour remettre les troupes sur le pied de guerre. Le gouvernement lui accorda quelques fonds, avec promesse d'envois successifs, avec lesquels Masséna paya quelques arriérés de solde. Des marchés furent conclus pour vêtir, nourrir et approvisionner l'armée. Le commandant en chef avait reçu des pouvoirs extraordinaires relatifs aux parties militaire, politique, administrative et financière, qui s'étendaient même aux départements concernés par le séjour de l'armée. En fusillant les coupables, en réorganisant les demi-brigades, en réglementant la police, en faisant distribuer les vêtements et les souliers, le pain et la viande, Masséna enraya la dissolution de l'armée. Mais la discipline était loin d'être rétablie, en sorte que le général en chef écrivait au ministre de la Guerre : « *La situation de l'armée est telle, que si vous n'envoyez promptement des vivres, des hommes, des chevaux et de l'argent, attendez-vous à la perte totale de l'armée et de la Ligurie.* »[3]

Contre les insurgés

Le 21 pluviôse (10 février), Masséna arriva à Gênes. Les Autrichiens étaient exactement renseignés sur sa position par les riches habitants et les espions. Les Génois aisés étaient pour la plupart hostiles aux Français et n'étaient pas étrangers aux mouvements séditieux dans l'armée d'Italie, en répandant de l'argent et des adresses parmi les troupes. Pour remédier à ce mal, Masséna provoqua la démission des membres du gouvernement ligurien qui ne lui donnaient pas assez de gages de leur bonne volonté, et les remplaça par d'autres qui étaient partisans des Français.

Marbot raconte : « *Les fortifications de Gênes ne consistaient, à cette époque, du côté de la terre, qu'en une simple muraille flanquée de tours ; mais ce qui rendait la place très susceptible d'une bonne défense, c'est qu'elle est entourée, à peu de distance, par des montagnes dont les*

---

1. *Mémoires du général baron de Marbot*, tome I, Mercure de France, 1983, pp. 89-90.
2. SHD, dossier Gazan.
3. Cité dans Thiébault, *op. cit.*, p. 30.

Vue de Gênes.
Photo Natalia Griffon de Pleineville.

sommets et les flancs sont garnis de forts et de redoutes. » [1] Masséna ordonna aussitôt des travaux pour mettre la ville en état de défense.

D'après l'examen de la ligne occupée par son armée et les rapports parvenus sur les forces de l'ennemi en Italie, le commandant en chef estima qu'il lui fallait un renfort de 20 000 hommes au moins pour remplir sa mission. Au lieu d'une armée de 60 000 hommes sur le papier, il ne pouvait disposer que de 25 000, depuis le Mont-Cenis jusqu'à Gênes. En attendant l'arrivée des généraux sur les talents, l'énergie et l'attachement desquels il pouvait compter, Masséna ne perdait pas une minute pour rendre son armée opérationnelle. Thiébault nomme au nombre de ces généraux Soult, Oudinot, Gazan, Turreau, Lamartillière, etc. Dès leur arrivée, le commandant en chef procéda à la réorganisation de l'armée. Soult (l'aile droite), Suchet (le centre) et Turreau (l'aile gauche) [2] furent désignés pour remplir les fonctions de lieutenants généraux : grade de récente ins-

---

1. *Mémoires du général baron de Marbot*, tome I, Mercure de France, 1983, *op. cit.*, p. 100.
2. Nous ne suivrons que les opérations de l'aile droite de l'armée, les deux autres parties ayant été vite coupées par l'ennemi et livrées à elles-mêmes.

titution, qui permettait au même général de commander plusieurs divisions à la fois. Gazan reçut sous ses ordres la 2e division, avec les généraux de brigade Poinsot, Spital et Lapisse.

Masséna décida de mettre en activité la garde nationale pour grossir la garnison de Gênes. Il y avait beaucoup de patriotes dans la ville qui firent ce service. Hors de la ville, la situation était préoccupante par la présence de nombreuses bandes de paysans qui faisaient une guerre active aux Français. Les paysans armés étaient parfois dirigés par des officiers autrichiens. Le 30 pluviôse (19 février), Masséna adressa aux insurgés une proclamation dans laquelle il incitait les paysans à rentrer dans leurs foyers, au nom de la conservation de leurs familles et propriétés. Ses appels ayant produit peu d'effet, il fallut employer des troupes pour réprimer l'insurrection et pacifier cette « *Vendée ligurienne* » pour reprendre l'expression de Thiébault [1]. Le 1er mars, le général Poinsot fut attaqué et repoussé de Croce. Le 5 mars, à l'instigation d'agents piémontais et florentins, l'insurrection éclata dans 37 paroisses de la vallée Lavagna ou le territoire de Fontana Buona. Les paysans fuyaient devant les baïonnettes, se cachaient et tiraient des abris. En représailles, toute maison d'où partait un coup de feu était brûlée. Dès le premier jour, Masséna chargea les divisions Marbot et Gazan de faire une forte reconnaissance. Gazan alla jusqu'aux portes de Novi ; partout l'ennemi ploya devant les troupes françaises [2].

Pendant que Soult battait les insurgés et faisait des réquisitions, Gazan et Marbot élargissaient leur champ d'action. Leurs avant-gardes s'avancèrent dans le secteur Novi-Dego. Les moyens manquaient cruellement : pendant la première moitié de mars, Gazan se plaignit à Soult de ce que tous les chevaux de correspondance de sa division étaient absolument hors de service, faute d'avoir quelques fonds pour les faire ferrer. Le 23 mars, Gazan informa Soult que dans la vallée de Polcevera s'organisaient des compagnies prêtes à attaquer les Français de concert avec les Autrichiens. Gazan et Marbot ne se replièrent qu'au vu d'un déploiement de forces considérables, et ils formèrent des postes dans les défilés aboutissant à Voltri, Cogoleto et Varazze. Cette guerre de chicane fut longue et pénible. Le 28 mars, Soult écrivit à Gazan de faire arrêter les « *fauteurs* » de la Polcevera et donna plusieurs noms. Ces opérations occupèrent tout début avril.

---

1. Thiébault, *op. cit.*, p. 38, note.
2. Lettre de Masséna au ministre de la Guerre du 17 ventôse an VIII, citée dans *La défense du Var et le passage des Alpes*, Paris, 1890, p. 102.

Fin mars, Gazan se plaignit à Soult de la mauvaise qualité de la farine ; ce dernier lui promit de punir « *les scélérats qui, non contents de nous affamer, veulent encore nous empoisonner* »[1]. Le problème du ravitaillement restait à résoudre. Masséna prit des mesures pour donner une protection aux convois qu'il attendait par mer. Il était urgent d'approvisionner le fort de Gavi et Savone. Il s'aboucha avec les corsaires corses auxquels il promit des lettres de marque s'ils protégeaient l'arrivée des subsistances ou en apportaient eux-mêmes à Gênes. Malgré toutes les mesures, il était à craindre que l'ennemi n'entrât en campagne avant que les préparatifs français ne fussent terminés, d'autant plus que le ravitaillement et les communications par mer étaient hasardeux du fait de la présence des navires anglais.

Le général Masséna.
Gravure ancienne.

Pendant l'hiver, alors que Masséna se débattait au milieu des problèmes de toute espèce, l'ennemi se borna à observer les Français par un simple cordon. Ceux-ci ne cessaient de faire des travaux pour rendre Gênes inexpugnable. La banlieue formait, depuis le 20 mars, un camp retranché dont cinq postes garnis de pièces de gros calibre défendaient les approches. Les remparts de Gênes furent réparés et fortifiés. Masséna ordonna une réquisition de toutes les bêtes de somme existant dans la ville et fit frapper les riches d'une imposition extraordinaire. Des lieux furent désignés pour recevoir malades et blessés. Mais la situation était préoccupante ; le 4 avril, Soult écrivait à Masséna : « *Point de chevaux, par conséquent point d'artillerie. Tous les jours elle perd plus que dans un combat. Nous manquons d'armes.* »[2] Il l'informait également des préparatifs en vue de la prochaine offensive de l'ennemi : « *Conformément à vos ordres, mon cher général, je viens d'écrire aux généraux de division de ne laisser en première ligne que ce qui est indispensable pour fournir de petits postes, et de placer le surplus de leurs troupes en réserve, et de manière à se refaire et à pouvoir porter de prompts secours partout où ils seraient nécessaires. Je leur recommande également de passer une revue sévère de l'armement et des munitions, et d'établir, sur les derrières de chaque division, un dépôt de convalescence. Je leur annonce enfin que, d'après les mesures que vous avez prises, les subsistances sont assurées, et que dans quinze jours vous*

---

1. AN, 402 AP 37.
2. SHD, B3 69.

Le général Masséna eut son quartier général sur cette place
pendant le siège de Gênes.
Photo Natalia Griffon de Pleineville.

espérez que leurs troupes seront en état d'entrer en campagne. Vous sentirez que je ne puis faire plus avec des divisions aussi faibles et qui gardent plus de 22 lieues d'étendue. » [1]

L'aile droite de l'armée d'Italie, aux ordres du général Soult, se constituait des divisions Miollis, Gazan et Marbot [2]. Au 15 germinal an VIII (5 avril 1800), jour de la reprise des hostilités, 15 320 hommes formaient l'armée active et 2 300 hommes les garnisons de Gênes, Gavi et Novi. Thiébault en défalque encore un cinquième pour combler la différence entre les états de situation et la réalité. L'effectif de la 2e division Gazan [3]

---

1. Cité dans Thiébault, *Journal des opérations militaires et administratives des siège et blocus de Gênes*, tome 1, Paris, 1846, p. 358.
2. Jean-Antoine Marbot était le père du célèbre mémorialiste Marcelin de Marbot.
3. Dans la nouvelle édition de son *Journal* (Paris, 1846, tome 1), Thiébault donne la composition suivante de la division Gazan : généraux de brigade Poinsot et Spital, adjudant-général Noël Huard chef d'état-major, chef d'escadron d'Aoust chargé de la partie active. Quartier général à San Quirico. On trouve dans les *Mémoires de Masséna*, tome 4, p. 352, la composition suivante de la division Gazan au 6 avril : 3e de ligne (1 300 hommes), grenadiers piémontais (90 hommes), 5e légère (500 hommes), 2e de ligne (1 600 hommes), 78e de ligne (1 300 hommes), artillerie (40 hommes), sapeurs (90 hommes).

était de 4 920 hommes ; elle s'étendait de Casella à Voltaggio par Busalla, et descendait par les Cabanes de Marcarolo sur Masone [1].

Cette armée peu nombreuse occupait une vaste étendue de postes qu'il fallait nécessairement garder. Masséna recommanda à ses lieutenants de suivre le système des masses et de réunir chaque division aux premières tentatives de l'ennemi. Gênes était désigné comme point de retraite des trois divisions de l'aile droite. Le 4 avril, Masséna affichait un enthousiasme débordant en disant à Soult : « *L'escadre anglaise embossée devant le port ; 60 000 Allemands campés sur l'Apennin ; 10 000 paysans nous donnant l'assaut ; la populace insurgée : nous braverions tout cela. C'est qu'un homme libre vaut dix esclaves.* » [2] Sa confiance électrisait les officiers et rendait aux soldats leur ancienne intrépidité.

L'OFFENSIVE AUTRICHIENNE

Rassurés par l'état de faiblesse de l'armée d'Italie, les Autrichiens lancèrent une offensive dès le 5 avril. Le général Melas la dirigea principalement sur Vado et Savone. Le premier jour des hostilités, ses trois attaques furent repoussées. La division Gazan attendit l'ennemi de pied ferme. La 78e, qui avait cédé dans le premier moment de surprise, se ravisa, reprit ses positions et, soutenue par la 3e de ligne et par une partie de la 5e légère amenée par le général Spital, opposa une vive résistance, empêchant l'ennemi de couper les communications avec la division Marbot à Savone. Le lendemain, l'attaque fut générale depuis Nervi jusqu'à Vado ; les Autrichiens étaient secondés par les paysans révoltés. Dès le matin, l'ennemi entreprit le blocus de Gavi ; dans une petite affaire, leur avant-garde enleva un convoi de sept mulets chargés de farine et d'eau-de-vie, escorté par deux compagnies de la 5e légère. Ce furent surtout les divisions Miollis et Gardanne qui supportèrent des assauts violents, alors que la division Gazan fut attaquée avec moins d'acharnement. Ses postes avancés se retirèrent devant des forces supérieures, et Gazan leur fit prendre position derrière la Scrivia. La 2e demi-brigade de ligne fit vers le soir 60 prisonniers à l'ennemi. Masséna enjoignit à Gazan de maintenir à tout prix les communications avec Marbot.

Ce jour-là, une insurrection éclata à Gênes mais fut étouffée. Le soir, Masséna fit annoncer une victoire et répandre la nouvelle que les géné-

---

1. *Mémoires d'André Masséna*, tome 4, Paris, 1966, p. 79.
2. Cité dans Édouard Gachot, *Le siège de Gênes (1800)*, Paris, 1908, p. 167.

raux Melas et Ott étaient tués ; mais le peuple n'y crut pas et affirmait au contraire que les Autrichiens campaient devant les murailles de la cité. C'était la réalité : on voyait une multitude de feux de bivouac sur le Monte Faccio.

Le 7 avril, le canon gronda avant le lever du jour. Les Anglais cherchèrent à débarquer des troupes, mais en furent empêchés par les tirs d'artillerie. Masséna chercha à reprendre le Monte Faccio ; deux colonnes se formèrent pour cette attaque qui fut couronnée de succès. La division Gazan, attaquée par le corps du comte de Hohenzollern, reprit dans la même journée Borgo di Fornari, Casella et Savignone. Dans l'après-midi, Masséna fit défiler de nombreux prisonniers pour en imposer à la foule ; la robustesse et la santé des soldats autrichiens, piémontais, polonais et dalmatiens contrastaient avec le physique appauvri des soldats français, qui furent applaudis par les Génois. La ville fut la scène d'une grande fête populaire, dont il ne resta plus rien deux jours plus tard quand la nouvelle se répandit que les Autrichiens occupaient Saint-Pierre d'Arena. Des rassemblements se formèrent à nouveau dans la ville sur l'instigation des émissaires ennemis, et il fallut employer la violence pour les disperser.

Le 8 avril, Hohenzollern réattaqua les postes français avec succès, mais Gazan mit ses troupes en marche au bruit de la fusillade et se porta au secours des troupes françaises vivement engagées. Après avoir écrasé un détachement autrichien laissé aux Cabanes de Marcarolo, il achemina son monde vers la Bocchetta, mais apprenant que les Autrichiens gardaient ce débouché, il rebroussa chemin vers Campo Freddo, ce qui permit aux corps autrichiens de Hohenzollern et Ott de rétablir leurs communications.

L'EXPÉDITION DE SOULT

Les Autrichiens s'étaient emparés de Vado dès le second jour de l'attaque. Ce mouvement coupa la communication entre la droite et le centre de l'armée française et isola l'aile droite sous les ordres de Masséna, qui resta ainsi seule défendre Gênes contre tous les efforts de l'ennemi. Dorénavant, le centre et la gauche de l'armée d'Italie allaient mener des opérations séparées, non concertées avec les troupes bloquées autour de Gênes avec Masséna.

Sentant la nécessité d'une action plus décisive pour arrêter la progression de Melas et rouvrir la communication avec Suchet, Masséna réorganisa son armée en vue d'une prochaine expédition. Depuis le 8 avril, l'aile droite de l'armée d'Italie fut divisée en deux corps d'armée. Le premier qui défendait Gênes (divisions Darnaud et Spital) était sous les ordres du général Miollis.

Le second corps d'armée devait tenir la campagne et formait de même deux divisions : celle de droite aux ordres de Gazan, et celle de gauche commandée par Gardanne ; le lieutenant général Soult marchait avec la première, et le commandant en chef Masséna avec la seconde. La division Gazan comprenait la 25ᵉ légère, les grenadiers de la 2ᵉ, et les 3ᵉ, 78ᵉ et 92ᵉ de ligne [1].

La nouvelle de la destruction de la division Gazan par les insurgés circula plusieurs fois à Gênes et fut démentie. Le 8 avril au soir, Soult et Gazan organisèrent une colonne d'expédition ; les soldats reçurent trois rations et un double munitionnement de cartouches. Soult devait manœuvrer pour tomber sur les derrières des Autrichiens occupant Savone et se lier au corps du centre de Suchet qui était supposé concourir à cette action.

Le soir du 8, les corps qui devaient composer la division Gazan, à l'exception de la 78ᵉ, furent dirigés sur Voltri. Soult donna ses instructions à Gazan : « *D'après les ordres du général en chef, vous voudrez bien, mon cher camarade, prendre le commandement des troupes qui se trouvent à Voltri et dans les positions de Masone et d'Acqua Santa.* […] *Vous voudrez bien prendre les dispositions nécessaires pour attaquer demain l'ennemi et reprendre le poste des Cabanes de Marcarolo, celui de Campo Freddo et Monte Calvo, si ce dernier avait été évacué. Sitôt que ces positions seront reprises, vous tiendrez une colonne prête à marcher sur la Bocchetta en suivant la crête des montagnes et le restant de vos troupes se préparer à marcher sur Sassello. Je donnerai de nouveaux ordres à ce sujet. Vote attaque devra commencer demain à 5 heures précises du matin.* »

Laissant Miollis défendre Gênes, Masséna quitta la ville le 9 avril pour marcher à l'ennemi et diriger en personne les mouvements du corps d'armée destiné à faire campagne à l'extérieur. Son but était de débloquer Savone, de rétablir les communications avec le général Suchet commandant le centre de l'armée, voire de rejeter dans la plaine d'Alexandrie le contingent allemand qui garnissait les massifs de l'Apennin. Les deux divisions Gazan et Gardanne, sous le haut commandement de Soult et de Masséna respectivement, devaient marcher séparées et se réunir à Montenotte pour attaquer l'ennemi.

Le plan de Masséna prévoyait une avance en direction de Sassello et de Montenotte. Cependant, Soult se trouva obligé de s'écarter des instructions reçues. La division conduite par Soult partit de Voltri le 9 à 1 heure du matin ; elle emportait pour trois jours de vivres. Vers 2 heures

---

1. *Journal des opérations militaires du siège et du blocus de Gênes*, par un des officiers généraux de l'armée [Thiébault], Paris, An Neuf, p. 71. Édouard Gachot, *op. cit.*, p. 75, indique que les 3ᵉ, 78ᵉ et 92ᵉ de bataille n'étaient présentées que par leurs grenadiers, mais une lettre de Soult à Gazan confirme la version de Thiébault (SHD, B3 69).

du matin le 9 avril, lorsque ses divisions étaient déjà en marche, Soult entendit le tocsin et comprit que les Autrichiens avaient pris le poste de Marcarolo et menaçaient ses arrières. Changeant aussitôt ses dispositions primitives, Soult prescrivit à Gazan de se porter avec la majeure partie de sa division sur la Madonna dell'Acqua, tandis que les autres troupes se dirigeraient sur Marcarolo. Gazan, formant sa division en deux colonnes, conduisit lui-même la 25e légère, la 3e de bataille et deux bataillons de la 78e ; à sa gauche, le général Poinsot, avec le reste de la division, attaquait les Austro-Piémontais à Campo Freddo. Gazan attaqua la division Hohenzollern à Acqua Santa près des sources de l'Orba. L'ennemi évacua sa position, mais offrit le combat près des Cabanes de Marcarolo ; forcé sur tous les points par une charge vigoureuse, il fut complètement mis en déroute et perdit, sans compter ses morts et blessés, 2 pièces de canon et 600 prisonniers. Le chef de brigade Mouton [1] se distingua à la tête de la 3e de ligne. Le chef d'escadron d'Aoust, chef d'état-major de la division Gazan, contribua au succès en se portant avec deux bataillons de la 78e de bataille sur le flanc droit de l'ennemi qui, par cette manœuvre, fut rejeté au-delà de la Lerma. Les sommets de l'Apennin purgés d'ennemis au nord de Voltri, Gazan rallia ses troupes, le soir, autour de Campo Freddo. Ses chasseurs allèrent incendier trois villages où sonnait le tocsin. Quelque brillante que fût cette affaire, Thiébault pense qu'elle n'aurait jamais dû être livrée, car elle n'entrait pas dans le plan global de Masséna ; par conséquent, toute cette expédition ne fut qu'une série de combats acharnés, de marches et de contremarches, et tout cela sans autres résultats que quelques trophées enlevés à l'ennemi.

Ayant perdu une journée à combattre, Soult continua ses mouvements en accord avec le dessein du commandant en chef. Il écrivit à Gazan le 9 : « *Vous voudrez bien, mon cher camarade, donner les ordres nécessaires pour que la division que vous commandez parte de son camp de Campo Freddo demain à 4 heures précises du matin, et vous la dirigerez sur Sassello. Vous laisserez un poste de 50 hommes commandés par un bon officier à Campo Freddo, pour couvrir votre marche, ce détachement devra se retirer à Masone où il prendra poste à 6 heures du matin. Je vous recommande de faire marcher votre troupe dans le plus grand ordre, et de la rallier souvent, car suivant les apparences nous serons obligés de nous battre demain, pour nous emparer de Sassello.* » [2]

---

1. Futur maréchal comte de Lobau.
2. SHD, B3 69. Dans une lettre à Masséna, Soult indique 30 hommes pour le poste.

Après avoir laissé des forces suffisantes pour contenir Suchet, Melas marcha contre Masséna avec trois corps d'armée. Le 10, à 4 heures du matin, Soult porta ses troupes sur Sassello. Il apprit en route qu'une colonne ennemie sous les ordres du général Saint-Julien se portait à la Verreria et se préparait à couper la retraite à la colonne avec laquelle marchait Masséna. Pour déjouer ce projet, Gazan prit avec les 3e et 78e position à la gauche de Palo et sur le chemin qui conduisait de la Verreria à Puzzone, alors que le général Poinsot reçut l'ordre d'attaquer l'arrière-garde de l'ennemi à la hauteur de Sassello. Poinsot exécuta ce mouvement avec tant d'impétuosité que l'ennemi fut enfoncé et perdit trois pièces de canon, un convoi de 200 000 cartouches et 600 prisonniers. Le chef de brigade Godinot de la 25e légère concourut à cette brillante attaque. Le bourg de Sassello devint le théâtre de quelques exactions. Pendant ce temps-là, la colonne conduite par Masséna rencontra également l'ennemi et soutint un combat violent. Dans cette affaire, le grenadier Bonnot entraîna ses camarades au moment où ils manquaient de cartouches par le cri d'« en avant » ; Gazan, voulant récompenser les braves qui se distinguèrent, éleva Bonnot au grade de caporal. Bonnot se signalera encore par d'autres actions d'éclat et se verra décerner un fusil d'honneur par le Premier consul [1].

Ce jour-là, à 9 heures du matin, des affiches apposées à Gênes par le gouvernement ligurien annonçaient : « *800 Autrichiens ont été pris par Gazan à Campomarone.* » Au bas d'une de ces affiches, quelqu'un écrivit : « *Mensonge !* » Mais l'arrivée des prisonniers dissipa tous les doutes. Plus tard, l'affluence de nombreux blessés donna de nouvelles craintes aux patriotes, car on annonçait l'armée républicaine en déroute et que Masséna était blessé. Les bourgeois, pris de panique, entreprirent de transporter hors de la ville des objets précieux ; ils en furent empêchés par la police.

Instruit par les difficultés éprouvées par ses troupes d'opérer séparément dans les montagnes, Masséna décida de réunir toutes ses forces : ceci fut impossible à réaliser dans l'immédiat à cause du désordre. Le commandant en chef se borna alors à envoyer un renfort à Soult et à Gazan, dont la division attaqua le 11 avril à 4 heures du matin la position de l'ennemi à la Verreria. La défense fut opiniâtre, mais les Français finirent par l'emporter. L'ennemi battit en retraite sur Tagliarino, laissant aux mains des vainqueurs 2 000 prisonniers et sept drapeaux ou fanions [2]. Soult écrivit dans son rapport à Masséna que cette affaire faisait le plus grand honneur au général Gazan.

---

1. Liévyns, Verdot et Bégat, *Fastes de la Légion d'honneur*, tomes 1 et 3, Paris, 1845.
2. Six du régiment Deutschmeister et un du régiment Latterman.

Loin de poursuivre l'ennemi, Soult rallia ses troupes sur une hauteur dominante. L'ennemi prit position sur la montagne de l'Hermette, parallèle, et chercha à déborder la gauche des troupes de Soult. Celui-ci ordonna d'attaquer l'Hermette : quoique fatigués, les soldats de la division Gazan l'exécutèrent avec la plus grande valeur. La gauche française obtint quelques succès, mais la droite fut débordée et battit en retraite aussitôt que la fusillade commença sur les derrières ; les troupes manquaient de cartouches et de pain, c'était le second combat de la journée, et la nuit approchait. Gazan demanda à Soult si l'audace des Français pouvait compenser leur infériorité numérique. Le chef de brigade Godinot entraîna néanmoins la 25ᵉ légère ; dans ce moment, une vive fusillade se fit entendre : c'était un renfort conduit par Fressinet, envoyé par Masséna, qui débouchait du couvert d'un bois et attaquait la colonne ennemie qui cherchait à déborder Soult par la gauche. « *À la vue de ce renfort inespéré, une ardeur soudaine anime les soldats de Gazan et ils ne voient plus d'obstacles.* » [1] Les Autrichiens furent battus et perdirent 600 hommes et 30 officiers qui furent faits prisonniers sur la montagne de l'Hermette. Gazan et Fressinet s'embrassèrent en frères d'armes heureux, avant de ramener une partie des vainqueurs au Grosso Pasto. Comme les Français ne disposaient pas de beaucoup de troupes pour conduire les prisonniers, un grand nombre d'entre eux s'échappa durant la nuit. La disette était affreuse au sein de la division Gazan : les soldats étaient constamment à la recherche de nourriture, dans les villages, sur les cadavres de leurs adversaires, dans leurs bivouacs. On se disputait la charogne d'un cheval d'officier. Soult signale même des cas de cannibalisme ; lui-même affirme avoir partagé entre trente-deux personnes le dernier pain de munition qui lui restait.

Le 12 avril, ignorant le mouvement rétrograde de la colonne de Masséna, Soult marcha sur Montenotte conformément à ses ordres précédents. Comprenant enfin qu'aucun de ses messagers n'était parvenu à destination, Masséna décida de reprendre l'offensive pour ne pas laisser Soult dans l'isolement. Pendant son mouvement, Soult ordonna une nouvelle attaque des positions que tenait l'ennemi entre l'Hermette et Arpazella ; elle devait être faite uniquement à la baïonnette, car les munitions étaient presque épuisées. La position fut emportée au pas de charge. Chassé de sa première position, l'ennemi se rassembla sur les hauteurs en arrière ; Gazan et Poinsot l'y attaquèrent, mais se heurtèrent aux retranchements qu'ils ne purent forcer. La division prit alors position sur la hauteur qu'elle

---

1. *Mémoires d'André Masséna*, tome 4, Paris, 1966, p. 116.

avait conquise dans la matinée ; elle n'en bougea pas le lendemain, la fatigue, la faim et le manque de munitions en étant les motifs. Le 14, la retraite de l'ennemi sur une nouvelle position entraîna un mouvement en avant de Soult, qui tenta en vain d'enlever le camp retranché de Santa-Justina. Comme il expliquait à Masséna, Gazan avait attaqué l'ennemi, « *mais il n'a pu le forcer. Je remets cette attaque à demain.* » Soult écrivit à Gazan : « *La position de l'ennemi me paraît de nature à ne pouvoir être forcée de front, en conséquence il faut prendre d'autres dispositions. Établissez la 25ᵉ légère sur le front de la ligne où elle vient de se battre, et où elle se gardera ; demain elle attaquera l'ennemi. […] Quand vous aurez donné tous ces ordres, je vous prie de vous rendre à la Verreria où je serai et où nous prendrons d'autres dispositions pour l'attaque de demain.* »[1]

Le 15, les Autrichiens détachèrent une colonne des hauteurs de Savone ; en vue d'empêcher que cette colonne achevât son mouvement contre Soult, Masséna la fit attaquer sans succès par les troupes sous ses ordres. Ce jour-là, la division Gazan reprit Sassello avec célérité, puis tenta d'enlever les positions retranchées sur les hauteurs de Ponte-Ivrea sans lesquelles l'ennemi ne pouvait ni conserver Savone, ni empêcher la jonction des troupes de Suchet. Malgré l'héroïsme des soldats et l'abnégation des officiers, l'arrivée d'une forte réserve conduite par Melas en personne fit pencher la balance en faveur de l'ennemi. La nuit mit fin à ce combat meurtrier.

Le 16 avril, sans cartouches ni vivres, Soult n'eut pas d'autre choix que de battre en retraite. L'ennemi ne tarda pas à l'attaquer. Le général autrichien Bellegarde lui envoya une sommation de se rendre, lui observant qu'il était cerné par des forces infiniment supérieures et qu'il n'avait plus aucun moyen de résistance. « *Avec des baïonnettes et des hommes qui savent s'en servir,* répondit Soult, *on ne manque de rien.* » Sa dernière ressource était de gagner une position à la droite de l'Hermette d'où l'ennemi pouvait ôter tout moyen de jonction entre les colonnes de Masséna et de Soult ; ce dernier profita du brouillard pour s'y porter et y prendre une attitude menaçante. Ces dispositions en imposèrent à l'ennemi qui renonça à l'engager. Le 17, à 3 heures du matin, Gazan mit ses colonnes en mouvement et les dirigea sur Voltri ; il rencontra en chemin la colonne de Masséna. Toutes ses forces réunies sous les ordres de Soult, le commandant en chef partit pour Gênes où il fallait s'occuper des affaires pressantes relatives aux subsistances et aux espions. Pendant ces opérations, les troupes restées sous les ordres du général Miollis à Gênes, avaient soutenu presque journellement des combats qui furent tous à leur avantage.

---

1. SHD, B3 69.

Dans la matinée du 18, Melas attaqua en force les troupes de Soult à Voltri. Le combat fut terrible, mais les Français réussirent à faire leur retraite, sous les ordres de Gazan, grâce à la mauvaise coordination des mouvements de l'ennemi. Soult écrivit à Gazan : « *Vous donnerez les ordres nécessaires pour que les troupes que vous commandez opèrent leur retraite sur Saint-Pierre d'Arena cette nuit à 1 heure.* » Il lui annonça encore le 19 : « *Le général en chef vous a écrit, mon cher camarade, pour vous engager à tenir autant que possible à Sestri, afin de pouvoir encore se servir des moulins qui s'y trouvent. Cependant il n'a pas entendu que pour cela vos troupes dussent être compromises ; si vous craignez d'être attaqué ce matin, et que l'ennemi par ses manœuvres puisse rendre votre retraite trop difficile et dangereuse, alors vous mettrez à exécution l'ordre que je vous ai donné à Sestri.* » [1]

Cette campagne étonnante, menée avec des soldats courageux mais privés des premières nécessités depuis des mois, fait beaucoup d'honneur à Masséna et à ses hommes. Gazan contribua beaucoup à ces succès par sa bravoure et ses bonnes dispositions.

Combats autour de Gênes

Le blocus se resserrant, Masséna donna une nouvelle organisation à l'aile droite. Elle ne formait plus que deux divisions : Miollis et Gazan, et une réserve aux ordres de Poinsot. Le général Marbot avait succombé à l'épidémie de typhus le 19 avril. La division Gazan comprenait deux brigades : la brigade Spital, chargée de la défense du fort du Diamant et des Deux-Frères, des forts de l'Éperon et de la Tenaille, fut composée des 55e, 73e, 97e et 106e ; la brigade Cassagne, chargée de la défense de Saint-Pierre d'Arena, de celle de la Polcevera jusqu'à Rivarolo, lia sa droite avec les postes de la position des Deux-Frères, et fut composée des 3e, 5e et 25e légères. Elle occupait ainsi tout le Ponant. Soult expliquait ainsi sa position : « *Le général de division Gazan commande depuis le fort du Diamant inclusivement, jusqu'au poste de la Lanterne exclusivement, le fort de l'Éperon, la Tenaille et le faubourg de Saint-Pierre d'Arena compris.* » [2] La division Miollis occupa le Levant, depuis la mer jusqu'à la position des Deux-Frères, et la réserve fut placée à Gênes [3]. Gazan mit à profit cette période de courte accalmie pour demander à Soult, le 20 avril, la destitution du chef de la 5e légère : « *La lâcheté de cet officier étant bien reconnue, je vous fais observer que dans le moment il court les filles dans le prétexte*

---
1. SHD, B3 69.
2. Édouard Gachot, *op. cit.*, p. 108, note.
3. Thiébault, *op. cit.*, p. 128.

de rétablir sa santé. Je vous prie de demander sa destitution pour que cet exemple serve de leçon à des pareils s'il en existe encore dans l'armée. » [1]

Masséna ne se cachait pas qu'avec des troupes cinq fois inférieures en nombre à celles de l'ennemi [2], il n'avait rien à espérer par la force des armes. Il s'employa donc à se fortifier dans ses positions et à établir la plus grande économie dans l'emploi de ses maigres subsistances. Des mesures de police strictes furent instaurées dans la ville, et le couvre-feu fut décrété. Masséna était déjà au courant du mouvement de l'armée de réserve de Bonaparte ; tout ce qu'il devait, c'était de tenir à Gênes le plus longtemps possible.

Pendant quelques jours, il ne se passa rien d'important. Le 23 avril, l'ennemi tenta l'enlèvement des troupes chargées de la défense de Saint-Pierre d'Arena. Soult raconte dans ses mémoires : « *Le régiment autrichien de Nadasti s'était emparé de la première barrière et touchait presque à la seconde, lorsque le général Gazan, qui arrivait à la hâte, la fit fermer et lever les ponts : "Marchons aux ennemis et plus de retraite", s'écrie-t-il. La charge bat, le faubourg est repris.* » [3] L'ennemi échoua donc dans sa tentative, mais Masséna fit des reproches à Soult, qui écrivit à son tour à Gazan pour lui donner des instructions très minutieuses destinées à prévenir toute surprise de ses postes, en ajoutant : « *L'affaire de ce matin doit nous servir de leçon.* » [4] Il lui recommanda à nouveau la vigilance le 24 : « *Évitons les surprises et nous serons vainqueurs.* » [5]

Une attaque de plus grande envergure commença le 30 avril contre la position des Deux-Frères [6] et toute la ligne du Ponant occupée par la division Gazan. La canonnade fut ouverte par toutes les batteries de la Corona et des chaloupes canonnières qui prenaient les retranchements en flanc. À 5 heures, les avant-postes de la 5ᵉ légère furent obligés de se replier sur Rivarolo. Cette demi-brigade défendit à outrance les retranchements à l'entrée de ce village. À 6 heures, l'ennemi se présenta sur toute la ligne du Levant ; il déploya des colonnes d'attaque soutenues par de nombreuses réserves. Les Français furent forcés sur plusieurs points ; partout ils présentèrent une résistance acharnée. L'importante position des Deux-Frères fut enlevée, et les Autrichiens sommèrent le

---

1. AN, 402 AP 37.
2. Selon Thiébault (*op. cit.*, p. 129, note), un major autrichien, pris dans les premières affaires, déclara aux Français : « *Si nous n'étions que deux fois plus nombreux que vous, nous serions perdus ; mais notre masse vous écrasera.* »
3. *Mémoires du maréchal-général Soult*, tome 3, Paris, 1854, p. 96.
4. Édouard Gachot, *op. cit.*, p. 113.
5. SHD, B3 69.
6. *I Due Fratelli* étaient des tours d'observation couronnant deux mamelons ; ces vieilles bâtisses étaient séparées par un ravin.

commandant du fort du Diamant. Craignant que l'ennemi ne prît la position de la Madonna del Monte, d'où il pouvait bombarder Gênes, Masséna envoya au combat ses réserves. Soult fut chargé de la contre-attaque des Deux-Frères. Les efforts des troupes françaises furent couronnés de succès ; le soir, l'ennemi était battu et en pleine déroute, après avoir perdu 2 291 hommes, dans le nombre desquels il y avait 1 349 prisonniers. La division Gazan perdit 225 hommes ce jour-là. Thiébault estime que cette journée fut la plus importante du blocus [1] ; lui-même s'y distingua particulièrement. Le retour de Masséna à Gênes fut un triomphe. Cependant, le soir, quand Masséna décida d'accabler les Autrichiens campés dans la boue, Soult, Miollis et Gazan le prévinrent qu'aux troupes exténuées de fatigue, on ne pouvait demander les efforts nécessaires pour engager un combat nocturne.

Voulant profiter de l'effet de sa victoire, Masséna ordonna pour la journée du 2 mai une forte reconnaissance sur les positions de la Coronata. Pendant que le chef de brigade Godinot inquiétait l'ennemi sur la Polcevera depuis la mer jusqu'à Rivarolo, Gazan déboucha de ce dernier village avec une partie de ses troupes (5e et 25e légères, 106e de ligne) qui devaient emporter l'éperon à droite de Cornigliano et en descendre vers l'ouest. Sa colonne se dirigea sur la gauche de la position de l'ennemi, et marcha de manière à la prendre à revers. L'attention de l'artillerie ennemie de la Coronata étant en partie attirée par les mouvements de Miollis dans le Levant, Gazan fit une attaque extrêmement vive et tomba sur les pièces de l'ennemi, qui commençait à évacuer sa position. Déjà un régiment autrichien, celui de Nadasti, avait posé les armes ; mais l'arrivée d'une forte réserve changea soudainement la face des affaires, et Gazan fut repoussé. Dans cette échauffourée, le général fut blessé à la tête alors qu'il ralliait son monde sous un feu de mitraille ; ses aides de camp Tripoul et Monnot furent également blessés. Soult le fit soutenir par la 2e de bataille et marcha lui-même à sa tête pour empêcher l'ennemi de couper la retraite de la division Gazan sur un terrain difficile. Le mouvement rétrograde continua ensuite en bon ordre.

L'ennemi s'activa dans les jours suivants à fortifier son camp de la Coronata et à le hérisser de nouvelles pièces. Soult ne cessait de recommander à Gazan beaucoup de surveillance et d'observer avec soin les mouvements des Autrichiens. Le 8 mai, Gazan écrivit à Soult : « *Un de mes hommes de confiance, qui m'arrive à l'instant, me rapporte, mon cher général, que le général Melas a passé hier à Sassello, se rendant en*

---

1. Thiébault, *op. cit.*, pp. 152-153.

Piémont, et qu'il était suivi de 11 000 hommes dont 6 000 Hongrois. » [1]
Il lui donnait aussi de bonnes nouvelles de l'armée de réserve, dont Masséna ordonna l'impression et la publication. Le commandant en chef était certain de l'imminence de l'attaque.

Le 11 mai, profitant du départ de Melas et d'une partie de son armée vers le Piémont, Masséna fit attaquer le Monte Faccio. Elle se solda par une brillante victoire. Le soir, la ville de Gênes fut illuminée. Gazan s'était tenu de sa personne à Saint-Pierre d'Arena, d'où, avec l'infanterie légère qui lui restait, il avait éclairé les mouvements de l'ennemi.

Masséna résolut de se servir de cette victoire pour chercher à en remporter une autre, avant que l'ennemi n'eût eu le temps de réparer ses pertes. Cette décision fut prise lors d'un conseil de guerre très animé réunissant Soult, Miollis, Gazan et Andrieu qui, depuis le départ d'Oudinot [2], remplissait les fonctions de chef d'état-major. Masséna eût préféré atteindre d'abord Rapallo et Porto Fino pour avoir des vivres avant de tenter une attaque si importante, pendant que Gazan resterait sur le Monte Faccio et protégerait la retraite des colonnes d'expédition ; mais Soult prétendit que les Français ne pourraient arriver là qu'après avoir chassé Hohenzollern de Monte Creto. Il eut l'appui de plusieurs officiers, et le projet fut arrêté. C'était d'ailleurs la dernière tentative de sortie que Masséna pouvait songer à faire, car les souffrances trop prolongées des habitants de Gênes ne les excitaient que trop à la révolte et ce n'était qu'au moyen de la plus sévère surveillance que Masséna pouvait s'en garantir. Soult donna ses recommandations à Gazan : « *Sitôt que vous me verrez engagé, ou que mon feu vous annoncera que je suis aux prises avec l'ennemi, vous l'attaquerez avec vigueur, en avant du fort Diamant ; vous ferez en sorte de le culbuter, et dans sa retraite, de lui enlever le plus de monde possible.* [...] *Notre jonction devra s'opérer sur les hauteurs de Monte Creto, et vers les retranchements de l'ennemi ; faites en sorte qu'elle soit prompte, elle décidera nos succès ultérieurs.* » [3] Soult prévenait Gazan que Masséna se rendrait près de lui dans la journée.

Le 13 mai, les Français tentèrent donc d'emporter le camp de Monte Creto, point central de toutes les positions de l'ennemi autour de Gênes et la clé de toute la ligne. Le corps d'attaque fut divisé en deux colonnes. Celle de droite marchait sous les ordres de Soult sur le camp de Monte Creto. Celle de gauche, composée des 92e, 97e et 106e et commandée par

---
1. SHD, B3 70.
2. Oudinot était parti rejoindre l'aile de l'armée sous les ordres de Suchet.
3. SHD, B3 70.

Gazan dont la blessure était à peine cicatrisée, déboucha par le fort de l'Éperon et, passant par les Deux-Frères, se dirigea sur une position occupée par des redoutes ennemies à leur droite. Alors que Soult parvenait en combattant jusqu'au camp de Monte Creto, la division Gazan était également aux prises avec l'ennemi. La brigade Spital s'empara des premières positions. Gazan formait déjà des pelotons pour marcher sur les redoutes de l'ennemi, lorsqu'un orage violent éclata. Des nuages noirs couvrirent les montagnes et enveloppèrent les combattants, qui ne s'apercevaient plus qu'à la faveur des éclairs. Après deux heures d'un véritable déluge de pluie mêlée de grêle, tout était mouillé, la terre et les armes, et les troupes avaient perdu leur élan, alors que l'ennemi venait de recevoir des renforts. Gazan et les autres chefs essayèrent de rétablir la situation, mais tous leurs efforts furent inutiles ; les soldats mouillés jusqu'aux os ne pouvaient pas faire feu et restaient sourds à leurs exhortations. Le général Spital eut son cheval tué sous lui et lui-même se blessa dans sa chute ; l'adjudant-général Reille voulut entraîner ses troupes mais ne fut point suivi. Le lieutenant général Soult eut la jambe droite fracassée par une balle et tomba aux mains de l'ennemi alors que ses soldats se repliaient sur Gênes.

Informé du désastre éprouvé à Monte Creto, Masséna qui causait avec Gazan s'écria : « *J'ai perdu aujourd'hui l'ami et la victoire !* » Le commandant en chef détacha de la division Gazan l'adjudant-général Hector Legros qui, avec la 106e, protégea la retraite des troupes de Soult. Le soir, chaque corps rentra dans ses anciennes positions.

Le 14 mai, Masséna reçut des dépêches, par lesquelles Bonaparte l'informait de la première victoire de l'armée du Rhin et lui annonçait qu'il prenait le commandement de l'armée de réserve. Ces nouvelles rendirent du cœur aux soldats de l'armée d'Italie.

LES HORREURS DU BLOCUS

Le fort de Savone se rendit le 16. Le 17, le bombardement de Gênes par les galères et chaloupes napolitaines porta l'épouvante parmi les habitants, dont l'hostilité ne cessait de croître. Masséna prit des mesures particulières pour la sûreté de la ville, faisant évacuer le Monte Faccio pour resserrer la ligne et concentrer ses forces. La flotte anglaise croisait devant Gênes pratiquement à portée de canon des batteries de la place. Le bombardement recommença, tandis que Masséna ne pouvait plus penser à faire des expéditions au dehors depuis qu'il était resserré de plus près dans la ville ; ses forces lui étaient nécessaires pour y maintenir la tranquillité.

Pendant que Gazan faisait la guerre en Ligurie, sa femme restée en France ne chômait pas non plus. Le 29 floréal an VIII (19 mai 1800), naquit à La Colle (département du Var), à 7 heures du matin, dans la maison de François Payen, son oncle par alliance, Théodore François Gazan. Il sera le premier des enfants du couple à atteindre la majorité.

Fin mai, la situation devint de plus en plus préoccupante à Gênes du fait du blocus. Les tourments de la faim rendirent les habitants insensibles à tout. On se disputait les chevaux qui, morts de maladie, étaient transportés à la voirie. Les chiens et les chats furent tous mangés, puis les souris et les rats, les araignées et les lézards. On voyait des gens s'empoisonner en mangeant des soupes d'herbes mélangées de ciguë et de la pâture des bestiaux, broyer les ossements des cadavres déterrés dans le cimetière. Les rues étaient remplies de morts et de mourants. L'armée partageait les souffrances des civils, ayant épuisé toutes ses provisions. Masséna fit ramasser tout ce qui existait en amandes, en graines de lin, en amidon, en son, en poudre à friser, en farines avariées, en avoine sauvage et en cacao ; avec ce mélange, il fit faire une sorte de pain. Thiébault compare cette affreuse composition à « *de la tourbe imbibée d'huile* » [1]. Chaque pain était intérieurement soutenu par de petits morceaux de bois, sans quoi il serait tombé en poudre. Les généraux partageaient les privations de leurs hommes et se sustentaient des mêmes aliments qu'eux ; on faisait cuire des orties et toutes sortes d'herbes avec de la chair de cheval, même de ceux qui mouraient d'étisie. Toute l'armée était convaincue que Masséna leur aurait fait manger jusqu'à leurs bottes avant de se rendre.

Le général en chef s'était débarrassé des bouches inutiles en les faisant sortir de la ville. D'abord, les Autrichiens émus de pitié reçurent ces malheureux et leur permirent d'aller chercher du pain dans la contrée ; mais lorsqu'ils virent le nombre s'en élever jusqu'à 3 000, ils les repoussèrent dans la ville pour mieux accomplir le but du blocus. Le général Ott donna les ordres les plus précis de n'accueillir aucun individu sortant de la ville et de tirer impitoyablement sur tous ceux qui chercheraient à dépasser ses avant-postes [2]. Dans la ville, les prisonniers autrichiens étaient dans une situation encore plus misérable par manque de nourriture ; il en mourait 40 à 50 par jour, alors que le général Ott refusait de leur envoyer du pain, croyant que les rations profiteraient seulement aux défenseurs de Gênes et non aux prisonniers. Ces prisonniers furent embarqués sur des bâti-

---
1. Thiébault, *op. cit.*, p. 190.
2. SHD, 1M 1943 : *Gênes – Le Var – Marengo*, manuscrit rédigé par le général Préval.

ments et nourris uniquement avec de la soupe aux herbes ; ils mangèrent leurs souliers, havresacs et gibernes ; on n'osait envoyer personne à leur bord de peur qu'il ne fût dévoré. On entendait leurs cris dans tout le port.

La plupart des officiers et soldats, bien que minés par les maladies, supportaient leurs privations avec courage et sans murmures. Leur moral était entretenu par des rares nouvelles de l'armée de réserve, que l'on disait avoir passé les Alpes et en marche sur Gênes. Ils trouvèrent encore des forces pour effectuer quelques reconnaissances, qui donnèrent lieu à des combats très vifs contre les troupes du général Ott chargé du blocus après le départ de Melas. On crut plusieurs fois dans Gênes entendre un canon lointain, les espoirs se ranimaient, mais ils retombaient bientôt à la vue des camps autrichiens toujours en place. La misère devenant de jour en jour plus affreuse, le 3e de ligne donna l'exemple d'une révolte ouverte en jetant ses armes et n'écoutant ni ne voulant plus recevoir d'ordres. Le calme ne fut momentanément restauré que grâce à l'arrivée au port d'un bâtiment chargé de grains venant de Corse.

Les habitants accusaient Masséna de tous leurs malheurs ; ils se rendaient en foule à sa demeure le suppliant de rendre la ville. Le 31 mai, Masséna rassembla les chefs des corps chez lui et leur demanda s'ils croyaient envisageable de tenter une trouée dans le but de se rendre en Toscane avec toutes les troupes et tous les patriotes et réfugiés italiens en état de marcher. Tous déclarèrent qu'il ne pouvait espérer être suivi que par des officiers, les soldats n'étant plus en état de soutenir un combat [1]. Il paraissait également impossible que Bonaparte pût délivrer Gênes avec l'armée de réserve.

Une capitulation honorable

Ayant épuisé toutes ses ressources, estimant avoir tout fait pour l'honneur et l'intérêt de sa patrie, et croyant que prolonger la défense au prix d'énormes sacrifices n'apporterait plus rien à l'armée de réserve qui faisait de grands progrès en Italie, Masséna consentit enfin à traiter avec le général autrichien Ott et l'amiral britannique Keith. La première offre de ces derniers fut que l'armée retournât en France, mais que Masséna restât prisonnier de guerre, car il « *valait vingt mille hommes* ». Celui-ci déclara qu'aucune négociation ne serait jamais ouverte si le mot de capitulation devait y être employé. Les tractations continuèrent par le truchement de l'adjudant-général Andrieu, sous-chef d'état-major, et de

---

1. Dans la ville, les soldats, en raison de leur faiblesse, étaient autorisés à faire faction assis.

Morin, le secrétaire de Masséna. Dans la ville, les 160 000 habitants [1] retenaient leur souffle, espérant enfin voir un terme à leurs maux. En réalité, Ott avait reçu l'ordre daté du 31 mai de lever le blocus et de se replier sur le gros de l'armée autrichienne, puis celui d'accorder à Masséna tout ce qu'il demandait, pourvu qu'il évacuât la place au plus tôt [2].

Le 4 juin, Masséna rencontra les commandants ennemis lors d'une conférence, pendant laquelle il réussit à les convaincre que sa position dans Gênes n'était pas si désespérée. Il joua habilement sur la mésintelligence qu'il savait exister entre les Anglais et les Autrichiens, et déclara entre autres choses à lord Keith que si les Anglais laissaient arriver un peu de blé à Gênes, les Autrichiens n'y mettraient jamais les pieds. Pour sa part, l'amiral ne cessait de répéter : « *M. le général, votre défense est trop héroïque pour que l'on puisse rien vous refuser.* » Plusieurs fois l'on fut sur le point de rompre les négociations. Le traité d'évacuation fut enfin signé à 19 heures. Les troupes françaises au nombre de 8 110 hommes sortiraient de Gênes avec armes et bagages et partiraient librement pour la France. Le reste serait transporté par mer à Antibes ou laissé dans les hôpitaux jusqu'à la guérison. Tous les prisonniers autrichiens seraient rendus. Tout ce qui appartenait à l'armée, comme artillerie et munitions, serait transporté en France par la flotte anglaise. Masséna réussit même à conserver les drapeaux autrichiens enlevés par ses troupes.

Thiébault se loue de la fermeté de Masséna, qui en imposa à l'ennemi au point de ne pas permettre que le mot de capitulation fût employé dans la rédaction du traité d'évacuation de Gênes et d'obtenir des conditions honorables. L'héroïque défense de Gênes – Thiébault parle même d'une « *défense offensive* » !, – en bloquant des forces considérables de l'ennemi, avait permis à l'armée de réserve de descendre en Italie et d'entrer en Lombardie. Elle favorisa aussi les opérations du centre de l'armée d'Italie sous les ordres du général Suchet. Masséna avait donc brillamment rempli sa mission.

---

1. On trouve aussi le chiffre de 120 000 dans les sources.
2. SHD, 1M 1943.

Chapitre VI

En Italie

Le 5 juin 1800, Masséna s'embarqua avec son état-major sur cinq corsaires sous l'escorte de plusieurs bâtiments anglais pour Antibes [1]. Le même jour, Gazan quitta les environs de Gênes avec 4 600 hommes [2] composant un corps dit d'expédition et constitué avec les demi-brigades qui avaient le moins souffert. Ce corps, que n'accompagnèrent ni canons ni voitures à défaut de chevaux pouvant les traîner, se rendit à pied à Voltri, tambours battant et drapeaux déployés. Il passa au milieu d'un ennemi en déroute, car les Autrichiens évacuaient toute la rivière du Ponant. Le 7, la réunion de la droite et du centre eut lieu sur les hauteurs de Finale. Les soldats de Gazan étant hors d'état de reprendre un service actif avant dix à quinze jours, le général Suchet les cantonna à Albenga, Ceriale, Borghetto, Toirano et La Pietra. Ils dévorèrent en un jour tous les approvisionnements du corps de Suchet et se rendirent coupables d'arrêter les convois destinés à leurs camarades du corps du centre. Suchet l'avait déjà pressenti le 7 en écrivant au général Ménard : « *Je crains que Gazan qui s'établit entre Albenga et La Pietra ne nous coupe les vivres. Cependant je l'invite à songer à ceux qui battent la montagne inhabitée.* » Il essaya de raisonner Gazan et lui envoya une lettre dans laquelle il l'exhortait : « *Je vous invite à respecter les convois qui nous sont envoyés par mulets, sans quoi nous mourrons de faim.* » [3]

Le 9 juin, Masséna arriva à Loano et se trouva au milieu des troupes de Gazan, qui étaient dans un état de dénuement absolument incroyable – huit hommes sur dix étaient presque nus – et le moral au plus bas. La fièvre maligne avait accompagné les soldats évacués. Dans leurs cerveaux dérangés suite à de rudes épreuves, la notion du temps et des événements n'existait plus. Il ne fallait pas demander à ces « *squelettes*

---
1. SHD, 1M 1943.
2. Édouard Gachot, *Le siège de Gênes (1800)*, Paris, 1908, p. 250. Le général Miollis resta à Gênes avec un peu plus de 4 000 hommes malades ou en convalescence qui devaient être transportés ultérieurement par mer en Provence.
3. AN, 384 AP 12*-14.

animés » ¹ le moindre effort militaire. Masséna fit doubler leur ration de vin et leur promit de la gloire. Les troupes de Gazan devaient se porter, par petites étapes, à la rencontre de Suchet qui était rentré, en chef victorieux, dans l'Apennin, après des opérations militaires dans le Var et en Italie contre le général Elsnitz.

Le 14 juin, Bonaparte remporta une grande victoire sur les Autrichiens à Marengo, rendue possible par la défense prolongée de Gênes. La convention d'Alexandrie limitait au 24 juin l'occupation autrichienne en Ligurie. Masséna avait bien fait une promesse le 4 juin, durant les pourparlers : « *Avant vingt jours, je serai devant Gênes.* » Ceci s'accomplit, car le 24 juin, les troupes autrichiennes évacuèrent la ville, qui fut réoccupée par les Français.

Les troupes qui s'étaient battues à Marengo, à Gênes et sur le Var furent réunies sous les ordres du général en chef Masséna. En établissant son armée sur la ligne fixée par la convention d'Alexandrie, il la partagea en quatre corps : la gauche (à Brescia et Bergame) sous Moncey, le centre (divisions Gazan et Boudet, à Casalmaggiore, Carpi, Reggio et Modène) sous Suchet, la droite (à Bologne) sous Soult, gravement malade des suites de sa blessure reçue au siège de Gênes et remplacé momentanément par Michaud, et la réserve (à Milan) avec Masséna lui-même.

Félicité par tous pour son héroïque défense, Masséna, accusé de déprédations, se vit tout de même enlever le commandement des troupes moins de deux mois plus tard. Il dressa un état des « *généraux et autres militaires qui se sont particulièrement distingués à l'armée d'Italie* », où il écrivit sur le compte de Gazan : « *Officier du plus grand mérite, d'une extrême bravoure ; il a été blessé dans les dernières affaires du blocus de Gênes, il n'a cependant pas voulu quitter le champ de bataille, et sa présence n'a pas peu contribué aux succès de cette journée.* » ²

Sous les ordres de Brune

C'est le général Brune, vainqueur de Bergen et de Castricum, qui prit en août 1800 la direction de l'armée d'Italie ³. Marmont est très critique sur le compte de Brune dans ses mémoires et affirme qu'il était étranger aux succès de ses troupes en Hollande ; il comparait la tête du général à « *une bibliothèque dont les volumes sont mal rangés* ». « *La fortune*

---

1. Édouard Gachot, *op. cit.*, p. 343.
2. SHD, B3 71.
3. Brune arriva à Milan le 21 août 1800.

l'a favorisé au-delà de toute expression dans le cours de sa carrière ; car, sans talents, sans courage, sans aptitude et sans instruction militaire, il a attaché son nom à d'assez grands succès. » [1]

Depuis le début juillet, Gazan commandait la 1re division du corps du centre de l'armée d'Italie sous Suchet. Le 19 juillet, Suchet se plaignit à Masséna : « *Instruit dès mon arrivée des ferments d'insurrection qui existaient dans une partie des troupes de la division Gazan dont le prétexte était la non-suffisance du mois de solde et le dénuement absolu du soldat, je m'empressai de demander au général Gazan les renseignements les plus précis sur cet objet.* » [2] Finalement, l'affaire n'eut pas de retentissement. Suchet félicita par ailleurs Gazan, qui n'était pas disposé à tolérer le mécontentement dans son corps, pour son attitude.

Le 3 thermidor an VIII (22 juillet 1800), Oudinot informa Suchet que le général Séras ayant reçu ordre de se rendre à Turin pour y être chargé de l'organisation des troupes piémontaises, était remplacé par le général Guidal à la division Gazan. Guidal était lui aussi originaire de Grasse. Le 4 thermidor, Suchet annonça à l'armée la conclusion de l'armistice, mais peu confiant, lui conseilla de se tenir prête à tout. Le 11 thermidor, Oudinot écrivit à Gazan qui était alors à Reggio : « *J'ai reçu, général, les états joints à votre lettre du 6 de ce mois. Je vous remercie du zèle et de l'empressement que vous avez mis dans leur envoi.* » [3] Le 20 thermidor, Suchet annonça à Gazan une bonne nouvelle : « *Je vous préviens avec plaisir, mon cher général, qu'enfin il nous arrive des chemises et des souliers.* » [4] La division Gazan reçut effectivement 4 000 paires de souliers et 3 000 chemises. Au 30 thermidor (18 août), le quartier général de la division Gazan était toujours à Reggio. Les généraux de brigade se nommaient Spital, Cassagne et Guidal ; l'adjudant-général d'Aoust remplissait les fonctions de chef d'état-major. La division comprenait les unités suivantes : 8e et 20e demi-brigades d'infanterie légère, 3e, 10e, 99e et 106e demi-brigades de ligne [5], environ 4 500 hommes au total.

Le 25 septembre, un armistice fut signé à Castiglione. La marche de l'aile droite de l'armée d'Italie en Toscane ayant fixé l'attention de l'ennemi, le centre se mit sur la défensive. À partir du 1er octobre, Gazan eut ses quartiers à Crémone, où il se retrouva face à l'éternel problème du ravitaillement. Les réquisitions, se heurtant à l'opposition de la popu-

---

1. *Mémoires du maréchal Marmont, duc de Raguse*, tome 2, Paris, 1857, p. 158.
2. AN, 384 AP 12*-14.
3. SHD, B3 243.
4. AN, 384 AP 12*-14.
5. SHD, B3 377.

lation, n'apportaient pas toujours le résultat désiré. L'état de situation du 7 octobre montre que les brigadiers de Gazan étaient alors Lesuire, Cassagne et Clauzel, et que la division comptait 4 430 hommes [1]. On constate que la composition des divisions changeait fréquemment pendant la période du Directoire ; elle sera plus stable sous l'Empire.

Fin octobre, le dispositif de l'armée fut resserré en vue d'une attaque. Vers mi-novembre, l'armée d'Italie était entièrement établie sur le Chiese. Le général de division Oudinot était chef de l'état-major général, le général de division Marmont commandait l'artillerie, le général de division Chasseloup le génie ; l'avant-garde était sous Delmas, l'aile gauche sous Moncey, le centre (divisions Gazan et Loison, 11 256 hommes d'infanterie, 1 063 chevaux, 18 bouches à feu) sous Suchet, l'aile droite sous Dupont, la réserve sous Michaud, la brigade du quartier général sous Séras, et la cavalerie sous Davout. La division Gazan avait la composition suivante : 2 compagnies de sapeurs, 2 compagnies d'artillerie légère, 15e chasseurs, 2e de ligne, carabiniers de la 7e demi-brigade, 13e chasseurs, 16 hommes de gendarmerie, 8e légère, 99e de ligne, 96e de ligne, 72e de ligne, 18e légère, détachement du 3e chasseurs [2].

La suspension d'armes expira le 23 novembre, mais jusqu'au 16 décembre [3], il n'y eut que des escarmouches entre les avant-postes. L'armée s'était peu à peu remise de ses fatigues : « *Les soins constants des officiers généraux avaient éloigné les besoins de tout genre ; les maladies étaient disparues, les victoires de l'armée du Rhin* [4] *avaient retenti jusques dans nos camps ; le soldat plein de l'amour de la gloire, brûlait de se mesurer avec un ennemi dont il pressentait la défaite, avant d'en avoir essuyé la résistance.* » [5]

Les Autrichiens du général Bellegarde se trouvaient entre l'Adige et le Mincio ; ils étaient supérieurs en cavalerie. L'objectif de l'armée de Brune était de traverser le Mincio vers Borghetto et de se porter au plus vite sur la ligne de l'Adige, assiéger les places de Mantoue,

---

1. SHD, 1M 450 : Situation du centre au 15 vendémiaire an IX.
2. Lieutenant-colonel Eug. Titeux, *Le général Dupont : une erreur historique*, tome 1, Puteaux-sur-Seine, 1903, p. 139. Un doute subsiste sur la présence de la 18e légère.
3. Au 16 décembre 1800, la composition de la division Gazan était la suivante : chef d'état-major – d'Aoust, capitaine adjoint – Chabert, aides de camp de Gazan – Maingarnaud, Monnot, Tripoul. Brigade Clauzel (aides de camp : Trinquet, Deschandy) : 8e légère, 96e de ligne ; brigade Lesuire (aide de camp : Courtin) : 72e, 99e de ligne ; 10e de ligne, sapeurs, artillerie, 3e régiment de chasseurs ; total : 5 128 hommes, 191 chevaux (SHD, 1M 448).
4. Moreau reprit l'offensive sur le Rhin et remporta une grande victoire à Hohenlinden le 3 décembre 1800.
5. SHD, 1M 448 (imprimé) et 1M 1943 : *Journal historique des opérations du centre de l'armée depuis le 15 messidor au VIII jusqu'au 29 nivôse an IX*.

Legnano et Peschiera. Brune avait à profiter de la diversion produite par le général Macdonald contre l'aile droite de Bellegarde pour franchir la rivière de vive force.

Le 17, un détachement de la division Gazan fit une forte reconnaissance sur Castiglione pour y fourrager. Au moment où il se retirait, le chef de bataillon Margery fut attaqué par l'ennemi. Gazan, informé, se porta à son aide avec quelques troupes. Margery prit l'offensive dès leur arrivée et repoussa les Autrichiens du général de Bussy, faisant ainsi rentrer son convoi à Carpenedolo sans aucune perte. Deux jours plus tard, une autre reconnaissance effectuée par la brigade Clauzel sur le village de Guidizzolo, eut un plein succès ; Clauzel y fit une trentaine de prisonniers. L'ennemi revint dans le village pendant la nuit, mais Clauzel l'en chassa à nouveau « *au moyen de son feu* ». Gazan se plaignait alors de la « *difficulté des communications dans un pays aussi coupé que celui où nous devons agir* » [1].

L'offensive de Brune ne débuta réellement que le 20 décembre, par le franchissement du Chiese qui marquait la ligne extrême du canton français durant la suspension d'armes de l'automne. Le 21, la division Gazan participa à la prise de Volta, en s'emparant des redoutes et des retranchements qui défendaient la droite de la position ennemie ; celle de Loison avait marché à sa hauteur pour attaquer de front le village et gagner les derrières pour tourner tout ce qui était en avance. La division Gazan poursuivit les Autrichiens du général de Bussy jusqu'à la nuit, puis prit position en avant de Volta sur la redoute de Borghetto. Gazan rapportait : « *Nous fîmes quelques centaines de prisonniers dans cette affaire, et la division eut 8 hommes de blessés dont un officier.* » [2]

Les divisions gardèrent leurs positions du 21 au 25 décembre. Au 22 décembre, la division Gazan avait son quartier général à Volta. Elle était forte de 5 160 hommes et se composait de la brigade Clauzel (8e légère, 96e de bataille), de la brigade Lesuire (10e et 99e demi-brigades), de la 72e de ligne, du 3e chasseurs ; elle comprenait aussi les sapeurs, l'artillerie (6 pièces) et le train [3].

Tous les matériaux nécessaires pour le passage du Mincio, derrière lequel l'ennemi s'était retiré, furent préparés ; un équipage de pont était arrivé à Volta. L'armée autrichienne occupait, sur la rive gauche, une

---

1. SHD, 1M 1943 : *Rapport du général Gazan sur les opérations de la division depuis le 26 frimaire jusqu'au 29 nivôse an IX*.
2. Le *Rapport des mouvements* indique, dans la division Gazan, 5 hommes tués et 15 blessés dont un officier de la 8e légère. Loison perdit 13 hommes tués et 35 blessés.
3. SHD, 1M 450 : *Journal historique de la lieutenance du centre dans la campagne de l'an IX*, par Martinel, chef de section des ingénieurs-géographes.

position très forte, appuyée, d'un côté, à la place de Peschiera et au lac de Garde, et, d'autre part, à la forteresse de Mantoue. L'ennemi avait construit de nombreuses redoutes. Le gros des forces autrichiennes était en face de Monzambano, couvrant la route de Vérone ; un fort détachement occupait le village de Pozzolo. La ligne du Mincio, hérissée d'artillerie, était un obstacle difficile à franchir, la rivière n'étant pas guéable en décembre. Bonaparte aurait dit au général Dupont avant l'ouverture de la campagne : « *Quand vous serez là, vous aurez fort à faire ; je ne connais pas de manière de passer ce petit fleuve bien défendu.* » [1]

LA BATAILLE DE POZZOLO

Brune forma le plan de passer le Mincio sur deux points à la fois, à Monzambano et entre le moulin de Volta et le village de Pozzolo. L'aile droite devait franchir la rivière au moulin de Volta, et le reste de l'armée à Monzambano. Entre ces deux attaques, distantes d'environ 8 km, l'ennemi occupait des positions fortes, ce qui rendait incertaine la jonction des troupes après les deux passages. Les Autrichiens pouvaient par ailleurs eux-mêmes déboucher par Borghetto et prendre à revers l'une de ces attaques. Pour y remédier, le corps du centre sous Suchet devait surveiller Borghetto pendant le double passage et empêcher tout mouvement de l'ennemi.

Le 25 décembre, les Français firent leurs derniers préparatifs pour passer le fleuve. L'artillerie française fut mise en batterie pour protéger la construction du pont à l'aile droite. Quelques tirailleurs furent transportés sur la rive gauche dans des barques et engagèrent l'ennemi. Mais à 10 heures, le général Dupont reçut l'ordre de Brune de faire replier ses troupes, car le passage de l'aile gauche ayant été retardé, le général en chef décidait de reporter l'opération au lendemain. Cependant, les troupes de Dupont étaient déjà trop engagées sur l'autre rive pour qu'il fût possible de les faire revenir sans danger. Dupont décida alors d'aller à l'encontre des ordres de Brune et de continuer l'opération. Suchet promit de l'appuyer avec ses propres troupes. L'ambition des deux généraux de remporter un succès tout seuls joua certainement un rôle dans cette décision hardie.

Apprenant la résolution de ses subordonnés, Brune ne bougea pas de Monzambano et se contenta d'autoriser Dupont à se maintenir sur l'autre rive, sous la protection de l'artillerie, et à se replier s'il était menacé.

---

1. Eug. Titeux, *op. cit.*, p. 142.

Sur ces entrefaites, la division Watrin s'empara du village de Pozzolo et s'établit le long d'une digue existant entre Pozzolo et le moulin de Volta. La division Monnier traversa elle aussi le Mincio et prit sa place dans l'ordre de bataille. Les Français étaient bien protégés par les obstacles naturels du terrain, le village et la digue.

Vers 13 heures, les Autrichiens conduits par les généraux Bellegarde et Zach en personne lancèrent des attaques successives contre les positions françaises, leurs effectifs augmentant sans cesse par l'arrivée de nombreux renforts. Accablés par des forces trop supérieures, les Français commençaient déjà à vaciller et abandonnèrent une partie du village de Pozzolo ; dans cette situation désespérée, la brigade Clauzel de la division Gazan traversa le Mincio au pont de Volta sur ordre de Suchet et accourut au secours de Dupont. Suchet donne les détails dans son rapport à Brune : « *Le moment était critique. La droite se trouvait extrêmement pressée. Je donnai ordre à la division Gazan de se présenter en bataille sur l'escarpement de la rive droite dans le but d'encourager les nôtres et d'inquiéter l'ennemi, mais les efforts de l'aile droite devenaient insuffisants. Il était une heure après midi. Je fis passer la brigade Clauzel pour former une réserve au général Dupont ; à peine était-elle établie à quelques toises en avant du pont, que ce général fut obligé de la porter sur la ligne pour résister au choc terrible de l'ennemi.* » [1]

Toute l'artillerie de Suchet, mise en batterie sur le plateau dominant la rive gauche, couvrit de mitraille les bataillons ennemis. Comme les Autrichiens augmentaient leur pression, Suchet jugea urgent de faire passer le Mincio au reste de la division Gazan. La brigade Lesuire passa donc également sur la rive gauche et contribua à la reprise du village de Pozzolo, clé du champ de bataille. On lit dans la relation de Gazan : « *Déjà la division Monnier avait perdu ses trois pièces d'artillerie et le village de Pozzolo, celle du général Watrin était forcée à la retraite, et notre pont était encombré de blessés et de fuyards, lorsque j'ordonnai au général Lesuire de charger l'ennemi avec la 72e demi-brigade dans le village de Pozzolo, tandis que je chargeais sur le flanc de ce village avec le 2e bataillon de la 99e* [2] *et que je faisais faire ce même mouvement au 2e bataillon de la 96e à la tête duquel j'avais mis mon aide de camp Tripoul, officier très brave et du plus grand mérite.* » [3] Ces mouvements, opérés avec beaucoup d'ensemble et de vigueur, réussirent au-delà de toute attente ; partout, l'ennemi fut repoussé avec une perte énorme.

---
1. Cité dans Eug. Titeux, *op. cit.*, p. 156.
2. Ce bataillon était commandé par le chef de bataillon Rottembourg.
3. SHD, 1M 1943.

Le général Dupont écrivait dans son rapport sur la bataille : « *La 72ᵉ a marché sur Pozzolo pour appuyer la droite, et dans un instant cette redoutable demi-brigade a pénétré dans le village et a enlevé du canon à l'ennemi. La 8ᵉ légère et la 96ᵉ, placées au centre, ont à leur tour influé puissamment sur le combat et ramené plusieurs fois la fortune incertaine.* » [1] Le général Lesuire reprit le village, l'artillerie qu'avait perdue le général Monnier et deux pièces à l'ennemi. Sur la gauche, le bataillon de la 96ᵉ, à la tête duquel marchait le capitaine Tripoul, poussa l'ennemi jusque dans la plaine et ramena 300 prisonniers, parmi lesquels un major. Gazan leur fait un éloge vibrant : « *Généraux, officiers et soldats, tous se surpassèrent et firent dans ce moment décisif des actions qui doivent leur mériter à jamais l'estime des vrais Français et la reconnaissance de nos braves de l'aile droite.* »

Suchet fit alors passer d'autres troupes sur la rive gauche, ne conservant qu'une seule brigade pour surveiller le débouché de Borghetto, où il y avait eu un combat le matin. Le général Davout arriva avec les dragons de son escorte. Les Autrichiens tentèrent de rétablir la situation à leur avantage et réoccupèrent Pozzolo, mais contre-attaqués sur toute la ligne à la baïonnette, ils lâchèrent pied après une mêlée furieuse. Le village fut repris pour la troisième fois. L'obscurité empêchant de continuer la poursuite, les troupes victorieuses rentrèrent dans leurs positions. Un dernier assaut de Pozzolo par une forte colonne de grenadiers hongrois, dans les ténèbres, donna lieu à une lutte féroce. Gazan raconte ce dernier retour offensif de l'ennemi : « *M. de Bellegarde, désespéré de voir qu'une poignée de braves avaient osé résister aux efforts de presque toute son armée, voulut pour la 4ᵉ fois, en mettant à profit l'entrée de la nuit qui paralysait le feu meurtrier de notre artillerie, hasarder un nouveau combat. [...] M. de Bellegarde échoua de nouveau devant nos braves, et fut après un feu des plus vifs et des plus violents forcé à la retraite.* » [2]

Enfin, culbuté sur tous les points, l'ennemi battit définitivement en retraite. Gazan fut proclamé comme le vrai vainqueur de la journée, titre qu'il partagea avec le général Dupont. L'ennemi perdit un drapeau, plusieurs canons avec leurs caissons, 4 000 hommes tués ou blessés, et 3 000 prisonniers. Un brigadier du 3ᵉ chasseurs avait fait 30 prisonniers à lui tout seul. Gazan pria Suchet de demander à Brune de l'avancement pour lui : « *Récompenser une action d'éclat*, dit-il, *c'est*

---

1. Cité dans Eug. Titeux, *op. cit.*, p. 153.
2. SHD, 1M 1943.

en créer de nouvelles. » Suchet écrivait dans son rapport : « *Les trois brigades du centre passées sur la rive gauche ont fait huit à neuf cents prisonniers et ont laissé le champ de bataille jonché de morts. Cinq porte-drapeau de la 72ᵉ ont été tués.* »

Les divisions de l'aile droite et du centre perdirent environ 1 500 hommes tués ou blessés, dont près de 300 hommes dans la division Gazan. Dupont écrivait dans son rapport : « *Il est peu de batailles dont le gain ait été disputé avec autant d'acharnement et une aussi grande inégalité de forces. Quatorze mille hommes ont triomphé de quarante mille, dans la position la plus délicate et n'ayant qu'un pont pour retraite. L'héroïque valeur des troupes de la République ne s'est jamais manifestée avec plus d'éclat.* » Suchet écrivit à propos de Gazan : « *Le général Gazan a parfaitement bien conduit sa division.* » Le *Journal historique* de Martinel fait son éloge : « *Dans cette journée, tous les militaires ont vu avec respect le sang-froid, le dévouement et l'intelligence dont a fait preuve le général Gazan.* » [1] Ses aides de camp se distinguèrent également.

Le *Journal historique des opérations du centre de l'armée* résume : « *Ainsi finit cette bataille opiniâtre et sanglante, qui donna aux Autrichiens la mesure de nos forces, qui prouva à l'armée ce que peuvent l'union de ses généraux, celle de ses corps et leur dévouement.* » [2]

Pendant que les troupes de Dupont et de Suchet luttaient désespérément contre l'ennemi et triomphaient sur des forces supérieures, Brune restait immobile et négligea d'achever la victoire en franchissant le Mincio avec toute son armée et en se rabattant sur les derrières des Autrichiens. Le soir, le général Davout l'apostropha dans son quartier général : « *Comment, général, s'écria-t-il, pendant que la moitié de votre armée est engagée, vous restez ici occupé à manger !* » Brune ne répondit rien [3]. Il aura une autre accusatrice en la personne de George Sand, dont le père, Maurice Dupin de Francueil, aide de camp du général Dupont, fut fait prisonnier à Pozzolo ; selon elle, le général Brune à Pozzolo « *fit plus que des fautes : il commit un crime. Il laissa une partie de son armée abandonnée, sans secours, dans une lutte inégale contre l'ennemi, et son inertie fut l'entêtement cruel de l'amour-propre. Mécontent de l'ardeur qui avait emporté le général Dupont à franchir le fleuve avec dix mille hommes, il empêcha Suchet de lui donner un secours suffisant ; et si ce dernier, voyant le corps de Dupont aux prises avec trente mille*

---
1. SHD, 1M 450.
2. SHD, 1M 448 et 1M 1943.
3. *Mémoires du maréchal Marmont*, tome 2, p. 166.

Autrichiens et en grand danger d'être écrasé malgré une défense héroïque, n'eût enfreint les ordres de Brune et envoyé de son chef le reste de la division Gazan au secours de ces braves gens, notre aile droite était perdue. Cette barbarie ou cette ineptie du général en chef coûta la vie à plusieurs milliers d'intrépides soldats et la liberté à mon père. » [1]

Il convient d'ajouter que la victoire de Pozzolo, l'une des plus extraordinaires de toutes les guerres de la Révolution, fut injustement oubliée. Brune lui-même y contribua en présentant la bataille de Pozzolo comme une action secondaire. Marmont, témoin oculaire, la minimise lui aussi dans ses mémoires : « *Cette échauffourée était sans objet, puisque les trois quarts de l'armée étaient au repos et ne prenaient pas part au combat. L'affaire se composa d'une série de mouvements en avant à la poursuite de l'ennemi, quand le feu de l'artillerie de la rive droite le forçait déjà à se retirer, et de mouvements de retraite quand on avait poussé l'ennemi hors de la portée de notre artillerie.* » [2] Le lieutenant-colonel Titeux, auteur d'une biographie du général Dupont, pense que Napoléon « *ne voulut pas que la gloire de Dupont fût connue, et que l'on pût faire une comparaison entre Pozzolo et Marengo.* [ ] *Il n'avait manqué à la bataille de Pozzolo, pour avoir tout le retentissement qu'elle méritait, que d'avoir été gagnée par Bonaparte.* » [3] Ce fut pourtant, selon Suchet, la bataille décisive de la campagne d'Italie.

LA FIN DE LA CAMPAGNE

Le lendemain 26, Brune persista dans son idée de passer le Mincio à Monzambano. Sur l'ordre de Brune, Suchet avait ramené la division Gazan sur Monzambano et repassé le Mincio, pour exécuter un second passage à 14 heures. Titeux explique cette contremarche par le désir de Brune que son attaque fût, contrairement à la vérité, considérée comme l'acte essentiel du passage du Mincio. Le centre fut alors placé en réserve, couvrant les deux ponts. Lesuire attaqua avec la 72ᵉ demi-brigade les redoutes et les retranchements de Borghetto. La première attaque n'eut pas de succès, mais avant la seconde le commandant autrichien, « *sans doute intimidé de l'air de nos troupes* » selon Gazan, demanda à capituler. Lesuire prit 1 039 hommes, dont 29 officiers, sept pièces de canon, deux obusiers et des munitions de guerre en assez grande quantité qui se trouvaient dans les redoutes. Suchet écrivait dans son rapport :

---

1. George Sand, *Histoire de ma vie*, tome I, Paris, 1902, p. 414.
2. *Mémoires du maréchal Marmont*, tome 2, p. 165.
3. Eug. Titeux, *op. cit.*, p..164 et p. 193.

« La division Gazan a fait à Pozzolo et à Borghetto 1 694 prisonniers, tué ou blessé près de 1 800 hommes et pris 12 pièces de canon. Le centre a, dans ces deux journées, passé deux fois le Mincio, sur deux points différents. » Cette attaque de Borghetto, selon Napoléon, fut parfaitement inutile, car « *après l'affront reçu la veille* », le général autrichien avait déjà calculé sa retraite, considérant la rivière comme passée, et ne cherchait qu'à gagner l'Adige [1].

La brigade Lesuire bivouaqua dans les redoutes et le lendemain rejoignit le reste de la division. Le 27 décembre, les éclaireurs de la brigade Clauzel entrèrent dans la dernière redoute à l'instant même où les Autrichiens l'abandonnaient. Le lendemain, l'ennemi tira quelques coups de canon sur les généraux Suchet et Gazan qui faisaient une reconnaissance. Tout compte fait, le général Brune, réglant ses mouvements sur ceux de l'ennemi, avança avec une extrême lenteur, manquant ainsi de détruire l'armée autrichienne. Marmont en parle dans ses mémoires : « *Brune, perdant sa considération, devint un sujet de moquerie ; et, comme l'ennemi marchait à pas de tortue, qu'il partait tard, que nous partions plus tard encore, nous marchions toujours une partie de la soirée, les soldats disaient en plaisantant que c'était* marcher à la Brune. » [2]

Le général von Bülow commente ainsi ces événements : « *Il est évident que les Autrichiens furent tournés sur leur gauche, et dépostés des bords du Mincio. Il était en effet, extrêmement important pour eux de ne point se laisser déborder à leur droite, et couper de Vérone, c'est-à-dire, de l'Allemagne. Dans ce cas, ils pouvaient voir leur droite, renversée sur leur gauche, et ils s'exposaient à se faire culbuter dans le Mincio. Ainsi, forcés à se retirer par leur droite, dès que les Français commencèrent à s'étendre de ce côté, ils perdirent leur point d'appui sur la rivière, et tout espoir de la défendre plus longtemps.* » [3]

L'offensive de Brune se déroula assez mollement, en sorte que l'ennemi se repliait en bon ordre. Le jour de l'An (ou plutôt le 11 nivôse), à 14 heures, le centre de l'armée franchit l'Adige. Le 13ᵉ régiment de chasseurs entra à la division Gazan. Quelques combats eurent lieu le lendemain. Les troupes se conduisaient mal : bravant les interdictions, elles enlevaient les meubles et les portes des maisons pour se chauffer [4]. La saison était rude.

---

1. *Œuvres complètes de Napoléon*, tome 4, Stuttgart et Tubingue, 1823, p. 211.
2. *Mémoires du maréchal Marmont*, tome 2, p. 172.
3. M. de Bülow, *Histoire des campagnes de Hohenlinden et de Marengo*, Londres, 1831, p. 156.
4. Bernard Bergerot, *Le maréchal Suchet, duc d'Albufera*, Paris, 1986, p. 75.

Le 3 janvier 1801, les Français traversèrent Vérone dans le plus grand ordre et allèrent prendre position en dehors de la ville, dans laquelle Suchet établit ses quartiers. Le 5 janvier, à 7 heures du matin, les divisions du centre se remirent en mouvement. La division Gazan s'établit sur les hauteurs en avant de Caldiero. Elle en partit à 7 heures du matin et suivit la brigade Cassagne en se dirigeant sur les hauteurs de Monteforte où elle établit ses bivouacs. Le 7 janvier, le général Gazan, avec la brigade Clauzel et la réserve de cavalerie, attaqua l'ennemi « *qui tenait encore les deux défilés qu'il faut franchir avant que d'arriver dans la belle plaine qui se prolonge jusqu'à Vicence* ». Préval, qui était à l'époque adjudant-général, chef d'état-major du centre de l'armée, écrit dans son *Journal historique* : « *Le général Gazan avait à peine formé ses colonnes sur les hauteurs de Saorio, pour attaquer l'ennemi en avant de Montebello, qu'il le vit exécuter son mouvement de retraite ; il ordonna sur-le-champ au général Clauzel de se mettre à sa poursuite et de le pousser vigoureusement. […] Gazan, après avoir réuni ses troupes au-delà du défilé près Montebello, ordonne au général Clauzel de se porter avec les carabiniers et un bataillon de la 8ᵉ légère sur Montecchio, pour favoriser l'attaque du général Suchet sur ce point. De sa personne, avec le reste de sa division, il attaque et renverse l'ennemi ; le débusque ensuite des deux défilés qu'il défendait avec ténacité.* » [1] Partout l'ennemi fut culbuté, mais « *à peine étais-je sorti des défilés, qu'un ordre du général Suchet vient arrêter mon mouvement* » [2]. La division Gazan fit 250 prisonniers dans cette journée, qui coûta la perte de 5 morts et de 15 blessés environ. La force active de toute l'armée était de 65 000 hommes (78 000 avec les divisions stationnaires) [3].

Rejoint sur la route de Vicence par les généraux Quesnel (qui remplaçait Lesuire, malade, depuis le passage de l'Adige) et Clauzel, Gazan poursuivit son mouvement sur Bassano. Les soldats s'adonnant au pillage, ordre fut donné le 11 janvier aux généraux de division de rassembler sans armes toutes les unités et de faire faire en leur présence la visite de tous les sacs des sous-officiers et soldats pour en retirer « *tout ce qui se trouvera ne faisant point partie de l'habillement et de l'équipement de la troupe ou provenant du pillage* ». Tous ces objets seraient déposés dans un magasin gardé par des sentinelles, puis distribués aux communes razziées des environs de Vérone et de Vicence [4]. Ceci dément quelque

---

1. SHD, 1M 448 : *Journal historique des opérations du centre de l'armée, depuis le 15 messidor an VIII jusqu'au 28 nivôse an IX*, par Préval.
2. SHD, 1M 1943 : *Rapport du général Gazan sur les opérations de la division depuis le 26 frimaire jusqu'au 29 nivôse an IX*.
3. SHD, 1M 1943 : Situation de l'armée d'Italie au 30 thermidor an VIII.
4. SHD, B3 259.

peu la mauvaise réputation de Brune réputé pour son peu de scrupules sur le chapitre du pillage.

Le 12 janvier, pour protéger l'avant-garde dans son attaque de Castelfranco, Suchet s'y porta avec la division Gazan et la réserve de sa lieutenance. Gazan et Quesnel y arrivèrent assez tôt avec le 13ᵉ régiment de chasseurs, pour y coopérer, en manœuvrant sur le flanc droit du village et en menaçant constamment les derrières de l'ennemi. Les Autrichiens se retiraient toujours, de position en position, lentement et en bon ordre, opposant aux attaques de Brune de fortes arrière-gardes. Enfin, l'armistice de Trévise signé le 16, la division Gazan traversa le 17 janvier la route de Trévise et établit ses bivouacs à Mura. Elle en partit le lendemain ; le quartier général s'établit à Padoue. Le 19 janvier 1801, toutes les troupes du centre de l'armée d'Italie arrivèrent à Padoue, où elles s'installèrent dans les quartiers d'hiver ; la brigade de gauche de la division Gazan était casernée à Dolo, et son autre brigade dans la place. Le 28 janvier (8 pluviôse), le général se plaignit à Berthier de ce que le rapport publié dans le *Moniteur* n'indiquât que ceci : « *la division Gazan arriva fort à propos* » à Pozzolo, alors qu'elle avait contribué puissamment au succès de cette brillante journée. Il réclama donc justice « *au nom des braves que je commande, et qui ont si vaillamment combattu pendant toute la campagne* ». Pour sa part, Suchet s'indigna lui aussi de ce rapport mensonger : « *Aucun des corps, aucun des généraux du Centre n'est cité, écrivit-il. Le général Gazan seul est présenté agissant isolément et sans ordres, et nulle portion de gloire, nul éloge ne sont accordés aux nombreux défenseurs de la patrie qui périrent dans cette journée.* » [1]

Le 24 février, on apprit à Padoue la conclusion de la paix avec l'Autriche : c'était le traité de Lunéville, signé le 9 février 1801. Gazan, qui commanda une division de l'aile gauche de l'armée à la place de Rochambeau [2] depuis le 2 mars, fut nommé au commandement de toute l'aile gauche au moment où le général Moncey prit le commandement en chef de l'armée d'Italie par intérim en remplacement du général Brune, complètement discrédité aux yeux des troupes et autorisé à rentrer en France, et le conserva jusqu'à la dissolution de l'armée [3] qui était en cours depuis mars. Le 17 juin, Gazan fut désigné par le général

---

1. Eug. Titeux, *op. cit.*, pp. 172-173.
2. SHD, B3 260. Le général Rochambeau était parti pour Gênes en tant que commandant supérieur de la Ligurie.
3. Certificat délivré par le maréchal Oudinot, duc de Reggio, le 20 novembre 1830. SHD, dossier Gazan.

en chef Murat pour prendre le commandement de la division stationnée à Novare et environs, puis reçut un contrordre quelques jours plus tard pour aller à Forli, dans la Romagne. Le 25 juin, le quartier général de Gazan était à Bologne [1]. Le général ne devait pas tarder à quitter le pays, enfin autorisé à rentrer chez lui.

---

1. SHD, B3 265.

Chapitre VII

Du Consulat à l'Empire

L'armée d'Italie fut dissoute pendant la seconde moitié de juin 1801. En juillet, Gazan rentra à Grasse en invoquant le mauvais état de sa santé, durement éprouvée pendant les dernières campagnes. Le 23 septembre 1801, il fut mis en non-activité sur sa demande. Son aide de camp Tripoul alla habiter à Paris.

Le repos du guerrier

Au début de 1802, Gazan était en convalescence à Grasse, sa ville natale. Les délices de cette ville au parfum provençal sont décrits dans un ouvrage de géographie paru en français en l'an VII : « *Grasse, à 26 lieues E. d'Aix, dans une contrée agréable et fertile en fruits exquis, et en huile d'olive très estimée. Cette ville, riche et bien peuplée, fait le commerce de soies, figues, oranges, citrons, bergamotes ; elle a des tanneries, des fabriques de parfums, de savon, et d'ouvrages en bergamotes et en oranges.* » [1]

Ses exploits militaires faisaient de lui une gloire locale et lui valurent l'estime de ses concitoyens. Le 13 mai 1802, il fut nommé membre du conseil municipal de Grasse en remplacement de M. Fabre décédé. Mais déjà en juillet 1802, il se rendit à Paris pour solliciter un nouvel emploi qu'il obtint.

Le 1er thermidor an X (20 juillet 1802), Gazan écrivit au ministre de la Guerre : « *Les raisons qui m'avaient mis dans le cas de solliciter auprès de vous ma mise en non-activité pour l'an dix n'existant plus, je vous prie de vouloir bien me faire comprendre sur le tableau des officiers généraux susceptibles d'être mis en activité de service pour l'an 11e. Si le gouvernement voulait me confier l'inspection vacante par la nomination du général Decaen à l'emploi de capitaine général aux Indes, il comblerait tous mes vœux & ma reconnaissance pour vous égalerait le service que vous m'auriez rendu.* »

---
1. William Guthrie, *Nouvelle géographie universelle*, tome II, Paris, an VII, p. 129.

Le poste cité par Gazan était celui d'inspecteur général d'infanterie dans la 8ᵉ division militaire (chef-lieu Marseille). Il ne l'obtint pas. Au lieu de cela, le 23 septembre 1802, il fut nommé commandant de la 1ʳᵉ subdivision de la 27ᵉ division militaire (chef-lieu Turin).

Le 7 brumaire an XI (29 octobre 1802), de retour à Grasse, Gazan écrivit au ministre de la Guerre : « *Je m'empresse de vous accuser la réception de votre lettre en date du 24 du mois dernier, ainsi que des lettres de service qu'elle renfermait. Je me ferais un devoir de répondre à la nouvelle marque de confiance que le gouvernement veut bien me donner, en me rendant de suite à ma nouvelle destination, si l'état de ma santé me le permettait ; mais revenu d'Italie, avec des fièvres, dont je n'ai même pu me défaire dans mon voyage à Paris, et que j'ai encore, je me trouve dans l'impossibilité de pouvoir partir sur-le-champ, ayant de plus des obstructions et des enflures pour la guérison desquelles j'ai besoin de beaucoup de soins, et de continuer des remèdes que je suis depuis quelque temps. Les hommes de l'art qui me soignent prétendent que je ne pourrai être guéri avant le mois de pluviôse prochain ; je viens donc avec confiance vous prier de m'accorder un congé de convalescence jusques à cette époque, avec la faculté de toucher mes appointements dans la 8ᵉ division militaire, auquel terme je me rendrai à ma destination. Si contre mon attente vous ne pouviez acquiescer à ma juste demande, je vous prierais alors de me faire jouir du traitement de non-activité, m'étant absolument impossible de pouvoir partir dans le moment actuel.* »[1]

Des événements familiaux survinrent chez les Gazan sur ces entrefaites. Le 23 fructidor an X (10 septembre 1802), était décédée à Molsheim la belle-mère de Gazan, Catherine Raumer. Son fils Fridolin était présent à ses côtés.

Le 13 nivôse an XI (3 janvier 1803) naquit à Grasse, à 4 heures du matin, Magdelaine Claire Gazan, fille du général et de son épouse. L'acte de naissance fut dressé en présence d'Honoré Luce, négociant, âgé de 38 ans, et d'Antoine François Chabert, notaire public, âgé de 36 ans. Pour une fois, Gazan était présent et signa l'acte.

Un nouveau commandement en Italie

Gazan ne se mit en route qu'en mars 1803 et arriva à Turin à la fin du mois. Il trouva sa place occupée par un autre général ; dépité, il s'en

---

1. SHD, dossier Gazan.

Du Consulat à l'Empire 131

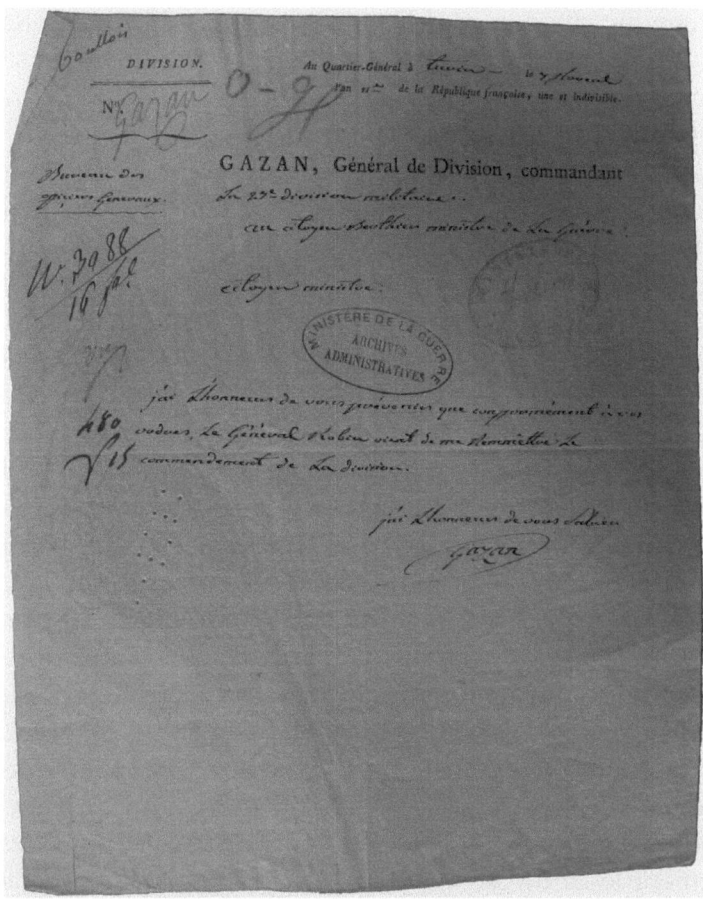

Lettre adressée par Gazan au ministre de la Guerre, le 7 floréal an XI.
Archives du Service historique de la Défense, château de Vincennes.

plaignit le 5 germinal an XI (26 mars 1803) à Berthier, ministre de la Guerre : « *Citoyen ministre, j'ai l'honneur de vous prévenir qu'à mon arrivée dans ce pays, j'ai trouvé la division commandée par le général Robin qui a cru en devoir conserver le commandement jusqu'à l'arrivée du général Riveau (sic), ou que vous en ayez décidé autrement, quoique je sois plus ancien général de division que lui. Désirant n'avoir aucune discussion de ce genre avec un de mes camarades, je viens vous prier de vouloir bien décider qui de nous deux devra commander la division en l'absence du général Riveau (sic). Vous m'obligerez de me faire connaître votre décision à cet égard le plus tôt qu'il vous sera possible.* »

Le 26 germinal an XI (16 avril 1803), l'ordre fut donné au général Robin de remettre le commandement de la 27ᵉ division militaire au général

Gazan « *comme plus ancien* »[1]. Fin avril, Gazan remplaça donc Robin au commandement de la division militaire. Il put alors entrer dans ses fonctions et occuper son quartier général à Turin. À l'arrivée du général commandant la division, il assuma le commandement de la 1re subdivision.

Le major Pouget du 62e de ligne résida à Turin pendant cette époque-là. Il raconte que la haute société de la ville boudait les Français, mais il ne manquait pas de personnes distinguées dans la ville pour leur ouvrir les portes. Le temps passait rapidement entre le service et les plaisirs ; Turin et ses environs procuraient des distractions agréables[2].

Gazan ne résida pas en permanence à Turin. Son état de santé le fit partir pour Alessandria fin mai. À peine y fut-il arrivé qu'il apprit que sur l'ordre du général Dupont-Chaumont, nouveau commandant de la 27e division militaire, sa subdivision était réduite au contrôle sur seulement deux petits départements : la Sesia et la Doire. Furieux, Gazan exprima au ministre de la Guerre son désir de changer de division, puis il alla à Turin attendre la décision du gouvernement. Le ministre n'acceptant pas sa démission, force lui fut de rester en Italie, en attendant des jours meilleurs. Son premier aide de camp Tripoul n'avait pas pu l'accompagner en Italie, empêché par une maladie grave, mais il le rejoignit par la suite[3].

Le 20 frimaire an XII (12 décembre 1803), le grand chancelier de la Légion d'honneur Lacépède informa Gazan qu'il était nommé depuis la veille membre de la Légion. Ce ne fut pas une promotion individuelle mais collective, comprenant plusieurs généraux de division. Gazan prêta le serment le 24 nivôse an XII (15 janvier 1804). La formule était la suivante : « *Je jure, sur mon honneur, de me dévouer au service de la République ; à la conservation de son territoire dans son intégrité ; à la défense de son gouvernement, de ses lois et des propriétés qu'elles ont consacrées ; de combattre, par tous les moyens que la justice, la raison et les lois autorisent, toute entreprise tendant à rétablir le régime féodal, à reproduire les titres et qualités qui en étaient l'attribut ; enfin de concourir de tout mon pouvoir au maintien de la liberté et de l'égalité.* »

Le 27 germinal an XII (17 avril 1804) à 7 heures du soir, naquit à Grasse Clément Adolphe Gazan. L'acte de naissance fut dressé en présence d'Antoine Honoré Joseph Boulay, négociant, âgé de 47 ans, et Claude Aubin, homme de loi, âgé de 45 ans. Gazan signa l'acte ; il était probablement en congé à Grasse.

L'Empire fut proclamé le 18 mai 1804.

---

1. SHD, dossier Gazan.
2. François-René Cailloux dit Pouget, *Souvenirs de guerre*, Paris, 1997, p. 82.
3. SHD, dossier Tripoul.

Le 26 prairial an XII (15 juin 1804), Gazan fut nommé d'emblée commandant de l'ordre de la Légion d'honneur sans passer par le grade d'officier. Lacépède le lui annonça par une formule consacrée : « *Je m'empresse de vous annoncer ce témoignage éclatant de la bienveillance de Sa Majesté Impériale et de la reconnaissance nationale.* » Le 10 messidor an XII (29 juin 1804), de Turin, Gazan lui répondit : « *J'ai reçu, monsieur le chancelier, votre lettre du 26 prairial dernier par laquelle vous m'annoncez que Sa Majesté l'Empereur vient de me nommer l'un des commandants de la Légion d'honneur. Je me hâte de vous en accuser la réception, & je vous prie de vouloir bien assurer de nouveau Sa Majesté, de toute ma gratitude, & de mon entier dévouement pour son auguste personne. Si dans l'organisation des cohortes, je pouvais faire partie de celle qui sera établie dans le département des Bouches-du-Rhône, je vous en serais infiniment reconnaissant.* »[1]

LA FORMATION DE LA DIVISION GAZAN

Le 15 nivôse an XIII (5 janvier 1805), Gazan était à Turin, où il commandait toujours la 1re subdivision de la 27e division militaire. Le 16 avril, il était à Tortone.

Dans la perspective de l'invasion de la Grande-Bretagne, Napoléon rassemblait des troupes sur les côtes dans les camps autour de Boulogne. Il y rappelait des généraux expérimentés et éprouvés, qui devaient ainsi quitter leurs postes sédentaires pour accourir sous les nouveaux drapeaux surmontés de l'aigle de l'Empire.

La division Gazan fut créée par ordre de l'Empereur en date de Milan, le 18 floréal an XIII (8 mai 1805). Le 10 mai, le maréchal Berthier, ministre de la Guerre et major général, en avisa le général Gazan : « *Je vous préviens, général, que S. M. vous a choisi pour commander une division de troupes qui va être formée à Lille et qui fera partie de la réserve générale de l'armée des Côtes. Cette division sera composée du 103e régiment d'infanterie, venant de l'armée de Hanovre, qui arrivera du 23 au 25 prairial à Lille, du 100e régiment d'infanterie, venant aussi de l'armée de Hanovre, qui arrivera à Lille du 27 prairial au 1er messidor, et du 4e régiment d'infanterie légère, venant de Paris, qui arrivera du 23 au 25 prairial à Lille. Il sera attaché à cette division deux généraux de brigade, un adjudant-commandant chef de l'état-major, des officiers d'artillerie*

---

1. LH/1103/38.

et du génie, un commissaire des guerres et les agents d'administration nécessaires. Vous voudrez bien, en conséquence, vous rendre sans délai à Lille pour prendre le commandement de ces troupes en m'informant de votre arrivée dans cette place. » [1]

L'adjudant-commandant Fornier d'Albe, employé comme chef d'état-major à la 16e division militaire (Lille), fut désigné pour remplir les mêmes fonctions dans la division Gazan. Les deux généraux de brigade désignés pour être employés dans la nouvelle division furent Campana et Graindorge. Le premier, né à Turin, avait surtout servi en Italie. Le second avait été fait chef de bataillon sur le champ de bataille par le général en chef Hoche, au passage du Rhin, à Neuwied, « *pour être entré le premier dans la redoute* », en avril 1797. Il avait été nommé ensuite chef de brigade sur le champ de bataille par le général en chef Masséna en juillet 1799, puis une seconde fois par le même Masséna au passage de la Limmat fin septembre 1799. Sa réputation de bravoure était universelle, bien que le futur général Maransin estimât dans une lettre à son père avoir subi un passe-droit au profit de Graindorge, qui était cousin du général Lorge et auquel avait été attribué par conséquent tout l'honneur du passage de la Limmat, alors que selon Maransin, il en était indigne [2]. Le général de brigade Rheinwald fut également attaché à la division Gazan, mais il la quittera le 3 octobre 1805, nommé commandant de Spire.

Au moment où s'ouvrit la campagne de 1805, l'organisation de l'infanterie française était la suivante. Chaque régiment d'infanterie se composait de 2, 3 ou 4 bataillons. Dans l'infanterie de ligne, chaque bataillon comprenait une compagnie de grenadiers et huit compagnies de fusiliers. Le décret du 19 septembre 1805 créa par bataillon une compagnie de voltigeurs en remplacement de la 2e compagnie de fusiliers, mais les corps de la division Gazan n'auront le temps de former leurs compagnies de voltigeurs que pendant leur séjour à Vienne. Dans l'infanterie légère, chaque bataillon comprenait une compagnie de carabiniers, une de voltigeurs et sept de chasseurs. Au début de la campagne, malgré les efforts de l'Empereur, l'effectif théorique n'était pas atteint, et le complet des bataillons fut donc fixé à 900 hommes.

Ayant reçu sa nouvelle destination, Gazan quitta la 27e division militaire pour se rendre en toute diligence au nord de la France. Le voyage fut pénible ; sa voiture se brisa en route, et il fut obligé de la

---

1. Capitaine Alombert, *Le corps d'armée aux ordres du maréchal Mortier : combat de Dürrenstein*, Paris-Nancy, 1897, p. 329.
2. Jean Cambon, *Jean-Pierre Maransin*, Tarbes, 1991, p. 40.

remplacer pour pouvoir continuer sa course. Arrivé à Lille le 6 messidor an XIII (25 juin 1805), il demanda aussitôt le dédommagement de ses frais de ce voyage « *long et coûteux* » et l'arriéré de sa solde, sans quoi il ne pouvait pas tenir « *des engagements qui touchent à leur terme* », ou plus prosaïquement, honorer ses dettes. Ses nombreuses campagnes ne l'avaient donc point enrichi. Il récidiva le 4 juillet suivant pour réclamer les frais extraordinaires pour cinq mois, expliquant que ses dépenses augmentaient et qu'il avait fait une route extrêmement longue et coûteuse. Il avait besoin d'acheter des chevaux, mais en était empêché faute d'argent [1].

Les troupes et les différents services de sa division se réunissaient à Lille. En raison de la nouvelle organisation de l'armée, en date du 25 floréal an XIII (15 mai 1805), la division Gazan, dénommée division de la réserve, était entrée dans la composition du corps de l'avant-garde de l'armée des Côtes de l'Océan, sous les ordres du maréchal Lannes.

Contrairement aux autres divisions de l'armée, la division Gazan se composait de trois régiments de trois bataillons chacun et non de deux (le troisième étant laissé au dépôt). Au 3 août, les trois régiments de la 2e division Gazan comptaient 6 465 hommes, moins 543 aux hôpitaux et 9 compagnies à Lille [2]. Au moment où elle reçut l'ordre de quitter Lille le 5 août pour se rapprocher des côtes, Berthier ordonna à Gazan de laisser à Lille comme dépôt la 8e compagnie de fusiliers de chaque bataillon ; à cet effet, la 8e compagnie fut fondue dans les sept autres compagnies et composée des officiers, sous-officiers et soldats les moins en état de faire la guerre. Ces officiers et sous-officiers devaient cependant être assez instruits pour dresser les conscrits de l'année qui arriveraient [3]. La division devait être à Wimereux le 9 août et était destinée à s'embarquer sur la 7e escadrille. Gazan devait y recevoir les ordres concernant le service par le maréchal Soult. Berthier lui donna des recommandations : « *Il sera nécessaire que vous répartissiez vos troupes dans les lieux de logement militaire et les communes environnantes, de manière à éviter l'encombrement. Veillez à ce que les troupes observent une police exacte en route.* » Son chef d'état-major et son commissaire des guerres partirent en avant des troupes pour préparer les gîtes d'étapes, reconnaître le terrain du camp et s'entendre avec le commissaire général Petiet pour tout ce qui avait rapport aux effets de campement et aux subsistances.

---

1. Centre de documentation du Musée d'art et d'histoire de Provence (Grasse), MF 3.
2. Édouard Desbrière, *Projets et tentatives de débarquement aux îles Britanniques*, tome 4, Paris, 1902, p. 462.
3. Capitaine Alombert, *op. cit.*, p. 334.

Au camp de Boulogne

À partir du 9 août et jusqu'aux premiers jours de septembre, Gazan logea au petit château de la Poterie ; le quartier général de Lannes, arrivé le 10 août, était à Wimille. Les 4e léger, 100e et 103e de ligne étaient cantonnés à Wimereux, sur le plateau en arrière d'Honvault. Le quartier général de Gazan avait d'abord été fixé au château d'Honvault, mais le maréchal Soult décida que ce château resterait à la disposition du général Suchet. Le 22 thermidor (10 août), « *la ferme d'Auwringhem* » (ou Orvingen dans la correspondance de Gazan), occupée par les ateliers du 88e de ligne, fut évacuée et mise à la disposition de Gazan pour le logement de ses généraux de brigade ou des officiers de son état-major qui n'avaient pu s'établir dans le hameau de la Poterie [1].

Pendant son séjour au camp de Boulogne, Gazan participa aux innombrables revues, manœuvres et fêtes, dont la plus grandiose fut donnée les 15 et 16 août. Le 15 août, l'anniversaire impérial fut célébré à l'église Saint-Nicolas de Boulogne, en présence des autorités civiles et militaires. Les généraux commandant les divisions, après s'être rendus à cheval avec leur état-major, à 11 heures 30, chez le maréchal Soult, commandant en chef le corps du centre, l'accompagnèrent chez le major général Berthier. De là, ils se rendirent à cheval avec lui à l'église où ils assistèrent à une messe et un *Te Deum* : les habitudes républicaines étaient déjà depuis longtemps tombées dans l'oubli.

Le 16 août, le camp de Boulogne fut le spectacle d'une fête encore plus spectaculaire. Une salve d'artillerie fut tirée, au lever du soleil, de toutes les places et de tous les forts de l'Empire, et, à Boulogne, de tous les forts de terre et de mer. Après le dernier coup de canon des forts, les bâtiments de la ligne d'embossage firent une salve d'artillerie. Tous les bâtiments restèrent pavoisés jusqu'au coucher du soleil. Les cloches sonnèrent dès le matin dans Boulogne, et toute la journée, des salves d'artillerie furent répétées toutes les deux heures. Les généraux divisionnaires, après s'être réunis à 11 heures chez Soult, allèrent en cortège à cheval complimenter en corps, à midi, l'Empereur à l'occasion de sa fête. Les troupes reçurent une double ration de viande et une demi-bouteille de vin par homme. Des courses à pied, un jeu de paume, des mâts de cocagne, des bals gratuits furent organisés par la municipalité de Boulogne. Le soir, des illuminations et des feux d'artifice éclairèrent,

---

1. F. et J.-B. Beaucour, *Lettres, décisions et actes de Napoléon à Pont-de-Briques, An XIII / 1805*, Levallois, 1988, p. 162.

au même instant, la ville et les hauteurs sur lesquelles les divisions de l'armée étaient campées. Ce spectacle était visible aux Anglais depuis Douvres.

Par décision du 22 août, pour concentrer l'avant-garde, la division Gazan fut baraquée à droite et à gauche du port de Wimereux, sur l'emplacement laissé libre par la Garde impériale et sur celui du 88e régiment, campé à gauche [1]. Le soldat Lavaux du 103e de ligne se souvenait : « *Nous y fûmes très malheureux à cause des puces qui nous dévoraient la nuit.* » [2] La situation allait rapidement changer pour ces troupes qui brûlaient du désir de se mesurer avec l'ennemi.

---

1. *Ibid.*, p. 436.
2. Sergent Lavaux, *Mémoires de campagne*, Arléa, 2004, p. 106.

Chapitre VIII

« L'immortel combat de Dürrenstein »

Depuis la fin de l'année 1803, les relations entre la France et l'Autriche s'étaient fréquemment envenimées, et il semblait, fin juillet 1805, que la rupture fût proche. En Autriche, les préparatifs belliqueux battaient leur plein : appel de recrues, formation de magasins, enfin mouvements de concentration. La marche des Russes vers la frontière occidentale coïncida avec l'accélération des préparatifs de l'Autriche. Les nouvelles reçues d'Allemagne annonçaient que des troupes se concentraient en Bohême et dans le Tyrol. Aucun doute n'était plus permis : la guerre allait éclater en Europe dans peu de temps. Il importait avant tout à Napoléon d'empêcher la réunion des Russes avec les Autrichiens en battant ces derniers avant l'arrivée des troupes du tsar Alexandre. « *Je veux être à Vienne avant le mois de novembre prochain,* disait Napoléon, *pour faire face aux Russes s'ils se présentent.* »

Les préparatifs de la troisième coalition détournèrent donc l'Empereur de son premier objectif. Abandonnant le projet d'invasion de l'Angleterre, surtout après les mauvaises nouvelles de la flotte de l'amiral Villeneuve qui était enfermée par les Anglais à Cadix, Napoléon croyait pouvoir devancer les Autrichiens en Bavière et les Russes à Vienne. Pour cela, il fallait faire vite. Même si la fameuse « dictée de Boulogne » n'est qu'une belle légende, les « *torrents* » de la Grande Armée se portèrent aussitôt à marches forcées vers le Rhin. Mais avant d'être à Strasbourg, Napoléon apprit le mouvement du général autrichien Mack vers l'Iller et la prochaine arrivée des Russes sous les ordres de Koutouzov sur l'Inn. Il était urgent d'atteindre les Autrichiens avant leur jonction avec leurs alliés.

Le départ de la Grande Armée

À la date du 23 août 1805, où l'Empereur se décida à la guerre, les seules forces qu'il ne pût pas diriger sur la Bavière étaient celles qui occupaient l'Italie et qui devront faire face elles-mêmes à l'invasion autrichienne. Le reste comprenait l'armée du Hanovre de Bernadotte, la Garde impériale, un certain nombre de régiments demeurés dans les garnisons des côtes et de l'intérieur, et enfin, l'armée des Côtes. Cette dernière comprenait trois camps. Le corps de droite [1] commandé par le maréchal Davout était au camp d'Ambleteuse. Le corps de gauche, sous les ordres du maréchal Ney, était au camp de Montreuil et Étaples. Au camp de Boulogne il y avait l'avant-garde (divisions Gazan et Oudinot) et le corps du centre sous les ordres du maréchal Soult ; la réserve de cavalerie se trouvait en arrière. L'armée des Côtes comprenait enfin deux corps détachés : l'un en Hollande avec Marmont, l'autre à Brest avec Augereau [2]. L'armée des Côtes proprement dite, rassemblée aux camps de Boulogne, d'Ambleteuse et de Montreuil, n'avait qu'à faire face en arrière pour devenir la Grande Armée d'Allemagne. D'un signe, Napoléon était en mesure de diriger 150 000 hommes sur le Rhin et les faire rejoindre par les corps de Hollande et de Hanovre.

Le 24 août, Napoléon passa la division Gazan en revue entre Ambleteuse et Wimereux, sur le plateau des dunes. Le 8 fructidor an XIII (26 août 1805), l'Empereur dicta les ordres de marche des corps d'armée. C'est ce jour-là que l'armée des Côtes fut baptisée du nom de Grande Armée ; cette dénomination fut rendue officielle par l'ordre du jour du 29 août. Ce fut le 26 également que Napoléon donna ses ordres pour le mouvement général de la Grande Armée de Boulogne vers le Rhin. À propos de Gazan, il écrivit à Berthier : « *La division Gazan et la 4ᵉ division du centre partiront par les deux meilleures routes, immédiatement après les autres divisions. Vous ordonnerez de donner sur-le-champ, des magasins, à chaque soldat de la division Gazan, la troisième paire de souliers, comme l'a eue toute l'armée.* » [3] Les ordres de mouvement adressés aux maréchaux et à leurs divisionnaires furent expédiés le 27, et les itinéraires leur furent remis le 28. Les maréchaux et l'état-major général ne marchèrent pas avec les troupes, mais rentrèrent à Paris ; ce furent les généraux divisionnaires qui conduisirent les colonnes. Ces derniers étaient invités à ne s'écarter en aucune façon des itinéraires et dates fixés par l'ordre, à maintenir la discipline et à empêcher la désertion, à ménager les troupes, et enfin à rendre compte fréquemment au ministre de l'Administration de la guerre Dejean des incidents de la marche.

---

1. Les dénominations de « droite » et « gauche » sont prises face à l'océan, de manière que, pour marcher sur le Rhin, le camp de droite formera la colonne de gauche, et inversement.
2. P.-C. Alombert et J. Colin, *La campagne de 1805 en Allemagne*, tome 1, Paris, 1902, p. 147.
3. *Ibid.*, p. 334.

« L'immortel combat de Dürrenstein »

Composée en grande partie de soldats expérimentés, la division Gazan n'était pas très homogène. Si le 4ᵉ léger représentait les anciens corps des armées d'Italie et d'Égypte, le 100ᵉ et le 103ᵉ de ligne étaient, au contraire, les héritiers des vieux corps des armées du Rhin. Au moment de l'entrée en campagne, le nombre des présents sous les armes dans les régiments composant la division était le suivant : 1 721 hommes au 4ᵉ léger, 2 249 hommes au 100ᵉ de ligne et 2 220 hommes au 103ᵉ de ligne [1].

La cavalerie (cuirassiers et dragons) fut la première dirigée sur le Rhin, suivie de près par les grenadiers d'Oudinot. Il n'y avait pas de temps à perdre si l'Empereur voulait prévenir les Autrichiens en Bavière. Une attaque sur l'Inn permettrait d'atteindre le cœur de la monarchie autrichienne.

Au moment du départ, les divers corps d'armée reçurent des numéros. Le corps d'avant-garde devint alors le 5ᵉ corps de la Grande Armée ; il devait passer par Strasbourg. Le 5ᵉ corps se composait des divisions Oudinot, Gazan et Suchet. Il avait été décidé que la 2ᵉ division Gazan prendrait, le 1ᵉʳ septembre, la route de droite indiquée pour le corps de gauche (Ney). Ses étapes furent, au jour le jour [2] : Montreuil (le 2 septembre), Hesdin, Saint-Pol, Arras (du 5 au 6), Bapaume, Péronne, Saint-Quentin, La Fère (du 10 au 11), Laon, Craonne et Corbény, Reims (les 14 et 15), Petites-Loges, Châlons, Vitry, Saint-Dizier, Ligny, Void, Toul ; elle était à Nancy le 25 septembre, avec du pain pour deux jours, et alla loger à Vic ce jour-là ; ses prochaines étapes furent Lunéville, Blamont, Sarrebourg, Saverne et Brumath. Au moment du passage du Rhin, elle avait 80 officiers et 1 652 hommes au 4ᵉ léger, 81 officiers et 1 987 hommes au 100ᵉ de ligne et autant au 103ᵉ de ligne, d'après le capitaine Alombert. Le 58ᵉ de ligne, qui lui fut attaché, comptait un millier d'hommes.

Dans les jours suivants, les corps de Davout, Soult et Ney furent portés vers le nord ; il s'agissait de tirer le meilleur parti des mouvements que pourrait faire l'ennemi, même si l'encerclement des Autrichiens à Ulm n'était pas encore en perspective. La discipline au sein des régiments était remarquable ; aucune plainte ne fut faite contre les soldats pendant cette marche d'une quinzaine de jours, depuis la côte jusqu'au Rhin.

L'ENCERCLEMENT D'ULM

Le 30 fructidor an XIII (17 septembre 1805), Napoléon avait donné l'ordre suivant : « *La division Gazan, qui arrive le 6* [vendémiaire] *à*

---
1. *Ibid.*, p. 384.
2. SHD, 4M 87

Saverne, se rendra le 7 à Strasbourg, de manière que le général Lannes avec sa division de grenadiers, la division Gazan, sa cavalerie légère et son artillerie, soit au-delà du Rhin le 7 vendémiaire. Ce jour-là même ses grenadiers et sa cavalerie légère se mettront en marche pour Ulm. » Le 29 septembre, Napoléon se porta au-delà du Rhin, où il passa en revue la division Gazan [1]. Les soldats reçurent à Strasbourg des cartouches avariées. Le 2 octobre, elle était à Pforzheim, et le 3, elle rejoignit le 5ᵉ corps en Bavière [2]. Napoléon était alors en train de réaliser sa fameuse manœuvre d'Ulm, visant à forcer à capituler le général autrichien Mack.

La division Gazan, qui devait toujours avoir pour quatre jours de pain et quatre jours de biscuit conformément aux ordres émis par Berthier [3], continua sa marche par Gmünd, Lorch et Aalen, où se rassembla le corps de Lannes. Il fallait faire vivre les troupes dans les cantonnements pour conserver cette avance de vivres, et donc faire tous les jours une nouvelle distribution. Le 6, Berthier ordonna à Lannes de se rendre à Donauwörth avec ses grenadiers et sa division de cavalerie, et ajouta : « *Le général Gazan fera filer tous les bagages et parcs de réserve de votre corps d'armée. Sa division prendra à Aalen une position très militaire, afin qu'elle soit à l'abri de toute surprise et qu'elle soit à même de bien recevoir l'ennemi qui pourrait se présenter en venant d'Ulm.* » [4] En conséquence, Lannes informa Berthier : « *Le général Gazan a ordre de prendre position sur la route d'Ulm et d'arrêter l'ennemi dans le cas où il voudrait forcer le passage et venir sur nos flancs ; son quartier général est à Aalen.* » [5] Napoléon en personne était à Aalen le 6 octobre.

À partir du 7 octobre, la Grande Armée passa le Danube, sous une pluie glaciale mêlée de neige. Le 7, Berthier ordonna à Gazan de se rendre à Neresheim – nom qui évoquait pour le général les campagnes de la Révolution sous Moreau en 1796 – et au pont de Münster. Il devait se procurer sur sa route et à faire suivre avec lui autant de pain qu'il pourrait en trouver, car les Français étaient « *déjà ici dans le plus grand embarras pour les subsistances* » [6].

Le 16 vendémiaire an XIV (8 octobre 1805), de Donauwörth, Berthier annonça à Gazan : « *Les circonstances rendant nécessaire d'accroître momentanément les forces du corps d'armée de M. le maréchal Ney,*

---

1. Jean Tulard et Louis Garros, *Itinéraire de Napoléon au jour le jour*, Paris, 1992, p. 236.
2. P.-C. Alombert et J. Colin, *La campagne de 1805 en Allemagne*, tome 2, Paris, 1902, p. 682.
3. *Ibid.*, p. 713.
4. *Ibid.*, p. 857.
5. *Ibid.*, p. 858.
6. Compans à Gazan, le 7 octobre 1805, cité dans P.-C. Alombert et J. Colin, *La campagne de 1805 en Allemagne*, tome 3, 1ᵉʳ volume, Paris, 1904, p. 274..

l'intention de l'Empereur est, général, que vous passiez jusqu'à nouvel ordre sous le commandement de ce maréchal avec la division que vous commandez ; veuillez, en conséquence, prendre ses ordres pour la suite des opérations dont il est chargé et auxquelles vous devez contribuer. M. le maréchal Lannes, du corps d'armée de qui vous faites partie, est prévenu de cette disposition. » [1]

Le maréchal Ney, dont les troupes se portaient au pont de Gunzbourg, devait employer tous les moyens pour tâcher de réunir à lui la division Gazan et les dragons de Bourcier. Cette réunion des troupes donnerait à Ney plus de 30 000 hommes. Le 8, selon l'ordre de marche du 6ᵉ corps, la division Gazan devait partir de Neresheim et s'établir sur les hauteurs en arrière de Medlingen, adossée au bois. Ney voulait se diriger sur Ulm le lendemain et y attaquer l'ennemi « *s'il osait encore défendre cette position* ». Ce jour-là, Murat et la division Oudinot du corps de Lannes remportèrent la victoire à Wertingen, premier combat important de la campagne.

Le 9, Ney reçut l'ordre de se porter sur Gunzbourg, afin d'intercepter tous les mouvements de l'ennemi d'Ulm sur Augsbourg et d'Ulm sur Donauwörth. Berthier recommanda au maréchal une vigilance accrue. « *Soyez très attentif, si l'ennemi manœuvre sur la rive droite, à vous porter rapidement et parallèlement à lui. Jetez la division Gazan sur la rive droite ; enfin, ne perdez pas de vue que par les projets de l'Empereur, qui sont de cerner l'ennemi et de lui ôter sa retraite, il se trouve obligé de dissimuler un peu ses forces, et qu'il a besoin de toute la confiance qu'il a dans ses généraux et de toute leur activité, pour ne pas rester oisif quand il faudra agir.* » [2] Les subsistances devenaient de jour en jour plus rares, tous les généraux et maréchaux s'en plaignaient, mais il n'y avait aucun moyen d'y remédier.

Le 9 octobre, à midi, Berthier écrivit à Ney : « *Ordonnez à la division Gazan et à celle des dragons à pied de passer le Danube et de se rendre à Augsbourg, où il est nécessaire qu'ils soient arrivés dans la journée de demain.* » [3] L'Empereur croyait en effet que la bataille aurait lieu près d'Augsbourg, et que Mack avait quitté Ulm. Ce fut le jour du combat de Gunzbourg livré victorieusement par la division Malher du corps de Ney, qui prouva qu'Ulm était fortement occupé et servait encore de point d'appui à l'armée autrichienne. La division Gazan alla bivouaquer à la gauche de Gundelfingen et releva tous les

---

1. *Ibid.*, p. 300.
2. *Ibid.*, p. 365.
3. *Ibid.*, p. 391.

postes fournis par celle du général Malher pour la garde des ponts de Dillingen et de Lauingen. Elle plaça, de plus, quatre compagnies de grenadiers à Medlingen, pour la garde du quartier général et du parc. Le 10 octobre, alors qu'elle se trouvait autour de Gundelfingen, la division Gazan repassa des ordres du maréchal Ney sous ceux du maréchal Lannes, dont elle suivit le mouvement. Le 11, elle était à la gauche de Burgau sur la route de Memmingen, à portée des 4e et 6e corps occupant Mindelheim. Les corps de Lannes et de Ney furent placés sous les ordres du prince Murat, chef de la réserve de cavalerie, qui reçut le commandement de la droite de l'armée [1].

Le 18 vendémiaire an XIV (10 octobre 1805), le 3e bulletin de la Grande Armée parlait de ces opérations : « *Le maréchal Ney, de son côté, avec les divisions Malher, Dupont et Loison, la division de dragons à pied du général Baraguey d'Hilliers et la division Gazan, a remonté le Danube, et attaqué l'ennemi sur sa position de Gunzbourg. Il est cinq heures ; le canon se fait entendre.* »

Le 11 octobre, ne croyant toujours pas à la présence de tout le corps autrichien à Ulm, Napoléon avait ordonné à Ney d'emporter la ville. Constamment gardée en réserve, la division Gazan ne participa pas activement aux grands combats qui ponctuèrent les opérations autour d'Ulm. Le 13 octobre, Berthier ordonna à Lannes de faire occuper par la division Gazan la petite hauteur vis-à-vis de Pfühl, et précisa : « *Le général Gazan fera les dispositions convenables pour se maintenir de vive force sur cette hauteur, quelles que soient les dispositions que pourrait faire l'ennemi pour l'en chasser.* » [2] Dans la nuit du 13 au 14, Berthier mandait à Lannes : « *Si l'ennemi attaque le maréchal Ney et qu'en même temps il attaque le général Gazan, cela donnera lieu à des événements qui arrangeront beaucoup nos affaires.* » [3] Le 14, Ney remporta le combat d'Elchingen, « *un des plus beaux faits militaires qu'on puisse citer* » selon le 5e bulletin bis. Ce jour-là, selon le journal du 5e corps d'armée, la division Gazan chassa de la hauteur de Pfühl un détachement de cavalerie ennemie et marcha sur Offenhausen, où le 4e léger attaqua vivement un corps de 1 000 à 1 200 hommes d'infanterie qu'il repoussa jusqu'à la tête du pont d'Ulm où il fit quelques prisonniers. Pendant cet engagement qui dura près de quatre heures, le reste de la division prit position en

---
1. *Ibid.*, p. 431.
2. P.-C. Alombert et J. Colin, *La campagne de 1805 en Allemagne*, tome 3, 2e volume, Paris, 1904, p. 699.
3. *Ibid.*, pp. 723-724.

« L'immortel combat de Dürrenstein »

avant de Pfühl et de la hauteur qui domine ce village [1]. Le 15 octobre, la division passa le Danube sur le pont d'Elchingen et se forma en bataille au centre du corps d'armée du maréchal Lannes sur les hauteurs entre Elchingen et Göttingen. La pluie et le mauvais état du sol ralentissaient les marches forcées.

La capitulation de Mack

L'investissement d'Ulm étant complet et aucune échappatoire n'étant possible, après négociations, le général autrichien Mack signa la capitulation le 17. Une soixantaine de canons, quarante drapeaux, plusieurs officiers généraux tombèrent aux mains des Français. Le 18, à Söflingen, la division Gazan passa à nouveau provisoirement sous les ordres de Ney. Enfin, le 20 octobre, Gazan assista à un spectacle inoubliable : la sortie de la garnison d'Ulm après la reddition de la place. De la colline où les troupes françaises étaient rangées en amphithéâtre, en grande tenue, avec l'artillerie, les armes et les canons chargés, il vit défiler pendant cinq heures quelque 25 000 soldats et officiers autrichiens. Le futur maréchal Bugeaud décrivit cette imposante cérémonie dans une lettre à mademoiselle de la Piconnerie : « *C'était un bien beau spectacle ; l'armée était rangée par échelons en amphithéâtre sur une colline peu élevée qui entoure Ulm ; l'Empereur était sur un rocher près duquel nous étions en bataille, il était entouré des principaux généraux de l'armée et voyait passer comme à ses pieds l'armée ennemie qui sortait par une des portes de la ville et rentrait par l'autre après avoir déposé ses armes.* » [2] En joignant aux prisonniers faits à Ulm ceux des combats livrés lors de l'opération, le total atteignait près de 50 000 hommes [3].

Le fils du général Gazan racontera plus tard une histoire assez invraisemblable : « *Mon père a pris part au blocus d'Ulm. Peu de jours après la capitulation de cette place, il fut admis à l'honneur de déjeuner en tête à tête avec l'Empereur, et Sa Majesté daigna lui adresser les paroles suivantes : "Je sais que vous avez plusieurs enfants et peu de fortune, je connais votre bravoure, votre dévouement à ma personne ; soyez sans inquiétude pour l'avenir de votre famille, je m'en charge."* » Compte tenu de l'étiquette impériale, ceci est très peu probable, d'autant plus que l'on sait que son fils l'écrivait pour obtenir une faveur de

---
1. *Ibid.*, p. 757.
2. Comte d'Ideville, *Le maréchal Bugeaud*, tome premier, Paris, 1881, p. 73.
3. P.-C. Alombert et J. Colin, *op. cit.*, tome 3, 1er volume, p. 229.

l'autre Napoléon et terminait sa notice de la sorte : « *Les circonstances n'ont point permis à Napoléon Ier de remplir la promesse qu'il avait faite à mon père ; Napoléon III la remplira, j'en suis convaincu.* »[1]

Marche vers l'Autriche

Après avoir traversé Ulm et passé le Danube, la division Gazan se rendit à Gunzbourg. Le 22 octobre, elle était à Zusmarshausen et se porta ensuite sur Augsbourg. Dès que la capitulation d'Ulm était accomplie, l'Empereur se retourna contre l'armée du général Koutouzov, qu'il pensait battre séparément à son tour avant l'arrivée des renforts russes qui étaient en marche. À la date du 25 octobre, la Grande Armée comprenait environ 150 000 hommes [2]. Ce jour-là, la division Gazan bivouaquait au sud-ouest de Freising. Le lendemain, elle alla rejoindre Lannes à Landshut. Le général Compans lui écrivit : « *L'intention de M. le maréchal commandant en chef est que vous cantonniez ce soir votre division sur la route de Moosburg à Landshut, de manière à vous rapprocher le plus possible de ce dernier endroit. Il désire que vous fassiez faire, dans vos cantonnements, dans les villages voisins et surtout à Moosburg, des réquisitions de pain qui vous donneront une avance d'un jour. Votre division doit partir demain, au point du jour, pour se diriger par Landshut sur Vilsbiburg où elle se mettra à la suite du corps d'armée, s'il se porte plus avant. Faites aussi en sorte de vous procurer de l'eau-de-vie ; quant à la viande, M. le maréchal pense que vous ne devez pas être en retard et que vous avez partout de la facilité de vous en procurer.* »[3] La division reçut 14 000 rations de pain ; elle devait aussi recevoir de la bière, à raison d'une bouteille par homme. La commune de Landshut se trouvant dans l'impossibilité de la fournir, Lannes engagea Gazan à s'en procurer dans ses cantonnements [4].

Le 27 octobre, le 5e corps était à Landshut et Vilsbiburg. Il reçut l'ordre de se diriger sur Braunau par Eggenfelden ; Lannes fut dans cette dernière localité le 28 et entra dans Braunau le 29. La division Gazan bivouaqua à une lieue en arrière de cette ville. Le 30, les Français gagnèrent le combat de Ried. Napoléon s'attendait à livrer bataille sur la Traun ou sur l'Enns, mais les Autrichiens se dérobaient.

---

1. « Note sur les services du général comte Gazan de la Peyrière, mon père, sur son dévouement à la cause napoléonienne », par le comte Gazan de la Peyrière, Paris, le 19 juin 1865. SHD, dossier Gazan.
2. P.-C. Alombert et J. Colin, *La campagne de 1805 en Allemagne*, Paris, 1908, tome 4, p. 11.
3. *Ibid.*, p. 210.
4. SHD, C2 381.

« L'immortel combat de Dürrenstein »

Comme il était impossible de faire suivre toutes les troupes par la même route, il fallut donner des ordres particuliers aux corps d'armée quant aux chemins à emprunter ; il en résulta nécessairement des retards dans la marche. Pour le 5e corps, cela provoqua un changement de direction : au lieu de passer l'Inn à Braunau, il devait le faire à Schärding pour se diriger ensuite sur Eferding. Le 1er novembre, la division Gazan franchit l'Inn et s'arrêta en avant de Schärding. Tout le 58e de ligne, qui marchait avec la division, forma la garnison de la place de Braunau. La division comptait au 1er novembre 227 officiers et 5 588 hommes présents sous les armes. Elle n'avait perdu que 48 hommes depuis le début de la campagne [1]. Le lendemain, le 5e corps était échelonné entre Eferding et Linz.

Le corps d'armée du maréchal Mortier

Les Russes arrivaient trop tard pour débloquer Ulm. On évoque parfois la différence dans les calendriers julien et grégorien comme une des explications de ce retard. S'estimant trop inférieur en nombre pour espérer une victoire en cas d'une bataille rangée contre les Français, dont le moral était au plus haut après un début de campagne aussi brillant, le général Koutouzov décida de rebrousser chemin et de se replier vers la Moravie dans la perspective de faire sa jonction avec les renforts arrivant de Bohême et avec ce qui restait des troupes autrichiennes. Ce n'est qu'après cette réunion que les Alliés pouvaient songer à livrer une grande bataille avec des risques limités. La traversée du Danube par les Russes était indispensable pour continuer leur retraite. Mais ils devaient se dépêcher, car les Français les poursuivaient l'épée dans les reins.

Pour sa part, Napoléon voulait empêcher à tout prix la réunion de Koutouzov avec les troupes autrichiennes restantes et ses renforts ; il hâtait donc la marche de ses divisions. Bientôt la route de Vienne fut encombrée ; les Français qui progressaient sur les traces de l'armée russe en retraite se retrouvaient dans un pays dévasté et avaient du mal à se procurer des subsistances. Il fallait trouver rapidement une solution pour désencombrer la route et trouver des subsistances.

Il existait sur la rive gauche du Danube un chemin « *d'une médiocre viabilité, qui pourrait être suivi par des troupes peu nombreuses* » [2]. C'est le maréchal Lannes qui eut le premier l'idée d'y faire passer des troupes

---
1. SHD, C2 481.
2. Capitaine Alombert, *Le corps d'armée aux ordres du maréchal Mortier : combat de Dürrenstein*, Paris-Nancy, 1897, p. 13.

le 2 novembre, suggérant que les divisions Dupont et Dumonceau pourraient l'emprunter. Le 4 novembre, l'Empereur arriva à Linz. Il trouva dans cette ville Murat et Lannes, dont l'une des divisions, celle de Gazan, y cantonnait. L'enlèvement d'un poste sur la rive gauche du Danube indiquait la présence d'un ennemi assez entreprenant ; aussi le maréchal Lannes reçut-il l'ordre de faire passer la division Gazan sur la rive opposée dans des bateaux. Elle devait y prendre position et pousser des reconnaissances « *très loin* ». L'ordre du 5 novembre à Lannes stipulait : « *La division Gazan manœuvrera sur la rive gauche jusqu'à ce que la division Dupont et celle du général Dumonceau arrivent pour la remplacer.* »[1]

Malgré toute la vitesse de la marche de l'armée de Koutouzov, son arrière-garde commandée par le général-major Bagration fut accrochée par Murat à Amstetten le 5 novembre et subit de lourdes pertes. Les Autrichiens, qui avaient espéré jusqu'au dernier moment que Koutouzov se préparait à défendre Vienne en donnant une bataille à ses approches, furent déçus d'apprendre qu'au lieu de cela, les Russes allaient passer le Danube. Koutouzov fut abreuvé de reproches ; nonobstant, il ne songea pas à s'écarter de sa route tracée.

Pour sa part, Napoléon conclut, étant donné l'acharnement des Russes au combat d'Amstetten, que Koutouzov avait l'intention de livrer bataille sur la position de Saint-Pölten, la dernière et la seule qui couvrît la capitale autrichienne. Comme la route passant par la rive droite du Danube était très encombrée de troupes françaises en marche sur Vienne, et de plus ravagée par les Russes, Napoléon résolut de créer un corps d'armée entier destiné à opérer sur la rive gauche du fleuve. Il en donna le commandement au maréchal Mortier. Dans l'idée de l'Empereur, ce corps marchant par la rive gauche n'y rencontrerait pas beaucoup d'ennemis, alors que son envoi sur cette route permettrait de désengorger la chaussée principale, de pousser des reconnaissances dans l'intérieur du pays et de se procurer des subsistances dans une région qui n'avait pas encore été parcourue par les armées. La communication entre les deux rives devait être assurée par une flottille sous les ordres du capitaine de frégate Lostange transportant les hommes éclopés et les plus fatigués. Napoléon comptait aussi sur le corps de Mortier pour couper la retraite aux Russes s'ils cherchaient à passer sur la rive gauche après la bataille de Saint-Pölten. Ce calcul s'avéra totalement faux et compromit gravement le corps isolé de Mortier en très peu de temps.

---

1. Capitaine Alombert, *op. cit.*, p. 19.

« L'immortel combat de Dürrenstein »

Murat quant à lui était d'un avis contraire, mais seule la prise de la capitale autrichienne avait un sens à ses yeux : « *Tous les généraux russes, écrivait-il à l'Empereur, disent hautement qu'ils ne sont pas assez forts pour tenter le sort d'une bataille, et on ne devrait pas s'étonner de les voir se déterminer à se jeter sur la rive gauche du Danube à Krems. Alors, je ne vois plus ce qui pourrait arrêter une minute la marche de Votre Majesté sur Vienne.* »

Le 6 novembre, l'Empereur chargea officiellement le maréchal Mortier [1] du commandement des troupes opérant sur la rive gauche. Le nouveau corps d'armée de Mortier se composait de quatre divisions appartenant aux différents corps de la Grande Armée : celles de Gazan, Dupont, Dumonceau et Klein. Le général Godinot [2], ami de Mortier, remplissait les fonctions de son chef d'état-major. La division Gazan [3] du 5e corps de Lannes, forte d'environ 6 000 hommes [4], était déjà sur la rive gauche au-delà du pont de Linz ; elle forma donc l'avant-garde du corps de Mortier. L'historien Bowden souligne la bonne qualité des troupes composant la division Gazan et le petit nombre de traînards, et donne les chiffres suivants : 5 944 officiers et soldats dans les rangs des trois régiments d'infanterie fin septembre, 5 659 le 26 octobre, 5 419 le 1er novembre et 5 529 le 6 novembre [5]. Les autres divisions étaient en arrière dans l'ordre suivant : la division Dupont du 6e corps de Ney (4 000 hommes, à une journée de marche), la division Dumonceau du 2e corps de Marmont (3 500 hommes de troupes bataves) et la division de dragons Klein. Celle-ci, ne recevant pas d'ordre positif au sujet de son affectation au corps de Mortier avant le 10 novembre, changea de direction le 8 novembre, sauf le 4e régiment de dragons, son régiment le plus faible, qui resta avec Mortier.

Le 7 novembre, la division Gazan partit d'Urfahr et atteignit Mauthausen où elle cantonna. Elle y prit d'importants magasins de grains et de farines qui furent envoyés à Enns, dans le but de confectionner du pain pour les corps de Murat, Lannes et Soult. Les quartiers généraux de Mortier et de Klein furent établis à Mauthausen. Les

---

1. Gazan connaissait bien le maréchal Mortier, qui avait été fait général de division sur le champ de bataille de Zurich le 25 septembre 1799, tout comme lui.
2. Le général Godinot eut une fin tragique : il se suicida à Séville le 27 octobre 1811 après avoir essuyé des reproches du maréchal Soult, à l'époque où Gazan était chef d'état-major de Soult.
3. Voir sa composition dans les Annexes.
4. Bowden arrive à ce chiffre en ajoutant aux effectifs des 4e léger, 100e et 103e de ligne, les 305 hommes du 4e dragons, une compagnie d'artillerie à pied, 8 officiers et 162 hommes d'artillerie à cheval et 116 hommes du train. Le jour de la bataille de Dürrenstein, les bateaux de Lostange n'apportèrent que deux pièces de 8 et un obusier sur les huit pièces d'artillerie de la division.
5. Scott Bowden, *Napoleon and Austerlitz*, Chicago, 1997, pp. 266-267.

divisions Dupont et Dumonceau étaient à une journée de marche en arrière. Dans la soirée du 7, la Grande Armée avait donc trois divisions d'infanterie et une de cavalerie sur la rive gauche. L'historien Alombert écrit : « *Ce détachement pouvait offrir de grands avantages, mais il fallait que sur les deux rives on marchât en liaison constante, il fallait, surtout, que le Danube ne fût plus un obstacle infranchissable.* » [1]

Napoléon informa Murat le 7 novembre à 11 heures du soir : « *Le maréchal Mortier, qui est sur la rive gauche du Danube, va s'élever à votre hauteur avec les divisions Klein et Gazan, et sera joint demain par la division Dupont et la division batave ; il a emmené 14 bateaux avec lui.* » Le passage du Danube devait être effectué promptement. « *Les Russes*, ajoutait l'Empereur qui était très loin de la réalité, *qui ne s'attendent pas à cette manœuvre, pourront en être les victimes, puisqu'ils croient n'avoir affaire qu'au maréchal Mortier, et que je pourrai leur en mettre un plus considérable sur le corps.* » [2] Et pourtant, le même jour, le maréchal Lannes écrivit à l'Empereur : « *Les généraux russes disent qu'ils veulent recevoir la bataille à Saint-Pölten ; je n'en crois rien. Ils abandonnent sans tirer un coup de fusil les plus belles positions qu'il soit possible de voir.* » Murat annonça de son côté : « *Un rapport qui m'est fait à l'instant confirme que les Russes se dirigent sur Krems.* » [3]

Un danger imminent

Plusieurs facteurs jouèrent contre le corps de Mortier. Murat, qui ne recevait aucune instruction contraire de la part de Napoléon, fonçait sur Vienne, laissant ainsi les troupes sur la rive gauche sans soutien. La flottille qui devait compter, selon l'Empereur, 300 embarcations, n'en avait qu'une petite dizaine. Alombert et Colin le résument parfaitement : « *Ordres incomplets, moyens insuffisants, voilà ce que nous trouvons à l'origine de cette manœuvre, d'une si audacieuse conception, qui aboutira au sanglant échec de Dürrenstein.* » [4]

Le 8, Gazan apprit avec déplaisir que les voitures de pain destinées pour sa division avaient été arrêtées et envoyées au corps d'armée du maréchal Soult, car l'Empereur pensait que les troupes de Mortier pouvaient facilement trouver des ressources sur la rive gauche du Danube. Sa division vint coucher entre Bessenpock et Grein. Ce jour-là, la cavalerie de

---

1. Capitaine Alombert, *op. cit.*, p. 26.
2. *Ibid.*, pp. 26, 27 et 57.
3. P.-C. Alombert et J. Colin, *op. cit.*, pp. 108-109.
4. *Ibid.*, p. 108.

Murat eut une échauffourée avec l'arrière-garde russe sur le plateau de Saint-Pölten. Une fois n'est pas coutume, Murat hésita beaucoup, n'ayant pas d'instructions précises de Napoléon. Par cela, il commit une faute grave, selon l'historien Sokolov, car il eût pu, avec sa réserve de cavalerie et les divisions de Lannes et de Soult dont il pouvait disposer, « *acculer les Russes au Danube et les placer au bord d'une catastrophe* »[1]. Il écrivit pourtant à Mortier pour l'engager à se presser de marcher sur Krems afin d'y arriver avant l'armée russe, lui prendre ses bagages et lui barrer le passage. Murat déclara à l'Empereur : « *S'il est vrai que les Russes se retirent par Krems, le maréchal Mortier peut leur faire beaucoup de mal.* »

Quant à Koutouzov, il prit la seule décision possible dictée par le bon sens : informé de ce que des troupes françaises avançaient déjà par la rive gauche (nord) et que le moindre retard menaçait son armée d'être coupée, le général russe passa le Danube par le pont jeté entre Mautern (rive sud) et Krems (rive nord). Le 10 à 1 heure du matin, le pont fut incendié par l'arrière-garde. Désormais, non seulement l'armée russe était bien protégée d'une attaque venant du sud par le Danube, mais elle se trouva face à face avec un petit corps isolé de l'armée française qui marchait tranquillement par la rive gauche, sans se douter du danger qui le menaçait. Quant au corps autrichien du général Kienmayer qui avait marché avec elle, il se porta sur Vienne. Les Russes épouvantèrent la population des villages des bords du Danube par leur conduite barbare et leur pillage effréné ; le désordre dans leur armée était assez prononcé.

Le 9 novembre, la division Gazan, avec laquelle marchait le maréchal Mortier, arriva à Marbach. Les divisions Dupont et Dumonceau la suivaient toujours à une journée de marche, retardées par les mauvais chemins. Gazan et Mortier y apprirent avec stupéfaction que les Russes, renonçant à livrer bataille à Saint-Pölten et ayant l'intention de faire leur jonction avec les renforts arrivant de Bohême, s'étaient retirés sur Krems, après avoir passé le Danube et brûlé le pont. On voyait la fumée depuis la route. Mortier, refusant de croire que toute l'armée russe se trouvait sur la rive gauche, continua son mouvement, espérant accrocher ce qu'il pensait être une simple arrière-garde. La flottille restée en arrière, et Murat, grisé par son succès à Amstetten, fonçant à bride abattue sur Vienne, Mortier était en réalité isolé devant un ennemi infiniment supérieur en nombre.

---

1. O. V. Sokolov, *Austerlitz : Napoléon, Rossia i Ievropa, 1799-1805* [Austerlitz : Napoléon, la Russie et l'Europe], tome 1, Moscou, 2006, p. 233.

Le 10 novembre, la division Gazan se porta sur Spitz qu'elle occupa le soir, ainsi que les villages en avant. Au cours de cette journée, la plus grande partie de la division Gazan s'était servie d'embarcations pour exécuter son mouvement. En effet, ayant trouvé des barques en assez grande quantité, Mortier y avait fait monter le 4e léger et le 100e de ligne avec deux pièces de 8. Après avoir descendu le fleuve pendant cinq heures, ces troupes débarquèrent près de Dürrenstein et traversèrent cette petite ville à 3 heures du soir. Leur mouvement fut suivi à la nuit tombante par le 4e dragons et le 103e de ligne.

Il y avait dans la division Gazan un grand nombre de soldats aux pieds blessés par suite des longues marches ; ils avaient été eux aussi autorisés à descendre le Danube dans des barques, avec ordre de se tenir à la hauteur de la division. Mais ces soldats, ne voyant pas d'ennemis, arrivèrent les premiers dans les villages bordant le Danube avec l'intention de trouver du butin. Surpris par l'arrière-garde russe, ils furent pour la plupart faits prisonniers. Interrogés par les officiers de Koutouzov, ils révélèrent par inadvertance la présence d'un faible corps français sur la rive gauche. Les rapports des espions confirmèrent qu'une division d'infanterie française, forte de 6 000 à 7 000 hommes, avançait imprudemment par le chemin de Spitz à Dürrenstein à une journée de marche en avant des autres divisions du corps de Mortier. Koutouzov décida alors de saisir la chance qui se présentait d'anéantir cette division à peu de frais ; arrêtant la marche de son armée, il fit les dispositions nécessaires pour attaquer le lendemain la division Gazan. Mortier, de son côté, ne put obtenir aucun renseignement sur l'ennemi : l'absence d'un état-major dûment organisé se faisait sentir. Thiers explique la témérité apparente de la division Gazan avançant rapidement sans trop se rendre compte de ce qu'elle avait devant elle par « *l'ardeur commune qui entraînait toute l'armée, elle ne songea qu'à pousser en avant et à combattre* » [1].

Dürrenstein est une bourgade pittoresque des bords du Danube, surplombée par les ruines d'un antique château : selon la légende, Richard Cœur de Lion y avait été incarcéré à son retour de croisade, et le fidèle Blondel venait chanter sous ses fenêtres. Nous empruntons le descriptif du terrain à l'ouvrage du colonel Talandier, qui était à l'époque sergent-major au 4e léger ; Dürrenstein [2] y est orthographié « Diernstein », comme dans la plupart des relations et ouvrages historiques français, ce nom étant certai-

---

1. A. Thiers, *Histoire de l'Empire*, tome premier, Paris, 1865, p. 203.
2. L'orthographe moderne est Dürnstein.

« L'immortel combat de Dürrenstein »

nement plus facile à prononcer. « *Diernstein, écrivait-il, situé au débouché du défilé qui conduit dans le bassin auquel cette ville donne son nom, est fermé du côté de Stein par une porte fortifiée qui est reliée par une muraille élevée à une énorme tour couronnant l'escarpement au pied duquel est bâtie la ville ; cette même porte donne issue sur le défilé. Le bassin est fort étroit, bordé à sa gauche par une montagne couverte de bois d'un difficile accès ; il est fermé à sa droite par le Danube, qui coule dans cette partie avec beaucoup de rapidité. En face de la ville sont des vignes entourées de murs de trois à quatre pieds d'élévation, formant des enclos qui séparent chaque propriété. Le contour de l'escarpement est également planté de vignes ; il s'adoucit et devient praticable pour l'infanterie, mais lorsqu'il s'approche du Danube, il ne laisse qu'un chemin étroit qui semble avoir été taillé dans le roc et qui conduit de Stein à Krems. Au milieu du bassin s'élève un plateau qui communique à Diernstein, par un chemin resserré entre deux murs construits en pierres sèches, d'environ quatre à cinq pieds d'élévation et pouvant donner passage à sept hommes de front.* »[1] Il paraissait donc évident qu'il était impossible de déployer de grandes forces dans cette vallée resserrée, en sorte que les Russes étaient obligés, pour mettre à profit leur supériorité numérique, d'entreprendre un contournement des montagnes en même temps qu'une attaque frontale.

À la nuit tombante, près de Loiben, l'avant-garde de la division Gazan se heurta à une patrouille ennemie composée d'un escadron autrichien et d'une compagnie de grenadiers russes. Le 100e de ligne mené par le général Graindorge la poussa jusqu'au pont brûlé de Mautern, où il tomba sous le feu de l'artillerie russe. Contre-attaqué par les grenadiers du général-major Miloradovitch, le 100e de ligne recula vers Rothenhof. Il était 18 heures. L'obscurité mit fin à la fusillade, et les troupes s'installèrent pour la nuit, grelottant de froid et essayant de se réchauffer en brûlant les échalas qui soutenaient les vignes. La nuit fut longue et pénible. Mortier se proposait de poursuivre son mouvement le matin et de débusquer de Krems ce qu'il croyait être une arrière-garde russe. Le maréchal passa la nuit à Ober-Loiben ; près de ce village se trouvaient la compagnie d'élite du 4e dragons servant d'escorte à Mortier, un bataillon du 103e de ligne et un bataillon *ad hoc* formé avec les compagnies de grenadiers et de carabiniers sous les ordres du chef d'escadron Tripoul, aide de camp de Gazan. Les deux bataillons restants du 103e de ligne se placèrent près de Dürrenstein, tandis que la brigade Graindorge fut déployée sur deux lignes de façon à barrer la route venant de Krems.

---

1. Cité dans Capitaine Alombert, *op. cit.*, pp. 104-105.

Sur la rive opposée, la Grande Armée continuait sa course sur Vienne. Le fougueux Murat était déjà loin en avant, contrevenant ainsi aux instructions de Napoléon qui, inquiet de la position isolée du corps de Mortier sur la rive gauche, reprocha à son beau-frère le 11 novembre de n'avoir consulté « *que la gloriole d'entrer à Vienne* » : « *Vous avez reçu l'ordre de suivre les Russes l'épée dans les reins. C'est une singulière manière de les poursuivre que de s'en éloigner à marches forcées.* [...] *Ainsi les Russes pourront faire ce qu'ils voudront du corps du maréchal Mortier : je crains qu'il ne soit fort exposé, ce qui ne serait pas arrivé si vous aviez exécuté mes ordres.* »[1] Napoléon avait un mauvais pressentiment. Ségur écrit dans ses mémoires : « *Tout annonçait un désastre : l'Empereur n'en doutait plus.* »[2]

La bataille de Dürrenstein

Conseillé par le général quartier-maître autrichien Schmitt[3], son chef d'état-major, qui connaissait bien les lieux, Koutouzov décida d'attaquer à la pointe du jour. Une forte colonne sous les ordres du général Miloradovitch (2 500 hommes), se plaçant devant la petite ville de Stein, devait attaquer de front la tête de la division Gazan. Il y avait un défilé étroit entre Weissenkirchen et Stein, ne permettant pas les manœuvres de la cavalerie et rendant difficile le transport de l'artillerie. Les chemins étaient gelés ; la neige couvrait le sol, et certains défilés dans les montagnes étaient impraticables. Pendant l'attaque de Miloradovitch, la principale colonne commandée par le général-lieutenant Dokhtourov (6 000 hommes), conduite par Schmitt, contournerait les Français, descendrait des montagnes vers Dürrenstein et se rabattrait sur les derrières de la division Gazan, la séparant de la division Dupont, lui coupant la retraite et l'enfermant entre deux feux. Une autre colonne, placée sous les ordres du général-major Stryck (2 400 hommes), devait descendre d'Egelsee et agir sur le flanc de la division Gazan. Toutes les colonnes d'attaque étaient supposées arriver en même temps. Les 6 000 hommes du général-major Bagration, parmi lesquels se trouvaient quelques troupes autrichiennes, gardaient les routes conduisant à Krems, tandis que les 3 500 hommes du général-lieutenant Essen II constituaient la réserve à Stein. Des batteries devaient être placées sur les bords du Danube pour

---

1. Capitaine Alombert, *op. cit.*, p. 141.
2. Philippe de Ségur, *Un aide de camp de Napoléon, de 1800 à 1812*, Paris, 1873, p. 249.
3. Schmitt jouissait de la confiance illimitée de l'empereur François d'Autriche. Bon courtisan, Koutouzov avait à cœur de lui céder le premier rôle pour des considérations diplomatiques.

agir contre la flottille. Bowden porte les effectifs des Russo-Autrichiens à Dürrenstein à près de 26 500 hommes. Toute l'artillerie (162 canons) fut postée entre Krems et Stein, braquée sur le Danube, à l'exception des 6 pièces de 6 accompagnant les troupes de Miloradovitch (4 canons) et Dokhtourov (2 canons) [1]. Mais le mauvais état des chevaux d'artillerie empêcha la majorité de ces pièces de prendre part au combat.

Il est facile de constater que l'écrasante supériorité numérique des Russes leur permettait d'attaquer la division Gazan, qui ne comptait que quelque 6 000 hommes, voire moins – 4 500 combattants selon le rapport du général Godinot, chef de l'état-major de Mortier – de trois côtés à la fois, à condition de synchroniser les mouvements de leurs différentes colonnes. Et pourtant, leurs dispositions étaient très vicieuses, comme le remarque avec justesse l'historien Sokolov. De fait, seuls cinq bataillons d'infanterie sous les ordres de Miloradovitch devaient attaquer Gazan de front, sur les quarante-neuf bataillons disponibles, les autres ayant soit été envoyés faire le mouvement tournant, soit simplement laissés de côté. Autre anomalie relevée par Sokolov : tandis que Miloradovitch se trouvait très près des Français, il se mit en marche à 7 heures du matin, alors que les troupes destinées à manœuvrer sur les arrières et le flanc des Français ne partirent qu'à 9 heures ! De cette façon, l'armée russo-autrichienne [2], six fois supérieure en nombre, ne détachait-elle pour attaquer la division Gazan qu'une colonne deux fois inférieure ! [3] On constate donc que les dispositions imaginées par Schmitt ne prenaient en compte que les distances et négligeaient totalement l'état des routes, la difficulté des communications, etc. La théorie allait se révéler totalement défectueuse au contact de la pratique.

Le 11 novembre à 8 heures du matin, la colonne de Miloradovitch, avançant par la route étroite le long du Danube et sur les basses pentes, assaillit les avant-postes français. Elle fut reçue à coups de fusil. Aussitôt, toute la division Gazan prit les armes ; chacune de ses brigades présentait une colonne séparée, déployée par bataillon [4]. Le 1er bataillon du 4e léger, dirigé par le général Graindorge, recueillit les avant-postes en retraite.

Talandier écrit : « *Le colonel Bazancourt recevait l'ordre, au même moment, de marcher à la tête de son second bataillon contre le corps russe qui s'avançait sur notre gauche, de le repousser et de s'établir sur*

---
1. Scott Bowden, *op. cit.*, pp. 269-270, 273.
2. Les troupes autrichiennes ne prirent quasiment aucune part à la bataille.
3. O. V. Sokolov, *op. cit.*, p. 236.
4. Cité dans Capitaine Alombert, *op. cit.*, p. 106.

le versant de la montagne. Le général Gazan, ayant calculé la force de l'ennemi sur ce point important, ordonna aussitôt au 3ᵉ bataillon de ce même régiment de suivre le mouvement pour soutenir l'attaque. » [1]

Le 4ᵉ léger se jeta impétueusement sur l'ennemi qu'il refoula dans le bois ; il prit alors une formation en échelons pour couvrir l'aile gauche. Une partie de l'infanterie russe pénétra à la baïonnette dans le village d'Unter-Loiben, mais en fut rapidement chassée par le 100ᵉ de ligne. Un combat opiniâtre s'engagea. Talandier raconte : « *Les deux troupes s'abordèrent avec fureur, la lutte se montra terrible. Les Russes, plus nombreux, étaient gênés par l'ampleur de leurs capotes ; leurs mouvements trop lents nous donnaient sur eux un grand avantage, et nous dûmes nos premiers succès à leur maladresse et à notre promptitude dans l'attaque. L'ennemi succombant sous nos coups se renouvelait sans cesse.* » [2]

Miloradovitch jeta en contre-attaque le régiment d'Apchéron, appuyé par des chasseurs. Donnons à nouveau la parole à Talandier : « *Cette masse russe vint à son tour nous présenter une force si compacte que nous dûmes cesser l'attaque pour réunir nos moyens de défense. La lutte devint si disproportionnée que nous eûmes besoin du plus grand courage pour nous maintenir sur le terrain de nos succès… Il y avait même de l'héroïsme à résister à une pression si puissante. Nous couvrions la terre de nos morts, mais sans reculer d'un pas.* » [3] Du côté russe, le lieutenant-colonel Yermolov se souvenait : « *Nos régiments devaient assaillir des montagnes abruptes, où l'ennemi, complètement caché derrière des murs en pierres construits sur plusieurs rangs l'un derrière l'autre, opposa une résistance opiniâtre. Nos troupes, rencontrant à chaque pas de terribles obstacles, furent plusieurs fois culbutées avec pertes, alors que notre artillerie, dont les batteries ne trouvaient pas d'endroit convenable pour leur installation, ne fut pas en mesure de coopérer pendant longtemps.* » [4]

Le 1ᵉʳ bataillon du 103ᵉ de ligne accourut et s'élança sur l'ennemi, heurtant son flanc droit. Talandier raconte : « *Sans cesse refoulés dans le défilé du village, les Russes ne pouvaient y trouver que confusion et découragement. Après des pertes successives, ils parvinrent à déboucher en se précipitant sur nos baïonnettes ; ils dégagèrent ainsi leur colonne qui put se former en bataille. Ce combat, devenu plus égal, se prolongea avec un caractère de férocité si prononcé que, de part et d'autre,*

---

1. *Ibid.*
2. Cité dans Capitaine Alombert, *op. cit.*, p. 107.
3. *Ibid.*
4. A. P. Yermolov, *Zapiski, 1798-1826* [Notes], Moscou, 1991, p. 44.

on ne fit plus de prisonniers. [...] Le maréchal Mortier était calme au milieu du feu. [...] Le général Gazan se montrait le digne auxiliaire du maréchal. » [1] L'officier russe Glinka, qui se trouvait dans la colonne de Miloradovitch, se souvenait : « *Plus nous avancions, et plus nous découvrions les grandes forces* (!) *de l'ennemi. Les longues successions de rochers et les cimes des montagnes étaient garnies de leur infanterie et de leur cavalerie démontée.* » [2] Le 100ᵉ de ligne, à la suite d'une longue lutte, se rendit maître du plateau où l'ennemi avait placé deux de ses batteries.

Lorsque le régiment d'Apchéron essaya de déboucher du village, deux canons déchargés de la flottille par le lieutenant Fabvier [3] l'accueillirent par la mitraille et arrêtèrent son élan. Ses pertes en officiers étant grandes, Miloradovitch fit mettre pied à terre à une partie des officiers des hussards de Marioupol et les envoya commander les bataillons d'infanterie. Quoique le terrain ne fût guère favorable aux charges de cavalerie, le 4ᵉ dragons essaya de contourner Ober-Loiben pour charger sur les arrières de l'ennemi ; mais les nombreux obstacles réduisirent cette tentative à néant. L'adjudant-commandant Fornier d'Albe, chef d'état-major de la division Gazan, eut son sabre emporté dans cette charge, alors que le colonel Watier du 4ᵉ dragons fut pris. Rozat de Mandres, chef d'escadron au 4ᵉ dragons, se souvenait : « *Partout des vignes, des fossés, des murs, obstacles sur obstacles. Il nous était impossible d'entamer l'infanterie.* » [4]

Le village, pris et repris trois fois, finit par rester aux Français, qui s'emparèrent de trois ou quatre canons, deux drapeaux et firent 800 prisonniers (d'après le rapport de Mortier). La terre gelée était jonchée de morts et de blessés. Poursuivant l'ennemi en retraite en direction de Stein, la division Gazan fut assaillie en flanc par la colonne de Stryck descendant des montagnes. Se plaçant à la tête du 4ᵉ léger, Gazan repoussa cette colonne, qui après un court engagement contre le 4ᵉ léger puis le 103ᵉ de ligne s'enfuit dans les montagnes. Une partie de la réserve russe entra alors au combat, ainsi que quelques canons. Entre 15 et 16 heures, voyant l'impossibilité d'enlever Stein, Mortier arrêta la progression de ses troupes et leur fit prendre une attitude défensive. Chaque colonel reçut de Gazan l'ordre de placer des grand-gardes et d'installer les bivouacs pour la nuit. Les troupes françaises demeurèrent ensuite l'arme au bras, attendant avec anxiété l'arrivée des divisions Dupont et

---

1. Cité dans Capitaine Alombert, *op. cit.*, pp. 108-109.
2. Cité dans O. V. Sokolov, *op. cit.*, p. 239.
3. Le futur aide de camp du maréchal Marmont et héros de l'indépendance grecque.
4. Cité dans Capitaine Alombert, *op. cit.*, p. 125. Il est possible que cet épisode se rapporte à un moment plus tardif de la journée.

Panorama du champ de bataille de Dürrenstein
à partir du monument (d'est en ouest).
Photo Dominique Timmermans.

Dumonceau qui viendraient les délivrer du mauvais pas dans lequel elles se trouvaient.

Mortier avait envoyé, pendant l'action, l'ordre au général Dupont de presser sa marche sur Dürrenstein. Mais la division Dupont était arrêtée à Spitz. Dès le matin, au bruit des coups de feu, son général avait fait presser le pas à ses hommes, accourant à marche forcée au son du canon. Mais n'entendant plus rien à son arrivée à Spitz, il conclut que la division Gazan était tranquillement établie à Stein et suspendit la marche de ses troupes, en les établissant entre Weissenkirchen et Spitz pour ne pas laisser un trop grand intervalle entre sa division et celle de Gazan. Quant à la division Dumonceau, elle était encore très loin en arrière et ne pouvait pas arriver à Dürrenstein avant la nuit.

Ce n'était pourtant qu'une accalmie, car Koutouzov préparait un coup de boutoir. Il fit disposer son artillerie sur les hauteurs et rassembla ses réserves. Son plus grand espoir reposait sur la colonne de Dokhtourov, qui devait prendre la division Gazan de revers en descendant des montagnes près de Dürrenstein. Dokhtourov avait laissé son artillerie et sa cavalerie dans les montagnes pour marcher plus vite, mais ses soldats avaient eu beaucoup de mal à avancer sur les sentiers étroits dans la neige boueuse. Avec plusieurs heures de retard, une partie de cette colonne ne déboucha finalement à Waldstein, au lieu de Weissenkirchen, qu'à 16 heures. Un escadron du 4ᵉ dragons, envoyé dès le matin en reconnaissance dans cette direction, avait déjà signalé ce mouvement à Gazan, qui en avait rendu compte au maréchal, mais celui-ci n'avait aucun moyen d'empêcher l'ennemi de manœuvrer, n'ayant à sa disposition que trois régiments.

À 17 heures, le général-major Oulanious commandant l'avant-garde de Dokhtourov occupa Dürrenstein dont il chassa sans peine un faible détachement français ; ses soldats y prirent trois canons. En même temps, Miloradovitch se porta à nouveau en avant. La situation de la division Gazan devenait désespérée. Enveloppée de toutes parts par des forces supérieures, à court de munitions, elle n'avait qu'une dernière

Plan de la bataille de Dürrenstein.
Extrait de l'ouvrage de Mikhaïlovski-Danilevski publié en 1846.

ressource : essayer de rompre ce cercle de fer et rejoindre la division Dupont. L'historien Mikhaïlovski-Danilevski écrit que ce jour-là, « *il y eut des instants où la division Gazan perdait tout espoir de salut et se trouvait atteinte d'une terreur panique* ».

Mortier réunit ses officiers en conseil et demanda leur avis sur le parti à prendre. Le major Henriod [1] du 100ᵉ de ligne, qui avait combattu avec courage à Unter-Loiben le matin, fit remarquer que le chemin qui conduisait de Dürrenstein sur le plateau où ils se trouvaient, était enfermé entre deux murs de pierres sèches et ne pouvait donner passage qu'à sept hommes de front. Henriod proposa de se mettre à la tête des grenadiers [2] de son régiment, de pénétrer dans le chemin muré par où les Russes avançaient, et de culbuter à la baïonnette leurs premiers rangs, qui, en se rejetant en arrière, forceraient le centre de leur colonne, qui ne pourrait ni avancer ni reculer par la porte de Dürrenstein trop étroite, à

---

1. Henriod reçut pour cet exploit la croix d'officier de la Légion d'honneur le 26 décembre 1805 (LH/1284/25). Il atteindra le grade de maréchal de camp et sera commandeur de la Légion d'honneur.
2. Les grenadiers et carabiniers placés sous les ordres de Tripoul rejoignirent leurs unités respectives pendant la pause dans la bataille.

escalader les murs du chemin pour s'ouvrir un passage et le donner à la troupe refoulée. « *Il convenait, au moment de l'attaque,* ajoute Talandier, *de faire feu sur la colonne russe, par le prolongement des murs, pour y porter du désordre.* » [1]

Ce plan audacieux fut accepté. Mortier chargea le 103ᵉ de ligne de couvrir la retraite, puis se plaça lui-même, avec Gazan, entre les deux premiers bataillons du 100ᵉ de ligne. Les tambours battirent la charge. Les grenadiers avancèrent sous une grêle de balles, favorisés par l'obscurité de la nuit. Ils abordèrent les Russes à la baïonnette et culbutèrent leurs premiers rangs, puis, « *fatigués de tuer* » selon le mot de Talandier, escaladèrent les murs pour aller se reformer à la queue de la colonne et furent remplacés par leurs camarades qui continuèrent le carnage. Pour reprendre l'expression de Talandier, témoin oculaire, le centre de la colonne ennemie se trouva comme écrasé par sa tête, qui se renversait sur elle. Il était impossible de reculer dans ce défilé trop étroit. Les Russes réussirent enfin, au prix de grands efforts, à renverser les murs qui les retenaient « *dans cette prison de mort* », et s'éloignèrent en désordre.

Le soldat Lavaux du 103ᵉ de ligne raconte la bataille à sa façon : « *Sur le soir, le maréchal Mortier ne savait plus où donner de la tête. Il consulta le brave général Gazan sur ce qu'il fallait faire : si l'on devait se rendre ou nous faire écraser ; il fit remarquer que nous n'étions guère de monde. Enfin il nous laissa à la disposition du général Gazan, qui, par son génie, parvint à sauver le restant de la division. Nous avions de trente-six à quarante hommes hors de combat par compagnie.* » [2]

Une colonne russe qui se dirigeait sur Loiben en longeant le Danube, voyant le sort de la colonne enfermée dans le défilé, partagea sa panique. Elle entraîna dans sa fuite les troupes postées en avant de Stein. Afin d'y voir mieux, les Russes mirent le feu au village de Loiben où se trouvait un grand nombre de blessés ; ces malheureux périrent dans les flammes. Lorsque Mortier et Gazan pénétrèrent dans Dürrenstein, « *on s'y entretuait à coups de crosse de fusil dans les rues, quand l'espace ne permettait pas d'agir à la baïonnette* » (Mikhaïlovski-Danilevski) [3]. Le maréchal dut plusieurs fois dégainer son sabre pour se frayer un passage à travers les rangs ennemis. Imploré par ses officiers de profiter d'une barque pour ne pas tomber aux mains des Russes, Mortier refusa catégoriquement et répondit qu'il voulait partager le sort de ses soldats, quel qu'il fût. Tous les officiers présents déclarèrent qu'ils préféraient

---
1. Cité dans Capitaine Alombert, *op. cit.,* p. 115.
2. Sergent Lavaux, *Mémoires de campagne,* Arléa, 2004, pp. 108-109.
3. Cité dans Capitaine Alombert, *op. cit.,* p. 136.

« L'immortel combat de Dürrenstein »

périr les armes à la main plutôt que de se rendre, en ajoutant « *gaiement qu'ils n'étaient pas des soldats d'Ulm* »[1].

La colonne de Dokhtourov se vit bientôt forcée de combattre sur deux fronts, la division Dupont forte de 4 150 hommes[2] ayant enfin gagné le champ de bataille. Les soldats russes se retrouvèrent ainsi entre deux feux. Le 9e léger attaqua le régiment de Viatka, mais ne réussit pas à le déloger de sa position. Dupont envoya alors à son secours le 32e de ligne[3], tandis que du côté russe le régiment de Briansk vint à l'aide de celui de Viatka (trois bataillons de ces deux régiments en tout).

Comme il faisait nuit, il fallait lutter corps à corps. Les boulets et la mitraille tonnaient dans les montagnes et pulvérisaient les rochers ; beaucoup de soldats russes furent blessés par l'éclat des pierres ou la chute des arbres. Le *Journal des opérations de la division Dupont* relate : « *Chaque parti croyait que l'autre voulait se rendre. Le Russe posait son arme à terre pour indiquer au Français ce qu'il avait à faire. Le Français le croyant prisonnier voulait le faire filer sur les derrières. Le Russe ramassait aussitôt son arme et cherchait à en frapper son adversaire. Les officiers, chacun de son côté, s'efforçaient de faire cesser cette mêlée qui n'occasionnait qu'un massacre inutile. La confusion, l'obscurité, les cris empêchaient qu'on pût s'entendre.* »[4]

L'incendie de Loiben, qui éclata en ce moment, permit aux Français de reformer leurs rangs et de contre-attaquer les Russes qui se sauvèrent en se jetant dans le Danube ou les montagnes. En effet, privé de son artillerie, dans l'obscurité la plus profonde, sans pouvoir prendre aucune disposition ni reconnaître les mouvements et la force de l'ennemi, n'ayant pour retraite que des défilés impraticables, Dokhtourov fut forcé de dégarnir la route, de se frayer un passage et de laisser passer Mortier.

L'historien Egger raconte une histoire curieuse : « *Le général Gazan avec un petit groupe de cavaliers, après avoir tenu jusqu'à la fin de la bataille sa position sur le Höhereckberg, s'échappa sous couvert de l'obscurité par les ruines du château où il n'y avait pas de Russes. Deux paysans rencontrés là les conduisirent sous contrainte jusqu'à Spitz.* »[5]

---

1. Léon Moreel, *Le maréchal Mortier, duc de Trévise (1768-1835)*, Paris, 1957, p. 88.
2. Scott Bowden, *op. cit.*, p. 278.
3. Le 32e de ligne était commandé par le colonel Darricau, futur divisionnaire de l'armée du Midi de l'Espagne commandée par Gazan en 1813. Le 32e avait probablement encore dans ses rangs quelques volontaires du 2e bataillon du Var, celui de Gazan.
4. Cité dans Capitaine Alombert, *op. cit.*, p. 129.
5. Rainer Egger, *Das Gefecht bei Dürnstein-Loiben 1805*, Wien, 1986, p. 20.

La bataille de Dürrenstein.
Gravure ancienne. Collection privée.

La jonction des divisions Gazan et Dupont

La division Gazan était dégagée. Sans munitions, elle fut enfin rejointe pendant la nuit non loin de Dürrenstein par la division Dupont. Le général Dupont, dans des mémoires inédits, rend compte de l'atmosphère qui régna en ce moment : « *Le maréchal Mortier est dégagé. Il arrive par Dürrenstein avec la division Gazan. Les soldats de cette division se précipitent dans les bras des soldats de la division Dupont, en criant : "Ah ! mes amis ! Vous nous sauvez !" Nos braves recueillent dans cet embrassement le plus doux fruit de leur victoire.* » [1] En voici une autre version rapportée par l'historien Frignet-Despréaux : « *Les grenadiers des deux divisions se reconnaissent et se précipitent dans les bras les uns des autres. "Vous nous sauvez !", disent les uns avec une vive effusion de reconnaissance. "Nous sommes tous vainqueurs", répondent les autres, et des transports de joie animent tous ces braves. Jamais la victoire ne fut plus douce.* » [2] Pour sa part, le général Godinot, dans son rapport sur la bataille, reprochait à Dupont d'avoir fait cantonner ses troupes à trois lieues et demie « *ayant entendu le feu toute la journée* », au lieu de les faire marcher sur Dürrenstein « *comme il en avait reçu l'ordre* » ; il englobe aussi Dumonceau dans ce reproche pour sa lenteur [3].

---

1. P.-C. Alombert et J. Colin, *op. cit.*, p. 685.
2. Frignet-Despréaux, *Le maréchal Mortier, duc de Trévise*, tome 3, Paris-Nancy, 1920, p. 114.
3. SHD, C2 7.

« L'immortel combat de Dürrenstein »

Ne voulant pas prendre de nouveaux risques, Mortier se hâta d'embarquer ses soldats les plus fatigués à 4 heures du matin pour les transporter sur la rive droite, « *avec regret* » (Talandier). Certains n'avaient pas attendu l'ordre pour sauter dans les barques pendant la bataille : tel fut le cas du général de brigade Graindorge [1], pourtant très brave, qui céda à un instant de panique et repassa le Danube avec deux officiers. Entraînée par le courant et échouée contre les arches à demi brûlées du pont, leur frêle embarcation fut appréhendée par les Russes. Graindorge fut fait prisonnier. On l'accusa « *d'avoir cédé subitement à une terreur panique et, sous le prétexte de parler au général Gazan, de s'être esquivé en se jetant dans une barque* ». Par considération pour Graindorge, Gazan ne parla pas du général Campana dans son rapport à Mortier ; mais le 18 novembre, il écrivit au maréchal que la conduite de Graindorge étant alors universellement connue, le temps était venu de réparer l'oubli qu'il avait fait et qu'il désignait le général Campana pour un des braves qui s'étaient distingués dans la bataille. Deux jours plus tard, il communiqua à Mortier des détails sur ce qui était arrivé : « *Ayant donné l'ordre à M. le général de brigade Graindorge de se mettre à la tête du 100ᵉ régiment et de charger avec sur la première ligne de l'ennemi, ce général, loin d'exécuter cet ordre, fila sur le Danube avec son aide de camp et son escorte ; ne l'ayant plus trouvé, à mon retour de la charge que je fis exécuter moi-même, j'aperçus, au milieu du Danube, une grande barque chargée de monde et sur laquelle il me fut assuré par une très grande quantité de personnes que le général Graindorge s'était embarqué. Cette barque ayant été entraînée par le courant sur Stein et tous les hommes qui la montaient faits prisonniers, il est à présumer que c'est là où M. le général Graindorge a été pris.* » [2]

L'armée de Koutouzov perdit probablement environ 3 500 hommes. Elle abandonna 1 200 blessés dans les hôpitaux de Stein et de Krems. Les Français lui prirent cinq canons et deux drapeaux du régiment de Viatka [3] (par le 9ᵉ léger). Le général Dumonceau, arrivé sur les lieux après la bataille, nota dans ses mémoires : « *La terre se trouvait foulée de toute part, jonchée de débris et de cadavres ; parmi ceux-ci on n'en remarquait guère de Français. Peut-être les chefs avaient-ils*

---

1. Graindorge parvint pourtant à se disculper à son retour de captivité et reprit un commandement à la division Gazan en 1807. Il répara dignement sa faute dans les années suivantes en combattant bravement et fut mortellement blessé à Bussaco au Portugal le 27 septembre 1810.
2. Cité dans Capitaine Alombert, *op. cit.*, pp. 331-332, note. Centre de documentation du Musée d'art et d'histoire de Provence (Grasse), MF 3.
3. Général Andolenko, *Aigles de Napoléon contre drapeaux du tsar*, Eurimprim, 1969, p. 67.

Monument de la bataille de Dürrenstein.
Photo Dominique Timmermans.

« L'immortel combat de Dürrenstein »   165

eu soin de les faire disparaître. Tous semblaient avoir été fouillés ; on les voyait étendus sur le dos, déboutonnés de haut en bas, dépouillés de leurs chaussures. Sur les eaux dormantes d'un bras du Danube, formant une île vis-à-vis de Weissenkirchen, flottaient de nombreux shakos russes qu'on disait provenir de tout un bataillon qui s'était noyé en cet endroit en cherchant à se réfugier dans l'île. » [1] Malgré l'évidence, les Russes revendiquèrent la victoire dans la « bataille de Krems », bien que Koutouzov n'eût pas atteint son objectif d'anéantir la division Gazan.

Le bilan des pertes chez les Russes fut alourdi par la mort du général quartier-maître autrichien Schmitt, tué par un coup de carabine ou de pistolet d'un dragon français… ou bien par le « feu ami » des Russes [2]. Il a souvent été écrit que, vivant, il eût composé un meilleur plan de bataille que son collègue Weyrother la veille d'Austerlitz, car il avait de grands talents militaires. Vu ses dispositions embrouillées à Dürrenstein, il est permis d'en douter.

Le colonel Lebrun, aide de camp de Napoléon, envoyé s'enquérir de la situation du corps de Mortier, indiqua dans son rapport rédigé le 14 novembre : « *Le général Gazan porte la perte de sa division à 1 500 hommes, à quoi il faudrait ajouter la perte de celle du général Dupont.* » [3] En réalité, la division Gazan perdit probablement plus de 2 000 hommes tués, blessés ou prisonniers au cours de ce combat qui dura plus de quinze heures. Le 4e léger avait à déplorer 65 % de ses effectifs. Les pertes de la division Dupont furent moins importantes : 106 hommes, appartenant en majorité au 9e léger surnommé « l'Incomparable » depuis la Première campagne d'Italie. Le colonel Watier du 4e dragons fut fait prisonnier ; il sera échangé contre un colonel russe. Les Français perdirent aussi cinq canons et trois aigles : probablement celles des 100e et 103e de ligne et du 4e dragons (encore qu'il subsiste beaucoup de doutes, notamment sur cette dernière). Celle du 4e léger avait été jetée dans le Danube par le chef de bataillon Chevillet. Au total, les Russes n'emportèrent que deux aigles à Saint-Pétersbourg.

Dans son rapport sur la bataille adressé à Berthier, le maréchal Mortier écrivit : « *J'ai particulièrement à me louer du général Gazan.* » [4] Il faisait aussi l'éloge de Maingarnaud et de Tripoul, tous deux aides de camp de Gazan, « *qui, pendant l'action, ont montré beaucoup d'activi-*

---

1. *Mémoires du général comte François Dumonceau*, tome I, Bruxelles, 1958, p. 125.
2. Scott Bowden, *op. cit.*, p. 277.
3. SHD, C2 7.
4. Cité dans Frignet-Despréaux, p. 101.

té et de résolution dans l'accomplissement des ordres qui leur ont été donnés » [1]. Gazan écrivit sur cette bataille : « *Toutes les troupes à mes ordres ont fait leur devoir et ont mérité par leur conduite les plus grands éloges.* » Napoléon, rassuré, écrivit le 12 novembre à Murat : « *Je reçois enfin des nouvelles du maréchal Mortier ; elles ne sont pas aussi mauvaises que je l'avais d'abord craint.* » [2]

La bataille de Dürrenstein est représentée le plus souvent dans la littérature française comme un affrontement entre 35 000 Russes et 6 000 Français. Néanmoins, comme écrit Sokolov, « *si les généraux russes avaient réellement réussi à jeter à l'attaque 35 000 soldats, les Français, malgré tout leur courage et leur habileté, n'auraient certainement pas pu sauver même une centaine d'hommes* » [3]. Alombert et Colin écrivent : « *Bien que Mortier, avec les deux tiers de la division Gazan, échappât avec gloire à l'enveloppement dont il était menacé, l'affaire de Dürrenstein était un beau succès pour Koutouzov. [...] La manœuvre tentée contre Koutouzov vient d'échouer, et c'est là un fait d'une importance capitale pour cette campagne. Koutouzov avait habilement abandonné la route de Vienne pour celle de Krems et d'Olmütz à l'instant voulu et, par le brillant retour offensif de Dürrenstein, il s'était dégagé de nos étreintes.* » [4] On pourrait donc parler, pour les Russes, d'un succès au niveau opérationnel, mais certainement pas au niveau tactique, et l'inverse pour les Français. Le capitaine Thiard, chargé par Napoléon d'enquêter sur place après la bataille, écrit : « *Je n'ai jamais pu comprendre pourquoi l'Empereur avait voulu transformer un échec, car c'en était un, en une victoire. Jamais victoire n'avait, autant que cet échec, mis au grand jour avec plus d'éclat la parfaite discipline des soldats, leur bravoure inébranlable, le courage et la valeur des officiers.* » [5] Les historiens soulignent également que l'ardeur et le sacrifice de la division Gazan ne furent pas inutiles, retardant Koutouzov et permettant ainsi à Napoléon de tenter dans les journées suivantes la manœuvre de Hollabrunn.

Le 22e bulletin de la Grande Armée daté du 22 brumaire an XIV (13 novembre 1805) racontait la bataille avec beaucoup d'exagérations, en particulier sur le nombre des drapeaux pris :

« *Le 20, à la pointe du jour, le maréchal Mortier, à la tête de six bataillons, s'est porté sur Stein ; il croyait y trouver une arrière-garde, mais*

---

1. Ibid., p. 106.
2. Cité dans Capitaine Alombert, *op. cit.*, p. 172. Napoléon Bonaparte, *Correspondance générale*, tome V, Fayard, 2008, p. 840.
3. O. V. Sokolov, *op. cit.*, p. 246.
4. P.-C. Alombert et J. Colin, *op. cit.*, pp. 166 et 171.
5. Général Thiard, *Souvenirs diplomatiques et militaires*, Soteca, 2007, p. 131.

toute l'armée russe y était encore, ses bagages n'ayant pas filé ; alors s'est engagé le combat de Diernstein, à jamais mémorable dans les annales militaires. Depuis six heures du matin jusqu'à quatre heures de l'après-midi, ces 4 000 braves firent tête à l'armée russe et mirent en déroute tout ce qui leur fut opposé.

Maîtres du village de Loiben, ils croyaient la journée finie ; mais l'ennemi, irrité d'avoir perdu 10 drapeaux, 6 pièces de canon, 900 hommes faits prisonniers, et 2 000 hommes tués, avait fait diriger deux colonnes par des gorges difficiles, pour tourner les Français. Aussitôt que le maréchal Mortier s'aperçut de cette manœuvre, il marcha droit aux troupes qui l'avaient tourné et se fit jour au travers des lignes de l'ennemi, dans l'instant même où le 9e régiment d'infanterie légère et le 32e d'infanterie de ligne, ayant chargé un autre corps russe, avaient mis ce corps en déroute, après lui avoir pris 2 drapeaux et 400 hommes.

Cette journée a été une journée de massacre. Des monceaux de cadavres couvraient un champ de bataille étroit ; plus de 4 000 Russes ont été tués ou blessés, 1 300 ont été faits prisonniers, parmi ces derniers se trouvent deux colonels.

De notre côté, la perte a été considérable. Le 4e et le 9e d'infanterie légère ont le plus souffert. Les colonels du 100e et du 103e ont été légèrement blessés. Le colonel Watier, du 4e régiment de dragons, a été tué [1]. »

Le 23 brumaire an XIV (14 novembre 1805), le 23e bulletin citait le nom de Gazan : « *Au combat de Diernstein, où 4 000 Français attaqués, dans la journée du 20, par 25 ou 30 000 Russes, ont gardé leurs positions, tué à l'ennemi 3 à 4 000 hommes, enlevé des drapeaux et fait 1 300 prisonniers, les 4e et 9e régiments d'infanterie légère et les 100e et 32e régiments d'infanterie de ligne se sont couverts de gloire. Le général Gazan y a montré beaucoup de valeur et de conduite.* [...] *L'intention des Russes paraissait être d'attendre à Krems des renforts et de se maintenir sur le Danube. Le combat de Diernstein a déconcerté leurs projets. Ils ont vu, par ce qu'avaient fait 4 000 Français, ce qui leur arriverait à forces égales.* »

Par un ordre du jour du 14 novembre, l'Empereur témoigna sa satisfaction aux 4e et 9e d'infanterie légère et aux 32e et 100e de ligne. Le colonel Taupin du 103e de ligne [2] s'offusqua de ce que son régiment eût été oublié. Il écrivit à Gazan pour lui marquer « *combien les officiers, sous-officiers, soldats du régiment, que j'ai l'honneur de commander,*

---
1. Le bulletin donnait des détails sur la mort de Watier, qui ne fut en réalité que fait prisonnier. Ceci fut rectifié au 24e bulletin daté du 15 novembre.
2. Andolenko suppose que la perte d'un drapeau par le 103e de ligne eût pu valoir à ce régiment un pareil traitement.

étaient douloureusement affectés du silence que l'on avait gardé sur leur compte ». Gazan lui répondit le même jour qu'avant d'avoir reçu sa réclamation, il avait déjà écrit au maréchal Mortier pour lui témoigner son étonnement de l'oubli que l'on avait fait de citer le 103e de ligne comme étant un de ceux qui s'étaient distingués dans cette action. Mortier en fut autant peiné que lui ; il écrivit sur-le-champ à Berthier pour que cette omission fût rectifiée.

Le combat de Dürrenstein entra à jamais dans les annales militaires de l'Empire. La ville de Cambrai, proche du lieu de naissance du maréchal Mortier, proposa d'ériger un buste en son honneur. Mortier s'y refusa énergiquement, en disant qu'il devait tout à la valeur de ses troupes. Le nom de cette bataille est inscrit sur l'Arc de Triomphe de l'Étoile. Elle fut l'une des plus importantes de la carrière de Gazan, à tel point que le peintre grassois Charles Nègre l'a représenté à Dürrenstein sur l'un des portraits du général exposés de nos jours au Musée d'art et d'histoire de Provence à Grasse. Son nom devint connu de toute l'armée. Aussi, Bouge du 32e de ligne (division Dupont) écrivait-il à un ami le 7 décembre 1805 : *« Le général Gazan a déployé dans ce jour beaucoup de talents et de bravoure, il est vrai qu'il n'avait pas besoin de cette mémorable journée pour se faire connaître, il l'était déjà, enfin l'Empereur a été si content de nous. »* [1] Le 14 novembre, Vigo-Roussillon, lui aussi du 32e de ligne, visita le champ de bataille de la division Dupont *« couvert de cadavres »* : *« Nous traversâmes ensuite le champ de bataille de la division Gazan,* se souvenait-il. *Il était affreux ! Deux lieues de terrain étaient couvertes de mors. Tout était brûlé ou saccagé, nous pûmes juger de la faute qu'avait commise le maréchal Mortier en traînant si loin de nous la division Gazan et en la faisant combattre si témérairement contre trente ou quarante mille hommes* [2]. *»* [3]

LE CASERNEMENT À VIENNE

Les Russes ayant replié leurs avant-postes après la bataille et paraissant vouloir se retirer, le corps de Mortier repassa sur la rive gauche. Koutouzov sortit en effet de Krems dans la nuit du 13 au 14 novembre, après avoir laissé dans cette ville ses malades et ses blessés, et prit la direction de la Moravie. Le 14 novembre, ayant été instruit des pertes subies par les troupes de Mortier, l'Empereur écrivit au major général :

---

1. Centre de documentation du Musée d'art et d'histoire de Provence (Grasse), MF 3.
2. Nous avons déjà expliqué comment il faut considérer ces chiffres.
3. François Vigo-Roussillon, *Journal de campagne*, Paris, 1981, pp. 169-170.

« *Comme les divisions Gazan et Dupont ont beaucoup souffert, mon intention est, du moment où elles ne seront plus nécessaires à la poursuite des Russes et à la présente opération, de leur donner du repos et des quartiers d'hiver où elles puissent se remettre.* » [1] En conséquence, Berthier écrivit au général Clarke à Znaïm « *pour faire préparer le casernement des divisions Dupont et Gazan* ». Ces divisions devaient être uniquement destinées au service de la place, à la garde des ponts et de tous les établissements publics.

Le 18 novembre, la division Gazan coucha à Stockerau. Dans la journée du 19, elle entra dans Vienne. Les casernes étaient en très mauvais état : la paille y était tachée et remplie de vermine, il n'y avait que très peu de draps et de couvertures. Mortier s'empressa de faire à ce sujet des représentations à l'intendant général de l'armée.

L'état de situation de la division Gazan au 22 novembre donne les chiffres suivants : 38 officiers et 493 hommes présents sous les armes au 4e léger (75 officiers et 1 443 hommes au 1er novembre), 54 officiers et 1 255 hommes au 100e de ligne (67 officiers et 1 906 hommes au 1er novembre), 68 officiers et 1 548 hommes au 103e de ligne (76 officiers et 1 962 hommes au 1er novembre). Un nombre considérable sont indiqués comme prisonniers de guerre : 28 officiers et 728 hommes de troupe au 4e léger, 6 officiers et 163 hommes au 100e de ligne, 4 officiers et 169 hommes au 103e de ligne. Au 4e léger, 207 hommes sont portés « *en congé* » : en réalité, ils étaient restés en arrière pour maladie et faute de chaussures. Ce régiment ayant le plus souffert, l'Empereur décida de le faire cantonner à l'abbaye de Klosterneuburg, près de Vienne, mais cela ne se fit pas.

Après avoir assigné aux divisions Gazan et Dupont la garnison de Vienne pour s'y reposer, le premier soin de l'Empereur fut de faire donner des ordres, afin que des renforts fussent mis en route pour reconstituer les effectifs de ces deux divisions et en réorganiser les corps. L'ordre fut expédié aux 3es bataillons du 4e léger, du 100e et du 103e de ligne qui étaient à Sélestat en Alsace, de se rendre à Augsbourg, de même qu'à tous les conscrits destinés à ces régiments [2]. Le total des hommes présents s'élevait à près de 1 200. Les 3es bataillons devaient y être rendus le 24 décembre. Ces trois régiments ne laissaient en France que la 8e compagnie de fusiliers de chaque bataillon.

---

1. Cité dans Capitaine Alombert, *op. cit.*, pp. 240-242.
2. *Ibid.*, p. 206.

La situation dans les cantonnements ne s'améliorant toujours pas, le 28 novembre, Gazan adressa à Mortier un rapport du major Gengoult du 103ᵉ de ligne sur le triste état dans lequel ses hommes étaient casernés à Vienne, et lui demanda de l'autoriser à faire sortir ce régiment de ses casernes et à le loger chez l'habitant, « *où il sera du moins chauffé et à l'abri de la vermine qui le dévore* » [1].

Le jour de la bataille d'Austerlitz, la division Gazan occupait toujours Vienne. Elle ne prit plus les armes en 1805 que pour des solennités militaires : passage des prisonniers russes, revue de l'Empereur.

Le 9 décembre, Mortier reçut l'ordre de remplacer Lannes au commandement du 5ᵉ corps d'armée. Il passa le 11 à 13 heures la revue de la division Gazan. Le lendemain, le maréchal Soult prit le commandement de toutes les troupes réunies à Vienne ; Gazan se retrouvait ainsi à nouveau sous les ordres de son ancien chef du camp de Boulogne. Le corps de Mortier n'existait plus *de facto*.

Le 15 décembre, Berthier donna l'ordre aux 100ᵉ et 103ᵉ de ligne de se former à deux bataillons et d'envoyer « *le cadre du 3ᵉ, c'est-à-dire les officiers et sous-officiers au dépôt de leur corps, à Augsbourg où ils prendront les conscrits* ». Le 4ᵉ léger n'était pas cité dans cet ordre, parce qu'il avait été chargé d'escorter les prisonniers faits à la bataille d'Austerlitz jusqu'à Strasbourg, puis de se rendre à Augsbourg [2]. Les détachements des régiments composant la division se trouvant à l'armée du Nord ou ailleurs devaient y revenir, et on y affecta un certain nombre des conscrits.

Le 18 décembre, l'affaire de l'oubli volontaire par Napoléon du 103ᵉ de ligne dans son ordre du jour n'était toujours pas résolue. L'Empereur avait d'ailleurs dit à Gazan que, d'après le rapport du maréchal Mortier, il paraissait que ce régiment avait moins fait que les deux autres. Alombert apporte le commentaire suivant : « *Les réclamations de ce genre sont assez fréquentes au cours des campagnes de l'Empire, mais, en général, elles n'ont pas plus de succès. L'Empereur n'aime pas à revenir sur ce qui a été fait.* » [3]

Le 28 frimaire (19 décembre), Napoléon passa en revue les divisions ayant combattu à Dürrenstein, sur le plateau en avant de Schönbrunn. Son ordre du jour du 21 décembre stipulait : « *L'Empereur a vu avec plaisir, dans la revue qu'il a passée, la bonne tenue de la division du général Dupont et de celle du général Gazan. S. M. témoigne son mécontentement à l'état-major général de l'artillerie, sur ce que l'artillerie de la division Gazan n'était pas complétée. Le général Songis donnera des ordres pour qu'elle le soit*

---

1. *Ibid.*, p. 257, note.
2. *Ibid.*, pp. 247-248.
3. *Ibid.*, p. 255, note.

sur-le-champ. »[1] Même si la revue fut commune aux deux divisions, le corps d'armée aux ordres du maréchal Mortier n'existait plus, car il avait été dissous le 16 décembre. Mortier prit, en remplacement du maréchal Lannes parti pour Paris, le commandement du 5ᵉ corps d'armée.

Alors que les négociations se déroulaient, Napoléon résida au palais de Schönbrunn à Vienne et s'occupait des détails de son armée. Ainsi, le 1ᵉʳ nivôse an XIV (22 décembre 1805), il gronda à nouveau le général Songis responsable de l'artillerie : « *Vous avez des moyens considérables au parc et vous laissez l'armée dans le dénuement. Les divisions des généraux Dupont, Gazan, le corps du maréchal Davout, n'ont pas ce qu'il leur faut ; pourvoyez-y sur-le-champ. N'oubliez pas que tout dans l'artillerie, à la guerre, doit être à l'armée et non au parc.* »[2] Le même jour, il ordonna de distribuer les 3 800 aunes de toile qui étaient à Vienne au 4ᵉ léger, au 32ᵉ de ligne, aux 100ᵉ et 103ᵉ, pour faire confectionner des chemises. On s'occupa aussi à réparer leur équipement et leur armement. Une nouvelle campagne n'allait pas tarder à s'ouvrir.

---

1. *Bulletins officiels de la Grande Armée*, dictés par l'empereur Napoléon, Paris, 1822, p. 106.
2. Napoléon Bonaparte, *Correspondance générale*, tome V, Fayard, 2008, p. 905.

Chapitre IX

En Prusse

> FANNY, *pose sa main sur les cheveux du duc, et lentement, fronçant ses jolis sourcils pour se rappeler les choses difficiles, elle commence, du ton de quelqu'un qui continue un récit.*
> Alors, pendant que Ney, toute la nuit, marchait,
> Les généraux Gazan…
>
> LE DUC, *répétant passionnément, pour se graver ces noms dans l'âme.*
> Gazan !
>
> FANNY
> Suchet…
>
> LE DUC
> Suchet !
>
> FANNY
> Faisaient remplir, par leurs canons, chaque intervalle,
> Et dès le petit jour, la Garde impériale…
>
> (Edmond Rostand, *L'Aiglon*, Ier acte, Scène IV)

À la suite du traité de Presbourg signé le 26 décembre, la Grande Armée évacua l'Autriche et le Tyrol, à l'exception de Salzbourg, et prit des cantonnements partie en Bavière, partie en Wurtemberg, partie aux environs de Mayence. La Garde, seule, revint à Paris [1]. Le 3 janvier 1806 [2], le maréchal Soult écrivit à Gazan : « *En exécution des ordres du ministre de la Guerre, en date du 2 de ce mois, M. le général Gazan donnera ordre à la division qu'il commande de partir de ses cantonnements le 7 janvier pour se diriger sur Freystadt, où elle rejoindra le 5e corps d'armée et prendra ses cantonnements.* » [3] Gazan se retrouvait ainsi sous les ordres de Mortier. Sa route passa par Stockerau, Krems (et

---

1. H. Bonnal, *La Manœuvre d'Iéna*, Paris, 1904, p. 1.
2. Le calendrier révolutionnaire fut aboli à compter du 1er janvier 1806. Désormais, toutes les dates redevinrent « normales ».
3. Capitaine Alombert, *Le corps d'armée aux ordres du maréchal Mortier : combat de Dürrenstein*, Paris-Nancy, 1897, p. 300.

le champ de bataille de Dürrenstein), Zwettel et Pregarten. À compter du 22 janvier, la division fut cantonnée à Zwettel, Neukirch, Sankt Veit, Sankt Johannes, Sankt Stephan et Haslach. Les militaires étaient logés chez les habitants qui les nourrissaient. La division Gazan prit peu de temps après les anciens cantonnements du corps de Bernadotte. Les 100e et 103e de ligne furent ainsi rapprochés du Danube et occupèrent les villages les plus proches de la grande route de Zwettel à Urfahr en s'étendant de manière à procurer aux troupes les moyens de bien vivre et de pouvoir les réunir promptement en cas de départ [1].

UNE RÉCLAMATION

En janvier 1806, estimant que ses services n'étaient pas suffisamment reconnus, Gazan fit la demande d'être nommé grand officier de la Légion d'honneur. Il argumenta que l'Empereur lui avait parlé plusieurs fois de la manière la plus flatteuse de sa conduite au combat de Dürrenstein ; toutefois, il avait vainement cherché son nom dans le tableau des promotions, constatant avec étonnement qu'il n'y était pas. Convaincu que le maréchal Mortier n'avait fait aucune demande en sa faveur, il décida de prendre l'affaire en mains. Dans sa lettre, il se lamenta qu'il était pénible pour lui « *de voir une infinité de mes cadets, qui n'ont fait, que comme moi, leur devoir, obtenir des grâces et n'avoir jamais rien ; et il me serait bien précieux d'obtenir ce que je sollicite, puisque je suis sans fortune, chargé d'élever trois enfants et de soutenir deux pauvres familles* » [2]. Le 22 janvier, le maréchal Mortier appuya sa demande auprès du maréchal Berthier, ministre de la Guerre.

Le 5 février 1806, de Paris, Napoléon l'honora d'une réponse ainsi conçue au sujet du combat de Dürrenstein : « *Monsieur le général Gazan, j'ai reçu votre lettre du 20 janvier. Votre réclamation est très juste. Vous avez servi avec distinction. Vous êtes fait grand officier de la Légion d'honneur. C'est par erreur que [vous] n'avez pas été porté dans l'état des promotions faites à Schönbrunn. Je ne regrette point cette erreur, puisqu'elle me fournit l'occasion de vous assurer de l'estime que je vous porte et de ma satisfaction de votre bonne conduite militaire au combat de Dirnstein (sic). Sur ce je prie Dieu qu'il vous ait en sa sainte garde.* » [3]

---

1. Frignet-Despréaux, *Le maréchal Mortier, duc de Trévise*, tome 3, Paris-Nancy, 1920, p. 187.
2. Lettre du 22 janvier 1806, quartier général de Freystadt (LH/1103/38).
3. Napoléon Bonaparte, *Correspondance générale*, tome VI, Fayard, 2009, p. 92. L'original de cette lettre a été vendu par Osenat à Fontainebleau, vente de la collection napoléonienne du palais princier de Monaco, le 18 janvier 2015, lot 149, adjugé à 30 000 euros.

Dès que l'Empereur s'en mêlait personnellement, les choses allaient très vite. La nomination devint effective le 6 février. Le formulaire officiel contenait la phrase suivante de la part du grand chancelier de la Légion d'honneur : « *Je m'empresse d'avoir l'honneur de vous annoncer, que cette palme si noble et si brillante que vous accorde Sa Majesté Impériale et Royale, est le prix des grands services que vous avez rendus à la patrie.* »

Gazan la reçut à Neubourg le 25 février 1806. Il y répondit aussitôt :
« *Monsieur le grand chancelier,*

Je m'empresse de vous accuser la réception de votre lettre du six du courant par laquelle vous m'annoncez que Sa Majesté l'Empereur venait de me nommer grand officier de la Légion d'honneur. Veuillez, je vous prie, être l'interprète de mes sentiments de reconnaissance auprès de l'Empereur, et croire, monsieur le grand chancelier, à la haute considération avec laquelle j'ai l'honneur d'être, votre très humble et très obéissant serviteur. »[1]

Aussitôt la bataille de Dürrenstein et sa nomination connues à Grasse, il reçut des lettres de félicitations, notamment des commissaires du cercle de commerce, qui écrivaient : « *Nous nous glorifions de trouver dans le vainqueur de ces barbares, un membre de notre association, notre compatriote, notre ami* », tout en lui présentant une « *simple couronne de lauriers* » avant sa nomination comme grand aigle de la Légion d'honneur. Le maire de la ville et les membres du conseil municipal se fendirent eux aussi d'une lettre fort élogieuse. Gazan leur répondit avec courtoisie le 19 juin 1806 : « *Messieurs et chers concitoyens, c'est avec une satisfaction bien douce que j'ai reçu la lettre que vous avez pris la peine de m'écrire à la date du 14 mai dernier. Il est flatteur pour moi de voir que mes concitoyens ont apprécié ma conduite au combat de Dürrenstein, et d'en recevoir de pareils témoignages. J'attache le plus grand prix à leur estime et je m'efforcerai toujours à la mériter. Mon bonheur sera parfait lorsque les circonstances me mettront à même de me rendre au milieu de vous, et de pouvoir vous assurer de vive voix de ma reconnaissance et de mon amitié.* »[2]

LES PRÉPARATIFS D'UNE NOUVELLE CAMPAGNE

En février 1806, Mortier reçut l'ordre de diriger son corps d'armée sur Ingolstadt. L'itinéraire de Gazan fut le suivant : Eferding, Schärding, Vilshofen, Plattling, Straubing, Pfatter, Abbach, Abensberg, Vohburg,

---
1. LH/1103/38.
2. Centre de documentation du Musée d'art et d'histoire de Provence (Grasse), MF 3.

Ingolstadt [1]. En mars, elle fut placée sous le haut commandement du maréchal Bernadotte qui était à Anspach. À partir du 25 juin, la division Gazan prit les cantonnements dans le pays de Wurzbourg.

Napoléon s'occupait à compléter son armée et la mettre sur le pied de guerre. Chaque soldat devait avoir trois paires de souliers, une aux pieds et deux dans le sac. Le 11 juillet 1806, il donna ordre au 21e léger [2] et au 22e de ligne de se rendre à Wesel ; son intention était de les diriger sur Wurzbourg pour y faire partie de la division Gazan et remplacer les 12e et 58e de ligne. « *Vous pouvez dire au maréchal Mortier, que cette division sera de 9 000 hommes* », écrivit-il au major général [3].

Le 25 juillet, Gazan reçut l'ordre d'évacuer Wurzbourg ; ceci fut accompli le 4 août. Le 8, il écrivit à ses généraux de brigade au sujet des plaintes du comité de la régence électorale de Wurzbourg : les soldats allaient à la chasse sans permission ; Gazan demandait de faire cesser les abus. Le 10 août, Mortier passa en revue les 100e et 103e de ligne ainsi que l'artillerie de la division Gazan à proximité de Schweinfurt. La fête de l'Empereur fut célébrée dans l'allégresse générale le 15 août ; chaque soldat reçut une ration d'eau-de-vie ou de vin.

Pendant l'été 1806, il y avait encore de l'espoir que la Prusse n'entrerait pas en campagne, de sorte que Napoléon écrivait le 17 août à Berthier : « *Il faut songer sérieusement au retour de la Grande Armée.* » [4] Au début septembre, il parlait encore de la guerre au conditionnel. Mais les préparatifs belliqueux de la Prusse ne faisant plus aucun doute, Napoléon multiplia ses ordres pour l'armée. Les troupes se trouvant en Allemagne devaient redoubler de surveillance. Lui-même quitta Saint-Cloud le 25 septembre, passa quatre jours à Mayence, et dans la nuit du 2 au 3 octobre, il arriva à Wurzbourg, au milieu de ses soldats. Une nouvelle campagne allait s'ouvrir.

« Soyons courtois, et marchons »

Depuis le départ du maréchal Mortier mi-septembre, Gazan faisait ses rapports directement au maréchal Bernadotte chargé du commandement des 1er et 5e corps en Allemagne. Au 1er octobre, la division Gazan (généraux de brigade Graindorge et Campana) était forte de 237 officiers

---

1. Frignet-Despréaux, *op. cit.*, tome 3, p. 189. SHD, 1M 653.
2. Le 5 septembre 1806, Napoléon ordonna au 21e léger, qui était à Düsseldorf, de rejoindre la division Gazan à Wurzbourg, seulement les deux premiers bataillons ; le 3e resta à Wesel.
3. Napoléon Bonaparte, *Correspondance générale*, tome VI, Fayard, 2009, p. 597.
4. *Ibid.*, p. 724.

En Prusse

et 7 052 hommes de troupe présents sous les armes. Le quartier général était à Schweinfurt ; le 100ᵉ de ligne (colonel Quiot) était cantonné à Eibelstadt, le 103ᵉ de ligne (colonel Taupin [1]) à Schweinfurt, le 21ᵉ léger (colonel Duhamel) était en route venant de Düsseldorf [2].

Après avoir été placé pendant une courte période sous les ordres du maréchal Lefebvre, le 5ᵉ corps se retrouva dès le 5 octobre sous ceux du maréchal Lannes. Le 24 septembre, Lefebvre s'inquiétait de ce que la position occupée par le général Gazan et qui devenait fort importante, le mettait « *un peu en l'air* ». La brigade de cavalerie Trelliard fut donc dépêchée à Hammelburg « *pour couvrir Wurzbourg et protéger le flanc gauche et les derrières du général Gazan* » [3]. Pour sa part, Bernadotte annonçait le 25 septembre que « *la division Gazan étant un peu trop disséminée dans les environs de Schweinfurt, j'ai cru qu'il était bon de l'appuyer : j'ai, à cet effet, fait passer le Main à Ochsenfurt à une brigade de la division Suchet* » [4]. Le 30 septembre, c'était au tour de l'Empereur de s'inquiéter dans une lettre à Berthier : « *Je n'aime point*, écrivait-il, *voir la division du général Gazan éparpillée dans les montagnes ; c'est là l'affaire de quelques piquets ou, au plus, de quelques détachements ; que sa division et son artillerie se réunissent en arrière de Neustadt ; qu'il envoie des reconnaissances et des piquets de cavalerie sur la hauteur.* » [5] Cette reconnaissance était très importante, selon Napoléon.

Au début octobre, la Grande Armée était concentrée tout entière en Franconie, autour de Bamberg. Il y avait 128 000 fantassins, 28 000 cavaliers et 10 000 canonniers, sapeurs du génie, hommes du train, gendarmes, etc., avec 256 bouches à feu [6]. Le commandant Lechartier quant à lui évalue le grand total de l'armée de Napoléon à 207 000 combattants [7]. Quant à l'armée prussienne, divisée entre l'armée royale commandée par le duc de Brunswick, commandant en chef de toute l'armée prussienne, l'armée du prince de Hohenlohe qui avait des velléités

---

1. Taupin fut affecté à la division Gazan de 1805 à 1807. Il fut fait général de brigade après s'être signalé à la bataille d'Ostrolenka et devint baron de l'Empire en 1808. Gazan le verra tomber à la bataille de Toulouse en 1814.
2. P. Foucart, *Campagne de Prusse : Prenzlow – Lubeck*, Paris, 1890, annexe. La division Gazan comprenait encore un régiment qui ne fit pas la campagne de Prusse. Le 28ᵉ léger (colonel Praefke) venant de Boulogne, fort de 1 616 hommes, passa le Rhin à Mayence le 8 octobre ; il était à Leipzig le 23, partit de Berlin le 5 novembre et rejoignit le 5ᵉ corps à Stettin.
3. P. Foucart, *Campagne de Prusse : Iéna*, Paris, 1887, p. 149.
4. *Ibid.*, p. 152.
5. *Ibid.*, p. 206. Napoléon Bonaparte, *Correspondance générale*, tome VI, Fayard, 2009, p. 947.
6. Henry Houssaye, *Iéna et la campagne de 1806*, Paris, 1918, pp. 25-26. Le 5ᵉ corps de Lannes, fort de 21 533 hommes, était à Königshofen.
7. G. Lechartier, *La Manœuvre de Pultusk*, Paris, 1911, p. 48.

d'indépendance, le corps de Rüchel et les réserves à Magdebourg et en Silésie, elle se montait en tout à 152 000 hommes, dont un peu plus de 100 000 hommes immédiatement disponibles.

Le 5 octobre [1], la division Gazan se mit en marche pour se rendre sur la route de Haßfurt, avec toute la cavalerie du 5ᵉ corps d'armée. Ce corps devait arriver tout entier à Cobourg le 8 et à Gräfenthal le 10.

Le 7 octobre, Napoléon reçut à Bamberg l'ultimatum de la Prusse, qui contenait l'exigence de l'évacuation immédiate de l'Allemagne. L'Empereur déclara à Berthier : « *Comme on dit qu'il y a une belle reine qui veut être témoin du combat, soyons courtois, et marchons, sans nous coucher, pour la Saxe.* »

Selon les historiens [2], le plan de Napoléon consistait à tourner les Prussiens par leur gauche, les couper de leur base d'opérations sur l'Elbe et les contraindre à subir une bataille à front renversé. Le 8 octobre, l'armée française franchit la Thüringerwald en trois colonnes. Celle de gauche, dont faisait partie le corps de Lannes, déboucha sur Gräfenthal. Le premier combat eut lieu à Schleiz le 9. Le soir, Lannes informa l'Empereur que la division Gazan bivouaquait en arrière de la division Suchet et de la cavalerie, entre la poste de Judenbach et le village de Gräfenthal.

La bataille de Saalfeld se déroula le 10 octobre ; Lannes y remporta une belle victoire. La division Gazan arriva au pas de course, sans pouvoir prendre part au combat. Après Saalfeld, les Prussiens évacuèrent toute la rive droite de la Saale et s'établirent sur l'autre rive, pendant que les colonnes françaises poursuivaient leur mouvement enveloppant dans la direction de Leipzig. Le corps de Lannes marcha de Neustadt sur Iéna par la rive gauche de la Saale. Napoléon désirait une bataille, mais il n'était pas encore fixé sur son lieu.

Le 13, les troupes du 5ᵉ corps chassèrent un bataillon prussien d'Iéna. Lannes écrivit à l'Empereur : « *Je suis arrivé hier avec mon corps d'armée devant Iéna ; l'ennemi y était au nombre de 12 000 à 15 000 hommes. Après nous avoir tiré quelques coups de canon, il s'est retiré sur Weimar ; je n'ai pas pu le poursuivre la nuit, le pays étant abominable. J'ai placé*

---

1. Avant le départ, les régiments occupaient les emplacements suivants : 21ᵉ léger – Schweinfurt, 100ᵉ de ligne – Papenheim, 103ᵉ de ligne – Swerbach (SHD, C2 481).
2. Frédéric Naulet ne partage pas cette idée, car d'après lui, Napoléon n'avait jamais pensé livrer bataille sur la Saale, mais entre Zwickau et Gera, plus probablement à Gera. Ce n'est que lorsque Napoléon arriva à Gera le 11 octobre qu'il comprit son erreur et lança Davout vers Naumbourg, « *pour couper la route de l'armée prussienne en retraite vers le nord, par la rive gauche de la Saale, et Lannes vers Iéna, pour attaquer son arrière-garde, sans réellement savoir si les Prussiens y seront encore. C'est à cause de cela que Napoléon ne disposera pas de toutes ses forces au matin du 14 octobre* » (communication d'après un manuscrit inédit).

la division Suchet à une lieue en avant sur la route de Weimar ; celle du général Gazan reste en position en arrière de la ville. » [1]

Maître de la ville, Lannes poussa des avant-gardes sur les hauteurs du nord et dirigea une forte reconnaissance dans la direction d'Isserstedt et de Lützeroda. Le prince de Hohenlohe eût pu attaquer le 5ᵉ corps isolé, mais il avait l'ordre du commandant en chef Brunswick de rester dans sa position de Kapellendorf, à moitié chemin entre Iéna et Weimar, pour couvrir le flanc droit de la principale armée en retraite. Hohenlohe obéit et ne bougea pas, ne faisant même pas occuper le Landgrafenberg, le meilleur point pour observer la vallée de la Saale.

Karl Ludwig von Knebel, écrivain et ancien précepteur du prince Constantin de Weimar, était à Iéna au moment de l'arrivée des troupes françaises. Il se souvenait que le 13 octobre, vers 8 heures du matin, une grande partie des troupes prussiennes s'étaient retirées par la ville, « *bientôt suivies des Français, d'abord en petits groupes, puis de plus en plus nombreux. On entendait encore tirer dans la ville. Le général Gazan et sa femme, ainsi qu'un grand nombre d'officiers d'état-major et autres descendirent devant notre maison et s'y installèrent ; il fallut les régaler, et nous apportâmes tout ce qui fut possible. La confusion dans la ville augmentait.* » [2]

Iéna

La ville d'Iéna, située sur la rive gauche de la Saale, est dominée au nord et à l'ouest par des plateaux onduleux. Au pied de ces monts appelés les Landgrafenbergen, la route d'Iéna à Weimar passait entre des escarpements dans les gorges du Muhlthal. Le défilé de Muhlthal était la seule voie donnant accès aux plateaux au-delà des Landgrafenbergen ; très resserré, il présentait de grandes difficultés pour le débouché d'une armée devant l'ennemi. Le prince de Hohenlohe se sentait donc en sécurité, ne pensant pas que les Français fussent en mesure d'escalader les Landgrafenbergen avec leur artillerie. C'est pourtant ce qui se produisit. Arrivé à Iéna le 13 octobre vers 15 heures 30, Napoléon gravit aussitôt le Landgrafenberg où se trouvait Lannes avec les éléments avancés de son corps d'armée. Après inspection, l'Empereur comprit que le Landgrafenberg était la porte du champ de bataille. Il ordonna

---

1. P. Foucart, *Campagne de Prusse : Iéna*, Paris, 1887, pp. 583-584.
2. Robert Ouvrard (dir.), *Avec Napoléon à Iéna et Auerstaedt*, Cosmopole, 2006, pp. 120-121. Karl Ludwig von Knebel, *Literarischer Nachlaß und Briefwechsel*, Leipzig, 1836, p. 105.

aussitôt à Lannes d'y faire monter sans tarder tout le 5ᵉ corps ; le maréchal Lefebvre devait le suivre avec la Garde à pied. Napoléon mena lui-même les généraux à la position qu'il voulait qu'ils occupassent pendant la nuit, et leur recommanda de ne la prendre que lorsqu'ils ne pourraient plus être aperçus de la ligne ennemie. À la nuit, les deux divisions d'infanterie du 5ᵉ corps et une partie de l'infanterie de la Garde étaient déjà massées sur le plateau. Soult et Ney reçurent l'ordre de venir les joindre au plus vite. Les corps de Bernadotte, Davout et Murat étaient arrivés à Naumbourg.

Napoléon bivouaqua au milieu des troupes, dans une cabane construite par les soldats du 5ᵉ corps. Knebel raconte : « *Le soir, nous dûmes lui faire porter, par l'épouse du général Gazan, qui était restée avec nous, à boire et à manger, de sorte que nous avons, un soir, régalé l'empereur Napoléon.* » [1] Il soupa vers 20 heures dans sa hutte avec tous les officiers généraux qui étaient là, dont Gazan ; il y avait de la viande froide, des pommes de terre et des confitures. Avant de se coucher, Napoléon descendit à pied la montagne et trouva en bas toute l'artillerie de la division Suchet engagée dans une ravine et qui ne pouvait ni avancer ni reculer. Ne trouvant pas le général commandant cette artillerie, l'Empereur réunit les canonniers et les fit travailler sous sa direction à élargir la ravine, les éclairant lui-même en tenant un falot à la main. La présence de Napoléon fit redoubler le zèle des canonniers. L'Empereur ne se retira à son bivouac que lorsque la première voiture fut passée, fort avant dans la nuit. L'artillerie de Gazan, plus nombreuse, passa par un autre sentier, qu'on dut aussi aplanir. Le général Savary se souvenait : « *C'était la nuit du 13 au 14 octobre ; nous eûmes une gelée blanche, accompagnée d'un brouillard semblable à celui que nous avions eu à Austerlitz.* » Ce brouillard, qui ne se dissipa que le lendemain à 8 heures du matin, aida à cacher les mouvements des troupes à l'ennemi [2].

Le soldat Lavaux du 103ᵉ de ligne, qui faisait partie de la division Gazan, se souvenait de cette nuit mémorable : « *Quand nous fûmes arrivés en haut de la montagne, nous prîmes position, et il nous fut défendu de faire du feu afin que l'ennemi ne pût se rendre compte de nos forces. À minuit, l'Empereur vint dans notre compagnie et demanda un officier et vingt voltigeurs armés pour faire un tour dans le camp, ce qui lui fut accordé. Il se dirigea avec les voltigeurs vers la ligne des sentinelles. Quand il y fut arrivé, il se mit à quatre pattes, et s'en fut de*

---
1. Robert Ouvrard (dir.), *op. cit.*, p. 121.
2. *Mémoires du duc de Rovigo*, tome I, Paris-Londres, 1828, pp. 178-179.

En Prusse

cette façon examiner le camp des Prussiens. Il reçut sept à huit coups de fusil venus des sentinelles de chez nous. Il leur dit à voix basse : "Ne tirez plus ; je suis votre Empereur." Et tout de suite le feu cessa. Il renvoya les voltigeurs à leurs postes et ordonna à l'armée d'allumer du feu et de faire à manger. » [1]

L'activité régna toute la nuit dans l'une et l'autre armée. Le 5e bulletin de la Grande Armée décrit ainsi le dispositif des troupes du 5e corps : « *L'Empereur fit ranger sur le plateau qu'occupait l'avant-garde, que l'ennemi paraissait avoir négligé et vis-à-vis duquel il était en position, tout le corps du maréchal Lannes. Ce corps d'armée fut rangé par les soins du général Victor ; chaque division formant une aile. Le maréchal Lefebvre fit ranger, au sommet, la Garde impériale en bataillons carrés. […] Les corps des maréchaux Ney et Soult passèrent la nuit en marche. À la pointe du jour toute l'armée prit les armes.* » Le maréchal Lefebvre avait fait ranger la Garde impériale au sommet du plateau d'Iéna. À droite du plateau était la division Suchet ; à gauche et un peu en arrière, celle de Gazan formait échelon. Ces deux divisions étaient partie en ligne, partie en colonne ; elles avaient leur artillerie dans les intervalles.

Dans ses dispositions de l'ordre de bataille, dictées au bivouac d'Iéna le 14 octobre 1806, Napoléon énonça pour Gazan : « *M. le maréchal Augereau commandera la gauche ; il placera sa 1re division en colonne sur la route de Weimar, jusqu'à une hauteur par où le général Gazan a fait monter son artillerie sur le plateau* [2] *; il tiendra des forces nécessaires sur le plateau de gauche, à la hauteur de la tête de sa colonne. Il aura des tirailleurs sur toute la ligne ennemie, aux différents débouchés des montagnes. Quand le général Gazan aura marché en avant, il débouchera sur le plateau avec tout son corps d'armée, et marchera ensuite, suivant les circonstances, pour prendre la gauche de l'armée. M. le maréchal Lannes aura, à la pointe du jour, toute son artillerie dans ses intervalles et dans l'ordre de bataille où il a passé la nuit.* » [3] En résumé, les divisions Suchet et Gazan devaient s'établir dans les villages de Closewitz et de Cospeda et résister assez longtemps pour permettre aux autres troupes françaises d'arriver et de se déployer. Selon le général Bonnal, écrivain militaire, l'ordre de Napoléon ne visait pas à livrer bataille le jour même, mais il avait « *surtout pour objet de rejeter les avant-postes de l'ennemi au-delà des villages de Cospeda, de Closewitz et de Rödigen, afin de*

---

1. Sergent Lavaux, *Mémoires de campagne*, Arléa, 2004, pp. 112-113.
2. C'est-à-dire la tête à hauteur du chemin de Cospeda.
3. P. Foucart, *Campagne de Prusse : Iéna*, Paris, 1887, p. 622.

gagner l'espace nécessaire aux dispositions et aux manœuvres ultérieures de la Grande Armée » [1]. Toutefois, l'Empereur prit ses précautions pour le cas où les engagements de son avant-garde constituée par le 5e corps provoqueraient une véritable bataille, en appelant à lui toutes les forces qu'il avait encore en arrière. La bataille d'Iéna fut donc amenée *« par l'extension imprévue qu'a pris le combat d'avant-garde engagé par le 5e corps pour gagner l'espace nécessaire au déploiement »* [2].

Au lever du jour, les troupes prirent les armes, au milieu d'une brume épaisse. Vers 4 heures du matin, Napoléon fit appeler le maréchal Lannes pour lui faire part de ses projets. L'Empereur passa devant plusieurs lignes et harangua les soldats, leur rappelant qu'il y avait un an, à la même époque, ils avaient pris Ulm ; que l'armée prussienne, ayant perdu sa ligne d'opérations et ses magasins, ne se battait plus pour sa gloire mais pour sa retraite ; que les corps d'armée qui la laisseraient faire une trouée seraient perdus d'honneur et de réputation. À ce discours, les soldats répondirent par les cris de *Marchons !*. L'Empereur donna le signal : toute l'armée s'ébranla. Les tirailleurs engagèrent l'action, et la fusillade devint vive.

Précédées de leurs tirailleurs, les deux divisions du 5e corps se portèrent en avant. Suchet se dirigea sur Closewitz. Gazan marcha, partie sur Cospeda, partie sur la route de Weimar. Un brouillard épais ne permettant pas de distinguer les objets à vingt pas cachait aux Prussiens les manœuvres des Français. Le village de Closewitz était le premier objectif, mais le terrain difficile et la mauvaise visibilité firent dévier un peu le 5e corps de sa trajectoire vers la gauche ; il donna tout droit dans les troupes du général von Tauenzien. La canonnade commença. L'attaque du village de Closewitz fut exécutée avec une grande vigueur par les 17e et 34e régiments de la division Suchet. Pendant ce temps-là, le 21e léger, de la division Gazan, chassait du bois à la droite de ce village l'ennemi qui y était en force et lui prenait dix pièces de canon et quatre obusiers [3].

Le soldat Lavaux du 103e de ligne prit part à cette bataille : *« C'était comme un orage qui tombait sur une forêt. Je peux dire que jamais je n'ai entendu un tel feu. Les balles tombaient comme de la grêle d'un*

---

1. H. Bonnal, *op. cit.*, p. 424. Naulet n'est pas d'accord sur le fait que Napoléon ne pensait pas livrer bataille le 14 octobre. Si les ordres de l'Empereur donnés le matin du 14 ne concernaient que des mouvements destinés à déboucher sur le plateau et non un plan d'ensemble visant à battre l'adversaire, c'est parce qu'il n'avait aucune connaissance du terrain au-delà de Closewitz et de Lützeroda ni des forces ennemies en face et de leurs positions. Une fois le Dornberg pris, il comptait donner de nouveaux ordres sur le terrain.
2. H. Bonnal, *op. cit.*, p. 427.
3. *Rapport du général Victor, chef d'état-major du 5e corps d'armée*, cité dans P. Foucart, *Campagne de Prusse : Iéna*, Paris, 1887, pp. 625-626.

En Prusse

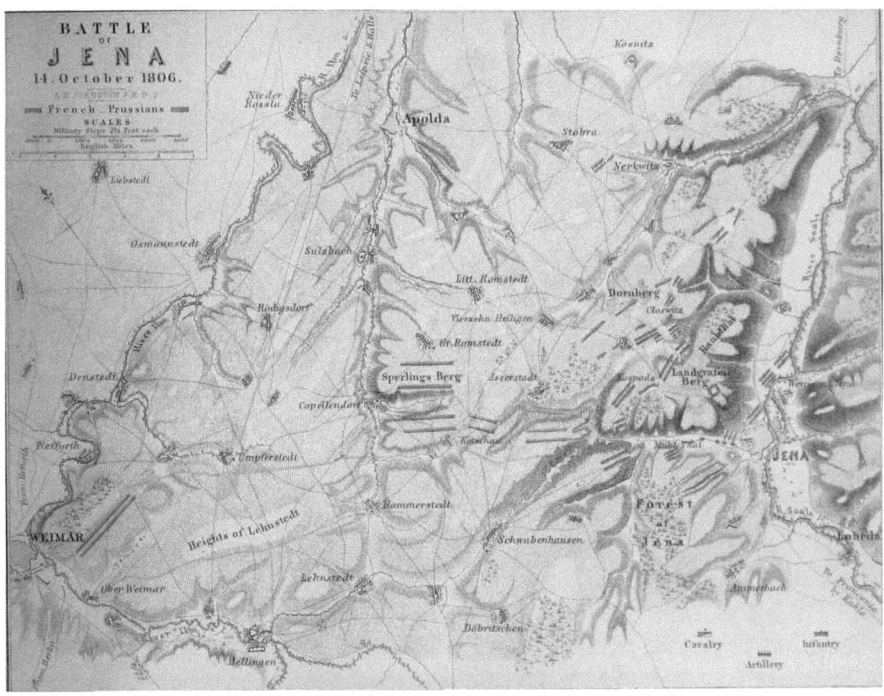

Plan de la bataille d'Iéna.
Extrait de l'atlas d'Alison.

côté comme de l'autre. Aussitôt, le bruit de deux cents pièces de canon se fit entendre. Ce qui nous inquiétait, c'était un brouillard si épais qu'on ne pouvait pas se voir à portée de pistolet. La terre était couverte de morts et de blessés, au point qu'on ne pouvait avancer sans marcher sur ces malheureux. »[1]

Le 5ᵉ corps, débouchant dans la plaine, commença à se déployer. De part et d'autre, les combattants tiraient sans se voir. Par ce mouvement rapide, le gros du centre de l'armée ennemie voyait déjà sa droite et sa gauche menacées. Vers 9 heures, Suchet était maître de Closewitz et d'une grande partie de la route menant à Lützeroda. Ce village fut enlevé par la gauche de Gazan[2].

Lorsque le brouillard se dissipa et laissa place au soleil, les deux armées s'apercevaient à demi-portée de canon. Les divisions Gazan et Suchet avaient conquis l'espace nécessaire au déploiement de l'armée. Lannes avançait inexorablement sur Vierzehnheiligen ; mais autour de 9 heures et demie, les Prussiens lancèrent une contre-attaque et rame-

---

1. Sergent Lavaux, *op. cit.*, pp. 113-114.
2. F. Loraine Petre, *Napoleon's conquest of Prussia 1806*, London, 1993, p. 131.

La bataille d'Iéna.
Gravure allemande.

nèrent les Français sur la route entre Lützeroda et Closewitz, emportant les deux villages et divisant le 5e corps en deux tronçons. Lannes ne se laissa pas déconcerter et, par un nouvel effort, délogea l'ennemi des villages. Le 7e corps, formant la gauche des Français, venait de traverser Iéna et débouchait sur le champ de bataille. La Garde restait en réserve sur le plateau, derrière le centre. La droite, sous les ordres du maréchal Soult, était engagée avec l'ennemi dans le bois en avant de Löbstedt. La cavalerie de la réserve était encore fort éloignée, de même que le gros du 6e corps de Ney.

Dans cette conjoncture, Napoléon voulait retarder la bataille de deux heures, afin d'attendre la jonction de ces troupes. Une attaque téméraire de Ney avec une petite troupe d'avant-garde s'engouffrant dans l'intervalle ouvert entre le 7e et le 5e corps faillit tout compromettre, mais il était écrit que cette journée serait un des plus grands triomphes des armes françaises. La bataille se ranima alors, l'ennemi se portant en masse contre les Français sous la mitraille et sous les balles des tirailleurs, avec la même régularité qu'à la parade. Napoléon ordonna à Lannes de former ses divisions en échelons et de marcher à sa rencontre. La lutte fut opiniâtre. Le village de Vierzehnheiligen passa plusieurs fois de mains en mains et devint la proie des flammes ; dans ses rues, les cadavres s'entassaient. La vieille tactique employée par les Prussiens les mettait en grand désavantage. Le lieutenant-colonel von der Goltz se souvenait : « *Les tirailleurs français embusqués derrière les haies et dans les maisons du village tiraient sur les lignes prussiennes comme à la cible. Celles-ci répondaient par des feux de peloton et de bataillon, mais sans produire le moindre résultat.* » [1]

Sur les flancs, les 4e et 7e corps progressaient lentement. Lannes, sur l'ordre de l'Empereur, conduisit le 100e de ligne au nord de Vierzehnheiligen pour s'emparer des hauteurs qui s'y trouvaient et menacer par cette manœuvre le flanc gauche de Hohenlohe. Les généraux Gazan et Campana, appelés avec le 103e de ligne pour soutenir cette entreprise, se frayèrent un passage à travers les lignes prussiennes sous un feu vif et rejoignirent le 100e [2]. Le combat fut très disputé. D'abord un régiment prussien fut rompu, mais Hohenlohe lança sa cavalerie contre les 100e et 103e, qui vacillèrent et se replièrent en ordre jusqu'au point d'où ils étaient partis. Le soldat Lavaux se trouva dans cette mêlée : « *Quand nous fûmes arrivés en haut, ils* [les Prussiens] *firent sur nous une telle décharge qu'en moins de deux minutes, par une volée de coups de canon, nous perdîmes trois cents hommes de notre régiment. Mon fusil fut coupé entre mes mains, sans que je le sentisse ; il ne me restait plus que la crosse. Mon chapeau fut enlevé par le vent d'un boulet. Je tombai à la renverse sans pouvoir me relever ; car sept à huit hommes étaient tombés sur moi. Je ne pouvais me dégager d'entre ces malheureux, dont les uns avaient les jambes, les autres les bras coupés. Je croyais être blessé, mais, grâce à Dieu, je n'avais rien du tout. Ceux qui étaient tombés sur moi, je croyais que c'était la cavalerie, en chargeant, qui les avait fait tomber. Je ne me pressais pas de me lever ; je faisais le mort parmi les morts, jusqu'à ce que l'orage fût passé. Au bout d'une minute, je levai un peu la tête et je vis le régiment qui était encore en masse et tout bouleversé. Les compagnies étaient mêlées les unes dans les autres.* » [3]

Le chirurgien d'Héralde du 88e de ligne (division Suchet) raconte les différentes phases de la bataille : « *Cinquante bouches à feu vomirent la mort sur les quatre beaux régiments de cette division* [Gazan] *et les forcèrent à un mouvement rétrograde sur les tirailleurs de la Jeune Garde. Dans ce moment critique, la cavalerie prussienne qui était en masse derrière les*

---
1. Cité dans P. Foucart, *Campagne de Prusse : Iéna*, Paris, 1887, p. 632.
2. SHD, 4M 87.
3. Sergent Lavaux, *op. cit.*, pp. 114-115.

villages déboucha et se porta en avant pour charger notre infanterie. Je ne sais ce qui arrêta son mouvement, mais elle eut tort d'hésiter, c'était un moment décisif. Le maréchal Lannes le sentit, il ordonna la charge de la division Suchet. Tous les voltigeurs la sonnèrent et se précipitèrent les premiers dans les jardins en avant du grand village d'Altorf. Ils y furent suivis des cinq régiments et d'une division de dragons. Les quatre régiments de la division Gazan, honteux d'avoir hésité, reprirent la charge avec ardeur. Rien ne put résister à ce choc. Le centre prussien fut mis en déroute. » [1]

L'arrivée du corps de Soult qui, attaquant le flanc gauche de l'ennemi, provoqua sa retraite, ranima les 100e et 103e et les fit revenir au combat. Entraînés par ce mouvement, les 40e de ligne et 21e léger, qui tenaient les débouchés de Vierzehnheiligen, marchèrent aussi en avant. D'autres troupes commençant à déboucher, Napoléon jugea l'instant décisif et ordonna l'assaut général. Les Prussiens se retirèrent d'abord en ordre et essayèrent de prendre une nouvelle position à Klein-Romstedt. Mais, vivement attaqués par le corps de Lannes, une division de Soult et la cavalerie de Murat, ils ne purent résister et s'enfuirent en désordre. Le corps de Rüchel, arrivé à la fin de la bataille, fut également enfoncé. Les fuyards de l'armée de Hohenlohe, poursuivis l'épée dans les reins par la cavalerie française, se mélangèrent peu de temps après avec une partie de ceux de l'armée de Brunswick qui venait d'être battue par le corps du maréchal Davout à Auerstedt. La panique était indescriptible.

Le 5e bulletin daté du 15 octobre résumait ainsi cette glorieuse journée : « *La bataille d'Iéna a lavé l'affront de Rosbach* [2], *et décidé, en sept jours, une campagne qui a entièrement calmé cette frénésie guerrière qui s'était emparée des têtes prussiennes.* » D'après la juste remarque du général Bonnal, « *la double bataille d'Iéna-Auerstedt fit crouler, en un seul jour, la puissance militaire de la Prusse. Jamais action de guerre ne fut plus décisive.* » [3]

La poursuite

Le corps de Lannes ayant été très éprouvé durant la journée du 14 octobre [4], Napoléon décida de le faire reposer le lendemain. Le maréchal s'en offusqua et réclama de se joindre à la poursuite, voire de faire

---

1. Jean-Baptiste d'Héralde, *Mémoires d'un chirurgien de la Grande Armée*, Paris, 2002, pp. 105-106.
2. Défaite française en 1757 pendant la guerre de Sept Ans face à la Prusse de Frédéric II.
3. H. Bonnal, *op. cit.*, p. 430.
4. Compte tenu de l'engagement de la division Gazan toute la journée, l'historien Naulet évalue ses pertes entre 1 300 et 1 500 hommes, et celles de tout le corps de Lannes à environ 4 000 hommes au total.

En Prusse

Stèle indiquant la position du corps de Lannes
à 6 heures du matin.
Photo Dominique Timmermans.

Stèle indiquant la position du corps de Lannes
à 11 heures du matin.
Photos Dominique Timmermans.

l'avant-garde : « *Si V. M. nous laisse ici toute la journée*, écrivait-il, *elle fera beaucoup de chagrin aux généraux et aux troupes composant le 5ᵉ corps. Je prie donc V. M. de me mettre en tête de la Grande Armée : la conduite que nous avons tenue hier nous donne ce droit.* »[1] L'Empereur lui fit répondre par Berthier : « *Ralliez tout votre corps d'armée et tenez-vous prêt à marcher au premier ordre.* »

Le 16 octobre, il fut ordonné à Lannes de partir avec son corps d'armée pour se rendre à moitié chemin de Weimar à Naumbourg. Ce jour-là, l'épouse du général Gazan était encore à Iéna, où elle contribua à sauver, avec le « *général* » (ou plutôt adjudant-commandant) d'Albe, la maison de son hôte de l'incendie et du pillage[2]. Le 18, Lannes partit de Naumbourg à 7 heures du matin pour se rendre à Mersebourg, puis à Halle et à Dessau pour tâcher de surprendre le pont du passage de l'Elbe. Le pont ayant été

---

1. P. Foucart, *Campagne de Prusse : Prenzlow – Lubeck*, Paris, 1890, p. 11.
2. Karl Ludwig von Knebel, *op. cit.*, p. 105.

brûlé, Lannes fit travailler à sa réparation, qui prit beaucoup de temps. Son chef d'état-major ne cessait d'aiguillonner les généraux de division et leur écrivait : « *L'avantage d'être à la tête de l'armée dépend de la célérité de cette marche.* » [1] Le 24, le 5ᵉ corps était à Potsdam.

Le 25 octobre, le maréchal Lannes reçut la capitulation de la citadelle de Spandau. Il y laissa 400 hommes des plus fatigués de ses régiments. Murat, dont la cavalerie chevauchait sans relâche sur les traces des Prussiens, écrivit à son collègue pour lui demander d'accélérer la marche de ses troupes, de manière à combiner les moyens pour attaquer l'ennemi qui se trouvait en bataille en avant de Zehdenick. Lannes partit de Spandau le 26 au matin pour Oranienbourg, où il arriva dans l'après-midi ; c'est là qu'il reçut la demande de Murat de le soutenir et les ordres de l'Empereur. Comme le 5ᵉ corps était très fatigué par le manque de subsistances, Lannes se contenta de rassembler tous les voltigeurs qu'il joignit au 17ᵉ léger avec six pièces de canon, qu'il envoya en avant.

Le 26, la réserve de cavalerie battit l'ennemi à Zehdenick. Les divisions Suchet et Gazan arrivèrent dans cette localité le lendemain vers midi. Berthier ne cessait, au nom de Napoléon, de presser la marche des régiments de Lannes, en lui écrivant le 27, jour où l'Empereur faisait son entrée solennelle à Berlin : « *Avec de la viande et des pommes de terre, on peut vivre pendant quelques jours lorsqu'il s'agit d'arriver à d'aussi grands résultats ; tombez donc sur l'ennemi ; que vos troupes mangent le pain qu'il a fait faire ; ce pain sera plus savoureux pour vos braves que ne le serait de la brioche ; dites d'ailleurs à vos soldats que quand ils auront pris le prince de Hohenlohe, l'Empereur les fera relever aux avant-postes et les fera venir quelques jours à Berlin pour se refaire et se reposer.* » [2] Mais à 11 heures du soir, Murat annonça à l'Empereur : « *M. le maréchal Lannes n'a que 3 000 hommes d'infanterie à Templin ; le reste de son corps d'armée se trouve à Zehdenick ; il m'annonce qu'il se met en marche à minuit : je crains bien que ce ne soit trop tard et que le prince de Hohenlohe ne gagne de vitesse.* » [3] C'était l'heure à laquelle les divisions Suchet et Gazan partaient de Zehdenick pour se rendre à Templin et de là à Prenzlow par le chemin le plus direct. Les marches de nuit étaient favorisées par le clair de lune. L'Empereur allait écrire à Lannes le 28 octobre à midi : « *Je vois avec plaisir l'activité que vous mettez dans vos mouvements. Poussez le prince de Hohenlohe.* » [4]

---

1. AN, 384 AP 95.
2. P. Foucart, *op. cit.*, p. 405.
3. *Ibid.*, p. 417.
4. Napoléon Bonaparte, *Correspondance générale*, tome VI, Fayard, 2009, p. 1051.

En Prusse

Effectuant des marches forcées, toujours dans le sillage de la réserve de cavalerie, l'avant-garde du 5ᵉ corps arriva à Prenzlow (Prenzlau) au moment où se négociait la capitulation entre Hohenlohe et Murat, le 28. Sa présence décida le général prussien à capituler. Le reste du corps d'armée atteignit Prenzlow dans la journée. Lannes écrivit une lettre euphorique à l'Empereur, dans laquelle il énonçait : « *Le grand-duc de Berg* [Murat] *a fait faire les plus belles charges qu'on ait jamais vues ; il vous dira que mon corps d'armée a toujours été avec sa cavalerie, et qu'il l'a mis à même de se jeter sans ménagement sur l'ennemi. Il y a 3 jours et 3 nuits que le soldat marche, aussi est-il sur les dents.* » [1] Toutefois, Lannes fut vexé de ne voir aucune mention du 5ᵉ corps dans l'ordre du jour annonçant la reddition de Hohenlohe. Il se répandit en invectives contre Murat, lui rappelant tous les efforts accomplis, et se plaignit à l'Empereur de cet oubli. En fait, les divisions du 5ᵉ corps avaient couvert 104 kilomètres environ en 60 heures, du 26 à 7 heures du matin au 28 à 6 heures du soir [2], dans un pays déjà parcouru par quelques milliers de cavaliers et donc dépourvu de ressources.

Le 31 octobre, la division Gazan était dans la place de Stettin qui avait capitulé devant la cavalerie du général Lasalle. Ses régiments fournirent l'escorte des prisonniers, qui étaient très nombreux. Le 1ᵉʳ novembre, Napoléon répondit à Lannes : « *Croyez-vous donc que je ne voie pas que votre corps d'armée a fait des marches forcées et que vous l'avez dirigé avec toute l'intelligence possible ? Vous êtes de grands enfants. En temps et lieu, je donnerai des preuves, à vous et à votre corps d'armée, de toute la satisfaction que j'ai de votre conduite.* » [3] À la même date, l'ordre du jour imprimé de l'Empereur rendait hommage au 5ᵉ corps : « *Le corps du maréchal Lannes a fait mettre bas les armes à 1 500 hommes d'artillerie, à 200 dragons, s'est emparé de 30 pièces de canon, 60 caissons et chariots remplis de munitions et bien attelés. S. M. témoigne sa satisfaction au maréchal Lannes et aux braves qui composent son corps d'armée, sur leur activité à suivre la cavalerie par des marches forcées et après les fatigues qu'ils ont éprouvées. La division du général Gazan tient garnison à Stettin ; celle du général Suchet est en marche pour achever de cerner la colonne du duc de Weimar.* » [4]

---

1. Cité dans P. Foucart, *op. cit.*, p. 463.
2. *Ibid.*, p. 426.
3. Napoléon Bonaparte, *Correspondance générale*, tome VI, Fayard, 2009, p. 1066.
4. *Correspondance inédite de Napoléon Iᵉʳ conservée aux archives de la guerre*, publiée par Ernest Picard et Louis Tuetey, tome I, Paris, 1912, p. 375.

La poursuite fulgurante continua encore après la capitulation de Prenzlow. Après la reddition des troupes de Blücher début novembre, Murat pouvait écrire à Napoléon : « *Sire, le combat finit faute de combattants.* » [1] Magdebourg capitula le 8 novembre. Selon le mot du poète allemand Henri Heine, « *Napoléon n'avait eu qu'à siffler, et la Prusse n'existait plus* ». Mais la coalition n'était pas dissoute. Restait encore la Russie, un puissant adversaire, dont il fallait aller chercher les soldats en Pologne pour leur imposer la bataille décisive.

---

1. P. Foucart, *op. cit.*, p. 757.

Chapitre x

En Pologne

Au 4 novembre, la division Gazan avait 140 officiers et 4 991 soldats présents sous les armes et 1 614 hommes des 21ᵉ léger et 103ᵉ de ligne détachés à l'escorte des prisonniers. Le 28ᵉ léger était en route pour rejoindre. Il fallait faire face à de nombreux problèmes : le 21ᵉ léger était sans souliers et sans capotes, « *pour ainsi dire tout nu* » selon Lannes, qui essaya d'y remédier promptement [1]. Pendant le séjour du 5ᵉ corps à Stettin, Napoléon manifesta l'intention de former une 3ᵉ division sous les ordres du général Victor, chef de l'état-major du corps d'armée, avec le 28ᵉ léger et deux régiments prélevés sur la division Suchet. Lannes fit observer que ses effectifs, très diminués, ne permettaient pas un pareil dédoublement, et Napoléon renonça à son projet.

Le repos à Stettin fut de courte durée : la campagne de Pologne s'ouvrait déjà. Le 8 novembre, la division Gazan partit de Stettin (sans les 21ᵉ et 28ᵉ légers) ; elle était tellement faible que dans le cas d'engagement, Lannes se proposait de donner à Gazan un régiment de la division Suchet. Dès le début, les troupes essuyèrent une pénurie de vivres dans ce pays pauvre dont les populations n'étaient pas en mesure de fournir assez de ressources. Craignant la propagation de la maraude, l'Empereur ne cessait de recommander à ses maréchaux de faire observer une bonne discipline. Au 11 novembre, il y avait dans les rangs de la division Gazan 185 officiers et 6 147 hommes de troupe. Elle était le 12 à Schneidemühl où elle séjourna le 13. Le 14, Lannes se porta avec tout son corps d'armée à Nackel à cause du manque de subsistances. L'Empereur lui écrivit ce jour-là : « *Toutes les nouvelles sont que les Russes sont loin et peu nombreux. Cependant j'aurai plus de confiance dans les renseignements que vous me donnerez. Il est possible que vos soldats aient trouvé qu'on n'ait pas parlé d'eux aussi dignement qu'ils l'auraient mérité ; ils ont raison d'être exigeants, car ils sont aussi braves que bons. À la prochaine bataille, ils se comporteront comme à Austerlitz et à Iéna, et on aura soin de mettre quelques mots de plus.* » [2]

---
1. P. Foucart, *Campagne de Pologne : Pultusk et Golymin*, tome premier, Paris, 1882, p. 59.
2. *Ibid.*, p. 97. Napoléon Bonaparte, *Correspondance générale*, tome VI, Fayard, 2009, p. 1149.

L'ENTRÉE EN POLOGNE

Vers le 17 novembre, tout le 5ᵉ corps fut rassemblé devant la forteresse de Thorn. Lannes somma le général prussien Lestocq qui y commandait ; celui-ci refusa d'ouvrir les portes. Les 21ᵉ et 28ᵉ légers étaient partis le 13 de Stettin, où ils furent remplacés par des troupes badoises, et rejoignirent leur division devant Thorn. Le temps était abominable ; une épidémie faisait des ravages. Les vivres faisaient complètement défaut.

En novembre 1806, deux armées russes se trouvaient sur la Vistule, commandées par les généraux Bennigsen et Buxhowden. Celle de Bennigsen était rassemblée dans la région de Pultusk. Une armée commandée par le général Essen I était encore en route.

Les marches forcées recommencèrent fin novembre ; la division Gazan marchait derrière celle de Suchet. Sur les routes, il y avait de la boue jusqu'au ventre des chevaux. Les Russes abandonnèrent sans lutte le cours de la Vistule. Murat fut le premier à faire son entrée à Varsovie au milieu de la liesse populaire : les Polonais saluaient les Français comme des libérateurs. La comtesse Potocka, de la haute noblesse polonaise, se souvenait : « *L'ivresse fut à son comble, toute la ville s'illumina comme par magie. Certes, ce jour-là, il ne fut pas nécessaire que les autorités s'occupassent de loger les nouveaux venus, – on se les disputait, on se les arrachait, – c'était à qui les recevrait le mieux. Ceux des bourgeois qui, ne sachant pas le français, ne pouvaient se faire comprendre, empruntaient un langage muet qui est de tous pays et, par des signes d'allégresse, des poignées de main, des éclats de joie, faisaient comprendre à leurs hôtes qu'ils leur offraient de grand cœur tout ce que la maison contenait, la cave inclusivement. On dressa des tables jusque dans les rues et sur les places. On porta plus d'un toast à la future indépendance, à la brave armée, au grand Napoléon !… On s'embrassa, on fraternisa, on trinqua même un peu trop, car les soldats finirent par se livrer à des excès qui refroidirent momentanément l'enthousiasme avec lequel ils avaient été reçus.* » [1]

Napoléon était encore à Posen fin novembre. Le 2 décembre 1806, il y signa le décret de la transformation de l'église de la Madeleine à Paris, qui était en construction, en un « *temple de la Gloire* ». Dans l'intérieur de ce monument, les noms de tous ceux qui avaient assisté aux batailles d'Ulm, d'Austerlitz et d'Iéna seraient inscrits sur des tables de marbre, et les noms de ceux qui y avaient trouvé la mort sur des tables d'or massif.

---

1. *Mémoires de la comtesse Potocka*, Paris, L'Harmattan, 2005, 98-99.

En Pologne

Autour de la salle seraient sculptés les bas-reliefs représentant les colonels, groupés autour de leurs généraux de division et de brigade par corps d'armée. Les maréchaux auraient chacun une statue en marbre [1]. Ce projet grandiose ne sera finalement pas réalisé.

Lannes eût préféré arriver avant Murat dans la capitale polonaise, mais il était encore loin en arrière. Ce n'est pas avant le 10 décembre que la division Suchet entra à Varsovie, alors que celle de Gazan, dès que le pont fut praticable, passa la Vistule et s'installa à Praga. Le 19 décembre à midi, Napoléon passa la division Gazan en revue dans le jardin de Saxe à Varsovie. Le même jour, le feld-maréchal Kamenski, nouveau commandant en chef russe, atteignit Pultusk. Vieux et infirme, il n'était plus fait pour la guerre, mais entendait commander l'armée avec toute l'autorité que lui conféraient son expérience et la confiance dont l'avait honoré le tsar Alexandre.

Une opération d'envergure fut menée par les troupes françaises contre les Russes à la fin de décembre. La Grande Armée manœuvrait en trois groupes : la droite devait attaquer l'ennemi à Pultusk alors que la gauche le prendrait en flanc. Le 23 décembre, Berthier écrivit à Lannes à 3 heures du matin : « *L'Empereur ordonne, M. le maréchal, que vous fassiez partir la division Gazan à 7 heures du matin pour être arrivée de bonne heure à Jablonna où elle restera en bataille sur 4 lignes jusqu'à ce qu'on lui envoie des ordres, ce qui dépendra de ce qui se passera au pont.* » [2] Le 3ᵉ corps du maréchal Davout livra un combat à Czarnowo, dont il sortit victorieux. Ayant traversé la rivière Ukra, les Français gagnèrent un espace nécessaire pour développer leur offensive. Dans la nuit du 23 au 24, la division Gazan prit position près du pont de la Narew. Les soldats eurent à supporter le mauvais temps, la neige mêlée de pluie, le froid. Ils étaient mouillés jusqu'aux os. La division passa la rivière le lendemain alors que le 3ᵉ corps livrait bataille à Nasielsk. Plus au nord, le corps de Ney se heurtait au corps prussien de Lestocq à Soldau.

Napoléon croyait enfin tenir les Russes. Le 24 au soir, Berthier expédia au maréchal Lannes, à Czarnowo, l'ordre de partir avec tout son corps d'armée le 25 à 3 heures du matin pour se rendre à Nasielsk : « *car on est au milieu de l'armée ennemie prise en flagrant délit* » [3]. Le même jour, Berthier prescrivit à Lannes de partir de Nasielsk pour se diriger sur Pultusk, y passer la Narew et y construire sur-le-champ une tête de pont. Le rôle du corps de Lannes était très important dans le plan

---
1. *Correspondance de Napoléon Iᵉʳ*, tome 14, Paris, 1863, p. 14.
2. Cité dans P. Foucart, *op. cit.*, p. 388.
3. *Ibid.*, p. 438.

opérationnel de Napoléon : il devait à tout prix empêcher les Russes de repasser sur la rive orientale de la Narew. Pendant que le gros des forces de la Grande Armée tournerait le flanc droit de l'ennemi, les divisions de Lannes devaient s'emparer de Pultusk, renfermant ainsi une gigantesque nasse. Napoléon croyait que le gros des troupes russes se trouvait au nord-ouest, à Golymin, et que Lannes ne pouvait rencontrer devant Pultusk qu'un faible rideau de couverture.

La bataille de Pultusk

Après une marche pénible de plus de 30 kilomètres, le corps de Lannes s'approcha de Pultusk et se mit en ordre de bataille. La division Gazan était à 3 km en arrière de celle de Suchet, à Winnica et environs. Malgré la disproportion des forces évidente – il n'avait pas plus de 12 000 hommes présents sur le terrain de la lutte – Lannes décida d'attaquer l'ennemi. La bataille de Pultusk s'engagea le 26 décembre, en même temps que celle de Golymin de moindre envergure livrée par deux divisions du 3e corps, le corps d'Augereau et la cavalerie de Murat, alors que Napoléon continuait sa marche vers le nord avec la Garde et le 4e corps.

Le général Bennigsen voulait livrer en avant de Pultusk une bataille générale au gros des forces françaises, car on supposait à tort au grand quartier général russe que Napoléon ne manquerait pas de paraître en personne le 26 devant Pultusk, avec plusieurs corps d'armée. Dans la soirée du 25, Kamenski ordonna à plusieurs de ses divisions de venir à Pultusk appuyer celles de Bennigsen. Mais il se ravisa tout d'un coup et envoya une série de contrordres. Bennigsen reçut pour sa part la prescription, le 26 à 3 heures du matin, de battre en retraite sans combat avec toutes ses forces réunies à Pultusk et de se mettre sous les ordres de Buxhowden. Il décida toutefois de rester à Pultusk pour arrêter les Français au moins une journée, afin de donner le temps aux autres troupes de gagner la Narew. Une victoire permettrait à Bennigsen de porter ses troupes sur la basse Vistule, pour débloquer la forteresse de Graudenz assiégée par les Français et rétablir ainsi les communications avec Dantzig. Quant au vieux Kamenski, après avoir envoyé à tous les corps les ordres de retraite, il quitta définitivement l'armée d'une manière inexplicable, laissant Bennigsen se débrouiller tout seul à Pultusk.

À 10 heures, Lannes trouva l'ennemi établi dans la plaine devant Pultusk. Bennigsen disposait d'environ 45 000 hommes, formés sur deux lignes s'étirant sur 5 km et une troisième ligne de réserve. Thirion du 22ᵉ dragons se souvenait : « *Ce fut une bataille d'artillerie et de mousqueterie, vu l'extrême difficulté de faire manœuvrer les troupes dans ces effroyables boues qui sont devenues proverbiales dans l'armée française. L'armée russe formait un angle droit dans son centre. La cavalerie russe était en bataille en avant de la ville de Pultusk et de la rivière, l'infanterie était sur la lisière d'une forêt et avait devant elle des prairies inondées.* » [1]

Le futur maréchal Bugeaud racontait quelques jours après la bataille à mademoiselle de la Piconnerie : « *Nous étions très inférieurs en nombre, parce que nos forces n'étaient pas toutes arrivées, entre autres notre artillerie, à cause des mauvaises routes. Cependant on n'a point balancé à attaquer, parce que nous sommes accoutumés à toujours vaincre.* » [2] Lannes fit attaquer une des deux avant-gardes russes, celle du général Baggovout, par le 17ᵉ léger, les 64ᵉ et 88ᵉ de ligne. Après quelques charges, les Russes se replièrent sur leur corps de bataille, dont la position fut décrite par Victor : « *Sur une étendue de près de trois quarts de lieue, l'armée russe [était] rangée sur trois lignes et dans une attitude vraiment formidable. Sa droite était appuyée à un bois dans la direction de Golymin, son centre aux moulins de Pultusk, et sa gauche se prolongeait parallèlement à la ville à plus d'un quart de lieue vers l'ouest. Une artillerie de plus de soixante bouches à feu de divers calibres était en position, prête à agir. Des masses énormes de cavalerie couvraient les lignes d'infanterie et attendaient le signal du combat.* » [3] Le temps était nébuleux ; un vent froid sifflait avec violence. Des bourrasques de neige, de grêle et de pluie obscurcissaient l'horizon. Le champ de bataille était converti en un lac de boue.

Les dragons et cuirassiers russes chargèrent le 1ᵉʳ bataillon du 88ᵉ et le mirent en déroute. Ses pertes furent terribles. Dans son rapport à Napoléon, Lannes expliquait cet échec par la pluie et le mauvais temps, qui auraient empêché ce bataillon de voir assez tôt le mouvement de la cavalerie qui l'avait surpris. L'artillerie russe tirait violemment.

Le général Victor, chef de l'état-major du 5ᵉ corps, attaqua l'avant-garde de Barclay de Tolly avec le 34ᵉ de ligne. Alors que Bennigsen faisait porter un fort corps de troupes sur la droite de Lannes et cherchait à le déborder, le maréchal jeta de nouveau dans la fournaise le restant du 64ᵉ et les débris du 88ᵉ contre les troupes de Baggovout. La fusillade fut très vive ; attaques et contre-attaques se succédaient.

---

1. Auguste Thirion, *Souvenirs militaires*, Paris, 1998, p. 11.
2. Comte d'Ideville, *Le maréchal Bugeaud*, tome premier, Paris, 1881, p. 92.
3. Cité dans G. Lechartier, *La Manœuvre de Pultusk*, Paris, 1911, p. 388.

La division Gazan [1], arrivée vers midi, se forma sur deux lignes en arrière de la division Suchet. Elle ne fut pas engagée, Lannes s'attendant à recommencer la lutte le lendemain et préférant garder une réserve. Le chirurgien d'Héralde raconte : « *Protégés par le feu du 64ᵉ, nous parvînmes à nous retirer jusqu'au bois d'où nous étions partis. À ce moment, la division Gazan déboucha du défilé : sa marche était lente, ses soldats pouvaient à peine s'arracher de la boue. Ils marchaient par deux. Le chef habile qui les commandait, nous voyant arriver en désordre et apprenant nos désastres, s'empressa, au lieu de se porter en avant, de faire tête de colonne à gauche et plaça sa division le long de la lisière du bois, couverte d'une ligne de tirailleurs.* » [2]

Lannes écrivait dans son rapport à Napoléon daté du 27 décembre : « *L'ennemi voyant sa gauche forcée sur les 3 heures après midi, a détaché une colonne de sa droite pour chercher une seconde fois à déborder notre droite, mais la présence du général Gazan a suffi pour la faire rentrer en ligne.* » [3] En fin de journée, lorsque la situation du 5ᵉ corps était critique, l'apparition sur le champ de bataille de la 3ᵉ division du 3ᵉ corps de Davout conduite par son chef d'état-major Daultane vint fort à propos pour tirer Lannes du mauvais pas. Sans avoir le temps de se concerter avec Lannes, Daultane tomba sur le flanc droit de l'ennemi ; son attaque vive et soutenue fut couronnée du plus brillant succès. Les Russes opposèrent une résistance acharnée, leur cavalerie chargea au milieu d'une tempête de neige, mais les soldats du 3ᵉ corps triomphèrent de tous les obstacles et dégagèrent leurs camarades du 5ᵉ corps. À 20 heures, un aide de camp de Lannes vint inviter le général Daultane à ne point se retirer, attendu que le 5ᵉ corps allait renouveler ses attaques. Une heure s'étant écoulée sans qu'un seul coup de fusil ne fût tiré, Daultane envoya reconnaître le 5ᵉ corps qui occupait la même position qu'avant l'action. Alors Daultane prit position sur la lisière du bois de manière à couvrir le flanc gauche du 5ᵉ corps ; sa division était exténuée de fatigue, ayant marché et combattu dans la boue toute la journée [4].

Quoiqu'elle ne fût pas engagée dans les combats corps à corps, la division Gazan n'en souffrit pas moins du feu de l'artillerie russe, environ 70 canons selon Loraine Petre [5], surtout après qu'elle se fut approchée

---

1. La division Gazan comptait ce jour-là le 21ᵉ léger (réduit à quelques compagnies), le 100ᵉ et le 103ᵉ de ligne. Elle resta en seconde ligne avec le 40ᵉ régiment de la division Suchet.
2. Jean-Baptiste d'Héralde, *Mémoires d'un chirurgien de la Grande Armée*, Paris, 2002, p. 108.
3. Cité dans P. Foucart, *op. cit.*, pp. 462-466.
4. *Journal des opérations du 3ᵉ corps*, cité dans P. Foucart, *op. cit.*, pp. 466-471.
5. F. Loraine Petre, *Napoleon's campaign in Poland*, London-Pennsylvania, 2001, p. 99, note.

à 300 pas de la première ligne pour colmater une brèche [1]. Victor écrivit dans son rapport : « *Son attitude menaçante et calme, au milieu du danger, en imposait aux ennemis.* » Lavaux se rappelait la boue affreuse dans laquelle stationna son bataillon ; les officiers y laissaient leurs bottes, les soldats leurs souliers. Il se souvenait que cette boue empêchait de mettre les pièces en batterie [2]. Lannes signala dans son rapport à Napoléon : « *Nous nous sommes battus depuis 10 heures du matin jusqu'à 6 heures du soir dans la boue jusqu'à mi-cuisse. Il a fallu toute la force et le courage de nos soldats pour résister. Votre Majesté a vu la journée qu'il a fait ; le vent et la grêle renversaient nos soldats. Toute notre artillerie s'était embourbée dans les marais, et malgré tous les efforts du général Foucher, elle n'a pu guère nous servir.* »

D'Héralde se rappelait : « *Une pluie mêlée de neige nous mouilla jusqu'à la peau. Ce fut dans cet état que nous passâmes la nuit dans le bois sans feu, recevant par intervalles quelques boulets creux qui vinrent achever nos malheureux blessés. Le maréchal Lannes et son état-major s'étaient retirés dans un village à une demi-lieue du champ de bataille. Le maréchal était blessé d'une forte contusion de balle à la poitrine. La balle était restée dans son habit, mais il ne le dit et ne fut pansé que le lendemain matin 27.* » [3]

La nuit du 26 au 27 fut parfaitement tranquille. Le lendemain à la première heure, on vint dire au maréchal, qui était couché sur la paille, que les Russes se retiraient sur Ostrolenka. Il ordonna de les poursuivre par la cavalerie légère et les dragons du général Beker, soutenus par une brigade de la division Gazan. La division commandée par Daultane partit rejoindre le 3ᵉ corps. On s'occupait en même temps de réparer le pont de Pultusk, brûlé par les Russes dans leur retraite. Le 28, Lannes donna l'ordre à la division Gazan « *de se prolonger depuis Pultusk jusqu'à 2 ou 3 lieues sur la route de Rozan ; elle se placera dans deux ou trois villages qui sont sur cette route. Cette division était ici* [à Pultusk] *dans l'eau jusqu'aux genoux.* » [4]

---

1. Parmi les victimes de la bataille de Pultusk dans la division Gazan, il y eut un certain Louis Alexandre Augustin Lescouvé, né en 1770 à Amiens, chef de bataillon au 100ᵉ de ligne. Il fut nommé officier de la Légion d'honneur le 23 janvier 1807. Il fut mis à la retraite pour le motif suivant : « *Cet officier est affecté de claudication permanente à la suite de deux coups de feu à travers la cuisse gauche et la jambe droite et de surdité incomplète mais pénible à la suite d'une forte contusion reçue à la tête le 26 décembre 1806, ce qui le met hors d'état de continuer ses services* » (LH/1613/4). Une des petites-filles du général Gazan épousera un Lescouvé originaire d'Amiens.
2. Sergent Lavaux, *op. cit.*, p. 123.
3. Jean-Baptiste d'Héralde, *op. cit.*, p. 109.
4. P. Foucart, *op. cit.*, p. 514.

Le château de Pultusk.
Photo Natalia Griffon de Pleineville.

Lannes portait la perte du corps d'armée en tués ou blessés à mille hommes au moins, et celle de l'ennemi à plus de trois mille hommes. Il clamait avoir fait environ 600 prisonniers, parmi lesquels « *plusieurs officiers de marque* ». Les Français trouvèrent à Pultusk de mille à douze cents blessés [1]. « *Je puis assurer Votre Majesté*, écrivait Lannes, *que depuis que je fais la guerre je n'ai pas vu de combat aussi acharné que celui d'hier ; nos baïonnettes se sont croisées plusieurs fois avec celles de l'ennemi.* » [2]

Toujours est-il que les biographes de Lannes ont peut-être tort de clamer catégoriquement que Pultusk fut « *le Auerstaedt de Lannes* » [3]. Sans l'intervention de Daultane, l'affaire eût pu se terminer très mal [4], et pourtant Lannes n'en faisait pas la moindre mention dans son rap-

---

1. Dans son rapport du 28 décembre, Lannes affirmait que le nombre de tués et blessés russes et français était encore plus considérable.
2. Cité dans Jean-Claude Damamme, *Lannes, maréchal d'Empire*, Paris, 1999, pp. 228-229.
3. Jean-Claude Damamme, *op. cit.*, p. 227.
4. Il faut néanmoins tenir compte du fait que la division Gazan n'avait point donné et était disponible. Ronald Zins, le meilleur biographe de Lannes, écrit avec raison : « *L'arrivée de Daultane ne semble avoir eu pour effet que de remplacer la division Gazan dans les combats et non d'apporter un renfort effectif* » (Ronald Zins, *Le maréchal Lannes*, Horace Cardon, 2009, p. 260).

port, lui qui avait tellement l'habitude de se plaindre quand ses propres troupes étaient injustement oubliées dans les relations officielles. Le 47ᵉ bulletin de la Grande Armée fut beaucoup plus équitable sous ce rapport, tout en présentant Pultusk comme une grande victoire française : « *À 10 heures, le maréchal Lannes attaqua, ayant la division Suchet en première ligne, la division Gazan en seconde ligne, la division Gudin, du 3ᵉ corps d'armée, commandée par le général Daultane, sur sa gauche. Le combat devint vif. Après différents événements, l'ennemi fut culbuté.* […] *Le 5ᵉ corps d'armée a montré, dans cette circonstance, ce que peuvent des braves, et l'immense supériorité de l'infanterie française sur celle des autres nations.* »

Pour sa part, Bennigsen se proclama lui aussi vainqueur à Pultusk et réussit à en persuader le tsar Alexandre, qui le récompensa généreusement. Le *Journal des opérations de l'armée russe* présentait la bataille en ces termes : « *Le 14 décembre* [1]*, à 11 heures, l'armée française dirigée par Napoléon lui-même et composée des corps des maréchaux Davout et Lannes ainsi que du détachement du général Souchet (sic), ce qui représentait 60 000 hommes, attaqua nos troupes alignées dans leurs bivouacs en ordre de bataille. Les Français se battirent avec courage, mais ils durent céder partout à l'extrême bravoure de l'armée russe victorieuse, aux talents et à la détermination de nos chefs, et à la forte action de notre artillerie… L'ennemi fut culbuté de toutes parts. L'arrivée de la nuit, le mauvais temps et la fatigue de nos troupes, empêchèrent d'organiser la poursuite.* » Il serait probablement pertinent de parler d'une victoire morale russe, comme l'expliquait l'officier Boulgarine : « *Ayant contenu l'élan des vainqueurs d'Austerlitz et montré une bravoure égale à la leur, la même ardeur au combat et une plus grande fermeté et obéissance militaire, les Russes prouvèrent au monde entier que l'Europe avait encore des défenseurs de son indépendance. Tenir contre une armée habituée aux victoires décisives depuis les temps de Marengo et d'Arcole et menée par les premiers généraux de l'Europe, dont les noms étaient devenus aussi glorieux que ceux des héros d'Homère : cela fut plus important qu'une véritable victoire aurait été en d'autres temps.* » [2]

En réalité, comme souligne à juste titre Loraine Petre, aucun des deux commandants n'avait atteint son objectif. Lannes avait reperdu le terrain gagné au début de la bataille et, le soir, son corps d'armée était hors d'état de harceler l'ennemi dans sa retraite. Bennigsen, bien qu'il eût repoussé

---
1. Le 14 décembre correspond au 26 décembre dans le calendrier en usage en Russie au XIXᵉ siècle.
2. *Souvenirs de F. V. Boulgarine* : http://elcocheingles.com/Memories/Texts/Bulgarin/Bulgarin.htm

les attaques d'une force numériquement inférieure, n'avait pas osé la poursuivre, craignant la présence de Napoléon en personne. Quoi qu'il en fût, la « manœuvre de Pultusk » conçue par Napoléon n'apporta pas de résultats escomptés : les Russes n'avaient été ni encerclés ni détruits. Tout était donc à recommencer ; mais en attendant, la Grande Armée allait prendre les quartiers d'hiver pour se refaire de ses fatigues.

Dans les quartiers d'hiver

Le 28, Napoléon vint visiter le champ du carnage et aurait eu une altercation avec le maréchal. D'Héralde écrit : « *L'Achille de l'armée (nom donné par l'Empereur au maréchal Lannes) et Victor firent en ce 26 décembre 1806 de bien grandes sottises. Il n'y avait pas un capitaine du 5ᵉ corps qui n'eût fait prendre de meilleures dispositions d'attaque. Le matin, le maréchal disait qu'il prendrait avant la nuit plus de 12 000 Russes, mais soit par audace, par empressement à attaquer avec des têtes de colonnes sans attendre l'arrivée de son corps d'armée, soit par sottise, comme le disait un chef distingué du 5ᵉ corps, il fit tuer sans résultat, dans cette malheureuse journée, 4 000 hommes au moins de troupes magnifiques.* » [1]

Lannes, piqué des reproches de l'Empereur, sous prétexte de sa santé quitta son corps d'armée pour aller se soigner à Varsovie, tout en assumant le commandement [2] ; il est vrai qu'il était malade depuis plusieurs jours. Le maréchal ne rejoindra l'armée que pour la bataille de Friedland, où sa conduite héroïque le remettra en grande faveur et fera oublier ses erreurs de Pultusk.

Au 30 décembre, la division Gazan comptait 216 officiers et 6 678 hommes présents, répartis en quatre régiments : 21ᵉ léger (colonel Duhamel), 28ᵉ léger (colonel Praefke), 100ᵉ de ligne (colonel Quiot) et 103ᵉ de ligne (colonel Taupin). Elle resta à Pultusk jusqu'au 2 janvier 1807. Le 3, Gazan s'établit à Jablonna avec le général Graindorge et le 100ᵉ de ligne, ayant le 21ᵉ léger à Nieporent ; le général Campana se portait à Wyszkow dans la presqu'île avec le 28ᵉ léger, laissant le 103ᵉ à Sierock (Serock) [3]. Les cosaques attaquaient les avant-postes de la division, mais se repliaient promptement aux coups de fusil. Gazan lui-même était malade [4].

---

1. Jean-Baptiste d'Héralde, *op. cit.*, p. 109.
2. Lannes ne commanda plus son corps d'armée après le 31 janvier 1807. Le général Suchet n'assura le commandement du 5ᵉ corps, qu'il espérait conserver, que pendant quelques jours, jusqu'à l'arrivée de Savary.
3. P. Foucart, *Campagne de Pologne : Pultusk et Golymin*, tome second, Paris, 1882, p. 84.
4. Général André Laffargue, *Jean Lannes, maréchal de France, duc de Montebello*, Auch, 1975, p. 212.

En Pologne

Le 29 décembre, Napoléon écrivait à son ministre de la Guerre : « *Les chemins horribles et la mauvaise saison m'ont décidé à prendre mes quartiers d'hiver.* » [1] Le vélite de la Garde Barrès raconte : « *Les chemins, ou plutôt les endroits où nous passions, étaient devenus impraticables. Deux hommes ne pouvaient pas poser le pied à la même place sans courir le risque d'être engloutis. On marchait comme si on eût été en tirailleurs. Tout restait derrière, vainqueurs et vaincus. Les canons, les caissons, les voitures, les carrosses de l'Empereur, comme la modeste carriole de la cantinière, s'embourbaient et ne bougeaient plus. Les routes, les champs étaient couverts d'équipages, de bagages russes. Si cette poursuite eût pu être continuée encore deux ou trois jours, l'armée ennemie abandonnait tout son matériel forcément sans pouvoir même le défendre. Mais les Français n'étaient pas plus en mesure d'attaquer. Il fallait s'arrêter sous peine de ne plus être. Aussi l'ordre fut-il donné le même jour de faire prendre des cantonnements à l'armée, et à la Garde de rentrer à Varsovie, où l'Empereur fut établir son quartier général.* » [2]

À partir du 7 janvier, l'armée s'installa dans les cantonnements définitifs. L'ordre de Napoléon stipulait pour le 5ᵉ corps : « *Le corps du maréchal Lannes occupera le point de Sierock et une lieue aux environs. La cavalerie légère cantonnera dans les villages qui bordent la rive droite du Bug, depuis le confluent de la Narew jusqu'à Brok. Le reste de la division Gazan occupera la presqu'île entre le Bug, la Vistule et la frontière autrichienne, c'est-à-dire Nieporent, Jablonna, etc. La division Suchet occupera Praga et les faubourgs de Varsovie. Le quartier général sera à Varsovie.* » [3] Le point de ralliement en cas de mouvement offensif de la part de l'ennemi était à Sierock. Napoléon décida d'allouer à tous les généraux de division une indemnité extraordinaire de campagne s'élevant à 3 000 francs par mois.

Sauf quelques affaires d'avant-postes, parfois assez vives, il ne se passa rien de remarquable en janvier. Le problème le plus cuisant restait le manque de vivres ; les colonels des régiments de la division Gazan menacèrent même d'être obligés d'abattre leurs chevaux faute de fourrages, et représentaient que dans trois ou quatre jours on mangerait la paille qui couvrait les maisons. Gazan lui-même n'avait pas d'autre nourriture que la soupe à l'oignon sans beurre. Le 15 janvier, Napoléon donna l'ordre suivant : « *Me faire connaître pourquoi la division Gazan n'est*

---
1. Napoléon Bonaparte, *Correspondance générale*, tome VI, Fayard, 2009, p. 1298.
2. Jean-Baptiste Barrès, *Souvenirs d'un officier de la Grande Armée*, Paris, 2002, pp. 70-71.
3. P. Foucart, *op. cit.*, pp. 175-176.

pas comprise dans la distribution du 14. Ils sont dans des lieux où ils ne trouveront presque rien. Il est vrai que dans l'état du 13 le 100ᵉ a eu 4 000 rations de pain, mais les autres n'ont rien eu. » [1]

Le soldat Lavaux du 103ᵉ de ligne décrivait ainsi le pays : « *La Pologne est un pays très froid, qui produit beaucoup de pommes de terre. Sans les pommes de terre, nous y serions morts de faim. Le pays est couvert de grandes forêts, composées des plus beaux sapins que l'on puisse voir.* » [2] La misère des habitants, à l'aspect sauvage, contrastait avec le luxe exhibé par les nobles pétris de la culture française. Béchet de Léocour, aide de camp du maréchal Ney, raconte : « *On ne peut se faire une idée de la pauvreté de ces misérables villages polonais. Il n'y a absolument que la maison des seigneurs, des baillis qui soit habitable ; les autres habitations ne sont que de chétives cabanes, sales, malpropres, mal tenues où les soldats ne se logeaient qu'avec la plus grande répugnance et où ils ne trouvaient aucune ressource.* » [3]

Le 24 janvier [4], le général Campana rapportait au maréchal Lannes : « *Le général Gazan a dû vous rendre compte des différentes attaques que les troupes légères ennemies nous ont livrées ; il y a presque tous les jours des coups de fusil.* » [5] Ces engagements provoquaient néanmoins peu de pertes, alors que les maladies et la dysenterie diminuaient beaucoup tous les jours. Cependant, la maraude et la désertion prenaient de grandes proportions et devenaient un véritable fléau ; les paysans assassinaient les traînards qui venaient les piller. Les habitants ayant soigneusement caché ce qu'ils possédaient, il fallait une bonne dose d'ingéniosité aux soldats français pour dénicher leurs cachettes. Plusieurs mémorialistes évoquent la disette et l'irrégularité des distributions. Donnons la parole, entre autres, au capitaine Bial du 22ᵉ de ligne : « *Sans bois ni paille, nous habitions des huttes remplies de vermine et abandonnées par les Russes. Cependant, il nous fallait coucher là ou, sans abri, sur la neige. C'est-à-dire que nous étions bien malheureux. Ajoutez à cette calamité que les vivres étaient rares, que l'on distribuait à chaque homme une livre de mauvais pain de seigle si peu cuit qu'en le jetant contre le mur, il s'y serait attrapé, puis un peu de mauvaise viande de vache. Pourtant on attendait avec impatience ces vivres, car*

---

1. *Lettres, ordres et apostilles de Napoléon Iᵉʳ*, extraits des archives Daru, 1965, p. 246.
2. Sergent Lavaux, *op. cit.*, p. 119.
3. Général Béchet de Léocour, *Souvenirs*, Paris, 1999, pp. 275-277.
4. Au 25 janvier 1807, les régiments de la division Gazan occupaient les emplacements suivants : 21ᵉ léger – Nieporent, 28ᵉ léger – Wyszkow, 100ᵉ de ligne – Wieliszew, 103ᵉ de ligne – Sierock (SHD, C2 481).
5. P. Foucart, *op. cit.*, p. 371.

la faim talonnait nos gens, aussitôt que cette maigre ration était arrivée, beaucoup l'expédiaient promptement, puis il fallait rester 24 heures et plus, sans manger. Cette situation était intenable et on souffrait horriblement du froid. Ajoutons qu'il fallait prendre tous les soirs les armes et attendre, sur la neige gelée, que le jour fût venu, car on redoutait toujours une surprise des cosaques qui rôdaient toutes les nuits comme des voleurs. Le matin, une compagnie de grenadiers ou de voltigeurs avec des chasseurs à cheval allait à la découverte. Les cosaques ne tardaient pas à se montrer et il en résultait des engagements quotidiens. Le plus fâcheux était que nos pauvres chevaux ne pouvaient plus marcher tant ils étaient exténués et mal nourris. On leur distribuait une ration de paille provenant de la démolition des toitures. Il fallait que ces pauvres bêtes fussent bien affamées pour dévorer cette paille noire et fumée. » [1]

LA BATAILLE D'OSTROLENKA

Le général Savary, aide de camp de l'Empereur, arriva à Brok le 2 février pour prendre le commandement du 5e corps. Suchet en fut piqué au point de quitter sa division, prétextant une maladie, pour s'en aller à Varsovie. Plusieurs officiers suivirent son exemple et quittèrent leur régiment sous le même prétexte. D'Héralde écrit : « *Tout le 5e corps se vit avec peine sous les ordres de Savary qui n'avait la confiance ni des chefs ni des soldats ; les uns et les autres eussent préféré Suchet ou Gazan.* » [2] Savary lui-même commente ainsi la situation : « *Je n'y fus pas très bien reçu, parce que tous les généraux de division qui y étaient employés étaient mes aînés en grade ; il fallut donc, par de bons procédés, leur rendre supportable ce qui leur paraissait une injustice.* » [3] L'Empereur lui avait conseillé de consulter le général Gazan et le général Campana, « *qui, étant depuis longtemps en présence de l'ennemi, connaît ses mouvements* » [4].

Depuis le 19 janvier, Campana avait déjà annoncé au maréchal Lannes que l'arrivée d'un nouveau corps d'armée russe, composé de deux divisions et commandé par le général Essen, était hors de doute. Lors de son offensive en janvier 1807, le commandant en chef russe Bennigsen décida de tâter en même temps la solidité des flancs français ; pour cela, il ordonna à Essen de se porter sur Ostrolenka. Savary

---

1. *Les carnets du colonel Bial, 1789-1814*, Paris, 2003, p. 203.
2. Jean-Baptiste d'Héralde, *op. cit.*, p. 113.
3. *Mémoires du duc de Rovigo*, tome 3, Paris, 1828, p. 44.
4. *Ibid.*, p. 43.

avait reçu les instructions suivantes : observer le corps d'Essen de près et l'empêcher de déranger les opérations de Napoléon contre Bennigsen, ni surtout marcher à Varsovie ; et enfin, si le corps russe n'était pas trop fort, le culbuter. Le 3 février, la division Gazan eut un premier engagement sérieux avec l'ennemi. Selon les documents russes, le corps de Savary aurait essuyé le 3 et le 4 un échec considérable dans les environs d'Ostrow et aurait été repoussé jusque dans les retranchements derrière la Narew, avec une perte de plusieurs canons, de 1 600 prisonniers, de beaucoup de tués et de blessés. Pour sa part, Savary écrivit à Berthier : « *Après le mouvement des ennemis le 3 sur la division Gazan à Ostrow, il ne s'est rien passé d'intéressant sur la Narew.* » [1]

Privé depuis le 2 février des nouvelles de Napoléon, qui menait alors, suite à la reprise des hostilités par Bennigsen, une contre-offensive qui devait aboutir à la sanglante et indécise bataille d'Eylau, Savary fit mettre le 5e corps en marche pour regagner la Narew et entrer en communication avec le reste de la Grande Armée. Les mouvements de l'artillerie étaient entravés par le dégel. L'ennemi se dérobait ; le pays parcouru était dépourvu de ressources à tel point que les soldats ne recevaient qu'un tiers de leur ration de pain par jour. « *Point d'eau-de-vie, et toujours le sac sur le dos* », écrivait Savary à Berthier. Le commandant du 5e corps était conscient que le reste de l'armée souffrait autant, mais « *au moins elle a de la gloire* » [2].

Savary raconte dans ses mémoires : « *Les troupes étaient bien souffrantes ; elles étaient sans cesse à la maraude pour trouver quelques pommes de terre. Je fis, par cette raison, mon mouvement sur Ostrolenka par Pultusk, en remontant la Narew, au lieu de le faire par un mouvement de flanc gauche, qui m'aurait fait perdre un nombre considérable d'hommes isolés et de maraudeurs. Je vis bientôt que j'avais mal fait ; la faute tenait à ce que je connaissais mal la topographie du pays. Si mon commandement avait daté de quelques jours de plus, je n'aurais pas exposé la division Beker à une défaite dont l'habileté de son général la préserva. Néanmoins je ne me laissai pas décourager ; je bouillonnais d'impatience d'en venir aux mains à la première occasion que la fortune m'offrirait. Heureusement pour moi, l'Empereur était occupé d'autres choses ; il ne vit que le résultat de mon mouvement, qui, en définitive, s'était fait sans accident, sans quoi j'aurais eu la tête lavée de main de maître, pour m'y être pris comme je l'avais fait.* » [3] Cependant, les opérations de Savary ne convenaient pas à tout le monde, en sorte que Duroc

---
1. SHD, C2 38.
2. SHD, C2 38.
3. *Mémoires du duc de Rovigo*, tome 3, Paris, 1828, pp. 45-46.

écrivit à Napoléon le 14 février : « *Beaucoup ont l'air de se plaindre du général Savary, parce qu'il n'a pas été chercher et attaquer les ennemis. Ils regrettent que le général Lannes n'ait pas pu rester à son corps.* »[1]

Cinq jours après la bataille d'Eylau, Bennigsen ordonna à Essen de faire une diversion sur les arrières français. Ayant capturé un des messagers, les Français apprirent que les Russes préparaient une nouvelle offensive. Savary eut donc le temps nécessaire pour faire ses préparatifs.

Le 15, s'avançant par les deux rives de la Narew, les troupes d'Essen s'approchèrent d'Ostrolenka en deux colonnes. Sur la rive droite, le prince Volkonski conduisait trois régiments d'infanterie, des cosaques et trois escadrons de dragons, tandis que le général Essen longeait la rive gauche avec le reste de son corps d'armée. De son côté, Savary avait concentré le gros de ses forces sur la rive gauche pour y attendre les Russes de pied ferme. Volkonski commença par attaquer et repousser l'avant-garde française sous les ordres de Graindorge postée à Dobrolyas, mais il ne put développer son succès initial à cause du retard pris par le général Essen. Profitant de l'absence de l'ennemi, Savary ne laissa qu'une seule division pour couvrir la ville d'Ostrolenka et fit passer la Narew au reste de ses troupes. Les Français attaquèrent vigoureusement le détachement de Volkonski à Dobrolyas. Incapable de tenir devant des forces trop nombreuses, Volkonski battit en retraite ; désormais, l'initiative revenait aux Français.

Savary rapporta à Berthier sur ce combat : « *À 10 heures du matin, l'ennemi fit une forte reconnaissance sur Ostrolenka qui était occupé par la division Gazan, qui avait une brigade détachée (Graindorge) sur la rive droite de la Narew. J'avais envoyé la division Suchet à Mysinits (sic) pour rétablir la communication avec Willenberg. En même temps qu'il poussait cette reconnaissance sur Ostrolenka, il attaquait vivement par la rive droite la brigade de Graindorge à qui je donnai ordre de venir prendre une position à 1,5 lieue d'Ostrolenka sur la rive droite. À 6 heures du soir tout était tranquille, mais je restais dans l'alternative de savoir sur laquelle des deux rives il commencerait son attaque le lendemain.* » La division Suchet reçut l'ordre de rejoindre, mais elle ne le pouvait que très tard.

À la réunion des généraux en conseil chez Gazan, le mieux logé, Savary annonça sa décision d'attaquer l'ennemi le 16 février sur la rive droite. Il confia la défense d'Ostrolenka à quatre bataillons de la division Gazan sous les ordres du général Campana et à quatre bataillons de grenadiers réunis d'Oudinot avec le général Ruffin, avec six pièces de canon.

---

1. SHD, C2 38.

À 9 heures du matin, Gazan remonta avec les six bataillons qui lui restaient la route de Nowogrod, trouva l'ennemi en marche, culbuta tout ce qui était devant lui et enleva trois pièces de canon et un drapeau. Le général Graindorge s'y distingua avec le 21e léger et le 100e de ligne [1]. Savary raconte cette attaque dans ses mémoires : « *Je fis attaquer, le 16, de grand matin, le corps russe qui descendait la rive droite de la Narew ; il fut mené vivement par le général Gazan, qui le rencontra en marche pour venir l'attaquer lui-même ; il le refoula sur une chaussée étroite entre deux bois, sans qu'il pût jamais s'arrêter pour se déployer ; et comme le général Gazan avait eu la précaution de le faire prolonger par des colonnes d'infanterie qui passaient des deux côtés de la route dans les deux bois, il le mena battant plus de deux lieues, le fusillant à mi-portée de mousqueterie. Cette attaque eut un succès si prompt, qu'il surpassa mon espérance.* » [2]

Savary fit preuve ce jour-là d'un certain talent militaire : fixant l'ennemi par des attaques frontales, il réussit à envelopper ses flancs, forçant ainsi Volkonski à ramener en arrière ses bataillons maltraités. Ils furent poursuivis par les soldats de la division Gazan, qui ne s'arrêtèrent qu'à la lisière de la forêt, sous un ouragan de mitraille. Mikhaïlovski-Danilevski écrit : « *Tout en luttant, les nôtres se sont repliés sur une nouvelle position, mais là aussi, ils ont dû céder à l'ennemi, supérieur en nombre, et se replier encore, dans un bois, Savary s'apprêtait à attaquer ce bois, lorsqu'on lui rendit compte de la progression d'Essen vers Ostrolenka.* » [3]

En effet, Savary était en train de rallier ses troupes en vue d'une nouvelle attaque contre les Russes embusqués dans la forêt, lorsqu'il entendit le bruit de la canonnade sur l'autre rive de la Narew. Un aide de camp du général Reille, chef d'état-major du 5e corps, l'informa de l'apparition de nouvelles troupes russes conduites par le général Essen en personne. Le général Reille promettait de tenir, mais il demandait des secours.

Laissant une brigade de la division Gazan en couverture face à Volkonski, avec l'ordre de ne point poursuivre ses succès, Savary fit repasser la rivière à ses autres unités pour faire face à cette nouvelle menace. Quant à Essen, il avait commis l'erreur de disperser ses forces dès le début de la bataille et se retrouva ainsi en infériorité numérique. Il dé-

---

1. C. Mullié, *Biographie des célébrités militaires des armées de terre et de mer*, tome 2, Paris, 1851, p. 18.
2. *Mémoires du duc de Rovigo*, tome 3, Paris, 1828, p. 56.
3. Cité dans Général Andolenko, *Aigles de Napoléon contre drapeaux du tsar*, Eurimprim, 1969, p. 123.

cida alors de détourner l'attention des Français sur lui, pour dégager le détachement de Volkonski. Un combat très vif s'engagea à Ostrolenka. À la défense de la ville, le général Campana, un des brigadiers de Gazan, fut coupé en deux par un boulet. Le chirurgien d'Héralde assista à ce combat : « *Les Russes chargèrent nos troupes à la baïonnette jusque dans la grande rue de la ville où la mitraille de deux pièces de 8 servies par un vieux sergent d'artillerie en fit une boucherie (trois décharges à mitraille) et les beaux régiments 100ᵉ et 103ᵉ de ligne les reçurent à bout portant. Le général Campana qui commandait cette brigade fut tué près de moi dans Ostrolenka par le ricochet d'un boulet creux au moment où la division Suchet arrivait dans la ville. Il était temps, le moment devenait critique. Les Russes à la vue de nos colonnes se retirèrent précipitamment jusqu'au bois. Ils nous laissèrent beaucoup de blessés.* » [1]

La brigade Ruffin faisant partie du corps des grenadiers réunis chassa les Russes de la ville et rétablit le combat. Elle fut secondée par le 103ᵉ de ligne [2]. Le soldat Lavaux du 103ᵉ raconte : « *Les Russes arrivèrent jusqu'aux portes de la ville. C'était la faute du général Oudinot, qui commandait les réunis ; sa division avait lâché pied. On fit avancer notre bataillon, qui était en observation, mais, ayant relevé les réunis, qui s'étaient en partie sauvés en abandonnant leurs pièces, notre bataillon chargea si bien les Russes à la baïonnette qu'il reprit la redoute et les pièces qui étaient dedans.* » [3]

Le grenadier Pils, attaché au général Oudinot, se souvenait : « *À deux heures de l'après-midi, l'ennemi était en pleine retraite après avoir subi des pertes considérables ; les voltigeurs eurent la mission de les pousser la baïonnette dans les reins ; la cavalerie les poursuivit jusqu'au soir. Le cimetière était jonché de cadavres entassés les uns sur les autres. […] J'entendis le général Ruffin, qui venait de combattre si vaillamment à la tête de la première brigade des grenadiers, dire qu'il ne demandait pas d'autre dotation à l'Empereur que celle du cimetière d'Ostrolenka.* » [4]

Les Russes furent de surcroît très malmenés par le feu de l'artillerie française installée sur la rive opposée de la Narew. Après la prise de la ville, afin de déloger l'ennemi qui s'était retranché sur une chaîne de « *dunes de sable* » qui environnaient la ville, Savary y employa les renforts venant d'arriver : la division Suchet et la première brigade des grenadiers d'Oudi-

---

1. Jean-Baptiste d'Héralde, *op. cit.*, pp. 114-115.
2. *Rapport du général de brigade Ruffin au général de division Oudinot*, le 16 février 1807, cité dans *Journal de marche du grenadier Pils (1804-1814)*, Paris, 1895, pp. 265-267.
3. Sergent Lavaux, *op. cit.*, pp. 125-126.
4. *Journal de marche du grenadier Pils (1804-1814)*, Paris, 1895, p. 39.

not, soutenues par la brigade Campana privée de son chef et commandée momentanément par le général Reille. La brigade Ruffin se rangea à droite, six bataillons d'Oudinot avec lui-même se tenant en seconde ligne ; le centre fut formé par deux brigades de la division Suchet, la troisième en seconde ligne ; les quatre bataillons de la brigade Campana se rangèrent à gauche [1]. Savary rapportait : « *Après m'être couvert de beaucoup d'artillerie, je fis marcher en avant tout le corps d'armée. La position des ennemis me permettait de déborder leur gauche. Je fis passer la cavalerie à la droite avec Oudinot. Nous poussâmes en avant pendant 2 lieues approchant l'ennemi tantôt à portée de mitraille, tantôt à portée de mousqueterie, et la soirée se termina par une charge de cavalerie conduite par Oudinot qui tailla en pièces les cosaques et la cavalerie régulière de l'arrière-garde de l'armée russe, et si elle ne se fût pas emportée jusques sur un bois garni d'infanterie, elle en eût pris les deux tiers.* » [2] L'infanterie française chargea au pas accéléré, la baïonnette en avant, et écrasa l'ennemi.

La poursuite ne s'arrêta qu'à la nuit ; emportés par la soif du carnage, les Français firent peu de prisonniers. « *Si nous n'avons pas fait de prisonniers*, écrivait Savary, *c'est que nous avons trop sabré.* » Les carabiniers et les dragons s'y distinguèrent particulièrement. Le soldat Lavaux affirme : « *Je crois que je n'avais jamais entendu une aussi forte canonnade que ce jour-là.* » Le colonel Duhamel du 21ᵉ léger fut mortellement blessé. Pils raconte : « *Le général* [Oudinot] *bivouaqua cette nuit en pleins champs, au milieu de ses soldats ; il n'y avait aucune ressource dans ce pays, dont les habitations avaient été désertées ; les généraux n'étaient guère mieux partagés que les soldats sous le rapport de la nourriture et du campement.* » [3]

Savary rapporta à Berthier le 16 février à 19 heures : « *Aujourd'hui, depuis 9 heures du matin jusqu'à la nuit, le 5ᵉ corps a complètement battu le corps du général Essen, lui a pris cinq pièces de canon, un drapeau et a eu un champ de bataille couvert de Russes comme celui d'Auerstadt et d'Iéna l'étaient de Prussiens.* » [4]

Le 62ᵉ bulletin de la Grande Armée fut consacré au récit de la bataille d'Ostrolenka ; Gazan y était cité.

« *La droite de la Grande Armée a été victorieuse, comme le centre et la gauche. Le général Essen, à la tête de 25 000 hommes, s'est porté sur Ostrolenka, le 13, par les deux rives de la Narew. Arrivé au village de Stanislawow, il rencontra l'avant-garde du général Savary, commandant le 5ᵉ corps.*

---

1. SHD, C2 38 : Rapport de Savary à Berthier.
2. *Ibid.*
3. *Journal de marche du grenadier Pils (1804-1814)*, Paris, 1895, p. 39.
4. SHD, C2 38.

Le 16, à la pointe du jour, le général Gazan se porta avec une partie de sa division à l'avant-garde. À neuf heures du matin, il rencontra l'ennemi sur la route de Nowogrod, l'attaqua, le culbuta, et le mit en déroute. Mais au même moment l'ennemi attaquait Ostrolenka par la rive gauche. Le général Campana, avec une brigade de la division Gazan, et le général Ruffin, avec une brigade de la division du général Oudinot, défendaient cette petite ville. Le général Savary y envoya le général de division Reille, chef de l'état-major du corps d'armée. L'infanterie russe, sur plusieurs colonnes, voulut emporter la ville. On la laissa avancer jusqu'à la moitié des rues ; on marcha à elle au pas de charge ; elle fut culbutée trois fois, et laissa les rues couvertes de morts. La perte de l'ennemi fut si grande, qu'il abandonna la ville et prit position derrière les monticules de sable qui la couvrent.

Les divisions des généraux Suchet et Oudinot avancèrent ; à midi, leurs têtes de colonne arrivèrent à Ostrolenka. Le général Savary rangea sa petite armée de la manière suivante : le général Oudinot, sur deux lignes, commandait la gauche ; le général Suchet, le centre ; et le général Reille, commandant une brigade de la division Gazan, formait la droite. Il se couvrit de toute son artillerie et marcha à l'ennemi. L'intrépide général Oudinot se mit à la tête de la cavalerie, fit une charge qui eut du succès, et tailla en pièces les cosaques de l'arrière-garde ennemie. Le feu fut très vif. L'ennemi ploya de tous côtés et fut mené battant pendant trois lieues. »

Les Russes perdirent à Ostrolenka 2 200 hommes et 5 pièces d'artillerie. Le 5ᵉ corps eut à déplorer près de 1 500 hommes tués ou blessés. Savary clame dans ses mémoires : « *Je fus satisfait, parce que le but de l'Empereur était bien rempli : les Russes s'en allèrent reprendre la position qu'ils avaient quittée pour venir m'attaquer. La tranquillité de Varsovie fut assurée et la communication avec l'Empereur couverte.* »[1] Le général Savary fut fait grand aigle de la Légion d'honneur pour cette bataille victorieuse, qui n'eut pourtant guère d'autre résultat que de faire comprendre à Napoléon que l'ennemi ne disposait pas d'assez de forces pour effectuer une diversion sérieuse contre son flanc droit.

Sous les ordres de Masséna

Après les opérations ayant abouti aux batailles d'Eylau et d'Ostrolenka, la Grande Armée fut concentrée dans des cantonnements derrière la

---
1. *Mémoires du duc de Rovigo*, tome 3, Paris, 1828, p. 58.

Passarge. Le 5ᵉ corps était distribué sur l'Omulew. Le 25 février, Napoléon écrivit au commandant du 5ᵉ corps : « *Monsieur le général Savary, j'ai donné le commandement du 5ᵉ corps au maréchal Masséna, et je vous ai rappelé près de moi, parce que j'ai besoin de vous. En mettant à l'ordre ces dispositions, vous témoignerez ma satisfaction au corps d'armée de sa bonne conduite. Vous direz particulièrement aux généraux Gazan et Suchet que je suis satisfait de leur conduite, et de plus au général Gazan que je ferai incessamment quelque chose pour lui.* » [1]

Fin février, Savary remit le commandement du 5ᵉ corps à Masséna venant de Naples. Gazan vit arriver son ancien chef avec joie. Le quartier général de Masséna s'établit à Prasnitz (Przasnysz), avant de se mouvoir à Pultusk ; le dépôt était à Varsovie. Gazan commandait la 2ᵉ division ; le général Suchet était toujours absent. Montbrun commandait la cavalerie légère, et Beker les dragons. Masséna joignit aussi à son commandement la division bavaroise commandée par le prince royal.

La mission du 5ᵉ corps, formant la droite de l'armée, était de couvrir Varsovie, tenir en échec le corps du général Essen battu à Ostrolenka, protéger le pays contre les incursions des cosaques et maintenir les communications de l'armée [2]. Il devait aussi se tenir prêt à soutenir le gros de l'armée sous les ordres de l'Empereur en cas d'insuccès.

Le soldat Lavaux se souvenait de cette période difficile : « *Les fameux docteurs de l'armée ordonnèrent à nos généraux et à nos colonels de faire faire l'exercice aux troupes pour empêcher les hommes de tomber malades et pour distraire les soldats qui ne pensaient qu'à manger. Pendant l'exercice, j'en ai vu qui tombaient de faiblesse dans le rang, et qui ne pouvaient pas porter leur fusil. Il y avait en effet plus de trois semaines que nous ne mangions que des pommes de terre. Cela nous avait donné la diarrhée et nous ne pouvions plus tenir sur nos jambes. On aurait dit que nous avions des jambes de cire. Nous avions tous le visage pâle et livide comme des fantômes.* » [3]

Le 5 mars, Berthier se plaignit à Masséna de ce que Gazan eût retenu et refusé de mettre à la disposition d'Oudinot les deux compagnies de carabiniers et de voltigeurs du 21ᵉ léger comprises dans le cadre d'organisation de la 4ᵉ demi-brigade de grenadiers de la réserve. Le 7 mars, Napoléon ordonna à Masséna de diriger Gazan sur Willenberg, d'en chasser l'ennemi et de s'établir dans cette ville « *qui est la tête de la ligne de l'Omulew* ». Masséna prescrivit à Gazan d'opérer ce mouvement avec

---

1. Napoléon Bonaparte, *Correspondance générale*, tome VII, Fayard, 2010, p. 226.
2. *Mémoires d'André Masséna*, tome 5, Paris, 1966, p. 317.
3. Sergent Lavaux, *op. cit.*, p. 126.

En Pologne

la division du général Suchet, qui était absent. Mais Gazan refusa d'y obtempérer, lui faisant observer qu'il ne pouvait prendre le commandement des troupes d'un camarade. Trois jours se perdirent en correspondances ; Masséna essayait de le ramener à la raison, en lui écrivant notamment le 11 mars : « *J'ai reçu, mon cher Gazan, tes deux lettres avec tes rapports y joints. Tes observations sont extrêmement justes, mais ma position est bien difficile. Je te donne deux brigades, trois régiments de dragons, neuf pièces d'artillerie. C'est la moitié du corps d'armée, au reste je serai à Prasnitz le jour où tu feras ton mouvement et je t'appuierai avec la brigade Taupin. C'est l'Empereur qui t'a choisi pour faire cette expédition. Ce témoignage de confiance doit te faire plaisir. Si j'avais dû choisir, j'aurais passé par-dessus la peine que cela doit te faire de quitter momentanément ta division, pour prendre celle de Suchet, mais tu sais que la confiance ne se commande pas. Use de ta prudence ordinaire pour faire tes approches de Willenberg, peut-être que l'ennemi n'est pas en force comme on le dit. Tâche de faire prendre pour deux jours de pain à ta troupe. Donne les nouvelles.* » [1]

Finalement, Gazan occupa Willenberg le 13 mars et y installa ses cantonnements, ayant pris toutes les mesures nécessaires pour se maintenir en cas d'attaque. Ce jour-là, Berthier signala à Masséna que Gazan devait l'instruire tous les jours de ce qui venait à sa connaissance, de garnir l'Omulew depuis Malga, de se cantonner sur la rive droite de cette rivière, « *de ne point souffrir que ses troupes aillent fourrager sur la rive gauche parce qu'elles seraient prises par les cosaques* ». « *Il faut*, continuait le major général, *qu'il fasse faire du pain à Willenberg qui lui en fournira 4 à 5 mille rations ; qu'il fasse faire des perquisitions dans la ville et il y trouvera de l'eau-de-vie et de la farine que les paysans ont volés en pillant différents convois.* » [2] Masséna devait envoyer à Gazan une brigade de dragons.

Le 14 mars, c'est Napoléon en personne qui écrivit à Gazan : « *Je n'ai point de vos nouvelles depuis votre arrivée à Willenberg. Faites-moi connaître les corps que vous avez avec vous, leur situation, et les positions que vous occupez. Vous devez avoir avec vous la division Beker. N'engagez pas de petites affaires de cavalerie. Pour avoir des nouvelles, faites enlever des baillis à quatre ou cinq lieues autour de vous, et envoyez à cet effet des partis de 400 chevaux et de 2 à 300 hommes d'infanterie, afin de se conserver constamment la supériorité et de n'avoir*

---

1. AN, 304 MI 46.
2. AN, 304 MI 46.

point d'échauffourée. J'imagine que le maréchal Masséna se sera assuré du pont d'Ostrolenka et qu'aucune infanterie ennemie ne s'approchera de Myszyniec. Faites-moi connaître qui garde la rive droite de l'Omulew, depuis Willenberg à Ostrolenka, et la position de Myszyniec. Tous les villages environnant Willenberg et même Ortelsburg doivent vous envoyer des vivres, sans que vous ayez besoin de compromettre votre cavalerie ni votre infanterie. Établissez des fours à Willenberg et faites venir des farines de Przasnysz. Tenez, du reste, les troupes reposées. La ville de Willenberg a beaucoup d'eau-de-vie. En faisant faire des visites domiciliaires sévères, vous en trouverez. Ils nous ont dévalisé beaucoup de convois. Le bourgmestre est un coquin : s'il revient, prenez-le et envoyez-le-moi. Le maître de poste est un brave homme. Il est nécessaire que vous établissiez une chaîne de correspondance avec le général Zayonchek, et que tous les jours vous m'envoyiez des nouvelles de ce qui se passe. L'officier qui vous portera cette lettre vous remettra 6 000 francs, que vous emploierez en espionnage. » [1]

Gazan resta à Willenberg jusqu'à la reprise des hostilités [2]. Masséna lui prescrivait de presser la construction des fours, de faire des réquisitions et de faire travailler les moulins. Il lui écrivait le 20 mars : « *Je me trouve ici fort embarrassé pour vous envoyer des vivres.* » [3] Lavaux raconte : « *Tous les jours les voltigeurs et les grenadiers allaient à la découverte des cosaques qui gardaient aussi leurs lignes. De temps en temps, on se donnait de petits chocs. Nous fûmes quelque temps sans avoir de pain. Nous allions chercher des pommes de terre jusqu'à six lieues sur nos arrières, et nous les portions sur notre dos.* » [4] Masséna voulait que Gazan lui donnât fréquemment de ses nouvelles pour pouvoir venir à son secours au besoin. Le 24 mars, Gazan réclama le bataillon du 100ᵉ de ligne et le commandant de son artillerie restés sous les ordres de Suchet [5]. Le 5 avril, le maréchal lui demanda de présenter la liste des personnes qui méritaient la Légion d'honneur dans sa division. Cette dernière était alors très faible du fait du grand nombre d'hommes aux hôpitaux : la moitié ou le tiers des effectifs des régiments.

---

1. Napoléon Bonaparte, *Correspondance générale*, tome VII, Fayard, 2010, p. 331.
2. Sa division avait alors la composition suivante : capitaines Arnaud, Espérandieu – aides de camp, adjudant-commandant Gasquet – chef d'état-major ; Delaage et Taupin – commandants des brigades (le général Graindorge était à Varsovie en convalescence) ; 21ᵉ et 28ᵉ légers, 100ᵉ et 103ᵉ de ligne (AN, 304 MI 46).
3. AN, 304 MI 46.
4. Sergent Lavaux, *op. cit.*, p. 126.
5. AN, 384 AP 96.

En Pologne

Au 1er avril, l'effectif de la division Gazan était de 5 729 hommes [1]. Le 10 avril, ayant appris que la ville d'Ortelsburg n'était pas bien gardée, Gazan voulut faire une forte reconnaissance dans cette direction. Le général Zayonchek devait lui donner 300 uhlans pour cette opération. Les vivres étaient toujours rares, de telle sorte que Napoléon écrivit le 2 mai au général Lemarois, commandant le dépôt général de l'armée à Varsovie : « *Il paraît que la division Gazan, à Willenberg, souffre beaucoup ; il faut y diriger de la farine.* » [2]

Le 12 mai, les troupes de Masséna furent attaquées sur toute la ligne. À la petite pointe du jour, un fort détachement de cosaques, dont une partie à pied, ayant dans leurs rangs un certain nombre de paysans armés, vint attaquer les avant-postes de la division Gazan sur la route d'Ortelsburg. Cette attaque n'eut aucun succès, à tel point qu'ils n'avaient pu même enlever un seul poste de quatre hommes. Après cette expédition, les cosaques voulurent se poster à la tête du bois de cette route, mais Gazan les attaqua, délogea et poursuivit sur quelques kilomètres. « *J'avais même le projet de les poursuivre jusques à Ortelsburg, rapportait-il à Masséna, si le canon qui s'est fait entendre sur ma gauche ne m'avait décidé à arrêter mon mouvement. Ces messieurs en se retirant nous ont laissé une très grande quantité de proclamations tant en français qu'en allemand, et dont je vous envoie un exemplaire.* » [3] Sa division eut un homme tué et quelques blessés, la plupart peu dangereusement. Le 74e bulletin (Finkenstein, le 16 mai 1807) stipulait que les Russes se présentèrent devant le 5e corps et « *insultèrent les avant-postes du général Gazan à Willenberg. Ce général les poursuivit pendant plusieurs lieues.* »

Les hostilités recommencèrent sérieusement en Pologne au début juin. Le 6 juin, Berthier écrivit à Masséna : « *Tenez le général Gazan en espèce de corps volant qui pousserait des forts partis sur Ortelsburg et Passenheim. Faites ployer tous les embarras, les malades de la division Gazan derrière la Vistule. Il ne faut pas que ce général s'en laisse imposer par le bruit des paysans.* » Le 12 juin, le 5e corps repoussa l'ennemi au combat de Berki. Après la grande victoire remportée par Napoléon à Friedland le 14 juin, Masséna mit ses troupes en marche ; les Russes se replièrent devant lui sans combat. Le 21, l'armistice fut signé. La droite de l'armée, commandée par Masséna, s'étendait sur les confins de la

---

1. *Histoire des campagnes de l'empereur Napoléon en 1805-1806 et 1807-1809*, tome 2, Paris, 1845, p. 310.
2. Napoléon Bonaparte, *Correspondance générale*, tome VII, Fayard, 2010, p. 732.
3. AN, 304 MI 46.

Russie, entre les sources de la Narew et du Bug. Le 7 juillet, Masséna donnait des recommandations à Gazan : « *Vous devez mettre tout en œuvre pour nourrir votre division des ressources du cercle qui vous est affecté. Si vous habituez les administrations à vous passer d'elles, c'est alors que vous n'en retirerez plus rien, il faut les mener militairement. Ce cercle doit nourrir vos troupes, il faut que cela soit, point de ménagements. Le soldat doit avoir sa ration, et c'est au pays à la trouver. Je ne puis plus rien vous envoyer.* » [1]

Dans les cantonnements en Silésie

Les 7 et 9 juillet, la paix fut signée à Tilsit entre la France, la Russie et la Prusse. Masséna, dont la santé avait été rudement éprouvée pendant l'hiver, demanda un congé pour aller la rétablir en France ; il confia le commandement du 5ᵉ corps à Suchet. Dès juillet 1807, le maréchal Mortier reçut le commandement des 5ᵉ et 6ᵉ corps en Silésie. Son quartier général s'installa à Breslau. Celui de Gazan fut établi à Brieg. Le général avait alors comme chef d'état-major l'adjudant-commandant Gasquet, et pour aides de camp les capitaines Arnaud et Espérandieu. Il avait sous ses ordres les brigades Guérin (à Brieg) et Taupin (à Neisse). Le 21ᵉ léger occupait Brieg, le 28ᵉ léger Falkenberg, le 100ᵉ de ligne Breslau, et le 103ᵉ de ligne Neisse. Les troupes étaient nourries « *chez l'habitant* » [2]. Le 18 août, Gazan rapporta à Suchet qu'il était gêné par les troupes bavaroises qui ne respectaient pas la ligne de démarcation. « *Mes troupes ont assez souffert en Pologne,* se plaignait-il, *pour désirer qu'elles soient bien en Silésie. Je vous salue d'amitié.* » [3] Suchet s'empressa d'envoyer aux Bavarois l'ordre de se retirer.

Comme nous avons vu, avant de partir pour Paris, Masséna avait recommandé à Gazan de ne point faire de ménagements, car cet arrondissement devait pourvoir entièrement à la subsistance des troupes. Ce trop d'autorité entraîna naturellement des abus ; les habitants de Brieg s'en plaignirent auprès de Mortier qui, indigné, écrivit le 29 août à Suchet : « *Une paix où les souffrances surpassent même celles de la guerre n'a pas encore existé depuis qu'il y a des actions des vertus ou des vices. Mais néanmoins les troupes placées dans la principauté de Brieg font à présent des réquisitions d'une manière dont il n'y a pas encore d'exemples.* » Les soldats et les officiers de la division ne s'arrêtaient pas

---
1. AN, 304 MI 46.
2. SHD, C2 499.
3. AN, 384 AP 96.

devant les menaces pour obtenir des habitants ce qu'ils voulaient. Les officiers qui recevaient l'argent pour la table voulaient en même temps être « *nourris splendidement* ». Le capitaine Arnaud, aide de camp de Gazan, se fit compter une somme d'argent, en menaçant arbitrairement d'une augmentation de troupes le cercle de Brieg. Mortier déclara à Suchet qu'il lui parvenait des rapports tellement graves sur les exactions commises par la division Gazan, « *qu'il est de mon devoir, pour le nom français, et pour l'habit militaire que nous portons tous, de vous charger expressément de donner à l'instant même où vous recevrez ma lettre les ordres les plus précis pour les réprimer* ». Il ajoutait plus loin : « *Il est des faits plus dégoûtants encore, et sur lesquels je garde le silence.* » Le maréchal demanda à Suchet de prévenir Gazan « *qu'il ait à remédier sur-le-champ à de semblables excès, pour m'éviter le dénigrement d'en rendre compte directement au major général de l'armée. Recommandez surtout qu'on ne fasse éprouver aucune espèce de molestation aux autorités du cercle de Brieg, pour m'avoir fait connaître de semblables abus d'autorité. Ces magistrats paraissent craindre particulièrement le ressentiment de l'aide de camp de Gazan qui se nomme, à ce qu'ils croient, Arnaud, officier parlant bien italien et français.* » Mortier ordonna de le mettre immédiatement aux arrêts. Il faut croire que les injonctions du maréchal produisirent leur effet, puisque déjà le 13 septembre, Gazan prenait la défense des « *malheureux habitants* » d'un village « *beaucoup plus surchargé de troupes que tous les autres cercles de Silésie* » [1].

Les troupes étaient très bien logées en Silésie. Les divertissements de toute sorte leur firent oublier les peines et les fatigues qu'elles avaient éprouvées dans cette terrible campagne de Pologne. Le soldat Lavaux se rappela surtout le jour de la fête de Napoléon « *qui fut une journée des plus brillantes. On tira un feu d'artifice dans le camp, et toutes les baraques furent illuminées.* » [2] Le nombre des malades n'était pas élevé : au 30 septembre 1807, les hommes aux hôpitaux n'étaient que 15 % des effectifs.

Quant à Gazan, ce séjour prolongé à l'étranger lui pesait énormément, et il tenta à plusieurs reprises d'obtenir un congé. Le 1er décembre 1807, de Brieg, Gazan faisait part à Masséna, qu'il qualifiait de « *M. et bien cher maréchal* », de la rumeur qui prétendait que le maréchal ne commandait plus le 5e corps et qu'il ne pouvait rien pour ses amis, parce qu'il était « *un crédit usé* ». Le ton de ses lettres était pessimiste ;

---

1. AN, 384 AP 96.
2. Sergent Lavaux, *op. cit.*, p. 130.

Le maréchal Mortier.
Gravure ancienne.

il se plaignait à Masséna des intrigues qu'on tramait contre lui depuis le départ du maréchal, son ami et protecteur, « *sans doute pour se venger de l'amitié que vous m'aviez témoignée pendant le temps que nous avions le bonheur d'être sous vos ordres* ». Sur la demande de Masséna,

Gazan lui donnait de ses nouvelles : « *Nous sommes toujours dans l'attente de savoir ce que nous deviendrons, et surtout d'apprendre si nous aurons le bonheur de rentrer en France. Rien ne pourrait me faire plus de plaisir, puisque vous savez le besoin pressant qu'aurait de ma présence, un de mes enfants. Cette idée me chagrinant beaucoup, ne vous serait-il pas possible de vous charger d'appuyer auprès de S. M ou du major général, la demande d'un congé que je me propose de demander.* » Il appuyait sur la corde sensible de Masséna : « *Veuillez, M. le maréchal, me répondre un mot à cet égard ; puisque je dois renoncer à tous les avantages personnels que je m'étais flatté d'obtenir, il me paraîtrait au moins juste que je puisse avoir la faculté de faire pour moi-même quelque chose, pour un enfant qui est bien malheureux ; vous êtes père, et bon père, c'est à ce titre que je vous demande à me rendre service, et je n'ai pas besoin d'en faire valoir d'autres, pour réussir auprès de vous. Si j'ai le bonheur d'obtenir ma demande, ce sera au moins un dédommagement des peines que j'ai éprouvées dans la dernière campagne, et des vexations que je souffre depuis votre départ. Adieu, M. le maréchal, honorez-moi de votre réponse, et croyez au vif attachement que je vous porte. P.S. : Mon épouse se rappelle à votre souvenir, et me charge de vous faire ses amitiés.* » [1] Le 12 décembre, Gazan sollicita Masséna pour un autre objet : « *Tous les colonels et autres de ma division pour qui j'avais demandé quelque faveur, sont bien curieux de savoir s'ils peuvent conserver encore quelque espoir à cet égard.* »

Toutes ses sollicitations restant vaines, peu à peu Gazan se désespéra d'obtenir un congé. Ses demandes en faveur des officiers de sa division n'aboutissaient à rien, ce qu'il attribua à l'animosité du gouvernement à son égard. Sa femme fut obligée de repartir pour Grasse, afin d'amener son enfant à Montpellier pour un traitement. Masséna proposa de demander à nouveau un congé pour lui à l'expiration du congé de Suchet, mais Gazan pria le maréchal de ne pas faire de nouvelles démarches, car il était sûr du refus.

En juin 1808, Gazan procéda à la nouvelle organisation des régiments d'infanterie. Masséna lui écrivit depuis Paris le 30 juin : « *Les instructions que vous aviez reçues pour cet objet ont été si promptement et si fidèlement exécutées que je ne puis m'empêcher de vous en remercier, quoique ce ne soit pas la première fois, mon cher général, que vous prouviez que les talents militaires se concilient avec ceux de l'administration.* »

---

1. AN, 304 MI 46.

Comte de l'Empire

Le 29 octobre 1807, le grand chancelier de la Légion d'honneur Lacépède avait écrit à Gazan qui se trouvait alors à Brieg en Silésie : « *J'ai l'honneur de vous informer, monsieur et cher confrère, que, d'après votre désir, j'ai eu l'honneur de proposer à Sa Majesté Impériale et Royale de vouloir bien vous adjoindre au collège électoral du département du Var. Sa Majesté vous a accordé votre demande, et a signé votre adjonction. Vous recevrez le brevet qui vous sera nécessaire pour être admis dans le collège électoral auquel vous êtes adjoint, conformément aux sénatus-consultes et décrets impériaux. Je suis très aise, monsieur et cher confrère, de pouvoir vous annoncer cette nouvelle marque de la bienveillance de Sa Majesté Impériale et Royale. J'ai l'honneur de vous saluer.* » [1]

Comme plusieurs de ses camarades, Gazan reçut des dotations de 25 000 francs de rente annuelle sur les biens réservés en Westphalie et 25 000 francs sur les domaines de Hoya, Nienbourg et Siedenbourg en Hanovre [2], par décrets du 10 mars 1808. Ce capital produisait un revenu annuel assez confortable, à condition de le percevoir. Le récipiendaire entrait en jouissance de ce revenu à dater du 1er janvier 1808. Il n'avait pas le droit de vendre les fiefs institués en sa faveur sans une autorisation spéciale. Gazan s'empressa de remercier Masséna : « *Comme c'est à vos bontés et à votre amitié que je dois une pareille faveur, j'aurais cru manquer de reconnaissance, si je ne vous avais pas fait part d'une pareille nouvelle et venir vous en faire mes remerciements.* » [3]

Masséna œuvrait effectivement pour lui à Paris, sans beaucoup de résultats. Gazan avait manifestement un autre ami influent à Paris, membre du Sénat, qui l'avertit que Napoléon l'avait désigné nominalement en tête des braves qu'il convenait de récompenser. Toutefois, il semblerait qu'il y eût des obstacles pour lui faire obtenir « *la Grande décoration de la Légion d'honneur* », et notamment par l'entremise du maréchal Lannes en faveur du sénateur Gouvion au détriment de Gazan. Ce dernier en fit part confidentiellement à Masséna : « *Expliquera qui pourra la conduite du maréchal Lannes à mon égard, qui après avoir fait à Weimar et à Pultusk une demande pour moi, agit aujourd'hui pour un autre, et me va par conséquent contre. Il me serait bien agréable d'apprendre que vous êtes parvenu à faire échouer cette petite intrigue.* » [4]

---

1. LH/1103/38.
2. Dans le premier projet du décret, Gazan ne devait avoir que 15 000 francs sur le Hanovre.
3. AN, 304 MI 46.
4. AN, 304 MI 46.

Une tradition de famille raconte que Gazan aurait refusé un titre bien sonore. Son fils écrivait en 1865 : « *Honoré, en 1808, du titre de comte d'Iéna, il crut devoir le refuser et prendre celui de comte de la Peyrière, nom d'une propriété que son père lui avait laissée. Le Moniteur du 3 mai 1855 mentionne cette circonstance si honorable pour la famille du général Gazan.* » [1] Par ailleurs, lors de la création de la noblesse d'Empire, dans les ébauches écrites de la main de Napoléon, le nom de Gazan était inclus dans la première liste des ducs qui auraient dû être 50 (10 avec 200 000 francs de revenu, 40 avec 50 000 francs) ; mais l'Empereur renonça plus tard à cette idée et en réduisit le nombre [2].

Le général éprouva une grande déception de ne pas se trouver dans le nombre des premiers anoblis. Il écrivit le 25 mars 1808 à Masséna : « *M. le maréchal, le courrier de ce jour nous apprend que S. M. va établir la noblesse en France. Je suis assez malheureux pour ne pas en faire partie, si quelqu'un ne prend mes intérêts dans cette occasion, en faisant valoir les droits que je puis y avoir par suite de mes services. Vous m'avez donné des preuves de votre amitié, mettez-y le comble en me procurant cette marque de bienveillance de S. M. Je ne vous parle point de ma reconnaissance, mais elle sera sans borne.* » [3] Ce n'est que le 27 novembre 1808 que Gazan fut fait comte de l'Empire par lettres patentes sous la dénomination de la Peyrière, du nom du domaine qu'il avait hérité de son père, non loin de Mougins, qui se constituait d'une bâtisse entourée d'oliviers, de vignes et d'une roseraie. Le règlement de ses armoiries, très chargées comme ce fut souvent le cas pour la noblesse impériale, fut le suivant : « Coupé : au I parti, *des comtes militaires*, et d'argent au pin de sinople terrassé du même, fruité d'or et accompagné d'une pie de sable ; au II, de gueules à la forteresse en ruines d'argent » [4]. S'agit-il du château médiéval de Dürrenstein ?

Le 3 juin 1808, le nouveau maire de Grasse, Claude de Théas-Gars, successeur de Claude Aubin, écrivit à Gazan : « *S'il a été doux pour M. le maire Aubin, avant de cesser ses fonctions, de laisser un témoignage de l'estime et de l'attachement qu'il vous porte en proposant au conseil de placer votre portrait dans une salle de l'hôtel de*

---

1. « Note sur les services du général comte Gazan de la Peyrière, mon père, sur son dévouement à la cause napoléonienne », par le comte Gazan de la Peyrière, Paris, le 19 juin 1865. SHD, dossier Gazan.
2. AN, AF IV 1040.
3. AN, 304 MI 46.
4. Vte A. Révérend, *Armorial du Premier Empire*, tome 2, Paris, 1895, p. 223.

ville, il est bien flatteur et encourageant pour moi de commencer les miennes par le bonheur d'avoir à vous annoncer quelque chose qui puisse vous être agréable. [...] Ce pays ne vous perdra jamais de vue ; il vous a suivi dans les combats, partageant vos dangers. »

Chapitre XI

L'enfer de Saragosse

Pendant les années suivantes, la carrière de Gazan devait se dérouler en Espagne. « *La guerre de la Péninsule se fait remarquer entre celles qui, sous Napoléon, ont embrasé l'Europe. Les causes qui l'ont produite, le nombre et la variété des événements qu'elle a fait naître, le caractère du peuple qui l'a soutenue, et les atrocités qui l'ont accompagnée, en font une guerre à part. Elle offre le spectacle imposant d'une grande nation levée en masse pour reconquérir son indépendance.* » [1]

Pauvre, fanatique et mal gouvernée, l'Espagne se présentait à Napoléon comme facile à soumettre. L'Empereur méconnaissait totalement le caractère national de son peuple, fier et indomptable, ainsi que les possibilités qu'avaient les Anglais pour intervenir efficacement sur ce théâtre d'opérations. La péninsule Ibérique rongera par conséquent la Grande Armée comme un ulcère pendant de longues années. Les difficultés du sol, les routes inexistantes, l'activité incessante des guérillas, les atrocités commises des deux côtés, rendaient les hostilités extrêmement compliquées. Pendant que les soldats recevaient leur lot de misère, leurs généraux s'enrichissaient aux dépens des habitants. « *Espagne, trésor des généraux, ruine des officiers, tombeau des soldats* », pouvait-on lire sur les murs des cantonnements occupés par les Français [2].

Le traité de Fontainebleau, signé par Napoléon et Godoy, ministre du roi Charles IV d'Espagne, en automne 1807, prévoyait le démembrement du Portugal au profit de la France et de l'Espagne. Les troupes françaises pénétrèrent en Espagne en vertu de ce traité et, outrepassant leurs droits, occupèrent plusieurs villes, tandis que l'armée commandée par le général Junot envahit le Portugal. En mars 1808, le soulèvement d'Aranjuez entraîna l'abdication de Charles IV, monarque faible et influençable, en faveur de son fils, qui devint roi sous le nom de Ferdinand VII. Napoléon refusa de reconnaître ce changement. Tout le

---

1. Jacques Vital Belmas, *Journaux des sièges faits ou soutenus par les Français dans la Péninsule, de 1807 à 1814*, tome premier, Paris, 1836, p. V.
2. Capitaine Nicolas Marcel, *Campagnes en Espagne et au Portugal, 1808-1814*, Paris, 2003, p. 86.

mois d'avril fut marqué par une rapide dégradation des rapports entre les troupes françaises stationnées en Espagne et la population. Fin avril, le père et le fils partirent pour Bayonne chercher l'arbitrage de l'empereur des Français. Le peuple s'opposant au départ des derniers membres de la famille royale, une révolte éclata à Madrid le 2 mai. Le maréchal Murat, dont les troupes occupaient la capitale espagnole, réprima cette insurrection dans le sang, mais l'exemple donné par les Madrilènes embrasa tout le pays. Au cours du mois de mai, toutes les provinces se soulevèrent. Pendant ce temps-là, Napoléon arrachait à Charles et à Ferdinand la renonciation à la couronne. Le 6 juin, Joseph Bonaparte, jusqu'alors roi de Naples, fut désigné comme souverain d'Espagne. Le tour était joué. Mais la situation en Espagne se dégradant de jour en jour, une intervention armée énergique s'avérait nécessaire pour installer le nouveau roi sur son trône.

Les troupes françaises menèrent quelques expéditions contre les forces espagnoles durant l'été 1808. Le 14 juillet, le maréchal Bessières remporta une grande victoire sur les généraux espagnols Blake et La Cuesta à Medina de Rioseco. Napoléon s'écria : « *C'est une nouvelle bataille de Villaviciosa* [1]. *Bessières a mis mon frère Joseph sur le trône d'Espagne.* » Le 20 juillet, le roi Joseph fit son entrée dans la capitale. Mais le 22 juillet, la capitulation à Bailén du général Dupont, le « sauveur » de la division Gazan à Dürrenstein en 1805, entraîna l'évacuation de Madrid par le « roi intrus ». Sur d'autres théâtres d'opérations, le maréchal Moncey avait échoué de prendre Valence. Lefebvre-Desnouettes puis Verdier tentèrent en vain de prendre Saragosse, capitale de l'Aragon ; leurs assauts s'étant soldés par des échecs, l'opération se transforma en siège. D'autres insuccès furent subis par les Français en Catalogne. Dans la nuit du 13 au 14 août, le siège de Saragosse fut levé sur ordre du roi Joseph, à la grande joie des Espagnols. Le 21 août, Junot fut battu par les Anglais de Wellesley à Vimeiro et évacua le Portugal selon la convention dite de Cintra. Contrairement au sort réservé aux soldats de Dupont, qui se heurtèrent à la mauvaise foi des Espagnols qui les retinrent prisonniers et envoyèrent en grande partie sur l'îlot désert de Cabrera, ceux de Junot furent rapatriés en France par la flotte britannique. Face à tous ces désastres, Napoléon se retrouvait dans la nécessité d'envoyer d'importants renforts en Espagne pour rétablir la situation.

---

1. En 1710, la bataille de Villaviciosa, livrée pendant la guerre de Succession d'Espagne, sauva le trône de Philippe V, petit-fils de Louis XIV, premier de la dynastie des Bourbons d'Espagne.

L'enfer de Saragosse

L'Èbre et Notre-Dame del Pilar à Saragosse.
D.R.

Le 5ᵉ corps en Espagne

À partir d'août 1808, les troupes françaises en Allemagne changèrent leurs cantonnements. Le 5ᵉ corps commandé par le maréchal Mortier, devenu duc de Trévise, fut dirigé sur Bayreuth, sitôt qu'il fut remplacé par les troupes du maréchal Davout qui prit le commandement de la Silésie. En octobre, il devint le 5ᵉ corps de l'armée d'Espagne. Les troupes traversèrent l'Allemagne et la France ; elles reçurent un superbe accueil à Nancy. Le 5ᵉ corps pénétra en Espagne en décembre. Gazan ne devait plus sortir de ce pays avant l'été 1813.

L'invasion massive, conduite par Napoléon en personne, se déclencha en novembre. Elle fut menée d'une manière fulgurante, les troupes françaises accumulant d'emblée les succès contre les troupes espagnoles. Le 23 novembre 1808, le maréchal Lannes battit les Espagnols du général Castaños à Tudela. Cette victoire ouvrait le chemin de Saragosse, où se réfugia une partie des fuyards de Tudela. Lejeune écrit : « *L'Empereur aurait désiré que l'on profitât de ce moment de stupeur, et qu'on ne laissât pas à Saragosse le temps de se remettre, de rétablir l'ordre et de se fortifier ; mais un retard involontaire du maréchal Ney, qui était encore trop éloigné pour protéger cette opération, la maladie subite du maréchal Lannes, la crainte d'échouer une seconde fois dans cette grande entreprise, et la nécessité de se procurer des vivres dont on manquait, ne permirent pas aux Français de poursuivre leurs avantages assez promptement pour entrer dans Saragosse en même temps que les fuyards.* » [1] Les troupes du maréchal Ney parurent en vue de Saragosse le 30 novembre dans l'après-midi, le jour même où les chevau-légers polonais entraient dans la légende en enlevant le défilé de Somosierra sous les yeux de l'Empereur. Comme il fallait d'abord poursuivre et détruire les débris de l'armée de Castaños, l'investissement de Saragosse passa pour l'heure au second plan.

Mécontent des dispositions de Ney, l'Empereur donna l'ordre au 5e corps de Mortier, qui marchait alors sur Burgos, de changer de direction pour s'avancer par Logroño sur Saragosse. Le 15 décembre, le 5e corps arriva à Tudela. Il se composait des divisions Suchet et Gazan, d'une brigade de cavalerie, de sept compagnies d'artillerie, d'une compagnie d'ouvriers, d'une compagnie de pontonniers, d'une compagnie de sapeurs : au total environ 24 000 hommes [2]. Le 19 décembre, la division Gazan, qui formait la troisième colonne des troupes françaises destinées à opérer contre Saragosse, passa l'Èbre en face de Tauste, se dirigeant sur Zuera. Elle se composait des brigades Guérin (21e léger, 100e de ligne) et Taupin (28e léger, 103e de ligne).

LES PRÉPARATIFS DE DÉFENSE

Le 20 décembre 1808, le maréchal Moncey mettait à nouveau le siège devant Saragosse, qui deviendra le symbole de la résistance espagnole à l'envahisseur français. Le brigadier Palafox en commandait la garnison, renforcée par une nombreuse population. Il se trouvait à la tête de 31 000 hommes de troupes de ligne, y compris 2 000 cavaliers. De plus, 15 000 paysans, et à peu près autant d'habitants, avaient pris les armes [3]. La ville, qui renfermait alors plus de 100 000 âmes, était entourée, en guise de remparts, par un mur fait de torchis ou de pierres reliant plusieurs édifices, notamment des couvents. À l'intérieur, les ruelles étroites étaient bordées par des maisons en briques de deux ou trois étages, dont la plupart des portes et des fenêtres étaient murées. Le château était relié à la ville par une double caponnière et mis en état de défense ; sa garnison était de 1 500 hommes. Deux monuments religieux

---

1. Général baron Lejeune, *Sièges de Saragosse*, Paris, 1840, p. 36.
2. Jacques Vital Belmas, *Journaux des sièges faits ou soutenus par les Français dans la Péninsule, de 1807 à 1814*, tome deuxième, Paris, 1836, p. 146.
3. *Ibid.*, p. 139.

importants dominaient la ville : la cathédrale et Notre-Dame del Pilar, symbole de Saragosse, qui abritait la fameuse statue de la Vierge del Pilar. Depuis la levée du premier siège en août, les défenseurs de la ville avaient fait d'immenses travaux : construction des abris à l'épreuve des obus et d'une nouvelle enceinte terrassée précédée d'un fossé creusé à pic, entassement d'énormes quantités de briques et de pierres, etc. Toutes les denrées des villages environnants y avaient été amassées, et ces villages dépouillés et abandonnés n'offraient plus aucune ressource aux assiégeants. Le colonel anglais Doyle avait envoyé de Tarragone trente chariots chargés de fusils et de munitions. Le pont de la Huerba fut couvert par une redoute formant tête de pont sur la rive droite, armée de huit pièces de canon : c'était la redoute del Pilar. Les rives escarpées de la Huerba formaient un fossé naturel. À partir du pont, un double retranchement gagnait le couvent de Santa-Engracia, transformé en une espèce de citadelle armée d'une nombreuse artillerie. Sur la rive droite, le couvent de Saint-Joseph avait été fortifié comme tête de pont et armé de douze bouches à feu ; sa garnison était forte de 3 000 hommes. En dehors des murs, les Espagnols occupaient comme position avancée la ligne du canal sur le Monte Torrero, où ils avaient construit un grand ouvrage palissadé et garni d'artillerie. Palafox avait ordonné de raser, sur une zone très étendue, les oliviers, les maisons de campagne et les jardins qui masquaient les abords de la muraille. Le faubourg situé sur la rive gauche de l'Èbre fut fortifié. Chaque édifice, chaque maison de la ville devint une citadelle. Des batteries, des barricades complétaient le système de défense très élaboré. Les Français avaient eux aussi fait de grands préparatifs pour ce second siège qui s'annonçait encore plus difficile que le premier.

L'historien Thiers la décrit ainsi : « *Cette place n'était pas régulièrement fortifiée, mais son site, la nature de ses constructions, pouvaient la rendre très forte dans les mains d'un peuple résolu à se défendre jusqu'à la mort. Elle était entourée d'une enceinte qui n'était ni bastionnée ni terrassée ; mais elle avait pour défense, d'un côté l'Èbre, au bord duquel elle est assise, et dont elle occupe la rive droite, n'ayant sur la rive gauche qu'un faubourg, de l'autre côté une suite de gros bâtiments, tels que le château de l'Inquisition, les couvents des Capucins, de Santa-Engracia, de Saint-Joseph, des Augustins, de Sainte-Monique, véritables forteresses qu'il fallait battre en brèche pour y pénétrer, et que couvrait une petite rivière profondément encaissée, celle de la Huerba, qui longe une moitié de l'enceinte de Saragosse avant de se jeter dans l'Èbre. À l'intérieur se* rencontraient de vastes couvents, tout aussi solides que ceux du dehors, et de grandes maisons massives. [...] Il était bien décidé que, les défenses extérieures forcées, on ferait de toute maison une citadelle qu'on défendrait jusqu'à la dernière extrémité. Chaque maison était crénelée, et percée intérieurement pour communiquer de l'une à l'autre ; chaque rue était coupée de barricades avec force canons. Mais, avant d'en être réduit à cette défense intérieure, on comptait bien tenir longtemps dans les travaux exécutés au dehors, et qui avaient une valeur réelle. »* [1]

Palafox exerça, pendant le siège, un pouvoir dictatorial sur les défenseurs. Les moines entretenaient la terreur dans la ville ; une potence était dressée en permanence sur la place du marché et servait tous les jours pour l'exécution des traîtres, réels ou supposés. Toute désobéissance était cruellement punie. Même sans cela, les défenseurs étaient résolus à vendre chèrement leur vie et s'ensevelir sous les décombres plutôt que de se rendre. Le général Lejeune écrivit sur leur compte : « Les Aragonais en général sont beaux hommes, braves, fermes, et entêtés à tel point, qu'un de leurs proverbes dit qu'ils se servent de leur tête pour enfoncer des clous. Ils sont surtout fiers de leur noblesse, qu'ils ont eu mille occasions d'acquérir en combattant depuis tant de siècles pour repousser l'agression des peuples qui ont tour à tour subjugué leur pays. »* [2]

L'ATTAQUE DU 21 DÉCEMBRE

Le 5e corps devait couvrir le siège et former aussi une partie de l'investissement. C'est le 3e corps, fort de 23 000 hommes, qui était destiné spécialement aux travaux du siège. L'artillerie et le génie comptaient ensemble environ 1 700 hommes. Les Français disposaient de soixante bouches à feu et d'une grande quantité de projectiles. Le 20 décembre, dans l'après-midi, Mortier s'avança avec la division Suchet par la rive droite de l'Èbre et prit poste à une lieue de Saragosse, tandis que la division Gazan descendit, par la rive gauche, sur Zuera et Villanueva, pour investir Saragosse sur la rive gauche de l'Èbre. Moncey s'avança avec le 3e corps jusque sur la Huerba. Avant la chute du jour, il fit reconnaître la ligne de l'ennemi et donna des ordres pour l'attaquer dès le lendemain.

Le 21, après les préparatifs d'artillerie, les Français montèrent à l'attaque. Dès 11 heures du matin, la ligne du Monte Torrero était en leur

---

1. Adolphe Thiers, *Histoire du Consulat et de l'Empire*, tome neuvième, Paris, 1849, pp. 554-555.
2. Général baron Lejeune, *op. cit.*, p. 42.

pouvoir, au prix de pertes peu élevées. Gazan avait reçu l'ordre de s'emparer dès le matin du faubourg de la rive gauche, dont la possession permettrait de battre la ville de revers. Aucun Français ne connaissait le terrain sur lequel il fallait combattre. D'Audebard de Férussac, officier servant dans la division Gazan, écrivait : « *Un terrain assez couvert, garni d'enclos, de vignes, de nombreux oliviers, partagés par beaucoup de canaux, dut faire craindre à notre général de s'aventurer au hasard. Il avait sans doute l'ordre exprès d'attaquer sans délai ; on ne lui laissait pas le temps de connaître le terrain, de juger les positions de l'ennemi et ses moyens de défense. C'est ce qu'on doit présumer, car la sagesse, la prudence du général Gazan sont trop connues, pour croire qu'il se fût permis, de sa propre volonté, des démarches hasardées. Il devait attaquer le faubourg et l'emporter d'emblée.* » [1]

L'attaque eut lieu à 13 heures, avant qu'on eût pu reconnaître complètement les ouvrages de l'ennemi. Tous les postes extérieurs espagnols se retirèrent vers la ville à l'approche du 10e hussards qui faisait l'avant-garde. La division attaqua en colonne par régiment. La première brigade s'engagea d'abord, puis la seconde, à l'exception d'un bataillon du 103e, resté en réserve. Le 33e bulletin de l'armée d'Espagne énonçait que le 21 décembre, « *la division du général Gazan culbuta l'ennemi des hauteurs de San Grégorio, et fit enlever par le 21e d'infanterie légère et le 100e de ligne, les redoutes adossées aux faubourgs qui défendaient les routes de Sueva (sic) et de Barcelone. Il s'empara également d'une grande manufacture située près de Gallego, où s'étaient retranchés 500 Suisses.* » [2] Cette manufacture, située à 600 mètres du faubourg, fut prise par deux bataillons de la 2e brigade, précédés d'un détachement de sapeurs.

Quant à la 1re brigade, elle souffrit beaucoup du feu des défenseurs de la grande redoute attenante à l'enceinte, près du canal de débordement de l'Èbre. Elle se rejeta alors sur la gauche, où les voltigeurs occupèrent une maison près de la route de Barcelone, à cent pas des retranchements, menaçant de couper la communication du couvent de Jésus (dit la caserne des Suisses) avec le faubourg. Soudain, une terreur panique s'empara des Espagnols, qui abandonnèrent la batterie du couvent de Saint-Lazare et se précipitèrent en masse sur le pont pour rentrer en ville. Palafox accourut avec des renforts, fit réoccuper la batterie par un bataillon des gardes wallonnes, et rétablit l'ordre. Belmas déclare : « *Si, dans ce moment critique, le général Gazan eût fait attaquer le couvent de Jésus par la deuxième brigade*

---

1. J. d'Audebard de Férussac, *Journal historique du siège de Saragosse, suivi d'un coup d'œil sur l'Andalousie*, Paris, 1816, p. 29.
2. *Recueil des bulletins de l'armée d'Espagne*, Paris, H. Agasse, 1808, p. 236.

qui était restée en réserve, il l'eût infailliblement emporté et probablement aussi le faubourg. Le colonel du génie Rogniat, qui avait été envoyé auprès de lui pour diriger les colonnes, l'en pressait vivement ; mais le général Gazan, qui avait déjà environ sept cents hommes de tués ou de blessés, et qui craignait une sortie de toutes les troupes espagnoles, ne voulut pas engager la seule réserve qui lui restât, et fit sa retraite à quatre heures du soir. Il prit son quartier général à Villanueva ; et comme il ne se croyait pas assez fort pour faire l'investissement du faubourg, il laissa libre tout le terrain au-delà du Gallego. » [1] Le colonel Rogniat lui-même écrit : « Le général Gazan avait ordre de tenter un coup de main sur le faubourg. Cette opération, dont le succès nous eût été fort utile, et eût abrégé le siège de Saragosse, ne réussit pas : on attaqua sur un seul point, et sans avoir fait la reconnaissance des ouvrages de l'ennemi ; on ne voulut engager qu'une seule brigade, et enfin l'attaque, qui devait avoir lieu en même temps que celle de Monte Torrero, ne commença qu'après la prise de cette position ; de sorte que l'ennemi, qu'on laissait respirer sur la rive droite, pût porter des forces nombreuses sur la rive gauche. » [2] Un chroniqueur espagnol nota à ce propos : « Heureusement que l'ennemi ne sut pas tirer parti des circonstances pour s'emparer du couvent de Jésus, qui, une fois en son pouvoir, lui aurait permis de pénétrer par Saint-Lazare jusqu'au pont, et de s'emparer du faubourg. Mais souvent, à la guerre, le sort détruit les meilleures combinaisons. » [3]

Palafox proclama ce succès comme une victoire. Gazan mit tous ses soins à enlever les blessés ; il ne fut pas troublé dans sa retraite. D'Audebard de Férussac approuve sa décision d'avoir abandonné cette entreprise périlleuse, « car, peut-être, en la continuant, la moitié de la division serait restée sur la place, sans qu'on eût pu en venir à bout » [4].

LES TRAVAUX DE SIÈGE

Inquiet pour la division Gazan laquelle, se trouvant isolée sur la rive gauche, pouvait être attaquée par toutes les forces de l'ennemi, Mortier fit jeter un pont volant sur l'Èbre en amont de la ville pour correspondre facilement avec ces troupes. L'investissement fut complété sur la rive de l'Èbre. Espérant que la prise du Monte Torrero, la présence de deux corps d'armée, la nouvelle des victoires de Napoléon sur les troupes

---

1. Jacques Vital Belmas, op. cit., pp. 151-152.
2. Baron Rogniat, *Relation des sièges de Saragosse et de Tortose par les Français*, Paris, 1814, p. 7.
3. Cité dans Jacques Vital Belmas, op. cit., p. 152, note.
4. J. d'Audebard de Férussac, op. cit., p. 31.

espagnoles et la capitulation de Madrid étaient des arguments suffisants, Moncey somma Palafox de capituler. Celui-ci opposa un refus catégorique, et le siège continua selon toutes les règles de l'art. Le général du génie Lacoste proposa au maréchal Moncey trois attaques : celle de droite contre le couvent de Saint-Joseph et ensuite contre l'enceinte de la ville, celle du centre contre la redoute del Pilar et Santa-Engracia, et celle de gauche ou fausse attaque contre le château. Les travaux commencèrent aussitôt.

Le 24 décembre, la division Gazan reçut l'ordre de Mortier de s'étendre par sa gauche jusqu'à l'Èbre pour compléter le blocus. L'une des brigades fut placée à la droite du chemin de Zuera, et l'autre à la gauche. Ces deux brigades se retranchèrent contre les sorties de l'ennemi. Deux bataillons furent postés au pont du Gallego. Pour être instruit de l'arrivée des secours qui pouvaient venir de la Catalogne, Gazan porta à Villamayor une avant-garde qui envoya des reconnaissances jusqu'à Villafranca. Contre toute logique, c'est le 3ᵉ corps, composé de jeunes soldats qui étaient dans un dénuement affreux, qui devait supporter les plus gros travaux du siège ; tandis que le 5ᵉ corps, qui comptait dans ses rangs de vieux soldats qui s'étaient illustrés dans la Grande Armée, ne jouait qu'un rôle secondaire. Les soldats français ne trouvaient aucune provision dans les villages déserts ; il fallait aller à la maraude toujours plus loin. Les hôpitaux manquaient d'employés et de médicaments.

La tranchée fut ouverte le soir du 29 décembre. Dans les jours suivants, les défenseurs effectuèrent des sorties pour empêcher l'avancement des travaux ; le feu était très vif. Quelques jours plus tard, Napoléon donna l'ordre à Mortier d'assurer la communication de Saragosse avec Madrid ; en conséquence, le maréchal partit avec la division Suchet et le 21ᵉ chasseurs à cheval, laissant la division Gazan, renforcée du 10ᵉ hussards et d'une demi-batterie d'artillerie à cheval, pour continuer le blocus du faubourg sur la rive gauche de l'Èbre et observer la route de Barcelone [1]. Dans ses instructions à Gazan, Mortier lui défendit expressément de se mêler en rien des attaques du siège ; il ne devait bloquer que la partie de Saragosse située sur la rive gauche de l'Èbre. Depuis le 31 décembre, Gazan, livré à lui-même, sans aucuns moyens de subsistance, sans aucuns secours pour les blessés, s'occupait de pourvoir à l'un et à l'autre de ses besoins. On établit des fours et des magasins, on forma des ambulances, on trouva des caves bien garnies, et on alla chercher des troupeaux dans les montagnes. Ces mesures portèrent leurs fruits.

---

1. Jacques Vital Belmas, *op. cit.*, p. 166.

Le 2 janvier 1809, apprenant qu'il était mis sous les ordres du général Junot, duc d'Abrantès, qui venait d'arriver au camp pour remplacer Moncey appelé à une autre destination, Gazan lui adressa ses compliments : « *Je le fais avec d'autant plus de plaisir qu'il y a bien longtemps que je désire pouvoir me mettre en rapport avec vous.* » [1] Ce jour-là, dans l'après-midi, l'ennemi fit une sortie sur la rive gauche de l'Èbre avec quatre bataillons, trois escadrons et deux pièces de canon ; il se porta vers les camps de la brigade de gauche de la division Gazan, pour tâcher de rendre libre la grande route de Catalogne. La cavalerie espagnole tomba à l'improviste sur un poste avancé et sabra quelques hommes ; mais les autres troupes de la division étant promptement accourues, l'ennemi fut ramené en désordre dans le faubourg.

Les travaux de sape continuèrent dans les jours suivants, et la guerre psychologique aussi. Junot ayant fait répandre aux avant-postes espagnols des papiers qui annonçaient l'entrée de Napoléon à Madrid, Palafox adressa une proclamation aux habitants de Madrid dans laquelle il déclarait : « *Aussitôt que je me serai débarrassé de la canaille qui a osé attaquer mes murailles, je volerai à votre secours...* » [2] Les 6 et 7 janvier, Palafox faisait remettre aux avant-postes français un exemplaire de sa proclamation en français, en espagnol, en italien, en allemand, en latin et en polonais, pour engager les soldats à déserter. Un prêtre, revêtu de ses habits sacerdotaux, sortit du faubourg, le crucifix à la main, s'approcha d'un des postes de la division Gazan et commença à prêcher, représentant aux soldats qu'ils soutenaient une mauvaise cause et qu'ils étaient sur le sentier de l'enfer. Les sentinelles, ne comprenant rien dans ce qu'il disait, tirèrent quelques coups de fusil en l'air pour éloigner le prédicateur, qui se hâta de rentrer dans le faubourg.

Beaucoup plus préoccupante était la situation avec les vivres. Le 7, Gazan demanda des secours en viande pour sa division, mais la pénurie était la même dans toutes les divisions.

Dans la nuit du 9 au 10 janvier, on compléta l'approvisionnement de toutes les batteries. Les batteries achevées, l'artillerie française tonna le lendemain sans discontinuer et prit une très grande supériorité sur celle de l'ennemi. À 16 heures 15, les troupes de Gazan culbutèrent les avant-postes espagnols. « *La partie de mes troupes que j'avais postée en avant,* écrivait-il, *n'est rentrée dans son camp qu'au lever de la lune.* » Il déclara à Junot dans son rapport : « *Disposez de moi, et vous me trouverez*

---
1. SHD, C8 20.
2. Cité dans Jacques Vital Belmas, *op. cit.*, p. 171.

toujours prêt à faire de mon mieux pour vous faciliter l'exécution de l'opération difficile dont Sa Majesté vous a chargé. » [1] Comme dans les jours précédents des barques s'étaient échappées de la ville, Gazan proposa de tendre une corde à travers le fleuve pour empêcher la sortie de toute embarcation ; ceci pouvait être fait par ses pontonniers.

Le 11 janvier, le général Grandjean attaqua le couvent de Saint-Joseph dont les brèches paraissaient praticables et s'en empara. Sa prise répandit l'alarme dans la ville ; le tocsin sonna, les tambours battaient le rappel, et les batteries de la place convergèrent leurs feux sur ce couvent. Malgré tout, les habitants ne perdaient pas l'espoir de voir arriver une armée de secours. Le 13 janvier, Gazan vit distinctement sur une crête de la montagne des signaux, répondus par les clochers de Saragosse. Il redoubla de surveillance, mais se désespérait de ne pouvoir empêcher la communication.

Le bombardement de la ville ne se ralentissait pas alors que les travailleurs prolongeaient les parallèles et ouvraient les tranchées. Les habitants souffraient de multiples privations et d'une épidémie, inévitable dans une ville aussi encombrée. Les blessés s'accumulaient ; tous les jours une grêle de projectiles augmentait le nombre des victimes du siège, même parmi ceux qui ne prenaient aucune part à la défense. Palafox prenait toutes les mesures possibles pour ranimer l'ardeur des défenseurs, ne s'arrêtant pas devant la propagation de fausses nouvelles, même les plus absurdes.

Côté français, les progrès de l'insurrection dans le pays faisaient craindre pour les fourrageurs et les détachements isolés qui parcouraient les campagnes à la recherche de vivres. L'armée de siège se trouvait fort affaiblie. Les fatigues, les privations et le mauvais temps augmentaient le nombre des malades ; les hôpitaux étaient encombrés et la mortalité élevée. Au 15 janvier, le 3e corps ne comptait plus que 13 300 hommes d'infanterie présents sous les armes et presque autant dans les hôpitaux. La division Gazan avait encore 7 000 hommes, « *mais le système de blocus qu'elle avait adopté ne permettait pas de la compter pour les travaux* » [2]. Les insurgés empêchaient son ravitaillement, de sorte que, pour reprendre l'expression de Lejeune, « *la division Gazan se trouvait pour ainsi dire assiégée par eux dans son camp* » [3]. Souvent les soldats étaient réduits à la demi-ration et manquaient fréquemment de viande. Les malades et les blessés dans les hôpitaux manquaient de vivres et de médicaments.

---

1. SHD, C8 20.
2. Jacques Vital Belmas, *op. cit.*, pp. 193.
3. Général baron Lejeune, *op. cit.*, p. 87.

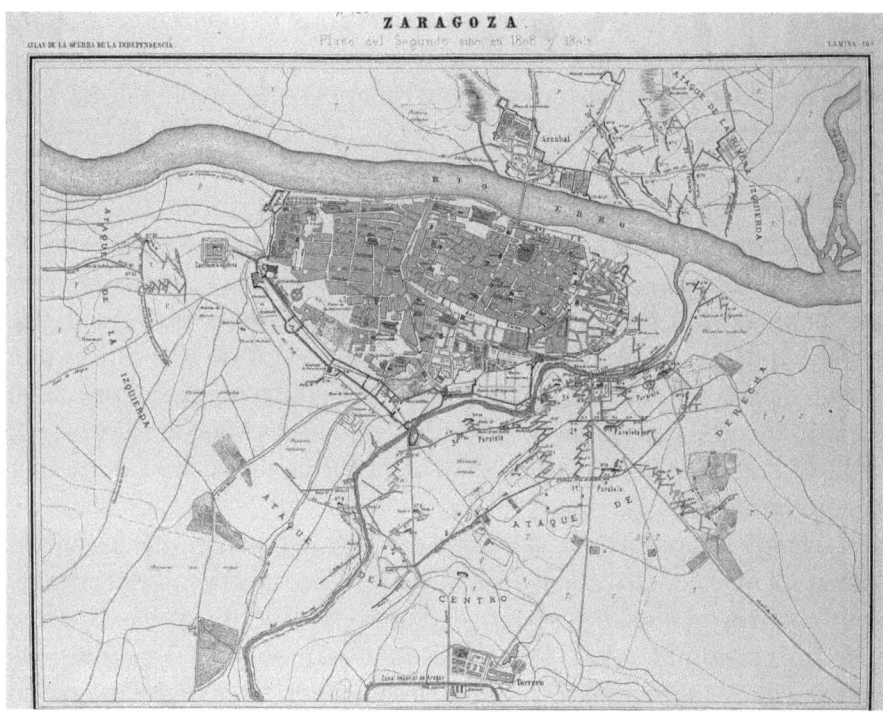

Plan du siège de Saragosse.

Ayant appris des rassemblements d'ennemis sur ses arrières, Gazan fit partir le 20 janvier de fortes reconnaissances sous la conduite de l'adjudant-commandant Gasquet, chef de l'état-major de la division. L'ennemi marcha à leur rencontre ; une petite affaire s'engagea et dura jusqu'à la nuit. Gazan eut quelques hommes légèrement blessés, contre 50 ou 60 tués chez l'ennemi. Se sentant trop faible pour faire de nouveaux détachements, il écrivit dans son rapport : « *Vous sentirez sans doute comme moi, monsieur le duc, l'embarras de ma position, et l'impossibilité de tenir un blocus d'une place lorsque l'on est entre deux feux.* » [1] Il pensait que ses troupes étaient insuffisantes pour battre tous ces rassemblements ; il proposa alors que d'autres troupes vinssent occuper une partie de ses positions, puis attendit des ordres car il ne voulait pas prendre l'initiative. Depuis trois jours, une de ses brigades n'avait pas un morceau de viande : « *S'il vous était possible, écrivit-il, en attendant la rentrée des troupes que vous avez dehors pour rassembler des vivres, de lui en faire donner quelque peu, vous rendrez à ces troupes ainsi qu'à moi le plus grand de tous les services.* » [2]

---
1. SHD, C8 21.
2. SHD, C8 21.

SOUS LES ORDRES DU MARÉCHAL LANNES

Irrité par les lenteurs de Junot, Napoléon envoya le maréchal Lannes à Saragosse pour en finir. Dès son arrivée, Lannes prit des mesures énergiques et donna une nouvelle impulsion au siège. Le maréchal Mortier reçut l'ordre de se rapprocher de Saragosse avec la division Suchet et le 21e chasseurs, avec la mission de former un corps d'observation pour tenir la campagne et dissiper les rassemblements extérieurs, tâche réservée jusqu'alors aux troupes de Gazan. La division Suchet devait être portée de suite sur la rive gauche, pour dégager et couvrir la division Gazan. Le 22 janvier, jour de la venue du maréchal duc de Montebello, Gazan demanda à ce dernier de faire passer encore des troupes de Suchet, pour qu'il fût en mesure de faire marcher encore demain ou de « *défendre avec avantage* » le village de Villanueva qui était le lieu où il avait établi sa manutention. Le 25, Lannes vint avec le général Lacoste visiter tous les travaux de Gazan et le presser de rapprocher ses lignes de la ville. Lannes lui écrivit ce jour-là : « *L'attaque de la place commence demain à 7 heures. Vous ferez tirer aussi quelques coups de canon et jeter quelques bombes pendant cette attaque pour attirer l'ennemi le plus possible de votre côté. J'espère que le 27 à midi nous serons logés dans une portion de la ville.* »[1]

Les travaux continuaient avec célérité, en dépit de l'activité des assiégés. Dans la nuit du 25 au 26, les nouvelles tranchées de Gazan furent portées en avant, ainsi que ses bivouacs, et si près de l'ennemi, que les balles y atteignaient les soldats auprès de leurs feux, dont les tisons furent souvent éparpillés par les boulets et les obus de la place. D'Audebard de Férussac se souvenait : « *La nuit, dans nos bivouacs, nous sommes quelquefois réveillés par un boulet qui traverse nos frêles baraques de roseaux ; enfin à tout moment nous pouvons nous attendre, en mangeant la soupe, à voir éclater un obus dans la gamelle.* »[2]

Le 26 janvier, 50 bouches à feu tonnèrent à la fois contre Saragosse, les unes pour ouvrir les brèches, les autres pour accabler la ville de bombes, d'obus et de boulets. Le feu ayant duré toute la journée du 26 et la moitié de celle du 27, trois brèches parurent praticables, et on résolut de livrer immédiatement l'assaut général. Après des combats extrêmement violents, en particulier au couvent de Santa-Engracia, les Français s'emparèrent de tout le pourtour de l'enceinte. Mais les horreurs de ce siège à nul autre pareil

---

1. *Revue des études napoléoniennes*, juillet à décembre 1918, p. 105.
2. J. d'Audebard de Férussac, *op. cit.*, p. 52.

ne faisaient que commencer, car il fallait dorénavant emporter les maisons l'une après l'autre en cheminant à couvert autant qu'il serait possible pour éviter des pertes trop élevées. Tous les palais, couvents et principaux édifices avaient été transformés en de véritables citadelles, et étaient occupés par des garnisons pourvues d'armes, de vivres et de munitions. Le général Lacoste ayant décidé de faire coïncider les attaques du faubourg avec celles de la ville, on se mit à procéder par la sape et la mine à la conquête de chaque maison, tandis que devant le faubourg de la rive gauche, Gazan poussait ses travaux de manière à enlever ce dernier asile à la population. On lui envoya même une partie de l'artillerie de siège qui ne trouvait plus d'emploi sur la rive droite. Quoique malade, Gazan se tenait toujours à cheval et, secondé par le colonel du génie Dode, dirigeait les travaux.

Dès le 27 janvier, les Espagnols furent chassés de la grande fabrique qu'ils occupaient sur la route de Barcelone. Le maréchal Lannes vint le 31 janvier en personne à la division Gazan pour presser les travaux. Il exhorta le général : « *Les travaux pour cheminer sur le faubourg doivent commencer cette nuit. J'eusse été fâché que la prise de Saragosse ait eu lieu sans que la division du général Gazan qui a fait le blocus pendant 40 jours n'y ait participé d'une manière marquante. Ainsi je vous recommande, mon cher général, de fournir au colonel Dode et au général Foucher les travailleurs qu'ils vous demanderont.* » [1] La présence du duc de Montebello et sa lettre firent leur effet, et dans la nuit du 31 janvier au 1er février, une première parallèle fut ouverte sur la rive gauche de l'Èbre, à 600 mètres du couvent de Jésus, et la deuxième parallèle fut amorcée derrière une digue que l'ennemi ne défendit pas. Le 1er février, le général Lacoste commandant le génie fut mortellement blessé, et la direction des attaques fut confiée au colonel Rogniat. La guerre de maisons continuait depuis plusieurs jours, avec un acharnement sans égal. Les Français avançaient méthodiquement : dès qu'une maison était conquise, elle était mise en état de défense et servait de point d'appui pour pénétrer plus avant. D'Audebard de Férussac raconte la manière de s'emparer des maisons : « *Pour y parvenir, il fallait les miner et les faire sauter les unes après les autres, percer leurs murs, et avancer ainsi sur leurs décombres, gagnant un jour cinq à six maisons, un autre un couvent ou une église. On a établi au milieu de ces ruines des rues intérieures pour conduire les pièces et les munitions ; enfin on a élevé des batteries dans les rues et sur les ruines des édifices. C'est une nouvelle manière de prendre les places.* » [2]

---

1. *Revue des études napoléoniennes*, juillet à décembre 1918, p. 165.
2. J. d'Audebard de Férussac, *op. cit.*, p. 53.

Il était surtout nécessaire d'occuper en force les toits, dont les Espagnols profitaient pour faire les sorties. Les meilleurs tireurs des régiments, placés en embuscade dans les greniers, abattaient tout Espagnol qui se montrait à découvert. Les femmes, les moines brandissant le crucifix d'une main et le sabre de l'autre, combattaient aux côtés des soldats. Les incendies volontaires allumés par les habitants ralentissaient les progrès des troupes de Lannes et donnaient le temps aux défenseurs de se fortifier dans les maisons en arrière de celles qui avaient été brûlées. La ville était infectée par de nombreux cadavres laissés sans sépulture qui s'entassaient devant les portes des églises et dans les rues. Dans son rapport à Napoléon à la date du 1er février, Lannes écrivit : « *Le siège de Saragosse ne ressemble en rien à la guerre que nous avons faite jusqu'à présent. C'est un métier où il faut une grande prudence et une grande vigueur. Nous sommes obligés de prendre avec la mine ou d'assaut toutes les maisons. Ces malheureux s'y défendent avec un acharnement dont on ne peut se faire d'idée. Enfin, Sire, c'est une guerre qui fait horreur.* »[1]

L'ennemi gênait beaucoup les travaux de la division Gazan, dont la fatigue était extrême, par un feu vif et très plongeant depuis les toits et le clocher du couvent de Jésus dit caserne des Suisses ; une inondation les ralentit encore davantage. Lannes pensait que la prise de ce bâtiment était indispensable pour approcher ensuite les batteries soit du faubourg, soit du pont, « *et employer de cette manière avec succès le peu de munitions que nous avons* »[2]. Dans la nuit du 7 au 8 février, on rassembla les gabions, les fascines et les sacs à terre nécessaires pour l'attaque de ce couvent. Les batteries furent armées et approvisionnées. Le feu commença entre 7 et 8 heures du matin ; à 10 heures, plusieurs brèches étaient praticables aux deux murs de face du couvent. Sans attendre la nuit, le maréchal Lannes ordonna l'assaut. Quatre compagnies de voltigeurs du 28e et du 103e, soutenues par quatre compagnies de grenadiers, donnèrent l'assaut et pénétrèrent dans le couvent, d'où elles chassèrent les Espagnols et prirent deux canons. Le colonel du génie Dode fit retrancher ce couvent, qui était à 30 mètres du faubourg. La division Gazan perdit dans cette attaque 90 hommes tués ou blessés. Le couvent, très riche, fut complètement saccagé, et sa superbe bibliothèque fut dilapidée au bout de quelques heures, les soldats arrachant les pages de manuscrits antiques pour allumer le feu de leur pipe. Personne n'avait pensé à mettre une sentinelle à la porte de cette bibliothèque.

---
1. *Revue des études napoléoniennes*, juillet à décembre 1918, p. 167.
2. *Ibid.*, p. 171.

Lannes écrivait à Napoléon : « *La division Gazan s'est emparée du couvent appelé Caserne des Suisses sur la rive gauche de l'Èbre à 100 toises du faubourg.* [...] *Nous n'eussions pas perdu un seul homme à l'attaque du couvent si on s'en était tenu là ; mais nos soldats se sont un peu emportés sur le faubourg, ce qui nous a donné une dizaine de tués et une centaine de blessés.* » [1] Il exprima sa satisfaction à Gazan : « *Vous vous êtes emparé, M. le général, de la Caserne des Suisses : c'est tout ce que je voulais pour le moment. Donnez des ordres pour qu'on s'y établisse très solidement, et surtout point d'échauffourée.* » [2] Un officier polonais, qui se trouvait dans le principal secteur du siège, raconte : « *D'une batterie établie près de l'embouchure de la Huerta (sic), on pouvait suivre les progrès des soldats de la division Gazan dans le faubourg. Nous les trouvions bien heureux de combattre en plein air, tandis que nous étions condamnés à cette horrible guerre de rues, de maisons, de souterrains.* » [3]

Les troupes françaises progressaient inlassablement dans la ville, au prix d'efforts inouïs. Bien que réduite de moitié par l'épidémie, la garnison résistait toujours avec le même fanatisme, alors que le moral des troupes françaises était au plus bas. « *A-t-on jamais vu*, disait-on dans les camps, *une armée de vingt mille hommes en assiéger une de cinquante mille ?* » Le maréchal Lannes lui-même était profondément dégoûté par cette guerre d'une nouvelle espèce, mais sa fonction lui imposait d'affecter un calme parfait pour entretenir l'ardeur de ses soldats. Un bombardement continuel, les explosions des mines, l'écroulement des édifices, la fusillade engagée sur tous les points, les cris des combattants, produisaient un vacarme épouvantable. En février 1809, l'enfer était bien dans Saragosse…

La prise du faubourg

Dans la nuit du 11 au 12 février, les travailleurs de la division Gazan, qui n'avaient pas cessé leur activité un seul instant depuis la prise du couvent de Jésus, prolongèrent jusqu'à l'Èbre la troisième parallèle, sur laquelle l'ennemi dirigea le feu de ses batteries de la rive droite. Leur activité se ralentit pendant quelques jours, le maréchal Lannes ayant prélevé une partie de la division pour aller au-devant d'un corps de secours

---
1. *Ibid.*, p. 179.
2. *Ibid.*, p. 178.
3. Baron Ernouf, *Souvenirs d'un officier polonais : scènes de la vie militaire en Espagne et en Russie (1808-1812)*, Paris, 1877, p. 38.

L'enfer de Saragosse

espagnol le 13 février ; mais ayant appris en route que l'ennemi faisait un mouvement vers Huesca, il revint devant Saragosse. Pendant son absence, le général Junot commandant le 3ᵉ corps était venu inspecter les travaux. Dans la nuit du 17 au 18 février, l'artillerie de Gazan acheva d'armer et d'approvisionner ses batteries. Lannes ordonna de faire, à 200 mètres de la tête du faubourg sur la route de Villanueva, une portion de parallèle, pour empêcher l'ennemi de s'échapper de ce côté au moment de l'attaque générale qui devait avoir lieu le lendemain.

Le 18 à 8 heures du matin, l'artillerie commença à tirer contre le faubourg et contre le quai avec 52 bouches à feu. Les bombes atteignirent le palais de l'archevêque et l'église de Notre-Dame del Pilar ; plusieurs portions des voûtes de ce dernier édifice furent enfoncées et couvrirent de leurs débris le pavé de la nef, à la grande désolation du peuple. Contraints de se retirer dans le couvent de Saint-Lazare, les Espagnols y tinrent encore pendant plus de trois heures sous une grêle de boulets. Après la retraite de l'ennemi, Gazan fit avancer 25 grenadiers, qui occupèrent la batterie espagnole et s'établirent dans deux petites maisons le long de l'Èbre.

Lejeune décrit ce terrible spectacle : « *Notre feu et celui de l'ennemi redoublaient sur tous les points, et jamais peut-être tempête ni bataille n'avait fait un vacarme aussi épouvantable. Dans les plaines, le bruit des orages et les détonations de l'artillerie se perdent dans l'espace ; mais dans les rues d'une ville, le son du canon retentit sur chaque muraille ; le craquement des toits sous la chute et les éclats des bombes, le pétillement de plusieurs incendies à la fois, le tocsin qui sonnait à tous les clochers, le sifflement des boulets, des obus et de la mitraille ; le tintement aigre des mortiers : enfin tout ce bruit confus, triplé par les échos sur tous les édifices, qui tremblaient au point que les tuiles tombaient sur nos têtes et sur celles des Espagnols, formait une musique guerrière qui devait jeter l'épouvante dans le cœur des assiégés, et qui faisait tressaillir nos soldats d'une vive allégresse.* » [1]

À midi, quatre brèches étaient ouvertes dans les murailles qui formaient l'enceinte du faubourg. La communication des défenseurs du faubourg avec la ville était interrompue. On forma trois colonnes des troupes rassemblées dans les tranchées pour l'assaut. Au signal donné, ces colonnes s'élancèrent ; le maréchal Lannes, à cheval, se tenait à côté du général Gazan. Le succès couronna partout leurs efforts. Le couvent de Sainte-Élisabeth fut enlevé. Dans l'église du couvent de Saint-Lazare

---

1. Général baron Lejeune, *op. cit.*, pp. 210-211.

se cachait une foule de civils qui n'avaient pas osé repasser le pont ; la fumée épaisse empêcha d'apercevoir ces victimes, qui périrent pour la plupart. Le couvent fut pris après un combat sanglant ; les moines et les soldats qui survécurent se précipitèrent dans l'Èbre par toutes les croisées. Lannes écrivait dans son rapport : « *Ce couvent se trouve à la tête du pont. Si la brèche eût été assez large pour y entrer en colonne, pas un seul homme des 7 000 qui gardaient le faubourg n'aurait échappé.* »[1] Dans le faubourg, la consternation s'empara des Espagnols, dont le chef, le baron de Versage, officier des gardes wallonnes, était tué. Quelques-uns s'échappèrent en barques ou à la nage ; un groupe se fraya le chemin jusqu'à la ville. Débouchant des maisons, les troupes de Gazan se portèrent à la culée du pont sur l'Èbre. Trois mille Espagnols essayèrent de fuir dans la campagne par la plage du bord de l'Èbre, en le remontant : mais le général Gazan envoya promptement un régiment et de la cavalerie pour leur barrer le passage ; ils mirent bas les armes. La division Gazan perdit 80 hommes dans ce combat. Lejeune parle à ce propos d'une « *victoire si brillante, remportée à découvert par une faible division* »[2]. La prise de cette position permettait aux Français de canonner la ville dans la partie qui avait le moins souffert. La communication de Saragosse avec la rive gauche était entièrement interceptée.

On lit dans le 33e bulletin de l'armée d'Espagne : « *Le duc de Montebello jugea alors nécessaire de s'emparer du faubourg de la rive gauche pour occuper tout le diamètre de la ville, et croiser son feu. Le général de division Gazan enleva la caserne des Suisses par une attaque prompte et brillante. Le 17*[3]*, une batterie de 50 pièces de canon qu'on avait établie joua dès le matin. À 3 heures après midi un bataillon du 28*[e] *attaqua un énorme couvent dont les murs en briques avaient trois à quatre pieds d'épaisseur et s'en empara. Sept mille ennemis défendaient le faubourg. Le général Gazan se porta rapidement sur le pont par où les insurgés avaient leur retraite dans la ville. Il en tua un grand nombre, et fit 4 000 prisonniers, au nombre desquels se trouvaient 2 généraux, 12 colonels, 19 lieutenants-colonels et 230 officiers. Il prit 6 caissons et 30*[4] *pièces de canon.* »[5] Le colonel Rogniat parle d'une « *affaire extrêmement brillante, et très importante par ses résultats* »[6]. D'Audebard de Férussac se loue

---

1. AN, AF IV 1622.
2. Lejeune, *op. cit.*, p. 218. Six cents hommes seulement participèrent à cette attaque contre des troupes déterminées et bien retranchées.
3. Le 18.
4. Les sources plus impartiales indiquent le nombre de 16 ou 17.
5. *Recueil des bulletins de l'armée d'Espagne*, Paris, H. Agasse, 1808, p. 240.
6. Baron Rogniat, *op. cit.*, p. 42.

des dispositions de Gazan, qui n'aurait pas voulu attaquer l'ennemi de front mais le tourner : « *C'est au général Gazan à qui est dû l'honneur de la journée, où moins de six cents hommes ont enlevé ce faubourg, défendu par plus de six mille et par beaucoup d'artillerie. L'on prétend que le maréchal Lannes voulait qu'on attaquât par tête de colonne, ce qui aurait mis l'ennemi dans tout son avantage, et que le général Gazan répondit à Son Excellence, qu'il prenait tout sur lui. Dans ces deux manières d'attaquer, l'on voit la différence de l'impétueuse audace à la bravoure réfléchie.* » [1] Pendant l'attaque, selon le maréchal Lannes, « *la division Gazan a fait voir qu'elle était du 5ᵉ corps* ». Le duc de Montebello écrivit à Napoléon : « *Je ne saurais trop recommander à Votre Majesté le général de division Gazan. Quoique malade depuis quelque temps, il était nuit et jour à la tranchée pour en accélérer les travaux. Le jour de l'attaque du faubourg il a voulu rester, et a été légèrement blessé d'un éclat d'obus. Cet accident joint à la fièvre le forcera de garder le lit pendant quelques jours. Il ne se trouve pas un seul officier général dans cette division. J'ai donné ordre au général Girard de la division Suchet d'en prendre le commandement.* » [2]

Pendant l'attaque du faubourg, une religieuse du couvent de Sainte-Élisabeth, que son grand âge empêchait de fuir rapidement, traversa d'un pas chancelant une place jonchée de morts et de blessés. Son air de douceur et de bienveillance et son calme en imposèrent aux Français ; chacun voulut sauver cette femme. Bravant le danger, un officier et plusieurs soldats s'élancèrent vers elle, la saisirent par les mains et l'entraînèrent dans un abri. Ils cherchaient quelques mots en espagnol pour la tranquilliser, mais à leur grande surprise, cette religieuse leur déclara qu'elle était Française et qu'elle vivait dans ce couvent depuis cinquante ans. Elle les supplia de la laisser rejoindre ses compagnes, « *pour aller prier et mourir avec elles* ». L'officier la fit conduire auprès du général Gazan, qui la fit entourer de respects et de soins, avant de la rendre à ses pieuses occupations [3].

LA REDDITION DE SARAGOSSE

La prise du faubourg accéléra beaucoup les événements. Les dégâts dans la ville attaquée de toutes parts étaient tels que Palafox, malade, envoya au maréchal Lannes un de ses aides de camp avec une lettre dans

---
1. J. d'Audebard de Férussac, *op. cit.*, p. 71.
2. AN, AF IV 1622.
3. Général baron Lejeune, *op. cit.*, pp. 218-220.

laquelle il lui demandait un cessez-le-feu de trois jours et l'autorisation d'envoyer quelques officiers pour reconnaître par eux-mêmes l'état des affaires en Espagne. Lannes ayant rejeté ces propositions inacceptables, le feu continua. Palafox déposa alors son autorité entre les mains d'une junte, qui s'assembla pour délibérer sur le sort de la place. La plupart de ses membres reconnurent qu'il n'y avait plus d'espoir d'être secouru, que les approvisionnements en poudre étaient consommés, que les objets de première nécessité manquaient, que l'épidémie faisait trop de ravages, et qu'il fallait donc envoyer un parlementaire au maréchal Lannes pour demander un armistice de vingt-quatre heures, afin de rédiger les articles de la capitulation. Lannes y consentit et exigea de la junte une reddition sous deux heures, faute de quoi, il n'écouterait plus aucune proposition. Le président et quelques membres allèrent à la rencontre du maréchal, qui leur reprocha les malheurs de Saragosse et leur annonça que tous les préparatifs étaient déjà terminés pour achever la ruine de la ville, et que l'attaque générale aurait lieu le lendemain à midi. Les représentants de la junte s'empressèrent de signer la convention dictée par le duc de Montebello. Il fut arrêté que tout ce qui restait de la garnison serait prisonnière de guerre, à moins qu'elle ne voulût passer au service du roi Joseph.

Le 21 février à midi, la garnison sortit de la ville et déposa les armes au pied du château. De 31 000 hommes dont elle se composait au début du siège, elle n'en comptait plus que 8 200, pareils à des spectres décharnés. En ramassant encore les soldats cachés dans les maisons et en y ajoutant ceux qui avaient été pris dans le faubourg par la division Gazan, les Français s'emparèrent au total de 12 000 prisonniers, qui furent dirigés sur Bayonne avec leur général Palafox. Énormément d'habitants avaient péri pendant le siège. Lannes fit partir pour Paris le chef de bataillon Lejeune, aide de camp de Berthier, pour annoncer à l'Empereur la chute de Saragosse. Les habitants furent désarmés, les portes et les principales rues furent occupées, mais les troupes françaises restèrent campées hors des murs pour éviter l'influence de l'épidémie. La ville faisait horreur à voir, n'étant plus qu'un monceau de décombres. Ses rues, presque entièrement détruites, étaient de véritables charniers remplis de cadavres putrides.

Le 24 février, les maréchaux Lannes et Mortier, accompagnés des généraux et des états-majors, firent leur entrée solennelle dans Saragosse. Ils furent reçus sous le portail de Notre-Dame del Pilar par les autorités religieuses de la ville. La nouvelle junte créée par Lannes prêta serment

L'enfer de Saragosse

au roi Joseph. Pendant quelques jours, les Français goûtèrent l'euphorie de la victoire. Après avoir assisté à un *Te Deum* chanté dans la cathédrale, Lannes offrit un banquet de 400 couverts, « *remarquable par la décence et la gaieté franche de tous les convives* » [1], aux états-majors des deux corps d'armée présents. Trois toasts y furent portés : à Sa Majesté l'Empereur et Roi ; à Sa Majesté Catholique le roi Joseph-Napoléon Ier ; enfin, le troisième à Sa Majesté l'Impératrice et Reine, ainsi qu'à Madame Mère.

Le siège avait duré 52 jours de tranchée ouverte, dont 29 avaient été employés à prendre l'enceinte, et 23 à cheminer de maison en maison. Les Français avaient eu environ 3 000 hommes tués ou blessés, sans compter un grand nombre de malades atteints du typhus dont plusieurs mouraient chaque jour. Après la fin du siège, Gazan demanda le grade de général de brigade pour son chef d'état-major Gasquet et celui de chef de bataillon pour Arnaud, son aide de camp. L'historien Bourdeau pense que Gazan avait commencé trop tard les travaux de la rive gauche : entrepris dès le début du siège, ils auraient peut-être obligé les défenseurs de la rive droite pris à revers à mettre bas les armes [2]. Mais il n'avait agi que d'après les ordres reçus de ses supérieurs, avec une très petite marge laissée à l'initiative individuelle.

Après la capitulation de Saragosse, Lannes essaya d'achever de soumettre le pays. La citadelle de Jaca se rendit à la première sommation. Les insurgés de Valence furent repoussés. Suchet fut envoyé en Castille avec la 1re brigade de sa division pour disperser les rassemblements de paysans armés et ouvrir les communications avec Madrid. Le maréchal Mortier se porta à Fraga avec la division Gazan, la 2e brigade de la division Suchet et trois régiments de cavalerie, afin d'observer les garnisons de Lérida et de Mequinenza, et d'appuyer les opérations de Gouvion Saint-Cyr en Catalogne.

Le 16 mars 1809, de son quartier général à Fraga, Gazan somma le gouverneur de Lérida, José Casimiro de Lavalle, au nom du maréchal duc de Montebello :

« *Monsieur le Gouverneur,*

Son Excellence M[r] le maréchal duc de Montebello, désirant épargner une effusion de sang inutile, et à la ville de Lérida, le même sort qu'ont éprouvé les habitants de Saragosse, me charge de vous écrire pour vous inviter à remettre aux troupes françaises la place et les forts de Lérida, vous offrant tant pour vous que pour vos troupes la capitulation la

---

1. « Un soldat de l'Empire : le général Joseph Pépin (1765-1811) », in *Carnet de la Sabretache*, 1932, p. 211.
2. E. Bourdeau, *Campagnes modernes*, tome 2, 1re partie, Paris, 1916, p. 461.

plus honorable. La prise de Saragosse mettant à la disposition de Son Excellence des moyens en troupes et en artillerie tels qu'il est impossible que vous soyez dans le cas de faire une résistance sensible, ce serait vouloir la destruction de la ville de Lérida et faire le malheur de ses habitants que de ne pas accepter la proposition que j'ai l'honneur de vous faire. Je vous invite donc, Monsr, à vouloir bien calculer les chances que vous avez à courir, en cherchant à vous défendre, et à me faire connaître votre détermination. » [1] Le gouverneur lui répondit fièrement le jour même que si Saragosse, sans murailles, avait su résister pendant deux mois, il espérait en faire au moins autant en disposant des fortifications inexpugnables.

Le 21 mars, Lannes partit pour la France ; il allait trouver la mort à Essling, en Autriche, fin mai 1809. Mortier, après être resté trois semaines à Fraga, reçut l'ordre de se porter à Burgos avec le 5e corps, pour former une réserve dans le nord de l'Espagne et être à portée de rentrer en France, si les événements en Autriche l'exigeaient. Personnellement, Mortier en voulait à Lannes pour la raison expliquée dans une lettre à Berthier du 20 mars : « *Pendant le séjour du 5e corps devant Saragosse, M. le duc de Montebello a toujours donné directement ses ordres, et sans m'en prévenir, aux généraux de division.* » Si Mortier n'avait rien dit, c'était « *dans la crainte de compromettre le service de l'Empereur* » [2].

---

1. *Diario de Mallorca*, Viernes 5 de Mayo de 1809. Archivo Histórico Nacional, Diversos-colecciones, 75, N. 57.
2. Cité dans Léon Moreel, *Le maréchal Mortier, duc de Trévise (1768-1835)*, Paris, 1957, p. 118.

Chapitre XII

Les combats de 1809 en Espagne

Le 26 avril, le 5ᵉ corps était de retour à Burgos, puis il eut ordre de se concentrer à Valladolid, où il arriva dans les premiers jours de mai.

La famille du général Gazan s'agrandit encore cette année-là. Le 16 juin 1809, à 10 heures du matin, naquit à Grasse Eugène François Henry Gazan. Son père est indiqué dans l'acte de naissance comme « *absent en activité de service à l'armée d'Espagne* ». La comtesse Gazan accoucha dans sa maison située rue Droite. L'acte fut dressé en présence de François Payen, beau-frère du général, receveur des contributions directes, âgé de 40 ans, demeurant rue des Fédérés, qui déclara la naissance, d'Antoine François Chabert, notaire impérial, âgé de 42 ans, et de Jean Honoré Camatte, marchand, âgé de 48 ans, demeurant rue du Grand Puits.

La campagne de Talavera

Pendant que Gazan stationnait devant Saragosse, d'autres événements se déroulèrent ailleurs en Espagne. Après avoir poursuivi l'armée anglaise du général Moore, Napoléon décida de rentrer en France en janvier, laissant aux maréchaux Soult et Ney le soin d'anéantir l'ennemi. Mais l'armée de Moore, après avoir livré bataille à La Corogne le 16 janvier 1809, parvint à se rembarquer. Le maréchal Soult entreprit ensuite une nouvelle invasion du Portugal ; après quelques succès, il se fit battre par l'armée britannique du général Wellesley revenu au Portugal et évacua le pays. Solidement établi au Portugal, Wellesley conçut le projet d'une offensive en Espagne ensemble avec les troupes espagnoles, tandis que l'armée portugaise destinée à épauler les Anglais était en pleine organisation.

Le roi Joseph Bonaparte était conseillé dans les affaires militaires par le maréchal Jourdan, renommé surtout pour sa victoire de Fleurus remportée en 1794. Le 12 juin 1809, le maréchal Soult fut nommé commandant en chef des 2ᵉ, 5ᵉ et 6ᵉ corps. Le 3 juillet, Joseph ordonna à Mortier de se porter avec tout son corps d'armée à Villacastin et le placer de manière à ce qu'il pût y vivre et y attendre les ordres que les mouvements des Anglais pourraient indiquer. Les soldats furent déçus, car ils avaient espéré retourner en Allemagne [1] combattre sous les yeux de l'Empereur. Le 15 juillet 1809, Mortier avait son quartier général à Valladolid ; son chef d'état-major était l'adjudant-commandant Dembowski. La 2ᵉ division Gazan comptait, au 16 juillet, 9 186 hommes, dont 2 118 aux hôpitaux [2]. Le soldat Lavaux raconte : « *Nous n'étions pas un seul instant tranquilles. Nous étions toujours à courir dans la montagne après les brigands. Notre seul délassement était le vin, que nous avions toujours à discrétion.* » [3] Le colonel Quiot avait déjà exprimé les mêmes sentiments dans une lettre à Lannes en mai : « *Pourquoi le 5ᵉ corps n'a-t-il pas eu le bonheur de vous suivre en Allemagne ?... Nous aurions été conduits de nouveau à la victoire par V. E., tandis que nous sommes réduits à donner la chasse à de misérables insurgés et que nous avons la douleur de voir nos régiments se détruire sans acquérir des droits à la bienveillance de Sa Majesté.* » [4]

Ayant conçu un vaste plan de campagne, le maréchal Soult, qui avait autorité sur le corps de Mortier, lui donna l'ordre de venir à Salamanque, privant ainsi le roi Joseph d'un précieux renfort à la portée immédiate de la capitale. L'offensive des Anglais sur le Tage, conjointement avec les Espagnols de La Cuesta, aboutit à la bataille de Talavera livrée les 27 et 28 juillet, qui valut au général Wellesley la transformation de son nom en Wellington. Joseph et Jourdan y essuyèrent une défaite ; cependant, Wellesley se replia en apprenant l'arrivée prochaine des troupes commandées par le maréchal Soult par le nord, car il craignait d'être coupé du Portugal et de ses bases. En fait, Soult avait reçu l'ordre de se porter rapidement par Plasencia sur les arrières de l'ennemi, mais le 24 juillet, le 5ᵉ corps était encore aux environs de Salamanque, ne se mettant en marche que le 27 par le col de Baños. Le corps de Mortier n'avait donc pas eu le temps d'arriver pour prendre part à la grande bataille, mais il fut employé dans la poursuite des Anglo-Espagnols en retraite.

La chaleur était étouffante durant la journée, à laquelle succédaient les nuits d'une fraîcheur extrême. Dans la nuit du 3 août, le 5ᵉ corps se heurta aux patrouilles de la cavalerie anglaise. Le 6, Mortier attaqua une forte arrière-garde espagnole en avant du pont de l'Arzobispo et la força à

---

1. Sergent Lavaux, *Mémoires de campagne*, Arléa, 2004, p. 138.
2. SHD, C8 437.
3. Sergent Lavaux, *op. cit.*, p. 138.
4. Cité dans « Un soldat de l'Empire : le général Joseph Pépin (1765-1811) », in *Carnet de la Sabretache*, 1932, p. 213.

Les combats de 1809 en Espagne

Le pont de l'Arzobispo.
Photo Natalia Griffon de Pleineville.

repasser le Tage ; mais il dut s'arrêter devant le pont défendu par de puissantes batteries. Les Anglais étant déjà partis vers le Portugal, il ne restait qu'une arrière-garde espagnole face aux Français. Le 8 août, à l'heure où les Espagnols se livraient à la sieste à cause de la chaleur intense, les troupes de Mortier attaquèrent impétueusement et emportèrent le pont de l'Arzobispo. Lavaux raconte que le feu avait été mis aux grains pour masquer, au moyen de la fumée, les mouvements de la cavalerie qui passait à gué, portant en croupe, sur les chevaux des dragons, quelques compagnies de voltigeurs. L'infanterie de Girard exploita le premier succès remporté par la cavalerie ; celle de Gazan suivait en réserve [1]. L'ennemi s'enfuit dans les montagnes, laissant sur le carreau 1 400 hommes en tués, blessés ou prisonniers, et les canons pris à Talavera. De Naylies se souvenait : « *Nous poursuivîmes les fuyards jusqu'à deux lieues du Tage ; tous nos soldats eurent leurs sabres teints de sang.* » [2]

---

1. Sir Charles Oman, *A History of the Peninsular War*, volume II, London-Pennsylvania, 1995, p. 589. Pierre-Madeleine Lenoble, *Mémoires sur les opérations militaires des Français*, Paris, 1821, p. 327.
2. M. de Naylies, *Mémoires sur la guerre d'Espagne*, Paris, 1817, p. 176.

Mortier s'occupa ensuite à prodiguer les secours aux nombreux blessés anglais abandonnés à Talavera, où son corps d'armée releva celui de Victor. Sa générosité et sa « *bonté paternelle* » furent louées par ceux qui conservèrent ainsi la vie. Quant aux soldats, ils furent obligés d'aller à la moisson, de battre le grain, d'aller au moulin, de faire cuire le pain, etc. Pour comble de misère, ils ne trouvaient pas de vin dans cette contrée. Pour aller moudre, il fallait attendre la nuit, sans quoi les soldats risquaient d'être tués ou blessés par les Espagnols qui occupaient la rive opposée du Tage [1].

Le maréchal Soult, comprenant que Wellington et La Cuesta, bien qu'ils eussent réussi à s'échapper, n'étaient pas en force, méditait une offensive au Portugal. Mais il dut se plier aux volontés du roi Joseph qui lui ordonna de rester sur la défensive, en déployant les deux corps qui lui restaient [2] entre Plasencia et Talavera, afin de protéger la vallée du Tage d'une incursion possible de l'ennemi.

La bataille d'Ocaña

Alors que Wellington n'avait pas encore terminé sa retraite sur Badajoz et Mérida, la Junte centrale commençait déjà à le bombarder de lettres, ainsi que son frère Wellesley, ambassadeur à Séville, en vue de faire une nouvelle offensive dans la vallée du Tage. Wellington s'y refusa fermement, arguant de la supériorité numérique écrasante des Français. Les Espagnols décidèrent néanmoins d'organiser une offensive sans l'aide des Anglais. Le plan de la Junte consistait à envoyer l'armée de la Manche de plus de 50 000 hommes directement sur Madrid tandis que l'armée du duc d'Alburquerque se montrerait sur le Tage, en face d'Almaraz et de Talavera, dans l'objet d'attirer au moins un corps d'armée français dans cette direction. La Junte espérait que ces mouvements offensifs finiraient par décider Wellington à entrer en lice ; l'apparition des « habits rouges » empêcherait indubitablement Soult et Mortier de venir s'opposer à l'armée de la Manche. Le corps de Ney et les troupes françaises dans le Léon et la Vieille-Castille seraient retenus par une armée espagnole formée dans le Nord ; sa force totale s'élevait à 50 000 hommes très disséminés sur un vaste territoire, mais le duc del Parque y était tout de même capable de réunir environ 40 000 hommes sous ses ordres immédiats pour marcher contre les Français. La Junte espérait que Wellington y joindrait les 20 000 hommes de la nouvelle armée

---

1. Sergent Lavaux, *op. cit.*, p. 140.
2. Le 6ᵉ corps de Ney retourna à Salamanque.

Les combats de 1809 en Espagne 247

portugaise entraînée par le maréchal Beresford, mais le refus fut tout aussi catégorique que pour les Anglais. Nonobstant, les Espagnols décidèrent de tenter leur chance. Une offensive simultanée et convergente de trois armées avançant depuis différentes directions contre les Français plus ou moins concentrés présentait beaucoup de risques, car une erreur de timing ou une résistance imprévue exposaient les armées espagnoles à être battues en détail par une force supérieure.

Quant au roi Joseph, il ne s'attendait pas à être attaqué et ne préparait aucune opération d'envergure de son côté, attendant les instructions de Napoléon et probablement des renforts, la campagne d'Autriche étant terminée et plusieurs régiments rendus ainsi disponibles pour venir en Espagne. Les corps d'armée français formaient au début octobre une sorte de demi-cercle autour de Madrid : Soult et Mortier dans la vallée du Tage à Plasencia et Talavera, Victor dans la Manche, Sébastiani à Tolède et Aranjuez, Ney à Salamanque, Dessolle et la garde royale en réserve dans la capitale. Un fort détachement sous les ordres du général Kellermann opérait au nord du Léon et dans la Vieille-Castille. Le maréchal Ney était par ailleurs en congé en France et le commandement du 6ᵉ corps assuré par Marchand, le plus ancien divisionnaire.

Le général Areizaga, homme déjà âgé et qui n'avait jamais commandé plus qu'une division, fut nommé commandant en chef de l'armée de la Manche. Avant que cette armée ne prît l'offensive, les événements s'accélérèrent dans le nord de l'Espagne. Le 18 octobre, le général Marchand fut battu par del Parque à Tamames ; c'était la première victoire espagnole depuis Bailén. Marchand évacua alors Salamanque et se replia sur Toro. Le maréchal Jourdan envoya la brigade Godinot et la division Heudelet à Marchand ; ce furent ses derniers ordres, car il fut remplacé dans sa fonction de major général (ou chef d'état-major général) par le maréchal Soult le 5 novembre et quitta l'Espagne.

Le général Kellermann releva Marchand dans son commandement début novembre et marcha sur Salamanque avec des forces réunies dans l'intention de combattre le duc del Parque ; mais celui-ci se déroba, refusant l'affrontement, car il surestimait son adversaire. D'autre part, l'armée d'Areizaga se mit en marche le 3 novembre et avança rapidement, espérant attaquer les Français sans leur donner le temps de se concentrer. Cette offensive prit le roi Joseph et le maréchal Soult au dépourvu. Au début novembre, Joseph voulait encore réunir ses forces sur le Tage pour livrer bataille. Le maréchal Mortier devait être prêt à marcher. Le 6 novembre, Mortier était à Oropesa. Le 9 novembre, la 1ʳᵉ division du

5ᵉ corps reçut l'ordre de partir de Talavera de la Reina pour se rendre à Tolède. Les Espagnols marchant avec une grande vitesse sur Madrid, il n'y avait entre eux et la capitale que la division polonaise du 4ᵉ corps à Aranjuez et les dragons de Milhaud à Ocaña. Mais Areizaga, menacé par le 1ᵉʳ corps de Victor sur ses arrières, n'osa pas poursuivre son mouvement et s'arrêta pour trois jours à La Guardia, comme s'il voulait laisser aux Français le temps de se concentrer. Il ne se remit en marche que le 11 novembre ; après une échauffourée, les Polonais et les dragons de Milhaud évacuèrent Ocaña, que l'armée d'Areizaga occupa le 12.

Pendant ce temps-là, Joseph et Soult se hâtaient de réunir une force suffisante pour défendre Madrid. Kellermann reçut l'ordre de renvoyer la brigade Godinot et d'expédier une brigade d'infanterie du 6ᵉ corps. Victor marchait sur Aranjuez. La garde royale quitta la capitale. Le 13 novembre, Mortier reçut l'ordre de réunir le 5ᵉ corps à Tolède et d'être prêt à marcher. Le 2ᵉ corps, en dépit des démonstrations hostiles d'Alburquerque, se préparait à relever le 5ᵉ corps à Talavera. Le passage du 5ᵉ corps à Aranjuez fut marqué par des dégradations perpétrées dans le château royal par les soldats, qui brûlèrent des meubles précieux en bois pour faire la soupe.

Après quelques hésitations et mouvements désordonnés, Areizaga fut rattrapé par les Français à Ocaña. Le 19 novembre, son armée était rangée sur deux lignes des deux côtés de la ville. Areizaga disposait de 46 000 hommes d'infanterie et 5 500 de cavalerie. Les Français commandés par Joseph et Soult alignaient 27 000 fantassins et 5 000 cavaliers : les Allemands et les Polonais de Sébastiani, le 5ᵉ corps (divisions Girard et Gazan [1]), la brigade Rey de la division Dessolle, la garde royale, et la cavalerie de Milhaud, Paris [2] et Beauregard. Le maréchal Mortier commandait toute l'infanterie. Le corps de Victor était encore en arrière et ne pouvait pas arriver avant le lendemain. Malgré la disproportion des forces, Joseph décida d'attaquer immédiatement, alors que Soult conseillait d'attendre Victor. Le plan de bataille français tint compte du grand ravin sur lequel s'appuyait la gauche espagnole ; cette partie étant inaccessible, les Français tournèrent leurs efforts contre le centre et la droite de l'armée espagnole, en terrain ouvert. Les Polonais et les Allemands de Sébastiani

---

1. Selon le rapport général sur les mouvements de l'armée ayant précédé la bataille d'Ocaña, Mortier avait eu ordre, le 15 novembre, de laisser une brigade de cavalerie et une d'infanterie sous le commandement du général Gazan pour couvrir le débouché de Tolède. La division *ad hoc* du général Dessolle, formée avant la bataille, englobait la brigade Brayer de la division Gazan. Le général Gazan n'assista donc pas à la bataille d'Ocaña, étant resté à Tolède avec une de ses brigades. Rapports cités dans Pierre O. Juhel, *La bataille d'Ocaña*, Paris, 2013.
2. Le général Paris avait été tué dans un combat de cavalerie le 18 novembre 1809.

devaient d'abord attaquer l'aile droite ennemie, soutenus par la cavalerie française qui devait disperser la cavalerie espagnole du général Freire, puis se rabattre sur le flanc des divisions déjà engagées contre l'infanterie de Sébastiani. La division Girard du 5ᵉ corps et un régiment de la division Gazan suivraient en arrière des troupes étrangères de Sébastiani, prêts à les soutenir. La brigade Rey et le reste des troupes présentes de la division Gazan devaient tomber sur le centre espagnol lorsque l'attaque contre la droite ennemie serait déjà développée. L'artillerie des 4ᵉ et 5ᵉ corps était massée sur leur front. Enfin, la garde royale et le reste des troupes formaient la réserve, destinée à agir au cas où l'aile gauche espagnole tenterait de traverser le ravin et de tourner la droite française.

Ce plan fut mis à exécution. Les divisions étrangères attaquèrent les divisions Lacy et Castejón et les refoulèrent un peu, mais elles furent ensuite vigoureusement contre-attaquées et mises en désordre. Ce mouvement des Espagnols avait été décidé par les généraux en sous-ordre et non sur l'ordre d'Areizaga, qui demeura pendant toute la bataille dans le clocher d'Ocaña, endroit peu convenable pour diriger une bataille et donner des ordres rapidement. Mortier engagea la division Girard, qui contint les Espagnols jusqu'à l'intervention énergique de la cavalerie française. Après avoir mis en déroute la cavalerie de Freire, les cavaliers français firent des ravages dans les rangs de l'infanterie qui n'avait pas eu le temps de se former en carré. La plupart des régiments espagnols engagés dans ce secteur furent dispersés ; à ce moment-là, Dessolle et la réserve royale passèrent le ravin et attaquèrent la ville d'Ocaña défendue par les divisions Vigodet et Copons ; celles-ci battirent en retraite. Il ne restait plus aux Espagnols que la division Zayas à l'extrême gauche ; elle couvrit la retraite. Le commandant en chef Areizaga s'enfuit à cheval, laissant à Zayas le soin de contenir les Français pour permettre aux divisions battues de s'écouler. L'arrière-garde espagnole fut elle-même enfoncée près du village de Dos Barrios. La cavalerie française rafla un grand nombre de prisonniers lors de la poursuite dans la plaine, qui ne cessa qu'à la tombée de la nuit. La cavalerie de Victor prit le relais le lendemain matin, capturant tout le train de l'armée espagnole et achevant l'anéantissement de l'armée d'Areizaga.

La bataille d'Ocaña fut la plus grande victoire de l'armée française en Espagne. Par ses multiples erreurs, Areizaga y perdit environ 4 000 hommes tués ou blessés et 14 000 prisonniers [1], 30 drapeaux et 50 canons.

---

1. En dépit des avis de Soult, le roi Joseph traita les prisonniers avec mansuétude, renvoyant une partie chez eux et incorporant les autres dans les régiments qu'il formait. Ce fut une erreur.

Le champ de bataille d'Ocaña.
Photo Natalia Griffon de Pleineville.

Les débris de son armée ne furent ralliés que trois semaines après la bataille ; il n'y avait que 21 000 fantassins et 3 000 cavaliers. La perte des Français ne dépassait pas 2 000 hommes [1]. Le maréchal Mortier était légèrement blessé.

Des mouvements inutiles

La défaite d'Areizaga força le duc d'Alburquerque, qui manœuvrait contre le 2ᵉ corps commandé par le général Heudelet, à se retirer derrière le Tage. Il restait encore en lice l'armée du duc del Parque, qui avait marché à nouveau sur Salamanque le 18 novembre dans l'espoir de renouveler son succès de Tamames.

Après la victoire d'Ocaña, le roi pouvait envoyer autant de troupes qu'il fallait vers le nord. La brigade Marcognet fut renvoyée sur Ségovie, suivie par la division Gazan. En effet, le 23, Mortier fut informé que « *l'intention du roi est que vous donniez ordre* » à Gazan de partir avec sa division et la brigade de la cavalerie légère qui était restée à sa dis-

---

1. Sir Charles Oman, *A History of the Peninsular War*, volume III, London-Pennsylvania, 1996, p. 95.

position pour se porter sur la route qui conduit de Talavera à Madrid, en conservant « *celle qui mène à Avila que peut-être il sera dans le cas de suivre* ». Mortier devait prévenir Gazan que comme il pourrait recevoir ordre de marcher de suite sur Avila, il devrait se tenir prêt à continuer son mouvement ; mais que jusqu'alors il formerait la 2ᵉ ligne du 2ᵉ corps et se tiendrait en mesure de le soutenir « *en cas d'événement* »[1]. L'établissement provisoire de la division Gazan devait être du côté de Santa Cruz. Mortier lui-même se rendit à Talavera pour commander les 2ᵉ et 5ᵉ corps, excepté la division Gazan détachée.

Le 25 novembre, Gazan reçut une lettre renfermant ses instructions : « *L'intention du roi est que vous partiez demain avec votre division et la brigade de cavalerie légère qui y est provisoirement attachée pour vous diriger en forçant de marcher sur Avila où vous réunirez à votre colonne la brigade d'infanterie du général Rey et ensuite vous manœuvrerez dans la direction d'Alba de Tormes. Vous enverrez un poste de 300 hommes d'infanterie et de 25 hommes de cavalerie à Villacastin pour assurer les communications. Vous observerez cependant que si l'ennemi débouchait par la vallée du Tage et se portait en force sur le 2ᵉ corps, dans ce cas vous devriez probablement revenir sur-le-champ pour vous rallier à la 1ʳᵉ division du 5ᵉ corps soit à Santa Cruz, soit sur Naval Carnero. Ainsi il est de la plus grande importance que vous m'écriviez tous les jours pour qu'on sache où vous prendre et que les ordres puissent à temps vous parvenir. Je vous préviens que votre mission remplie, vous recevrez ordre de vous remettre en ligne avec la 1ʳᵉ division du 5ᵉ corps, ainsi faites en sorte que ce soit le plus tôt possible, mais surtout après avoir fait éprouver des pertes à l'ennemi.* »

Gazan devait, dans ses mouvements, protéger les colonnes des prisonniers d'Ocaña, chacune à 600 hommes d'escorte, au moins jusqu'à avoir la certitude qu'elles étaient arrivées à Valladolid. S'il apprenait que l'ennemi avait l'intention de les dégager, il avait toute liberté d'agir, pour obliger l'armée espagnole du duc del Parque, qui avait mis de nouveau le 6ᵉ corps dans le cas de se retirer de Salamanque et qui interceptait les communications avec Valladolid, à retourner sur ses pas pour éviter d'avoir sa droite tournée et d'avoir ses arrières compromis par la colonne commandée par Gazan[2].

La division Gazan fut donc portée d'Avila sur la rivière Tormes. Le maréchal Mortier s'en étant plaint le 24 novembre, Joseph lui répondit

---

1. AN, 381 AP 1¹.
2. AN, 381 AP 1¹.

Le général Brayer, commandant une brigade de la division Gazan.
Gravure ancienne.

le lendemain : « *Monsieur le maréchal, je reçois votre lettre du 24. Je puis bien vous assurer qu'il n'est nullement entré dans ma pensée de disloquer le 5e corps. Le 5e corps et son digne chef m'ont inspiré trop d'estime, et de reconnaissance même, pour que je fasse jamais rien qui leur soit désagréable. Le mouvement ordonné à la division Gazan a été commandé par le besoin du moment ; mais, ce mouvement terminé, tout rentre dans l'ordre accoutumé. Vous pouvez même, monsieur le maréchal, vous porter avec la division Gazan ; mais votre présence me paraît plus nécessaire plus près des deux corps qui sont et restent sous vos ordres. Loin de restreindre votre commandement, vous me trouverez toujours, monsieur le duc, disposé à l'augmenter. La manière dont vous vous êtes conduit à Ocaña doit me faire désirer de voir toujours beaucoup de troupes sous vos ordres.* » [1]

Le 27 novembre, le roi fit écrire à Gazan : « *Le retard que l'ordre du 25 a mis pour vous parvenir fait craindre que vous ne puissiez arriver que demain à Villacastin et Avila. Il est bien important que vous vous mettiez de suite en mouvement sur la droite de l'armée ennemie, en vous portant à cet effet vers Alba de Tormes. Si l'ennemi s'était porté sur la route de Ségovie à Valladolid, vous devriez marcher à lui pour le combattre, et rétablir la communication ralliant à votre colonne toutes les troupes et détachements quelconques que vous rencontrerez dans*

---

1. A. du Casse, *Mémoires et correspondance politique et militaire du roi Joseph*, tome septième, Paris, 1857, p. 104.

votre marche. *Lorsque la communication sera rétablie et que vous aurez la certitude que les colonnes de prisonniers qui sont envoyées de Madrid sur Valladolid peuvent passer en toute assurance, alors vous chercherez à vous mettre promptement en relation avec le général Kellermann.* » Kellermann était alors vers Salamanque avec le 6ᵉ corps ; Gazan devait concourir à ses opérations en manœuvrant sur le flanc droit ou les derrières de l'armée ennemie, s'il pouvait l'atteindre, mais ne pas trop s'éloigner d'Avila, « *afin qu'en cas d'événement dans la vallée du Tage vous puissiez promptement y revenir* ». Dès que l'ennemi était en retraite et ne pouvait pas être atteint, il devait revenir avec toutes ses troupes à Villacastin et Avila pour attendre de nouveaux ordres. Ses rapports devaient être envoyés par le général Tilly à Ségovie [1].

Tilly fut informé le 27 novembre que Gazan devait être le soir même à Villacastin. Le duc del Parque continuait toujours sa pointe sur le Douro dans la direction de Valladolid. Le roi pensait qu'il était à présumer que l'ennemi se mettrait en retraite lorsqu'il verrait une aussi forte colonne se porter sur sa droite et menacer ses derrières. L'autre division du 5ᵉ corps était à Santa Cruz, prête à soutenir Gazan si nécessaire.

Le matin du 29 novembre, les trois brigades sous les ordres de Gazan arrivèrent à Avila où elles rallièrent la brigade Rey. En somme, Kellermann n'avait plus besoin de leur aide, car il venait de livrer bataille au duc del Parque à Alba de Tormes et de le battre à plate couture sans attendre les renforts. Conformément à ses instructions, Gazan ramena sa division sur Avila et Villacastin. La cavalerie légère et la brigade Rey s'en séparèrent.

Le 3 décembre 1809, Joseph écrivit à Napoléon que l'armée du duc del Parque avait été détruite à Alba de Tormes « *au point que le général Kellermann me renvoie la division Gazan et la brigade Rey, que j'avais envoyées à son secours, comme lui étant désormais inutiles* » [2]. Le 5 décembre, la division Gazan reçut l'ordre de se rendre à Tolède. Le 8 décembre, elle revint à Maqueda et Santa Cruz, où elle rentra au 5ᵉ corps. Le lendemain, ce corps se porta sur Tolède. C'est là que Gazan fêta la nouvelle année, en compagnie du maréchal Mortier et de tous ses officiers, qui assistèrent le 1ᵉʳ janvier 1810 à une grande cérémonie religieuse dans la cathédrale de Tolède. Ils devaient tous bientôt recevoir une nouvelle destination : l'Andalousie.

---

1. AN, 381 AP 1¹.
2. A. du Casse, *op. cit.*, p. 107.

Chapitre XIII

Sous le soleil de l'Andalousie

Joseph et Soult ne poursuivirent pas les débris de l'armée de la Manche vers la Sierra Morena. Il était pressant de prendre des dispositions pour rétablir l'ordre et la tranquillité dans les provinces de l'intérieur, et pour assurer la liberté des communications de plus en plus menacées par les guérillas. Joseph attendit donc les ordres de son frère, qui envoya d'importants renforts en Espagne, mais se garda d'y venir en personne. Occupé par son divorce d'avec Joséphine puis son remariage, l'Empereur n'avait aucune intention de revenir dans la péninsule Ibérique. Balançant entre une nouvelle invasion du Portugal, idée favorite du maréchal Soult, et la conquête de l'Andalousie, la plus riche, la plus étendue et la plus peuplée des provinces espagnoles [1], Joseph finit par se décider pour ce dernier parti, qui présentait selon lui de grands avantages. Séville renfermait des arsenaux et des dépôts militaires dont il était indispensable de s'emparer. De plus, pour une armée qui était obligée de vivre sur le pays, ne recevant aucune ressource de France, la possession de l'Andalousie se révélait vitale.

Soult finit par se ranger aux vues du roi, peut-être convaincu par des promesses alléchantes, et devint un ardent partisan de cette campagne d'Andalousie qui allait s'ouvrir sous peu. Le maréchal Jourdan juge sévèrement dans ses mémoires cette décision plus politique que militaire : « *Le roi crut devoir profiter de la victoire d'Ocaña pour soumettre l'Andalousie et empêcher la réunion des Cortès, convoquées à Séville pour les premiers jours du mois de mars. L'armée anglaise était la seule force organisée, en état de se présenter en ligne devant les troupes impériales et sa présence dans la Péninsule soutenant l'énergie du gouvernement espagnol et donnant de la confiance au peuple, nous pensons qu'on aurait dû s'attacher à sa destruction avant de disséminer les troupes françaises sur toute la surface de l'Espagne. [...] D'ailleurs, il n'était pas prudent de s'avancer jusque sous les murs de Cadix avant*

---

1. Le soldat Lavaux appelle l'Andalousie « *la cave et le grenier de l'Espagne* ».

d'avoir occupé le royaume de Valence. » [1] Napoléon, tout en partageant cette opinion, ne donnait aucune instruction précise à son frère, qui se résolut à agir selon ses propres idées.

Le pharmacien Fée, participant de la campagne d'Espagne, parle dans ses mémoires du roi Joseph en ces termes : « *Ce prince avait des manières charmantes ; il ressemblait beaucoup à son frère, mais son regard avait plus de douceur ; il savait dire des paroles aimables, et il les disait à propos. Ses intentions étaient excellentes, et s'il fût resté sur le trône d'Espagne, libre de ses actions, ce beau pays serait aujourd'hui, très vraisemblablement, dans un état de prospérité, dont il est bien loin. Pour le faire mépriser, on le disait ivrogne, et on le surnommait Pepe Botellas, Joseph-Bouteille. Jamais qualification ne fut moins méritée ; au reste, si le peuple espagnol le méconnut et l'outragea, il en fut sévèrement puni : on lui rendit Ferdinand, et ses fautes furent cruellement expiées.* » [2]

La conquête de l'Andalousie

Le plan adopté par le roi était très audacieux. Laissant le 2ᵉ corps seul face à l'Estrémadure et Suchet face à Valence, le gros de l'armée d'Espagne (1ᵉʳ, 4ᵉ, 5ᵉ corps d'armée, division Dessolle) fonça droit sur Cordoue et Séville. Les Espagnols, qui ne s'attendaient pas à cette attaque, n'avaient pas beaucoup de troupes à opposer aux envahisseurs. Le 20 janvier, les Français forcèrent les défilés enneigés de la Sierra Morena, faiblement défendus. La division Gazan formait, avec les troupes de Dessolle, la colonne de droite ; selon Oman, elle était forte de 6 414 baïonnettes [3]. Le maréchal Mortier marchait avec elle. Une brigade se porta sur le Puerto del Muradal alors que l'autre, en ordre ouvert, avança dans l'intervalle entre le col et une redoute espagnole. Dessolle attaqua en même temps le Puerto del Rey avec quelques bataillons, envoyant le reste de ses troupes sur les flancs des montagnes. Ce mouvement était destiné à tourner le défilé de Despeñaperros sur lequel marchaient la division Girard du 5ᵉ corps et la garde royale de Joseph. La réunion des deux brigades de Gazan, en arrière des coupures et des retranchements de l'ennemi, décida le succès. Les Espagnols qui défendaient les cols, numériquement inférieurs, lâchèrent pied après

---
1. *Mémoires militaires du maréchal Jourdan*, Paris, 1899, p. 294.
2. A. L. A. Fée, *Souvenirs de la guerre d'Espagne*, Paris, 2008, p. 83.
3. Sir Charles Oman, *A History of the Peninsular War*, volume III, London-Pennsylvania, 2004, p. 130, note.

Le défilé de Despeñaperros.
Photo Natalia Griffon de Pleineville.

un peu de résistance. À 14 heures, le défilé était entièrement libre et la porte de l'Andalousie ouverte aux Français.

Du 26 au 29 janvier, le roi séjourna à Cordoue, au palais épiscopal. L'objectif de Joseph et de Soult était d'arriver à Séville pour y capturer les membres de la Junte, le gouvernement de l'Espagne rebelle. Dans leur précipitation, ils négligèrent d'envoyer une force vers Cadix, qu'il eût été facile d'occuper en profitant de l'effet de surprise. Du point de vue militaire, il eût même été plus avantageux de marcher d'abord sur Cadix où la Junte s'était réfugiée et où se retirait à marches forcées le corps du duc d'Alburquerque ; cela n'eût retardé la prise de Séville que de quelques jours. Il semblerait que la question eût été soulevée au conseil de guerre à Carmona le 31 janvier, mais que Soult balaya tous les arguments d'un revers de main en déclarant : « *Qu'on me réponde de Séville, et je réponds de Cadix.* » [1] Ce fut la plus grande erreur de cette campagne, extrêmement lourde de conséquences. Pour sa part, le maréchal Soult affirme le contraire

---

1. A. du Casse, *Mémoires et correspondance politique et militaire du roi Joseph*, tome dixième, Paris, 1858, p. 366. *Mémoires du comte Miot de Melito*, tome troisième, Paris, 1858, p. 99.

dans ses mémoires et accuse le roi d'avoir attaché trop de prix à faire son entrée à Séville. Quelle que fût l'identité du responsable de cette décision funeste, le triomphe des Français à Séville leur coûta Cadix.

L'armée eut donc l'ordre de s'avancer vers la capitale de l'Andalousie. Le roi partit de Carmona le 1er février au matin et fit son entrée à Séville le soir même. Le pharmacien Fée raconte : « *Dès le point du jour, l'armée se trouva prête à combattre ; mais on avait parlementé pendant la nuit ; Séville se soumit, et l'affaire à laquelle chacun s'attendait, fut remplacée par une grande revue. La ville ne s'était opposée à notre entrée que pour donner aux troupes espagnoles le temps d'évacuer la place ; cela fait, elle ouvrit ses portes à Joseph, qui fit son entrée au bruit des cloches, et qui trouva des voix pour lui souhaiter la bienvenue. Ce que le peuple célébrait alors, c'était le ravitaillement de Cadix, qui dès ce moment était perdu pour nous.* » [1]

Miot de Melito entra à Séville au côté du roi ; il se souvenait : « *Il [Joseph] y fut reçu et suivi par une foule innombrable de peuple qui remplissait les rues et les places publiques jusqu'à l'Alcazar où il descendit de cheval et fixa sa demeure. Des cris de* Vive le roi ! *retentissaient de toutes parts. La curiosité et la crainte avaient sans doute plus de part à ce triomphe que tout autre sentiment ; mais quelles qu'en fussent les véritables causes, il parut justifier le parti qu'on avait pris de venir avant tout à Séville. On se crut encore une fois à la fin de la guerre, et le roi s'applaudit plus que jamais d'avoir entrepris, contre l'opinion d'une partie de ceux qui l'environnaient, une expédition dont l'issue était si heureuse et si rapide : il y avait à peine vingt jours que nous étions partis de Madrid.* » [2]

Saint-Chamans, aide de camp de Soult, livre ses impressions : « *Nous étions entrés fort paisiblement à Séville ; la population entière de cette ville y était restée et nous fournissait toutes les ressources d'une province riche et civilisée. Je n'ai rien vu d'aussi beau dans aucun pays que cette campagne de l'Andalousie, qui offrait à la fois à nos yeux, étonnés de tant de richesses, les productions de l'Europe et de l'Afrique : ces bois d'orangers et de citronniers, ces buissons d'aloès et de lauriers-roses, ces forêts d'oliviers se mêlaient de la manière la plus pittoresque avec les arbres fruitiers, les vignes et les autres productions de notre pays. Cette population immense, qui ne nous paraissait avoir rien de l'air farouche des habitants des autres provinces espagnoles que nous avions parcou-*

---

1. A. L. A. Fée, *op. cit.*, p. 83.
2. Miot de Melito, *op. cit.*, pp. 100-101.

rues, augmentait encore la riante perspective que nous avions devant nous, et, dans ces premiers moments, je crois que nous avions tous oublié les dangers et les horreurs de la guerre d'Espagne, et que peu d'entre nous auraient désiré être transportés en France. Il faut nous pardonner ces sentiments et ce moment de distraction : ils ne furent pas de longue durée. » [1]

L'euphorie fut en effet de courte durée. Après avoir recueilli les troupes du duc d'Alburquerque, Cadix ferma ses portes devant le 1er corps du maréchal Victor. Le siège de cette place absorbera de grandes forces et sera aussi interminable que le siège de Troie ; la ville ne sera jamais prise par les Français. C'est de Cadix que le gouvernement de l'Espagne fidèle aux Bourbons, la Régence, gérera les affaires du pays. C'est aussi à Cadix que les Cortès adopteront la Constitution de 1812. L'erreur du maréchal Soult ou du roi Joseph de ne pas marcher immédiatement sur Cadix au lieu de parader à Séville aura coûté très cher aux Français.

LES OPÉRATIONS DE 1810

Le maréchal Soult prit le commandement supérieur de l'armée du Midi, composée des 1er, 4e et 5e corps d'armée. Installées en Andalousie, les troupes françaises eurent continuellement à faire face aux populations en révolte et aux troupes régulières. Le 5e corps de Mortier fut envoyé sur Badajoz pour faire une diversion en faveur du corps du maréchal Ney destiné à faire le siège de Ciudad Rodrigo au nord ; cette mission remplie, Mortier fut rappelé à Séville, laissant la division Gazan en surveillance dans l'Estrémadure. Selon Soult, « *elle suffirait à menacer Badajoz, tant que nous ne serions pas prêts à en entreprendre le siège* »[2]. Cependant les Espagnols sur la Guadiana, enhardis par la rentrée de Mortier à Séville, attaquèrent Gazan [3]. Parmi les chefs des guérillas, le général Ballesteros fut un des plus entreprenants. Prudent, Gazan se replia devant les forces supérieures sur la hauteur d'El Ronquillo et prit position sur la rive droite de la rivière Huelva, d'où il pouvait couvrir à la fois le comté de Niebla et les principaux accès de Séville. Les 25 et 26 mars 1810, le détachement of Gazan infligea une défaite à Ballesteros à

---

1. *Mémoires du général comte de Saint-Chamans, 1802-1832*, Paris, 2008, pp. 138-139.
2. *Mémoires du maréchal Soult : Espagne & Portugal*, Librairie Hachette, 1955, p. 167.
3. Selon l'historien Priego López, Gazan commandait alors un détachement fort de 3 000 fantassins et 500 cavaliers (Juan Priego López, *Guerra de la Independencia, 1808-1814*, volumen quinto, Madrid, 1981, p. 70).

El Ronquillo, tua 200 hommes et fit un pareil nombre de prisonniers [1]. « *Cette brillante affaire, dit l'historien du 96ᵉ régiment d'infanterie, fit le plus grand honneur aux généraux Gazan et Pépin qui s'y distinguèrent par leur énergie et les habiles dispositions qu'ils surent prendre.* » [2] En avril, la division Gazan écrasa une bande de paysans armés conduite par le général Contreras. Pendant les mois de mai, juin et juillet, les brigades de Gazan taillèrent en pièces de nombreux partis ennemis et forcèrent Copons et Ballesteros de fuir en Portugal, sous la protection de l'armée de Wellington. Ballesteros pénétra ensuite en Andalousie par la basse Guadiana et fut battu par Mortier.

Fin juillet, le 5ᵉ corps releva celui du général Reynier, parti renforcer l'armée de Masséna au Portugal. Sa mission était d'observer les débouchés de l'Estrémadure, pour empêcher l'ennemi de pénétrer en Andalousie de ce côté. Le départ de Reynier avait laissé les forces espagnoles au nord-ouest de l'Andalousie non entamées ; ainsi, le 8 août, une colonne conduite par le général espagnol La Romana, passant facilement au milieu des bataillons de Gazan disséminés sur un vaste territoire, apparut non loin de Séville. Ce danger fut conjuré grâce aux actions énergiques du maréchal Mortier. Fin août, le duc de Trévise apprit le débarquement du général espagnol Lacy près de Huelva, sur les plages de Palos [3], avec environ 3 000 hommes ; il envoya contre lui la division Gazan qui l'obligea à se rembarquer. Après des marches harassantes, Gazan revint auprès du 5ᵉ corps et participa à la lutte contre La Romana, qui finit par battre en retraite. Ceci accompli, Gazan put enfin avoir quelque repos nécessaire, car il était constamment malade. Sa place fut occupée provisoirement par le général Pépin, qui mandait à sa famille le 30 septembre : « *Gazan est malade à Séville. Je commande la 2ᵉ division.* » [4]

Pendant qu'il faisait la guerre en Espagne, le général n'était pas oublié dans son département natal. Il était inscrit par décret impérial sur les listes du collège électoral du Var. À ce propos, le baron d'Azémar, préfet du Var, écrivit : « *Il est chéri de ses concitoyens par sa douceur, son affabilité et sa modestie, il a toujours servi avec distinction et jouit de la plus grande considération et on peut lui accorder une confiance sans*

---

1. *Victoires, conquêtes, désastres, revers et guerres civiles des Français, de 1792 à 1815*, tome 20, Paris, 1820, p. 12.
2. Cité dans « Un soldat de l'Empire : le général Joseph Pépin (1765-1811) », in *Carnet de la Sabretache*, 1932, p. 276.
3. Palos de la Frontera est connu pour avoir été le lieu de départ de la première expédition de Christophe Colomb.
4. « Un soldat de l'Empire : le général Joseph Pépin (1765-1811) », in *Carnet de la Sabretache*, 1932, p. 281.

Sous le soleil de l'Andalousie

bornes. »[1] Il était inscrit également sur la liste du collège électoral de l'arrondissement de Grasse, mais porté absent « *aux armées* ». Le général obtiendra même 37 voix sur 144 pour le Sénat lors du scrutin de janvier 1811, preuve de son influence à Grasse. Ses revenus étaient alors évalués à 10 000 francs, sans compter les dotations impériales sur la Westphalie et le Hanovre. Par ce fait, il fut inscrit dans la liste des 550 contribuables les plus imposés du Var.

Le 6 septembre 1810, de Séville, Gazan annonça à Berthier qu'il était en convalescence d'une troisième maladie éprouvée en Espagne. Il sollicitait par conséquent un commandement moins actif « *où je pourrais avoir un peu de repos* » ; le poste qu'il visait était celui de chef d'état-major de l'armée du Midi qui était toujours vacant, ou bien il souhaitait être nommé à un des gouvernements d'intérieur établis en Espagne. « *Ma reconnaissance sera éternelle pour un pareil bienfait* », écrivait-il. Berthier transmit sa demande à Napoléon le 12 octobre, en précisant que le général Gazan exposait qu'il avait 32 ans de service effectif et 18 campagnes, que depuis deux ans qu'il était en Espagne, il avait essuyé trois maladies. Il soulignait que le général ne demandait point à rentrer en France, mais qu'il sollicitait un poste moins actif que celui de commandant d'une division que ses forces et les soins qu'exigeait sa santé ne lui permettaient plus de garder[2].

Au 16 novembre 1810, Mortier commandait toujours le 5e corps de l'armée du Midi ; il avait son quartier général à Séville, tout comme Soult. La 2e division Gazan était à Séville. La brigade Pépin se composait des 21e léger et 100e de ligne, et la brigade Maransin des 28e léger et 103e de ligne. L'effectif de la division était de 7 576 hommes. Celui du 5e corps s'élevait à 470 officiers et 14 549 hommes, dont 2 142 aux hôpitaux[3]. La division Gazan changea plusieurs fois de chef d'état-major : au 16 novembre c'était Gasquet, et au 1er décembre – l'adjudant-commandant Mocquery, qui sera remplacé au second semestre de l'année 1811 par l'adjudant-commandant Forestier.

Le 27 novembre 1810, l'Empereur nomma le général de division Gazan « *chef de l'état-major général de l'armée du Midi en Espagne* ». Cette nomination ne devait lui parvenir que quelques mois plus tard ; en attendant, il exerçait toujours le commandement de sa division qui revenait officiellement au général Daultane, disponible à Madrid.

---

1. Frédéric d'Agay, *Grands notables du Premier Empire : Var*, CNRS éditions, 1988, p. 94. AN, F1cIII Var 3.
2. AN, AF IV 1626.
3. SHD, C8 356.

Une nouvelle expédition de Soult

En novembre 1810, le maréchal Soult s'occupait à préparer une expédition contre Badajoz ; il espérait prendre cette ville pendant que les troupes ennemies étaient employées au Portugal contre l'armée du maréchal Masséna, et faire en même temps une diversion favorable à cette armée en se portant en Estrémadure. Les mauvaises nouvelles de Masséna, immobilisé devant les lignes de Torres Vedras, déterminèrent le duc de Dalmatie à hâter sa marche ; toutefois force est de reconnaître que ses préparatifs avaient traîné en longueur pendant des mois.

Le siège de Badajoz devait être conduit surtout par les unités du 5e corps, toujours commandé par Mortier. L'armée se mit en marche dans la nuit du 31 décembre 1810 en deux colonnes. La seconde colonne, avec laquelle marchaient Soult et Mortier, incorporait la division Gazan. Les pluies diluviennes, transformant les routes en bourbier, gênaient considérablement la marche.

Saint-Chamans raconte : « *Le maréchal Soult, ayant ainsi réuni tout son monde, se porta sur Olivença, ville forte à quatre lieues de Badajoz ; il la croyait abandonnée ; mais les Espagnols y avaient jeté une garnison de quelques mille hommes, la plupart milices ou régiments de nouvelle formation, et nous y fûmes reçus à coups de canon ; il fallait donc commencer par prendre cette ville avant de songer à Badajoz, et c'était déjà un grand obstacle de plus ; on se hâta de remuer de la terre et de mettre quelques pièces en batterie afin de jeter des obus dans la ville ; la garnison n'opposa qu'une faible résistance, et au bout de peu de jours elle se rendit prisonnière de guerre. La prise de cette ville nous donna de grands moyens en artillerie, et surtout en poudres et boulets, pour le siège de Badajoz, qui fut aussitôt entrepris ; mais c'était un morceau de plus dure digestion. Nous avions aussi trouvé des vivres et beaucoup de bon vin à Olivença ; le maréchal y établit ses hôpitaux et une petite garnison composée d'hommes malingres ; l'administration y resta également pendant tout le siège de Badajoz.* »[1]

Gazan ne prit aucune part à l'investissement d'Olivença. Au début janvier 1811, sa division fut détachée entre Monasterio et Fregenal, avec ordre d'agir contre le corps de Ballesteros fort de plus de 5 000 hommes[2] qui s'était dirigé vers le comté de Niebla et manœuvrait dans le but d'entraver l'avance des Français, d'inquiéter leur gauche et de couper

---

1. *Mémoires du général comte de Saint-Chamans, 1802-1832*, Paris, 2008, p. 158.
2. [Collectif], *La batalla de Castillejos y la Guerra de la Independencia en el Andévalo occidental*, Huelva, 2010, p. 87.

Sous le soleil de l'Andalousie

leurs communications avec l'Andalousie. Gazan avait la mission de protéger la marche de l'équipage de siège retardé par les pluies. Sa division bivouaqua le 1er janvier à la Venta de Guillana, le 2 à El Ronquillo, le 3 à Santa Ollala. Le premier combat fut livré le 4 à Calera de Leon ; après une résistance de deux heures, Ballesteros se replia sur Fregenal de la Sierra. Les historiens soulignent à ce propos le même *modus operandi* du général espagnol, adopté par lui surtout en cas d'infériorité numérique : mener un combat de retardement pour obliger les Français à se déployer, puis se retirer sans offrir beaucoup de résistance. C'était donc surtout une tactique d'usure.

Les Français se lancèrent à la poursuite de Ballesteros, qui se portait vers le sud dans le but de rejoindre les troupes du général Copons opérant dans le comté de Niebla. Après la mise à sac de Calera, le 5 janvier, Gazan arriva à Fuente de Cantos. Ballesteros établit ses quartiers à Fregenal. Le temps était affreux ; les torrents débordaient, les chemins devenaient impraticables. Le 6 janvier, jour de l'occupation de Mérida, Soult écrivit à Mortier pour l'avertir que Gazan était autorisé à exiger des contributions en argent sur les communes qui se seraient mal conduites et de frapper des réquisitions en denrées pour les transporter à Olivença. Le recouvrement de ces provisions se heurtait à beaucoup de difficultés et de résistance de la part des paysans.

Ballesteros fit répandre des proclamations bilingues parmi les soldats français, les appelant à abandonner les drapeaux de la tyrannie et à s'enrôler sous ceux de la liberté et de la justice. En lisant ce texte, Soult se mit en colère et édita sa propre proclamation dans laquelle il demandait à ne faire aucun quartier à Ballesteros et ses acolytes. Le maréchal en envoya plusieurs exemplaires à Gazan, mais les Espagnols en interceptèrent une grande partie près de Zafra[1]. Le 14 janvier, Soult écrivit à Mortier que Gazan devait « *assurer la marche des convois et poursuivre Ballesteros jusqu'à extinction des bandes que ce chef d'insurgés commande* ». Au 16 janvier, la division Gazan comptait 7 331 hommes sur les rangs. Gazan appela à lui l'adjudant-commandant Rémond qui avec 1 200 hommes était chargé de surveiller la ligne du roi Tinto vers Niebla.

Le 22 janvier 1811, jour de la reddition d'Olivença, Soult écrivit à Berthier :

« *La division du général Gazan devait agir contre Ballesteros, et protéger la marche de l'équipage de siège ; elle n'a encore rempli que ce dernier objet. Un rapport du général Gazan, daté du 18 de Segura de*

---

1. *Gaceta de la Regencia de España e Indias*, le 24 janvier 1811.

Léon, qui vient de parvenir, annonce qu'il se mettait en marche pour attaquer Ballesteros du côté d'Encina-Sola, où ce chef d'insurgés a réuni à ses troupes une partie de celles que Copons commandait dans le comté de Niebla.

Il est à espérer que le résultat sera avantageux, et qu'en cette partie les ennemis seront mis pour longtemps hors d'état de rien entreprendre contre Séville, ainsi qu'ils en avaient le projet. L'opération étant terminée, le général Gazan dirigera sa division sur Olivença, où elle rejoindra le restant du 5ᵉ corps ; et lui-même prendra les fonctions de chef d'état-major de l'armée, qu'il a plu à Sa Majesté de lui conférer. »[1]

Ballesteros conduisit une habile retraite à travers les montagnes vers la vallée de la Guadiana. Le 23 janvier, son armée se réunit à celle du général Copons à Villanueva de los Castillejos en Andalousie, mais cette dernière partit aussitôt pour Cadix conformément aux ordres de la Régence, tout en laissant quelques unités (environ 1 100 hommes) renforcer Ballesteros. Ce dernier offrit finalement bataille à son adversaire à Villanueva de los Castillejos.

LE COMBAT DE VILLANUEVA DE LOS CASTILLEJOS

Le 25 janvier 1811, Gazan atteignit enfin Ballesteros, l'attaqua et lui infligea une défaite. Selon les sources françaises, ce fut une victoire incontestable de Gazan. En revanche, les écrivains espagnols la présentent plutôt comme une habile retraite de Ballesteros face à des forces supérieures, voire comme un des plus glorieux combats livrés par une troupe espagnole de toute la guerre[2]. La vérité se trouve probablement quelque part au milieu.

Le *Journal de Paris* du jeudi 21 mars 1811 relata cette affaire en ces termes : « *Le général Gazan avait réussi dans sa poursuite contre le corps de Ballesteros. Le 25 janvier il l'a atteint à Villa-Nova de Castillegos* (sic), *Ballesteros avait engagé son artillerie et sa cavalerie par la route de Puymogo* (sic), *de sorte qu'il fut pris au dépourvu et aussitôt attaqué avec impétuosité. Sa position fut enlevée à la baïonnette et ses troupes tellement maltraitées, que très peu réussirent à se mettre en sûreté derrière la Guadiana ; le reste a été tué, pris, ou s'est dispersé sans armes ni*

---

1. A. du Casse, *Mémoires et correspondance politique et militaire du roi Joseph*, tome septième, Paris, 1857, p. 447.
2. Ainsi, le journal *El Conciso* du 14 février 1811 glorifiait Ballesteros pour sa résistance « *contre des forces triples de ces vandales orgueilleux et insolents* » ! L'iconographie populaire contribua aussi beaucoup à présenter Ballesteros comme un héros national.

bagages, ne voulant plus servir. » Les sources espagnoles parlent d'un véritable « *nuage de voltigeurs* » qui s'était porté sur les hauteurs, délogeant les tirailleurs ennemis. Les Espagnols résistèrent pendant au moins trois heures dans leur position, avant que Ballesteros fît venir ses deux colonnes de réserve ; le feu fut « *très vif et bien soutenu* »[1]. Les murs en pierres sèches servirent d'abris aux tireurs espagnols. Des deux côtés, on exagéra dans les rapports les effectifs de l'adversaire ; ainsi, Ballesteros déclara-t-il que les Français avaient trois fois plus de monde que lui, ce qui est très loin de la vérité. La retraite des Espagnols sur le Portugal s'effectua « *en échelons par régiments* », avec beaucoup d'ordre. Rémond rapporta à Soult que « *la nuit a mis dans l'impossibilité le général Gazan d'aller s'établir à San Lucar de la Guadiana* »[2]. À 23 heures, Ballesteros traversa la Guadiana.

Petiet, aide de camp de Soult, résume ainsi ce combat dans ses mémoires : « *Rémond se dirige avec sa cavalerie et un bataillon par la plaine sur les derrières de l'ennemi, tandis que le général Maransin attaque de front et enlève la position à la baïonnette. La cavalerie entre dans la ville en sabrant les fuyards et le général Rémond, chargé de la poursuite de Ballesteros, le force à repasser la Guadiana et à se retirer au Portugal.* »[3] Le général Maransin relata l'affaire à son père : « *Nous nous mîmes à la poursuite du corps de Ballesteros ; atteint à Villanueva de los Castillejos, il fut complètement battu, quoique supérieur en infanterie et cavalerie, par la division dont je fais partie et sans doute il aurait été entièrement défait si la nuit n'avait favorisé sa retraite ou plutôt sa fuite.* »[4] On trouve un récit assez détaillé de cet engagement dans l'ouvrage du colonel Lamare[5].

Le 28 janvier, n'ayant toujours pas de ses nouvelles, Soult écrivit à Gazan : « *Monsieur le général, il est inconcevable que nous n'ayons pas de vos nouvelles et que vos opérations contre Ballesteros ne soient pas terminées. Les bandes de ce chef d'insurgés ne devraient plus exister et vous devriez déjà avoir rejoint votre corps d'armée. Hâtez-vous de remplir ces deux objets et s'il restait encore quelque chose à faire dans les montagnes, laissez le général Maransin avec trois bataillons et votre artillerie, et vous conduirez le surplus de vos troupes à marches forcées*

---

1. Rapport de Ballesteros, publié dans le *Diario de Mallorca*, le 25 mars 1811.
2. Cité dans [Collectif], *La batalla de Castillejos y la Guerra de la Independencia en el Andévalo occidental*, Huelva, 2010, p. 113.
3. Auguste Petiet, *Souvenirs historiques, militaires et particuliers, 1784-1815*, S.P.M., 1996, pp. 332-334.
4. Jean Cambon, *Jean-Pierre Maransin*, Tarbes, 1991, p. 78.
5. Colonel Lamare, *Relation des sièges et défenses d'Olivença, de Badajoz et de Campo-Mayor, en 1811 et 1812*, Paris, 1825.

devant Badajoz, où je vous ordonne d'amener au moins 100 000 rations de vivres, pain, farine, viande, vin et légumes, s'il est possible. » Comme il y avait beaucoup d'approvisionnements (farine, biscuits, riz et morue) dans deux petits fortins des environs défendus par de faibles garnisons, Gazan devait tâcher de les prendre en passant et de faire immédiatement transporter les approvisionnements qu'ils contenaient devant Badajoz. Toutefois, si cette opération lui prenait trop de temps, il avait la consigne d'y laisser le général Maransin et de presser son retour : « *La division que vous commandez pourrait-elle laisser enlever Badajoz sans y prendre part ?* » [1]

Le même jour, de Cortegana, Gazan adressait à Mortier son rapport sur l'affaire de Villanueva de los Castillejos, que ce dernier s'empressait de transmettre au duc de Dalmatie. Nous le donnons en entier :

« *Pour remplir les ordres reçus le 7 janvier, je partis avec la colonne à mes ordres le 8 de Fuente* [de] *Cantos pour la Calera dans l'intention de me rapprocher de Monasterio, où je pensais que je pourrais avoir des nouvelles de la marche des convois et pouvoir par suite prendre mes dispositions afin de les empêcher de tomber entre les mains de l'ennemi. J'y appris en effet par une lettre du général Bourgeat qu'il venait d'arriver à Monasterio avec quelques voitures seulement.*

N'ayant pu me procurer aucune espèce de renseignements, tant sur la position que sur les mouvements de Ballesteros, je me portai le 9 à Fuente de Léon. J'y appris par les habitants de cet endroit, par ceux de Segura et de Bodonal, que de là il avait détaché trois de ses régiments pour Olivença et qu'il avait été rejoint par deux escadrons de hussards de Castille venant de la Serena ; [qu'il] *s'était porté avec toutes ses troupes sur Aroche, sur l'avis qu'il avait reçu que je m'étais rapproché de Monasterio ; qu'il était nommé au commandement en chef des troupes du comté de la Niebla, et qu'il avait l'ordre de la régence de faire son possible pour enlever les convois destinés pour le siège de Badajoz.*

Sa position sur Aroche le mettait à même d'être en deux ou trois marches au plus sur El Ronquillo. Je me portai le 10 à Aracena, afin de protéger le point qui paraissait être menacé, et en effet le même jour Ballesteros arrivait à Jabugo, mais sur l'avis de mon arrivée à Aracena, il remonta El Monaster la Réal pour voir ce que je deviendrais. Je quittai Aracena le 11 et fus coucher à la Higuera, couvrant par cette position toute la ligne qui était tenue par nos convois. Je me mis en rapport avec le colonel Bouchu qui commandait le derrière et j'appris par lui que

---

1. AN, 402 AP 48.

tout partirait le 17 d'El Ronquillo. Ne pouvant point faire subsister mes troupes en cet endroit et craignant que Ballesteros ne pût arriver sur Monasterio avant moi en traversant la chaîne des montagnes, je me fis annoncer le 12 à Castillo de las Guardias ; mais je n'y envoyai que la brigade du général Pépin avec l'ordre d'y séjourner le 13, de revenir le 14 à la Higuera, d'aller le 15 à Aracena et le 16 à Fuente de Léon, où il se mettrait en rapport avec moi, qui arriverais le même jour à Segura. Je quittai donc la Higuera le 12 et fus coucher avec la brigade Maransin à Cala et arrivai le 13 à la Calera. Ballesteros, qui me croyait à Castello, traversa la chaîne de montagnes et arriva le 14 à 1 lieue en arrière d'Arroyo Molinos, mais un déserteur espagnol qui m'avait suivi dans mes mouvements, s'était rendu auprès de lui et lui ayant annoncé que j'étais à la Calera, il se porta de nouveau à Jabugo et sur l'avis qu'il reçut qu'Aracena était occupé et qu'il n'y avait plus rien de nos convois en arrière, tout filant sur Monasterio, il renonça aux projets qu'il avait faits et se borna à attendre des nouvelles de mes mouvements ultérieurs pour ensuite descendre dans le comté de Niebla pour y remplacer Copons dans son commandement.

Le colonel Bouchu m'ayant prévenu que tout partirait le 20 au matin, et ayant par conséquent la certitude que tous nos convois étaient en sûreté, je dus commencer mes mouvements sur Ballesteros, afin de le combattre et le forcer à repasser la Guadiana. Je me portai donc le 20 à la Nava de Galarosa où j'appris que Ballesteros était parti le matin d'El Monaster sur El Cerro. Je fus le 21 à El Monaster et le 22 à El Cerro. Ballesteros en était parti le matin pour la Puebla de Guzman. J'appris de plus que Copons assiégeait Niebla et que l'adjudant-commandant Rémond s'était retiré sur Séville, nouvelle qui me paraissait absurde, mais qui m'était encore rapportée par des avis que je reçus de Calaños.

Dans ma position, n'ayant que 50 chevaux avec moi et au plus 2 500 baïonnettes, l'incertitude où j'étais de savoir la vérité des rapports ci-dessus, et ne voulant point engager dans un pays ouvert une affaire avec Ballesteros, s'il était réuni avec Copons, sans avoir un peu de cavalerie pour l'opposer aux 700 chevaux que lui donnait cette réunion, je pris le parti de me porter par une marche d'un seul jour à Trigueros pour me trouver sur les derrières de Copons, s'il était encore devant la Niebla, ou dans le cas contraire me réunir avec l'adjudant-commandant Rémond et marcher ensemble sur Ballesteros pour le combattre et le rejeter sur la rive droite de la Guadiana.

Le général espagnol Ballesteros, adversaire coriace de Gazan.
Le général Maransin.
Gravures anciennes.

Sur l'avis que je donnai au colonel Rémond de mon arrivée à Trigueros, cet officier vint m'y joindre le 24 au matin amenant avec lui le 9ᵉ de dragons fort de 170 chevaux et un bataillon du 16ᵉ léger. Après avoir donné une couple d'heures de repos aux troupes, nous vînmes tous coucher le même jour à Gibraléon. Nous y apprîmes d'une manière certaine que Copons, après avoir rejoint Ballesteros à Los Castillejos, en était parti le matin pour Cadix emmenant avec lui les régiments de Séville et de Guadix ; qu'il avait laissé le restant de ses troupes pour être fondu dans la division Ballesteros, ce qui donnait à ce dernier de 5 000 à 6 000 hommes d'infanterie, 700 à 800 chevaux, deux pièces de 4, une de 8 et un obusier ; et qu'avec ses forces Ballesteros se proposait de défendre la position de Los Castillejos.

Ma colonne partit le 25 à la petite pointe du jour de Gibraléon pour se porter à Los Castillejos. En arrivant au village de San Bartholomé, j'y rencontrai Ballesteros en personne qui y venait en reconnaissance à la tête de 150 hussards. Je le fis charger par mon avant-garde de cavalerie ; il fut repoussé et j'arrivai toujours tiraillant et en escarmouchant jusqu'à la vue du village de Los Castillejos. Là je trouvai qu'il avait pris position sur les hauteurs en arrière des deux villages d'Almendro et de Castillejos ; trois de ses régiments étaient placés sur chacune de ces hauteurs. Ceux qui étaient chargés de celle de Los Castillejos formaient trois masses, une sur chaque flanc de la montagne et la troisième sur son sommet. Le régiment de Léon présentait une masse dans l'intervalle qui se trouve entre les deux villages dont les fronts étaient garnis de tirailleurs et d'autres détachements de leurs guérillas. Les paysans des deux villages étaient armés et placés en tirailleurs partie sur la crête du revers de la Sierra qui flanquait le front d'Almendro, et partie dans les villages. Toute leur cavalerie était dans la plaine placée en arrière et à la droite du village de Los Castillejos pour empêcher d'attaquer et de tourner la position de ce côté.

La position une fois bien reconnue, je fis passer le bataillon du 16e à la colonne du général Pépin à laquelle j'ajoutai deux obusiers de montagne, et je chargeai ce général de longer avec toute sa colonne le revers dont je viens de parler et de débusquer l'ennemi de sa position d'Almendro. Je fis placer la brigade Maransin par échelons en face de l'intervalle qui se trouve entre les deux villages avec ordre de n'attaquer et de ne se porter sur le régiment de Léon qu'au moment où il verrait en retraite les troupes que le général Pépin était chargé d'attaquer.

L'adjudant-commandant Rémond se chargea de se tenir au 9e de dragons qui devait faire face à toute la cavalerie de l'ennemi et, après l'avoir culbutée, faire une à droite et tomber sur l'infanterie, au moment qu'elle serait chassée de ses positions.

Les généraux Pépin et Maransin remplirent leur tâche avec autant de bravoure que d'intelligence : les positions de l'ennemi furent abordées franchement et celui-ci chassé de la manière la plus vigoureuse. L'adjudant-commandant Rémond saisit l'à-propos pour sortir du village ; mais en débouchant, il trouva une ligne de 700 chevaux qui l'empêcha de se porter sur l'infanterie qui fuyait débusquée de ses positions. Malgré les disproportions de forces, le colonel du 9e forma de suite son régiment et fournit une belle charge dans laquelle il prit plus de 100 chevaux ; mais ses prises mêmes lui diminuant le nombre de ses combattants et l'ennemi se reformant sans cesse devant lui, malgré qu'il le chargeait quatre fois consécutives, il ne put jamais trouver un moment favorable pour tomber sur l'infanterie et faire par conséquent des prisonniers. L'infanterie ennemie continua à effectuer sa retraite en masse en prenant en partie le chemin de San Lucar et l'autre la direction de Fraymogo (sic), Ballesteros la couvrant avec un escadron de hussards, toute sa cavalerie se dirigeant sur Ayamonte. Je ne cessai ma poursuite qu'à 8 heures du soir et à une demi-lieue de San Lucar où je fis faire halte et revins la nuit à Los Castillejos.

Si cette affaire n'a pas eu les résultats que je devais espérer, la faute en est au manque de cavalerie, et je puis assurer à Votre Excellence qu'avec 300 chevaux de plus, j'aurais enlevé les trois régiments de Léon, de Carajas et de Pravia, et une infinité d'autres soldats de divers régiments.

Ma division a de nouveau fait preuve dans cette journée de sa bravoure ordinaire et chacun a fait son devoir. »

Gazan citait avec des éloges particuliers les généraux Pépin et Maransin, les adjudants-commandants Rémond et Gasquet, les colonels Praefke (28ᵉ léger) et Lagarde (21ᵉ léger), ainsi que le chef de bataillon Arnaud, « *mon premier aide de camp, qui a la tête de 40 chevaux du 27ᵉ chasseurs est entré dans la masse du régiment de Léon, qu'il a enfoncé et a sabré un certain nombre d'hommes* ». Il cita aussi le capitaine d'artillerie Dubois « *qui avec ses pièces de montagne a fait le meilleur effet* ». Il demanda de nombreuses récompenses. « *Les officiers de mon état-major se sont aussi fait remarquer par leur zèle à transmettre mes ordres et faire tout ce qui dépendait d'eux pour rendre cette journée brillante.* »[1] Cependant, dans son rapport à Berthier, le maréchal Soult remarqua : « *Ce résultat, que M. le général Gazan aurait dû obtenir plus tôt, n'est pas assez décisif pour que Ballesteros ne soit pas à même, dans quinze jours, de forcer la ligne du rio Tinto, et de menacer Séville.* »[2] L'objectif d'anéantir le détachement de Ballesteros n'était donc pas atteint.

Le siège de Badajoz

Après la retraite de Ballesteros, les Français s'établirent pour la nuit à Villanueva de los Castillejos. Gazan fit venir les curés et les accusa d'avoir collaboré avec les Espagnols et incité la population à combattre les Français. Leurs maisons furent saccagées, et eux-mêmes promenés dans les rues dépouillés de leurs habits sacerdotaux et de leurs chaussures. Gazan leur conserva pourtant la vie, se contentant d'une vive remontrance[3].

Le matin du 27 janvier, les Français évacuèrent Villanueva de los Castillejos. Le 3 février 1811, dans l'après-midi, Gazan arriva devant Badajoz avec une partie de sa division[4]. Il intégra alors le quartier géné-

---

1. AN, 402 AP 48.
2. Cité dans Jacques Vital Belmas, *Journaux des sièges faits ou soutenus par les Français dans la Péninsule, de 1807 à 1814*, tome 3, Paris, 1837, p. 738.
3. [Collectif], *La batalla de Castillejos y la Guerra de la Independencia en el Andévalo occidental*, Huelva, 2010, pp. 115-116.
4. Un corps de troupes sous les ordres de Maransin en avait été détaché pour prendre quelques fortins du côté de Fregenal dans les montagnes. Rémond s'en sépara également et retourna à Niebla.

Sous le soleil de l'Andalousie

ral de Soult et prit ses fonctions de chef d'état-major. La division Gazan alla camper à la gauche sur le bord de la Guadiana ; elle passa sous les ordres du général Pépin.

Le même jour, la garnison fit une sortie dans le but de détruire les ouvrages que les Français établissaient contre la place, sur la rive gauche de la Guadiana. Un bataillon du 88e de ligne avec les voltigeurs du 28e léger suffirent pour le repousser ; le colonel du 4e dragons profita habilement du moment pour charger l'ennemi, qui fut reconduit à coups de sabre jusque sur les glacis de la place. Dans la nuit du 4 au 5, Soult fit commencer le bombardement.

Le 5, l'ennemi prononça son mouvement pour délivrer la place. La cavalerie française fit quelques charges le 5 et le 6. Le soir du 6, le blocus fut complété sur la rive droite. Le 7, la garnison tenta une sortie générale dans l'espérance de faire lever le siège, en plusieurs colonnes. L'affaire s'engageait avec vigueur, lorsqu'une colonne aux ordres de Gazan, qui assumait déjà ses fonctions de chef de l'état-major général, mais qui s'était vu confier la droite de l'armée de siège pour ce jour-là, se présenta à temps. Elle était composée du 34e de ligne, d'un bataillon du 40e, d'un bataillon du 100e et d'un bataillon du 28e léger. L'ennemi fut culbuté, mis dans une déroute complète et poussé la baïonnette dans les reins jusqu'aux glacis. Le combat cessa une heure avant la nuit, et les travaux furent repris avec plus d'activité. Gazan y fut blessé au bras près du fort Picurina.

Dans son rapport au maréchal sur cette affaire, Gazan écrivait : « *Au signal de l'attaque, toutes nos troupes marchent à l'ennemi, l'attaquent corps à corps, le culbutent et le rejettent en arrière de nos redoutes, qui recommencent leur feu. L'ennemi n'a d'autres ressources que de se replier au plus vite sous le canon de la place, ne se trouvant pas même en sûreté sous la protection de la lunette de Picurina. Sa réserve essaie de faire un mouvement en avant pour renouveler l'attaque, mais elle s'arrête à la vue des troupes aux ordres de M. le général Girard, et se replie comme toutes les autres, non sans avoir essuyé des pertes considérables. Cette journée est infiniment glorieuse pour les troupes.* » Il cita avec distinction l'adjudant-commandant Mocquery, sous-chef de l'état-major général, ainsi que le chef de bataillon Arnaud, son premier aide de camp, qui avait été blessé [1]. Soult déclara dans son ordre du jour que Gazan avait pris ce jour-là « *de très bonnes dispositions* ».

---

1. J. Belmas, *op. cit.*, tome 3, pp. 748-751.

Une armée de secours sous les ordres du général Mendizábal parut devant Badajoz. Le 19 février, Soult la battit à la bataille de La Gébora, dans laquelle se distingua la 1re brigade de l'ancienne division Gazan, la 2e brigade étant restée devant Badajoz. Soult écrit dans ses mémoires : « *Il ne restait rien de toutes ces troupes, revenues du Portugal. De notre côté, la perte était presque nulle, grâce à la rapidité avec laquelle tous les mouvements avaient été exécutés.* » [1]

L'armée de Masséna ayant entamé son mouvement de retraite du Portugal dans la nuit du 5 au 6 mars, Soult fit presser les opérations du siège car il redoutait l'arrivée des Anglais. Il envoya une ultime sommation au gouverneur Imaz, qui commandait la ville après que le brave général Menacho eut été tué sur les remparts lors d'une sortie de la garnison le 4 mars, et prépara ses troupes pour livrer l'assaut. Gazan se rendit pour négocier auprès du gouverneur ; il en sortit à cinq heures et soumit à Soult la capitulation [2]. La place de Badajoz se rendit finalement le 10 mars 1811, avant que l'assaut eût lieu ; les Français y entrèrent le lendemain. La garnison sortit avec les honneurs militaires et déposa les armes sur le glacis ; elle fut faite prisonnière de guerre (7 155 hommes en tout d'après le rapport de Soult). On trouva dans la place 170 pièces de canon, mortiers et obusiers, une grande quantité de projectiles et beaucoup de munitions, ainsi qu'une quantité considérable de vivres. Soult déclara à Berthier que « *les ennemis avaient le projet de faire de Badajoz une nouvelle Saragosse* ». Dans son ordre du jour daté du 11 mars, Soult proclama : « *Dans les deux derniers mois de campagne, le 5e corps d'armée et la cavalerie de réserve ont détruit une armée de 22 000 hommes, pris deux places de guerre, 25 drapeaux, et fait 17 000 prisonniers, dont 1 200 officiers, parmi lesquels 6 généraux, 12 brigadiers généraux, et plus de 30 colonels ou officiers supérieurs. Il ne reste plus de la ci-devant armée de La Romana que des débris de corps qui errent en Portugal, et sont le jouet de l'odieuse politique de l'Angleterre.* » [3]

Parmi les personnes qui s'étaient particulièrement distinguées pendant le siège, Soult sollicita la décoration de la Légion d'honneur en faveur du chef de bataillon Arnaud, aide de camp de Gazan, qui avait été blessé, et pour le sous-lieutenant Fabreguettes : « *Ce dernier, écrivit-il, est proposé depuis longtemps pour passer avec le grade de lieutenant dans*

---

1. *Mémoires du maréchal Soult : Espagne & Portugal*, Librairie Hachette, 1955, p. 212.
2. Édouard Lapène, *Conquête de l'Andalousie : campagne de 1810 et 1811 dans le midi de l'Espagne*, Paris-Toulouse, 1823, p. 98.
3. *Journal de Paris*, dimanche 31 mars 1811.

un régiment d'infanterie ; il mérite cette double récompense. » [1] Quant à Arnaud, « *brave sur les champs de bataille, ayant beaucoup d'intelligence et d'activité* », c'est lui que Soult avait chargé d'aller porter les premières propositions au général espagnol commandant la place. Arnaud avait sollicité à cette occasion l'autorisation de porter la décoration russe qu'il possédait, et l'avait arborée sans attendre la réponse du maréchal [2].

« ALBUERA, GLORIEUX CHAMP DE DOULEUR... » [3]

Laissant en Estrémadure un corps de 11 000 hommes sous les ordres du maréchal Mortier, Soult retourna à Séville, suivi par Gazan. Il y était déjà le 1er avril. Dans les états de situation du 16 mars, Gazan n'était toujours pas remplacé au commandement de sa division. Peu après, il fut confié au général Pépin. Les troupes de Mortier occupèrent les places fortes de Campo Maior et Alburquerque, après quoi le duc de Trévise quitta l'armée à Badajoz et partit pour la France. Le général Latour-Maubourg prit le commandement du 5e corps à partir du 8 avril. Les Français entreprirent en urgence les travaux de réparation des fortifications de Badajoz endommagées par le dernier siège.

Pour sa part, Wellington avait préparé une nouvelle opération en Espagne, l'évacuation du Portugal par Masséna ayant rendu des troupes disponibles. Le corps expéditionnaire fut placé sous les ordres du maréchal Beresford, bon administrateur mais piètre tacticien. Il avait pour objectif la reprise de Badajoz ; la possession de cette place permettrait à Wellington de couvrir l'Alentejo et Lisbonne contre les entreprises de Soult et lui enlèverait toute inquiétude pour le sud. Après avoir passé la Guadiana, Beresford fit capituler Olivença et investit Badajoz le 22 avril. Soult, décidé à desserrer l'étau autour de cette place et à faire face à l'invasion, rassembla 24 000 hommes et marcha sur Badajoz.

Au début mai, Gazan était à Séville. Il quitta la ville avec le maréchal dans la nuit du 9 au 10. Toute l'armée fut réunie le 13 mai. Le 15, Soult trouva l'armée anglo-portugaise de Beresford forte de plus de 20 000 hommes établie dans une bonne position au village d'Albuera. La nuit suivante, elle fut renforcée par les 12 000 Espagnols de Blake, événement que Soult n'avait pas prévu pour cette date.

À la bataille d'Albuera, l'ancienne division Gazan était toujours commandée par le général Pépin. Soult décida de mettre au point une at-

---

1. *Ibid.*
2. AN, AF IV 1158. Pour ce personnage, voir chapitre 17.
3. Lord Byron, *Le Pèlerinage de Childe Harold*, chant premier, XLIII.

Les remparts de Badajoz.
Vestiges du fort Picurina à Badajoz, près duquel Gazan fut blessé.
Vue de Badajoz depuis le fort San Cristóbal.
Photos Natalia Griffon de Pleineville.

Le général Pépin.
Extrait du Carnet de la Sabretache.

taque de flanc. L'historien Brialmont résume bien le projet du duc de Dalmatie : « *Soult espérait, en enfonçant l'aile droite de l'ennemi, se rendre maître de la route d'Olivença, rejeter l'armée anglo-portugaise sur les baïonnettes de la garnison de Badajoz, et empêcher la jonction des Espagnols, qu'il croyait encore en arrière.* » [1] Le projet fut exposé par Soult dans un conseil de guerre le 15 mai devant ses généraux, qui reçurent chacun des ordres précis pour le lendemain. En quittant la tente du commandant en chef, le général Pépin, montrant de la main le camp des Alliés marqué, dans la nuit, par les multiples feux de leurs bivouacs, dit en provençal au capitaine Espérandieu, aide de camp de Gazan : « *Voyez-vous, là-bas, ces coquins ! Hé bien ! ils m'empêcheront de revoir les miens !* » [2]

Le brouillard matinal contribua à cacher les mouvements de l'armée française se préparant à l'attaque. Les deux divisions du 5ᵉ corps (Girard et Pépin), dissimulées par les arbres, effectuèrent une manœuvre tournante, pour déboucher au sud de la position alliée, alors que la brigade Godinot faisait une diversion contre le village d'Albuera. L'attaque des Français fut une complète surprise pour Beresford, qui se hâta de

---

1. Alexis Henri Brialmont, *Histoire du duc de Wellington*, tome I, Paris-Bruxelles, 1856, p. 412.
2. « Un soldat de l'Empire : le général Joseph Pépin (1765-1811) », in *Carnet de la Sabretache*, 1932, p. 288.

La bataille d'Albuera.
Gravure ancienne d'après Caton Woodville.

déployer les troupes espagnoles de Blake. La division Girard développa son offensive en une formation très dense ; l'ancienne division Gazan lui emboîtait le pas. Cette masse de plus de 8 000 hommes, retardée par une pluie mêlée de grêle, fondit sur les soldats de Blake, décimés par l'artillerie française. Mais les Espagnols tinrent bon et forcèrent les Français à rebrousser chemin. Sur ces entrefaites, les brigades britanniques commencèrent à arriver et assaillirent la division Girard. On voyait des officiers français frapper leurs hommes avec le plat de leur épée pour les faire rester sur place. Malgré la destruction de la brigade Colborne par les lanciers polonais et les hussards français, les Alliés se ressaisirent pour faire face aux nouvelles troupes françaises arrivant sur le terrain. Les combats furent acharnés et provoquèrent des pertes énormes des deux côtés.

Le maréchal Soult se trouvait alors sur le plateau avec Gazan et son état-major. Se rendant enfin compte que l'ennemi le surpassait numériquement et que Blake avait donc rejoint Beresford, le duc de Dalmatie se retrouva devant un dilemme : soit ordonner la retraite, soit essayer de faire une percée avec ses réserves. Mais selon Wellington, le maréchal Soult, excellent stratège, n'était jamais capable de « *savoir manier ses troupes une fois que la bataille a commencé* ». Fidèle à lui-même, Soult

Le vieux pont d'Albuera.
Photo Natalia Griffon de Pleineville.

fit donc à nouveau preuve d'indécision et se résolut à livrer une bataille défensive. À ce moment-là, l'initiative du général Cole, qui aborda courageusement les Français avec sa division, fit pencher la balance du côté des Alliés. La panique gagna rapidement les rangs français. L'historien Napier écrit : « *C'est vainement que les réserves françaises prennent part à cette lutte, et cherchent à soutenir le combat ; leurs efforts ne font qu'augmenter la confusion ; la masse tout entière est forcée de céder, et telle qu'une montagne ébranlée dans ses fondements, elle retombe de tout son poids dans la vallée. La pluie, se mêlant à tant de sang, en fit bientôt couler des torrents du haut de cette fatale colline.* » [1]

Gazan chercha à rallier son ancienne division ; sa voix connue arrêta les soldats un instant, mais bientôt il eut lui-même le bras traversé par une balle. Jomini écrit : « *En vain Brayer, Maransin et le chef d'état-major, l'impassible Gazan, se font blesser à la tête des plus braves, rien ne peut balancer l'effet d'une fausse position ; déjà le flottement précurseur de la déroute s'introduit.* » [2] Après un mouvement de fluctuation, les Français finirent par lâcher pied et se replièrent en désordre, pour-

---

1. W. F. P. Napier, *Histoire de la guerre dans la Péninsule et dans le midi de la France*, tome sixième, Paris, 1834, p. 287.
2. [A. H. de Jomini], *Vie politique et militaire de Napoléon*, tome 3, Paris, 1827, p. 505.

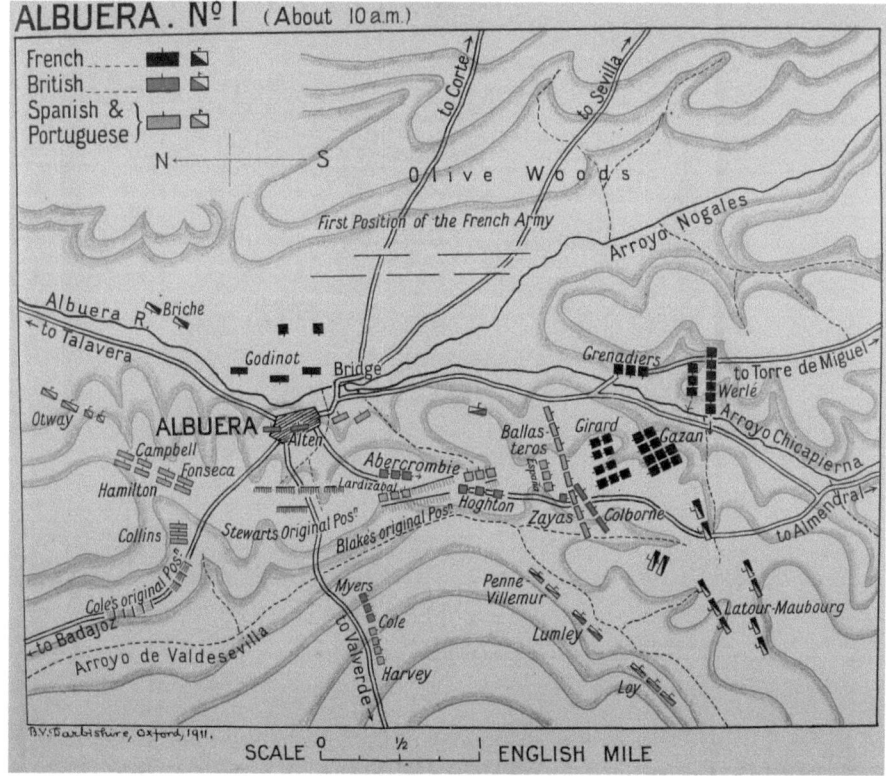

Plan de la bataille d'Albuera.
Extrait de l'ouvrage d'Oman.

suivis par l'ennemi. Le maréchal Soult voulut faire cesser le reflux de ses régiments, mais sa voix fut méconnue. Il criait aux soldats : « *Où allez-vous ? Tournez la tête, on ne vous poursuit pas !* » Les officiers criaient « halte ! » ; tout le monde répétait ce mot, mais personne ne s'arrêtait. Soult descendit alors du plateau à cheval au milieu de la foule, arrêta un tambour et lui ordonna de battre la retraite. Pendant que l'artillerie française protégeait le repli par un feu continuel et bien dirigé, l'infanterie traversait le ruisseau d'Albuera à gué et se reformait en bataille en arrière, sur les hauteurs. Il était alors presque 16 heures. Soult avait l'intention de recommencer le combat le soir même, mais épuisés par cette lutte épique, exsangues et à bout de forces, les régiments français ne furent plus capables de renouveler leurs attaques. Pour sa part, malgré une grande quantité de troupes fraîches à sa disposition, portugaises et espagnoles, Beresford renonça à la poursuite. Le reste de la journée se passa en canonnades et escarmouches.

Le général Cole déclara dans une lettre à son frère, lord Enniskillen, datée du 21 mai 1811 : « *Je crois qu'il n'y eut pas de combat aussi sévère dans cette guerre. Ceux qui avaient été à Talavera et en Égypte disent que le feu fut plus formidable ici que là-bas. Je n'avais rien vu de pareil, et j'espère ne plus jamais voir.* » [1] D'Héralde affirme : « *Jamais l'Empereur n'a donné une bataille aussi sanglante avec aussi peu de monde. […] En résumé, le combat d'Albuera fut une boucherie où on lança nos braves comme des dogues dans une arène.* » [2] Les pertes furent réellement effrayantes ; toujours selon le chirurgien d'Héralde, bien placé pour ce type d'estimation, « *Ulm, Hollabrunn, Austerlitz, Saalfeld, Iéna, Pultusk, Ostrolenka, Ocaña, toutes ces grandes batailles furent bien moins meurtrières pour les soldats et officiers du 5ᵉ corps que ce combat d'Albuera où plus du tiers de notre infanterie fut mise hors de combat* ». Le général Maransin fut très grièvement blessé ; il qualifiera ce combat comme « *le plus vif, le plus opiniâtre et le plus meurtrier qu'il y ait peut-être eu dans le cours de la guerre* » [3]. Pépin fut mortellement atteint ; avant d'expirer, le général, veillé par le capitaine d'Espérandieu lui-même blessé d'un coup de sabre au bras droit, lui promit la main de sa fille Christine ; le mariage aura lieu en janvier 1815.

Gazan s'était personnellement distingué à Albuera. Soult le cita dans son rapport à Berthier d'une manière avantageuse : « *Je ne terminerai point cette dépêche*, écrivit-il, *sans faire à V. A. S. une mention particulière des services que m'a rendus le général de division Gazan, chef de l'état-major général.* » Le 18 mai, de Solana, Soult écrivit à Berthier : « *Je présente M. le général de division Gazan comme digne des grâces de Sa Majesté. Je sollicite en sa faveur le grade de grand cordon de la Légion d'honneur que Sa Majesté avait daigné lui faire espérer.* »

LE RETOUR À SÉVILLE

Après cette bataille sanglante au résultat indécis, quoique présentée par le duc de Dalmatie comme sa victoire, Soult chargea Gazan de conduire à Séville « *mes prisonniers anglais et espagnols, et mes blessés, avec une escorte convenable. Aussitôt que je le saurai arrivé, je manœuvrerai pour me joindre à d'autres troupes, et compléter la défaite de l'ennemi.* » [4] Dans la nuit du 17 au 18, l'armée de Soult entama

---

1. *Memoirs of Sir Lowry Cole*, Macmillan, 1934, p. 76.
2. Jean-Baptiste d'Héralde, *Mémoires d'un chirurgien de la Grande Armée*, Paris, 2002, pp. 160-161.
3. Jean Cambon, *op. cit.*, p. 83.
4. *Journal de Paris*, vendredi 14 juin 1811.

sa retraite sur Llerena. Gazan blessé, 2 000 hommes appartenant aux régiments qui avaient le plus souffert et une partie des dragons furent préposés à la garde du convoi de plus de 4 000 blessés et de 550 prisonniers qui étaient placés au centre de la colonne. Le général Maransin, en proie aux terribles souffrances, était porté par des Anglais. Ce convoi se mit en route à 2 heures du matin. On ne distribuait aux prisonniers que des pois chiches, parfois aussi un peu de riz, de viande et de pain ; les Français ne trouvaient d'ailleurs rien de mieux pour eux-mêmes. D'Héralde le confirme : « *Heureusement que pendant cette retraite nos soldats trouvèrent de chaque côté de la route des gourganes ou fèves des marais sans lesquelles ils seraient tous morts de faim. Nos chevaux mangeaient de l'herbe ou du grain que nous leur coupions. Point de distribution. Cette administration rapace n'avait rien prévu. Tout manquait à nos ambulances : linge, vin, médicaments... Rien ! un peu de viande. Il n'y avait pas un gramme d'opium à donner aux blessés atteints du tétanos.* » [1]

Le 19, le convoi passa par Almendralejo, où les Français pillèrent les habitants, et arriva à Ribeira. Les Anglais interceptèrent la lettre que Gazan écrivit à Soult de Ribeira, le 19 mai 1811 : « *J'ai l'honneur de rendre compte à V.Ex. que je viens d'arriver avec toute la colonne, qui est infiniment plus nombreuse que je ne l'aurais cru. J'essaye de l'organiser, afin de prévenir des désastres, et particulièrement le pillage, qui nous ferait mourir de faim ; je l'ai trouvé porté au plus haut point ce matin, à mon arrivée à Almendralejo. [...] La grande chaleur fera beaucoup de mal à nos blessés, dont le nombre est de plus de 4 000, vu surtout que nous n'avons que cinq chirurgiens pour les panser. Il en est mort quelques-uns en route.* » [2]

Le 1er juin, alors que Soult était à Llerena, Gazan était déjà rentré à Séville, juste à temps pour assister à la naissance d'un fils. Jean de Dieu Théodore Napoléon Gazan naquit à Séville le 9 juin 1811 à 9 heures du matin. Son parrain fut Jean de Dieu Soult, duc de Dalmatie, et sa marraine la duchesse de Dalmatie. Sa naissance sera retranscrite le 10 décembre 1812 à l'état civil de Grasse.

Le 12 juin, en l'absence de Soult qui était à Los Santos, Gazan donna les ordres l'approvisionnement de Séville en orge et en blé. Il prit l'initiative d'envoyer des troupes pour le secours de Ronda, tout en critiquant les dispositions du maréchal Victor. Le 23 juin, Gazan informa Soult que Ronda

---

1. Jean-Baptiste d'Héralde, *op. cit.*, p. 163.
2. *L'Ambigu, ou variétés littéraires et politiques*, publié par M. Peltier, vol. XXXIII, Londres, 1811, p. 562.

avait été débloquée le 17 et que l'ennemi avait été complètement battu. « *Rien de nouveau à Séville.* » Soult écrit dans ses mémoires par rapport à cette période : « *La plus grande difficulté était de faire subsister l'armée dans un pays complètement épuisé. La discipline souffrait quelque peu, après tant de privations. Les pertes devaient être réparées. Je me donnai tout entier à ce triple devoir et pris en main les moindres détails de l'administration de toute l'Andalousie. Le général Gazan, mon chef d'état-major, qui soignait à Séville la blessure qu'il avait reçue à l'Albuera, m'y seconda avec dévouement.* » [1]

---

1. *Mémoires du maréchal Soult : Espagne & Portugal*, Librairie Hachette, 1955, p. 241.

Chapitre XIV

L'expulsion du Paradis

Les Français éprouvaient d'énormes difficultés à se maintenir en Espagne. Leurs colonnes mobiles percevaient tant bien que mal les contributions, mais il fallait souvent employer la force [1]. Les bandes de guérillas devenaient de plus en plus actives à l'annonce des succès de Wellington. L'autorité du roi Joseph était bafouée par tous, y compris par les commandants de ses armées qui correspondaient directement avec Paris. La grande étendue du territoire à garder entraînait l'éparpillement des forces. Le chef d'escadron Moline de Saint-Yon, aide de camp du général Reille, résuma bien cette situation : « *Nos premiers pas en Espagne avaient été signalés par de nombreux succès ; mais malheureusement l'on était parti de ce faux principe, que pour soumettre un pays dans lequel on fait la guerre à la population, il faut occuper le plus de points possible de son territoire : l'on voulut donc, en même temps, tenir la capitale, opérer contre les Anglais en Portugal, isoler Cadix du continent, et pacifier les provinces du Nord. Nous nous affaiblîmes partout et jamais nous ne fûmes réellement les maîtres nulle part.* » [2]

Après la bataille d'Albuera, les Alliés réinvestirent Badajoz. Sa garnison commandée par le général Philippon opposa une farouche résistance. Enfin, apprenant le rassemblement des armées des maréchaux Soult et Marmont, renforcées par le corps du général Drouet d'Erlon, en vue de secourir la place, Wellington ordonna de lever le siège. Le 20 juin, les ducs de Raguse et de Dalmatie firent leur entrée à Badajoz, aux acclamations de la garnison.

Toutefois, une nouvelle invasion du Portugal était hors de question. L'Andalousie était menacée sur plusieurs points et exigeait la présence de Soult. Le 1er juillet, il était de retour à Séville. Il quitta la ville mi-juillet

---

1. Ceci fut surtout à l'ordre du jour pendant la première moitié de 1813, avant l'évacuation du pays. Il existe de nombreuses lettres de Gazan au général Villatte datant de cette période, lui demandant de pressurer les villages qui s'en étaient déjà acquittés pour compenser l'absence des ressources chez leurs voisins.
2. SHD, 1M 767-780 : *Mémoire sur la retraite des armées françaises et relation de la bataille de Vitoria*, par le chef d'escadron Moline de Saint-Yon.

Wellington.
Gravure ancienne.

Le général Girard.
Gravure ancienne.

pour porter secours au général Sébastiani, commandant le 4ᵉ corps de l'armée du Midi, qui éprouvait de grandes difficultés face à l'armée espagnole de Murcie. Les opérations durèrent environ un mois ; pendant son absence, Gazan s'occupait des affaires administratives à Séville, où le général Drouet d'Erlon commandait à la place de Soult. Dans l'idée de l'Empereur, la province d'Andalousie devait pouvoir payer la solde de l'armée du Midi et même envoyer une partie des contributions au Trésor impérial et à celui du roi Joseph. Ceci paraissait insurmontable alors que la récolte s'annonçait mauvaise et que les bandes de partisans s'activaient toujours. Le maréchal représenta à Napoléon que l'Andalousie ne pouvait supporter les dépenses de la solde et que les contributions suffisaient à peine à celles de son administration, qui étaient considérables [1], et précisa qu'on se faisait des illusions sur les ressources de la province.

Le 1ᵉʳ septembre, Gazan partit en tournée d'inspection dans les provinces de Grenade et de Malaga. Tout comme le maréchal, son chef d'état-major ne rechignait pas à s'approprier des objets de valeur. Il faut croire que ses aides de camp faisaient de même. Il existe un contrat de vente en faveur du chef de bataillon Arnaud, premier aide de camp de Gazan, qui se faisait appeler Arnaud de San Salvatore, d'une « *hacienda dans la localité tolédane de Val de Santo Domingo* » le 14 octobre 1811. Cette propriété avait appartenu au couvent supprimé de San Jerónimo de Tolède. La vente fut visée par Pedro de Mora y Lomas, préfet de la province de Madrid [2].

---

1. Nicole Gotteri, *Le maréchal Soult*, Paris, 2000, p. 436.
2. Archivo Histórico Nacional, ES.28079.AHN/1.1.37.364//CONSEJOS, 6224, Exp.114.

L'expulsion du Paradis

Le général Hill.
Gravure ancienne.

« Cette bienveillance qui lui était si habituelle... »

Le 28 octobre 1811, le divisionnaire Girard, qui était en mauvais termes avec le maréchal Soult depuis la bataille d'Albuera [1], essuya une sérieuse défaite à Arroyomolinos. Ce général à l'esprit caustique avait beaucoup d'ennemis parmi les officiers supérieurs et les chefs de l'administration pour lesquels il n'avait aucun égard. Cependant, Gazan le traitait toujours avec aménité, comme le rapporte d'Héralde : « *Après cette malheureuse affaire* [d'Arroyomolinos], *il ne trouva d'ami que le lieutenant-général Gazan, du ménage duquel il s'était souvent permis de gloser. Mais le général Gazan se rappela Krems* [2] *et ne vit dans son jeune camarade, qu'il estimait beaucoup, qu'un brave comme lui.* » [3] Hippolyte d'Espinchal, officier de cavalerie à l'armée du Midi, souligne lui aussi ce trait de son caractère : venant rendre compte d'une mission en 1812, il fut accueilli par Gazan « *avec cette bienveillance qui lui était si habituelle* » [4]. Le général

---

1. Girard était tenu responsable pour avoir pris à Albuera un ordre de bataille trop dense, inadapté contre les Britanniques, dont la redoutable puissance de feu était déjà connue des Français. Le maréchal Soult eût pu le rectifier en personne, mais il ne parut sur le plateau que quand la division Girard battait en retraite. Thiers voit dans l'absence de Soult et de son chef d'état-major Gazan, retenu trop longtemps auprès du maréchal, la raison du peu d'ensemble et de précision dans les mouvements français à Albuera.
2. Girard ne semble pas avoir participé à la bataille de Dürrenstein (Krems). Par contre, lui aussi était originaire du département du Var, comme Gazan.
3. Jean-Baptiste d'Héralde, *Mémoires d'un chirurgien de la Grande Armée*, Paris, 2002, p. 174.
4. *Souvenirs militaires d'Hippolyte d'Espinchal*, Paris, 2005, p. 310.

Pépin, brigadier à la division Gazan, écrivit à sa fille Christine le 10 avril 1809, de San Estevan : « *Ta lettre est arrivée hier au soir, à dix heures, au quartier général de Monzon, à cinq lieues d'ici. Le comte Gazan ayant reconnu ton écriture et sachant combien j'étais en peine sur votre compte, chargea son aide de camp, le capitaine d'Espérandieu, de me l'apporter lui-même, ce qui a été fait. M. d'Espérandieu est arrivé au galop cette nuit, à deux heures. Voilà, j'espère, une marque d'attention bien prononcée.* »[1] Comme exemple de sa bienveillance, citons encore une lettre en faveur du colonel Vinot du 2e hussards, écrite par Gazan au roi Joseph le 17 avril 1813 à propos de la demande de congé du colonel dont la santé était détériorée par le service actif, les douleurs rhumatismales et celles occasionnées par plusieurs blessures : « *Cet officier peut avoir des affaires de famille à régler en France ; il jouit d'une faible santé, mais il est encore bien en état de faire son service, et je pense que le meilleur remède que l'on pourrait lui donner serait le grade de général de brigade, grade auquel il aspire depuis longtemps et auquel il a véritablement des droits d'après la brillante manière dont il sert. Mon opinion est donc que le congé qu'il réclame doit lui être refusé, mais que Votre Majesté pourrait former en sa faveur la demande du grade de général de brigade que le maréchal Soult a déjà demandé plusieurs fois pour lui.* »[2] Il existe aussi des preuves qu'il fit des démarches pour ses compatriotes grassois et pour des officiers ayant servi sous ses ordres, et notamment ses aides de camp, tout au long de sa carrière.

« Nous y étions fort bien… »

Entre novembre 1811 et août 1812, Gazan résida constamment à Séville, avec la comtesse à ses côtés. Tout en faisant face à l'ennemi, le maréchal Soult se comportait en vice-roi et donnait des fêtes somptueuses dans son palais. Le courrier avec la France prenait parfois un temps extrêmement long : ainsi, une lettre de Gazan partie le 16 mai 1812 de Séville, ne fut reçue que le 29 octobre au ministère de la Guerre. Pendant que le maréchal Soult menait en personne les opérations militaires, son chef d'état-major, établi dans l'ancienne « casa de los Cavaleri », palais aujourd'hui disparu qui était situé sur la place du Duque (actuellement Duque de la Victoria), en plein centre, travaillait avec assiduité. Il transmettait au maréchal les renseignements qui lui parvenaient, recevait les convois de prison-

---

1. « Un soldat de l'Empire : le général Joseph Pépin (1765-1811) », in *Carnet de la Sabretache*, 1932, pp. 213-214.
2. AN, 381 AP 31^2.

L'expulsion du Paradis

niers, correspondait avec les généraux, veillait à l'approvisionnement des troupes, envoyait des renforts à Soult. Parfois, il prenait l'initiative d'expédier des troupes aux endroits où il croyait leur présence nécessaire. Il lui arriva de mener lui-même quelques petites expéditions.

Le séjour des Français à Séville fut profitable à l'essor des arts décoratifs. Le maréchal Soult sollicita les services du maître Francisco del Valle pour arranger son palais à Séville. Gazan ne fut pas en reste et demanda au conseil municipal de faire intervenir dans son propre palais l'architecte en chef de la ville, Cayetano Vélez, afin de réaménager le bâtiment. Les travaux commencèrent le 23 mars 1811 et durèrent jusqu'au 6 juillet 1812, au coût exorbitant de 24 370,24 réaux. Tout d'abord, la demeure fut rendue habitable selon les standards français, ensuite Gazan fit installer un voile dans le patio en mai 1811, ainsi que la cheminée et les braseros en cuivre [1] : il ne faut pas oublier que sa femme et ses enfants y vécurent aussi. Le peintre Juan Escacena fut chargé de décorer les murs dans le style néoclassique. Une des salles fut ornée avec une frise en stuc. Plus de 400 réaux furent dépensés pour peindre la chambre à coucher de la comtesse. Mais les dépenses de Gazan ne furent rien comparées à celles du général Darricau, gouverneur militaire de la place de Séville, qui dépensa plus de 89 000 réaux pour aménager son logement, puisant largement dans la caisse municipale. Gazan donna de splendides fêtes dans son palais et acquit, avec « l'aide » de la municipalité, des couverts en argent, des coupes en cristal, des dizaines de plats en faïence de grand prix, des verres et des bouteilles.

Le pharmacien Fée, de l'armée du Midi, ne fut pas très impressionné par Séville : « *C'est une grande ville, mal bâtie et mal pavée ; mais elle renferme une foule de monuments curieux et de beaux édifices ; surtout elle a un beau fleuve, et un climat si doux et si tempéré, que quand il y tombe de la neige, ce qui n'arrive que tous les dix ou quinze ans, les habitants la ramassent délicatement avec la barbe d'une plume pour en faire des sorbets.* » [2] Hippolyte d'Espinchal ne l'aima pas non plus, comme il ressort d'une lettre qu'il adressa à son père : « *On est attristé, en parcourant cette grande cité, de n'y voir rien que des rues très étroites, tortueuses et mal pavées.* » [3] Les Français combattirent l'insalubrité en faisant abattre plusieurs vastes couvents pour en faire des places.

---

1. Ollero Lobato Francisco, « La ocupación francesa de Sevilla y la difusión del neoclasicismo : la decoración de la casa de los Cavaleri », in *Laboratorio de Arte*, n° 15, 2002, p. 191.
2. A. L. A. Fée, *Souvenirs de la guerre d'Espagne*, Paris, 2008, pp. 83-84.
3. Hippolyte d'Espinchal, *op. cit.*, p. 300.

Saint-Chamans, qui faisait partie de l'état-major de Soult, raconte la vie que menaient les Français : « *Nous y étions fort bien ; rien ne nous manquait de tous les plaisirs que peut offrir une grande ville ; nous avions même un assez bon spectacle et des courses de taureaux fort belles et qui nous offrirent un spectacle aussi nouveau pour nous qu'il était peu agréable.* » [1] Son camarade Brun de Villeret, lui aussi aide de camp de Soult, lui fait écho : « *Nous passions une vie tranquille à Séville, donnant des bals, jouant aux échecs, assistant au spectacle et à des combats de taureaux, mais nous ennuyant à la journée, parce que nous ne pouvions nous procurer des livres.* » [2] L'apothicaire Blaze vante dans ses mémoires le climat, l'air embaumé et la nature généreuse, ainsi que les habitants, « *plus civilisés que ceux de la plupart des autres provinces de l'Espagne ; les gens du bon ton y sont d'une société fort agréable, et la canaille est bien moins dangereuse qu'à Madrid* » [3]. Selon l'officier français Roy, « *les deux années que j'ai passées à Séville* [de 1810 à 1812] *ont été sans contredit le plus heureux temps de mon séjour en Espagne* » [4]. Donnons à nouveau la parole à Fée : « *Séville, pendant toute la durée de l'occupation, fut aussi tranquille qu'une ville française : elle avait accepté ses nouvelles destinées, et Joseph y comptait beaucoup d'adhérents. Les habitants vivaient sous notre domination comme si nous eussions été leurs compatriotes. La population française sédentaire, officiers d'état-major et officiers de santé, employés des administrations civiles et militaires, avaient tous des amis dans cette grande cité.* » [5]

Le 1er janvier 1812, le sous-inspecteur aux revues Garrau constata que Gazan devait toucher 2 450 francs pour la période du 1er juillet 1811 au 1er janvier 1812 à titre de grand officier de la Légion d'honneur. Les membres de la Légion qui se trouvaient hors de France dans des lieux où il n'y avait pas de payeur pour la Légion pouvaient faire recevoir leur traitement dans telle ville de France qu'ils indiqueraient. Gazan demanda de faire payer cette somme à Timothée Honoré Luce, agent de change, demeurant à Paris, rue d'Amboise, n° 7.

Les opérations militaires dans le sud de l'Espagne n'étaient pas très spectaculaires, quoiqu'elles apportassent leur lot de pertes et de misères. Hippolyte d'Espinchal remarqua : « *Nos ennemis augmentent tous les*

---

1. *Mémoires du général comte de Saint-Chamans, 1802-1832*, Paris, 2008, pp. 146-147.
2. *Les cahiers du général Brun, baron de Villeret*, Paris, 1953, p. 126.
3. Sébastien Blaze, *Mémoires d'un apothicaire sur la guerre d'Espagne pendant les années 1808 à 1814*, tome premier, Paris, 1828, pp. 337-338. Ce sont quasiment les mêmes expressions qu'on trouve dans les mémoires de l'officier Roy publiés plus tardivement.
4. J.-J.-É. Roy, *Les Français en Espagne*, Tours, 1857, p. 223.
5. A. L. A. Fée, *op. cit.*, p. 151.

Le maréchal Soult.
Gravure ancienne.

jours leurs forces, tandis que les nôtres diminuent par les maladies, les combats, les assassinats et les nombreux détachements que l'Empereur fait venir près de lui. »[1] Les soldats se dégoûtaient de courir après un ennemi qui fuyait toujours devant eux ; ces expéditions n'amenaient aucun résultat et faisaient perdre trop de monde. Ils souffraient beaucoup des fortes chaleurs. Entre décembre 1811 et janvier 1812, l'armée du Midi assiégea Tarifa, sans succès. Pendant ce temps-là, Wellington préparait une nouvelle offensive, avec des objectifs bien définis.

En mars 1812, en pleins préparatifs de l'expédition de Russie, conscient qu'il fallait donner enfin une véritable coordination aux affaires espagnoles, l'Empereur se résolut enfin à confier le commandement des armées opérant au-delà des Pyrénées à Joseph, secondé par Jourdan. Cependant, les chefs d'armées reçurent des instructions contradictoires à ce sujet et les interprétèrent souvent à leur façon. Cette situation perdura jusqu'à l'évacuation définitive de la péninsule Ibérique par les Français.

L'ÉVACUATION DE L'ANDALOUSIE

Depuis le début de l'année 1812, les Anglo-Portugais accumulèrent plusieurs succès importants en Espagne. Le 19 janvier, après un court siège, Wellington prit d'assaut la place forte de Ciudad Rodrigo. Il se rabattit ensuite contre Badajoz, qui tomba à son tour dans la nuit du 6

---

1. *Souvenirs militaires d'Hippolyte d'Espinchal*, Paris, 2005, p. 301.

Le palais archiépiscopal de Séville, résidence du maréchal Soult.
Photo Natalia Griffon de Pleineville.

au 7 avril après un assaut extrêmement sanglant. Une opération combinée des armées du Midi et de Portugal n'avait pas pu être montée. Soult avait pourtant voulu marcher au secours de la place. Le 31 mars, il avait chargé Gazan du commandement de la colonne qui devait comprendre la division Barrois, la brigade Bonnemains, l'artillerie, le parc et l'administration de l'armée. Cette colonne devait se mettre en marche de Séville le 3 avril pour se diriger par la grande route de Monasterio et arriver le 6 devant Badajoz dans le plus grand ordre, s'éclairant sur les côtés et évitant de se compromettre dans le cas où Gazan trouverait des forces supérieures qui voulussent l'empêcher de déboucher. Gazan partit de Séville le 2 avril [1] pour rejoindre Soult qui conduisait la première colonne de la réserve. Cette opération étant devenue sans objet suite à la prise de Badajoz, tous rentrèrent à Séville qui était déjà menacée par l'ennemi [2]. Au printemps de 1812, le manque de vivres rendit toute expédition difficile en Andalousie : si les magasins de l'armée étaient approvisionnés, la population mourait de faim, et les Français

---
1. SHD, C8 363.
2. AN, 402 AP 49.

L'expulsion du Paradis

ne pouvaient faire de mouvements excentriques sans s'exposer à mourir de faim comme elle. À Séville, on ramassait chaque matin dans les rues plusieurs personnes mortes d'inanition. Le maréchal Soult organisa alors la distribution des soupes aux habitants pour remédier à cette situation alarmante [1].

L'armée du Midi était constamment harcelée par les partisans dans les montagnes. Mais le sort de l'Espagne se décidait dans les provinces situées plus au nord. Le 22 juillet, Wellington remporta une grande victoire aux Arapiles, près de Salamanque, sur le maréchal Marmont. Avant d'entreprendre des opérations contre Marmont, il avait pris des mesures pour enlever à Soult toute possibilité de venir au secours de son collègue. Ballesteros devait menacer les territoires occupés par l'armée du Midi par des diversions, alors que Hill avait la consigne d'opérer contre le général Drouet d'Erlon dans l'Estrémadure. Le comte de La Forest, ambassadeur, rapportait à la date du 6 août : « *Il paraît qu'excepté M. le maréchal duc de Dalmatie, le chef de son état-major, l'intendant et quelques favoris, tous les officiers supérieurs de l'armée du Midi ont parfaitement bien jugé depuis deux mois le plan de campagne de l'ennemi, présageaient que l'armée de Portugal essuierait une défaite et compromettrait les affaires du Nord, regrettaient que l'on n'eût pas marché à son secours, ou au moins, en écrasant Hill, forcé lord Wellington à s'affaiblir, et craignaient que l'évacuation de l'Andalousie ne devînt la conséquence inévitable d'erreurs aussi prolongées.* » [2] Soult avait pourtant fait faire un mouvement contre Hill aux troupes de Drouet d'Erlon ; le 5 juin, Gazan rapportait à Clarke que « *la diversion que le général en chef s'était proposé de faire en faveur de l'armée de Portugal* » [3] réussit parfaitement.

Depuis début juillet, le roi Joseph avait demandé au maréchal Soult l'envoi sur Tolède à marches forcées d'un contingent de 10 000 hommes destiné à sauver la capitale, mais le duc de Dalmatie y avait opposé un refus formel assorti d'une contre-proposition. Soult souhaitait que le roi vînt le joindre en Andalousie avec de grandes forces ; il lui proposait d'attaquer Hill pour attirer l'attention de Wellington de ce côté. Ce n'est que le 12 août que la nouvelle officielle de la défaite de Marmont fut reçue à Séville. Dans ses dépêches, Joseph ordonnait au duc de Dalmatie d'évacuer l'Andalousie et de marcher rapidement sur Tolède avec toute l'armée du Midi ; selon lui, c'était le seul moyen de rétablir les affaires. Le maréchal

---
1. Brun de Villeret, *op. cit.*, pp. 127-128.
2. *Correspondance du comte de La Forest*, vol. 6, Paris, 1912, pp. 385-386.
3. Colonel Gurwood, *The Dispatches of Field Marshal the Duke of Wellington*, vol. VI, London, 1852, p. 763.

fit une dernière tentative de raisonner le roi, lui faisant comprendre que la perte de l'Andalousie et la levée du siège de Cadix auraient un effet très préjudiciable sur les affaires de l'Empereur au nord de l'Europe, et qu'il regardait cette disposition « *comme des plus funestes pour l'honneur des armes impériales, le bien du service de l'Empereur et l'intérêt de Votre Majesté* ». « *Enfin*, ajoutait-il, *en fidèle sujet de l'Empereur, je dois dire à Votre Majesté que je ne crois pas les affaires d'Espagne assez désespérées pour prendre un parti aussi violent.* »[1] Passant outre la hiérarchie, comme à l'accoutumée, le duc de Dalmatie instruisit de ses vues le ministre de la Guerre à Paris, et par son biais l'Empereur, déclarant qu'il regardait l'évacuation de l'Espagne, au moins jusqu'à l'Èbre, comme décidée, du moment que le roi lui ordonnait d'évacuer l'Andalousie. Il insinuait dans cette lettre que Joseph avait fait des ouvertures aux monarques coalisés, y compris par l'entremise de son beau-frère Bernadotte, prince héréditaire de Suède. Soult avait fait part de ses suppositions à six généraux de son armée, dont Gazan, après avoir exigé d'eux le serment qu'ils ne révéleraient ce qu'il leur avait dit qu'à l'Empereur lui-même ou à ses envoyés[2]. Par malheur pour le duc de Dalmatie, sa lettre tomba aux mains du roi Joseph qui en fut naturellement ulcéré et réclama avec force à son frère le rappel de Soult.

Dans les jours suivants, le ton monta dans la correspondance échangée entre le roi, qui considérait les conseils de Soult comme autant d'atteintes à son autorité, et le maréchal. Le 17 août, Joseph réitéra à Soult l'ordre formel de rassembler l'armée du Midi et d'abandonner le blocus de Cadix, Séville, Malaga et Grenade, puis de réunir ses forces à celles du roi. Il fallait pourtant attendre le 22 août pour que Gazan expédiât aux commandants des divisions et aux gouverneurs des provinces éloignées de Séville l'ordre précis d'évacuation[3]. Nicole Gotteri, une biographe de Soult, explique ce délai : « *Ce fut une vaste entreprise que de rassembler troupes, matériel et malades de tous les points de l'Andalousie où ils se trouvaient, durant les grosses chaleurs, en évitant le désordre. On prit des dispositions pour évacuer les civils qui risquaient d'être victimes de la vengeance des insurgés. Le maréchal s'occupa particulièrement des soldats malades, imposant à tous d'en emmener un certain nombre, lui-même donnant l'exemple en recueillant plusieurs de ces hommes sur ses équipages.* »[4]

---

1. A. du Casse, *Mémoires et correspondance politique et militaire du roi Joseph*, tome neuvième, Paris, 1854, pp. 65-68.
2. *Ibid.*, p. 71.
3. Jean Sarramon, *La bataille des Arapiles (22 juillet 1812)*, Toulouse, 1978, p. 330.
4. Nicole Gotteri, *Le maréchal Soult*, Paris, 2000, p. 460.

L'expulsion du Paradis

Soult et son état-major quittèrent Séville dans la nuit du 26 au 27 août. Le général Maransin évacua Malaga le 28, après avoir fait sauter une partie des fortifications. Les insurgés de Ballesteros harcelèrent les colonnes sur la marche. Le grand quartier général séjourna plusieurs jours à Grenade, avant de prendre le 16 septembre la route de Valence où le roi Joseph s'était retiré en abandonnant sa capitale aux Anglais. Il y était au milieu des troupes de Suchet. L'entrevue de Soult avec le roi fut plutôt froide, mais il n'y eut pas d'esclandre.

Une bataille manquée

Après la bataille des Arapiles, Wellington était entré à Madrid en août, avant d'entreprendre le siège de Burgos. Ce siège traînant en longueur, Wellington songea à l'abandonner, menacé par la concentration des forces françaises. En effet, le 3 octobre, lors d'un conseil de guerre à Fuente de Higuera entre le roi Joseph et les maréchaux Jourdan, Suchet et Soult, il avait été décidé de marcher sur Madrid afin de rouvrir la communication avec l'armée de Portugal, puis de reprendre l'offensive par les forces de trois armées (Portugal, Midi, Centre) afin de rejeter l'armée de Wellington au Portugal. L'armée de Suchet devait se maintenir dans l'Espagne orientale. Du 3 au 10 octobre 1812, le quartier général de Soult était à Almanza. Gazan écrivit au ministre de la Guerre le 11 octobre qu'il lui adresserait la situation générale du moment que l'armée prendrait position et qu'il lui serait possible de s'en occuper.

Le siège de Burgos fut définitivement levé le 22 octobre. Joseph rentra dans sa capitale le 2 novembre et lança ses troupes disponibles des armées du Midi et du Centre à la poursuite du corps de Hill qui était isolé aux environs de Madrid, tandis que l'armée de Portugal renforcée par un contingent de l'armée du Nord serrait étroitement au nord le gros de l'armée de Wellington qui se repliait sur Salamanque. Après avoir été réorganisée, l'armée du Midi passa fin octobre par Ocaña et Aranjuez. Le 1er novembre, son quartier général était à Piedrahita. Malgré de fréquents combats d'arrière-garde, Hill échappa à ses poursuivants et réussit à rejoindre Wellington le 8 novembre. Les armées françaises firent également leur jonction et se préparaient à prendre leur revanche.

Le 10 novembre, Joseph porta son quartier général à Peñaranda. Le duc de Dalmatie plaça son armée en échelons depuis Peñaranda jusque sur les hauteurs d'Alba de Tormes. L'armée de Portugal était campée sur les hauteurs de Babilafuente et occupait Huerta. L'armée du Centre était à Marotera et environs. Ce même jour, Soult fit tirer sans succès 1 500 coups de canon sur Alba. Le terrain sur lequel évoluaient les troupes était le même qu'en juillet, lorsque Marmont avait été battu aux Arapiles.

Le 11 au matin, Joseph se rendit, accompagné de Jourdan, sur les hauteurs d'Alba de Tormes. Soult lui déclara qu'il était d'opinion de ne point attaquer l'armée anglaise, mais de la forcer à changer de position, en manœuvrant sur sa droite. Après une reconnaissance détaillée, Joseph jugea – et tous les généraux furent de son avis – qu'il fallait passer le Tormes. Une plaine immense permettait à toute la cavalerie de se former sur la rive gauche et de protéger le passage de l'infanterie, qui se serait portée sur plusieurs colonnes au centre de la position de l'ennemi, et ne lui aurait pas donné le temps de réunir ses ailes. Le duc de Dalmatie parut un instant partager cette opinion ; mais bientôt il demanda au roi la permission de lui adresser la sienne par écrit. Il ne se borna pas à lui écrire ; il lui envoya le lendemain le général Gazan pour le convaincre d'une opinion contraire à celle de la majorité des officiers généraux. Comme le maréchal commandait la majeure partie des troupes, le roi se rangea à son avis et l'autorisa à tout disposer pour opérer le passage du Tormes au-dessus d'Alba. Les préparatifs furent terminés le 13 au soir. Le roi mit l'armée du Centre sous les ordres du duc de Dalmatie, et il envoya Drouet d'Erlon prendre le commandement de l'armée de Portugal.

Le 14 novembre, les Français passèrent le Tormes au sud d'Alba, puis se formèrent en bataille ; dans le même temps, Soult fit étendre sa gauche de manière à menacer les communications de Wellington avec Ciudad Rodrigo, exactement comme Marmont l'avait fait en juillet 1812, mais sur un cercle plus étendu de façon à ne pas se laisser surprendre par une attaque subite. Les soldats français virent alors le funeste champ de bataille des Arapiles, « *couvert encore de débris et des ossements de nos frères d'armes* »[1]. Tous étaient impatients d'affronter l'ennemi et de venger la défaite de l'armée de Marmont. Cependant, le mauvais temps empêcha l'accomplissement du plan français, et Wellington battit en retraite sur Ciudad Rodrigo dans la journée du 15, favorisé selon le roi Joseph par « *la pluie, la trop grande circonspection du duc de Dalmatie, et le manque d'un bon officier de cavalerie* ». Le chirurgien d'Héralde raconte : « *L'armée de Portugal, comme celle du Midi, était mécontente de ce qu'on avait laissé fuir l'ennemi sans l'entamer. J'ai entendu notre chef d'état-major Gazan dire le 14, à deux heures du soir : "À quoi pense monsieur le maréchal ? Si nous attaquons*

---

1. *Souvenirs militaires d'Hippolyte d'Espinchal*, Paris, 2005, p. 351.

L'expulsion du Paradis

vivement, ces 15 000 Anglais sont pris ou écrasés !" On n'attaqua pas et l'ennemi se retira. D'autres assuraient que le maréchal ne voulait pas se battre parce que le roi Joseph était là. »[1] La retraite des Anglo-Portugais se déroula dans des conditions affreuses et fut comparée par plusieurs participants avec la terrible retraite de l'armée du général Moore sur La Corogne durant l'hiver de 1808-1809. Le sergent Donaldson du 94th d'infanterie se souvenait : « *Il fallait un courage bien réel et d'un niveau bien plus élevé pour affronter les horreurs de cette retraite qu'il n'en faut face au feu d'une batterie d'artillerie.* »[2] Les Français arrêtèrent la poursuite derrière la rivière Huebra, faute de vivres : depuis trois jours, « *l'armée ne vivait que de glands de chênes verts qu'on trouvait en abondance dans les bois et chez les habitants* »[3]. Les généraux et les officiers étaient réduits au même régime.

Le 19 novembre, l'armée alliée harassée de fatigue était de retour à Ciudad Rodrigo. Girod de l'Ain résume cette campagne de la sorte : « *Ainsi la concentration de la majeure partie de nos forces n'avait abouti qu'à un lamentable résultat ; les opérations actives se terminaient par un avortement. Pendant que les Anglais, faiblement poursuivis, se retiraient en Portugal en nous abandonnant deux à trois mille prisonniers, les trois armées du Midi, du Centre et de Portugal, confuses et mécontentes, regagnaient respectivement les cantonnements qui leur étaient assignés.* »[4]

Dans sa lettre à Clarke relative à ces événements et datée du 23 décembre, Joseph ne manqua pas de s'étendre, en des termes voilés, sur les faibles capacités de Pierre Soult, frère du maréchal, et de désavouer les opérations de Soult lui-même. Instruit que le colonel Brun était allé porter le rapport du duc de Dalmatie à Paris, avec la mission de faire en même temps des réclamations sur l'organisation de l'état-major royal et ses dispositions administratives, Joseph donna libre cours à sa colère : « *Si les agents que ce maréchal envoie fréquemment à Paris n'étaient pas accueillis, et si Votre Excellence signifiait au duc de Dalmatie que l'Empereur ne m'a point confié le commandement pour la forme, que c'est à moi qu'il doit adresser ses rapports, puisqu'il est sous mes ordres, sans doute il finirait par reconnaître mon autorité et par obéir, et je n'éprouverais pas les difficultés qu'il m'oppose à chaque instant.* »[5]

---

1. Jean-Baptiste d'Héralde, *op. cit.*, pp. 185-186.
2. Joseph Donaldson, *The recollections of a soldier during the Peninsula & South of France campaigns of the Napoleonic Wars*, Leonaur, 2008, p. 177.
3. *Souvenirs militaires d'Hippolyte d'Espinchal*, Paris, 2005, p. 353.
4. Maurice Girod de l'Ain, *Vie militaire du général Foy*, Paris, 1900, p. 194.
5. Cité dans A. du Casse, *Mémoires et correspondance politique et militaire du roi Joseph*, tome neuvième, Paris, 1858, pp. 105-112.

La dérobade de Wellington avait donc privé les Français d'une nouvelle bataille des Arapiles. L'armée du Midi se replia sur Tolède, par des chemins affreux. D'Héralde se souvenait : « *Je n'ai de ma vie fait une route plus pénible, dans une mauvaise saison, ne trouvant point d'habitants, point de distributions (excepté à Avila), obligés en route de tuer nous-mêmes moutons, cochons, bœufs et de partager avec les soldats le peu de vivres qu'ils avaient volés.* » [1]

Gazan à Tolède

À la fin de la campagne, la province d'Avila fut attribuée à l'armée du Midi pour y installer ses quartiers. Soult fit occuper la Manche jusqu'au pied du Despeñaperros ; sa droite s'étendait au-delà de Talavera de la Reina. Le maréchal s'y occupa à réorganiser son armée. L'hiver se passa en difficultés administratives et en guerre de détail contre les nombreux corps de partisans. Entre décembre 1812 et février 1813, Gazan résida à Tolède, secondant le duc de Dalmatie de son mieux pour correspondre avec les généraux, ordonner les mouvements de troupes et faire rentrer les contributions.

Après la bataille avortée aux environs de Salamanque et la retraite des Anglais, le conflit entre le roi et le maréchal Soult ne cessa de s'amplifier. Tout était sujet de discussions et de récriminations. Le 20 décembre 1812, Joseph écrivit à Soult pour lui recommander d'observer avec attention tous les mouvements des Anglais vers Plasencia, « *attendu que ce que je veux avant tout, c'est que l'armée anglaise ne puisse jamais s'opposer à la réunion des armées du Midi, du Centre et de Portugal* ». « *Le maréchal Jourdan, poursuivait-il, m'a remis copie de la lettre que vous lui avez écrite le 14, et copie de celle qui lui a été écrite sous la même date par le général Gazan. Vous paraissez vous plaindre de ce que votre armée est horriblement disséminée, et vous semblez indiquer que c'est en exécution des ordres qui vous ont été transmis de ma part ; cependant ce maréchal s'est borné à vous indiquer les provinces que vous devez occuper, et vous vous plaignez vous-même qu'elles ne suffisent pas à l'entretien de votre armée. Il ne vous a pas dit de disséminer vos troupes dans ces provinces. Vous avez donc eu tort de le faire, s'il vous a été possible de les tenir réunies sur les points principaux. Si au contraire vous avez été forcé à les disséminer pour les faire vivre, n'en accusez que les circonstances, et non pas moi, ni ceux qui vous transmettent*

---

1. Jean-Baptiste d'Héralde, *op. cit.*, p. 186.

L'expulsion du Paradis

mes ordres. » Gazan demandait également, au nom de Soult, que le roi fît rentrer tout ce qui appartenait à l'armée du Midi en hommes et en effets, et qui se trouvait à l'armée d'Aragon et à l'armée du Nord. D'autres demandes de sa part attirèrent cette réponse cinglante du roi, qui reprochait à Soult la méconnaissance de son autorité et sa fâcheuse tendance à adresser ses rapports directement à Paris : « *Vous savez bien, monsieur le maréchal, que je n'ai aucun moyen de faire pour la solde ; il est donc au moins inutile que le général Gazan fasse une telle demande. Tout ce que je peux faire, c'est de prier le gouvernement d'envoyer aux armées tout ce dont elles ont besoin, et c'est ce qui est fait depuis longtemps. Mais pour que mes demandes fussent plus régulières et eussent plus de force, il faudrait qu'elles fussent accompagnées de rapports et d'états de situation sur toutes les branches de service de votre armée, et c'est ce que vous n'avez jamais fait. Je ne puis donc adresser au ministre que des demandes générales, ce qui souvent est cause qu'on n'y donne pas toute l'attention convenable. On dirait, à la marche que l'on suit à l'armée du Midi, que vous ne connaissez pas mon autorité sur toutes les branches du service des armées françaises en Espagne, et que je n'en suis véritablement pas le général en chef.* » Selon le roi, « *une telle conduite peut compromettre les armées françaises* »[1].

Après l'échec du siège de Burgos et la retraite subséquente de l'armée anglo-portugaise, le plus grand échec de Wellington dans la péninsule Ibérique, le commandant en chef allié ne pouvait pas recommencer les hostilités tout de suite. Une réorganisation de son armée s'avérait indispensable afin de pouvoir la remettre en campagne. Il s'agissait de faire une levée supplémentaire de troupes portugaises, qui pouvaient désormais rivaliser avec leurs camarades d'outre-Manche, et de reformer les bataillons britanniques qui avaient trop souffert en 1812. Il fallait aussi rassembler du matériel et des approvisionnements, avant d'entreprendre une nouvelle offensive d'envergure en Espagne, que Wellington espérait être la dernière.

---

1. Cité dans A. du Casse, *op. cit.*, pp. 101-103.

Chapitre XV

À la tête d'une armée

La nouvelle année 1813 commença sous de sombres auspices en Espagne. Wellington était au Portugal, en train de préparer une nouvelle campagne destinée à chasser définitivement les Français de la péninsule Ibérique. Le 6 janvier, les Français apprirent, ahuris, la destruction de la Grande Armée napoléonienne en Russie. Cela ne pouvait signifier qu'une chose : l'Empereur aurait besoin de ponctionner les troupes en Espagne pour en tirer des soldats à opposer aux coalisés en Allemagne. Il n'y avait donc plus aucun secours à attendre de la France.

Au sein des armées françaises en Espagne, le découragement était patent. Les officiers aspiraient à des promotions, qu'ils ne pouvaient obtenir qu'en combattant sous les yeux de Napoléon. Les soldats supportaient de moins en moins le climat et l'acharnement des populations. La solde était payée avec une très grande irrégularité, le roi Joseph manquant terriblement de fonds. Tous avaient le sentiment d'être tombés dans la défaveur de l'Empereur, qui n'accordait ni avancement ni récompense ; les officiers supérieurs demandaient à partir, et le mécontentement était général. De plus, un certain désordre administratif y régnait, de sorte que le ministre de la Guerre ne savait pas toujours dans quelle armée se trouvait tel ou tel régiment ; il s'ensuivait un surcroît de paperasse pour les états-majors.

Le travail quotidien continuait malgré tout. Le 4 janvier, Gazan donna les ordres pour l'achat de chevaux destinés à la remonte des hommes à pied qui étaient à la suite des régiments. Le 17, il décréta que les communes qui ne pouvaient pas fournir de mules fourniraient des chevaux pour les dragons ou une contribution en argent [1]. Le 21 janvier, on apprit au quartier général de l'armée du Midi à Tolède le retour de l'Empereur à Paris en bonne santé.

Comprenant qu'il ne pourrait plus contrôler toute la péninsule, Napoléon ordonna la concentration des armées françaises au nord du Tage et l'abandon des provinces du sud. Comme s'il avait perdu tout

---
1. SHD, C8 104.

sens de la réalité, l'Empereur recommanda à son frère de faire des démonstrations hostiles en direction du Portugal destinées à faire croire aux Anglais à une prochaine offensive française, ce qui était absolument irréalisable étant donné l'éparpillement des troupes françaises sur le territoire et leurs faibles effectifs.

LE DÉPART DU MARÉCHAL SOULT

L'heure était aussi venue du départ pour la France de plusieurs unités et officiers destinés à former la nouvelle armée pour la campagne de Saxe. Vingt hommes de chaque régiment de cavalerie devaient partir pour entrer dans la Garde impériale ; les colonels auraient à faire leur choix avant le 5 avril. Qui plus est, Napoléon rappela à Paris le maréchal Soult, auquel il avait décidé de confier le commandement de la Vieille Garde en Allemagne. Le duc de Dalmatie avait sollicité son rappel ou au moins un congé, pour s'éloigner des tracasseries dont il était l'objet en Espagne.

Le départ de Soult laissait vacante la place de commandant en chef de l'armée du Midi. Le général Gazan se la vit attribuer, et le roi Joseph l'en avertit par une lettre du 16 février. Gazan se retrouvait ainsi, pour la première fois de toute sa carrière militaire, à la tête d'une armée. Il répondit le 19 : « *J'ai reçu la lettre que Votre Majesté a daigné m'écrire le 16 de ce mois, pour me prévenir que l'Empereur m'avait désigné pour commander son armée du Midi pendant l'absence du maréchal duc de Dalmatie. Je tâcherai par mes efforts de justifier la confiance de Sa Majesté, et de mériter la vôtre par ma conduite. Daignez, Sire, recevoir avec bonté l'hommage de mon très profond respect.* » [1] Le 27, Gazan écrivit au général Villatte, lui faisant part de ses doutes : « *Cette marque de confiance de l'Empereur me flatte infiniment ; mais aussi quelle tâche ne m'impose-t-elle pas ? et comment la remplirai-je ! Les peines, les soins les plus assidus, en un mot, tout ce qui dépendra de moi, sera fait pour maintenir l'union et le bon esprit qui anime l'armée, et rien ne sera négligé pour pourvoir à ses besoins, autant que les moyens le permettent. Mais je compte sur vous, monsieur le général, pour y parvenir : honorez-moi de votre confiance ; dites à vos troupes que je ferai tout pour elles, et que je n'ai qu'un seul but, celui de maintenir l'armée dans le bel état où elle se trouve, afin que lorsque le duc de Dalmatie reviendra dans sa famille, il ne s'aperçoive presque pas de son absence.* » [2]

---

1. AN, 381 AP 31¹.
2. AN, 381 AP 32.

Le 1er mars, Soult annonça aux troupes son remplacement par Gazan. Le duc de Dalmatie écrivit en même temps à son ancien chef d'état-major pour l'instruire des derniers ordres du roi et des dispositions prises en vue de leur exécution. Il terminait ainsi sa lettre : « *Je vous promets de dire à l'Empereur de quelle ardeur et de quel zèle tous les braves de l'armée sont animés pour son service. Je dirai surtout à Sa Majesté qu'elle peut compter sur vous et sur vos talents militaires.* » [1]

Tous les généraux sous les ordres de Soult lui exprimèrent leurs regrets de le voir s'éloigner. L'apothicaire Blaze commenta ainsi ce départ : « *Tous ceux qui avaient conservé quelque espoir de retourner en Andalousie furent forcés d'y renoncer.* » [2] Seul le roi Joseph vit avec soulagement s'éloigner ce subordonné insupportable qui lui manquait constamment de respect depuis des années.

Le duc de Dalmatie traversa Madrid le 2 mars et prit congé du roi. Il se fit suivre par un nombreux convoi de voitures transportant des œuvres d'art et autres objets de valeur qu'il avait accumulés pendant son séjour dans la péninsule Ibérique [3]. Pour lui montrer son attitude hostile, le roi ne l'invita même pas à dîner. En prenant congé de ses subordonnés, Soult n'avait d'ailleurs pas manqué d'annoncer publiquement avant son départ de Tolède qu'il reviendrait avant trois mois en qualité de général en chef [4].

Pour les Anglais, le départ de Soult équivalait à une petite victoire. L'enseigne Aitchison du 3rd *Guards* écrivit à son père le 15 mai 1813 que « *la perte de Soult peut être considérée comme égale (pour nous) à une forte diminution de leur nombre* » [5]. Cependant, la réputation de Gazan était plutôt bonne aux yeux des Anglais ; ainsi, le général de cavalerie Long écrivait dans une lettre du 10 mai 1813 que « *Gazan (le successeur de Soult) est considéré comme l'un des meilleurs et des plus habiles de leurs officiers* » [6]. Wellington avait déjà eu l'occasion de correspondre avec lui notamment au sujet de l'échange des prisonniers ; il n'était donc pas un inconnu. Les officiers anglais prisonniers n'avaient eu qu'à se louer de son accueil et de celui de la comtesse Gazan.

---

1. *Mémoires du maréchal Soult : Espagne & Portugal*, Librairie Hachette, 1955, p. 360.
2. Sébastien Blaze, *Mémoires d'un apothicaire sur la guerre d'Espagne*, tome second, Paris, 1828, p. 352.
3. D'autres trésors amassés par le maréchal en Andalousie avaient déjà été renvoyés en 1812 avec les cadres rentrant en France.
4. Jean Sarramon, *La bataille de Vitoria*, Paris, 1985, p. 25.
5. *An Ensign in the Peninsular War : the letters of John Aitchison*, London, 1994, p. 238.
6. T. H. McGuffie, *Peninsular cavalry general (1811-13) : the correspondence of Lieutenant-General Robert Ballard Long*, George G. Harrap & Co. LTD, 1951, p. 269.

Sa réputation dans l'armée française n'était pas mauvaise non plus : ainsi, le capitaine d'Agoult du 4e dragons parle de lui comme d'un « *homme de guerre brave et expérimenté* »[1]. Néanmoins, Gazan appréhendait beaucoup ce nouveau poste. La tâche était réellement écrasante pour ce général exténué et malade, sans expérience de commander une armée, qui se trouvait tout d'un coup propulsé sur le devant de la scène et chargé d'une lourde responsabilité.

Assimilé aux généraux commandant les autres armées, Gazan devait toucher avec le traitement de 40 000 francs par an l'indemnité de 6 000 francs par mois fixée pour des dépenses extraordinaires. Son chef d'état-major Forestier étant seulement adjudant-commandant, n'eut pas droit aux 3 000 francs de frais de bureau par mois attribués lorsque ces fonctions étaient remplies par un officier général, mais à la moitié de cette somme.

La situation au printemps de 1813

En mars 1813, resserrant leurs positions, les Français évacuèrent la Manche. L'armée du Midi quitta la vallée du Tage pour celle du Douro. L'armée du Centre s'établit dans la province de Ségovie. L'armée de Portugal occupa la Vieille-Castille, la Biscaye et une partie du royaume de Léon. Ce qui restait de l'armée dite du Nord gardait la Navarre et s'efforçait de maintenir libres les communications avec la France, faisant une guerre active aux bandes de partisans. Jomini évalue ainsi les effectifs du roi d'Espagne à cette époque : « *Sans compter l'armée toujours séparée de Suchet montant à 40 mille hommes, Joseph disposait encore d'environ 90 mille hommes, formant quatre squelettes d'armées.* »[2]

Dans les premiers jours de mars, l'armée du Midi, très disséminée sur un vaste territoire, commença à se concentrer sur les deux rives du Douro (à l'exception de la division Leval qui se trouvait autour de Madrid). Pendant ce temps-là, les Français de Madrid pliaient leurs bagages, tout en entretenant une vie mondaine. Les ordres de Napoléon n'arrivaient qu'avec un mois de retard, mais Joseph connaissait déjà sa nouvelle destination : Valladolid. C'est dans cette ville qu'il devait reporter sa capitale ; il s'y trouvait déjà le quartier général de l'armée de Portugal.

Le 8 mars, Gazan écrivit au roi : « *Un homme de confiance, qui a toujours bien servi le maréchal duc de Dalmatie, et qui réside au milieu des*

---

1. Colonel comte Charles d'Agoult, *Mémoires*, Mercure de France, 2001, p. 151.
2. Général Antoine Jomini, *Souvenirs sur la guerre d'Espagne, 1808-1814*, Paris, 2009, p. 195.

À la tête d'une armée

ennemis, vient de me faire parvenir l'emplacement ci-joint de l'armée anglaise, et j'ai l'honneur de l'adresser à Votre Majesté. Je le crois, à peu de choses près, exact, cet état cadrant parfaitement avec d'autres renseignements que nous avions précédemment reçus. [...] Un officier espagnol, ayant la lèvre fendue, fait fréquemment le voyage de l'Estrémadure à Madrid, pour espionner ce qui se passe dans cette capitale et auprès de Votre Majesté. Cet officier est dans le moment actuel en route pour se rendre à Madrid. Je pense qu'il serait utile au bien du service que Votre Majesté donnât des ordres pour tâcher de le faire arrêter. Cet homme est ordinairement porteur de lettres pour des personnes de Madrid. En lui mettant la main dessus, il serait peut-être possible de découvrir les personnes qui trahissent leurs devoirs envers Votre Majesté. » [1] Quoi qu'il en fût, le service d'espionnage de Wellington fonctionnait mieux que celui des Français qui étaient le plus souvent incapables de se procurer des renseignements exacts sur l'ennemi et ne recevaient que des rapports contradictoires qui augmentaient l'incertitude.

Le 14 mars, le roi annonça à Gazan que 4 millions de francs de solde étaient arrivés ; 1 500 000 francs étaient destinés à l'armée du Midi. Le problème du ravitaillement était toujours cuisant : le pays était pauvre et offrait peu de ressources. En outre, ce qui était le plus difficile, il fallait recouvrer les contributions imposées sur les provinces espagnoles par le gouvernement de Joseph, en denrées et en argent. Gazan renouvela sans cesse les demandes aux généraux sous ses ordres d'envoyer aux villages des colonnes mobiles et de faire rentrer le plus possible, nonobstant une hostilité manifeste de la part des autorités locales. Joseph réclamant régulièrement la part qui lui revenait, Gazan pressait ses généraux d'accélérer le recouvrement par tous les moyens pour s'en acquitter, et promettait au roi que les fonds lui seraient « *religieusement envoyés* ». Il venait parfois à Madrid pour se concerter avec le roi sur les mesures à prendre.

L'évacuation de Madrid se présentait non sans difficulté : il fallait assurer le transport de 9 000 blessés et malades ainsi que d'une énorme quantité d'œuvres d'art, de tapisseries, de meubles. Ce n'est que le 17 mars que la longue file d'équipages emportant les courtisans et les employés français avec leurs familles sortit de la capitale. Nombre d'Espagnols qui avaient soutenu le roi Joseph les accompagnaient, craignant la vengeance de leurs compatriotes. La veille, Gazan était venu passer 24 heures à Madrid pour recevoir les dernières instructions de Joseph, avant de retourner à Tolède [2].

---

1. SHD, C8 106.
2. *Correspondance du comte de La Forest*, vol. 7, Paris, 1913, p. 134.

Il restait encore à Madrid et ses environs, en dehors de la division Leval, de la brigade Maransin (à Almonacid) et de la cavalerie légère de Pierre Soult appartenant à l'armée du Midi, l'armée du Centre de Drouet d'Erlon. Ces troupes devaient partir à leur tour, abandonnant définitivement Madrid et tout le pays situé entre le Tage et le Douro.

Le roi écrivit à Gazan le 24 qu'indépendamment de Madrid, de la province d'Avila et de celle de Salamanque, il devait faire occuper également celle de Toro, celle de Zamora, et le *partido* de Medina del Campo qui dépendait de la province de Valladolid, en portant son quartier général à Arevalo [1]. La communication avec le quartier général du roi devait passer par Medina del Campo.

Le 27, Gazan atteignit Madrid. Les troupes n'avançaient pas vite à cause de la nécessité d'évacuer les malades au nombre de 1 800, dont 1 100 de l'armée du Midi et les autres de l'armée du Centre. Les moyens de transport manquaient terriblement : problème récurrent pendant toute la durée de la guerre d'Espagne et jamais vraiment résolu. Le 29 mars, le roi lui écrivit : « *Vous sentirez que le plus grand service que nous puissions rendre à l'Empereur, c'est d'envoyer en France le plus de cadres possible, afin qu'ils puissent recevoir de jeunes soldats et leur donner l'esprit qui anime votre armée.* »

Le 1er avril, Joseph écrivit à Clarke que les quatre généraux en chef étaient réunis sur le Douro et que les armées ne faisaient en réalité qu'une, et ne pouvaient en faire qu'une si l'ennemi se présentait ; cependant, les disputes allaient bon train. « *Je ne suis point obéi*, se lamentait le roi, *et je ne puis point l'être* », le maréchal Soult ayant donné le mauvais exemple [2].

Au 1er avril, le quartier général de l'armée du Midi était encore à Madrid. Le 3 avril, le roi prescrivit de nouveau à Gazan de presser le mouvement sur Avila et Salamanque afin de relever le plus tôt possible les corps de l'armée de Portugal qui devaient se rendre au nord. Il terminait ainsi : « *Il me tarde beaucoup de recevoir de vos nouvelles, monsieur le général, et d'apprendre que ces mouvements sont terminés.* » Desprez, aide de camp de Joseph, arriva le même jour à Madrid pour presser le départ du commandant en chef de l'armée du Midi [3], qui avait en fait retardé son départ pour effectuer l'évacuation des malades. Gazan reçut la lettre du roi en route le 6. Il répondit le 7 de Villacastin, s'interrogeant pourquoi ses lettres n'étaient pas parvenues au quartier général royal. « *J'aime à me persuader*, écrivait-il,

---
1. Cité dans A. du Casse, *Mémoires et correspondance politique et militaire du roi Joseph*, tome neuvième, Paris, 1854, p. 243-244.
2. SHD, C8 107.
3. *Correspondance du comte de La Forest*, vol. 7, Paris, 1913, p. 142.

À la tête d'une armée

que dans le moment actuel, Votre Majesté les aura reçues, et qu'elle n'aura plus d'inquiétude qu'elle paraissait avoir à mon égard. »[1] Gazan se plaignait des faibles moyens à sa disposition, et demandait à faire connaître le point où le roi voudrait que l'armée du Midi se réunît « dans le cas que l'armée anglaise se mît en mouvement et se portât sur le Tormes »[2].

Le 8 avril, la 3e division Villatte arriva à Avila, d'où elle se rendit à Salamanque : Gazan espérait l'y voir arriver le 11. La 6e division Darricau était en marche sur Arevalo, d'où elle irait occuper la province de Zamora. La 2e division de dragons serait à Toro, pour servir de réserve aux troupes occupant Zamora et Salamanque.

UNE NOUVELLE DÉCORATION

Même s'il était parti de l'armée, le maréchal Soult n'oubliait pas son ancien chef d'état-major. Ainsi, il écrivit au ministre de la Guerre le 5 avril 1813, alors qu'il se trouvait à Paris : « *J'ai l'honneur de prier Votre Excellence de vouloir bien attirer les grâces de l'Empereur sur M. le général de division comte Gazan, chef d'état-major g^{al} de l'armée du Midi, et depuis mon départ d'Espagne commandant par intérim l'armée ; il désire vivement que Sa Majesté daigne le nommer chevalier de la Couronne de fer et obtenir une décoration étrangère. Le dévouement que M. le général Gazan apporte dans le service de Sa Majesté, et son mérite éminent, m'engagent à prier Votre Excellence de vouloir bien lui être favorable.* »

Gazan n'obtint pas la décoration de la Couronne de fer, mais il fut en revanche nommé grand-croix de l'ordre de la Réunion par décret du 3 avril 1813. La demande du maréchal resta donc lettre morte.

GAZAN À AREVALO

Le 9 avril, le quartier général de Gazan fut établi à Arevalo, jadis un séjour royal entre Medina del Campo et Madrid. Le 11, il annonça au ministre de la Guerre que depuis le 1er mars qu'il avait pris le commandement, l'armée du Midi avait changé totalement ses positions. Elle avait évacué tout le pays qu'elle occupait sur la rive gauche du Tage, ainsi que celui qu'elle occupait sur la rive droite de l'Alberche. Suite au départ des cadres pour la France, il fallait travailler sur la réorganisation des régiments, travail que Gazan comptait finir en une semaine [3].

---

1. SHD, C8 107.
2. AN, 381 AP 31².
3. SHD, C8 107.

Les relations entre les commandants d'armées n'étaient pas au beau fixe, chacun travaillant pour son propre compte et étant très réticent à coopérer avec ses voisins. Les récriminations étaient incessantes ; cette situation perdura pendant toute la guerre d'Espagne à tous les niveaux de la hiérarchie militaire. Ainsi, le 13 avril, Gazan écrivit à Clauzel : « *L'armée du Nord a consommé énormément de monde à celle du Midi, et plusieurs mille hommes doivent y être encore retenus, malgré que le ministre m'ait écrit plusieurs fois qu'ils devaient être renvoyés. L'armée du Midi occupe un espace immense : elle tient depuis le Tage jusqu'aux frontières de la Galice, et aurait bien besoin de recevoir des renforts pour la couvrir de pertes qu'elle a éprouvées par les différents cadres et détachements qu'elle a été dans le cas de renvoyer en France. L'armée de Portugal vous envoie beaucoup de monde. Je vous prie donc de profiter de cette occasion pour envoyer à l'armée du Midi les détachements que vous avez retenus. Je vous prie, mon cher général, de vous rappeler de notre ancienne amitié, et c'est en son nom que je vous demande de me rendre ce service. Dans le courant du mois de mars dernier deux détachements sont partis de Bayonne pour l'armée du Midi ; mais ils ont été, ainsi que les autres, encore retenus à votre armée, et je compte sur votre obligeance pour voir enfin arriver à leur destination respective tous ces différents détachements. Mandez-moi, je vous prie, sur quoi je puis définitivement compter.* » [1]

Une affaire d'espionnage

Le 5 avril, un officier portugais prévenu d'espionnage, que Soult avait employé en qualité d'officier d'état-major et avait protégé par le passé, pris sur le fait à Madrid, fut jugé par une commission militaire et fusillé de suite à Madrid, après avoir fait quelques déclarations à Gazan. Celui-ci annonça au roi qu'il traînait depuis plus de deux mois à la suite de son quartier général une femme, maîtresse de cet officier, qui savait infiniment de choses « *et qui pourra peut-être faire connaître les individus, qui comme cet officier portugais, sont en correspondance avec l'ennemi* ». « *Je la cajole pour en savoir plus qu'elle ne m'en a dit ; je l'enverrai à Valladolid lorsqu'il me sera impossible d'en savoir davantage.* » Le 11, il parlait encore à Joseph de cette femme qui était indisposée, mais qui serait conduite à Valladolid dès que sa santé le permettrait, et qu'elle pourrait dire beaucoup de choses si on la ménageait. Le 13

---

1. SHD, C8 107.

avril, un aide de camp de Gazan, certainement Arnaud, vint dire au roi qu'une conspiration formée pour enlever Joseph ou s'en défaire avait été découverte. Miot de Melito raconte : « *Un Portugais nommé Souza, officier d'état-major du duc de Dalmatie, était à la tête de ce complot. Il a été arrêté, jugé et fusillé à Madrid.* »[1] Le comte de La Forest s'en entretint avec le roi, qui se plaignit que l'envoi de ladite femme se trouvât toujours retardé par différents prétextes et que l'on eût fait fusiller hâtivement le principal témoin [2]. Le 17 avril, Gazan écrivit au roi : « *J'ai l'honneur de faire conduire à Votre Majesté par mon aide de camp la femme dont j'ai fait, il y a quelques jours, rapport à Votre Majesté. Elle m'a assuré qu'elle désignerait à Votre Majesté un individu dont elle ne sait pas le nom, mais qu'il sera extrêmement facile de reconnaître d'après les renseignements qu'elle donnera.* »[3] Le roi reçut finalement cette femme. Le 6 mai, Gazan envoyait encore à Joseph les pièces sur les individus de Madrid qui avaient donné des avis à l'ennemi. Jourdan lui recommandera de les considérer comme des espions et de les faire traduire à une commission militaire.

Le calme avant la tempête

Le roi s'étant plaint des réquisitions faites à Madrid par le général Leval, Gazan prit la défense de son subordonné en évoquant ses difficultés pour se ravitailler, et pria Sa Majesté de « *ne point prendre en mauvaise part si elle venait à apprendre que le général Leval s'est fait livrer par la ville de Madrid des denrées pour la subsistance de ses troupes : le besoin ne raisonne pas, et Votre Majesté sait fort bien qu'il y a des circonstances à l'armée où il est impossible à un officier général de faire vivre sa troupe s'il ne prend pas sur lui de prendre des denrées partout où il peut en trouver, et je crains que le général Leval ne soit bientôt dans ce cas* »[4]. Le roi accusa Gazan d'avoir disposé des 40 000 réaux journaliers des entrées de Madrid pour le service des troupes de l'armée du Midi. Gazan protesta qu'il n'avait disposé de rien et que l'armée n'avait touché aucuns fonds. Il ajouta pourtant : « *Quoique la caisse de l'armée soit sans fonds pour faire face à ces dépenses* [de l'armée du Midi], *j'ai néanmoins donné des ordres pour que les premiers fonds qui rentreront en caisse, soient immédiatement versés dans*

---

1. Cité dans A. du Casse, *Mémoires et correspondance politique et militaire du roi Joseph*, tome neuvième, Paris, 1858, p. 430.
2. *Correspondance du comte de La Forest*, vol. 7, Paris, 1913, p. 151.
3. AN, 381 AP 31².
4. AN, 381 AP 31².

la caisse du préposé du trésor de Votre Majesté qui est auprès de M. le marquis d'Almenara, n'ayant rien autant à cœur que de tenir la promesse que j'ai faite à Votre Majesté, et pour lui en donner une preuve, je fais mettre à la disposition du préposé royal qui est ici, une somme de 50 000 francs, que le payeur de l'armée a bien voulu lui avancer, en prenant cette somme sur les fonds qui sont venus de France et qui sont exclusivement affectés à la solde de l'armée, et que je destine à être délivrés en partie à la division du général Barrois. Je prie Votre Majesté de vouloir bien ne point faire connaître l'origine de ces fonds, puisque si la complaisance du payeur était connue, il en aurait des désagréments. » [1]

Le 14 avril, Gazan fit part à Joseph de ses inquiétudes concernant la division Leval. « *Je désirerais bien,* écrivit-il, *que Madrid ne fût point la capitale du royaume d'Espagne et je prie Votre Majesté de ne pas attendre trop tard pour prendre un parti définitif à l'égard des troupes qui sont dans cette ville, ainsi que dans la province. Je prie Votre Majesté de ne point prendre en mauvaise part ma dernière réflexion, elle m'est suggérée par la prudence et par la crainte de voir éprouver quelque échec à un corps de troupes de l'Empereur.* » [2]

Selon l'ordre de l'Empereur, six divisions de l'armée de Portugal du général Reille devaient être détachées à l'armée du Nord du général Clauzel, afin de l'aider à combattre les guérillas et à garder libres les communications avec la France. Ces divisions devaient être relevées dans les provinces d'Avila, de Salamanque, de Toro et de Zamora par les troupes de Gazan à mesure qu'elles remonteraient vers le nord-est. Après l'installation du roi Joseph à Valladolid avec sa cour le 23 mars, Reille continua d'envoyer des troupes à Clauzel tandis que les siennes étaient relevées par les divisions de l'armée du Midi, avec beaucoup de retards aggravés par les hésitations de Joseph et la nonchalance de Gazan.

En mai, suite à ces départs et aux prélèvements effectués par Napoléon, les trois armées du Midi, du Centre et de Portugal ne comptaient plus que 55 000 hommes d'infanterie et 7 000 de cavalerie selon Miot de Melito, alors qu'en janvier 1813 ces trois armées avaient encore été fortes de 86 000. L'historien Sarramon estime la force générale des trois armées opérant sous les ordres du roi au 1er mai 1813 à 45 097 fantassins et 10 746 cavaliers [3]. Elles se trouvaient placées sous le commandement supérieur du roi Joseph, assisté du maréchal Jourdan comme major général.

---

1. AN, 381 AP 31².
2. SHD, C8 107.
3. Jean Sarramon, *op. cit.*, p. 441. Voici les chiffres que l'on trouve pour l'armée du Midi à la date du 1er mai 1813 dans les *Mémoires* du roi Joseph : 25 377 fantassins, 6 212 cavaliers.

À la tête d'une armée

La mésentente entre les armées françaises, qui se regardaient comme étrangères les unes aux autres, atteignait de grandes proportions dès qu'il s'agissait des provisions. Chacune était jalouse de ses magasins et ne voulait point s'en défaire au profit des autres. Le 20 avril, le roi décida de partager les magasins se trouvant à Toro et à Zamora en trois parties égales entre les trois armées présentes. Gazan lui écrivit sur un ton caustique : « *Je suis instruit d'une manière certaine que les ordres de Votre Majesté ont été si bien suivis, et que le partage s'est si bien fait, que l'on n'a rien laissé à l'armée du Midi.* » Puis, pour atténuer l'impression produite par sa lettre, il ajouta : « *En faisant ce rapport à Votre Majesté, je ne prétends point faire des récriminations contre personne, mais seulement lui faire connaître que ses intentions bienfaisantes envers l'armée du Midi n'ont point été remplies, et qu'elle ne doit point être étonnée si elle recevait quelque plainte à l'égard des mesures que je serais dans le cas de prendre pour faire fournir par les habitants du pays, qui est déjà fortement épuisé, les denrées qui seront nécessaires à l'administration de l'armée pour nourrir les troupes.* »[1] Tout cela n'arrangeait pas la situation misérable des provinces espagnoles obérées, qui ne pouvaient presque plus rien fournir. D'autre part, les détachements envoyés dans différentes armées n'étaient pas toujours restitués à leur armée d'origine ; ainsi, Gazan se plaignit le 28 avril au roi de ce que le maréchal Suchet avait retenu sous divers prétextes près de 2 000 hommes appartenant à l'armée du Midi et n'était pas pressé de les rendre[2].

Le quartier général de l'armée du Midi était toujours à Arevalo (du 10 avril au 16 mai) au centre de la brigade Bonnemains (commandée depuis avril par Ismert) des dragons de Tilly, protégé par un bataillon du 32e de ligne et un du 55e. Les troupes qui composaient cette armée étaient très disséminées. La division Darricau était à Zamora avec le 100e de ligne au sud du Douro. La division Digeon avait les 5e et 21e dragons à Toro, alors que le 16e était aux avant-postes à l'ouest de Zamora. Ces deux divisions surveillaient la partie inférieure du cours de l'Esla. La division Villatte et le 12e dragons étaient à Salamanque et ses environs, face à l'Agueda d'où les Français s'attendaient à voir déboucher la prochaine offensive de Wellington. Bien qu'occupant la position la plus exposée, en pointe, Villatte ne disposait que d'une seule unité de cavalerie pour s'éclairer, et Gazan ne fit rien pour remédier à cette délicate situation en dépit des ordres de Joseph qui lui prescrivaient de placer quelque

---

1. AN, 381 AP 31².
2. AN, 381 AP 32.

cavalerie à Salamanque et de faire partir de fréquentes reconnaissances dans la direction de Ciudad Rodrigo [1]. La division Conroux et le 14e dragons étaient à Avila, observant le corps du général Hill. La division Leval occupait toujours Madrid et ses environs, secondée par les 17e et 27e dragons de la brigade Ormancey et couverte au sud par la division de cavalerie légère Pierre Soult, qui manifestait une grande activité, et la brigade d'infanterie Maransin [2]. Les liaisons entre tous ces éléments étaient difficiles du fait de la présence des guérillas qui interceptaient les courriers. La division Cassagne était détachée à l'armée du Centre.

Napoléon entendait toujours s'ingérer directement dans les affaires espagnoles par le canal de son ministre de la Guerre. Les directives que le roi Joseph recevait de Paris étaient très contradictoires : il fallait d'une part tout mettre en œuvre pour pacifier le nord de l'Espagne, et en même temps adopter une attitude menaçante face au Portugal afin de contenir les Anglais. Pour sa part, Wellington qui préparait son offensive faisait colporter de fausses nouvelles afin de tromper ses adversaires. Une seule chose ne faisait pas de doute : l'ennemi allait prochainement entrer en campagne. Mais par où ? Le 10 mai, Gazan écrivait à Villatte : « *Exercez la plus grande surveillance pour être prévenu à temps des mouvements de l'ennemi, et pour que nous puissions nous réunir ; ensuite nous agirons suivant les circonstances.* » [3] Le 11, il fit part au roi des préparatifs de Hill pour remettre en état le chemin du col de Baños, et aussi la présence de Wellington à Freineda. Dès le lendemain, Jourdan l'avertissait qu'au cas où l'ennemi viendrait à franchir l'Agueda, la division Leval devrait sur-le-champ quitter Madrid pour repasser en Vieille-Castille. Le 15, Gazan revint sur le même sujet que le 11, en concluant que Hill avait l'intention de se rendre par Avila sur Madrid. À la lumière de ces informations, le maréchal Jourdan demanda des ordres à Clarke ; puis, sans attendre, il rédigea à l'intention de Joseph une étude exposant son opinion sur l'attitude à adopter, mais en se basant sur des suppositions erronées, car il ne croyait pas à une attaque par le nord du Douro.

Vers le 18, les Français avaient déjà quelques vagues notions de la prochaine entrée en campagne de Wellington. Le 19 mai, sur la proposition de Jourdan, Joseph donna ses instructions aux chefs des armées sur la conduite à tenir en cas de l'ouverture des hostilités. Gazan reçut l'ordre de pousser de fréquentes reconnaissances sur les frontières du Portugal afin d'être averti de la marche de l'ennemi. Il devait, au premier

---
1. SHD, C8 108.
2. Jean Sarramon, *op. cit.*, pp. 29 et 97.
3. AN, 381 AP 33¹.

avis qu'il en recevrait, donner ordre à Leval d'évacuer Madrid, porter toute sa cavalerie vers Salamanque pour protéger la retraite de Villatte, et réunir toute son armée en avant de Medina del Campo, à l'exception de la division Darricau qui continuerait à occuper Toro. La rentrée des contributions fut encore accélérée, car le temps pressait ; il fallait également réunir des biscuits et des bestiaux en quantité suffisante, ce qui était très difficile.

Une remarque de Sarramon nous éclaire sur l'état des archives : « *Nous sommes très pauvres en renseignements sur ce qui avait trait à l'armée du Midi et surtout aux unités de Leval dans la mesure où Gazan se montrait avare en rapports détaillés et ne transmettait pas à l'état-major royal la plupart de ceux qu'il pouvait recevoir de ses lieutenants. De plus, une masse de documents, sans doute susceptibles de nous apporter des précisions, allait disparaître le soir de la bataille de Vitoria, lorsque les archives tant du roi lui-même et de son état-major que des armées du Midi et du Centre devaient tomber aux mains des Britanniques. Seuls les registres de doubles du courrier de Reille échappaient au désastre.* »[1] On sait cependant que Gazan manifesta une extrême mauvaise foi à exécuter ce qui lui était ordonné par le roi, et notamment les instructions du 19 mai ; « *ceci est d'autant plus surprenant,* écrit Sarramon, *que l'inexécution de ces ordres risquait d'entraîner des désastres tant pour Villatte que pour Leval, c'est-à-dire ses propres subordonnés* »[2]. Comme exemple de son peu d'empressement, on peut citer une lettre qu'il écrivit le 21 mai à Jourdan pour l'avertir qu'il était impossible de former à Tordesillas les magasins de vivres prévus, sous prétexte que le pays était épuisé et qu'il ne fallait pas s'attendre à y réunir les subsistances qu'après la récolte. Or, les Anglais trouveront quelques jours plus tard à Arevalo, ville ayant abrité le quartier général de Gazan, des réserves considérables de grains que le commandant en chef de l'armée du Midi avait donc tout simplement refusé de partager. Gazan annonçait aussi que tous les bestiaux étant au pouvoir de l'ennemi, on ne pouvait s'en procurer qu'en les payant fort cher et l'argent à la main ; qu'il ne connaissait pas en Espagne de pays où les habitants montrassent plus de mauvaise volonté pour donner de l'argent que ceux des provinces qui étaient actuellement occupées par l'armée du Midi. Par ailleurs, il déclarait péremptoirement que s'il ne parvenait pas à faire former des magasins sur le Douro, il ne pensait pas que d'autres fussent dans le cas de faire mieux[3].

---

1. Jean Sarramon, *op. cit.*, p. 89.
2. *Ibid.*, p. 96.
3. SHD, C8 108.

L'OFFENSIVE DE WELLINGTON

De l'autre côté de la frontière portugaise, l'armée alliée comptait déjà près de 80 000 hommes dans les rangs (au 25 mai) et se tenait prête à pénétrer en Espagne. Pour cette nouvelle campagne, Wellington avait rappelé les généraux Graham et Picton et s'était débarrassé de quelques subordonnés particulièrement obtus. Nommé généralissime des quatre armées espagnoles en décembre 1812, Wellington pouvait donc aussi compter sur 25 000 soldats de cette nation, réputés pour leur courage mais beaucoup moins fiables que les fantassins britanniques. Quelques chefs espagnols protestèrent contre ce passe-droit, en particulier Ballesteros, le vieil adversaire de Gazan ; toutefois, le roi Joseph n'eut guère le temps de mettre à profit ces dissensions dans le camp allié.

Ayant tiré des leçons de son échec de 1812, Wellington projetait de conduire une vaste offensive de façon à prendre les Français en tenaille. Son plan de campagne consistait à tourner les positions françaises sur le Douro en les débordant constamment par le nord et en forçant incessamment ses adversaires au repli. Pendant qu'une colonne de troupes sous les ordres de Hill effectuerait une diversion dans les environs de Salamanque pour attirer l'attention des Français de ce côté, le gros de l'armée anglo-portugaise sous les ordres de Graham devait se diriger vers l'Esla, franchir cette rivière et pousser vigoureusement les armées du roi Joseph vers les Pyrénées en les obligeant à abandonner successivement toutes leurs positions défensives sur le Douro par crainte d'être coupées de la France. Les deux colonnes alliées devaient se réunir à Toro, sur la rive nord du Douro, puis continuer à développer leur offensive toujours selon le même schéma opérationnel : le débordement par le nord. Wellington comptait sur l'assistance de l'armée de Galice sous les ordres de Giron, l'un des meilleurs chefs espagnols, qui avancerait au nord de la colonne de Graham, des divisions Morillo et Carlos de España, et des lanciers de Julian Sanchez, célèbre chef de partisans de la région de Ciudad Rodrigo. Il comptait aussi sur les forces insurrectionnelles dans le nord de l'Espagne pour immobiliser une partie des troupes françaises. Il était à prévoir que la bataille décisive serait livrée quelque part aux environs de Burgos, les Français luttant avec des effectifs amoindris suite au départ de plusieurs unités vers l'Allemagne contre un ennemi supérieur en nombre.

Le 22 mai, au passage de la frontière hispano-portugaise, Wellington se retourna en s'exclamant : « *Adieu, Portugal, je ne te reverrai jamais !* »

À la tête d'une armée

Le moral de ses troupes était haut ; tous espéraient « *voir les Pyrénées avant septembre* »[1]. Son offensive se déroula dès le début comme prévu sur les deux rives du Douro. La nombreuse cavalerie alliée formait un écran masquant aux Français les divisions d'infanterie.

Malgré les mesures prises par Wellington pour garder secrète la date du déclenchement de son offensive, une imprudence du général Long commandant une brigade de cavalerie de la colonne de Hill, qui franchit le col de Baños le 23 mai avant tout le monde, eût pu alerter les Français et leur faire prendre des dispositions en conséquence. Mais le général Gazan, auquel cette information parvint très rapidement par le biais du brigadier Lefol commandant à Alba de Tormes, ne réagit pas : pour reprendre l'expression de Sarramon, « *la vigilance et l'activité n'étaient pas le propre du chef de l'armée du Midi qui ne tirait pas parti de l'erreur commise par Hill en dévoilant prématurément ses intentions* »[2]. Réjouis par la nouvelle de la victoire de Napoléon à Lützen reçue ce jour-là, Jourdan et Joseph ne tinrent aucun compte du message alarmant du général Villatte, de l'armée du Midi, qui contenait quelques indices précieux sur l'avance des troupes alliées par le nord du Douro. Cette information venait en contresens de leur intime conviction que l'offensive de Wellington viendrait par le sud. La diversion conçue par le duc fonctionna donc à merveille.

LE REPLI DE VILLATTE

Le maréchal Jourdan entendait faire replier sur la rive droite du Douro le gros des forces françaises à la première annonce des évolutions de l'ennemi. Mais il était inconcevable d'abandonner la rive gauche de ce fleuve avant l'arrivée de la division Leval qui se trouvait près de Madrid sans l'exposer à être séparée de l'armée, voire entièrement détruite. Gazan avait depuis cinq jours reçu l'ordre de prescrire au général Leval d'évacuer la capitale dès qu'il se serait aperçu d'un mouvement de l'ennemi et de dépêcher les dragons de Tilly afin d'éclairer les routes par lesquelles l'ennemi pouvait déboucher, tout en couvrant la retraite de Villatte depuis Salamanque ; mais pour des raisons obscures, le commandant en chef de l'armée du Midi préféra d'abord venir à Valladolid le 24 mai au soir, à plus de 70 km de sa résidence, apporter lui-même la nouvelle, communiquée par Villatte et Lefol, du début du mouvement de Wellington en direction de Salamanque, et demander l'auto-

---

1. George Simmons, *Recollections of the Peninsula, South of France & Waterloo campaigns of the Napoleonic Wars*, Leonaur, 2007, p. 202.
2. Jean Sarramon, *op. cit.*, p. 63.

risation formelle de rappeler Leval, auquel il n'avait envoyé le 23 que la recommandation de concentrer son monde en attendant l'ordre de repli. Joseph fut surpris que Gazan fût venu au quartier général pour demander de nouveaux ordres au lieu d'exécuter ceux déjà transmis ; il en résulta un délai fâcheux.

Le même jour, 24 mai, Villatte écrivit deux lettres pour informer son supérieur que les Britanniques avaient franchi l'Agueda le 22, que leur avant-garde était à Tamames et San Muñoz, qu'ils étaient attendus à Matilla le soir même, que la colonne de Hill devait se présenter le 25 à San Pedro de Rozados ; par conséquent, Villatte se disait décidé à évacuer Salamanque dès qu'il serait certain qu'il allait être attaqué, c'est-à-dire probablement le 25 dans la journée, et demandait avec insistance que la cavalerie soutînt son repli. Enfin, il indiquait que si Wellington disposait face à lui de trois divisions anglaises, les cinq autres étaient réputées avoir traversé le Douro au Portugal pour manœuvrer au-delà de ce fleuve [1]. En l'absence de Gazan, les lettres de Villatte furent réceptionnées par l'adjudant-commandant Forestier, chef d'état-major, à Arevalo.

L'initiative mal inspirée [2] de Gazan de venir à Valladolid fit perdre beaucoup de temps, de sorte que les ordres à Leval ne furent expédiés que le lendemain. Le général Reille reçut en même temps l'ordre de Jourdan d'observer les mouvements des Espagnols – car Jourdan n'attendait les Anglo-Portugais que depuis la direction de Salamanque – sur l'Esla. Toutes ces demi-mesures ne montrent qu'une chose : immobilisées dans leurs cantonnements et très dispersées, surchargées par leur nombreuse artillerie et une innombrable quantité d'équipages, de bagages, de malades et de réfugiés civils, retardées par l'évacuation de tous les *impedimenta* demeurés à Madrid, les armées du roi Joseph allaient se retrouver dans une situation très désavantageuse devant l'offensive alliée qui se déroulait selon le plan établi, quoique ralentie par les intempéries.

Le jour même où Gazan venait voir Joseph et Jourdan à Valladolid, la colonne du général Hill entamait sa marche sur Salamanque. Cette ville n'était occupée que par la division d'infanterie Villatte (3e de l'armée du Midi) forte de 5 000 baïonnettes et le 12e dragons de la division Digeon, avec de petits détachements à Ledesma et Alba de Tormes. L'unité la

---

1. Cité dans Jean Sarramon, *op. cit.*, p. 138.
2. En réalité, Gazan eût dû rappeler Leval à la réception du premier rapport de Lefol sans perdre un temps précieux, puisque la lettre de Joseph du 19 mai lui donnait la plus grande latitude à cet égard. Le roi fut d'autant plus mécontent de sa venue à Valladolid et du temps perdu qu'il était impensable d'abandonner la gauche du Douro avant l'arrivée de Leval, sans l'exposer à être séparé de l'armée et même à être complètement battu.

plus proche pour leur prêter main-forte était celle commandée par le général Darricau à Zamora. Les autres unités de l'armée du Midi étant trop disséminées, l'avant-garde de Villatte ne pouvait compter que sur ses propres forces en cas d'attaque. De plus, par la faute de Gazan, elle était dépourvue de tout soutien de cavalerie, alors que trois régiments de dragons stationnaient sans aucune utilité autour d'Arevalo.

Ayant reçu à Valladolid les mêmes instructions qu'auparavant, Gazan repartit le 25 au matin pour Arevalo. En chemin, entre Valdestillas et Medina del Campo, il rencontra un officier qui lui remit un message de l'adjudant-commandant Forestier ; celui-ci l'informait avoir pris en son absence, sur la réception des rapports tant de Conroux que de Villatte confirmant la marche en avant de l'ennemi, l'initiative de prescrire à Leval, le matin même, de repasser le col de Guadarrama et d'expédier des partis de dragons vers l'ouest pour obtenir des nouvelles de ce qui se passait. Le chef d'état-major avait donc fait preuve de plus de prévoyance que son général ; Forestier se justifia du dépassement de ses pouvoirs en faisant remarquer à Gazan que mieux valait avoir à révoquer les instructions à Leval que d'exposer le contingent occupant Madrid à être compromis.

Gazan approuva toutes les mesures prises par son chef d'état-major et expédia un second aide de camp à Leval pour lui recommander de presser son mouvement. Il rappela Conroux d'Avila à Arevalo et ordonna à Darricau de bien garder le pont de Toro, point sur lequel il aurait à rallier sa division dès qu'il apprendrait l'apparition de l'ennemi sur le Tormes. Mais il se gardait toujours d'envoyer à Salamanque ses dragons disponibles, comme Villatte l'avait demandé.

Le 25 mai, les colonnes alliées convergèrent sur Salamanque. Pendant que les dragons français escarmouchaient à Matilla, Villatte rappela son détachement de Ledesma et fit filer ses bagages. De gros détachements de cavalerie alliée parurent le lendemain aux environs de la ville. S'étant assuré qu'il ne s'agissait pas d'une simple démonstration, Villatte évacua la ville et s'établit sur les hauteurs de Cabrerizos. Les cavaliers britanniques traversèrent la ville au galop ; se rendant enfin compte du danger et voyant paraître au loin les têtes des colonnes d'infanterie, Villatte commença sa retraite vers l'est, mais son infanterie fut chargée par les brigades Victor Alten et Fane. Incapables de rompre les carrés des 27e léger et 94e de ligne, les cavaliers se bornèrent à les suivre à distance et à ramasser les traînards. L'artillerie à cheval britannique arriva sur ces entrefaites et tira à portée de pistolet sur la queue de la colonne en lui infligeant quelques pertes. Les Français perdirent aussi sept caissons de munitions ayant versé sur la route, 200 tués ou blessés et autant de prisonniers. À 16 heures, Wellington arriva sur les lieux et fit arrêter la poursuite. Tous les critiques de la campagne accusent Villatte d'avoir ordonné la retraite beaucoup trop tard ; Jourdan ajoute dans ses mémoires une remarque à l'encontre de Gazan lequel avait manqué d'envoyer à Villatte la plus grande partie de sa cavalerie, comme il en avait reçu l'ordre. Sarramon parle aussi de l'aveuglement et du manque d'esprit d'initiative du général Tilly qui entendit le canon du côté de Salamanque, mais ne bougea pas.

Après avoir rallié le détachement placé à Alba de Tormes, Villatte se retira sur Medina del Campo où il fut rejoint par la division Conroux venant d'Avila et les dragons de Tilly. Gazan quitta Arevalo le 27 mai au matin pour Medina del Campo puis Rueda. Il se rendit ensuite de sa personne à Nava del Rey pour aller au-devant de Villatte. En cours de route, il reconnut le cours du rio Trabancos et conclut que cette position était intenable. Au même moment, Villatte écrivait à Tilly, faisant allusion à l'entêtement de Gazan de penser que les Anglais n'entreraient pas de sitôt en campagne : « *Voilà à quoi je m'attendais longtemps, ce que j'ai répété souvent et que l'on ne voulait pas croire.* » [1]

Wellington entra ce jour-là à Salamanque, où l'accueil de la population fut assez mitigé. Le roi Joseph, se rendant enfin compte de la grave menace qui pesait sur lui, écrivit au général Clauzel commandant l'armée du Nord pour lui demander la restitution des divisions de l'armée de Portugal qui lui avaient été envoyées précédemment en renfort. Avant le retour de ces divisions, il ne fallait même pas songer à livrer bataille à l'armée alliée beaucoup plus nombreuse. Cette décision tardive laissait présager que les Français seraient obligés de céder beaucoup de terrain avant que la jonction avec ces troupes ne fût établie.

La retraite des armées françaises

Les Français évacuèrent complètement Madrid le 28 mai. Le 29, toujours de Rueda, Gazan écrivit au roi qu'en cas d'attaque des Anglais il rétrograderait sur Tordesillas où il faisait travailler à une tête de pont sur la rive sud.

Ce n'est que le 30 mai que Joseph envoya enfin l'ordre formel à Clauzel de le rallier avec l'armée du Nord. Le même jour, Jourdan prescrivit à Gazan de ne plus tarder à transférer au nord du Douro les divisions Villatte et Conroux pour les établir à Torrelobatón et Tordesillas.

---

1. AN, 381 AP 32.

À la tête d'une armée

Ces instructions furent réitérées le lendemain soir, en insistant sur leur extrême urgence. Comme on apprit le 31 les mouvements des Alliés au nord, il ne s'agissait plus de défendre la ligne du Douro, complètement tournée, mais de se former en bataille parallèlement à l'armée ennemie. Le soir, les troupes de l'armée du Midi cantonnées à Medina del Campo s'établirent, la gauche à Tordesillas et la droite à Torrelobatón. Celles de l'armée du Centre étaient en marche depuis Ségovie.

Après avoir franchi l'Esla, non sans difficulté, les colonnes de Graham se portèrent sur Zamora. Cette ville fut abandonnée par les troupes de l'armée du Midi. Les dragons de Digeon se rendirent à Toro, qu'ils évacuèrent le même jour, laissant la voie libre pour que la jonction des contingents de Graham et de Hill pût se faire sans encombre. Le roi Joseph réunissait toutes ses armées sur la rive droite du Douro.

Le 2 juin, une brigade de la division Digeon (16e et 21e dragons) se heurta aux hussards anglais à Morales de Toro et fut mise en échec. Les hussards ne cessèrent leur poursuite qu'après être tombés sous le feu de l'artillerie française, alors que l'infanterie du général Darricau les attendait de pied ferme. Les dragons et les régiments de Darricau se replièrent alors sur Torrelobatón, où ils se réunirent aux autres divisions de l'armée du Midi. Les Français avaient perdu un grand nombre de prisonniers dans cette affaire. Le même jour, les lanciers de Julian Sanchez surprirent un piquet de la division Tilly à Castronuño, sur la rive gauche du Douro. C'est aussi le 2 juin que, l'armée du Centre et la division Leval ayant enfin rejoint [1], les Français évacuèrent Valladolid. Ils étaient précédés d'un énorme convoi de milliers de fourgons transportant les fonctionnaires avec leurs familles et tous leurs biens ; il est incompréhensible que la plupart de ces voitures n'eussent pas été dirigées sur les Pyrénées quelques semaines plus tôt, au moment de l'envoi des divisions de l'armée de Portugal vers le nord... mais force est de constater que la prévoyance n'avait jamais été la qualité première des chefs français en Espagne, qui vivaient au jour le jour.

Le 3 juin, Jourdan ordonna à Gazan de faire mettre en marche son parc et ses équipages immédiatement après la garde royale et d'aller bivouaquer sur le Carrión. L'armée du Midi se porta le lendemain sur

---

1. Sarramon écrit : « *La colonne de Leval avait rallié avec peine Gazan à Simancas. Les retards apportés par ce dernier à prescrire le départ de Madrid – en désobéissant aux ordres donnés par Jourdan – avaient fait courir un risque considérable aux troupes concernées et surtout aux malheureux en route pour l'exil. C'est donc à tort que les rares auteurs français s'étant intéressés à la question et ayant une vue superficielle des choses, ont voulu faire supporter à Joseph la responsabilité d'une situation qui n'incombait qu'au seul commandant de l'armée du Midi.* » (*Op. cit.*, p. 157)

Dueñas. Jourdan lui prescrivit ce jour-là de faire partir le lendemain à 5 heures du matin son parc d'artillerie et les gros équipages de son armée et les diriger sur Torquemada, « *où ils passeront la Pisuerga et iront bivouaquer sur la rive gauche de cette rivière* » ; il convenait de leur donner une escorte suffisante à cet effet. Seule l'avant-garde de l'armée du Midi continuerait à occuper Dueñas ; le reste des troupes devait se rendre sur la rive gauche du Carrión. La suite des dispositions dépendrait des mouvements de l'ennemi [1].

Le 4 juin, après l'arrivée des divisions de Hill, toute l'armée de Wellington fut concentrée sur la rive septentrionale du Douro. Pendant ce temps-là, le roi Joseph ralliait à la hâte ses troupes dispersées et prenait position en arrière du Carrión. Cette position fut rapidement abandonnée lorsque les Français apprirent que Wellington se proposait de passer par le nord et d'arriver sur l'Èbre avant ses adversaires.

Sentant de quelle importance il était de bien localiser l'ennemi et de connaître sa force, Gazan envoya le capitaine d'Espinchal du 2e hussards porter une dépêche insignifiante au duc de Wellington à propos de l'échange d'officiers prisonniers, en lui recommandant de bien observer les mouvements et la direction des troupes alliées. « *Cette mission*, écrit d'Espinchal, *qui n'offrait aucun danger réel, n'en était pas moins assez délicate puisqu'il était à craindre que, pour éviter que je pusse rendre compte de ce que j'aurais pu voir, on ne me retînt jusqu'à l'exécution des manœuvres de l'ennemi ; aussi, le général en chef, en me souhaitant une bonne chance, me dit-il qu'il comptait sur mon adresse et mon bonheur.* » [2] Après trois heures de marche, d'Espinchal rencontra l'avant-garde ennemie et remit sa lettre, puis ayant observé que les Anglais avaient l'intention bien évidente de déborder la droite des Français, d'Espinchal s'échappa par ruse et alla rejoindre Gazan à Dueñas auquel il conta les résultats de sa mission. La proximité de l'ennemi ne faisant plus aucun doute, le commandant en chef de l'armée du Midi fit sur-le-champ repasser la Pisuerga à ses troupes et ordonna de rompre les ponts. Il n'oublia pas de remercier d'Espinchal, comme celui-ci raconte dans ses mémoires : « *Il voulut bien m'adresser, devant son état-major, les compliments les plus flatteurs sur le résultat de ma mission.* » [3]

Joseph manifesta à nouveau le désir de s'accrocher à la ligne de la Pisuerga dans le but de gagner du temps ; cette position était bonne,

---
1. AN, 400 AP 13.
2. *Souvenirs militaires d'Hippolyte d'Espinchal*, Paris, 2005, p. 397.
3. *Ibid.*, p. 398.

et on pouvait espérer s'y maintenir pendant quelques jours. Mais les chefs des armées ayant représenté que les troupes manquaient de pain et qu'il était impossible de faire des détachements en vue de s'en procurer en présence de l'ennemi, il fallut se replier sur Burgos.

De Burgos à Vitoria

Les ordres envoyés par Jourdan le 6 juin au soir pour les mouvements à opérer au cours de la nuit suivante et le lendemain 7 prévoyaient que Gazan devait synchroniser les siens avec ceux de l'armée de Portugal. Toutefois, comme remarque avec justesse Sarramon, Gazan, « *qui s'avérait en fait incapable d'exécuter à la lettre les ordres reçus et prenait des initiatives personnelles bien dans la tradition qu'il avait héritée de son ami et ancien chef, le duc de Dalmatie* » [1], précipita l'évacuation ; sa dérobade prématurée contraignit Reille à accélérer son propre départ et à faire marcher ses troupes durant la nuit.

Les jours suivants furent assez ressemblants. Constamment débordées par le nord, manquant de vivres et sous une pluie battante, les troupes françaises abandonnèrent plusieurs positions successives, se repliant inexorablement vers la frontière. Les soldats maudissaient leurs chefs, imputant la retraite à l'absence du maréchal Soult. Toutes les personnes n'appartenant pas aux armées et marchant à leur suite furent envoyées à Burgos et de là à Vitoria ; Jourdan recommandait particulièrement aux commandants des armées de veiller à l'exécution de cet ordre [2].

Au conseil de guerre à Burgos, Drouet d'Erlon, Gazan et les généraux de l'armée du Midi se prononcèrent pour une bataille, tandis que le maréchal Jourdan fut contre. Miot de Melito écrit : « *C'est par suite de cette hésitation que l'on a passé trois jours à Burgos, que l'on a cherché à reconnaître une position propre à attendre l'ennemi, et à compenser, par les avantages d'un terrain choisi à l'avance, l'infériorité du nombre. Mais il fallut bientôt revenir à l'opinion du maréchal Jourdan, que l'ennemi ne cherchait point à nous combattre, qu'il n'avait d'autre objet que de manœuvrer de manière à nous faire quitter toutes nos positions, et, s'il était possible, d'arriver avant nous sur nos communications avec la France. […] Nous quittâmes ainsi Burgos le 13 juin.* » [3] Le château de

---
1. Jean Sarramon, *op. cit.*, p. 212.
2. AN, 400 AP 13.
3. Cité dans A. du Casse, *Mémoires et correspondance politique et militaire du roi Joseph*, tome neuvième, Paris, 1858, pp. 433-434.

Burgos fut miné ; par un mauvais calcul de la quantité de poudre, l'explosion fut terrible et fit plusieurs victimes dans la division Digeon, la cavalerie de Pierre Soult et la brigade Maransin. Le pharmacien Fée s'en souvint : « *Les projectiles creux, lancés avec autant de violence que s'ils fussent sortis des canons et des mortiers, éclatèrent et vomirent dans l'air une pluie de fer qui porta au loin la mort. Les hommes atteints, qui ne furent pas tués, portaient des blessures épouvantables, et on les entendait maudire l'impéritie de leurs chefs ; nous joignions nos malédictions aux leurs. Le regret d'une mort inutile pour l'armée rendait leurs derniers moments encore plus douloureux.* » [1] D'Espinchal raconte que le général commandant l'avant-garde de l'armée anglaise, informé de ce fatal événement, envoya sur-le-champ un officier près du général Soult chargé de l'arrière-garde, pour le prévenir qu'il ne se présenterait aux portes de Burgos qu'une heure après la sortie des Français, afin de leur donner le temps de secourir et d'emporter les blessés. « *Cette conduite noble et généreuse du général anglais fut justement appréciée de l'armée et du roi qui lui envoya un de ses aides de camp pour lui témoigner sa reconnaissance d'un procédé si honorable.* » [2]

Nonobstant les hostilités ouvertes, la correspondance continuait entre Français et Anglais pour des questions de prisonniers. Ainsi, le 6 juin 1813, Wellington écrivit à Gazan : « *Monsieur le général, sachant que vous aviez permis au capitaine Lloyd de retourner à l'armée sur parole de ne pas servir jusqu'à ce qu'il fût échangé, j'ai renvoyé hier à l'armée française, en échange pour lui, le capitaine Vernier, pris à Castroñuno le même 2 de juin. Si j'eusse su que Votre Excellence aurait préféré en échange le capitaine d'artillerie Cheville, je l'aurais fait renvoyer en France.* » [3]

Le 14, le quartier général de l'armée du Midi fut à Briviesca. Le 15, les armées françaises occupèrent diverses positions autour de Pancorbo. Les gorges et les défilés de Pancorbo constituaient en effet une belle position naturelle permettant de compenser l'infériorité des forces. Elle avait pourtant un inconvénient, car elle était facile à tourner. Arrivé à Miranda de Ebro, en proie aux doutes, le roi Joseph convoqua un conseil de guerre. Gazan et Drouet d'Erlon se prononcèrent pour attendre l'ennemi, « *comme c'était le parti à prendre le plus honorable* » [4]. Ils réussirent d'abord à persuader le roi qui craignait par-dessus tout

---

1. A. L. A. Fée, *Souvenirs de la guerre d'Espagne*, Paris, 2008, pp. 319-320.
2. *Souvenirs militaires d'Hippolyte d'Espinchal*, Paris, 2005, p. 400.
3. Lieutenant-colonel Gurwood, *The Dispatches of Field Marshal the Duke of Wellington*, volume X, London, 1838, p. 421.
4. SHD, 1M 767-780.

d'être accusé par Napoléon d'avoir abandonné l'Espagne sans combat. Miot de Melito raconte : « *On prétendit de nouveau que l'ennemi n'oserait jamais s'engager au-delà de l'Èbre, dans un pays de montagnes ; qu'il jetterait tout au plus quelques corps espagnols dans cette direction, et que nous aurions en face de nous ses principales et meilleures forces. Un général (le comte Gazan) alla même jusqu'à dire qu'il faudrait payer l'ennemi pour prendre ce parti. Cette question fut longtemps débattue.* » [1] Cependant, le maréchal Jourdan et quelques généraux s'y opposèrent en disant que Wellington n'était pas fou pour se frotter à une position aussi formidable, et que si les Français l'y attendaient, ils lui donneraient le temps de passer l'Èbre au-dessus de Miranda et de s'emparer de la grande route de Vitoria, coupant la communication avec la France. L'argument étant de taille, Joseph renonça à défendre la position de Pancorbo et ordonna la retraite sur Vitoria. Wellington conservait donc toujours l'initiative.

Un officier anglais prisonnier, Andrew Leith Hay, neveu du général Leith, se trouvait alors à l'état-major de l'armée du Midi. Il eut souvent l'occasion de rencontrer le général Gazan. Ainsi, lors de leur première entrevue, Gazan critiqua la conduite de Leith Hay à Tolède, où cet officier avait été appréhendé en train de distribuer des proclamations antifrançaises. Toutefois, à la différence des généraux Leval et Lamartinière qui n'avaient pas caché leur animadversion envers l'officier britannique, Gazan fut très affable et ne le sermonna que pour la forme. Il lui parla des nouvelles d'Allemagne et lui dit : « *Si l'Empereur a perdu une armée, il a encore une autre.* » Puis il lui annonça qu'il souhaitait proposer à Wellington de l'échanger contre un officier français.

Leith Hay se souvenait : « *J'ai rencontré le 16 [juin] chez le comte Gazan beaucoup d'officiers de son armée, et parmi d'autres, les généraux Darricau, Marti* (sic)*, et Reymond* (sic)*. La comtesse, qui accompagnait son époux, paraissait regretter Séville et le changement par rapport à l'Andalousie. Seul le rapprochement de la France avait l'air de la réjouir : harassée par les mouvements de l'armée et les inconforts qui en résultaient, elle en avait plus qu'assez de la vie en campagne ; un enfant âgé de trois ans, nommé d'après Napoléon, semblait être l'objet de tous ses soins.* » [2]

Les divisions Lamartinière et Sarrut de l'armée de Portugal l'ayant rejoint près de Pancorbo, Joseph se flattait de pouvoir opposer aux Alliés une armée égale en nombre. Ayant acquis la certitude que Wellington

---
1. Cité dans A. du Casse, *op. cit.*, p. 434.
2. Major Leith Hay, *A Narrative of the Peninsular War*, vol. I, Edinburgh, 1831, p. 176.

continuait de manœuvrer sur sa droite, le roi donna l'ordre au général Reille de marcher sur Bilbao pour couvrir les communications avec la France si l'ennemi prenait cette direction. L'armée du Midi devait le soutenir. Toutefois, ayant passé l'Èbre, les Anglo-Portugais attaquèrent Reille à Osma, alors qu'une autre colonne ennemie livrait le combat au général Maucune à San Millan. Il était dès lors manifeste que la situation des armées françaises n'allait pas tarder à devenir délicate, car leur droite se trouvait complètement débordée. Il n'y avait donc pas d'autre issue que d'accepter la bataille sur la position de Vitoria, dans l'espoir de recevoir des renforts à temps.

Dans l'après-midi du 18 juin, Jourdan donna les ordres en conséquence. Celui envoyé à Gazan prévoyait le rassemblement au cours de la nuit de toute l'armée du Midi au nord de Miranda. La division Villatte devait se rendre sans délai à la Puebla de Arganzón, afin d'assurer la protection du matériel d'artillerie. Cependant, lorsque cette directive parvint à Gazan, il lui fut impossible de rassembler toutes ses troupes, car il avait inconsidérément expédié des contingents pour se procurer des vivres. Ainsi, le chef de l'armée du Midi rendit compte à 20 heures de Pancorbo qu'il arriverait de sa personne deux heures plus tard à Miranda où se trouvait le quartier général de Joseph, mais que ses unités de queue, contraintes d'attendre les détachements envoyés au-dehors, n'y arriveraient que le 19 à l'aube [1]. La situation était encore plus grave à l'armée du Centre, pour la même raison.

Joseph recommanda à Gazan, qui formait l'avant-garde des troupes françaises, de pourvoir aux besoins du fort de Pancorbo, qui n'avait pour garnison qu'un contingent du 4e bataillon du 31e léger sous les ordres d'un capitaine, en en renforçant les ouvrages, en y introduisant des vivres et en en portant les défenseurs à six cents. Mais Gazan négligea de procéder à la relève de la garnison, probablement pour ne pas affaiblir ses propres effectifs ; tout au plus y envoya-t-il le chef de bataillon Durand du 55e de ligne. Encerclé par l'ennemi après le départ des armées françaises, Durand finira par capituler le 1er juillet suivant.

Dans la matinée du 19 juin, l'armée du Midi, retardée par le passage du défilé de Pancorbo et du pont de l'Èbre, acheva sa concentration à Armiñón. Les Français prirent position le 19 juin au soir sur les hauteurs à quelques kilomètres en avant de Vitoria, à cheval sur la grande route. L'armée du Midi, qui constituait à peu près la moitié de l'effectif français, se rangea face au sud-ouest sur la ligne de petites hauteurs

---

1. SHD, C8 110.

en avant du tertre d'Ariñez, sa gauche appuyée sur les montagnes de la Puebla et sa droite à la rivière Zadorra. Son front se développait sur trois kilomètres ; ses ailes paraissaient mal assurées. L'armée du Centre était placée en deuxième ligne, et celle de Portugal en troisième. Jomini critique le dispositif français : « *Prendre une position à peu près parallèle à la chaussée de Bayonne à Madrid, c'était faciliter à l'ennemi les moyens de s'établir dans la même direction ; où, par le moindre effort de la gauche contre la droite française, la route se trouverait nécessairement interceptée.* » [1]

Les Français n'avaient toujours pas d'idée précise sur la situation de l'armée ennemie. Roverea, aide de camp du général Cole commandant la 4e division de l'armée de Wellington, écrit dans ses mémoires à propos de l'armée de Joseph : « *Depuis le rappel du maréchal Soult, cette armée n'avait pas de général en chef : le roi qui en était le commandant titulaire suivait les conseils du maréchal Jourdan, tandis que les généraux Gazan, Drouet et Moncanne (sic), chacun à la tête d'un corps d'armée de dénomination différente, étaient plus occupés de leurs intrigues que du service de leur maître, ne pensant qu'à contrarier les ordres du maréchal. Il faut équitablement ajouter à cela, que lord Wellington était mieux et plus promptement servi par ses espions, qu'aucun général ne l'a jamais été, tandis que le roi, ainsi que Jourdan et leurs autres généraux, n'avaient nulle connaissance des mouvements de notre armée.* » [2]

Pendant la nuit, Joseph réunit un conseil de guerre auquel assistèrent les chefs des armées et les principaux généraux de l'état-major royal. Trois options se présentaient : soit livrer bataille sur place, soit se retirer par la grande route de France pour accepter le combat sur une des positions propices à la défense, soit prendre par Salvatierra la direction de Pampelune et Saragosse. Les opinions se partagèrent. Plusieurs généraux proposèrent d'évacuer Vitoria et de se porter en arrière de cette ville sur le défilé de Salinas, position excellente et impossible à tourner. D'autres objectèrent que l'Empereur ne pardonnerait jamais que l'on abandonnât l'Espagne sans l'avoir défendue jusqu'à la dernière extrémité, et qu'en dépassant Vitoria, on livrerait à l'ennemi les troupes de Clauzel qui accouraient sur cette ville à marches forcées pour prendre part à la bataille. Lucide, Miot de Melito nota : « *En faisant cette objection, la seule, au reste, qui pouvait avoir quelque poids, on ne réfléchissait pas que l'ennemi ne nous laisserait certainement pas le temps*

1. [A. H. Jomini], *Vie politique et militaire de Napoléon*, tome 4, Paris, 1827, p. 347.
2. *Mémoires de F. de Roverea*, tome 4, Berne-Zurich-Paris, 1848, p. 75. « Moncanne » désigne certainement Maucune.

d'attendre le retour de ce général, avant de nous attaquer, et que, si nous étions battus, le corps de Clauzel courait encore plus de danger par notre défaite que par notre retraite. »[1] Toujours indécis, Joseph se résolut pour le moment à demeurer autour de Vitoria ; on dépêcha à Clauzel six paysans porteurs de plis l'engageant à précipiter son mouvement.

Assez étonnamment, la journée du 20 se passa dans l'inaction. Le maréchal Jourdan étant malade, aucune reconnaissance sérieuse ne fut faite. Personne ne songea à détruire les nombreux ponts qui existaient sur la rivière Zadorra : une erreur capitale. Joseph se préoccupa surtout de son convoi ; il écrivit sur la demande du général d'Aboville à Gazan, et il envoya un aide de camp au général Tirlet, avec l'ordre de fournir les attelages superflus de l'artillerie de campagne des armées de Portugal et du Midi, pour conduire en France l'artillerie de Madrid, de Valladolid et de Burgos. L'armée de Portugal exécuta l'ordre, celle du Midi ne l'exécuta pas : seule la moitié de l'artillerie partit donc le lendemain au point du jour pour la France. Avec elle partirent près de 4 mille voitures de réfugiés et d'employés de toutes classes, sous l'escorte de la division Maucune. Malgré cela, la ville et ses environs étaient toujours encombrés d'une énorme quantité de voitures de toute espèce, dont celles appartenant au général Gazan. Dans l'une d'elles se trouveront le jour de la bataille sa femme et ses enfants, la comtesse n'ayant pas voulu partir avant d'en connaître l'issue.

Le chirurgien d'Héralde, témoin oculaire, déplore dans ses mémoires l'inactivité des chefs français et s'exclame : « *Honte au roi Joseph, au maréchal Jourdan, son major général, au comte d'Erlon qui fut celui qui détermina le roi à défendre Vitoria, au comte Gazan et à tous nos généraux, les Villatte, Darricau, Leval, Pierre Soult, Conroux, dans la garde espagnole le lieutenant-général Bigarré, tous plus occupés dans Vitoria à faire loger commodément leurs concubines qu'à venir visiter nos bivouacs et reconnaître nos positions.* »[2]

LE DÉPART DU CAPITAINE LEITH HAY

Côté allié, Wellington achevait ses préparatifs pour l'affrontement décisif. Le 14, alors qu'une bataille était proche et qu'il importait de cacher à l'ennemi la situation des armées françaises, Gazan avait proposé maladroitement de faire un échange d'officiers – le capitaine Leith

---

1. *Mémoires du comte Miot de Melito*, tome 3, Paris, 1858, p. 273.
2. Jean-Baptiste d'Héralde, *Mémoires d'un chirurgien de la Grande Armée*, Paris, 2002, p. 191.

Hay contre le capitaine d'artillerie Cheville fait prisonnier de guerre à Badajoz et détenu en Angleterre. Le départ de l'officier anglais fut annoncé précisément le matin du 20 juin, lorsque le lieutenant-colonel Gordon, aide de camp de Wellington, arriva aux avant-postes avec une lettre du duc acceptant l'échange proposé par Gazan. En quittant la ville de Vitoria en compagnie d'un aide de camp de Gazan, Leith Hay eut tout le loisir d'observer le parc de réserve français près de Vitoria, avant d'avoir eu les yeux bandés. Il arriva ensuite au quartier général de Gazan à Ariñez ; le général s'était retiré pour dormir un peu, après avoir passé la nuit à compléter l'arrangement de ses troupes sur la position. Leith Hay l'attendit donc dans le salon en compagnie de madame Gazan et des officiers d'état-major qui conversaient très joyeusement. Au moment du départ de Leith Hay, la comtesse Gazan lui dit en riant que si elle était faite prisonnière, elle comptait sur lui pour être bien reçue chez les Anglais. Cette saillie provoqua l'hilarité de l'état-major de Gazan ; elle allait néanmoins se réaliser plus vite que prévu…

Pendant son séjour à l'état-major de l'armée du Midi, où il avait été traité avec respect et bonté par Gazan, Leith Hay avait pu observer les Français à son aise. Il put donc fournir des renseignements très exacts à Wellington, qui planifia minutieusement son attaque en tenant compte de l'imminence de l'intervention de Clauzel, certain de tenir enfin les armées de Joseph.

Comme les Français appuyaient leur flanc droit à la rivière Zadorra, Wellington décida de réaliser un large mouvement tournant par le nord de manière à déborder leur position. Il réitérait ainsi son plan opérationnel au niveau tactique, à l'échelle de la bataille. Son armée fut divisée en quatre colonnes, dont la première, sous les ordres de Hill, devait engager le combat en attaquant l'armée du Midi et en escaladant les hauteurs de la Puebla puis occupant Subijana de Alava. La colonne du centre, conduite par Wellington en personne, devait franchir la rivière après l'établissement de Hill sur les hauteurs de la Puebla et frapper ensuite sur le centre français, alors qu'une fraction de cette colonne déboucherait par le pont de Mendoza sur les arrières de l'aile droite de l'armée du Midi. Enfin, la colonne de gauche, commandée par Graham, devait avancer par le nord et verrouiller la route de Bayonne sur laquelle s'appuyait la droite française. Les actions des colonnes devaient être étroitement liées entre elles. Au total, Wellington disposait le jour de la bataille de 78 000 hommes (68 000 Anglo-Portugais et 10 000

Espagnols) et 96 bouches à feu, contre 57 000 hommes et quelque 140 canons (sans compter les pièces de gros calibre se trouvant dans le grand parc de réserve) dans les rangs français [1].

Ne voyant rien venir du côté de l'ennemi et ayant négligé de bien reconnaître le terrain, les Français se croyaient en sécurité et pensaient que Wellington allait poursuivre son avance en direction de Bilbao. Cependant, le 20 juin à 17 heures 30, les troupes placées en avant de la route de Vitoria à Bilbao furent subitement attaquées par un détachement espagnol, ce qui prouvait que l'ennemi était déjà en arrière de la principale position française. Miot de Melito écrit : « *Cette attaque imprévue en fit redouter une plus sérieuse pour le jour suivant. Alors on remit sur le tapis le projet de retraite, mais elle n'était plus possible. Ni le convoi ni le train d'artillerie n'étaient partis encore, et il y aurait eu un extrême danger à entreprendre devant l'ennemi une marche de nuit sur une route surchargée de charrois et de voitures de tout genre. Le moment était manqué.* » [2] Il ne restait plus que l'espoir de pouvoir conserver la position jusqu'à l'arrivée de Clauzel et de Foy. La bataille était inévitable.

---

1. Ces chiffres ne tiennent pas compte des artilleurs et des sapeurs, ainsi que des états-majors.
2. Miot de Melito, *op. cit.*, p. 274.

Chapitre XVI

La déroute de Vitoria : « le Leipzig du Midi »

> « *Vitoria ! tout bon Français ne peut prononcer ce nom sans éprouver un sentiment pénible. C'est sous les murs de cette ville que nos armes ont été humiliées sans être vaincues ; c'est dans ces plaines que l'ennemi, étonné d'un succès inespéré, a décidé du sort de l'Espagne.* »
> (Mémoires du commissaire des guerres Pellot)

Le matin du 21 juin, jour du solstice d'été, avec les premiers rayons du soleil, le maréchal Jourdan alla reconnaître le terrain et trouva que le dispositif était trop défectueux et qu'il valait mieux placer les divisions de Gazan sur les hauteurs de Zuazo. Ce faisant, on raccourcirait le front à tenir face au sud-ouest et l'étendue du cours de la rivière à surveiller, mettant ainsi les troupes, plus concentrées, à même de se secourir réciproquement. Jourdan expédia aussitôt à Gazan l'ordre d'accourir de sa personne tout en faisant préparer le retrait de ses unités. L'officier revint peu après pour dire que Gazan ne pouvait s'éloigner de ses troupes, qui touchaient au moment d'être attaquées. En effet, le déclenchement de l'attaque alliée contre l'armée du Midi ne laissa plus le temps d'accomplir ces évolutions [1]. Le capitaine Browne, de l'état-major de Wellington, raconte : « *Au fur et à mesure que le jour se levait, nous voyions étinceler les armes des Français qui occupaient les mêmes positions qu'hier. Ils étaient sous les armes ; des officiers galopaient en toutes les directions, se réunissant en groupes çà et là comme s'ils étaient assemblés autour d'un chef et recevaient ses ordres.* » [2]

Les divisions françaises étaient alignées l'une derrière l'autre. Le flanc gauche de l'armée du Midi s'appuyait sur les hauteurs de la Puebla, abruptes et rocailleuses. Son avant-garde – la brigade Maransin – occu-

---

1. Sarramon pense que Gazan eût dû obéir à cet ordre sensé, dont il « *avait empêché l'exécution en prétendant dangereux de faire rétrograder ses divisions alors que quelques têtes de colonnes ennemies se montraient à distance pourtant respectueuse* » (op. cit., p. 488). Lorsque cette concentration s'effectua quand même dans l'après-midi, la situation n'était plus du tout pareille et très défavorable aux Français.
2. Roger Norman Buckley (éd.), *The Napoleonic War journal of Captain Thomas Henry Browne, 1807-1816*, Army Records Society, 1987, p. 212.

pait le hameau de Subijana de Alava ; ses avant-postes étaient au sommet des hauteurs de la Puebla et aux abords du village de la Puebla de Arganzón par où passait la grande route. À droite de cette brigade se trouvait la division Conroux, au sud de la route, puis la division Darricau. La division Leval était postée à l'extrême droite de la première ligne face à Nanclares. Chacune de ces trois divisions avait son front garni d'artillerie. La division Villatte était placée sur le tertre d'Ariñez avec une batterie d'artillerie, deux autres étant en réserve. La division de cavalerie légère Pierre Soult était au pied de la colline. La division de dragons Tilly se trouvait à Ali, celle de Digeon – à Arriaga. Les armées du Centre et de Portugal étaient en arrière de l'armée du Midi, qui devait prendre sur elle les premiers efforts de l'ennemi.

L'ATTAQUE DU GÉNÉRAL HILL

Dès les premiers rayons du soleil, à 8 heures du matin, la colonne de Hill se dirigea vers le défilé de la Puebla ; elle comprenait la 2e division d'infanterie, les Espagnols de Morillo, les Portugais de Silveira et les brigades de cavalerie Victor Alten et Fane, environ 23 000 hommes avec quelques pièces d'artillerie. Débouchant du défilé, les Espagnols commencèrent à escalader les hauteurs de la Puebla tandis que la 2e division britannique avançait par la grande route, la brigade Cadogan en tête. Le but des Espagnols était de déborder le flanc gauche de l'armée du Midi. Depuis son poste de commandement sur le tertre d'Ariñez, Joseph donna l'ordre à Gazan d'envoyer sur la montagne la brigade Maransin, et peu après, celui de faire soutenir cette brigade par une division.

Les voltigeurs du 12e léger ouvrirent le feu sur la première brigade espagnole ; leur chef Morillo envoya alors au combat sa seconde brigade qui repoussa les Français. Gazan fit appuyer les voltigeurs par les deux régiments de la brigade Maransin ; de son côté, Hill fit porter en avant le 71st d'infanterie, régiment écossais, commandé par le lieutenant-colonel Cadogan, ainsi qu'un bataillon de *caçadores* portugais et toutes les compagnies légères des brigades Cadogan et Byng. Malgré les difficultés de la montée, les Écossais atteignirent le sommet, se formèrent en ligne et tirèrent une décharge de mousqueterie. La brigade Maransin soutint un combat inégal avec les Espagnols et les Écossais ; elle finit par lâcher pied. La lutte avait été acharnée : Morillo fut blessé, et Cadogan mortellement atteint d'une balle.

Le 71st reçut en renfort deux autres bataillons de la brigade Cadogan tandis que la brigade O'Callaghan se déploya en face de Subijana de Alava. Le reste de la 2e division britannique et les Portugais de Silveira sortaient déjà du défilé. L'artillerie anglaise ouvrit le feu. D'une manière incompréhensible, Gazan se borna à renforcer la brigade Maransin au compte-gouttes, au lieu d'y envoyer une division entière comme le roi Joseph le lui avait prescrit. Le maréchal Jourdan le lui reproche dans ses mémoires : « *Le général Gazan, au lieu d'exécuter littéralement les ordres qu'il avait reçus, ne mit d'abord en marche qu'un régiment de la brigade Maransin, puis le second régiment, et porta ensuite, non pas sur le sommet de la montagne où combattait la brigade Maransin, mais seulement sur le penchant, une brigade de la division Conroux* [1] *et puis une brigade du général Darricau* [2]*, faisant exécuter ces mouvements partiels au fur et à mesure que le général Hill envoyait des renforts au général Morillo. Cette manière d'opérer entraîna un long et meurtrier combat, qui ne pouvait avoir le résultat qu'on s'était proposé ; elle en eut même un tout contraire. L'ennemi, s'étant toujours trouvé en force supérieure sur la hauteur, gagna du terrain, et vint, par le feu plongeant de ses tirailleurs, inquiéter les divisions dans la position d'Ariñez. Ce fut seulement alors que le général Gazan se décida à détacher la division Villatte pour soutenir la brigade Maransin. Elle arrêta les progrès de l'ennemi, lui fit même perdre du terrain et aurait, sans doute, achevé de le culbuter ; mais on avait laissé fuir le moment favorable, et d'autres circonstances exigèrent d'autres dispositions.* » [3]

L'importance de la position dominante des hauteurs de la Puebla n'est pas à démontrer : sa prise permettait à Hill de déborder complètement la première ligne française. C'est alors que Jourdan commit l'erreur de détacher les dragons de Tilly et la division Cassagne couvrir les arrières de l'armée du Midi ; le départ de ces troupes affaiblit considérablement le centre français. Cinq batteries de la réserve d'artillerie furent placées près de Subijana et d'Ariñez. Pendant ce temps-là, le combat continuait sur la montagne où Gazan venait d'envoyer les 32e et 43e de ligne faisant partie de la brigade Rey, alors que le 21e léger et le 100e de ligne de la brigade Baille de Saint-Pol se postèrent sur les pentes derrière Subijana pour y relever les régiments de Maransin. Malgré le feu nourri ouvert par ces troupes, les Anglo-Espagnols ne cessaient de progresser et finirent par chasser la brigade Rey. Vers 11 heures, la brigade

---
1. La brigade Rey.
2. La brigade Baille de Saint-Pol.
3. *Mémoires militaires du maréchal Jourdan*, Paris, 1899, p. 477.

Baille de Saint-Pol essaya à son tour de déloger l'ennemi du sommet de la montagne, sans résultat. À midi, la brigade O'Callaghan s'empara de Subijana, après un combat acharné autour de l'église et du cimetière. En dernier recours, Gazan envoya au combat le reste de la division Conroux et la division Villatte ; cette dernière reçut l'ordre de relever le 12e léger et le 45e de ligne qui résistaient depuis plus de deux heures aux assauts incessants de l'ennemi et d'attaquer les Alliés sur les hauteurs de la Puebla, tandis que les brigades Rey et Schwiter attaqueraient le village de Subijana. Il ne resta alors au centre du dispositif français que la division Leval et une brigade de la division Darricau, avec en réserve une seule division de l'armée du Centre. Le moment était très favorable pour Wellington de frapper un coup de boutoir.

Le rapport du général Gazan contient sa version édulcorée de la première phase de la bataille, sans dévoiler que les interventions des troupes furent fractionnées : « *L'attaque de l'ennemi paraissait se diriger sur la gauche de notre position. Le général Maransin reçut ordre de se porter, avec son second régiment, au soutien du 12e léger. Les 21e et 100e régiments de la 6e division, aux ordres du général Darricau, marchèrent au soutien de la brigade Maransin, et une brigade de la 4e division aux ordres du général Conroux appuya sur sa gauche pour soutenir les troupes qui s'engageaient avec l'ennemi ; mais, malgré les efforts de ces quatre régiments, l'ennemi s'était rendu maître de la crête de la montagne et s'avançant de manière à déborder la gauche de notre ligne, le général Villatte, qui était en réserve en arrière du village d'Ariñez, reçut l'ordre de se porter à la tête de la 3e division, par le Puerto-Momario, sur le sommet de la montagne, de s'y former, et de marcher à l'ennemi de manière à le culbuter.* »[1]

La division Villatte (27e léger, 63e, 94e et 95e de ligne) escalada la montagne sous une grêle de balles. Elle écrasa les Écossais par sa masse et les obligea à reculer, de sorte que les Français réoccupèrent leur ancienne position, sans pour autant oser poursuivre l'ennemi. En bas, la division Conroux échoua de reprendre Subijana. Sarramon écrit : « *L'intervention de la division Villatte agissant en masse avait pour effet de mettre momentanément un terme à la progression de l'extrême droite alliée le long des montes de la Puebla ; cela atteste que si Gazan avait fait manœuvrer avec ensemble les brigades Rey et*

---

1. A. du Casse, *Mémoires et correspondance politique et militaire du roi Joseph*, tome neuvième, Paris, 1854, p. 422.

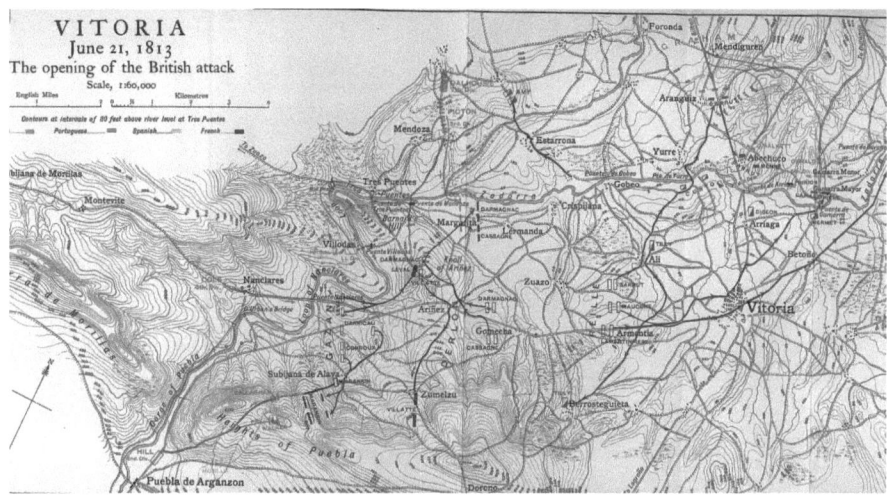

Plan de la bataille de Vitoria.
Extrait de l'ouvrage de John Fortescue, A History of the British Army.

Baille, un résultat favorable aurait pu être obtenu beaucoup plus tôt, ce qui eût entraîné l'économie de l'expédition dans cette direction de la réserve de l'armée du Midi qui ne pouvait que faire cruellement défaut au centre du front de Joseph. » [1]

L'ORDRE DE RETRAITE

Au début de l'après-midi, la situation évolua dramatiquement sur le champ de bataille en faveur des Alliés : les Espagnols de Longa emportèrent le village de Durana et bloquèrent la route de Bayonne, les soldats de la colonne de Graham prirent pied dans le village de Gamarra Mayor, la division légère passa le pont de Trespuentes non gardé, enfin la division Picton, entraînée par son bouillant général, traversa le pont de Mendoza et engagea la division Leval de l'armée du Midi, déclenchant vers 14 heures le franchissement de la rivière Zadorra par la division Cole.

Devant cette attaque en masse, Jourdan n'eut pas d'autre choix que d'ordonner au général Leval de prendre une nouvelle position sur les hauteurs derrière Ariñez. Ce mouvement entraîna la retraite des divisions Darricau et Conroux. À 15 heures, recevant l'avis de Gazan qu'il avait l'ordre de repli général, la division Villatte rompit le combat, des-

---

1. Jean Sarramon, *La bataille de Vitoria*, Paris, 1985, p. 468.

Les hauteurs de la Puebla où combattirent les troupes de Gazan.
Photo Natalia Griffon de Pleineville.

cendit la montagne et se rangea à hauteur des autres troupes de l'armée du Midi.

Le combat s'amplifiait à chaque instant. Les soldats de Picton finirent par occuper Ariñez défendu par les soldats de Leval ; ceux-ci reculèrent en appuyant trop vers le sud et la grande route, créant une brèche entre eux et la division Cassagne. L'armée de Portugal contenait toujours les troupes de Graham tandis que l'armée du Centre luttait contre la division légère et d'autres formations ennemies qui progressaient inlassablement. L'artillerie tonnait des deux côtés, recouvrant le champ de bataille d'un épais nuage de fumée.

Conroux et Maransin continuant leur mouvement de repli, la position française se déplaça à nouveau vers l'arrière. Drouet d'Erlon s'efforça d'établir une nouvelle ligne de défense, mais sa gauche se trouvait déjà en l'air suite à la retraite des unités de l'armée du Midi. Vers 17 heures, au moment de la grande offensive alliée, les armées du Midi et du Centre formaient une ligne assez irrégulière, avec comme seule réserve la faible garde royale postée sur la grande route devant Vitoria.

L'ERREUR FATALE DE GAZAN

Le tumulte était indescriptible. L'aile droite de l'armée du Midi fut débordée ; celle-ci fut ensuite attaquée de trois côtés à la fois, les Anglo-Espagnols étant descendus des hauteurs de la Puebla et menaçant ses arrières. Saisi de panique, Gazan ordonna alors la retraite de ses divisions sans même

La bataille de Vitoria.
Aquatinte de J. H. Clarke et M. Dubourg d'après William Heath.

essayer de s'opposer sérieusement aux Alliés ; son initiative intempestive, en contradiction avec les instructions reçues de la part de Jourdan, laissa l'armée du Centre sans aucun soutien et à découvert. Pendant leur retraite précipitée, les bataillons de l'armée du Midi appuyèrent de plus en plus au sud, ce qui les éloignait de la grande route et ouvrait au centre du dispositif français une large brèche. Les soldats se débarrassaient de leurs sacs pour faciliter leur fuite ; il n'y avait plus à espérer la moindre résistance de la part de l'armée du Midi. Le général Jomini parle à ce propos d'une terreur panique, « *à peu près pareille à celle des Autrichiens à Marengo* »[1].

Le commentaire du maréchal Jourdan est extrêmement réprobateur à son égard : « *Le général Gazan, au lieu de conduire ses divisions sur la position indiquée*[2]*, appuya fortement à droite (marchant en retraite) pour se lier au général Villatte, et continua à s'éloigner en suivant le penchant de la montagne, laissant la grande route et la ville de Vitoria au loin sur la gauche, et un grand intervalle entre lui et le comte d'Erlon.* »[3] Après le départ précipité de l'armée du Midi, l'armée du Centre n'eut pas d'autre choix que de battre en retraite à son tour ; elle offrit l'ultime résistance sur une ligne de hauteurs devant Vitoria, entre Ali et Armentia. Vers 17 heures 30, le roi Joseph donna l'ordre de retraite générale. L'armée de Portugal, qui avait combattu héroïquement toute

---

1. [A. H. Jomini], *Vie politique et militaire de Napoléon*, tome 4, Paris, 1827, p. 350.
2. Celle de Zuazo.
3. *Mémoires militaires du maréchal Jourdan*, Paris, 1899, p. 479.

L'attaque des Écossais sur les hauteurs de la Puebla.
Dessin de Wollen.

la journée, fut la dernière à reculer de ses positions, en bon ordre, après avoir perdu le général Sarrut mortellement blessé.

Le rôle du général Gazan à la bataille de Vitoria fut donc plutôt néfaste pour les armées françaises. En 1865, son fils présentera pourtant la situation d'une manière totalement inversée : « *À Vitoria, tout espoir semble perdu pour l'armée française ; déjà presque elle est sans direction, elle va fléchir sous des destins contraires ; mon père ouvre pour elle une voie de salut, en se rendant maître d'un point qu'on ne songeait même pas à attaquer.* » [1] Force est de constater qu'il est impossible d'être plus partial ou mal informé. On retrouvera cet éloge totalement immérité dans les discours prononcés lors des funérailles de Gazan en 1845, selon ce principe immuable : *De mortuis aut bene, aut nihil*. Les faits plaident au contraire pour une vision complètement différente, même s'il serait abusé d'affirmer que Gazan fut le seul responsable de la défaite de Vitoria, qui avait été prédéterminée par toutes les manœuvres préalables de l'armée alliée

---

1. « Note sur les services du général comte Gazan de la Peyrière, mon père, sur son dévouement à la cause napoléonienne », par le comte Gazan de la Peyrière, Paris, le 19 juin 1865. SHD, dossier Gazan.

La phase finale de la bataille de Vitoria.
Gravure ancienne.

et les erreurs commises par Joseph et Jourdan, voire par Napoléon qui voulait tout diriger depuis Paris.

Après coup, pour justifier sa retraite désordonnée, Gazan affirmait que lorsqu'il reçut l'ordre de retraite vers 14 heures, le message du maréchal Jourdan indiquait que des instructions ultérieures préciseraient le point sur lequel le repli de l'armée du Midi devait être interrompu ; or cette précision essentielle ne lui serait jamais parvenue, ce qui avait eu pour conséquence désastreuse d'entraîner la continuation de son mouvement rétrograde jusqu'au-delà de Vitoria. Étant donné la mauvaise foi dont il fit preuve à de multiples reprises, il est permis de mettre cette version en doute et d'engager sa responsabilité sur cette malheureuse retraite effectuée d'une façon désordonnée sans tenir compte des troupes de l'armée du Centre qu'il laissait ainsi à découvert.

Dans son rapport sur la bataille, Gazan écrivit également : « *Dans cette journée, l'armée du Midi, qui avait à peine 22 mille combattants, a résisté pendant huit heures aux efforts de l'ennemi plus du double en nombre, n'a perdu un pouce de terrain et n'a abandonné sa position que sur les ordres du roi.* » En réalité, l'armée du Midi n'avait combattu que contre les troupes de Hill ; même s'il est vrai qu'elle s'était mise en retraite sur l'ordre du roi, « *cette retraite*, signale avec raison A. du Casse, *était devenue indispensable, parce que le général Gazan n'ayant pas exécuté les ordres du roi au commencement de l'action, l'ennemi avait eu le temps de porter ses colonnes sur tous les*

La fuite du roi Joseph.
D'après F. Motta.

autres points d'attaque » [1]. L'expression proverbiale « *Menteur comme un bulletin* » pourrait donc être appliquée, à des degrés divers, aux rapports rédigés par les chefs militaires sous l'Empire, qui cherchaient souvent à se disculper au détriment de la vérité.

La débâcle

La défaite consommée, Joseph et Jourdan quittèrent le champ de bataille entre 17 et 18 heures. La seule voie de retraite encore libre passait par la route de Salvatierra ; rien n'y avait été préparé pour faciliter le passage des troupes. Tout autour de Vitoria, l'encombrement était affreux. Les fourgons de la trésorerie avaient été ouverts pour permettre aux soldats d'y puiser à volonté ; c'est surtout l'ennemi qui s'en chargera. Les soldats des armées du Midi et du Centre arrivaient de tous les côtés sur la route de Salvatierra par des chemins de terre, après avoir abandonné leur artillerie, voire leurs équipements, pour courir plus vite. Gazan avait fait couper les traits de toutes les voitures pour sauver les chevaux [2]. Les témoins affirment que les unités de l'armée du Midi furent les plus indisciplinées dans cette débandade, à l'exception des dragons de Tilly qui avaient empêché une masse de partisans espagnols d'inquiéter les

---

1. A. du Casse, *op. cit.*, pp. 425-426.
2. SHD, 1M 767-780 : *Mémoire sur la retraite des armées françaises et relation de la bataille de Vitoria*, par le chef d'escadron Moline de Saint-Yon.

arrières des troupes de Gazan [1]. L'apothicaire Blaze raconte : « *Ils s'éloignaient de l'ennemi parce qu'ils ne voulaient pas se mesurer avec lui, cependant ils s'injuriaient réciproquement, s'appelaient lâches, poltrons et se battaient quelquefois entre eux.* » [2]

Il semblerait pourtant, d'après certaines sources, que le maréchal Jourdan eût donné l'ordre formel à l'armée du Midi de faire partir le matériel à la pointe du jour, avec le convoi des émigrants de l'Andalousie. Cet ordre n'avait pas été exécuté, pas plus que les suivants. Au contraire, selon les rapports de Gazan, c'est lui-même qui aurait suggéré vers la mi-journée, au moment où était ordonné le premier mouvement de repli consistant à évacuer le rideau d'Ariñez, de faire partir vers l'arrière équipages et dépôts de matériel jusqu'alors stationnés au nord-est de Vitoria. Sarramon pense que ce conseil « *rentre dans le cadre des choses plausibles, contrairement à beaucoup d'autres allégations figurant dans les correspondances du chef de l'armée du Midi* » [3]. Mais selon ses dires, il se serait heurté à l'obstination de Jourdan, alors que le roi était d'accord. On peut expliquer les réticences du maréchal, si tel fut vraiment le cas, par l'incertitude qui existait à cette heure-ci à propos de la voie de retraite qu'il faudrait finalement emprunter. Le soir, le moment propice à l'évacuation des équipages était passé.

Alors que le roi Joseph et sa suite fuyaient à travers champs, l'ennemi parut sur la gauche de Vitoria, totalement découverte par la retraite de l'armée du Midi. Un détachement de hussards descendit au galop dans la plaine au nord de la ville. Cette apparition jeta l'épouvante parmi la foule rassemblée autour des innombrables voitures chargées de toutes sortes de choses : livres précieux, vêtements de luxe, argenterie, vaisselle liturgique, tableaux de grands maîtres, tapisseries, vins et victuailles… Le désordre atteignit rapidement un point critique. Les soldats des deux armées se précipitèrent sur les caissons remplis d'or, d'argent et d'objets précieux, qu'ils pillèrent ensemble ; les officiers, souvent séparés de leurs unités, n'avaient plus aucun pouvoir sur eux. Le pharmacien Fée, témoin oculaire, résume parfaitement ce spectacle épouvantable : « *Désespoir des vaincus ; cris de menace des vainqueurs ; effroi des émigrés espagnols, attendant la mort de la main de leurs compatriotes ; plaintes déchirantes des femmes et des enfants égorgés sans défense, ou*

---

1. Il est probable que d'autres unités de l'armée du Midi manifestèrent en ces circonstances une certaine combativité : les cavaliers légers de Pierre Soult, la division Leval, les 100e et 103e de ligne. Le général Darricau fut blessé.
2. Sébastien Blaze, *Mémoires d'un apothicaire sur la guerre d'Espagne*, tome second, Paris, 1828, p. 364.
3. Jean Sarramon, *op. cit.*, pp. 524-525.

Les prisonniers français après la bataille de Vitoria.
Parmi eux, il y avait la comtesse Gazan.
Aquatinte de J. H. Clarke et M. Dubourg d'après William Heath.

écrasés sous les pieds des chevaux ; transports insensés à la vue de l'or, qui ruisselait des caissons du trésor ; cruautés inouïes ; dévouements sublimes, rien ne manqua à cette scène de carnage et de désolation. » [4]

LA MÉSAVENTURE DE LA COMTESSE GAZAN

Les officiers généraux furent pris eux aussi dans le tourbillon de la déroute. Le capitaine d'Agoult du 4ᵉ dragons vit arriver Gazan, terriblement inquiet sur le sort des siens : « *Le brave général Gazan vint aussi se reposer un instant sur notre chaise. Il était dans la plus cruelle inquiétude. La comtesse Gazan, avec tout ce qui lui appartenait, sa calèche attelée de chevaux pie, ses fourgons, ses chevaux, tout était tombé au pouvoir de l'ennemi.* » [5] Le chirurgien d'Héralde le croisa aussi : « *Au bout de cette bagarre, je rencontrai le général Gazan qui me demanda si j'avais vu sa dame ! Je lui dis que non et restai auprès de lui. Une masse de fuyards prenait la route de Salvatierra. Deux officiers d'état-major vinrent dire au lieutenant général que le roi, le maréchal Jourdan et la division de cavalerie légère de Soult*

---

4. A. L. A. Fée, *Souvenirs de la guerre d'Espagne*, Paris, 2008, p. 327.
5. Colonel comte Charles d'Agoult, *Mémoires*, Mercure de France, 2001, p. 154.

La déroute de Vitoria : « le Leipzig du Midi »

avaient pris cette direction. Gazan donna alors des ordres pour que son corps d'armée suivît ce mouvement. Dans ce même moment arriva un gendarme portant devant lui l'enfant du lieutenant général, âgé de deux ans. Il dit au général que c'est madame Gazan qui le lui a remis et qu'elle n'a pas voulu quitter sa voiture qui nécessairement devait être prise dans ce moment par les Anglais. Le gendarme disait la vérité : Mme la comtesse Gazan montait à cheval comme un hussard ; elle pouvait fuir très facilement mais dans l'espoir de sauver l'or et les bijoux qu'elle avait dans la voiture, elle préféra se laisser prendre plutôt que de fuir. » [1]

Lors de la débâcle, la comtesse Gazan s'était retrouvée coincée parmi les bagages avec deux de ses enfants et leur gouvernante. Dans le tumulte, le petit Jean Théodore Napoléon, filleul du maréchal Soult, âgé de deux ans, fut emporté par un gendarme à cheval français et égaré [2]. Le carrosse transportant la comtesse versa dans un fossé ; l'officier qui l'escortait fut tué. Le général Darricau blessé vint lui parler un instant, mais incapable de faire sortir son carrosse de l'encombrement, il dut l'abandonner.

Un des premiers officiers anglais qu'elle vit fut le capitaine Browne, officier de l'état-major de Wellington. Il raconte dans son journal : « *Comme je passais devant elle, elle m'expliqua en criant qui elle était. Je lui recommandai de remonter dans son carrosse, de fermer la porte et de rester tranquille. Elle me dit qu'elle le ferait. Dans le carrosse suivant il y avait deux de ses enfants et leur gouvernante. Il paraît qu'après que j'eus continué ma chevauchée, elle quitta son carrosse et dans la précipitation perdit la gouvernante et les enfants, dont elle retrouva un le soir même.* » [3]

La comtesse fut ensuite aperçue par le juge-avocat Larpent, de l'état-major britannique : « *Une dame en grande détresse, élégante et bien habillée, debout près de sa voiture qui était dans le fossé, m'interpella et me demanda si je parlais français.* » Madame Gazan dit à Larpent qu'elle désirait retourner en ville et, si possible, sauver ses chevaux, ses mules et son carrosse, ainsi que ceux du roi Joseph qui n'étaient pas loin. Appelant à lui deux hussards, après une heure d'efforts, Larpent y réussit en grande partie. Il fit amener la comtesse, sa servante, le carrosse, une petite partie des bagages et quatre des six animaux à la mai-

---

1. Jean-Baptiste d'Héralde, *Mémoires d'un chirurgien de la Grande Armée*, Paris, 2002, p. 194.
2. Nous avons vu que le chirurgien d'Héralde donne une autre version ; il est possible que l'enfant eût été égaré après avoir été vu par son père.
3. Roger Norman Buckley (éd.), *The Napoleonic War journal of Captain Thomas Henry Browne, 1807-1816*, Army Records Society, 1987, p. 218.

son de deux amies espagnoles indiquée par la dame. Deux animaux et trois malles contenant des vêtements avaient été emportés par les soldats pillards. Larpent fit aussi diriger le carrosse du roi Joseph et ses chevaux vers la principale place de la ville. Il se mit ensuite en quête du petit garçon, que sa mère croyait aux mains des Anglais. Larpent ne trouva aucune trace du gamin, mais il rencontra Wellington auquel il conta tout cela. Le commandant en chef le pria d'aller dire à la comtesse qu'il ne pouvait pas la rencontrer tout de suite, mais qu'il mettrait tout en œuvre pour retrouver l'enfant [1].

Roverea visita Vitoria le lendemain de la bataille ; il raconte : « *Je rencontrai un capitaine anglais de ma connaissance, ayant à son bras la femme du général Gazan, qui prise la veille, avait perdu tout ce qu'elle possédait. On ne put retrouver que ses voitures ; lord Wellington les lui fit restituer en la renvoyant quelques jours après à son mari, lequel avait eu de son côté les meilleurs procédés pour ce même capitaine, fait prisonnier à Tolède et échangé depuis peu.* » [2] Il s'agit de Leith Hay : comme il était la seule personne qu'elle connût dans l'armée anglaise, madame Gazan l'avait fait chercher dès le soir du 21 juin, et l'officier accourut aussitôt à son aide, heureux de lui rendre la pareille pour son bon accueil. Il alla chercher dans le dépôt des prisonniers les domestiques de la comtesse, mit à l'abri le carrosse qui lui restait encore, et lui procura des sentinelles pour garder son logement la nuit. Le 22, Leith Hay l'accompagna jusqu'à l'endroit où ses équipages avaient été bloqués, car elle avait encore l'espoir de récupérer quelques-uns de ses biens (ou plutôt du butin emporté par le général) transportés depuis l'Andalousie dans trois fourgons. Naturellement, tout avait déjà été enlevé par les habitants de la région ou les soldats. La comtesse se résigna alors et revint à Vitoria, puis suivit l'armée alliée par la route de Salvatierra. Leith Hay chevaucha toute la matinée à la portière de son carrosse, « *me sentant heureux d'avoir l'occasion de remercier le comte Gazan pour sa bonté en assurant la sécurité de sa femme* » [3].

La comtesse fut présentée à Wellington avec d'autres femmes capturées. Parmi elles se trouvait une *fausse* baronne Trelliard, très probablement maîtresse de ce général, qui n'avait pas hésité à se prévaloir de son nom pour se faire attribuer un bon logement. Madame Gazan, outrée de cette imposture, dévoila à Wellington la vraie iden-

---

1. Francis Seymour Larpent, *The private journal of Judge-Advocate Larpent*, Staplehurst, 2000, p. 160-161.
2. *Mémoires de F. de Roverea*, tome 4, Berne-Zurich-Paris, 1848, pp. 96-97.
3. Major Leith Hay, *A Narrative of the Peninsular War*, vol. I, Edinburgh, 1831, pp. 211-213.

tité de ces dames, actrices ou femmes de mauvaise vie. Interrogée si une autre femme bien habillée était l'épouse d'un général et devait aussi être invitée à la table du duc, elle répondit vivement : « *Ah, pour cela, non ! Elle est seulement sa femme de campagne.* » [1] Belle réplique dans la bouche d'une ancienne cantinière ou blanchisseuse des armées de la République ! Quoi qu'il en fût, toutes les dames de la cour royale ou prétendant en faire partie furent escortées dans les lignes françaises.

La comtesse Gazan dîna le 22 avec Wellington et demeura à son quartier général. Elle se plaignit au duc que sans l'intervention d'un simple soldat, un officier de hussards l'aurait dépouillée de tout ; qu'après avoir reçu d'elle l'épée de son mari et un beau fusil à deux coups, il lui avait arraché de force une bague du doigt. Wellington entra dans une grande colère et ordonna au commandant du 18th hussards de faire une enquête à ce sujet. Le coupable fut trouvé en possession de l'épée, du fusil et de la bague ; mais il niait avoir rien pris de force [2]. Wellington fit rendre les objets à la comtesse et assigna le lieutenant de hussards aux arrêts.

Toujours sans nouvelles de son fils, au début le chagrin de la comtesse fut immense ; mais peu à peu elle commença, selon les témoins, à se faire à sa perte et retrouva sa gaieté naturelle, égayant l'assistance par des récits de la chronique scandaleuse de la cour du roi Joseph. Les officiers d'état-major étaient aux petits soins pour elle. Wellington ordonna de la renvoyer à son époux avec l'enfant qui lui restait et la gouvernante. Le chirurgien d'Héralde affirme qu'elle rejoignit l'armée « *à deux lieues de Pampelune dans la même voiture où elle avait été prise, et sans avoir rien perdu* » [3]. Ceci est contredit par d'autres témoins.

Le petit Jean de Dieu Théodore Napoléon fut retrouvé quelques jours plus tard. Un soldat de cavalerie anglais l'ayant vu pleurer parmi les débris de toutes sortes, l'avait ramassé et l'avait promené pendant plusieurs jours en partageant avec lui sa ration. Il s'y était beaucoup attaché, tout comme ses camarades. Wellington le fit aussitôt restituer à la famille, malgré les réticences du gamin qui ne se sépara qu'à regret de ses nouveaux amis. Sa mère était-elle encore au camp anglais quand il fut retrouvé ? C'est ce que Wellington affirmait quelques décennies plus tard, bien que les sources soient contradictoires à ce sujet.

Le séjour de la comtesse Gazan à l'état-major de Wellington devint un sujet de ragots. Ainsi, en juillet 1813, lors d'un dîner, le général es-

---

1. Cité dans Christopher Hibbert, *Wellington : a personal history*, London, 1998, p. 135.
2. Lieutenant Woodberry, *Journal de guerre, 1813-1815*, Mercure de France, 2013, p. 140.
3. Jean-Baptiste d'Héralde, *op. cit.*, p. 194.

L'armée française quitte Vitoria.
Gravure ancienne.

pagnol Castaños demanda à Wellington comment madame Gazan avait été traitée, vu qu'elle était accoutumée d'avoir beaucoup d'amants. Wellington jeta un regard ironique sur Larpent et répondit qu'il croyait qu'elle avait reçu un traitement convenable et respectueux. Castaños dit à cela : « *Elle en serait bien fâchée.* » On trouve encore l'écho de ces rumeurs dans le *Dublin University Magazine* de 1853 dans les commentaires aux mémoires de Larpent : « *Cette dame, semble-t-il, était connue pour ses galanteries, mais son époux, incrédule comme Bélisaire, tournait une oreille sourde à tous ces ragots, et ne souffrit jamais qu'ils perturbassent sa quiétude domestique.* »[1]

Des années plus tard, le 2 juin 1839, Wellington raconta à lord Stanhope que les Français avaient perdu à Vitoria toutes leurs voitures sauf une, celle de madame Gazan, venue au quartier général anglais chercher un enfant perdu. « *Je lui dis que nous prendrions son carrosse car il était très abîmé, et que nous lui donnerions un autre bien meilleur pour son retour. Elle repartit dans un carrosse bien meilleur que celui dans lequel elle était venue, et nous obtînmes ainsi le dernier des Français.* » Il raconta aussi que l'enfant perdu par la comtesse avait été

---

1. *The Dublin University Magazine*, vol. XLII, July to December, 1853, p. 8.

retrouvé « *chez un de nos soldats qui s'était pris d'affection pour lui et promit de s'en bien occuper si on le lui laissait. Aussi surprenant que ce soit, madame de Gazan ne paraissait pas très indisposée à laisser son enfant avec lui, et finalement j'eus réellement quelque difficulté, je pense, à la persuader de le reprendre avec elle.* »[1] Ce dernier paragraphe relève très certainement du défaut de la mémoire du duc.

Vers la France

L'armée du Midi avait perdu à la bataille de Vitoria 3 755 hommes tués, blessés, pris ou égarés, sur un total de quelque 7 500 hommes pour toutes les armées présentes. Ces chiffres ne semblent pas énormes proportionnellement aux résultats importants de cette bataille. D'Héralde affirme : « *Jamais bataille ne fut plus complètement perdue et nous coûta moins cher en hommes.* »[2] Beaucoup d'hommes portés disparus rejoignirent leurs unités quelques jours plus tard. En guise de drapeaux, seul un fanion du 4ᵉ bataillon du 100ᵉ de ligne découvert dans les bagages par les hussards anglais constituait un trophée. En revanche, les pertes matérielles en canons, cartouches, projectiles d'artillerie, voitures, numéraire, etc., avaient été énormes, de telle façon que l'on compara les convois de Joseph avec les richesses de Darius, roi de Perse, capturées par les soldats d'Alexandre le Grand après la bataille de Gaugamèles.

René Valentin, un biographe du maréchal Jourdan, déclare non sans raison : « *Ce n'est pas la bataille elle-même qui fut l'événement le plus funeste de cette fatale campagne, mais la retraite catastrophique qui la suivit.* »[3] Les régiments confondus des trois armées marchèrent durant la nuit chacun pour son compte. Comme les autres, l'armée du Midi s'écoula en une multitude désordonnée vers l'est. Sa queue fit enfin halte au début de la nuit autour du bivouac de Gazan, à Adana. La poursuite des armées françaises en retraite fut assez molle, les soldats alliés étant plus occupés le lendemain par la vente des objets pillés que par la guerre. Quelques escarmouches eurent lieu à l'arrière-garde avant Pampelune. Le 24 juin, l'armée du Midi se reposa sur les rives de l'Arga. Ce jour-là, la comtesse Gazan arriva à Pampelune avec ses enfants. Miot de Melito nota dans son

---
1. Philip Henry, fifth Earl Stanhope, *Notes of conversations with the Duke of Wellington*, Oxford University Press, 1947, pp. 144-145.
2. Jean-Baptiste d'Héralde, *op. cit.*, p. 191.
3. René Valentin, *Le maréchal Jourdan*, Charles-Lavauzelle, 1956, p. 255.

journal : « *Lord Wellington a renvoyé madame la comtesse Gazan, prise le 21 auprès des portes de Vitoria ; elle se loue beaucoup des bons traitements qu'elle a reçus.* » [1]

Gazan reçut l'ordre de faire mouvement le 25 à 4 heures du matin par la route de Roncevaux et de Saint-Jean-Pied-de-Port, en emmenant toutes les garnisons qu'il rencontrerait sur son passage et en se faisant suivre par la cavalerie de l'armée de Portugal. Ses instructions prévoyaient aussi que l'armée du Midi se rallierait dans la dernière de ces localités, tout en défendant les débouchés des Pyrénées.

Après Pampelune, la poursuite cessa sur l'ordre de Wellington dont la priorité résidait désormais dans le siège de Saint-Sébastien, de sorte que les Français purent continuer tranquillement leur retraite vers les Pyrénées. Ils furent rejoints quelques jours plus tard par les troupes de Clauzel et de Foy qui n'avaient pas pu venir à temps pour la bataille.

Le 26 juin, l'armée du Midi rentra en France pour gagner Saint-Jean-Pied-de-Port. Son repli s'effectuait toujours dans la précipitation. L'historien Vidal de La Blache écrit : « *Le général Gazan, qui se plaignait fort à Soult, confident de ses critiques et de son mécontentement, de ne recevoir aucun ordre du roi, en donnait sur son passage qui répandaient inutilement la panique. Le chef du détachement de gardes nationaux des Basses-Pyrénées posté à Roncevaux ne put pas obtenir de lui qu'on prît le temps d'évacuer les projectiles de la fonderie d'Orbaiceta, située à la frontière même. Gazan l'invita à se retirer au plus vite. Sans l'intervention du général Villatte, qui prorogea de vingt-quatre heures l'exécution de cet ordre insensé, l'hospitalière abbaye de Roncevaux aurait été livrée au pillage.* » [2]

Le 27, les unités de l'armée du Midi prirent position sur la Nive [3], en surveillant les points de passage de la montagne débouchant sur Saint-Jean-Pied-de-Port. Elles y restèrent jusqu'au 1er juillet. Au grand mécontentement de Gazan, les généraux Leval, Digeon et Darricau quittèrent l'armée en vertu du congé accordé par l'Empereur ou pour cause des blessures reçues à Vitoria. Gazan s'en plaignit au roi Joseph : « *Le départ de ces officiers généraux est nuisible au bien du service, et dans la position où se trouve l'armée, en présence de l'ennemi, et dans un moment où l'on a besoin plus que jamais de resserrer les liens de la discipline, il est*

---

1. Cité dans A. du Casse, *Mémoires et correspondance politique et militaire du roi Joseph*, tome neuvième, Paris, 1858, pp. 439-440.
2. Capitaine Vidal de La Blache, *L'évacuation de l'Espagne et l'invasion dans le Midi*, tome I, Paris-Nancy, 1914, p. 68.
3. AN, 400 AP 13.

on ne peut plus nécessaire que l'armée ait des chefs, et pour lui en donner, je prierai Votre Majesté de vouloir bien m'autoriser à retenir à l'armée les officiers généraux à qui le ministre avait donné une autre destination, jusqu'à la concurrence du nombre qui me serait nécessaire pour remplir les emplois qui sont vacants. »[1] Il proposa de remplacer Leval par Lefol, et Darricau par Maransin. Il écrivit aussi au ministre de la Guerre pour faire part de la position de son armée et expliquer qu'à la bataille de Vitoria, l'armée du Midi « a soutenu pendant huit heures les efforts de l'ennemi sans perdre un pouce de terrain, et elle n'a quitté sa position que sur l'ordre que j'en ai reçu du roi, et après qu'elle avait été totalement débordée sur sa droite par de fortes masses ennemies ». Il expliquait la perte de son artillerie par l'énorme quantité de voitures et de bagages ayant encombré la route. « Je prie Votre Excellence, écrivait-il, d'assurer à l'Empereur que cet événement n'a produit aucun esprit fâcheux sur l'armée, qui est toujours la même, remplie de dévouement pour Sa Majesté, et prête à rentrer en Espagne au premier ordre qui en sera donné. »[2]

Le 27, de Saint-Jean-Pied-de-Port, Gazan rendit compte des événements au maréchal Soult :

« Monsieur le maréchal,

Enfin ce que nous prévoyions depuis longtemps vient malheureusement d'arriver. Après avoir constamment reculé devant les Anglais sous le prétexte de se réunir avec les troupes de l'armée du Nord et les quatre divisions de l'armée de Portugal, qui étaient employées à cette armée, les armées du Midi, du Centre et deux divisions de celle de Portugal ont pris position en avant de Vitoria. Elles y ont été attaquées le 21 par toutes les forces anglaises, portugaises et espagnoles et enfin après avoir fait faute sur faute, le résultat a été la perte de la bataille par l'armée française et notre retraite sur le territoire de France, où j'attends des ordres pour savoir quelle est la position que je dois tenir, n'ayant encore reçu aucun ordre quoique je sois rendu depuis 24 heures à Saint-Jean-Pied-de-Port.

Toutes les armées ont perdu à Vitoria la totalité de leur artillerie et de leurs équipages, ayant été contraintes de les abandonner après en avoir retiré les chevaux par le motif que la route de Salvatierra, qui est celle que l'on a voulu prendre pour se retirer, était presque impraticable pour les voitures et que d'ailleurs elle était si obstruée par les équipages et les voitures du roi et de la cour, que rien n'a pu se sauver et que tout a

---

1. AN, 400 AP 13.
2. SHD, C8 110.

(sic) *resté au pouvoir de l'ennemi. Il serait trop long et inutile de raconter tous les événements qui se sont passés à l'armée depuis l'ouverture de la campagne ; il faut y avoir été pour pouvoir les juger, et s'ils ont été suivis d'événements aussi fâcheux, la faute n'en appartient pas aux armées ; vous devez savoir à qui on doit les attribuer. L'armée du Midi s'est battue comme à son ordinaire : elle a résisté dans sa position pendant huit heures aux efforts multipliés qu'ont faits les corps des généraux Hill et Graham pour l'enfoncer, et elle n'a quitté sa position que sur l'ordre du roi, et que lorsqu'elle s'est trouvée totalement débordée par les autres divisions de l'armée anglaise, qui étaient conduites par lord Wellington en personne, lequel avait lui-même dirigé les attaques sur une division de l'armée de Portugal et une division de l'armée du Centre qui couvrait Vitoria. Mais une retraite de ce genre ne pouvait que coûter beaucoup de monde à l'armée, puisque j'étais encore à hauteur du village d'Ariñez, que l'ennemi était maître de Vitoria, et qu'il s'emparait des équipages et des parcs, qui étaient campés en arrière de cette ville. Cependant aucune division n'a été entamée, l'ennemi ne nous a même fait que très peu de prisonniers, et en somme totale je porte à trois ou quatre mille hommes la perte que l'armée a éprouvée dans cette journée, tant en tués qu'en blessés et prisonniers. Parmi les blessés se trouvent les généraux Darricau et Digeon. Le colonel Foulon a été grièvement blessé et est resté dans sa voiture au pouvoir de l'ennemi. Toutes les divisions d'infanterie de l'armée ont été engagées fortement et se sont toutes parfaitement conduites. Quant à la cavalerie, il n'y a que la division Digeon qui a donné. Elle a fait deux charges pour protéger la retraite de la division Sarru* (sic) *de l'armée de Portugal. Cette division s'est parfaitement battue, mais elle était trop faible pour résister seule à l'ennemi qui l'attaquait. Le général Sarru* (sic) *y a été tué.*

Enfin, monsieur le maréchal, l'armée n'est point démoralisée par l'échec qu'elle a éprouvé : elle est faible mais elle est encore bien composée ; mais elle a besoin d'un chef pour la commander, et nous le cherchons vainement dans ce pays-ci. Nous avons lieu d'attendre qu'après l'école qui vient d'être faite, l'Empereur nous en donnera un qui soit à même de nous commander. Il aura grand tort s'il ne le fait pas, et ses armes en Espagne finiront par être ravalées et traînées dans la boue.

Adieu, monsieur le maréchal, croyez à la sincérité de mes sentiments. » [1]

Il est facile d'identifier les responsables dont parle Gazan. Le maréchal Soult dut éprouver une grande satisfaction personnelle en lisant

---

1. SHD, C8 110.

cette lettre, lui qui avait toujours critiqué les combinaisons du roi et de son major général. Gazan se présente ici comme un ennemi juré du roi ; c'était pourtant le même homme qui écrivait encore le 17 mai à Joseph : « *Personne plus que moi n'est porté à faire ce qui sera agréable à Votre Majesté.* » [1] Suite à la défaite, le courtisan changeait radicalement d'attitude et revenait à ses anciens sentiments qui avaient régné au sein de l'état-major de Soult en Andalousie.

Le 28, Joseph et Jourdan s'installèrent à Saint-Jean-de-Luz. Selon Jomini, « *Joseph arriva à Bayonne en aussi mauvais état que Napoléon à la Bérézina* » [2]. Le 29 juin, le roi adressa une lettre très amère et remplie de reproches au duc de Feltre, ministre de la Guerre, qu'il termina par un pronostic pessimiste : « *Les efforts des Anglais, des Portugais, des Espagnols sont grands, et toutes ces troupes se battent aujourd'hui très bien : il faut de la part de la France de grands efforts en hommes, en munitions, pour arrêter l'ennemi sur cette frontière.* » [3]

Le même jour, depuis Saint-Jean-Pied-de-Port, moralement et physiquement épuisé, Gazan écrivit une lettre désespérée au ministre de la Guerre :

« *Monseigneur,*
Depuis cinq ans que j'ai quitté la France pour entrer en Espagne je n'ai jamais cherché à m'absenter de l'armée un seul instant, mais maintenant que les événements de la guerre m'ont ramené sur le territoire français, je viens réclamer de Votre Excellence un congé de quelques jours.
Les événements malheureux arrivés à Vitoria et la perte de tous mes équipages ont été la cause que j'ai perdu des papiers de la plus grande importance pour moi, et que je ne puis remplacer qu'en me rendant moi-même auprès des gens d'affaires qui ont toute ma fortune entre leurs mains. Je suis père de cinq enfants, je dois donc tout faire pour leur assurer une existence. Si je ne m'absente de l'armée, et qu'un malheur vienne à m'arriver, ils peuvent être tous réduits à la mendicité par la mauvaise foi des personnes qui sont chargées de mes affaires. C'est ce motif si puissant qui me met dans le cas de recourir aux bontés de Votre Excellence pour obtenir l'autorisation d'aller passer quinze jours à Paris. Ce peu de temps me suffirait pour tout, et je retournerai immédiatement à mon poste. Mon absence ne peut point être préjudiciable au bien du service de l'Empereur. L'armée du Midi est chargée de la défense des débouchés des Pyrénées

---

1. Gazan au roi Joseph, le 17 mai 1813 (AN, 381 AP 32).
2. [A. H. Jomini], *Vie politique et militaire de Napoléon*, tome 4, Paris, 1827, p. 350.
3. Cité dans *Mémoires du comte Miot de Melito*, tome 3, Paris, 1858, p. 297.

sur Saint-Jean-Pied-de-Port, mais l'ennemi ne peut point pour le présent attaquer cette frontière de l'Empire, et l'armée française ne peut point reprendre l'offensive de quelque temps ; et, si Votre Excellence consent à m'accorder le congé que je sollicite, je puis être de retour à l'armée avant qu'aucune opération majeure ait été commencée. Je pourrais, d'ailleurs, remettre le commandement de l'armée au général Tilly, comme le plus ancien, ou à un autre général de division au choix de Votre Excellence, qui me suppléerait dans mon commandement.

Daignez, Monseigneur, vous rendre à ma prière. Ce sera le premier congé que j'aurai obtenu depuis vingt ans [1].

J'ai l'honneur d'être, Monseigneur, de Votre Excellence, le très humble & très obéissant serviteur. Le G^{al} commandant en chef l'armée du Midi de l'Espagne. Cte Gazan. » [2]

La situation avec le ravitaillement commença à s'améliorer [3], bien que le moral fût très bas. Tous, soldats et officiers, blâmaient ouvertement Joseph et Jourdan pour la défaite et l'humiliation qu'ils avaient subies à Vitoria. D'Héralde est catégorique : « *Nous étions moins nombreux que l'ennemi sans doute, mais nous avions de belles et bonnes troupes, de braves officiers subalternes qui ne s'effrayaient point du tout du nombre des Anglais, Espagnols et Portugais qui nous étaient opposés. Si nous avions eu un chef qui eût pris quelques dispositions, certes nous n'eussions pas perdu le champ de bataille et 2 000 voitures que nous y laissâmes ainsi que toute notre artillerie.* » [4] Certains généraux français avaient pourtant le sentiment d'avoir correctement accompli leur devoir, comme on constate à la lecture d'une lettre du général Maransin datée du 30 juin 1813 et adressée du ministre de la Guerre : « *Si nous avons à gémir des funestes résultats de la bataille du 21, je n'en éprouve pas moins, Monseigneur, la satisfaction d'un devoir bien rempli et, si la victoire penchait toujours du côté du courage, certes elle se serait plu à couronner la valeur française et l'avant-garde, que je commandais, aurait trouvé dans une mention honorable de sa conduite la récompense de son courage.* » [5]

---

1. Il forçait un peu le trait dans cette dernière phrase, sans être trop loin de la vérité.
2. SHD, dossier Gazan.
3. Gazan se plaignait toutefois à Jourdan du manque total d'avoine et de maïs et lui demandait le 30 juin le renvoi en arrière de la cavalerie qui n'était pas d'utilité, les chevaux n'ayant qu'un peu d'herbe pour toute nourriture (SHD, C8 110).
4. Jean-Baptiste d'Héralde, *op. cit.*, p. 191.
5. Cité dans Jean Cambon, *Jean-Pierre Maransin*, Tarbes, 1991, p. 108.

Chapitre XVII

Dans les Pyrénées

La perte de la bataille de Vitoria sonna le glas des espoirs français en Espagne. La défaite était irrémédiable, et cela, au moment où Napoléon jouait en Allemagne une de ses dernières cartes. L'Empereur entra dans une grande colère en apprenant ce funeste événement, alors qu'une victoire ou même un demi-succès en Espagne eût peut-être pesé sur les négociations avec les puissances alliées. L'ineptie de son frère et les erreurs des chefs français ne laissaient plus aucun espoir de rétablir ses affaires dans la péninsule Ibérique. Le 1er juillet, Napoléon mandait à son ministre de la Guerre : « *Toutes les sottises qui ont eu lieu en Espagne sont venues de la complaisance mal entendue que j'ai eue pour le roi.* » [1] Clarke adressa en son nom des lettres très dures au roi et au maréchal Jourdan. Il écrivit aussi aux généraux commandant les armées de Portugal, du Centre et du Midi : « *Je leur rappelle*, annonçait-il à Jourdan le 2 juillet, *ce que l'honneur des armes impériales exige d'eux et des troupes dont Sa Majesté leur a confié le commandement. Je leur représente la surprise et je pourrais dire l'indignation de l'Empereur à la nouvelle d'un revers aussi inattendu, les reproches de la France entière, et même l'étonnement de nos ennemis, surpris d'un succès sur lequel ils n'auraient jamais osé compter. Enfin je leur rappelle que des efforts de zèle et de courage pourront seuls racheter aux yeux de l'Empereur les fautes qui viennent de porter une atteinte si pénible à l'honneur de ses armes.* » [2]

Napoléon retira le commandement à Joseph et à Jourdan, ordonnant à son frère de quitter l'armée sur-le-champ. Le 11 juillet, il écrivit à Clarke : « *Je suis aussi surpris qu'indigné de n'avoir aucun renseignement sur la situation de mes armées d'Espagne. J'ignore encore pourquoi on ne s'est pas lié avec le général Clauzel ; j'ignore la perte qu'on a faite en hommes ; je n'ai pas reçu le récit de la bataille. Témoignez mon mécontentement au maréchal Jourdan ; suspendez-le de ses fonctions,*

---
1. AN, 400 AP 143.
2. Cité dans A. du Casse, *Mémoires et correspondance politique et militaire du roi Joseph*, tome neuvième, Paris, 1858, pp. 348-349.

et donnez-lui ordre de se rendre dans ses terres, où il restera suspendu et sans traitement jusqu'à ce qu'il m'ait rendu ses comptes de la campagne. Son premier devoir était de vous mettre au fait et de vous faire le récit de la bataille. Demandez aussi ce récit à chaque général en chef. » [1]

L'ARMÉE DU MIDI EN FRANCE

La retraite des armées françaises continuait. Le 1ᵉʳ juillet 1813, Gazan arriva à Ustaritz ; conformément aux ordres reçus, il avait laissé la division Conroux à Saint-Jean-Pied-de-Port. Le lendemain, il se remit en marche, pour établir ses troupes ainsi qu'il suit : la première division d'infanterie à Ascain, la troisième à Sare, et lui-même à Saint-Pée avec les trois autres brigades ; sa cavalerie légère fut placée dans les environs. Il dirigea sur Bayonne le 2ᵉ régiment de dragons, destiné à rentrer dans l'intérieur de l'Empire ; il envoya à Dax ses deux divisions de dragons qui seraient cantonnées sur l'Adour. Enfin, il fit partir le matin pour Bayonne la compagnie de mineurs qui était attachée à l'armée du Midi ; cette compagnie fut mise à la disposition du directeur des fortifications de Bayonne. Gazan demanda des outils pour ses sapeurs, qui avaient perdu les leurs [2].

L'apparition de l'armée du Midi dans les hautes vallées françaises avait été marquée par des actes de pillage. Le tocsin retentit dans les villages et les montagnards s'ameutèrent pour défendre leurs biens contre les maraudeurs. Tout fut dévasté à l'exception des maisons dans lesquelles logèrent les généraux et les officiers supérieurs. La situation des troupes était pitoyable : elles ne vivaient que de farine de maïs distribuée ou volée. Gazan en fit part à Jourdan : « *Ce n'est point en ne donnant rien au soldat que l'on peut rétablir la discipline et empêcher le désordre ; aussi, les murmures commencent-ils à se faire entendre dans les rangs, et je ne pourrai y remédier que lorsque les soldats auront de quoi subsister.* » Comme l'administration n'était pas au courant des mouvements, elle continuait de diriger les vivres à Ustaritz. Gazan recommanda donc à Jourdan, sur un ton péremptoire, d'avertir l'ordonnateur en chef à temps des mouvements de troupes : « *il serait possible alors que le soldat eût moins à souffrir* » [3].

---

1. Léon Lecestre, *La guerre de la Péninsule (1807-1813) d'après la correspondance inédite de Napoléon Iᵉʳ*, Paris, 1896, p. 48.
2. Jourdan à Joseph, Saint-Jean-de-Luz, le 2 juillet 1813, dans A. du Casse, *op. cit.*, p. 328.
3. SHD, C8 111.

Les opérations contre Hill

Le 3 juillet, en exécution des ordres de Joseph, Jourdan ordonna à Gazan de se mettre en marche le matin même pour aller occuper la vallée du Bastan et y relever les troupes de l'armée du Centre numériquement inférieures. Il devait d'abord défendre tous les débouchés de la vallée par lesquels l'ennemi tenterait de pénétrer sur les frontières de l'Empire ; en second lieu, dans le cas où l'ennemi se porterait sur Vera pour tourner les positions qu'occupaient les troupes de Reille, il devait marcher par sa droite sur le flanc de l'ennemi ; si l'ennemi se portait sur Saint-Jean-Pied-de-Port, il devait également marcher sur son flanc par sa gauche. Jourdan lui recommanda de se lier avec les troupes de Vera et de faire occuper Echalar. Il l'engageait à faire retrancher tous les postes et positions qu'il jugerait propres à l'être, et à demander au général Tirlet l'artillerie dont il jugerait avoir besoin. Dans sa lettre à Joseph, Jourdan essaya de se justifier : *« Je présume, écrivait-il, que le comte Gazan, et sans doute Son Excellence le ministre de la Guerre, trouveront surprenant qu'on ait fait venir les troupes de l'armée du Midi sur Saint-Pée, pour ensuite les envoyer dans la vallée du Bastan ; tandis qu'il était beaucoup plus court de les porter directement de Saint-Jean-Pied-de-Port dans la vallée par le Puerto ; et vraisemblablement les remarques qu'ils feront à ce sujet ne seront pas à mon avantage : cependant Votre Majesté sait que je ne connaissais pas ses intentions. Je ne pouvais donc pas prévoir ce faux mouvement. »* Jourdan terminait sa lettre ainsi : *« Je reçois à l'instant une lettre du comte Gazan, par laquelle il m'annonce qu'il commence son mouvement aujourd'hui, mais qu'il ne sera terminé que demain. »* [1]

Pendant qu'on exécutait ces mouvements, le général Hill s'avançait des environs de Pampelune avec quatre brigades d'infanterie, dans le dessein de chasser les Français de la vallée du Bastan. Le 4 juillet, il attaqua le poste de Berrueta, au moment où la tête des divisions de l'armée du Midi atteignait Elizondo. C'est le 16e léger attaché à l'armée du Centre, qui attendait d'être relevé par les troupes de Maransin, qui fut assailli le premier. Gazan accourut sur les lieux avec une brigade de la 6e division. L'action, quoique vive, fut sans résultat. Les généraux français auraient pu alors réunir leurs deux armées pour tomber sur l'ennemi : ils préférèrent s'en tenir à l'exécution littérale des ordres qu'ils avaient reçus. Lorsque ses troupes furent relevées, Drouet d'Erlon se mit en marche pour aller occuper les positions qui lui étaient indiquées.

---

1. Jourdan à Joseph, Saint-Jean-de-Luz, le 2 juillet 1813, *op. cit.*, pp. 331-332.

Les prisonniers anglais annoncèrent que le corps entier de Hill était devant l'armée du Midi. Gazan rappela sa 3e division de la Bidassoa pour concentrer davantage ses troupes sur Elizondo. Il disposa ainsi de huit régiments d'infanterie, dont plusieurs extrêmement affaiblis. Il avertit le roi Joseph de sa mauvaise position : « *Avec ces troupes je défendrai le mieux que je pourrai la vallée du Bastan ; mais je dois faire observer à Votre Majesté qu'il n'existe aucune position militaire dans cette vallée.* » Il se demandait s'il n'était pas mieux de se borner à tenir le col de Maya qui couvre la frontière, plutôt que de se disséminer dans la vallée du Bastan. Le combat ayant consommé une grande partie des cartouches de la 6e division, il n'y avait aucun dépôt de munitions sur cette ligne. Les troupes n'avaient pas de pain. L'ordonnateur Faviers répondit à cela qu'il y avait des farines à Ainhoa, et Gazan explosa : « *Il y a cinq mortelles lieues du pays, c'est-à-dire, un grand jour de marche pour y aller, et un autre pour revenir, et d'ailleurs où trouver des transports ?* » Il demanda par conséquent que des farines portées à dos de mulet fussent directement expédiées de Bayonne, et menaça de se rapprocher d'Ainhoa si les subsistances n'étaient pas expédiées tout de suite.

Le 5, Gazan supposa que l'ennemi avait l'intention de se porter sur Saint-Jean-Pied-de-Port. Si le roi voulait reprendre l'offensive, il lui conseilla d'aller en masse sur Pampelune pour dégager cette place [1] et de venir en aide à Suchet et à Clauzel en se portant sur Vitoria. « *Mais pour faire cette opération, et nous faire sortir de l'état désespérant de cette guerre défensive, que les Français font si mal, il faut que Votre Majesté soit en force, et qu'Elle ait les moyens.* » Le commandant de Saint-Jean-Pied-de-Port, « *nul et sans moyens* », était un ancien chef de bataillon sous ses ordres à qui Gazan avait fait accorder sa retraite 18 ans plus tôt pour cause d'incapacité. Ce n'était pas avec des hommes pareils que la situation pouvait être redressée.

Ce jour-là, Wellington vint voir Hill et, après avoir observé les positions françaises, décida de pousser de l'avant, comptant sur le moral en berne des régiments de Gazan. Son calcul s'avéra correct. Dès midi, plusieurs colonnes ennemies commencèrent l'offensive. Hill cherchait à déborder la gauche française. Gazan déduisit aussi, d'après un message alarmant de Conroux resté à Saint-Jean-Pied-de-Port, que le flanc gauche de l'armée du Midi était menacé au niveau opérationnel. Craignant un vaste mouvement tournant, il prit alors la décision de se retirer sur Maya devant ce qu'il croyait être des forces supérieures, par échelons et disputant toutes les positions. Il eut peu de pertes, contrairement à l'ennemi qui aurait

---

1. C'est exactement ce que fera le maréchal Soult quelques semaines plus tard.

Le champ de bataille de Maya, dans les Pyrénées.
Photo Ian Fletcher. © Ian Fletcher Battlefield Tours

donné, avec ses « *colonnes en masse* », dans deux embuscades tendues par Gazan. Une partie de l'armée du Midi céda néanmoins à la panique et repassa le col de Maya à la débandade. Le soir, Gazan avertit Jourdan que s'il ne recevait pas de renforts, une invasion était à craindre. Le préfet des Basses-Pyrénées lui parla de l'intérêt de se maintenir dans la vallée exprimé par les vétérans des campagnes des guerres de la Révolution, à quoi Gazan répondit « *qu'il ne s'agissait pas de faire une guerre de positions, que c'était dans la plaine qu'il voulait avoir affaire à l'ennemi pour lui marcher sur le corps* » [1]. L'historien Oman pense que Gazan n'avait pas de quoi tirer tant de gloire de sa retraite, ses six brigades ayant été dans les faits poussées par quatre faibles brigades de l'ennemi ; « *mais il ne fit pas une seule fois une halte suffisamment longue pour être en mesure de découvrir la force très modeste de ses poursuivants* » [2].

---

1. Capitaine Vidal de La Blache, *L'évacuation de l'Espagne et l'invasion dans le Midi*, Paris-Nancy, 1914, tome 1, pp. 109-110.
2. Sir Charles Oman, *A History of the Peninsular War*, volume VI, London-Pennsylvania, 1996, p. 539.

Sur ces entrefaites, Gazan reçut une lettre du ministre de la Guerre pleine de reproches. Il lui répondit aussitôt : « *Je reçois la lettre de Votre Excellence à la date du 2 de ce mois* [1]. *Son contenu ne m'étonne nullement, et les officiers qui ont commandé les armées de l'Empereur en Espagne doivent nécessairement s'attendre à essuyer des reproches. Sa Majesté est juste, Elle est toute militaire, et Elle sentira sans difficulté que les fautes dans les dispositions générales n'appartiennent qu'à ceux qui en ont la direction, et non aux officiers qui commandent particulièrement les armées en sous-ordre. Je crois être à cet égard sans reproche, et j'attends avec confiance le jugement que portera l'Empereur.* » Il déclarait au ministre que lors du conseil de guerre à Miranda, il avait conseillé au roi de ne pas effectuer la retraite sur Vitoria, mais sur Logroño pour rejoindre les armées de Clauzel et de Suchet, et « *manœuvrer en masse sur le derrière et le flanc de l'ennemi* », mais qu'il n'aurait pas été écouté. Il terminait ainsi sa lettre : « *En vous disant avec franchise mon opinion, je pense que les armées françaises qui doivent agir en Espagne ont absolument besoin de recevoir une nouvelle organisation, et j'espère que l'Empereur le sentira comme nous, et qu'il l'ordonnera : avec l'organisation telle qu'elle existe aujourd'hui, je crains que nous ne remplissions pas les vues de l'Empereur, attendu que pour vaincre et tout obtenir du soldat, il faut avoir sa confiance entière, et j'appréhende que l'affaire du 21 à Vitoria n'ait altéré celle qu'il devrait avoir envers les personnes auxquelles Sa Majesté a donné sa confiance.* » [2] Napoléon ne se contentera pas de ces explications et demandera, « *sous les peines les plus sévères* » [3], un rapport très circonstancié qui rappellerait tous les ordres reçus et donnés au sujet de la bataille, avec un détail exact de la conduite de chaque corps en particulier et des différentes positions occupées par l'armée du Midi, en y joignant tous les documents nécessaires et un croquis du terrain, le plus tôt possible.

La journée du 6 se passa dans le calme, Wellington attendant l'arrivée de sa 7ᵉ division destinée à tourner la droite de Gazan. Le 7 juillet, un nouvel engagement eut lieu. Gazan rendit compte de ce combat au roi depuis Urdax, à 11 heures du soir. Il affirma qu'attaqué par quatre divisions anglaises avec acharnement, il s'était maintenu dans sa position au col de Maya ; une division anglaise « *qui avait pour instruction de me tourner par ma droite et d'arriver à Urdache (sic) avant moi, a été tellement arrêtée par le feu d'une des brigades de la 3ᵉ division aux*

---
1. Cette lettre est citée en début de ce chapitre.
2. SHD, C8 111.
3. SHD, C8 112.

ordres du général Rignoux [1] qu'elle n'a pu exécuter son mouvement. La colonne anglaise qui manœuvrait sur ma gauche a été pareillement arrêtée par le feu de la seconde brigade de la 6ᵉ division, et enfin la colonne ennemie du centre n'a pu déboucher, par le feu et la présence de la ligne que je lui ai opposée. »* Ce rapport est contredit par les documents anglais, selon lesquels la colonne de Hill avait été seule engagée, la division Dalhousie n'étant pas arrivée à temps à cause du brouillard : le combat n'avait donc pas eu cette ampleur que Gazan lui attribuait.

L'affaire s'étant terminée à la nuit, les deux lignes s'établirent à portée. « *Il est présumable que je serai fortement réattaqué demain matin*, écrivit Gazan. *Si cet événement arrive, vu l'infériorité des troupes que j'ai, il me sera impossible de me maintenir plus longtemps sur le col de Maya, puisque l'ennemi a la facilité de me déborder par mes flancs tant qu'il veut, ayant deux routes qui d'Elizondo conduisent à Urdache (sic) et qui tournent tout à fait la position du col de Maya. Aussi pour m'opposer à ce mouvement ai-je retiré de la 1ʳᵉ ligne la brigade d'infanterie d'avant-garde pour la porter sur les débouchés de ces communications et faciliter par ce moyen la retraite sur Urdache (sic) des 3ᵉ et 6ᵉ divisions que j'ai laissées sur le col de Maya. En conséquence, si l'ennemi se présente de nouveau en force demain pour m'attaquer, je replierai mes troupes du col de Maya et je me porterai en disputant le terrain pas à pas à l'ennemi sur les hauteurs en arrière de Saint-Pé (sic), où je compte prendre position et arrêter l'ennemi.* » [2]

Le lendemain, craignant d'être débordé, Gazan se replia par le col de Maya avec trois divisions et une brigade d'infanterie et se rendit à Ainhoa. Un temps affreux rendait le terrain très glissant. Il expliqua au roi sa retraite par le fait qu'il n'avait pas reçu de renforts. Joseph espérait que Gazan pourrait conserver le col de Maya jusqu'à l'arrivée des trois divisions qu'il avait appelées à son aide, mais Gazan, « *qui continuait à ne se préoccuper que de la sûreté de ses troupes* » pour reprendre l'expression de Vidal de La Blache, évacua le col « *sans que l'ennemi eût fait le moindre mouvement pour l'y déterminer* » [3]. Le 9 juillet, Drouet d'Erlon se porta sur Ainhoa pour soutenir l'armée du Midi ; ensemble, leurs troupes occupèrent la barre de hauteurs qui ferme le bassin supérieur de la Nivelle.

Le 8 juillet, Joseph avait écrit à Clarke : « *Monsieur le duc, je me suis porté hier à Espelette, pour être plus rapproché des troupes qui*

---
1. Le général de brigade Rignoux commandait à la place de Villatte, malade.
2. AN, 400 AP 13.
3. Capitaine Vidal de La Blache, *op. cit.*, pp. 114-115.

se dirigent sur Saint-Jean-Pied-de-Port. J'ai été instruit, en y arrivant, que le général Gazan avait été attaqué à Maya par trois ou quatre divisions anglaises. J'ai rappelé à Espelette, pour de là les diriger où besoin serait, les troupes qui étaient déjà en marche pour Saint-Jean-Pied-de-Port. » [1]

Après avoir reçu les instructions de Clarke sur une nouvelle expédition en Espagne destinée à réparer la défaite de Vitoria, Joseph demanda l'avis des généraux en chef. Leur opinion fut unanime, et le roi pensait comme eux, que ce serait vouloir perdre sans fruit l'armée française que de la rejeter dans le cœur de l'Espagne [2] ; que ce serait ouvrir la France à l'ennemi. Dans les jours suivants, la prudence de Wellington, qui ne voulait pas traverser la frontière avant la reddition des places fortes de Pampelune et de Saint-Sébastien, permit aux Français de s'établir dans leurs positions et de prendre les mesures pour résister.

Le retour du duc de Dalmatie

Comme il fallait un chef expérimenté et ferme pour remettre de l'ordre dans les armées françaises et reprendre les hostilités, Napoléon y renvoya le maréchal Soult, seul homme capable selon lui de redresser la situation. Le 20 juillet, de Dresde, l'Empereur écrivit à Savary : « *Il manquait à l'armée d'Espagne un général, et il y avait de trop le roi. En dernière analyse, je ne me dissimule pas que c'est ma faute. Si, comme j'en ai eu l'idée au moment de mon départ de Paris, j'avais renvoyé le duc de Dalmatie à Valladolid pour y prendre le commandement, cela ne serait pas arrivé.* » [3]

Soult arriva à l'armée le 12 juillet, et Gazan redevint aussitôt son chef d'état-major. Le duc de Dalmatie appuya sa demande de congé, ajoutant que le général Boyer, sous-chef d'état-major, pourrait remplir ses fonctions en attendant son retour.

Le premier soin de Soult fut d'organiser sa nouvelle armée. Lapène se souvenait : « *Le nouveau chef déploie dans cette opération, qu'il juge indispensable, toute son activité ; il est secondé avec ardeur, dans ce travail important, par le général Gazan, qui reprend auprès de lui ses anciennes fonctions de chef d'état-major-général. Neuf divisions d'infanterie et une réserve ; deux divisions de cavalerie, l'une de dragons, l'autre*

---

1. *Ibid.*, pp. 365-366.
2. Commandant Clerc, *Campagne du maréchal Soult dans les Pyrénées occidentales en 1813-1814*, Paris, 1894, p. 11.
3. AN, 400 AP 143.

de cavalerie légère, formées des éléments qui existent déjà sur la ligne ou sur les points rapprochés des Pyrénées, sont organisées dans les derniers jours de juillet, et se tiennent prêtes à rentrer en campagne. » [1]

Les anciennes dénominations d'armées furent abolies. L'Empereur avait autorisé le maréchal à former des groupes de divisions (aile gauche, centre, aile droite) placés sous les ordres des meilleurs divisionnaires appelés « lieutenants généraux » : Reille pour l'aile droite, Drouet d'Erlon pour le centre, Clauzel pour l'aile gauche, sans compter la division de réserve donnée à Villatte. Toutes les administrations furent centralisées et les anciens états-majors des armées, supprimés. Le maréchal déploya une grande activité : il n'avait pas de temps à perdre. Il fallait renflouer la caisse de l'armée, fortifier Bayonne, remplacer les transports perdus, rehausser le moral des troupes, redonner confiance aux officiers supérieurs, tout en préparant une nouvelle campagne car l'Empereur avait prescrit au maréchal de reprendre l'offensive en Espagne. Sans les garnisons et les troupes étrangères, l'armée alignait 97 983 hommes sous les armes mi-juillet.

La guerre dans les Pyrénées

Soult avait le choix entre deux options : débloquer Saint-Sébastien ou Pampelune. Il choisit de marcher au secours de Pampelune d'abord et de forcer la droite de la ligne ennemie. L'écrivain militaire Lamiraux écrit : « *Sous condition qu'il y eût grande rapidité dans l'exécution, que tout le monde comprît bien son rôle et que les coalisés fussent surpris, le plan avait des chances de succès ; mais la guerre de montagne a plus d'imprévus encore que la guerre dans les pays ordinaires comme topographie.* » [2]

Le 25 juillet 1813, les troupes françaises attaquèrent l'ennemi aux cols de Roncevaux et de Maya. Suivant les Alliés en retraite, Soult se vit confronté à l'armée de Wellington établie sur la position de Sorauren. La première bataille eut lieu le 28 juillet ; les attaques françaises se brisèrent sur les lignes anglaises qui tinrent fermement leur position, puis contre-attaquèrent leurs adversaires épuisés par l'ascension des escarpements et tiraillés par la faim. Le commissaire des guerres Pellot donne ses impressions : « *Qu'on se figure une haute montagne presque à pic,*

---

1. Édouard Lapène, *Campagnes de 1813 et de 1814 sur l'Èbre, les Pyrénées et la Garonne*, Paris-Toulouse, 1823, p. 53.
2. Général Lamiraux, *Études de guerre. La manœuvre de Soult, 1813-1814*, Paris-Limoges, 1902, p. 113.

qu'un homme sans armes et sans sac aurait peine à gravir, défendue par de nombreux ennemis, irrités de nos premiers succès, et menacés d'une défaite complète s'ils cèdent ce dernier refuge ; qu'on considère ensuite l'impuissance de nos efforts contre ce mur d'airain, et l'on aura une idée des combats de Sorauren. »* [1]

Le 30 juillet, Soult décida d'exécuter une manœuvre compliquée et dangereuse, dont Wellington ne tarda pas à profiter pour lui infliger une défaite dans la seconde bataille de Sorauren. La retraite vers la France prit les allures d'une véritable déroute, quoique les poursuivants eussent pris d'abord une fausse direction. Le 1er août, sur la route d'Echalar, l'apparition d'un détachement espagnol provoqua la panique. Le général Reille, bousculé par les fuyards, se fraya lui-même un passage vers la tête de colonne, en compagnie de Gazan accouru au bruit, et restaura l'ordre, mais l'attaque de la division légère, troupe d'élite britannique, infligea beaucoup de pertes aux Français. Le 2 août, Gazan était à Echalar où le dernier combat de la campagne eut lieu, et le 3 à Sare. L'offensive de Soult s'était soldée par un échec retentissant, bien que Wellington n'eût pas profité de la débandade de l'armée française pour passer la frontière. Commencée avec une trop grande précipitation et avec des moyens insuffisants, sur un plan mal conçu et incomplet, avec des subordonnés mal inspirés et face à un ennemi largement sous-estimé, l'offensive décousue de Soult ne pouvait se terminer autrement.

Avant que la campagne des Pyrénées ne fût terminée, l'Empereur, exaspéré par la présence de très nombreuses femmes à la suite de l'armée et désireux d'éradiquer ce fléau une fois pour toutes, prescrivit à Clarke le 31 juillet, de Mayence : « *Donnez ordre que toutes les femmes de généraux, d'officiers, d'employés d'administration, toutes les filles, y compris celles travesties en hommes, qui se trouvent à Bayonne et dans tout le département des Landes et celui des Basses-Pyrénées, venant d'Espagne, soient sur-le-champ renvoyées au-delà de la Garonne, et que 48 heures après l'ordre que vous ferez donner à ce sujet par le commandant de la division, toutes celles qui n'y auraient pas obéi, soient arrêtées par l'autorité militaire et civile et conduites chez elles. Les filles seront renfermées à la Salpêtrière. Vous aurez soin que nominativement les femmes des généraux Gazan, Foy et Villatte soient non seulement renvoyées au-delà de la Garonne, mais renvoyées chez elles.* » [2] Cet ordre provoqua des tensions, car les épouses légitimes figurèrent ainsi nomi-

---

1. Joseph Pellot, *Mémoire sur la campagne de l'armée française dite des Pyrénées, en 1813 et 1814*, Bayonne, 1818, pp. 29-30.
2. Léon Lecestre, *Lettres inédites de Napoléon Ier*, volume 2, Plon, 1897, pp. 274-245. SHD, C17 92.

Le champ de bataille de Sorauren, au-dessus du village de ce nom.
Photo Natalia Griffon de Pleineville.

nativement sur les listes d'expulsion avec les femmes sans aveu, et leurs conjoints le ressentirent comme un affront personnel.

Dès leur retour en France, les officiers dressèrent les états de leurs pertes matérielles. Gazan le fit établir à Ascain le 4 août. Dans l'inventaire, la case « *époque de la perte* » indique la date du 28 juillet 1813, alors que les détails énoncent : « *pris par l'ennemi à l'affaire d'Etchalard (sic)* », qui n'avait pas eu lieu à cette date mais plus tard. Voici la liste de ses effets perdus : 1 grand uniforme, 2 petits uniformes, 4 pantalons et culottes, 4 vestes, 18 chemises, 3 paires de bottes, 4 équipages complets, 1 capote, 2 paires d'épaulettes, 2 dragonnes, 1 chapeau. Il avait aussi perdu deux chevaux. Cette liste des pertes faites par le chef d'état-major général laisse voir l'étendue du désastre subi par l'armée de Soult lors de sa retraite précipitée.

Nullement découragé et aiguillonné par les appels pressants de Napoléon, le duc de Dalmatie se résolut à tenter une nouvelle entreprise en faveur de la place de Saint-Sébastien assiégée. Une attaque frontale contre les troupes alliées établies sur la position de San Marcial devait être combinée avec une autre contre le centre ennemi depuis la direction de Vera. Le 31 août, les Français attaquèrent les Espagnols sur les hauteurs de San Marcial, sans succès. Les attaques secondaires ne réussirent pas non plus. En somme, cette entreprise était vouée à l'échec dès le début, ce que beaucoup d'officiers français comprenaient fort bien. Soult lui-même déclara plus tard à Clarke ne l'avoir faite que par honneur et par devoir, sans conviction ; nous dirions aussi par amour-propre et par consigne. Le 31 août, le jour même où les soldats de Soult se battaient à San Marcial, la place de Saint-Sébastien fut prise d'assaut.

Pellot résume ainsi les résultats des deux malheureuses offensives de Soult, en juillet et en août : « *Plus d'espoir de rentrer en Espagne, ni de faire lever le siège de Pampelune et de Saint-Sébastien : deux expéditions tentées sans succès, avaient assez prouvé l'insuffisance de nos moyens, qui furent encore affaiblis par ces combats opiniâtres. Les renforts considérables que l'ennemi ne cessait de recevoir, firent plus que réparer ses pertes : ainsi l'accroissement de ses forces et la diminution des nôtres étaient tous les jours plus sensibles ; et tous nos vœux se bornaient maintenant à opposer une digue au torrent qui menaçait de se répandre dans le Midi de la France.* »[1]

Les arriérés de solde

L'armée se trouvant en France, les arriérés de solde furent enfin payés. Pour ce qui le concerne, Gazan avait touché le 17 juillet l'arriéré de solde pour juillet 1811, puis le 6 août pour août 1811. Il toucha ensuite le 30 août 10 718,75 francs d'arriérés sur la solde due pour les quatre derniers mois de 1811 et les trois premiers mois de 1812. Le montant mensuel des arriérés était donc de 1 531,25 francs (après déduction de la retenue pour les invalides de 31,25 francs, 2%).

Le 30 septembre 1813, Gazan toucha à Bayonne la somme de 4 500 francs « *pour frais de bureau, comme chef d'état-major général, pendant les 15 derniers jours de juillet et le mois d'août 1813* ». La première quinzaine de juillet ne fut remboursée que le 21 décembre 1813. Le 8 octobre suivant, il toucha encore 3 266,67 francs pour solde de juillet 1813 et les frais de bureau (3 000 francs) le 17 octobre, puis les appointements d'août le 30 octobre. Le 20 novembre 1813, il toucha 6 266,66 francs à titre de sa solde de septembre et du traitement extraordinaire du mois d'octobre 1813. Par la suite, la solde fut payée avec régularité, encore que les arriérés pour avril, mai et juin 1812 ne furent réglés que le 5 avril 1814 à Toulouse[2].

---

1. Joseph Pellot, *op. cit.*, pp. 53-54.
2. SHD, dossier Gazan.

Le juge-avocat Larpent

Tout comme auparavant, Gazan fut chargé de la correspondance avec Wellington au sujet des prisonniers. Ceux qui étaient reçus dans son quartier général n'avaient qu'à se louer de ses bons procédés, comme le juge-avocat Larpent qui fut pris fin août 1813. Il narre dans ses mémoires avoir soupé avec Gazan, auquel il avait conté sa rencontre avec la comtesse à Vitoria. Gazan l'autorisa à informer le quartier général de Wellington de sa situation et à demander de l'argent, du linge, etc. Le 4 septembre, Wellington répondit à Larpent qu'il l'engageait à dire au duc de Dalmatie ou au comte Gazan qu'il renverrait en échange pour lui toute personne qu'ils désigneraient. Par ailleurs, le duc exprimait la certitude que le général Gazan ferait tout pour atténuer l'infortune de Larpent dès qu'il serait informé que « *c'est à votre humanité en premier lieu qu'il devait le salut de sa femme* ».

L'affaire ayant traîné plus longtemps que prévu, Larpent resta plusieurs jours avec les Français. Il eut encore l'occasion de prendre le petit déjeuner avec Gazan le 2 octobre à Saint-Jean-de-Luz : « *Je l'ai trouvé très poli et j'ai beaucoup causé avec lui pendant une heure.* » Enfin, l'échange fut conclu. En prenant congé, Gazan demanda à Larpent de lui procurer une gravure satirique anglaise pour compléter sa collection : « *Une caricature qui a paru il y a douze ou quinze ans à Londres, au sujet d'un voyage que fit dans cette capitale le Grand Rabbin Juif d'Hollande, dans l'intention de reformer (sic) la manière de vivre des Juifs de Londres dans ce temps-là.* »[1]

L'invasion de la France

Après ses échecs à Sorauren et San Marcial, le maréchal Soult adopta une attitude défensive. Son armée était dans un dénuement absolu. Wellington, toujours fidèle à sa prudence habituelle, progressait lentement mais sûrement. Le 7 octobre, ses troupes forcèrent par surprise le passage de la Bidassoa. Des combats se déroulèrent sur les pentes de la Rhune. L'invasion du Midi étant commencée, Soult n'avait plus qu'à organiser de nouvelles lignes de défense. Pampelune capitula le 31 octobre ; il ne fallait plus songer à un retour offensif en Espagne, qui était définitivement perdue.

---

1. Francis Seymour Larpent, *The private journal of Judge-Advocate Larpent*, Staplehurst, 2000, pp. 250-264.

Le 10 novembre, les Alliés enfoncèrent le dispositif français au cours de la bataille de la Nivelle. Soult concentra alors ses forces autour de Bayonne, renonçant à tenir une position trop étendue et guettant le moment propice pour attaquer l'ennemi. Les troupes allemandes désertaient en masse ; cette circonstance amena à la dissolution de tous les corps étrangers au service français. Au passage de la Nive, le 9 décembre, lorsque les forces alliées se trouvèrent coupées en deux par la rivière, le duc de Dalmatie reprit l'offensive ; menée sans coordination des mouvements de toutes les parties de l'armée française, elle échoua à son tour. La sanglante bataille de Saint-Pierre-d'Irube s'acheva par une victoire du général anglais Hill. L'affaiblissement des effectifs dû à la désertion et à la nécessité d'envoyer des troupes à Napoléon ôtait désormais aux Français toute possibilité d'initiative.

Demandes de congé incessantes

Fin 1813, Gazan était malade. Le 3 décembre, de Bayonne, Soult avait écrit au ministre de la Guerre : « *Depuis deux mois, M. le lieutenant-général comte Gazan est continuellement malade ; il fait cependant son service ; mais je crains qu'il ne soit tout à coup arrêté ; si cela arrivait, je serais fort embarrassé pour le faire suppléer, car dans l'armée il n'y a aucun général, ni même d'adjudant-commandant, qui me parût convenir pour être chargé des détails de l'état-major général, à moins que le général Boyer, qui a demandé un congé, n'y renonçât, et ne consentît à quitter le commandement d'une division, pour repasser à l'état-major.* » Soult proposa, s'il trouvait un autre chef d'état-major, que Gazan fût nommé commandant de l'armée de réserve des Pyrénées : « *Peut-être que se trouvant dans une situation plus tranquille, il pourrait donner des soins à sa santé, et se rétablir ; ce qui le mettrait à même, au printemps prochain, de reprendre de l'activité.* » Lors de sa courte captivité, le juge-avocat anglais Larpent trouva le général Gazan « âgé, et je crois assez dégoûté de son métier ; il dit qu'il voulait la paix et aller à sa villa à Nice pour y vivre après vingt années de guerres. Il m'y invita. »[1]

Le 28 décembre 1813, Soult écrivit à nouveau à Clarke : « *M. le comte Gazan est toujours malade, la fièvre ne le quitte point ; l'adjudant-commandant Gasquet, que j'avais employé près de lui comme sous-chef d'état-major, a été blessé aux dernières affaires, et n'est pas encore rétabli. J'ai appelé à l'état-major général l'adjudant-commandant Jeanet.*

---

1. *Ibid.*, p. 266.

Il n'y a donc point en ce moment d'état-major à l'armée, l'expédition des affaires, et bien des détails, doivent nécessairement en souffrir. J'ai l'honneur de réitérer à Votre Excellence la demande que M. le lieutenant-général comte Gazan obtienne son changement de destination, ou un congé qui le mette à même de se rétablir, et qu'il soit immédiatement pourvu à son remplacement. À ce sujet je propose de nouveau M. le général de division Ricard, employé à la Grande Armée, et s'il m'est refusé, tout autre officier général qu'il plaira à l'Empereur de nommer. Ne pouvant détourner de sa destination actuelle aucun général de l'armée, je ne crois pas devoir en proposer. » [1]

La réponse du ministre, datée du 26 janvier 1814, fut décevante : « *M. le maréchal, Votre Excellence m'a représenté que la santé de M. le lieutenant-général comte Gazan ne lui permettait pas de continuer son service à l'armée, mais qu'il pourrait, si l'Empereur daignait lui confier le commandement de l'armée de réserve, continuer d'être utile tout en donnant des soins à sa santé. J'ai l'honneur de prévenir Votre Excellence que Sa Majesté m'a fait connaître qu'elle ne jugeait pas nécessaire de nommer au commandement en chef de l'armée de réserve des Pyrénées.* » C'est d'ailleurs le maréchal Moncey, duc de Conegliano, qui avait d'abord été pressenti pour commander en chef cette armée de réserve, mais l'Empereur en décida autrement. Gazan resta donc à l'état-major de l'armée d'Espagne.

LES MAGOUILLES DU SIEUR ARNAUD

En janvier 1814, Soult avait aussi d'autres raisons pour souhaiter l'éloignement de Gazan, puisqu'un scandale éclata. Le major Arnaud du 11e léger, ancien aide de camp de Gazan, fut arrêté à Paris, car il ne s'était pas conformé à l'ordre de se rendre sur-le-champ au dépôt de son régiment. Cet officier avait autrefois servi dans les rangs de l'armée russe contre la France, avec Souvorov en Italie en qualité d'officier d'ordonnance et de guide-interprète, et donnait des renseignements contre les amis des Français aux révoltés dans le Piémont, avant de tourner casaque ; il avait même une décoration russe, l'ordre de Sainte-Anne, qu'il portait illégalement. D'une bravoure incontestable, Arnaud s'était rendu coupable d'abus d'autorité et d'exactions à l'égard des populations civiles en Silésie et en Espagne ainsi que de malversations, de sorte qu'il dépensait sans compter, en déclarant

---

1. SHD, dossier Gazan.

qu'il avait gagné beaucoup en commandant des places et des colonnes mobiles en Espagne. En particulier, après la perte de ses chevaux et de son argent dans une bataille, Arnaud avait écrit à un ami : « *Ne crois pas que cela m'ait fait de la peine, au bout de 24 heures, nous étions tous consolés.* » Lors de son interrogatoire, il prétendit que c'était « *de la plaisanterie et la gasconnade* ». Le général Hulin, commandant la 1ʳᵉ division militaire et gouverneur de Paris, signala que cet officier « *avait toujours témoigné dans sa conduite et conversation de l'antipathie, pour ne pas dire de l'aversion pour le gouvernement français* ». Des papiers compromettants furent trouvés sur lui ; interrogé sur leur contenu, Arnaud chercha à nier tout en disant que c'étaient « *juste des compositions auxquelles il s'exerçait pour se perfectionner dans la langue française* ». Ses explications ayant paru insuffisantes, il fut accusé d'espionnage et mis à la disposition du ministre de la Police.

Or, Arnaud avait toujours été couvert par Gazan en toute occasion. Un espion dénommé Souza, anciennement employé à la suite de l'état-major de Soult, arrêté et condamné par Gazan en 1813, avant Vitoria [1], aurait prononcé le nom d'Arnaud avant d'être exécuté, mais Gazan aurait fait couvrir sa voix par un roulement de tambour. Plus tard, interrogé par Soult, son chef d'état-major nia ce fait ; sur la demande du maréchal de congédier cet officier trop compromis, Gazan s'esquiva et ne répondit rien. Quelques jours plus tard, le duc de Dalmatie apprit avec stupéfaction que Gazan avait demandé au ministre de l'avancement pour son aide de camp. S'agissait-il d'une complicité dans des affaires douteuses ? Toujours est-il que le 11 janvier 1814, Soult écrivit à Clarke : « *Il me fut rapporté que dans les missions que je lui avais confiées, M. Arnaud s'était occupé de son intérêt particulier, l'opinion était même dans l'armée qu'il donnait trop de soins à ceux de son général ; j'en parlai à M. le général Gazan, qui prit sa défense, et me présenta M. Arnaud comme un parfait honnête homme auquel il était fort attaché, et qui était calomnié.* » Loin d'être convaincu, Soult avait alors demandé à son chef d'état-major de faire en sorte de l'éloigner et d'obtenir qu'il fût placé dans la ligne pour arrêter les bruits injurieux qui se répandaient déjà. Par ailleurs, l'espion Souza avait été dénoncé par sa maîtresse, qui vécut ensuite avec Arnaud et serait partie avec lui en France.

De plus, la correspondance découverte de cet officier avec Gazan se révéla contenir des remarques désobligeantes sur le maréchal Soult, comme celle-ci : « *Si vous croyez qu'il soit mieux pour moi de retourner*

---

1. Voir chapitre 15.

« L'armée anglaise passe les Pyrénées, MDCCCXIII. »
Médaille commémorative de la série de J. Mudie, Londres, 1820. Collection privée.

en Espagne, ou comme major, ou comme colonel, ou s'il vaut mieux que j'aille au nord, je vous avoue que si je puis espérer que la boutade injuste du Grand Monsieur est terminée, je préfère l'Espagne. [...] Et si je savais que dans l'occasion il me traiterait comme les autres, rien ne m'empêcherait de retourner à votre armée. Si cependant il continue à m'en vouloir, je m'arrangerai de manière à ne pas tomber sous ses pattes. » Il lui écrivait encore : « *Si vous daignez me continuer vos bontés, si M. le maréchal revient sur mon compte, et qu'il veuille faire une demande, je me verrai encore une fois auprès de vous, mon général, et je me serai ôté l'épine du cœur de me voir soupçonné et traité d'infâme.* »

Soult se fâcha et annonça aussitôt au ministre que « *monsieur le général de division Gazan ne peut plus convenablement remplir les fonctions de chef d'état-major de l'armée dont l'Empereur a daigné me confier le commandement* »[1]. Mais l'affaire en resta là, et Gazan continua à travailler à l'état-major, bien que ses relations avec le maréchal se fussent très certainement détériorées suite à ce fâcheux incident.

La correspondance avec Wellington

Mi-janvier 1814, le quartier général de Soult était toujours à Bayonne. Le 1er février, il fut établi à Peyrehorade. Celui de Wellington était à Saint-Jean-de-Luz. Le temps était mauvais, les régiments comptaient beaucoup de malades. La guerre active était suspendue lors de cette trêve hivernale.

---
1. AN, AF IV 1158.

Durant l'automne 1813 et l'hiver 1814, Gazan correspondit constamment avec Wellington au sujet de l'échange des prisonniers. Il y eut quelques points litigieux comme celui de la correspondance des grades (par exemple, major au service britannique correspondant au chef de bataillon ou au chef d'escadron au service de France, etc.), mais en général ces échanges se déroulaient bien. Le commandant en chef allié voulut d'emblée fixer les règles et la façon de procéder ; aussi écrivit-il le 29 septembre 1813 à propos de l'échange des non-combattants : « *Je suis prêt à m'engager pour l'avenir de la manière proposée par Votre Excellence ; mais, avant de le faire, je désire savoir, d'une manière formelle, de la part de qui vous agissez, si vous commandez vous-même l'armée française, ou s'il est vrai, comme disent les rapports, qu'elle est commandée par un autre général. J'ai tout lieu de me louer de la loyauté avec laquelle les arrangements que j'ai pris avec Votre Excellence ont été menés à leur conclusion ; mais ce sont de ces arrangements qui se font d'eux-mêmes. Quand il s'agit de m'engager pour l'avenir sur les intérêts d'un grand nombre de personnes, il faut que je sache, d'une manière formelle, le caractère et l'autorité de celui avec qui je m'engage.* » [1]

En dehors des prisonniers, Wellington souleva aussi dans sa correspondance d'autres sujets, comme celui des cas fréquents de la communication entre les avant-postes des armées, qu'il trouvait préjudiciable (cf. sa lettre du 13 janvier 1814). Ainsi, le 2 janvier, deux officiers portugais avaient été invités à passer l'Adour pour boire par l'officier français qui était en face ; celui-ci les ayant faits prisonniers, Wellington pria de les renvoyer, tout en avouant que « *si Votre Excellence insiste à les considérer comme prisonniers de guerre, vous en avez le droit, et j'enverrai deux officiers subalternes en échange pour eux* » [2]. Cette affaire traîna en longueur, Gazan élevant des objections quant à la version de Wellington ; celui-ci répondit le 21 janvier : « *Pour ce qui regarde les deux officiers portugais, je crois que Votre Excellence est mal informée ; au moins il y a évidence ici qu'ils ont été invités à passer l'Adour, et il n'est guère croyable qu'ils aient passé autrement.* » [3]

Ces échanges concernaient d'abord exclusivement les Britanniques et très rarement les Portugais, jamais les Espagnols, bien que Wellington

---

1. Colonel Gurwood, *The Dispatches of Field Marshal the Duke of Wellington*, volume VII, Londres, 1845, p. 30.
2. Colonel Gurwood, *op. cit.*, p. 260.
3. Colonel Gurwood, *op. cit.*, p. 279.

commandât également les armées de cette nation [1]. Toutefois, le 2 novembre 1813, ce dernier proposa à Gazan de traiter désormais également des officiers espagnols [2].

Les dernières opérations dans le Sud-Ouest

Le mois de janvier s'était écoulé sans autres événements que quelques escarmouches. Une forte gelée ayant rendu les communications praticables, vers mi-février, Wellington résolut de prendre l'offensive et de passer l'Adour [3]. Le 27 février 1814, Wellington battit Soult à Orthez [4]. À partir de ce jour, les Français ne cessèrent de battre en retraite. Le 3 mars, le quartier général du duc de Dalmatie était à Maubourguet, le 4 à Rabastens. L'armée était démoralisée par les épreuves de sa longue retraite, la discipline était ébranlée par la désertion, les privations et la maraude, l'argent faisait défaut, et les populations étaient souvent mal disposées contre les troupes françaises qui pillaient, alors que les Alliés achetaient avec ordre et payaient correctement ce dont ils avaient besoin [5].

Mi-mars, obéissant aux ordres de l'Empereur, le maréchal essaya de faire un retour offensif et porta son armée en avant ; après quelques engagements mineurs, il se replia à nouveau. Le quartier général fut le 16 à Mascaraàs, le 17 à Simacourbe, le 20 à Tarbes (où fut livré un combat important) et le soir à Tournay, le 21 à Saint-Gaudens, le 22 à Martres, le 23 à Noé, enfin le 24 à Toulouse. Les Anglais, quant à eux, étaient entrés à Bordeaux le 12 mars. Le dénouement était proche dans le Sud-Ouest.

Ayant gagné plus de quinze jours sur son adversaire, Soult les employa à se préparer à la bataille, en mettant à contribution toutes les ressources de Toulouse et de son arsenal. Il pouvait donc combattre l'adversaire sur le terrain qu'il avait choisi et préparé d'avance. Le jour de Pâques, 10 avril, eut lieu la dernière bataille sous les murs de Toulouse entre les troupes de Soult et celles de Wellington. Elle ne servait plus à rien, Napoléon ayant abdiqué le 6 avril à Fontainebleau, mais cette nouvelle n'était pas encore connue dans le Sud-Ouest.

---

1. Wellington à Gazan, le 3 octobre 1813, cité dans Colonel Gurwood, *op. cit.*, p. 34.
2. Colonel Gurwood, *op. cit.*, p. 107.
3. Une anecdote raconte que quelques mois plus tard, à Paris, une femme de la haute société ayant demandé à Wellington pourquoi il avait tant différé de passer l'Adour, le feld-maréchal répondit, imperturbable : « *Madame, il y avait de l'eau.* » (Madame de Chastenay, *Mémoires, 1771-1815*, Paris, 1987, p. 594)
4. Un petit-fils du général Gazan sera sous-préfet d'Orthez en 1869.
5. Lieutenant-colonel J.-B. Dumas, *Neuf mois de campagnes à la suite du maréchal Soult*, Paris, 1907, p. 473.

Gazan fut au feu de l'action et eut deux chevaux tués sous lui. D'Héralde l'entendit dire à un colonel : « *Vous ferez battre la charge en abordant l'ennemi.* » [1] Après un combat acharné et sanglant, les troupes alliées qui attaquaient les retranchements français firent des progrès sans pour autant remporter une victoire décisive. Le duc de Dalmatie écrivit dans son rapport au ministre de la Guerre : « *J'ai été parfaitement secondé par M. le lieutenant-général Gazan, chef d'état-major.* » [2] Le général Taupin, un ancien de la division Gazan depuis les campagnes de la Grande Armée et la bataille de Dürrenstein, trouva la mort à Toulouse.

À 21 heures, Soult réunit en conseil les généraux Drouet d'Erlon, Reille, Clauzel et Gazan, avec pour objet autant de discuter la nécessité d'évacuer Toulouse que de donner des ordres sur l'exécution du mouvement. Lapène affirme qu'il était quasiment certain que l'intention du duc de Dalmatie, au moment où il s'entourait de ses lieutenants-généraux, était d'abandonner la ville dans la nuit suivante [3]. L'avis du conseil étant unanime, le 11 avril, les troupes françaises furent dirigées sur Castelnaudary et Carcassonne.

Le chirurgien d'Héralde raconte les événements suivants :

« *Le 12 à deux heures nous n'étions qu'à trois lieues de Toulouse ; arrêtés pour détruire un pont sur le canal près de Castouch ; nous vîmes arriver l'ennemi. Nos tirailleurs échangèrent avec eux quelques coups de fusil ; ce qui les arrêta.*

Nous couchâmes en avant de Villefranche. Le 13, on tira le canon sur la cavalerie anglaise mais ce fut la dernière fois. [...]

Le 14, nous prîmes position en avant de Castelnaudary. On parlait de paix mais on ne savait rien de certain. Plusieurs de nos jeunes soldats désertèrent. Le maréchal vint à pied pour passer la revue du régiment et dit à la compagnie de carabiniers : "Je suis fâché d'apprendre que plusieurs soldats du 12ᵉ ont déserté !" Un carabinier lui répondit : "Non, monsieur le maréchal, ce sont des conscrits, on peut compter sur ceux qui restent."

Jusqu'au 17, nous pensâmes avoir de nouveaux combats à soutenir mais le 18 on signa l'armistice. Le général Gazan se rendit à Toulouse et nous entrâmes à Castelnaudary où nous restâmes plusieurs jours. » [4]

---

1. Jean-Baptiste d'Héralde, *Mémoires d'un chirurgien de la Grande Armée*, Paris, 2002, pp. 206-207.
2. Colonel Gurwood, *op. cit.*, p. 719.
3. Édouard Lapène, *op. cit.*, pp. 417-418.
4. Jean-Baptiste d'Héralde, *op. cit.*, p. 211.

L'ARMISTICE

Le 12 avril, le colonel Cooke arriva de Paris à l'état-major de Wellington pour l'informer de l'abdication de Napoléon et de la formation d'un gouvernement provisoire. Il était accompagné par le colonel Simon qui devait annoncer la nouvelle aux maréchaux Soult et Suchet. Le 13 avril, de Naurouze, Soult écrivit à Wellington pour accuser la réception de la lettre que le duc lui avait envoyée le 12 au sujet des nouvelles venant de Paris et paraissant de nature à « *donner espérance de voir rétablir la paix entre la France et les nations alliées* ». Dans l'attente de voir ces nouvelles se vérifier, le duc de Dalmatie proposa un armistice, que Wellington refusa. Soult lui écrivit à nouveau de Castelnaudary le 14 pour exprimer ses regrets de ce refus. Enfin, le 17, toujours de Castelnaudary, Soult pouvait être plus formel : « *Je reçois à l'instant l'ordre du prince, major général des armées françaises, de cesser les hostilités, et de cantonner les troupes qui composent mon armée. S. A. m'a aussi envoyé copie de l'armistice qui a été conclu avec les puissances alliées. Dans cet état de choses, j'ai l'honneur de vous proposer une suspension d'armes, et de convenir d'un arrangement qui détermine provisoirement une ligne entre votre armée et celle que j'ai l'honneur de commander. Je charge M. le lieutenant-général comte Gazan, mon chef d'état-major, de se rendre à cet effet près de vous, M. le maréchal, et de se concerter avec l'officier général que V. E. aura désigné, pour régler les articles de l'arrangement que je propose, lesquels seront naturellement soumis à votre approbation et à la mienne. J'ai l'honneur de vous prévenir que je donne des ordres pour que les hostilités cessent dès ce moment.* » [1]

Le 17 avril, Gazan arriva à Toulouse de la part du duc de Dalmatie, pour informer Wellington que le maréchal venait de reconnaître le gouvernement provisoire, et qu'il réclamait instamment la suspension des hostilités. Une convention fut immédiatement conclue sur les bases de celle de Paris, entre l'armée alliée et les armées françaises des maréchaux Soult et Suchet ; elle conservait les lignes de démarcation respectives dans l'état où elles se trouvaient au moment de l'armistice ; la Garonne et le Tarn servirent de limites à Wellington [2].

Larpent raconte que Gazan arriva à Toulouse le 17 avril à midi « *pour annoncer la soumission de Soult, je crois, au nouvel ordre des*

---

[1]. Colonel Gurwood, *op. cit.*, pp. 726-727.
[2]. Alphonse de Beauchamp, *Histoire des campagnes de 1814 et de 1815*, tome deuxième, Paris, 1816, pp. 476-477.

choses, et pour s'arranger sur les cantonnements, etc., pour les deux armées ». Il eut une longue entrevue à huis clos avec le major-général Murray et le maréchal de camp Wimpffen pour délibérer aussi sur la ligne de démarcation. Ce jour-là, il y eut un grand *Te Deum*, d'après Larpent « *une cérémonie bruyante militaro-religieuse, des plus étranges* ». Malheureusement, Gazan passait devant la porte au moment où la foule en sortait ; il fut hué et salué par les cris de « *À bas Soult* » et d'autres du même genre proférés par les Toulousains. Gazan revint encore le lendemain matin afin de faire ratifier les articles de la convention [1].

Le 18, Soult écrivit à Wellington que Gazan venait d'arriver avec la convention qu'il avait signée au sujet de l'armistice, et qu'il l'approuvait dans tout son contenu ; mais qu'il ne pouvait la renvoyer que le lendemain soir ou le surlendemain matin puisqu'il fallait la faire signer par le maréchal Suchet. Il soulignait pourtant un point : « *D'après l'article 3 de cette convention, le département de la Haute-Garonne du côté de l'Ariège, de l'Aude, et du Tarn, doit former la ligne de démarcation entre les deux armées ; je suis fâché que M. le comte Gazan n'ait pas fait attention que la route de Castelnaudary, dans le département du Tarn, passe à Revel, qui est à l'extrémité du département de la Haute-Garonne : comme la jouissance de cette route m'est indispensable pour le mouvement des troupes qui doivent se rendre dans les départements du Tarn et de Tarn-et-Garonne, j'ai l'honneur de vous proposer, M. le maréchal, de restreindre la ligne de votre armée à la rive droite de la Sor, dans cette partie, ce qui ne vous privera que de 5 communes qui se trouvent en pointe entre les départements de l'Aude et du Tarn, desquelles, s'il était indispensable, je pourrais vous offrir compensation du côté de l'Ariège ou de l'Aude.* » [2] Le 19, Soult adressa à Wellington la ratification de la convention de suspension d'armes, tout en le remerciant d'avoir accordé la jouissance de la route de Revel.

Le 19, un ordre du jour du duc de Dalmatie annonçait à l'armée : « *La nation ayant manifesté son vœu sur la déchéance de l'empereur Napoléon et le rétablissement de Louis XVIII au trône de nos anciens rois, l'armée essentiellement obéissante et nationale doit se conformer au vœu de la nation.* »

---

1. Francis Seymour Larpent, *op. cit.*, pp. 494-495.
2. Colonel Gurwood, *op. cit.*, p. 727.

De Castelnaudary, l'armée se rendit à Montauban. Elle y fut passée en revue par le duc d'Angoulême, les maréchaux Soult et Suchet. Après cette revue, elle partit pour Agen. Gazan n'ayant plus rien à y faire décida de se rendre à Paris, où un nouveau gouvernement était installé et où le roi Louis XVIII fit son entrée, revenant d'exil.

Chapitre XVIII

Le retour de Napoléon

Le général Gazan ne tarda pas à faire allégeance au nouveau gouvernement.

Dupont, nouveau ministre de la Guerre

Non sans malice, Louis XVIII nomma au poste de ministre de la Guerre le général de division Dupont de l'Étang, victime des persécutions sous l'Empire pour sa capitulation de Bailén signée en 1808. Bien des généraux adressèrent une lettre de félicitations au nouveau fonctionnaire. Gazan fut du nombre et écrivit à son ancien camarade de Dürrenstein dès le 22 avril 1814 :

« *Monsieur le comte,*
Je profite du retour du courrier que vous avez adressé au maréchal duc de Dalmatie, pour me rappeler à votre souvenir et pour vous témoigner tout le plaisir que j'éprouve du changement qui vient de s'opérer, et surtout de vous voir en position d'être utile de nouveau à ceux qui ne vous ont jamais oublié dans votre malheur. J'espère, monsieur le comte, que vous ne m'aurez point oublié, et que ce ne sera pas vainement que je réclamerai votre amitié, lorsque les circonstances me mettront dans le cas de le faire.
La paix, qui va avoir lieu, apportera nécessairement de bien grandes réductions dans les états-majors des armées. Après 34 années de service, 22 campagnes consécutives durant lesquelles je n'ai obtenu qu'un congé de 3 mois que vous me fîtes accorder en l'an X, me font désirer ardemment, non de quitter la carrière des armes que j'ai constamment suivie, mais de ne point être placé sur le tableau des officiers généraux qui seront employés activement à l'époque de la paix, afin d'avoir la faculté de suivre pendant quelque temps mes affaires particulières qui sont dans le plus mauvais état, et de m'occuper un peu de l'éducation de mes cinq enfants que je ne connais presque pas. Comme je suis intimement persuadé que vous serez chargé de la nouvelle organisation

des états-majors, je vous prie, monsieur le comte, de vous rappeler à cette époque de ma demande et d'être persuadé que je vous en serais éternellement reconnaissant.

Agréez, je vous prie, l'assurance de ma considération distinguée et de mon attachement. » [1]

Le 29 avril 1814, de Castres, Gazan écrivit à nouveau au ministre de la Guerre : « *L'état de paix dans lequel va se trouver la France nécessitera une nouvelle organisation de l'armée. La manière dont j'ai servi mon pays doit me donner quelques droits à obtenir du roi, sa bienveillance, et un commandement où je puisse enfin me reposer des fatigues que j'ai essuyées depuis vingt-deux ans que je fais la guerre. D'après ce motif, et comptant sur vos bontés, je viens vous prier, monsieur le comte, de vouloir bien mettre mes titres sous les yeux de Sa Majesté & d'obtenir pour moi le commandement de la 8ᵉ division militaire. Ce serait mettre le comble à vos bontés à mon égard et je vous en serai éternellement reconnaissant.* » [2]

Sa demande semble avoir d'abord reçu une suite favorable. Un projet de sa nomination fut préparé, le lieutenant-général comte du Muy qui commandait cette division reçut un congé avec appointements jusqu'au 1ᵉʳ janvier 1815, le maréchal Masséna, gouverneur de la division, en fut prévenu. Toutefois, le ministre revint sur cette disposition qui n'eut pas de suite.

L'heure en était aussi aux comptes. Gazan réclama le 4 mai 1814 son traitement extraordinaire comme général en chef de l'armée du Midi, « *en vertu du décret du 19 novembre 1808* », à raison de 6 000 francs par mois, ainsi que ses appointements depuis le 1ᵉʳ juillet 1812 jusqu'au 1ᵉʳ mars 1813 comme chef de l'état-major de l'armée du Midi, et enfin ceux depuis le 1ᵉʳ mars 1813 jusqu'au 1ᵉʳ juillet suivant comme général en chef de la même armée. Ses papiers ayant été perdus le soir de Vitoria, il ne pouvait produire que des duplicata excepté pour les mois de mai et juin 1813.

Le 19 mai, Gazan fut reçu à Paris par le ministre Dupont de l'Étang. L'entrevue fut cordiale. En rentrant à l'hôtel, il lui écrivit : « *La manière amicale dont vous m'avez reçu tantôt, me met dans le cas de vous faire connaître que je me verrai avec plaisir porté sur la liste des inspecteurs généraux d'infanterie ; j'ai commandé avec assez d'avantage des corps de troupe, pour croire que je ne serai point déplacé dans un pareil emploi.* »

---
1. SHD, dossier Gazan.
2. SHD, dossier Gazan.

Le 26 mai, sur sa demande, Gazan fut autorisé à rester à Paris « *jusqu'à ce qu'il vous ait été assigné une destination* », avec un traitement d'activité. Le 1er juin 1814, tout comme bon nombre de ses camarades d'armes, Gazan fut nommé chevalier de Saint-Louis, et le 15 du même mois, il fut reçu à Paris par le duc de Berry. Depuis le 1er juin, il était inspecteur général d'infanterie dans les places de Lille, Valenciennes et Condé.

Le personnel du ministère de la Guerre fut très occupé par la liquidation des dettes envers les anciens officiers napoléoniens, qui abreuvaient les bureaux de leurs réclamations énumérant les pertes faites par eux lors des campagnes militaires. Dès le 31 août, Gazan réclama le remboursement des pertes éprouvées lors des batailles de Vitoria et de Sorauren (ou plutôt pendant la retraite vers la France). Le 31 octobre 1814, il toucha 24 000 francs à titre du traitement extraordinaire de mars, avril, mai et juin 1813 quand il avait commandé en chef l'armée du Midi. Il résida durant l'automne de 1814 à l'hôtel de l'Univers, rue Saint-Marc, à Paris.

Le 11 novembre 1814, le roi confirma par lettres patentes le titre de comte héréditaire en faveur du lieutenant-général Gazan, avec le nouveau règlement d'armoiries : « Écartelé : au 1er d'azur, à l'épée haute en pal d'argent, montée d'or, aux 2e et 3e d'argent, au pin de sinople terrassé du même, fruité d'or et senestré d'une pie de sable ; au 4e d'azur, au château antique d'or, ruiné et chargé de la lettre D, d'azur. » La lettre D se rapporte sûrement au château de Dürrenstein.

La mise en non-activité

Le 17 novembre, Gazan écrivit au ministre de la Guerre :
« *Monseigneur,*
Le retour à Paris de S. A. R. Monsieur, doit mettre à même Votre Excellence, de prononcer sur la demande que j'avais eu l'honneur de lui faire au sujet du commandement de la 8e division militaire.
Si des motifs s'opposent à ce que ce commandement me soit confié, je prie dans ce cas Votre Excellence de me conserver pour l'année 1815 sur le tableau des inspecteurs généraux d'armes, et de me continuer le traitement d'activité dont j'ai grand besoin, afin d'élever ma nombreuse famille et de faire face aux charges dont je suis grevé.
Les droits que je puis avoir pour obtenir cette faveur sont le dévouement sans borne que je porte à Sa Majesté, 37 années de services dont

16 en qualité de lieutenant-général et les commandements en chef et autres fonctions que j'ai rempli (sic) dans les armées.

Je prie Son Excellence de recevoir avec bonté, l'expression de mon respectueux dévouement. »

N'obtenant rien, le général se rendit en décembre à Grasse pour affaires particulières, où il se retrouva au sein de sa famille. Le 30 décembre 1814, il fut nommé commandant de la 9ᵉ division militaire à Montpellier [1], mais il demanda à être mis en non-activité et ne rejoignit pas son poste.

Il écrivit à ce sujet une lettre au nouveau ministre de la Guerre, qui n'était autre que le maréchal Soult :

« Monseigneur,

J'ai reçu la lettre que Votre Excellence m'a fait l'honneur de m'écrire le 30 décembre dernier, pour me prévenir que S. M. avait daigné me nommer au commandement de la 9ᵉ division militaire.

J'étais loin de m'attendre, Monseigneur, à recevoir une pareille destination, lorsque vous m'aviez promis avant de quitter Paris, de me donner s'il vous était possible, le commandement de la 8ᵉ division, ou de me conserver parmi les inspecteurs généraux d'armes.

Les mêmes motifs qui m'ont mis dans le fait de refuser à votre prédécesseur, le commandement de la division que vous me faites donner, ou toute autre, existent et existeront toujours, puisqu'ils sont basés sur le manque de fortune ; le traitement des commandants des divisions étant trop faible pour avoir une existence honorable, tenir son rang d'une manière convenable, et prélever une certaine somme pour pourvoir à l'éducation de la nombreuse famille que j'ai.

C'étaient ces motifs qui m'avaient porté à demander au ministre Dupont une place dans les inspections, fonction que je crois avoir rempli, avec activité, justice, et conforme à mes instructions, et j'ai assez de présomption pour croire que j'aurais continué à les remplir à votre satisfaction, et aussi bien que ceux dont Votre Excellence a fait choix.

Ne pouvant donc point, Monseigneur, accepter de commandement de division pour les motifs que j'ai l'honneur de vous alléguer, je viens recourir à votre bienveillance ordinaire pour moi, à l'effet de me faire obtenir de S. M. la continuation de mes fonctions d'inspecteur, et si malheureusement le travail de l'inspection était irrévocablement terminé,

---

1. Le ministre lui écrit à propos de cette nomination que « *le roi voulut vous donner un témoignage de sa satisfaction pour vos services* ». Le même jour, le général comte Heudelet fut nommé au commandement de la 18ᵉ division militaire et le général comte Delaborde à celui de la 21ᵉ ; tous les deux reçurent une lettre identique. SHD, dossier Gazan.

daignez, Monseigneur, me laisser pour 1815 à la disposition du gouvernement avec la solde d'activité, ayant la confiance que dans le courant de l'année ou au 1ᵉʳ janvier 1816 il vous sera facile de vous rendre à mes désirs, en me confiant de nouveau, les fonctions d'inspecteur que j'ambitionne, ou le commandement de la 8ᵉ division qui mettrait le comble à mes vœux.

J'attends avec impatience la réponse de Votre Excellence, et je la prie de recevoir avec bonté, l'assurance de mon respectueux attachement. »

On peut lire en marge de cette lettre : « *Répondre que je ne puis le maintenir sur les tables d'activité de 1815 puisqu'il n'accepte pas le commandement de la 9ᵉ division militaire. Que je ne puis non plus le comprendre dans le nombre des inspecteurs attendu que le roi en a lui-même arrêté le travail. Lui faire observer que les inspecteurs sont obligés de résider comme les commandants de divisions. Je saisirai cependant avec plaisir la 1ʳᵉ occasion de faire utiliser son zèle. Il sera d'ailleurs prévenu que d'après son refus le roi nomma à la 9ᵉ division. Le chef de la 1ʳᵉ division proposa un projet d'ordonnance pour nommer le lieutenant-général Ambert.* » [1] Soult écrivit néanmoins à son ancien chef d'état-major : « *Faites-moi connaître à quelle époque vous aurez terminé vos affaires, et alors je proposerai à S. M. de vous donner de l'activité.* » [2]

Suite à son refus, Gazan fut mis en non-activité le 25 janvier 1815. Il lui fut expliqué par ailleurs que les inspecteurs généraux étant dans l'obligation de résider, comme les commandants de divisions, les motifs qui avaient déterminé son refus l'auraient également empêché d'accepter l'emploi qu'il désirait obtenir. Le roi ne lui en tint néanmoins pas rigueur et le fit grand-croix de la Légion d'honneur le 14 février suivant.

L'Empire semblait déjà appartenir au passé… et pourtant, un événement inattendu allait interrompre la vie paisible des anciens serviteurs de Napoléon et leur imposer à faire un choix difficile, voire fatal pour certains.

Les événements de mars 1815 à Grasse

Le général Gazan résida durant les mois suivants à Grasse, sa ville natale. Hippolyte d'Espinchal, officier qui avait servi sous ses ordres en Espagne, fait dans ses mémoires un descriptif de Grasse qu'il visita en

---

1. SHD, dossier Gazan. Le général Ambert fut nommé au commandement de la 9ᵉ division militaire le 23 février 1815.
2. Centre de documentation du Musée d'art et d'histoire de Provence (Grasse), MF 3.

mai 1814 (sans avoir pu y voir Gazan qui se trouvait alors à Paris) : « *Cette ville aux mille fleurs, dont les rues étroites, tortueuses, rapides sont imprégnées d'une odeur de rose, de jasmin, d'héliotrope et de tubéreuse, qui ne laisse pas que d'être on ne peut plus désagréable, car il n'est pas de maison qui n'ait son laboratoire et ses alambics pour faire cette parfumerie si renommée en Europe, et l'on pouvait juger au teint des habitants que, si ce commerce est profitable à leurs bourses, l'émanation continuelle de tant de fleurs a une fâcheuse influence sur leur santé ; nous fûmes cependant obligés de rester deux jours au milieu de cette atmosphère embaumée qu'il me tardait de fuir.* » [1]

La nouvelle foudroyante du retour de l'Empereur allait perturber le repos du guerrier. Le 1er mars 1815, Gazan se trouvait toujours chez lui à Grasse lorsqu'il apprit avec stupéfaction le débarquement de Napoléon sur la plage déserte du golfe Juan avec une poignée de soldats dont la rumeur amplifiait le nombre. Le général adressa aussitôt au maréchal Soult, ministre de la Guerre, une lettre de sa main, d'une écriture nerveuse difficilement déchiffrable, sans passer par un secrétaire :

« *Monseigneur,*

J'apprends à l'instant, 9 heures du soir, qu'il y a eu cet après-midi au golfe Juan, commune de Vallauris, un débarquement de troupes venant de l'île d'Elbe, qu'un détachement de ces mêmes troupes est entré à Antibes où il a été arrêté, désarmé et mis en prison, que sa garnison bivouaque sur les remparts que l'on a immédiatement armés, et qu'il est question de proclamations de l'ex-empereur.

Les troupes débarquées occupent les communes de Cannes, du Cannet et de Vallauris. Quoique je sois sans troupes et simple particulier, j'ai cependant cru devoir donner cet avis à Votre Excellence, et je la prie d'assurer Sa Majesté qu'elle peut compter sur ma fidélité, et que si je trouve le moyen de la servir en cette occasion, je le saisirai avec empressement.

J'envoie un courrier à Toulon pour faire parvenir ma lettre, la route de Nice se trouvant arrêtée. L'on porte à deux mille hommes, le nombre des troupes qui sont débarquées et l'on dit que Buonaparte y est. » [2]

Aussitôt après avoir cacheté et expédié la lettre, Gazan en écrivit une autre au général Abbé commandant le département, puis il se rendit sur l'invitation du maire à minuit à la maison commune, où régnait l'effervescence. Les membres de la municipalité et quelques habitants

---

1. *Souvenirs militaires d'Hippolyte d'Espinchal*, Paris, 2005, p. 495.
2. SHD, dossier Gazan. Arthur Chuquet a publié cette lettre (*Lettres de 1815*, première série, Paris, 1911, pp. 4-5).

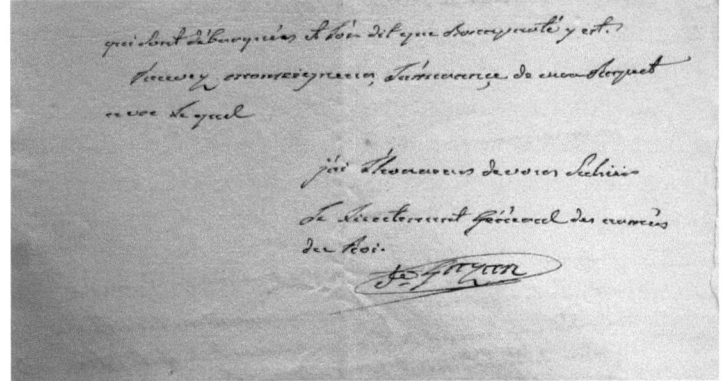

Lettre autographe de Gazan au maréchal Soult datant du 1er mars 1815.
Archives du Service historique de la Défense, château de Vincennes.

paniqués délibéraient sur le parti à prendre ; il était question d'armer la population – les Grassois étaient des « *bourbonistes* » pour la plupart – et de s'opposer au passage de « *l'usurpateur* ». En l'absence du sous-préfet Bain [1] parti pour Antibes dans la nuit du 1er au 2 mars pour savoir ce qui se passait, le maire de Grasse, le marquis Lombard de Gourdon, sollicita son avis sur ce qu'il y avait à faire. Gazan lui demanda d'abord de quels moyens de résistance disposait la ville, s'il y avait des armes, des cartouches et les moyens d'en faire confectionner. On lui apprit qu'il n'y avait que trente fusils, sur lesquels cinq à peine étaient en état de faire feu. Quant aux cartouches, il n'y en avait point. Aucun espoir d'arrêter Napoléon et ses hommes n'était donc permis. Gazan conseilla alors de ne rien tenter, de rester tranquilles et d'attendre les événements. Le maire et ses adjoints se rangèrent à son avis, de même que le commandant de la garde nationale et le commissaire de police. Napoléon ne fut par conséquent pas inquiété militairement à Grasse.

Comme on ignorait encore si Napoléon prendrait la route de Grasse ou d'Aix, un homme fut envoyé aux nouvelles et rencontra à mi-chemin l'avant-garde de la troupe impériale commandée par le général Cambronne. Soupçonnant que c'était un espion, Cambronne l'interpella : « *Vous m'avez l'air bien fatigué, mon ami*, dit-il. *N'allez pas plus loin. Je vais vous dire tout ce que vous cherchez à savoir.* »

À 5 heures du matin, on annonça à la maison commune de Grasse l'arrivée de l'avant-garde de la Garde impériale. Gazan quitta la ville sur-le-champ et partit dans sa campagne de la Peyrière en compagnie de son aide de camp Fabreguettes en prenant le chemin du Plan, afin de ne pas rencontrer Napoléon et de se retrouver prisonnier. Une légende raconte que l'Empereur aurait vu deux cavaliers portant, chacun, un manteau d'officier [2]. Arrivé dans son « *château* » [3], Gazan écrivit une nouvelle lettre au ministre de la Guerre pour l'informer de la route prise par l'Empereur et de l'abandon de ses canons.

Pour sa part, Napoléon avait été informé de la présence de Gazan à Grasse ; il avait déjà rencontré son cousin éloigné, officier d'artillerie résidant à Antibes, qui avait refusé de porter à Gazan les proclamations de

---

1. Bain avait exercé ses fonctions pendant toute la durée de l'Empire. Lorsque la princesse Pauline Borghèse, sœur de Napoléon, était venue prendre les eaux de Gréoux, Bain avait présenté son dos comme appui à Pauline lors de la halte de son cortège dans une prairie près d'Aups. En 1814, devenu le serviteur zélé des Bourbons, Bain se vantait d'avoir été le premier à Grasse honoré de la décoration du lys. Voir Arthur Chuquet, « Napoléon à Cannes et à Grasse », in *Revue de Paris*, le 15 mars 1923, p. 346.
2. Colonel Gazan & Paul Sénequier, *Le retour de l'île d'Elbe*, Grasse, 1903, p. 27.
3. C'est ainsi que le manoir de la Peyrière est indiqué sur le cadastre impérial.

l'Empereur [1]. Le général Cambronne frappa à la porte de l'hôtel Gazan, rue Neuve, le 2 mars vers 7 heures du matin. La cuisinière lui dit que le général était parti dans sa campagne, à quoi Cambronne aurait rétorqué avec son légendaire franc-parler : « *Dis-y que c'est un jean-foutre !* » [2] Louis Garros, auteur d'une biographie de Cambronne, en a laissé un récit imagé : « *Gazan ! L'un des trois plus beaux divisionnaires des armées impériales ! Mais Gazan n'avait pas voulu se compromettre, Gazan avait fui dans sa maison de campagne. Cambronne arriva devant sa porte, frappa, frappa en vain. Personne ne répondit. Dépité, navré, pessimiste, il tourna bride. Quoi ! Gazan ne rejoignait pas l'Empereur ! C'était à n'y pas croire !* » [3]

À Grasse, Cambronne ayant devancé ses soldats se trouva seul au milieu de la foule. « *Beaucoup de vieilles têtes et de rubans blancs* », racontera-t-il par la suite. Le général demanda au maire des rations pour ses hommes « *au nom de Napoléon, souverain de l'île d'Elbe* » ; le marquis de Gourdon s'exécuta, sans essayer de résister [4]. Quant à Napoléon, instruit de l'agitation qui y régnait, il préféra ne pas entrer à Grasse et contourna la ville au lieu de la traverser, faisant halte environ deux kilomètres plus loin, sur le plateau de Roccavignon qu'on appelle de nos jours « le plateau Napoléon ».

UNE AUTRE VERSION

Cette version des faits sera contestée bien des décennies plus tard par un fils de Gazan, qui affirmera que le général se trouvait à sa propriété de la Peyrière le 1ᵉʳ mars, où il reçut, dans la matinée, une lettre du général Cambronne et une du général Bertrand. « *L'Empereur a été informé des préparatifs qui s'accomplissent contre lui à Grasse, il a chargé ces généraux d'engager mon père à y aller au plus tôt pour y arrêter le mouvement hostile.* » Selon cette version, Gazan aurait même eu le 1ᵉʳ mars, au commencement de la soirée, une entrevue secrète avec Cambronne à la Peyrière ; « *l'Empereur lui fait laisser par ce général l'ordre de se rendre à Paris* ». Si tel avait été le cas, la visite de Cambronne à l'hôtel Gazan à Grasse n'aurait plus aucun sens, et Gazan serait parti pour Paris aussitôt. Le fils du général écrivant son mémorandum sous

---

1. Colonel Gazan & Paul Sénéquier, *op. cit.*, p. 17.
2. Une autre version attribue à Cambronne les paroles : « *Dis-lui que c'est un lâche !* »
3. Louis Garros, *Le général Cambronne*, Paris, 1949, pp. 148-149.
4. C'est au sujet des Grassois que Cambronne dira à son procès : « *Un ami du roi pouvait me poignarder à Grasse ; j'étais seul, la résistance était facile. Ce n'est pas le tout de dire qu'on aime son roi, il faut encore le prouver.* »

Napoléon III et ayant tout intérêt à présenter son père comme l'un de ceux qui favorisèrent le retour de l'île d'Elbe, cette circonstance détermine le degré de confiance que l'on peut raisonnablement accorder à son récit fort enflammé. Par ailleurs, lors de son procès au printemps 1816 (quatrième interrogatoire, le 20 avril), le procureur du roi remarqua au général Cambronne, après que celui-ci eut affirmé s'être trouvé seul à Grasse « *au milieu de 1 500 bourgeois et de toute la population* » : « *Il n'est pas étonnant, vous aviez là le général Gazan qui était dans vos intérêts.* » « *Le général Gazan !* s'exclama Cambronne. *J'ai voulu lui parler, je n'ai jamais pu parvenir jusqu'à lui.* » [1] Selon l'expression pittoresque d'Henry Houssaye, « *Gazan avait fui comme à l'approche d'une bande de pestiférés* » [2].

Pendant le vol de l'Aigle

Gazan se terra dans sa campagne jusqu'à ce que Napoléon et la troupe de l'île d'Elbe se fussent éloignés en direction de Digne et Sisteron. Il revint alors à Grasse. Le 3 mars, il rencontra le marquis de Bouthillier, préfet du Var, qui approuva publiquement la conduite que la ville avait tenue dans cette circonstance et demanda à Gazan de l'aider dans l'organisation des différents détachements de gardes nationales qu'il désirait faire partir à la poursuite de Napoléon. Avant son départ pour Draguignan, le préfet écrivit une lettre de remerciements à Gazan.

Le 20 mars, on apprit à Grasse que le duc d'Angoulême, fils du comte d'Artois et neveu de Louis XVIII, était venu prendre le commandement du midi de la France, et qu'il organisait une armée « *pour tenter d'arracher à l'usurpateur ses premières conquêtes* » [3]. Gazan écrivit aussitôt au duc pour lui offrir ses services et expédia sa lettre avec son aide de camp. Le duc lui répondit aimablement le 24 depuis son quartier général de Nîmes : « *Monsieur le lieutenant-général comte Gazan, J'ai reçu votre lettre du 20 mars, je connais votre dévouement et je suis sensible aux nouveaux témoignages que vous m'en donnez, je sais que le ministre de la Guerre vous a désigné pour être employé dans mon corps d'armée ; je serai charmé de vous voir, et de vous assurer de l'estime que*

---

1. *Procès du maréchal de camp baron Cambronne, précédé d'une notice historique très détaillée sur la vie et le caractère de cet officier général*, Paris, 1816, p. 42.
2. Henry Houssaye, *1815 : la première Restauration, le retour de l'île d'Elbe, les Cent-Jours*, Paris, 1927, p. 218.
3. Lettre du général Gazan au ministre de la Guerre, le 22 mars 1816. SHD, dossier Gazan.

je fais de vous comme bon et fidèle serviteur du roi. Votre affectionné. Signé : Louis Antoine. » [1]

Les informations arrivaient très lentement en province. Ainsi, les dépêches de Paris des 8 et 15 mars renfermant les journaux des 7, 8, 14 et 15 dudit mois ne parvinrent à Grasse que le 27 mars. Dans ces dépêches, il se trouvait une lettre sous enveloppe datée du 6 mars, contresignée par le ministre de la Guerre, à l'adresse de Gazan, par laquelle le général était prévenu qu'il était mis à la disposition du duc d'Angoulême, qu'il devait se rendre sur-le-champ en poste à Nîmes, et qu'il recevrait le traitement d'activité de son grade à compter de ce jour. Gazan n'en prit pas connaissance tout de suite, car malgré la réponse négative du duc d'Angoulême, il était parti avec son aide de camp pour aller le rejoindre à Montélimar. Mais en arrivant sur les bords de la Durance, Gazan fut informé par le général Merle de la dissolution du corps d'armée du duc et fit demi-tour. C'est à Aix qu'il apprit tous les événements qui s'étaient passés en France ; le roi ayant quitté son royaume, il crut devoir adresser sa soumission au maréchal Davout, nouveau ministre de la Guerre. Sa lettre datait du 10 avril.

Pendant les Cent-Jours

De retour à Grasse, Gazan mesura toute l'étendue des calomnies que l'on propageait sur son compte, en répandant le bruit qu'il avait favorisé l'arrivée et le passage de Napoléon. Cette idée avait même été donnée au préfet. Craignant les représailles, il prit le parti de se rendre à Paris, où il arriva à la fin du mois d'avril et se présenta devant le maréchal Davout.

Napoléon ne lui gardait apparemment aucune rancune pour son attitude équivoque pendant le « vol de l'Aigle », même si Gazan prétendra plus tard avoir été abreuvé des « *reproches extrêmement sérieux sur ma conduite à son arrivée à Grasse* » lors de l'audience avec l'Empereur au mois de mai. Davout lui offrit un commandement à l'armée du Nord ou à celle du Var, celui de Lyon ou de Dijon, que le général refusa en bloc, ne voulant pas trop se compromettre. En revanche, apprenant que le sous-préfet Bain était toujours en place, il s'empressa de le dénoncer, comme il ressort de la lettre de Napoléon au comte Carnot, ministre de l'Intérieur, à la date du 17 mai 1815 : « *Je vous envoie une lettre du général Gazan. Il se plaint qu'on ait rétabli le sieur Bain, sous-préfet de Grasse, qui en effet est mauvais. On propose de le remplacer par M. Chobert.* » [2]

---

1. SHD, dossier Gazan.
2. *Correspondance de Napoléon Bonaparte avec le comte Carnot, ministre de l'Intérieur, pendant les Cent-Jours*, Paris, 1819, p. 89.

Monument commémorant le passage de Napoléon
à côté de Grasse le 2 mars 1815.
Photo Natalia Griffon de Pleineville.

À la même époque, Gazan dénonça Bain comme « *le plus royaliste de l'arrondissement* » au préfet du Var. Lui-même tenta de se faire élire député à la Chambre des Cent-Jours par l'arrondissement de Grasse : au scrutin du 22 mai, il obtint 9 voix sur 40 et fut battu par Antoine-Honoré Ricord [1]. Sous la seconde Restauration, en bon opportuniste, Gazan n'hésitera pas à dénoncer Bain comme bonapartiste et contribuera ainsi à son renvoi.

Le 24 mai, sur proposition du maréchal Davout, Gazan fut chargé de l'organisation et du commandement des gardes nationales mises en activité dans la 1re division militaire et nommé inspecteur général des corps d'infanterie dans cette division, en remplacement du lieutenant-général Fririon. Le 1er juin, jour de l'assemblée du Champ de Mai pendant laquelle l'Empereur voulut renouveler les fastes de la fête de la Fédération de 1790 et de la distribution des Aigles de 1804, il fut remboursé 2 650 francs [2] pour les chevaux et effets perdus à l'armée

---

1. AN, F1cIII Var 3.
2. Pour 3 chevaux à 450 francs l'un : 1 350 francs, pour effets d'habillement, d'équipement, etc. : 1 300 francs. SHD, dossier Gazan.

d'Espagne le 21 juin 1813 à la bataille de Vitoria. Le 2 juin, il fut compris dans la nomination en masse [1] des pairs de France, mais s'abstint de venir y siéger [2], d'autant plus qu'il partit assez vite pour se rendre à un nouveau poste. À la séance du 8 juin fut lue la lettre du général Gazan qui annonçait que chargé par l'Empereur d'un commandement militaire sur la Somme, il ne pourrait pendant quelque temps partager les travaux de ses collègues [3].

LA DÉFENSE DE LA SOMME

C'est le 6 juin que Gazan avait reçu le commandement en chef de la défense de la Somme et de toutes les places de la 16ᵉ division militaire plus celles d'Abbeville, Doullens, Amiens, Ham et Péronne dans la 15ᵉ, et celles de Guise, Saint-Quentin, La Fère, Laon et Soissons dans la 1ʳᵉ. Ses fonctions étaient décrites dans l'ordre du ministre de la Guerre du 5 juin 1815 : « *Le général Gazan est nommé commandant en chef de la défense de la Somme et des places de cette ligne. L'objet de ce commandement est de manœuvrer de concert avec les généraux commandant les places pour empêcher les corps de partisans de venir entre les places de la 16ᵉ division militaire et dépasser la Somme qui paraît offrir de grands moyens de défense surtout contre des partis. Pour mettre le général Gazan en état d'attaquer avec succès les partis qui entreraient dans la division, il pourra disposer du tiers au plus ou du quart des garnisons des places fortes. Des ordres seront donnés pour qu'il se trouve dans chaque place quelques pièces de campagne disponibles de manière à ce qu'il n'y ait plus que les chevaux à fournir. Le général Gazan s'entendra à l'avenir avec les généraux et les officiers supérieurs commandant les places et entrera en communication avec eux dès le premier coup de canon. On fera une circulaire pour donner connaissance de ce commandement aux gouverneurs et commandants des places ; ils n'en continueront pas moins leurs rapports avec le ministre de la Guerre et le major général. Ils communiqueront leurs chiffres au général Gazan.* » [4]

Le 6 juin, Napoléon écrivit à Davout : « *Mon cousin, il est important que le général Gazan parte demain pour son commandement de la Somme ; qu'il visite toutes ses places, reconnaisse tous les ponts, et*

---

1. La liste contenait 117 noms, dont 38 généraux.
2. Il n'y siégea qu'à partir du 25 juin, après la seconde abdication de Napoléon, si l'on en croit la lettre qu'il écrivit au ministre de la Guerre le 22 mars 1816. Nous pensons que ce fut plutôt après le 26.
3. AN, CC 988.
4. SHD, dossier Gazan.

mette tout en bon état de défense, afin qu'Abbeville, Amiens, Péronne, Ham et Saint-Quentin se trouvent à l'abri, et que tous les passages soient gardés et à l'abri de la cavalerie légère. »[1] Il devait manœuvrer de concert avec les commandants et gouverneurs des places fortes pour empêcher les corps de partisans ennemis de pénétrer dans l'intérieur et couper les communications établies entre les places[2]. Son quartier général fut établi à Amiens. Dès le 15 juin, il transmit au bureau de l'inspection la situation des corps divers se trouvant sur le territoire sous son autorité. Il n'exerça donc pas de commandement actif dans l'armée du Nord et n'assista pas à la défaite finale de Waterloo.

Le 20 juin, le ministre de la Guerre annonça à Gazan la défaite française : « *Vous allez probablement pendant quelque temps être livré à vos propres forces*, écrivait-il. *Déployez de la vigueur et de la constance pour conserver à l'Empereur et à la patrie le point important qui vous est confié.* » Il lui recommandait de faire le plus d'attention sur Péronne, d'intercepter la communication si l'ennemi paraissait dans sa division, de bloquer les voyageurs et d'interroger les étrangers.

Le 21 juin, à 1 heure et demie du matin, le maréchal Davout envoya une nouvelle lettre à Gazan pour le mettre au courant de la situation :

« *Général, l'armée du Nord avait obtenu les succès les plus éclatants, les 15 et 16 de ce mois, par les sages dispositions de l'Empereur et la vaillance de nos troupes et elle était, le 18 au soir, près d'entrer à Bruxelles, après avoir battu l'armée réunie des Anglais et des Prussiens et leur avoir fait éprouver des pertes énormes, quand un de ces événements inconcevables et malheureusement trop fréquents à la guerre a changé la face des choses et a obligé Sa Majesté de reployer son armée sur nos places du Nord.*

Je vous donne confidentiellement cet avis, pour vous faire connaître la situation réelle des affaires sur cette frontière et pour votre gouverne, afin que lorsque ces nouvelles se répandront, vous préveniez l'abattement qu'elles pourraient produire et que vous entreteniez l'énergie si nécessaire dans de telles circonstances ; les Chambres vont prendre à Paris de grandes mesures ; je ne puis trop vous engager, général, à prendre toutes celles que vous jugeriez convenables, pour arrêter dans leur principe les effets de la malveillance dans l'arrondissement confié à votre commandement.

---

1. *Correspondance de Napoléon Ier*, tome 28, Paris, 1869, p. 297.
2. SHD, C16 21.

C'est dans les occasions extraordinaires où nous nous trouvons qu'il faut faire preuve de la plus grande fermeté et déployer tous les moyens qui peuvent assurer le salut de la patrie. »

Gazan ne reçut les dépêches du ministre que le 24 juin à Amiens : par une erreur faite dans les bureaux du ministère, elles avaient été adressées à Lille, ce qui fit qu'elles avaient été retardées de trente heures. Le lendemain, il annonça que Saint-Quentin étant tombé au pouvoir de l'ennemi, la ligne de défense de la Somme devenait inutile ; il n'avait presque point de troupes à sa disposition. Il destina ce qui lui restait à former la garnison de la citadelle d'Amiens. Il avait aussi à sa disposition une batterie d'artillerie ; mais comme elle pouvait être compromise, il donna l'ordre à l'officier qui la commandait de partir d'Amiens pour se rendre à Vincennes. Il augmenta les garnisons de Ham et de La Fère, et il éleva la force de la garnison de Péronne à 500 hommes de gardes nationales portés de bonne volonté. Le soir même, la ville d'Amiens fut complètement fermée. Ses fortifications étaient terminées et l'approvisionnement de siège était au complet. Estimant avoir rempli sa tâche en ce qui touchait la mise en état des places de la Somme, Gazan demanda à remettre le commandement de son petit corps, fort de 5 à 600 recrues, à un maréchal de camp sous ses ordres. Lui-même se rendit le 26 à Paris, sans attendre la réponse du ministre. Napoléon avait déjà abdiqué le 22 juin et était parti pour la Malmaison, d'où il devait prendre la route de l'île d'Aix et de son second exil.

Les royalistes préparaient alors un mouvement dans Paris en faveur des Bourbons. Le lieu de leurs réunions secrètes, l'hôtel Clairambault [1], étant devenu connu, un piège leur fut tendu. Mais le hasard voulut que Gazan eût appris ce qui se tramait et parvînt à prévenir les royalistes du danger. Il se vantera plus tard d'avoir ainsi sauvé de la mort « *trois ou quatre mille sujets fidèles et dévoués à Sa Majesté* », parmi lesquels se trouvait le général Villatte, son ancien camarade des armées d'Espagne.

FAUT-IL DÉFENDRE PARIS ?

Pendant que les troupes alliées avançaient sur Paris, les chefs du gouvernement provisoire présidé par Fouché entamaient les négociations avec l'ennemi. Le 28 juin, sur la motion du général Mouton-Duvernet, la Chambre des députés vota une adresse à l'armée et décida que ce

---

1. Alphonse de Beauchamp, *Histoire des campagnes de 1814 et de 1815*, tome deuxième, Paris, 1817, p. 467.

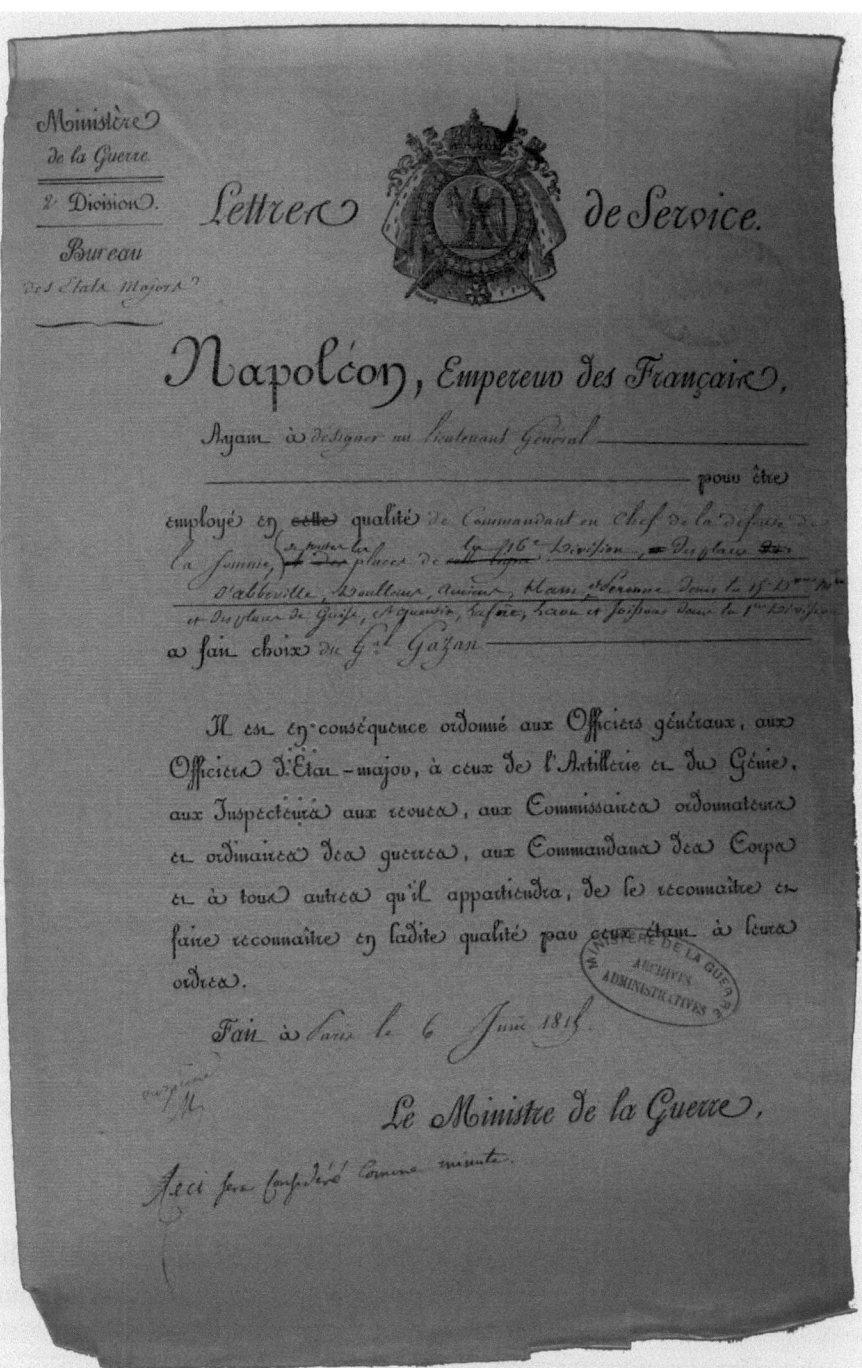

Lettres de service de Gazan en qualité de commandant en chef de la défense de la Somme.

Archives du Service historique de la Défense, château de Vincennes.

Le retour de Napoléon

manifeste serait communiqué aux troupes le lendemain par une délégation de cinq députés, à laquelle se joignirent deux représentants de la Chambre haute : le maréchal Lefebvre et le général Gazan, élus à la majorité [1] et proclamés commissaires par l'archichancelier président. Le texte de cette adresse, adopté à l'unanimité, était le suivant :

« *À l'armée française, la Chambre des pairs et la Chambre des représentants.*

Braves soldats !

Un grand revers a dû vous étonner et non vous abattre. La patrie a besoin de votre constance et de votre courage, elle vous a confié le dépôt de la gloire nationale ; vous répondrez au noble appel de la patrie.

Des plénipotentiaires ont été envoyés aux puissances alliées. Ils sont chargés de traiter, au nom du peuple français, à des conditions honorables, qui garantissent l'indépendance nationale, l'intégrité de notre territoire, la liberté publique et la paix de l'Europe.

Le succès des négociations dépend de vous. Serrez-vous autour du drapeau tricolore, consacré par la gloire et par le vœu national.

Nous admirons, nos ennemis eux-mêmes ont admiré votre héroïsme. Nous avons des espérances à vous offrir. Tous les services seront connus et récompensés. Les noms des braves morts au champ d'honneur vivront dans nos fastes. La patrie adopte leurs femmes et leurs enfants.

Ralliez-vous à la voix de vos dignes chefs et du gouvernement. Associés à vos intérêts, vous nous verrez, s'il le faut, dans vos rangs ; vous prouverez au monde que vingt-cinq années de sacrifices et de gloire ne peuvent être perdues. Nous prouverons qu'un peuple qui veut être libre, garde sa liberté. » [2]

La députation se présenta au quartier général du maréchal Davout à La Villette à dix heures du soir. Selon le baron de Vitrolles, agent du roi, « *la double députation était composée de quinze ou seize personnes* », plusieurs représentants et officiers généraux s'y étant joints de leur propre mouvement. Davout reçut la députation avec amabilité, bien qu'il réprouvât cette manière d'agir qui rappelait trop les procédés révolutionnaires et pouvait exciter les soldats, alors qu'il était indispensable de traiter d'un armistice. Ne sachant quoi dire, Davout laissa la parole à Vitrolles. La présence de cet agent royaliste au quartier général fit comprendre à tout le monde que la restauration du roi était la condi-

---

1. Lefebvre eut au premier tour 29 suffrages sur 52 votants. Gazan fut élu au deuxième tour du scrutin, réunissant 30 voix sur 53. AN, CC 988.
2. Le *Moniteur universel*, le 29 juin 1815.

tion obligatoire de l'armistice. Le général Fressinet montra le poing à Vitrolles et l'interpella sur les fautes commises par le gouvernement du roi ; il écrira plus tard : « *À la vue du baron de Vitrolles, tout prit la teinte sombre de l'étonnement et de la défiance. Chacun en particulier vit nos espérances trahies, et quel but Fouché et Davout voulaient atteindre.* » [1] Le général Dejean, « *qui devait son grade au gouvernement du roi* », s'écria : « *Non ! non ! nous ne supporterons jamais de nous soumettre aux Bourbons ! Nous nous ferons tuer jusqu'au dernier plutôt que de subir cette honte !* » Tout cela ressemblait à une émeute. Vitrolles lui répondit avec aplomb : « *Il s'agit de savoir si, demain peut-être, l'armée sous Paris ne sera pas attaquée par des forces supérieures, et si dans ce terrible conflit, l'existence de la capitale ne sera pas compromise ; voudrait-on, pour une résistance incertaine, la livrer au carnage et à l'incendie ? Voilà les intérêts de la France dont on doit s'occuper, et non d'inutiles et violentes déclamations.* » [2]

Très inquiet de la situation, Davout fit sortir Vitrolles et revint lui-même dans la pièce. Il déclara vouloir agir dans les intérêts du pays et conseilla aux députés de voir les troupes, de les haranguer et de leur distribuer les exemplaires de l'adresse. La députation parcourut deux fois les lignes occupées par les troupes depuis La Villette jusqu'à Saint-Denis ; les soldats jurèrent de combattre pour la liberté de leur pays. Le général Laguette-Mornay, de la Chambre des représentants, raconta lors de la séance du 30 juin : « *Nous leur avons parlé des dispositions des Chambres ; nous leur avons parlé au nom des représentants du peuple, et des larmes ont coulé de tous les yeux.* » Il ajouta que les soldats, y compris ceux de la Vieille Garde, d'abord méfiants, laissèrent éclater leur enthousiasme quand le nom de Napoléon II fut prononcé. Le représentant Garat ajouta : « *Les soldats étaient sous les armes. Il est impossible de vous rendre les émotions héroïques que faisaient éprouver à ces braves les mots de nation, de patrie, de représentants du peuple. On voyait bien que ce mot de représentant du peuple n'avait jamais cessé d'être une sorte de talisman pour les défenseurs de la patrie.* » [3]

Pendant que la Chambre des représentants invoquait ouvertement Napoléon II, l'archichancelier Cambacérès invita quelques membres de la Chambre des pairs, qui attendaient l'ouverture de la séance, à se réunir dans son salon pour examiner sereinement la situation dans une conférence amicale. Le maréchal Soult parla de la position des ennemis,

---

1. Baron Fressinet, *Appel aux générations présente et futures*, Genève, 1817, p. 21.
2. *Mémoires et relations politiques du baron de Vitrolles*, tome troisième, Paris, 1884, pp. 83-89.
3. Le *Moniteur universel*, le 1er juillet 1815.

de leur supériorité, de la démoralisation de l'armée française, du danger d'une invasion de vive force dans Paris... Au cours d'une longue discussion animée, les avis se partagèrent ; les maréchaux Ney, Soult, Mortier et Grouchy estimaient que la défense de la capitale était impossible, tandis que le maréchal Lefebvre, les généraux Gazan, Delaborde et Dejean combattirent cette opinion et soutinrent que l'armée était en état d'agir. Dans un accès de colère, le général Dejean cassa les vitres et, d'un ton sévère, « *témoigna sa surprise de ce que les hommes qui, par état, devaient montrer du courage et de la résolution, donnaient, au contraire, l'exemple de la faiblesse et de la pusillanimité* »[1]. Alors que la discussion s'envenimait, l'amiral Decrès, ministre de la Marine, proposa aux assistants de rentrer dans la salle des séances ; aussi la réunion organisée par Cambacérès ne servit-elle à rien[2].

Pendant ce temps-là, les Alliés poursuivaient leur marche, de sorte que Davout, à la fois ministre de la Guerre et général en chef, se vit obligé de prendre des dispositions pour la défense. Le feld-maréchal prussien Blücher comptait effectuer une vaste manœuvre aux environs de Paris avec le concours de l'armée de Wellington. Une brigade prussienne fut pourtant étrillée par les Français à Rocquencourt, près de Versailles, le 1er juillet ; ce fut le dernier coup de sabre de l'armée napoléonienne, pendant que les chefs du gouvernement et de l'armée préparaient la capitulation. Ce jour-là, à 9 heures du matin, Fouché réunit d'urgence, aux Tuileries, en conseil extraordinaire, les bureaux des deux Chambres et plusieurs maréchaux et généraux. Gazan en faisait partie[3]. Sans préambule, Fouché posa aux militaires les questions suivantes : « *Était-on en mesure de défendre toutes les approches de Paris ? Pouvait-on recevoir le combat sur tous les points à la fois ? Pour combien de temps pouvait-on répondre du sort de Paris ?* » Selon les réponses, il convenait de se déterminer soit à une vigoureuse défense, soit à la proposition d'une capitulation purement militaire. Carnot, Masséna, Grenier et Soult abondèrent dans le sens de la capitulation, Paris étant sans défense. Des maréchaux présents, seul Lefebvre se prononça pour la résistance, avec des réserves. Après les préparatifs de la défense, l'accueil favorable fait aux députés par les soldats et les manifestations de l'exaltation patriotique par l'armée, ces déclarations provoquèrent la surprise générale. Carnot se souvenait : « *Des membres de la réunion qui n'avaient pas cru que la*

---
1. *Mémoires de A.-C. Thibaudeau, 1799-1815*, Paris, 1913, pp. 539-540.
2. Jean Thiry, *Les débuts de la seconde Restauration*, Paris, 1947, p. 17.
3. Houssaye s'interroge à son sujet : « *Pourquoi Gazan plutôt que Drouot ?* » (Henry Houssaye, *1815 : la seconde abdication, la Terreur blanche*, Paris, 1906, p. 268, note)

situation de Paris fût aussi alarmante, firent diverses observations, et demandèrent qu'avant de prononcer définitivement, on recueillît de nouveaux renseignements, et il fut enfin résolu que dans la nuit suivante, il y aurait au quartier général de La Villette, un conseil de défense, présidé par M. le maréchal prince d'Eckmühl, auquel seraient invités tous les maréchaux de France qui se trouvaient à Paris, et les lieutenants-généraux commandant les différents corps de l'armée. »* [1] Selon le général Fressinet, indigné, « *on eut bien soin de n'y appeler qu'un petit nombre de ceux des généraux qui avaient des commandements. On s'empressa d'y admettre au contraire, les maréchaux qui s'étaient retirés de l'armée depuis qu'elle n'était plus heureuse, et quelques hommes également riches et encore avides, qui, sous la première restauration, avaient été caressés par les Bourbons.* » [2]

Un grand conseil de guerre fut donc rassemblé à La Villette à minuit, auquel Gazan participa également [3]. On y agita la question de savoir si on devait livrer une ultime bataille et ne se rendre qu'à la dernière extrémité. Gazan « *fut du petit nombre de ceux qui voulaient une défense extrême. Son opinion dut céder devant la majorité.* » Telle est la version de son fils livrée en 1865 [4], fort suspecte de partialité. Houssaye indique au contraire : « *Gazan parla aussi pour les Bourbons.* » [5] Par ailleurs, son ancien chef, le maréchal Soult, qui voulait déjà se faire bien voir par les royalistes, dit que le retour des Bourbons « *étant inévitable et partant nécessaire* », il ne pensait pas qu'il fallût verser du sang et risquer la destruction de Paris pour retarder de quelques jours cette solution. D'autres militaires présents protestèrent et soutinrent que l'on devait se prononcer exclusivement sur la question militaire. Fleury de Chaboulon remarque que plusieurs maréchaux et généraux, « *entrés au conseil avec les couleurs nationales, en seraient volontiers sortis avec la cocarde*

---

1. *Exposé de la conduite politique de M. le lieutenant-général Carnot, depuis le 1ᵉʳ juillet 1814*, Paris, 1815, p. 44.
2. Baron Fressinet, *Appel aux générations présente et futures*, Genève, 1817, p. 35.
3. L'arrêté de la commission de gouvernement était ainsi conçu : « *Art. 1. Le maréchal prince d'Eckmühl réunira ce soir, à neuf heures, au quartier général de La Villette, un conseil de guerre auquel il appellera les officiers généraux commandant les corps d'armée sous ses ordres, qu'il croira susceptibles d'éclairer la délibération, ainsi que les officiers généraux commandant en chef l'artillerie et le génie. – Art. 2. Tous les maréchaux présents à Paris, et le lieutenant-général Gazan, sont invités à se rendre au conseil et à concourir à la délibération.* » Voir L.-J. Gabriel de Chénier, *Histoire de la vie militaire, politique et administrative du maréchal Davout*, Paris, 1866, p. 653.
4. SHD, dossier Gazan.
5. Henry Houssaye, *1815 : la seconde abdication, la Terreur blanche*, Paris, 1906, p. 279.

blanche » ¹. L'historien Thiry écrit : « *Plusieurs maréchaux et officiers généraux, tels que Gazan, dirent que Paris pourrait peut-être résister au moins vingt jours aux efforts des Alliés, mais quel serait finalement le but de cette résistance ? De donner à l'empereur Alexandre et à l'empereur d'Autriche le temps d'arriver.* » ² Davout croyait en son for intérieur capable de remporter une belle victoire, mais elle serait sans lendemain et par conséquent nuisible ; il s'abstint donc de dévoiler le fond de sa pensée et garda le silence. Les conclusions du conseil de guerre, qui se termina à trois heures du matin, furent finalement les mêmes que celles du conseil réuni le matin aux Tuileries, et le 2 juillet, il fut résolu d'envoyer aux généraux anglais et prussiens une commission spéciale, chargée de leur proposer une convention purement militaire pour la remise de la ville de Paris entre leurs mains, en écartant la question politique ³.

La capitulation signée, l'armée évacua la capitale, les Chambres furent dissoutes, et Louis XVIII fit son entrée triomphale à Paris le 8 juillet. L'Empire était définitivement enterré.

---

1. Fleury de Chaboulon, *Les Cent-Jours. Mémoires pour servir à l'histoire de la vie privée, du retour, et du règne de Napoléon en 1815*, tome II, Londres, 1820, p. 353.
2. Jean Thiry, *op. cit.*, p. 40.
3. *Exposé de la conduite politique de M. le lieutenant-général Carnot, depuis le 1ᵉʳ juillet 1814*, Paris, 1815, p. 45.

Chapitre XIX

La rancune des Bourbons

Depuis le 1er juillet 1815, le général Gazan était inspecteur général d'infanterie dans la 1re division militaire à l'armée sous Paris. Sa mission de renforcer les places sur la Somme n'ayant été que temporaire, il n'avait pas été remplacé dans son inspection et n'avait donc pas besoin de nouvelles lettres de service. La présence d'un inspecteur général paraissait d'autant plus nécessaire à Paris qu'il y était rentré et qu'il y entrait journellement encore, une foule de militaires sur le sort desquels il fallait se prononcer, et dont on avait formé un dépôt particulier. Il y en avait aussi beaucoup dans les hôpitaux.

Le 18 juillet, Gazan adressa au ministre son travail de revue passée au dépôt de recrutement de Paris. Le 11 août, il lui adressa l'état des militaires auxquels il avait délivré des congés. Les 17 et 31 août, il passa une revue au dépôt général à Paris. Il poursuivit son travail en septembre et en octobre. Le 14 octobre, il demanda les ordres du ministre de la Guerre relativement au dépôt général. Le 17 octobre, il demanda une destination pour 22 étrangers qui se trouvaient au dépôt général. Ce fut donc un travail de routine, qui devait être interrompu pour des raisons politiques.

La réaction royaliste à Grasse

Napoléon parti, sonna l'heure de la justification pour tous ceux dont le comportement pendant l'épisode des Cent-Jours pouvait prêter flanc à la critique. Pour son plus grand malheur, Gazan ne comptait pas que des amis dans sa région natale. Ainsi, au début d'août, « *la plèbe royaliste cannoise* »[1] alla « visiter » les maisons de campagne de Gazan près de Valbonne et de Mougins. On fouilla un vieux secrétaire qui ne fermait même pas à clef pour chercher des papiers constituant la preuve de relations clandestines entre Gazan et l'île d'Elbe, afin de

---

1. Maurice Agulhon, *La vie sociale en Provence intérieure au lendemain de la Révolution*, Société des études robespierristes, 1970.

compromettre le général. On l'accusait publiquement d'avoir paralysé le courage et la bonne volonté des habitants de Grasse en déconseillant la résistance dans la nuit du 1er au 2 mars, et des personnes malveillantes le menaçaient du pillage de ses propriétés, de sorte que le 19 août, Gazan se vit dans la nécessité de publier un mémoire justificatif dans lequel il clamait son innocence [1]. Sa famille avait été obligée de fuir la ville de Grasse, dans laquelle les royalistes promenaient le mannequin du général sous les huées.

L'ouvrage d'E. Tisserand sur l'histoire de la Révolution dans les Alpes-Maritimes contient le passage suivant : « *Le 6 juillet, les Alliés étaient rentrés dans Paris, et le 8, Louis XVIII y avait repris possession des Tuileries. La population de Grasse, en majorité royaliste, ne se contenait plus de joie. Pourtant par un excès regrettable, elle s'attaqua à la famille du général Gazan. Elle proféra les cris : " À bas le traître, le scélérat, le brigand ! " Elle alla jusqu'à essayer de forcer sa maison pour la piller, et tira des coups de fusil aux fenêtres ; et ces démonstrations hostiles se continuèrent les jours suivants. Quand on voyait paraître mademoiselle Gazan, sa sœur, avec le jeune fils du général, on disait : " Voyez la sœur du brigand, voyez son fils ! " On en voulait à M. Payan [Payen], directeur des contributions, l'ami de Brune, qui l'avait aidé dans toutes ses levées de contributions forcées. Payan était aussi le beau-frère du général Gazan.* » [2]

Le maréchal Brune, commandant les troupes sur le Var, était venu à Grasse. Se voyant débordé par le mouvement royaliste, il avait levé des contributions forcées sur les riches de Grasse et partit le 9 juillet. Après que le dernier soldat de Brune eut quitté Grasse, la population alla chercher à la mairie le buste de Napoléon, on l'attacha avec une corde, on le traîna à terre dans les rues, et on porta la statue de Louis XVIII en triomphe en criant : « *À bas les partisans de Bonaparte !* » Devant cette bacchanale, Payen s'écria : « *J'avais bien raison de dire au maréchal Brune qu'au départ des troupes, Grasse ferait des siennes. Je vais lui écrire et il va revenir sur ses pas.* » Ce propos exaspéra les royalistes, qui cherchèrent Payen partout. La nuit, une foule était encore assemblée devant sa maison et demandait sa tête. On eut besoin d'un détachement considérable pour dissiper l'émeute.

Quelques jours plus tard, les troupes autrichiennes occupèrent la région. Les habitants se plaignirent de leur comportement. La campagne

---
1. Voir les Annexes.
2. E. Tisserand, *Histoire de la Révolution française dans les Alpes-Maritimes*, Nice, 1878, p. 348.

d'Antibes ressemblait à un désert : récoltes perdues, arbres coupés. Des paysans furent battus à coups de bâton. Il fallut faire des réquisitions pour leur procurer des vivres. Les gardes nationaux de Cannes, dans une de leurs réquisitions, s'en allèrent aux métairies du général Gazan. Le fermier de la Bouillide leur donna deux bœufs et les reçut bien ; mais celui de la Peyrière, les ayant mal accueillis, en fut quitte pour le saccagement de la maison et de la campagne. Du 4 août au 29 septembre, on ne cessa de lever des contributions au profit des Alliés. La ville de Grasse y fut comprise pour plusieurs centaines de milliers de francs [1]. Les troupes étrangères ne levèrent le camp que le 10 novembre 1815.

UN EXPOSÉ DE CONDUITE

Il faut croire que l'audience que Gazan avait sollicitée le 16 août au ministre de la Guerre suite à l'envoi d'un exposé de sa conduite n'avait pas servi à grand-chose, car les accusations continuèrent. Afin de se protéger, Gazan demanda et obtint plusieurs lettres attestant de son dévouement à la cause des Bourbons. Ainsi, le général Villatte lui écrivit le 30 août pour rendre « *témoignage aux bons services que vous avez rendus à plusieurs officiers réunis pour la cause et la défense du roi* » : « *Je sais*, déclarait-il, *que c'est à l'avis que vous m'avez fait donner, que mes camarades d'armes et moi sommes redevables de ne pas être tombés dans le piège qui nous avait été tendu par le commandant des troupes françaises campées sous Paris, d'après les renseignements que lui avait donné (sic) un officier général qui se trouvait à notre réunion ; enfin j'aime à dire que c'est sur votre avertissement que notre point de réunion a été changé, et que vous nous avez ainsi sauvé (sic) d'une mort certaine.* »

Le 22 octobre 1815, depuis l'hôtel de l'Univers, rue Saint-Marc, Gazan adressa au maréchal Victor, président de la commission d'examen, un nouvel exposé de sa conduite « *depuis le 1er mars dernier jusqu'à ce jour* », daté du 22 octobre [2]. Le document est tellement intéressant que nous le reproduisons *in extenso* :

« *Monseigneur,*

J'étais à la demi-solde dans mes foyers à Grasse, département du Var, lorsque le 1er mars [3] *à 9 heures du soir, je fus prévenu par la voie*

---

1. *Ibid.*, p. 356.
2. SHD, dossier Gazan. Le général en avait déjà expédié un le 15 août 1815.
3. Dans une autre version de sa justification conservée aux archives du SHD (lettre au ministre du 15 août 1815), la date est le 30 février *(sic)*, ce qui dénote assurément le trouble du général. Voir Arthur Chuquet, *Lettres de 1815*, première série, Paris, 1911, pp. 6-10.

publique que Buonaparte était débarqué au golfe Juan sur les quatre heures de l'après-midi, avec des troupes dont on portait le nombre à 2 500 hommes, ayant avec elles huit pièces de canon. Après avoir pris des renseignements précis sur cet événement, j'écrivis au ministre de la Guerre à dix heures du soir, pour lui en faire part. Je le priais en même temps d'assurer le roi de ma fidélité, et je lui demandais de l'activité. À minuit je me rendis à la maison commune où je restais jusqu'à cinq heures du matin que l'on y annonça l'avant-garde des troupes de Buonaparte, alors je sortis en prévenant que n'étant pas dans l'intention de voir les arrivants, j'allais me rendre à ma campagne, ce que j'exécutai, et je ne revins à Grasse que lorsque j'eus reçu l'avis que Buonaparte était déjà à plusieurs lieues de cette ville.

À son arrivée à Grasse, le général Cambronne se rendit chez moi, pour me conduire à Buonaparte, mais sur la réponse qu'on lui fit, que je m'étais absenté, ce général en manifesta son mécontentement. Le général Bertrand en fit de même pendant le temps qu'il resta aux environs de cette ville. Ils avaient appris que j'étais à Grasse, par un officier d'artillerie résidant à Antibes qui porte le même nom que moi, et qui avait été retenu pendant quelque temps par eux au golfe Juan.

Le deux mars j'écrivis derechef au ministre de la Guerre et je lui rendis compte du passage de Buonaparte par Grasse, je lui fis connaître la direction qu'il avait prise, le nombre exact des troupes qu'il avait avec lui, et l'abandon qu'il avait fait de ses canons. Je lui demandais de nouveau de l'activité.

Le trois M^r le Cte de Bouthillier, préfet du Var, arriva à Grasse où il avait fait rassembler un certain nombre de gardes nationaux qu'il se proposait de faire marcher à la poursuite de Buonaparte, je lui formais ces détachements, je les fis armer, je donnais des instructions au chef de bataillon qui en eut le commandement, enfin j'aidai de tous mes moyens, M^r le Comte de Bouthillier pour la réussite de son projet ; et je me prêtai en tout pour les détachements qui plus tard furent renforcer les premiers. Je joins ici n° 1 Copie d'une lettre de M^r le Cte de Bouthillier qui en fournit la preuve.

Les ordres que j'avais demandés au ministre de la Guerre ne me parvenant pas, la route de Paris avec la Provence étant interceptée, et ayant appris que S. A. R. Monseigneur le duc d'Angoulême réunissait des troupes à Nîmes, j'envoyais le 20 mars un aide de camp en courrier à Son Altesse Royale pour lui renouveler l'assurance de ma fidélité au roi, et lui offrir mes services.

S. A. R. eut la bonté de me répondre le 24 la lettre n° 2 et en même temps elle me fit dire verbalement par mon aide de camp de ne pas me presser de la joindre, attendu qu'elle n'aurait aucun commandement à me donner, les troupes qu'elle attendait ne lui arrivant pas. Néanmoins je partis de Grasse peu de jours après pour la joindre, mais à mon arrivée sur la Durance, j'appris la dissolution du corps d'armée de S. A. R., ce qui me mit dans le cas de retourner à Grasse, d'où j'en partis le 27 avril pour me rendre à Paris.

Quelques jours après mon arrivée dans cette ville le prince d'Eckmühl, pour lors ministre de la Guerre, me proposa de prendre de l'activité, et il m'offrit successivement un commandement à l'armée du Nord, au corps du Var, celui de Lyon et de Dijon, je les refusai tous et ce ne fut que le 26 mai, que j'acceptai l'inspection des dépôts d'infanterie de la 1re div^{on} m^{re}, emploi que j'ai occupé et que j'occupe encore dans le moment actuel. Dans l'intervalle j'ai eu la mission d'aller faire mettre en défense, les quatre places de la Somme et de rectifier le travail pour la formation des garnisons des places du Nord, mission qui m'a tenu quinze jours éloigné de Paris, et pour quel temps on m'avait qualifié de commandement de la ligne de la Somme et des places du Nord.

J'observe à Votre Excellence que l'ordre du ministre de la Guerre pour aller joindre S. A. R. Monseigneur le duc d'Angoulême fut fait à Paris le 6 mars, mais qu'il n'est parvenu à Grasse que le 27 comme il est certifié par le directeur des postes n° 3.

Tel est, Monseigneur, le narré fidèle de ma conduite depuis le 1er mars, j'aime à me persuader qu'elle ne sera pas improuvée par Votre Excellence, ni par aucun des membres de la commission. Si elle désirait d'autres éclaircissements, je suis prêt à les fournir.

J'ai l'honneur d'être avec respect, Monseigneur, de Votre Excellence le très humble et dévoué serviteur. Le L^t G^{al} des armées du roi, Cte Gazan. »

La lettre du préfet Bouthillier jointe à celle précitée portait la date du 9 mars 1815 et était élogieuse pour le général. Mais ce dernier ignorait certainement l'existence d'une autre lettre envoyée par Bouthillier le 30 septembre 1815 au président de la commission chargée de l'examen des militaires, beaucoup moins favorable :

« *Monsieur le Président,*

J'ai déjà eu l'honneur de faire mettre sous vos yeux plusieurs certificats que j'avais dû délivrer en faveur des officiers qui s'étaient bien conduits dans le Var avec moi lors du passage de Bonaparte. Je les ai toujours donnés avec une scrupuleuse franchise, et je désire que vous y ayez ajouté la confiance qu'ils devaient vous inspirer.

Cette même franchise et les sollicitations de beaucoup d'habitants du département du Var me déterminent à rompre, à l'égard du général Gazan, le silence que je m'étais imposé. La ville de Grasse n'a pas été moins surprise que moi de voir cet officier général recevoir une marque de confiance du roi, et nous avons pensé que la commission n'avait pas été consultée. Voici des faits. Le général Gazan, aussitôt après le débarquement de Bonaparte, envoya au maréchal Soult, par des chemins détournés (je le tiens de lui), un courrier extraordinaire, qui avait annoncé le débarquement avant celui que j'avais expédié de Fréjus.

Il passa la nuit à la municipalité, occupé à paralyser et à empêcher toutes les mesures qu'elle voulait prendre pour s'opposer au passage par Grasse de cette troupe, que la population ne demandait qu'à arrêter. Il se cacha, il est vrai, à la campagne, pendant tout le temps que Bonaparte passa dans Grasse, mais on vit constamment avec Bertrand son notaire, son homme d'affaires et celui que, le premier, il visita à son retour en ville.

Il me refusa de commander les gardes nationales que j'envoyais à la poursuite de Bonaparte sur la route de Sisteron. Après mon départ de Grasse, le 3 mars, il paralysa celui de tous les détachements. Le sous-préfet et un adjoint s'en étant plaints, je le mandai à Draguignan, je m'en plaignis au ministre de la Guerre et j'en rendis compte à Mgr le duc d'Angoulême, après lui avoir témoigné mon mécontentement de sa conduite. Loin de la changer, il ne fit que servir plus efficacement le parti auquel, dès lors, il semblait entièrement dévoué. Lui et son aide de camp débitèrent toujours les plus mauvaises nouvelles, et enfin, sur les rapports qui me furent envoyés, et dont je transmis les détails à Mgr le duc d'Angoulême, S. A. R. me prescrivit de le faire arrêter, et j'en avais donné l'ordre, lorsque, sous le prétexte de rejoindre le prince, auprès duquel il n'a jamais dû se rendre, il partit précipitamment de Grasse.

S'il a existé une conspiration, si des chefs puissants ont eu des agents secondaires dans mon département, bien certainement le Gal Gazan était du nombre.

J'ajouterai encore qu'il est pénible pour les fidèles serviteurs du roi, de voir confier une division à un général, qui, dès le 1er mars, a manifesté l'opinion que sa conduite n'a pas démentie tout le temps où l'usurpateur est resté en France, et que tout le Midi signalera comme moi à la justice plutôt qu'à la bienveillance du roi. »

Le procès du maréchal Ney

La seconde moitié de l'année 1815 fut entachée par plusieurs procès de « traîtres » dont les noms étaient contenus dans l'ordonnance royale du 24 juillet 1815 (Gazan n'y était pas). Le maréchal Ney y figurait en bonne place, personne dans l'entourage du roi n'ayant oublié sa fameuse promesse de ramener Napoléon « *dans une cage de fer* » et son revirement ultérieur. Ney avait quitté Paris le 6 juillet, se réfugiant finalement au château de Bessonies dans le Lot appartenant à une parente de son épouse. C'est là qu'il fut arrêté le 3 août. Conduit à Paris, le maréchal fut écroué à la Conciergerie le 19 août, jour de l'exécution du malheureux général de La Bédoyère.

Tout d'abord, il fut décidé de juger Ney, accusé de haute trahison et d'atteinte à la sûreté intérieure et extérieure de l'État, par un conseil de guerre qui devait se composer des maréchaux Jourdan, Masséna, Moncey, Augereau, Mortier, et des généraux Maison, Claparède et Villatte. Aussitôt, il y eut plusieurs désistements. Augereau allégua sa mauvaise santé, de même que Masséna, mais leurs excuses ne furent pas trouvées valables. Masséna invoqua alors ses graves dissensions avec Ney au Portugal en 1810-1811, tout aussi inutilement. Le maréchal Mortier refusait lui aussi de juger Ney ; il tombera en disgrâce et sera destitué, pour quelques mois seulement. L'honnête Moncey essaya d'abord de se réfugier derrière le même prétexte qu'Augereau, mais Gouvion Saint-Cyr le menaça d'une destitution et d'un emprisonnement conformément à l'article VI de la loi du 13 brumaire an V, une loi républicaine qui prononçait ces peines contre quiconque refusait de siéger dans un conseil de guerre sans motif légitime. Sans se laisser intimider, Moncey persévéra dans sa résolution, fut destitué et emprisonné pendant trois mois à la citadelle de Ham. Comme le commandant prussien de Ham refusait de l'incarcérer, Moncey loua une chambre à l'auberge située en face de la citadelle. Il ne sera réintégré dans son grade qu'en juillet 1816 ; du moins aura-t-il réussi à ne pas associer son nom à ce procès inique.

Quant aux généraux désignés, Maison [1] se récusa au prétexte que son ancienneté de grade ne l'appelait pas à faire partie du conseil, de sorte que le 8 novembre 1815, Gazan fut nommé à sa place, comme l'un des plus anciens généraux de division employés dans la 1re division militaire au 21 août. Le maréchal Jourdan écrivit à son sujet au ministre de la Guerre : « *Ce général doit remplacer M. le comte Maison qui est le moins ancien des trois lieutenants-généraux nommés par votre prédé-*

---
1. Plus tard, Maison fut au nombre des 138 pairs de France qui votèrent la mort de Ney.

cesseur. Il est donc nécessaire que V. Ex. veuille bien écrire sur-le-champ à ce général pour le prévenir qu'il est appelé par son rang d'ancienneté de grade à siéger au conseil. Je prie V. Ex. de lui prescrire en même temps de se trouver demain à 10 heures précises du matin au Palais de Justice, car si je dois attendre pour convoquer ce général d'être instruit officiellement de sa nomination, je n'aurai pas le temps de lui faire parvenir ma lettre ; d'ailleurs j'ignore où il demeure. » En lui envoyant sa convocation, le ministre Clarke laissa entendre que le roi et les princes lui seraient reconnaissants s'il condamnait le maréchal. Gazan ne se laissa pas intimider et répondit qu'il traiterait cette affaire selon sa conscience.

Le conseil de guerre se réunit du 9 au 10 novembre sous la présidence du maréchal Jourdan qui remplaçait Moncey. Il se composa définitivement des maréchaux Masséna, Augereau et Mortier, et des lieutenants-généraux Gazan, Claparède et Villatte. Le maréchal de camp Grundler était rapporteur, et le commissaire ordonnateur Joinville faisait fonction de commissaire du roi. Le dossier à la disposition du conseil contenait 198 pièces [1]. D'après l'historien Kurtz, « *le bâtiment de la cour d'assises avait toutes les apparences d'une forteresse assiégée, la veille d'un assaut. Presque toutes les forces de la gendarmerie parisienne en gardaient les entrées et les approches. À l'intérieur, des hommes de la garde nationale et des vétérans étaient postés dans les escaliers et dans les couloirs.* » [2] Ce déploiement de force était destiné à empêcher l'invasion de Ney.

Le conseil tint sa première séance le 9 novembre, dans la grande salle des assises criminelles, au Palais de Justice. La foule, immense, se composait en partie des amis du maréchal et aussi de beaucoup de hauts personnages étrangers. Les maréchaux et les généraux, tous en grand uniforme, prirent place sur une estrade semi-circulaire, face au public. Cette première séance dura six heures et demie et fut entièrement consacrée à la lecture des pièces de la procédure et des divers interrogatoires subis par le maréchal. Elle fut levée à 17 heures 30.

Le 10 novembre, la séance fut ouverte à dix heures, avec la même affluence que la veille. Le rapporteur continua la lecture des pièces, ensuite Ney, « *vêtu d'un simple habit d'uniforme sans broderies* » [3], fut introduit dans la salle accompagné de son défenseur Pierre-Nicolas Berryer. La

---

1. Michel Désiré Pierre, *Ney : du procès politique à la réhabilitation du « Brave des Braves », 1815-1991*, S.P.M., Paris, p. 143.
2. Harold Kurtz, *Le procès du maréchal Ney*, Paris, 1964, p. 215.
3. Georges d'Heylli, *Les grands procès politiques. Le maréchal Ney d'après les documents authentiques*, Paris, 1869, p. 54.

garde lui présenta les armes. Dans son discours, l'avocat Berryer fit des compliments au tribunal, « *cette réunion auguste de grands personnages de l'État revêtus de la pourpre militaire et dont les noms chers à la patrie appartiennent déjà aux temps futurs* » [1]. Le conseil aurait probablement pu sauver le maréchal, si Ney, mal inspiré par ses avocats, n'avait pas refusé d'être jugé par un tribunal militaire en rejetant sa compétence. « Ces bougres-là ! dit-il, *ils me fusilleraient comme un lapin.* » Ce fut une erreur fondamentale, car malgré les différends qui avaient pu l'opposer par le passé à certains membres de ce conseil de guerre, ils eussent probablement rechigné à condamner à mort un camarades d'armes. Les défenseurs du maréchal plaidèrent qu'en tant que pair de France, Ney devait être déféré à la Chambre des pairs qui se prononcerait sur son sort. Visiblement soulagés, les militaires composant le conseil de guerre s'empressèrent de se déclarer incompétents après une courte délibération à huis clos dans la chambre attenant à la salle des assises, par la majorité de cinq voix contre deux [2].

Houssaye pense que l'empressement que mirent les maréchaux et généraux à se décliner, « *est une forte présomption que, quoi qu'on en ait dit, ils eussent condamné le maréchal. S'ils avaient cru possible de rendre un autre verdict, ils ne se seraient pas dessaisis.* » [3] En revanche, le général de Rochechouart, au service de Russie, écrivait que les membres du conseil de guerre « *étant à peu près aussi coupables que l'accusé, n'auraient pas osé voter la mort* » [4]. Vaulabelle, d'accord avec cette opinion, affirme : « *Ce n'était pas sans un douloureux étonnement que les spectateurs favorables au maréchal l'avaient entendu décliner la compétence du conseil. Tous comprenaient que, quelle que fût la sentence portée par Jourdan, Masséna, Augereau, Mortier, Gazan, et par les deux autres généraux, elle ne pourrait aller au-delà de l'exil.* » Cet auteur pense même que Gazan, qui avait « *siégé auprès du prince de la Moskowa dans la Chambre des pairs des Cent-Jours* », était encore plus

---

1. H. Kurtz, *op. cit.*, p. 217.
2. Les voix furent recueillies en commençant par le grade inférieur et le moins ancien dans chaque grade permanent. Les généraux Claparède et Villatte furent les seuls à voter contre. Appelé après eux, Gazan vota pour l'incompétence ; les maréchaux firent de même. Il est intéressant de noter que Gazan sera révoqué en novembre suivant de ses fonctions d'inspecteur de la 1re division militaire au bénéfice de Claparède. Rochechouart cite les paroles du général Claparède : « *Sans cette incompréhensible idée d'incompétence, qui lève toute indécision, la majorité du conseil était pour l'acquittement ; les avocats de ce pauvre maréchal sont des fous, des orgueilleux ou des imbéciles.* » (Général comte de Rochechouart, *Souvenirs sur la Révolution, l'Empire et la Restauration*, Paris, 1933, p. 485)
3. Henry Houssaye, *1815 : la seconde abdication, la Terreur blanche*, Paris, 1906, p. 571.
4. Cité dans Henry Houssaye, *op. cit.*, p. 571.

compromis que les autres : « *Gazan était allé plus loin ; il avait combattu contre Ney lui-même les propositions de soumission aux Alliés, et on le comptait parmi le petit nombre de généraux qui avaient insisté pour la résistance et pour la lutte.* »[1] Les royalistes accusèrent les juges militaires de trahison ; l'opinion générale fut qu'ils avaient agi comme Ponce Pilate, en se lavant les mains et en déclinant toute responsabilité.

Ce manque de bon sens fut fatal au maréchal Ney. Condamné à mort par la Chambre des pairs, il fut exécuté à Paris le 7 décembre 1815. Nous citerons l'opinion de Georges d'Heylli qui résume bien l'erreur commise par Ney et ses avocats :

« *Ney, ses avocats et même ses amis se réjouirent, comme d'un triomphe important, de la décision prise par le conseil de guerre ; il leur semblait avoir gagné par avance et comme définitivement le terrible procès engagé contre le maréchal ; hélas ! le seul parmi ses juges, le seul parmi ceux qui composaient le conseil de guerre, le seul qui ait eu pour lui, ce jour-là, la raison et la vérité contre tous, c'était le procureur du roi qui voulait que le conseil se déclarât compétent et procédât sans désemparer au jugement du maréchal.*

Parmi ces maréchaux, parmi ces généraux, tous les collègues ou les amis de l'illustre accusé, et alors ses juges, en était-il un, un seul qui aurait pu ou osé prononcer contre lui la peine capitale ? N'eussent-ils pas tous, à l'unanimité et au mépris d'une disgrâce possible, je ne dis pas acquitté le maréchal, mais certainement affaibli et pallié sa faute, en atténuant ses effets et surtout en modérant son châtiment. Le malheur voulut que les conseils du maréchal aient cru devoir redouter davantage les sévérités militaires et implacables d'un conseil de guerre ; qu'ils aient plus espéré dans la bienveillance et la mansuétude d'une assemblée composée en partie de l'élément civil et de personnages à qui le sang devait faire peur. Erreur, erreur fatale et terrible ! La haute assemblée, devant laquelle allait se dérouler le triste procès, était avant tout remplie de gens dévoués à la cour, d'émigrés haineux et jaloux, de seigneurs égoïstes et vindicatifs, de gens affamés d'une revanche que 1814 leur avait promise et que 1815 avait failli leur enlever à jamais ! En deux mots, dans le conseil de guerre, le maréchal n'avait trouvé pour juges que des amis, malheureusement trop empressés à satisfaire au désir qu'il manifesta de les voir se déclarer incompétents ; dans la Chambre des pairs, il allait comparaître avant tout devant des ennemis irréconciliables, et dont la plupart avaient depuis longtemps déjà demandé sa tête ! »[2]

LA DISGRÂCE

---

1. Achille de Vaulabelle, *Chute de l'Empire : histoire des deux Restaurations*, tome troisième, Paris, 1847, p. 493.
2. Georges d'Heylli, *op. cit.*, pp. 59-60.

Le 18 novembre 1815, Gazan fut révoqué comme inspecteur de la 1re division militaire. Il reçut formellement le jour même le commandement de la 2e division militaire à Mézières (nomination annoncée même dans le *Journal de Paris* du 28 novembre), qu'il ne garda que très peu de temps, lorsqu'il apprit avec chagrin que dès le 24 janvier 1816, il était mis en non-activité, avec ordre de rentrer dans ses foyers. Le ministre de la Guerre s'empressa de l'en informer le 27 janvier, lui indiquant qu'il avait perdu la confiance du roi et qu'il devait cette disgrâce au rapport de la commission chargée de statuer sur le classement de l'armée et qui avait placé son nom dans la 14e et dernière classe. Son attitude lors du jugement du maréchal Ney ne devait pas y être étrangère.

Il attendit à Châlons, quartier général de la division où il résidait depuis fin décembre, l'arrivée de son successeur, le général Liger-Belair, jusqu'en février suivant. La municipalité de Châlons exprima dans une lettre ses regrets de voir partir « *un commandant militaire doué de toutes les vertus sociales* ». Le 28 février 1816, de Paris, il écrivit au ministre de la Guerre, qu'après avoir commandé la 2e division militaire pendant trois mois, « *j'ose dire avec avantage, je ne puis attribuer mon déplacement qu'à quelque rapport ou dénonciation qui aura été porté contre moi. Si tel en est le motif, je le déclare faux et calomnieux, et j'offre sur mon honneur de me disculper de tout ce que la méchanceté aura pu inventer contre moi. En conséquence, je supplie, Votre Excellence, de me mettre à même de me justifier, en chargeant telle personne qu'elle jugera convenable de m'entendre, promettant de détruire même jusques à l'ombre du soupçon. Je vous prie en grâce, Monseigneur, de m'accorder cette marque de justice, et de votre bienveillance, pour laquelle je vous serais reconnaissant.* »

Préoccupé par sa situation, Gazan demanda le 1er mars à connaître les motifs de la décision ministérielle qu'il considérait injuste, mais n'obtint que cette réponse le 11 mars : « *Monsieur, vous m'avez fait l'honneur de m'écrire pour me représenter que, désirant réclamer contre l'opinion de la commission d'examen qui vous a rangé dans la 14e classe, il vous était nécessaire de connaître les griefs qui vous sont imputés et d'avoir la copie d'une lettre que vous adressâtes au maréchal Davout. Je regrette de ne pouvoir vous donner cette communication et je vous invite, si vous croyez avoir dans votre conduite pendant l'usurpation des faits qui puissent vous être favorables, à les exposer à la commission, qui les comparera avec les renseignements qu'elle a pu recueillir, et qui jugera s'ils peuvent donner lieu à un nouveau classement. »*

Au désespoir, Gazan écrivit au ministre le 22 mars 1816 de Paris, déversant toute son amertume : « *J'ai demandé à connaître les motifs d'un jugement aussi rigoureux, et je n'ai pu l'obtenir. J'ai cherché alors à m'en rendre compte en examinant ma conduite depuis le 1ᵉʳ mars ; et j'avoue que cet examen fait de bonne foi ne m'a rien montré qui puisse légitimer ce que j'éprouve. On ne peut me reprocher d'avoir agi pour favoriser l'usurpation de Buonaparte. Et j'ai fait tout ce qui dépendait de moi pour hâter le retour du souverain légitime.* » Il revenait longuement dans cette lettre sur les détails déjà exposés précédemment, en faisant de la surenchère et en se donnant un beau rôle, au point de devenir pathétique : « *Me trouvant sans fonctions, j'eusse été excusable peut-être de rester étranger à ce qui se passait. Mais j'aimais ma patrie et mon souverain, à mes yeux l'invasion de Buonaparte menaçait la France d'un déluge de maux, je n'hésitai point.* » Cette prose venant d'un ancien divisionnaire d'Iéna et d'Ostrolenka laisse véritablement le sentiment d'un profond malaise, surtout quand il qualifie d'« *ennemis* » l'Empereur et sa Garde. Pour mieux faire ressortir son rôle important, il exagère même le danger que représentaient pour les habitants de Grasse les 800 soldats de la Garde impériale qui menaçaient selon lui du pillage et de l'incendie « *une ville entière* » en cas de résistance. Il cite à l'appui de ses paroles « *les lettres de monsieur le comte de Bouthillier, préfet du Var* », qui « *pourraient attester au besoin que ce n'est pas un compagnon de Buonaparte, mais un serviteur fidèle des Bourbons, que voyait en moi tout le département* ».

Il paraît aussi que par malveillance, son acte de soumission au gouvernement impérial, rédigé le 10 avril 1815, aurait été délibérément antidaté et présenté comme tel à la commission, alors qu'il était matériellement impossible que Gazan l'eût rédigé avant le 20 mars. Le général s'en défendit d'ailleurs avec véhémence dans sa lettre précitée au ministre : « *Je ne puis pas m'être adressé avant le 20 mars à un ministre qui n'était point encore nommé à cette époque, et dont la nomination n'a été, et n'a pu être connue en province que dans les premiers jours d'avril. On sait que pendant vingt jours toute communication avait été interrompue entre la capitale et le Midi. Comment d'ailleurs concilier avec la conduite que j'ai tenue, un acte de soumission qui serait antérieur au vingt mars ? Cette supposition peut-elle être mieux démentie que* par la lettre que j'ai eu l'honneur d'écrire ce jour même à *Son Altesse Monseigneur le duc d'Angoulême* ? Ne l'est-elle pas également par ma résolution prise et exécutée dix jours après d'aller rejoindre l'armée royale ? Et d'ailleurs conçoit-on que j'eusse pu me décider à me ranger du parti de Buonaparte le 18 ou le 19 mars, c'est-à-dire, au moment où le bruit public à Grasse nous apprenait qu'il était repoussé et cerné par les troupes du roi ? Et que pour comble de folie, après avoir pris ce parti dans un moment aussi hasardeux, je sois revenu à la cause légitime au moment même où nous venions d'apprendre les succès de l'usurpateur et son entrée dans la capitale ? Il est donc évident, pour peu qu'on y réfléchisse, que ce n'est effectivement que le 10 avril, c'est-à-dire après la capitulation du duc d'Angoulême, et après la nouvelle de la sortie du roi de la France que je me suis soumis aussi. » À la fin de sa lettre, le général exprimait l'espoir qu'à défaut de le remettre en activité de service, la commission le ferait au moins rayer d'une catégorie « *qui n'est destinée que pour ceux avec lesquels ma conduite et mes sentiments n'ont rien de commun* ».

La descente aux enfers continuait. Le *Moniteur*, dans son compte rendu du procès du général Cambronne, en avril 1816, mentionna ceci : « *Bonaparte n'aurait pas dépassé Grasse, s'il n'y avait pas eu le général Gazan pour le servir.* » Face à tant de contradictions, il est difficile de trancher, mais une chose est sûre : l'épisode des Cent-Jours nuisit beaucoup au général Gazan et lui causa beaucoup de tracasseries dans les années à venir.

Une affaire d'argent

Le 2 juin 1813, lors de la retraite de l'armée du Midi, sur la représentation de l'ordonnateur en chef Lenoble, Gazan avait prêté 465 piastres à la caisse de la régie des subsistances de l'armée du Midi pour faire un achat de bestiaux à Tordesillas afin de délivrer la viande aux blessés et malades évacués des hôpitaux de Zamora et Toro. Le caissier de la régie Thomas qui reçut l'argent promit à Gazan de le rembourser aussitôt que les caisses auraient rejoint, sauf que l'issue désastreuse de la bataille de Vitoria et l'enlèvement de la caisse de la régie l'en empêchèrent. Gazan demanda son remboursement à la commission de liquidation le 4 septembre 1814, mais le général Dumas lui répondit le 7 octobre suivant que cette créance ne pouvait être reconnue par le gouvernement. Gazan s'adressa de nouveau plusieurs fois au ministère, ce qui généra une volumineuse correspondance. Cette dette (équivalant à 2459,85 francs) fut reconnue le 29 janvier 1816 par le gouvernement royal, mais il fallut encore plusieurs mois de réclamations pour venir à bout de cette affaire. Le gouvernement accusa le fonctionnaire qui avait promis le remboursement immédiat à Gazan mais négligea de le faire à Pancorbo alors qu'il en avait la possibilité. On insinua aussi que le général n'avait remis cet argent au caissier que dans son propre intérêt afin de ne pas s'en embarrasser, ce qui était une pratique assez courante aux armées impériales, à quoi Gazan rétorqua que « *la somme était trop modique pour qu'un général en chef n'eût pas les moyens de la transporter sans avoir besoin de recourir à un tiers* ».

Le général demanda le remboursement en espèces, alors que la loi sur les arriérés ne le prévoyait pas. Il lui fut donc proposé d'accepter des rentes ou d'attendre que le ministère eût du numéraire à la disposition.

Voici comment le chef du bureau des vivres au ministère de la Guerre présenta cette affaire au ministre : « *Cet officier général, à qui on avait en conséquence annoncé que sa créance serait admise en liquidation, a représenté que cette créance n'étant autre chose qu'un prêt fait pour soutenir le service et dans un moment difficile, il lui paraissait qu'elle ne devait pas être soumise à la liquidation, mais lui être remboursée en numéraire effectif, puisque c'était des espèces qu'il avait prêtées à la régie. Cette demande paraît d'autant plus fondée que voilà deux ans et demi que M. le lieutenant-général Gazan est à découvert d'une avance qu'il a faite sans intérêt personnel et uniquement dans la vue de procurer des secours à des blessés et à des malades qui, sans cela, en eussent été privés. Mais on croit devoir faire observer à Votre Excellence que M. l'ordonnateur Lenoble ayant réclamé le remboursement d'une somme de 4314 fr. 75 c. dont il avait également fait l'avance en juin 1813 à la régie de l'armée du Midi de l'Espagne pour un achat de riz, dont l'armée avait le plus pressant besoin, le ministre prédécesseur de Votre Excellence a décidé que M. Lenoble serait remboursé sur les fonds destinés au paiement des créances arriérées du ministère de la Guerre. M. le lieutenant-général comte Gazan se trouvant absolument dans la même position que M. l'ordonnateur Lenoble, on ne voit pas de motif pour le traiter différemment. Toutefois on a l'honneur de prier Votre Excellence de vouloir bien faire connaître ses intentions à cet égard.* »

Cette affaire d'argent ne fut pas la seule. Le 22 novembre 1821, le ministère de la Guerre arrêta la liquidation à la somme de 152 francs au lieu des 240 francs réclamés par le général pour l'entretien des fourgons de l'armée du 1ᵉʳ janvier au 27 février 1814 inclus. Il faut croire que lesdits fourgons avaient été perdus lors de la bataille d'Orthez, le 27 février 1814.

Un long redressement

Malgré toutes les cabales dont Gazan était l'objet, le 14 septembre 1816, le roi signa son brevet de grand-croix de la Légion d'honneur. Gazan avait déjà prêté son serment le 22 août dernier à Paris, dont la formule différait beaucoup de celle en usage sous l'Empire : « *Je jure d'être fidèle au roi, à l'honneur et à la patrie ; de révéler à l'instant tout ce qui pourrait venir à ma connaissance, et qui serait contraire au service de Sa Majesté et au bien de l'État ; de ne prendre aucun service et de ne recevoir aucune pension ni traitement d'un Prince étranger, sans le consentement exprès de Sa Majesté ; d'observer les lois, ordonnances et règlements, et généralement faire tout ce qui est du devoir d'un brave et loyal Chevalier de la Légion d'honneur.* » [1]

Une lettre ouverte au maire de Grasse [2], que Gazan fit imprimer, resta sans réponse. Ses appels à la prudence en 1815 furent encore critiqués d'une manière implicite dans l'ouvrage de Fabry paru en 1817 et intitulé *Itinéraire de Buonaparte de l'île d'Elbe à l'île Sainte-Hélène*. De 1815 à 1818, le général fut « *forcé de vivre loin de Grasse, sa ville natale, toutes les fureurs des royalistes s'y seraient déchaînées contre son bonapartisme, y auraient mis sa vie en danger. Plusieurs fois ils l'ont poursuivi de leurs dénonciations, ils ont demandé son bannissement, ou au moins son internement dans les murs de Toulon* » [3]. Nous avons pourtant des preuves qu'il y vint de temps en temps, notamment pour un congé de six mois à partir du 1ᵉʳ septembre 1817, afin de régler « *des affaires d'intérêt et de famille* ». Sa sœur Anne Marie Henriette décéda à Grasse le 4 septembre 1816 à 7 heures du matin à l'âge de 62 ans ; elle était « *propriétaire célibataire* ».

Lors des élections de 1817 [4], Gazan fut porté sur la liste des personnes qui étaient présumées devoir obtenir le plus de suffrages dans le collège de département et dans les collèges d'arrondissements. Il était quatrième dans l'ordre. Sa fortune en revenus était évaluée à 60 000 francs. L'appréciation du préfet était la suivante : « *M. le lieutenant-général*

---
1. LH/1103/38.
2. Voir son texte dans les Annexes.
3. « Note sur les services du général comte Gazan de la Peyrière, mon père, sur son dévouement à la cause napoléonienne », par le comte Gazan de la Peyrière, Paris, le 19 juin 1865. SHD, dossier Gazan.
4. Il est possible qu'il s'agisse plutôt des élections de 1819.

Gazan aura des voix, mais pas en majorité dans le grand collège. Il aurait plus de chances pour être élu dans celui de l'arrondissement de Grasse où il possède une grande fortune. Il existe de grandes préventions contre M. le général Gazan. On l'accuse d'avoir favorisé le retour de Bonaparte et d'avoir des opinions peu monarchiques. Cependant d'après les renseignements que j'ai pris, il n'a jamais été bien prouvé qu'il eût eu des torts réels, d'après ce qui m'a été dit par mon prédécesseur. Je puis assurer que depuis que je suis dans le département, il ne s'est mêlé de rien, n'a jamais tenu aucun propos qui pût faire naître des doutes sur ses opinions. Je le crois dévoué au gouvernement du roi. Il serait probablement du centre, plutôt vers la gauche que vers la droite ; mais si je ne me trompe, il ne serait pas de l'extrême gauche. » [1] Le général Partouneaux [2], qui avait des propriétés très considérables dans l'arrondissement de Grasse, « *par sa position et sa fortune pourrait devenir un concurrent redoutable pour M. le général Gazan* ».

Le 27 décembre 1817, Gazan reçut l'autorisation de fixer sa résidence à Grasse, ville qu'il choisit comme son « *domicile politique* », et d'y recevoir son traitement de non-activité. Il devait toucher la demi-solde de 7 500 francs par an, du grade de lieutenant-général, maintenue à titre de traitement de non-activité, en exécution des articles 10 et 11 de l'ordonnance du 20 mai 1818, et payable par mois, à compter du 1er juillet de la même année.

Le 1er juillet 1818, Gazan était déjà à Grasse. Le 27 juillet suivant, il signa la déclaration suivante : « *Je soussigné, lieutenant-général des armées du roi, déclare n'être ni amputé ni hors d'état de reprendre un service actif.* » Il refusait toujours de croire qu'il était définitivement mis à l'index par les Bourbons. Le 17 août 1818, il écrivit au ministre de la Guerre :

« *Monseigneur,*

Je viens de prendre connaissance de l'ordonnance du roi qui détermine le nombre des lieutenants-généraux qui seront portés sur le tableau des disponibles. L'ancienneté de grade devant servir de base à ce classement, je dois croire que je ne serais pas oublié dans cette circonstance, puisque j'ai dix-neuf ans de grade de lieutenant-général et par conséquent je suis presque le plus ancien officier général de l'ancienne armée, cependant j'ai cru devoir rappeler ma position à Votre Excellence, et la prier de me faire porter sur le tableau des disponibi-

---
1. AN, F1cIII Var 3.
2. Le général Partouneaux était tristement célèbre pour la capitulation de sa division lors du passage de la Bérézina en 1812. Emmené en captivité par les Russes, il ne fut libéré qu'en 1814.

lités, je ne lui demande aucun commandement dans l'intérieur, mais je me verrais avec bien du plaisir compris dans le nombre des vingt lieutenants-généraux qui seront chargés des inspections de l'infanterie, et si elle accueillait ma demande, je lui en serais reconnaissant. » Il fut écrit en marge de cette lettre : « *Le ministre apprécie les services de M. le lieutenant-général comte Gazan qui est appelé par son ancienneté à prendre place dans le cadre.* »

Le 17 décembre 1818, le vétéran des armées républicaines et impériales reçut sa nomination comme commandant de la 14ᵉ division militaire à Caen à la place du lieutenant-général duc d'Aumont, avec l'injonction d'entrer en fonctions le 1ᵉʳ janvier 1819 ; il l'aurait refusée, ainsi que la pairie, comme affirme son fils, par son dévouement à la cause napoléonienne[1]. Toutefois, voici la lettre qu'il écrivit le 2 janvier 1819 de Grasse à Gouvion Saint-Cyr, ministre de la Guerre, et qui en expose les véritables motifs :

« *Monseigneur,*

Avec la lettre que Votre Excellence m'a fait l'honneur de m'écrire le 19 décembre dernier, j'ai reçu les lettres de service pour aller prendre le commandement de la 14ᵉ division militaire, que le roi a bien voulu me confier. Je remercie Votre Excellence de s'être rappelée de moi, et elle peut compter sur tout le zèle et le dévouement que je mettrais à remplir mes nouvelles fonctions. Mais avant que de me rendre à mon poste, j'ai recours à votre amitié pour en obtenir un nouveau service, c'est celui d'un congé au moyen duquel je puisse rester encore dans ce pays-ci, jusqu'au 1ᵉʳ mai prochain.

Monseigneur, il me faut des motifs bien puissants pour me mettre dans le cas de vous faire une pareille demande, mais je m'y trouve forcé par ma position et par suite d'un procès qui est au moment d'être terminé et d'où dépend presque toute ma fortune, et par conséquent celle de mes cinq enfants. À cette époque, quelle que soit l'issue de mon affaire, je prendrais la poste pour me rendre à Caen, et rien au monde ne pourra m'arrêter. Ainsi, Monseigneur, soyez assez bon pour vous rendre à ma prière, c'est le service le plus grand que je puisse recevoir, et soyez assuré qu'un pareil bienfait ne sortira jamais de ma mémoire, et que la reconnaissance en sera gravée dans mon cœur, et dans celui de mes enfants.

Si comme j'ose l'espérer, Votre Excellence daigne se rendre à ma prière, je la prie de déterminer quelle sera la solde dont je devrais jouir

---

1. SHD, dossier Gazan.

pendant la durée de mon congé, et d'ordonner qu'elle me soit payée dans cette ville, ainsi que je la recevais précédemment. » [1]

Cette demande ne fut pas accordée par le roi, et le 13 janvier 1819, Gazan fut mis en disponibilité conformément à l'article 8 de l'ordonnance du 22 juillet 1818. Le lieutenant-général baron Lahoussaye fut nommé commandant de la 14ᵉ division militaire à sa place.

Le 11 avril 1819, de Grasse, Gazan demanda au ministre de la Guerre de l'autoriser à aller passer deux mois à Paris pour « *des affaires d'intérêt* ». Cela lui fut accordé, avec le maintien du paiement de sa solde pendant son absence, « *pourvu toutefois que vous ne dépassiez pas l'époque fixée pour votre rentrée dans le lieu de votre domicile, ce qui devra être justifié par un visa de M. le maire de la ville où vous résidez constatant le jour de votre départ & celui de votre rentrée en observant que le temps de l'aller & du retour est compris dans celui de l'absence limitée par votre congé* ». Il fut ensuite signifié au sous-intendant à Toulon qu'il ne s'agissait pas d'un congé, mais d'une autorisation de s'absenter du lieu de son domicile, les congés n'étant accordés qu'aux officiers qui étaient employés. Toutes ces tractations administratives firent qu'en juillet, il n'était toujours pas parti. Le 13 septembre 1820, toujours de Grasse, Gazan écrivit au ministre de la Guerre : « *Étant obligé de me rendre à Paris afin de retirer ma fille de la Maison royale de Saint-Denis, j'ai l'honneur de prier Votre Excellence de m'autoriser à y aller passer six mois, afin de me donner la facilité de faire terminer l'éducation de ma fille.* » Le ministre donna sa permission et en informa le lieutenant-général baron de Damas, commandant la 8ᵉ division militaire dont dépendait la ville de Grasse, tout comme dans le cas de son voyage de 1819. Cette année-là, 1820, il fit à Grasse un froid excessif, qui fit mourir de nombreux oliviers et orangers [2]. Les récoltes abondantes des années suivantes rétablirent la situation économique, favorisée par le rétablissement de la frontière au Var qui arrêta, pour le commerce des olives, la concurrence sarde. Gazan cultivait les oliviers et dut donc bénéficier de cette conjoncture favorable. L'urbanisme grassois profita aussi de la reprise économique. Un nouveau théâtre fut ouvert au public en août 1821 ; on installa 50 réverbères au gaz dans les rues [3].

En tant qu'un des plus grands contribuables du département, le général payait en 1820 les contributions suivantes : contribution foncière (889,22 francs), contribution personnelle et mobilière (237 francs), contribution des portes et fenêtres (140,28 francs), total : 1266,50 francs.

---

1. SHD, dossier Gazan.
2. N. Noyon, *Statistique du département du Var*, Draguignan, 1846, p. 343.
3. [Collectif], *Histoire de Grasse et sa région*, éditions Horvath, 1984, pp. 86-87.

Ce montant avait été de 1158,44 francs en 1819 [1]. Le 5 octobre 1820, le préfet du Var Chevalier écrivit au directeur général de l'administration départementale et de la police : « *M. le général Gazan est un des candidats qui obtiendront aujourd'hui le plus de suffrages parmi les libéraux et qui auront le plus de chances pour être élus au collège de Grasse, en cas de dissolution de la Chambre ; mais je doute qu'il puisse l'emporter sur M. le comte Siméon.* » [2] Le comte Siméon avait été préfet du Var de 1815 à 1818.

Le 4 janvier 1821, Gazan demanda à être placé sur le tableau des inspecteurs généraux pour l'année 1821, en vain. Le 13 avril 1821, il décida de profiter du baptême du duc de Bordeaux [3], annoncé pour le 1er mai 1821, pour rappeler au général Latour-Maubourg, ministre de la Guerre, la promesse de son prédécesseur de lui obtenir le cordon de Saint-Louis. Il résidait alors au n° 1, rue d'Amboise. « *Je pense*, écrivait-il, *qu'au baptême de Son Altesse Royale Monseigneur le duc de Bordeaux, Sa Majesté accordera beaucoup de faveurs. Il me serait bien agréable d'obtenir celle que je sollicite et de la devoir à Votre Excellence. Elle peut compter sur ma vive reconnaissance et sur mon dévouement sans bornes à Sa Majesté.* » On peut lire en marge de cette lettre : « *À porter sur l'état des cordons rouges s'il est chevalier de St Louis.* »

En 1823, selon le comte Gazan, fils du général, « *le ministre de la Guerre le presse vivement pour qu'il accepte le commandement du 2ᵉ corps de l'armée d'Espagne. Le duc d'Angoulême lui fait même offrir ce commandement et donner l'assurance qu'il sera, après la campagne, élevé au maréchalat. Mon père repousse les sollicitations du ministre, reste insensible à l'offre du duc d'Angoulême. S'inspirant de son immuable fidélité au culte de l'idée napoléonienne, il renonce ainsi à la plus brillante position.* » [4] Il nous paraît difficile de concilier cette affirmation, fruit de la piété filiale et de l'intérêt personnel du fils de Gazan, avec les démarches entreprises par le général pendant la Restauration.

Quoi qu'il en fût, Gazan fut admis à la retraite par ordonnance du 1er décembre 1824. Une pension de 6 000 francs pour 25 ans d'activité dans le grade de lieutenant-général lui fut accordée par ordonnance royale du 16 février 1825, avec jouissance du 1er janvier 1825. Ses anciennes dotations en Allemagne furent liquidées ; par ailleurs, en août 1824, Gazan

---

1. AN, F1cIII Var 3.
2. AN, F3II 10.
3. Fils posthume du duc de Berry, neveu de Louis XVIII, né le 29 septembre 1820 et surnommé par Lamartine « *l'enfant du miracle* ».
4. SHD, dossier Gazan.

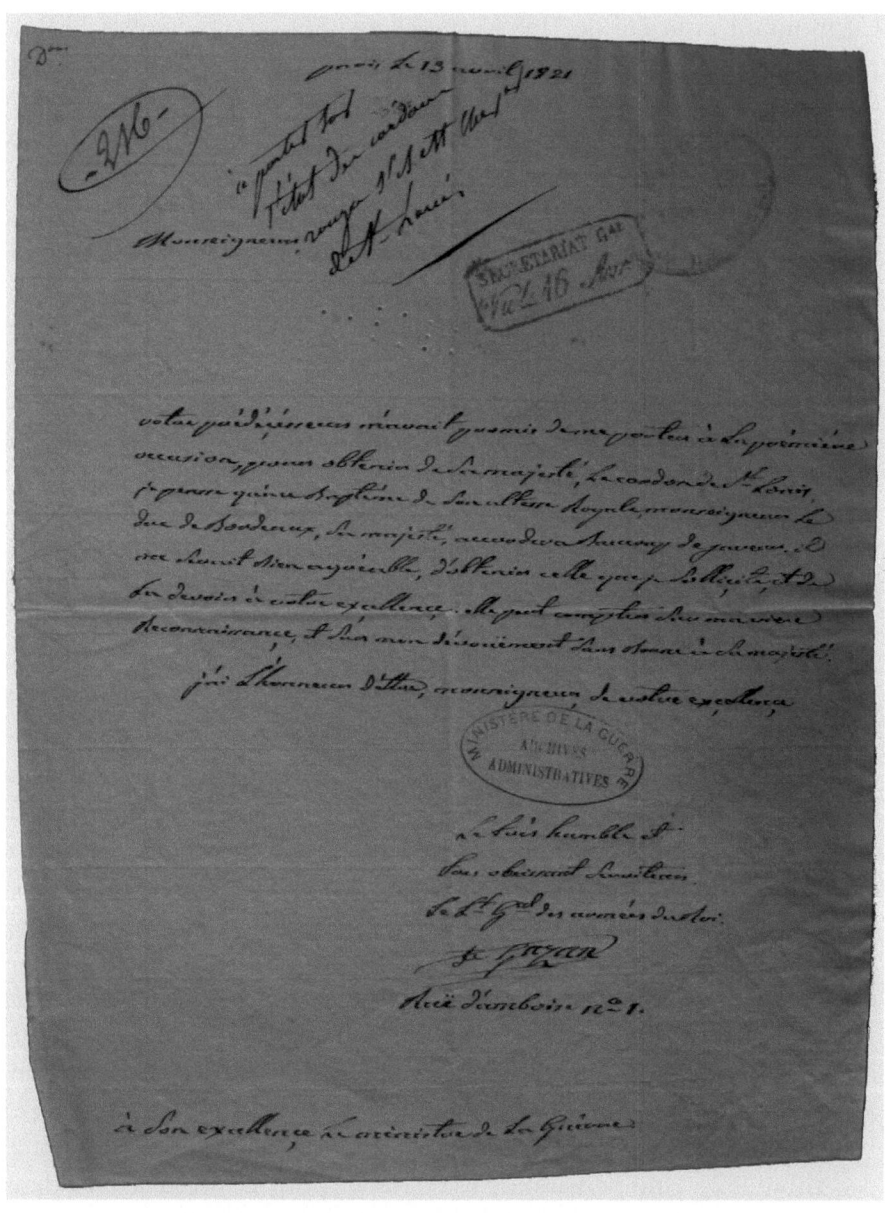

Lettre adressée par Gazan au ministre de la Guerre le 13 avril 1821.
Archives du Service historique de la Défense, château de Vincennes.

avait perdu un procès contre un fermier de son domaine de Neuendorf et avait été condamné par le tribunal de Magdebourg à rembourser les frais de tribunaux. Le général fixa sa résidence permanente dans son département natal, où il devint une sorte de symbole de ralliement des électeurs censitaires libéraux. Le montant de sa contribution faisait de lui un des éligibles du Var [1]. Néanmoins, sa réputation d'ultralibéral le fit échouer à toutes les élections pendant la seconde Restauration.

LES ÉLECTIONS DE 1827

Le système national censitaire convenait très bien à la société grassoise dominée depuis le XVIIIe siècle par ses notables. Au début du XIXe siècle, le développement des industries spécialisées renforça le patronage social et politique d'une bourgeoisie bien enracinée dans la ville. C'est au sein de la haute bourgeoisie que le pouvoir royal désigna le conseil municipal.

Le 14 novembre 1827, le député du Var Paul Chateaudouble écrivit au ministre : « *Votre Excellence peut être sans inquiétude sur l'arrondissement de Brignoles, il n'en est pas tout à fait de même pour Grasse : le général Gazan et les libéraux qui le portent emploient tous les moyens imaginables pour réussir : nous sommes cependant convaincus qu'ils échoueront.* » Le 17 novembre, le préfet écrivit au ministre de l'Intérieur : « *Je suis arrivé avant-hier à Grasse, où j'ai trouvé un fort parti pour M. le comte Gazan, et beaucoup d'irritation contre M. Baron. Une circulaire de M. Gazan, dont je vous adresse ci-joint un exemplaire, et qui contient la déclaration de ses principes et de ses sentiments, est venue fort heureusement à mon secours, et après l'avoir lue, tous les royalistes ont été d'avis qu'ils devaient se réunir tous, pour empêcher sa nomination et pour favoriser celle du candidat du gouvernement.* »

Lors de l'élection des députés le 18 novembre 1827 au collège du 2e arrondissement électoral du Var à Grasse, dans la salle du tribunal civil, Gazan prit la parole pour dénoncer que deux des électeurs ne payaient pas 300 francs de contributions, et demanda que sa déclaration fût mentionnée au procès verbal si le fait se vérifiait, de sorte que les élections pouvaient être déclarées nulles. Sa réclamation ne fut point retenue et les élections continuèrent. Avant la clôture du scrutin, Gazan fit remettre une lettre au président : « *Monsieur le Président, la réclamation que j'ai faite aujourd'hui relativement à l'insuffisance du cens électoral de MM.*

---

1. Frédéric d'Agay, *Grands notables du Premier Empire : Var*, CNRS éditions, 1988, p. 95.

Poulle avocat à Draguignan, et Ricord ancien procureur du roi près le tribunal civil à Grasse, n'étant que l'expression d'un doute qui s'est élevé parmi un nombre assez considérable d'électeurs de cet arrondissement et de nouveaux renseignements qui me sont parvenus postérieurement ne l'ayant point converti en certitude, je vous prie, Monsieur le Président, de considérer comme non avenue la pièce que j'ai déposée ce matin sur le bureau. J'ai l'honneur d'être avec une parfaite considération votre très obéissant serviteur. » À ce scrutin, Baron, député sortant, directeur du Mont-de-Piété de Paris, chevalier de Saint-Michel et officier de la Légion d'honneur, réunit 102 voix, et Gazan – 47. La proclamation de Baron fut accueillie par les applaudissements réitérés au milieu des cris de « Vive le roi » et « Vivent les Bourbons ».

Le 24 novembre 1827, Gazan assista à la séance du collège du département présidé par le général Partouneaux, dans la salle des séances de la cour d'assises à Draguignan. Les 147 électeurs furent appelés nominativement ; chacun s'approcha du bureau et prononça : « *Je jure fidélité au roi, obéissance à la Charte constitutionnelle et aux lois du royaume.* » Le lendemain, on procéda à la nomination de deux députés. Partouneaux réunit 80 voix, et l'ancien député Lyle-Taulanne – 76. Quant à Gazan, il ne recueillit qu'une seule voix [1].

On constate donc que sous le règne de Charles X, Gazan anima dans sa ville la tendance monarchiste constitutionnelle. Il renforça ainsi l'orientation modérée de l'opinion grassoise [2]… en attendant un nouveau changement de régime.

---

1. AN, F1cIII Var 4.
2. [Collectif], *Histoire de Grasse et sa région*, éditions Horvath, 1984, p. 97.

Chapitre xx

Le retour en grâce

L'avènement de Louis-Philippe Ier, le « roi-bourgeois », ouvrit une nouvelle parenthèse dans la carrière du général Gazan. Instrumentalisant le passé glorieux de la France impériale, le nouveau monarque rappela en activité un grand nombre d'anciens serviteurs de Napoléon. Gazan y vit une lueur d'espoir de faire réparer les injustices à son égard et à se faire réincorporer dans l'armée. Il accourut aussitôt à Paris pour se ranger « *sous les drapeaux de la victoire* » et recevoir les ordres, « *heureux si sous mes vieux jours, je puis servir encore et ma patrie et la liberté* » [1].

Il logea à l'hôtel de Suède, rue Richelieu, non loin du palais des Tuileries. De là, le 19 août 1830, il écrivit une longue lettre au comte Gérard, nouveau ministre de la Guerre, tout récemment promu maréchal [2], pour expliquer les raisons de sa mise à l'écart sous la seconde Restauration :

« *Monsieur le maréchal,*

À la rentrée du roi Louis dix-huit, j'étais pair de France et inspecteur général d'infanterie de la 1re division militaire, après avoir cessé mon commandement supérieur de toutes les places du Nord, et du corps d'observation de la Somme.

Je perdis immédiatement la pairie et je fus conservé dans mon inspection.

Quelques jours avant la mise en jugement du maréchal Ney, le duc de Feltre me fit appeler et me dit, que le maréchal serait traduit devant un conseil de guerre et que d'après la loi et mon ancienneté, je devais en faire partie ; que d'ailleurs le roi et les princes, me sauraient gré d'avoir coopéré à purger la France d'un homme qui avait trahi si honteusement son roi. Je répondis que je ne connaissais pas les crimes dont on accusait le maréchal, mais que si j'étais un de ses juges, je suivrais l'impulsion de ma conscience, après avoir entendu l'accusation et la défense, et que je ne

---

1. SHD, dossier Gazan.
2. L'élévation de Gérard au maréchalat datait du 17 août 1830. Il était ministre de la Guerre depuis le 11 août 1830. Gérard démissionna du ministère pour raisons de santé le 16 novembre 1830.

pouvais prendre aucun engagement à cet égard. Le ministre n'ayant pu changer en rien cette détermination malgré les promesses brillantes qu'il me fit, je me retirai et je ne reçus ma nomination de membre de ce conseil de guerre que quelques heures avant celle où il fut assemblé : monsieur le maréchal Maison, ainsi que messieurs les maréchaux Jourdan et duc de Trévise connaissent parfaitement ce qui se passa dans cette occasion.

Le maréchal Ney ayant décliné la compétence de ce conseil de guerre, après trois jours de débats, il fut dans le cas de se prononcer sur cet incident ; il était composé de quatre maréchaux de France, et des lieutenants-généraux Villatte, Claparède et moi ; monsieur le maréchal Jourdan qui le présidait ayant recueilli les voix, les généraux Villatte et Claparède se déclarèrent compétents pour juger, je me prononçai pour le contraire, les maréchaux furent du même avis que moi, et ce conseil fut ainsi terminé.

Je ne tardai pas à éprouver combien on avait été mécontent de ma conduite ; le 19 novembre 1815 je fus révoqué comme inspecteur de la 1re division militaire, place qui fut donnée au général Claparède. Je fus pour la forme envoyé commander la 2e division militaire, d'où je fus rappelé avec ordre de rentrer dans mes foyers le 27 janvier 1816.

Je suis resté dans cette position jusqu'au 1er janvier 1825, où par suite du fameux travail de M. de Clermont-Tonnerre, je fus admis à la retraite.

Si la justice eût été suivie, l'ordonnance du roi sur laquelle portait le travail du ministre, ne pouvait m'atteindre puisqu'elle n'admettait à la retraite que tous les officiers généraux qui n'avaient pas été employés depuis le 1er janvier 1816 et que je n'avais cessé le commandement de la 2e division militaire que le 27 de ce mois, et même plus tard, puisque le général Liger-Belair qui me remplaça ne vint à Châlons qu'à la fin de février.

Je réclamai auprès du ministre ma réintégration sur le tableau des officiers en disponibilité, mais je ne fus pas même honoré d'une réponse ; maintenant que le règne de la justice commence, qu'il est permis de se glorifier d'avoir combattu trente ans pour sa patrie, d'avoir versé son sang pour elle et de juger les hommes et les mouvements, chacun d'après sa conscience et non d'après le caprice des gouvernants, je viens en toute confiance, monsieur le maréchal, réclamer d'être reporté sur le cadre des généraux de l'armée d'où je n'aurais jamais dû cesser de faire partie, et me mettre à votre disposition pour tout ce que vous me commanderez, heureux, trois fois heureux, si mes services peuvent être utiles au roi et à mon pays.

Daignez, monsieur le maréchal, accueillir avec bonté ma demande, et prononcer favorablement sur ma réclamation. »

Dans la 8ᵉ division militaire

Gazan vit enfin s'accomplir son vœu le plus cher : le 26 décembre 1830, il reçut le commandement tant convoité de la 8ᵉ division militaire dont le quartier général était à Marseille. Elle comprenait les départements des Basses-Alpes, du Vaucluse, des Bouches-du-Rhône et du Var. Il y arriva le 15 janvier 1831 et prit son commandement le lendemain. Le colonel Calon, officier de la Légion d'honneur, était son chef d'état-major, et il avait pour aide de camp le lieutenant de Latour-Dupin-Chambly [1].

Le vétéran, revigoré, était rempli de reconnaissance envers le souverain. Le 10 mars 1831, il écrivit au maréchal Soult, ministre de la Guerre : « *Je ne sais si nous aurons la guerre ; quoi qu'il en soit, je crois devoir vous prévenir que si elle a lieu, je désire quitter le commandement que le roi a voulu me confier pour aller combattre ses ennemis et ceux de la France. Je me sens assez de santé, de force, et de courage, pour encore bien servir, ainsi, monsieur le maréchal, ne m'oubliez pas. Je servirai au Midi, ou au Nord, partout où il vous plaira de m'employer. Je compte sur votre amitié, en cette circonstance.* » En marge de cette lettre, il est écrit : « *Répondre que si la guerre avait lieu, il ne serait point oublié.* »

L'enthousiasme du vieux soldat fut tempéré par un deuil personnel. C'est à Marseille, chef-lieu de la division, que le 8 mai 1831 [2], à 11 heures du matin, au n° 17 rue Larmeny, que son épouse rendit le dernier soupir. Elle l'avait accompagné pendant ses nombreuses campagnes, partageant les privations et recueillant les fruits des victoires. La perte de cette femme, sa compagne depuis de longues années, laissait un grand vide. Gazan ne se remariera jamais et chérira son souvenir jusqu'à son dernier instant.

Le 19 novembre 1831, Louis-Philippe nomma le général Gazan pair de France [3]. L'ordonnance nominative comprenait 36 noms, parmi lesquels figuraient d'autres anciens généraux de Napoléon : Drouet d'Erlon, Drouot, Exelmans, Flahaut, Pajol... Le président du Conseil et ministre de l'Intérieur était alors Casimir Perier.

---

1. *Almanach royal*, 1831, p. 594.
2. Archives départementales des Bouches-du-Rhône, état civil. Son âge est indiqué incorrectement dans l'acte de décès et dans tous les actes de naissance de ses enfants. Par son testament en date du 5 décembre 1827, elle légua ses « *meubles, immeubles et autres* » à son mari et ses enfants par moitié.
3. *Collection complète des lois, décrets, ordonnances, règlements et avis du Conseil d'État*, tome 31, Paris, 1831, pp. 583-584.

8ᵐᵉ Division Militaire.

État Major Général.

Bureau particulier
Du Lieutenant-Général.

Confidentielle

Marseille, le 10 Mars 1831.

Monsieur le Maréchal,

Je ne sais si nous aurons la guerre; quoiqu'il en soit, je crois devoir vous prévenir que si elle a lieu, je désire quitter le commandement que le Roi a bien voulu me confier pour aller combattre ses ennemis et ceux de la France. Je me sens assez de santé, de force, et de courage, pour encore bien servir. Ainsi, Monsieur le Maréchal, ne m'oubliez pas. Je servirai au midi, ou au Nord, partout où il vous plaira de m'employer. Je compte sur votre amitié, en cette circonstance.

Agréez, Monsieur le Maréchal, l'hommage de mon profond respect.

Le Lᵗ Gal
commandant la 8ᵉ Dⁿ Mᵉ
Gazan

À Mr le Maréchal, Ministre de la Guerre.

Lettre adressée par Gazan au ministre de la Guerre le 10 mars 1831.
Archives du Service historique de la Défense, château de Vincennes.

L'apprenant par une dépêche télégraphique du président du Conseil, Gazan écrivit une lettre au ministre de la Guerre le 23 novembre suivant pour lui « *témoigner toute ma reconnaissance, parce que j'ai la conviction que c'est à vous seul à qui je dois d'avoir obtenu cette nouvelle faveur de Sa Majesté* ». Il attendit ensuite des ordres pour connaître s'il devait se rendre à la Chambre ou rester dans son commandement qu'il demandait au ministre de lui conserver, pour le reprendre après la session « *si le gouvernement du roi a été content de ma conduite, et de ma manière de servir* ». Le 29 novembre 1831, le général Sébastiani, ministre secrétaire d'État des Affaires étrangères, ministre de la Guerre par intérim, lui écrivit : « *Général, j'ai l'honneur de vous informer que le roi vient de confier le commandement supérieur des 8ᵉ & 9ᵉ divisions militaires à M. le maréchal Molitor qui aura son quartier général à Marseille. La disposition qui avait appelé M. le général Beker au commandement de la 8ᵉ division mʳᵉ est révoquée ; vous conserverez en conséquence ce commandement ; toutefois Sa Majesté verra avec plaisir que vous vous mettiez en mesure de vous faire recevoir à la Chambre des pairs, et je vous autorise, à cet effet, à partir pour Paris aussitôt que M. le maréchal Molitor, dont vous aurez à prendre les ordres, sera arrivé à son quartier général.* » Cependant, Molitor lui demanda au début décembre de reporter son voyage, tout en le priant de le tenir au courant des mouvements de troupes et des événements qui pourraient avoir lieu, de lui donner « *un aperçu de la situation des esprits dans les principales villes, des dispositions que vous avez faites et que vous vous proposez de prendre avec vos observations sur tout ce qui peut intéresser la tranquillité publique et en général le bien du service du roi* ». Toutefois, le ministre de la Guerre souhaitait sa présence à Paris, tout comme le roi. Gazan fut donc invité le 14 décembre 1831 à se rendre à la Chambre des pairs « *où les circonstances rendent sa présence nécessaire. Le maréchal de camp le plus ancien de la division commandera provisoirement la 8ᵉ division militaire.* » [1]

Une retraite méritée

Le temps des grandes campagnes militaires était révolu pour Gazan, sexagénaire et dont l'état de santé ne permettait plus une vie très active. Il fut remplacé dans la 8ᵉ division militaire par le comte Denys de

---

1. SHD, dossier Gazan.

Danrémont ¹. La pension de retraite lui fut accordée par ordonnance royale du 11 juin 1832 (« *jouissance du 1ᵉʳ mai 1832, mais le paiement n'aura lieu qu'à compter du jour où il aura cessé d'être soldé sur les fonds de la guerre* ») ². Les services dans le grade de lieutenant-général furent comptés du 25 septembre 1799 (jour de la bataille de Zurich et de la nomination par Masséna) au 31 décembre 1824, et du 26 décembre 1830 au 30 avril 1832, ce qui faisait « *26 ans, 7 mois et 11 jours d'activité dans ce grade au 30 avril 1832* ». Il avait donc droit à la pension de retraite de ce grade conformément à l'article 10 de la loi et à l'augmentation du 5ᵉ selon les articles 11 et 33. Le calcul fut le suivant : 4 000 francs pour trente ans de service effectif, 2 000 francs « *pour 20 ans et plus* », et 1 200 francs en sus, ce qui faisait la somme de 7 200 francs au total. Cette pension annulait celle de 6 000 francs accordée le 16 février 1825.

Dès sa mise en retraite définitive, Gazan fixa sa résidence permanente à Grasse, sa ville natale. En août 1832, les plus forts contribuables furent frappés d'une imposition extraordinaire pour 11 années pour construire à Grasse une nouvelle caserne de 800 hommes ³. En 1835, la Provence fut atteinte par une épidémie de choléra ; l'arrondissement de Grasse ne fut pas épargné : on y enregistra 42 décès (20 hommes et 22 femmes) entre le 11 août et le 15 septembre ⁴. Cependant, ces chiffres sont faibles comparé aux autres villes comme Marseille, Toulon, Antibes et Nice, que les historiens expliquent par l'abondance des eaux à Grasse, la qualité du climat très aéré et des mesures strictes d'isolement ⁵.

Gazan continua de s'intéresser à la vie politique locale. Il assista régulièrement aux délibérations des collèges électoraux dans le Var ; le 4 novembre 1837, il fut élu président du collège électoral de Grasse par 124 voix sur 131 et proclamé « *président définitif* » ⁶. Il partageait son temps entre Paris et la Chambre des pairs, son hôtel particulier à Grasse, ses autres propriétés et son domaine de la Peyrière où il se lança dans l'expérimentation des nouvelles méthodes agricoles, et notamment la sériciculture.

À cette époque, le département du Var était, dans beaucoup de points, très arriéré en agriculture. Ses habitants étaient restés étrangers à toutes les méthodes perfectionnées. Le préfet, Lemarchand de La Faverie, président de la Société d'agriculture et de commerce, cher-

---

1. *Almanach royal*, 1832, p. 601.
2. SHD, dossier Gazan.
3. AN, F3II 10.
4. N. Noyon, *Statistique du département du Var*, Draguignan, 1846, p. 154.
5. [Collectif], *Histoire de Grasse et sa région*, éditions Horvath, 1984, p. 90.
6. AN, F1cIII Var 4.

chait par tous les moyens possibles la régénération de l'agriculture dans le département qu'il administrait. En 1840, M. Michel, secrétaire de la Société d'agriculture et de commerce, chargé par le Conseil général d'introduire et de propager dans le département les nouvelles méthodes relatives à l'industrie des soies [1], se rendit en compagnie du sous-préfet de Grasse à la Peyrière, où le général Gazan voulait planter ses mûriers. Gazan ne se trouvant pas à la Peyrière, le secrétaire fut réduit à voir ses mûriers seulement, sur la route de Grasse à Antibes. Michel en rendit compte au préfet du Var : « *S'ils ont l'âge qu'on leur attribue, leurs progrès ne correspondent pas aux soins qu'on leur a distribués. Ils sont languissants et d'une végétation paresseuse. Le sous-sol probablement ne leur convient pas, ou d'autres causes qu'il faudrait étudier, se sont opposées à leur développement.* »

En 1840, le futur Napoléon III, fils de Louis Bonaparte (du moins officiellement) et d'Hortense de Beauharnais, fit une tentative de coup d'État, qui échoua lamentablement. Le général Gazan s'abstint de siéger, comme pair de France, dans le procès de Boulogne, malgré toutes les sollicitations qu'il reçut. Il faut croire que celui du maréchal Ney en 1815 était resté pour lui une expérience par trop traumatisante pour qu'il voulût la renouveler. Son fils présentera en 1865 cette circonstance comme une dernière « *profession publique de dévouement à la cause napoléonienne* »[2], bien que la raison en eût été probablement tout autre.

Le vétéran n'aimait pas trop parler de ses campagnes militaires en public. Il ne rédigea pas non plus de mémoires au style enlevé, comme nombre de ses camarades. Il jouissait tout simplement de sa retraite paisible au milieu des siens, dans une région agréable à vivre. Le descriptif de Grasse dans les années 1840 le laisse entendre : « *Cette ville, bâtie à l'exposition du midi, sur le penchant d'une montagne calcaire très élevée, jouit d'un climat tempéré. Ses habitants, à la fois cultivateurs, manufacturiers et commerçants, enrichissent leurs champs des profits de leur industrie, et ajoutent au luxe de la végétation naturelle, celui de la culture la plus recherchée. Leurs terres soutenues en terrasses par des murs magnifiquement construits, forment un immense amphithéâtre de jardins suspendus, où l'oranger, le rosier, la cassie, le jasmin, la tubéreuse, exhalent ces doux parfums qui, recueillis avec soin et fixés*

---

1. *Journal de la Société d'agriculture et de commerce du département du Var*, tome troisième, 3ᵉ année, juillet-août 1840, Draguignan.
2. « Note sur les services du général comte Gazan de la Peyrière, mon père, sur son dévouement à la cause napoléonienne », par le comte Gazan de la Peyrière, Paris, le 19 juin 1865. SHD, dossier Gazan.

avec goût dans diverses substances, sont vendus dans tout l'univers. L'espèce d'olivier qu'on y cultive, la plus belle de toutes, et la plus belle encore à Grasse qu'ailleurs, pousse des tiges élevées qui s'assimilent aux arbres des forêts : ses fruits donnent une huile excellente et très recherchée. L'amateur de la belle culture a encore à voir, dans cette ville, avec quel art on tire parti des sites les moins favorables, comment on y assortit les plantes aux terrains, comment on y supplée, par la chaleur des engrais, aux rayons affaiblis du soleil d'hiver, et comment l'on rend utile une source abondante qui, naissant au haut de la ville, arrose de chute en chute ses jardins et ses prairies, et met ses nombreux moulins en mouvement. Nul site, dans le département, n'offre une aussi belle vue que celle dont on jouit sur la promenade du Cours. » [1] Grasse comptait, en 1842, 10 906 habitants [2].

Le général Gazan se rendait régulièrement à Paris pour siéger à la Chambre des pairs, faut-il croire jusqu'à ses derniers jours ; ainsi, l'*Almanach royal* de 1844 l'indique encore dans la liste et donne son adresse parisienne, toujours la même depuis 1832 : rue Lepelletier, n° 15. Il conserva certainement toute sa tête jusqu'à la fin, car il signa encore, d'une écriture tremblante et incertaine, l'acte de mariage de sa petite-fille Fanny Claire en 1844.

LE DERNIER ADIEU

Le général décéda à Grasse le 9 avril 1845 à « *11 heures ¾ du soir* » à son domicile, rue de la Commune. Son acte de décès énumère tous ses titres : « *comte de la Peyrière, grand-croix de la Légion d'honneur, chevalier de l'ordre royal et militaire de Saint-Louis, pair de France* ». Son décès fut déclaré par Jean François Paul Fortuné Maure, âgé de 48 ans, docteur en médecine, et Frédéric Paul Gazan, âgé de 41 ans, juge d'instruction au tribunal civil de Grasse, parent du défunt, et constaté par Dominique Balthazard Henry Maure, adjoint du maire de Grasse.

Trois jours plus tard, le juge de paix du canton de Cannes procéda d'office à l'apposition des scellés « *à son château de la Périère (sic), situé sur le territoire de la commune de Mougins dépendant de la circonscription du canton de Cannes* » [3]. Le juge de paix du canton de Saint-Vallier informa lui aussi le ministre de la Guerre d'avoir, le 12 avril, conformément à l'arrêté du 13 nivôse an X, « *apposé les scellés sur les*

---

1. N. Noyon, *op.cit.*, p. 511.
2. N. Noyon, *op.cit.*, p. 512.
3. SHD, dossier Gazan.

Le retour en grâce

effets mobiliers délaissés dans sa maison située dans la commune de Saint-Vallier par monsieur le comte Gazan, pair de France et lieutenant-général des armées du roi »[1]. Pour son hôtel particulier de Grasse, la procédure de l'apposition des scellés fut faite « *sur les papiers qu'il peut avoir délaissés et sur toutes ses autres facultés mobilières* » par un fonctionnaire « *en empêchement de Me Amic-Gazan, juge de paix, gendre du défunt* ».

À l'âge vénérable de 79 ans, Gazan était devenu une gloire locale à Grasse, voire « *le plus illustre de ses enfants* »[2], de sorte que ses funérailles attirèrent une grande foule et toute l'élite de la ville. On peut lire dans un fascicule imprimé à Grasse en 1845 : « *Ses enfants n'ont pu voir sans un attendrissement profond la population entière de la ville de Grasse prendre part à leur légitime douleur et se presser autour du cercueil de leur père.* » Son enterrement eut lieu le 11 avril 1845. Des discours d'usage furent prononcés sur la tombe par Frédéric Paul Gazan, juge d'instruction de l'arrondissement de Grasse, et le docteur Maure. M. Guide, le sous-préfet de Grasse, dit lui aussi quelques paroles touchantes.

Celui du juge Gazan fut le plus long. Il rappela en grandes lignes la carrière militaire du général, avec des éloges exagérés, en particulier quand il évoqua son « *génie* » de tacticien à propos de la bataille de Vitoria. Il fut davantage dans le vrai quand il parla du courage de Gazan et de ses qualités privées : son affabilité et sa modestie. Le docteur Maure ne fut pas en reste et exalta avec emphase les exploits guerriers de Gazan, tout en rappelant sa bonté et sa simplicité « *dont il aimait à couvrir l'éclat de sa gloire, [et qui] feront vivre à jamais sa mémoire dans le cœur de tous ceux qui l'ont connu* ».

L'époque en était à la glorification des bonapartistes. Dans son discours, le juge Gazan parla ainsi du procès du maréchal Ney : « *Le général Gazan, toujours fidèle à son drapeau d'affection, ne tarda pas à quitter l'armée, après nos revers de 1814 ; lui aussi, à cette époque d'épreuve, aurait pu conserver son grade et ses honneurs. En acceptant la coopération qui lui fut proposée à la condamnation du maréchal Ney, il aurait pu fixer auprès de lui le crédit et la fortune ; il aima mieux briser son épée.* » Nous avons déjà exposé plus haut ce qu'il faut en penser.

Quoi qu'il en fût, l'assistance goûta profondément ces envolées lyriques très dans l'air du temps, pleurant sincèrement un homme dont le nom évoquait le passé glorieux de la France et ses plus belles victoires

---

1. SHD, dossier Gazan.
2. *Discours prononcés sur la tombe de M. le lieutenant-général comte Gazan, pair de France, par M. le juge Gazan et par M. le docteur Maure*, Grasse, 1845.

militaires. Le docteur Maure conclut ainsi son émouvant discours : « *Les services qu'il a rendus à son pays le font immortel. Il vivra éternellement à travers les âges, il vivra avec les nobles compagnons d'armes qu'il est allé rejoindre, et à qui nous devons cette gloire que toutes les nations envient à la France.* »

La descendance du général Gazan

Théodore François

Né le 19 mai 1800 à La Colle, Théodore François Gazan de la Peyrière mourut le 19 mars 1829 à Grasse à 11 heures du matin. Il était célibataire et sans profession. Son décès fut déclaré par Louis Honoré Raibaud, commissaire de police, et Louis Brun, parfumeur, tous les deux amis du défunt.

Magdelaine Claire

L'unique fille du général, Magdelaine Claire, née le 3 janvier 1803 à Grasse, fut placée à la maison d'éducation de la Légion d'honneur de Saint-Denis, où elle resta jusqu'en 1820. Son père alla à Paris l'y chercher. Créées le 15 décembre 1805 par décret de Napoléon Ier, ces institutions dispensaient une éducation stricte sous la férule de l'intraitable madame Campan, selon le principe de Napoléon : « *Élevez-nous des croyantes et non des raisonneuses.* » Les filles des légionnaires y étaient admises âgées entre 7 et 10 ans. Celle de Saint-Denis reçut les premières pensionnaires en 1812. Les filles y apprenaient à écrire, étudiaient un peu d'histoire et de géographie, les rudiments de botanique et de physique ou d'histoire naturelle. Les trois quarts de la journée étaient consacrés aux ouvrages manuels. On y trouvait, à côté de filles des dignitaires du régime et d'officiers généraux, celles d'officiers subalternes voire de soldats.

Magdelaine Claire épousa le 19 mai 1822 le Grassois Pierre Joseph Charles Amic, propriétaire, né le 11 décembre 1802, fils d'un négociant. Ils eurent plusieurs enfants :

– Pierre Joseph Charles Théodore, leur premier enfant, naquit à Grasse le 19 mai 1823 ; le général, son grand-père, signa l'acte. Le nouveau-né mourut le 24 mai 1823.

– Pierre Joseph Charles François Théodore, né le 8 avril 1824 à Grasse (le général signa l'acte), mourut le 30 juin 1884 à la maison de santé française à Lima (Pérou). Il était veuf au moment de son décès.

– Fanny Claire naquit le 4 avril 1825 à Grasse ; son oncle Théodore François signa l'acte, mais pas son grand-père. Elle épousa le 28 avril 1844 à Grasse Joseph François Marie Vincent Laurent Barralis, propriétaire niçois âgé de 27 ans. Les témoins de ce mariage furent le général Gazan, Fridolin Xavier Reyst, rentier lyonnais, oncle maternel de l'épouse, Joseph Marie Luce, négociant, oncle paternel par alliance de l'épouse, et Jean Théodore Napoléon Gazan.

– Le 14 mai 1828 naquit à Grasse, rue des Cordeliers, Fortuné Louis Oscar Amic. Le second témoin qui signa l'acte fut Théodore François Gazan, oncle germain maternel.

– Le 3 mars 1831, à Grasse, rue des Cordeliers, naquit Claire Louise ; le second témoin ayant signé l'acte de naissance fut Clément Adolphe Gazan. Elle épousa le 17 juin 1849 à Grasse Alexandre Bertou, fils d'un notaire. Jean Théodore Napoléon Gazan fut un des témoins du mariage. Bertou sera plus tard maire de Pégomas.

– Le 19 septembre 1834, à Grasse, naquit la dernière fille, Octavie. Elle épousa Jean-Pierre Aimé Martin et décéda le 19 avril 1878 à Nice.

Par jugement du 11 janvier 1837, le tribunal civil de Grasse ordonna que l'acte de naissance des enfants survivants fût rectifié et que le nom de Gazan fût ajouté à celui d'Amic autant pour les enfants que pour leur père Pierre Joseph Charles, juge de paix.

Magdelaine Claire, fille du général Gazan, décéda le 23 septembre 1853 à 1 heure du matin à Saint-Vallier.

En janvier 1871, Fortuné Louis Oscar Amic-Gazan, domicilié à Pégomas (Alpes-Maritimes), 1er maître de timonerie, capitaine d'une vedette pendant le siège de Paris par les Prussiens, fut nommé chevalier de la Légion d'honneur. En août 1859, il avait reçu la Médaille militaire pour la campagne d'Italie. Il était également décoré des médailles d'Angleterre, d'Italie et du Mexique. Au 20 novembre 1872 inclus, il comptait 324 mois 2 jours de service [1]. Il épousa le 24 décembre 1855 à Toulon Victorine Lefur, originaire de Concarneau, âgée de 25 ans, fille naturelle d'une débitante de liqueurs. Sa mère Françoise Lefur était veuve d'Alphonse Goulven Léonnec, fourrier des équipages de ligne. Dans l'acte de mariage, le père de Fortuné Louis Oscar, Pierre Joseph Charles, est indiqué « *absent sans nouvelles de son dernier domicile connu* ». Le couple eut une nombreuse descendance.

---

1. LH/30/21.

Clément Adolphe

Né le 17 avril 1804, Clément Adolphe Gazan de la Peyrière eut une vie atypique. Privé de l'ouïe et de la parole, il était néanmoins doté d'une vive intelligence. Son père le mit en pension chez l'abbé Sicard à Paris avant l'âge de 10 ans, où il recevait une leçon de Massieu tous les jours. Dans ses *Considérations sur l'instruction des sourds-muets*, Paulmier raconte son histoire : « *Le caractère indépendant du jeune Gazan devint inflexible ; on lui laissait faire tout ce qu'il voulait. La cuisinière de l'abbé Sicard, paysanne parvenue, était tout à la fois la bonne et la gouvernante du jeune Gazan. Un jour que notre jeune pensionnaire errait seul dans le quinconce, il monta sur un arbre et se creva un œil en tombant. Il passa ainsi ses premières années à ne faire que ce qu'il voulait ; son caractère devint indomptable, et il n'acquit pour toute instruction qu'un peu de nomenclature sans ordre.* » Quand il eut atteint sa douzième année, on se décida à lui faire suivre les classes. L'exemple de ses camarades pleins d'intelligence, et avec lesquels il s'amusait aux heures de récréation, fit naître en lui la passion de l'étude. Paulmier devint son professeur. « *Le jeune Gazan, encore adolescent, d'une grande intelligence, avec un tempérament bilieux, robuste, le caractère austère d'un Spartiate, nom que lui donnèrent par la suite ses camarades, un cœur chaud, une tête vive, ardente, une imagination brillante, poétique, ne pouvait pas rester indifférent au milieu d'esprits aussi actifs, aussi studieux qu'intelligents. Il ne tarda pas à s'y distinguer et parvint en peu de temps à s'élever au rang des premiers sujets.* » [1]

Comme il était doué d'un « *physique intéressant* », l'abbé Sicard se plaisait à le faire paraître dans les séances publiques de son établissement, devenu Institut royal des sourds-muets de naissance. Un jour, un des spectateurs lui fit adresser cette question : « *Qu'est-ce que l'application (au figuré) ?* » Gazan répondit aussitôt : « *C'est la méditation sur quelque chose de nécessaire, qu'on presse contre son esprit avec beaucoup d'effort.* » Le *Journal de Paris* du 7 novembre 1824 publia la réponse de « *cet étonnant élève* » à la question « *Qu'est-ce que le bonheur ? – Goûter les jouissances de la vie, ce n'est que le plaisir ; le bonheur est la paix de la conscience.* » Le journal *Le Pilote* reproduisit une de ses réponses originales sur le christianisme dans son édition du 4 mai 1827 ; il y est désigné comme « *répétiteur honoraire* ». Écrivain original, il collabora au recueil *L'Ami des sourds-muets*, journal de Joseph Piroux, dans lequel il publia ses pensées et sa correspondance ; il y fut

---

1. L.-P. Paulmier, *Considérations sur l'instruction des sourds-muets*, Paris, 1844, pp. 1-3.

qualifié du « *sourd-muet le plus remarquable par l'énergie du caractère, l'originalité de l'esprit et la noblesse des sentiments* » [1]. Il fut surnommé « *le Diogène des sourds-muets* ». Ses ouvrages publiés traitèrent du catholicisme, des monuments parisiens, etc.

Clément Adolphe maintint une correspondance régulière avec ses amis depuis le château de la Peyrière, Saint-Vallier et Grasse. Après la mort du général son père, c'est lui qui porta le titre de comte de la Peyrière. Clément Adolphe dépensa sa fortune pour ses camarades et vécut ensuite de privations. Il mourut le 4 juillet 1865 à 8 heures du soir en son domicile au n° 23, rue de l'Écluse, dans le 17e arrondissement de Paris. Il était rentier, célibataire. L'acte de décès fut dressé en présence de son neveu Jean Alexandre Achille Gazan de la Peyrière, secrétaire au cabinet du préfet de la Seine, demeurant au n° 10 de la rue Singer. Dans sa nécrologie, il fut écrit : « *Il dépensa sa fortune pour ses camarades et vécut ensuite de privations.* » [2]

Eugène François Henry

Eugène François Henry Gazan était né à Grasse le 16 juin 1809. Il se maria le 11 juillet 1839 à Grasse avec Marie Françoise Virginie Justine Seytres, âgée de 24 ans, née à Grasse le 27 juillet 1814, veuve en premières noces de Marie Joseph Jean-Baptiste Augustin Alziary, propriétaire. Elle était la fille de Jean François Pierre Alexandre Seytres, procureur principal des contributions indirectes, et de Marina Louisa Antonia Sidonia Isabella Castiglioni (ou Castiglione) [3], née à Milan de l'union d'Agostino (de) Castiglioni et de Sidonia Ayroldi.

Eugène François Henry était avocat au moment de son mariage. En 1843, il était procureur du roi près le tribunal de 1re instance de Bône en Algérie. Il fut nommé en décembre 1844 par ordonnance de Louis-Philippe président du tribunal civil de 1re instance de Bône en remplacement de M. Marion [4]. Il y fit connaissance avec le maréchal Randon. On le retrouve encore occupant ce poste en 1847 [5]. En 1848, il était président du tribunal de commerce [6]. Il faut croire qu'il exerça à nouveau les fonctions de président du tribunal de 1re instance, car il fut remplacé à ce poste en janvier 1851. En novembre 1854, le vicomte Gazan, magistrat,

---

1. *L'Ami des sourds-muets*, 1842-1843, juillet et août.
2. *Chronique du journal général de l'imprimerie et de la librairie*, le 24 mars 1866, 55e année, 2e série, n° 12.
3. Elle décéda à Grasse le 27 décembre 1866.
4. *Le Moniteur algérien*, le 10 janvier 1845.
5. *Almanach royal et national pour l'an MDCCCXLVII*, Paris, 1847.
6. Victor Bérard, *Indicateur général de l'Algérie*, Alger, 1848.

résidait à Paris, au 9 de la rue Mogador. En 1855, il était juge au tribunal de Vannes. Cette année-là, il donna le portrait en pied de son père par Mlle Girard (1804) au musée de Versailles [1].

Eugène François Henry succéda au titre de comte de la Peyrière à la mort de son frère aîné. Napoléon III lui aurait promis la première place vacante au Conseil de préfecture. Le comte Gazan, qui résidait alors au 10 de la rue Singer, à Passy, fit des démarches auprès du ministre de l'Intérieur de La Valette, après avoir sollicité une recommandation du maréchal Randon. Ce dernier lui annonça avec franchise que ses démarches étaient inutiles. Le 30 octobre 1865, le comte Gazan écrivit au maréchal Randon, qu'il connaissait bien depuis son séjour à Bône : « *Je croyais, et je devais croire, que l'Empereur ne promettait pas en vain, et surtout au fils du général Gazan.* » Le comte avait déjà adressé à Napoléon III une note circonstanciée sur son père. Il en avait préalablement donné lecture à M. de Bassano, « *et il n'a pas hésité à me déclarer que Sa Majesté, après en avoir pris connaissance, ne pouvait tarder plus longtemps à m'accorder l'amélioration de position que je sollicite. Vous penserez comme M. de Bassano, monsieur le maréchal ; j'en suis convaincu. Je vais rédiger la biographie de mon père ; cette note y aura sa place, et chacun, à son aspect, se demandera comment il est possible que, sous le règne d'un Napoléon, le fils du Gal Gazan soit ainsi réduit à une position si pénible pécuniairement. Oui, monsieur le maréchal, il est vraiment inouï que l'Empereur me laisse solliciter en vain depuis des années, surtout après ses promesses réitérées, que tous mes amis connaissent. Il est engagé vis-à-vis de moi ; il ne devait pas promettre, s'il n'avait pas la certitude, en promettant, qu'il tiendrait, qu'il voudrait tenir. Il n'ignore aucune des privations cruelles que nous avons à subir, les miens et moi ; M. de Bassano les lui a dites vingt fois, vingt fois il a affirmé qu'il ne demandait pas mieux que de me donner une position meilleure, et je l'attends depuis 1854. Je n'exagère rien, M. de Bassano m'est témoin.* »

« *Pardonnez-moi, monsieur le maréchal, de penser ainsi tout haut devant vous, de vous montrer mon cœur froissé de l'abandon auquel je suis condamné, de l'oubli dans lequel sont laissés les services de mon père, son dévouement insigne à la cause napoléonienne. Il valait bien la peine que, le 2 mars 1815, à Grasse, il jouât sa vie pour Napoléon, voilà ce que disent chaque jour les habitants de cette ville, stupéfaits de voir*

---

1. *Rapport de M. le comte de Nieuwerkerke, surintendant des Beaux-Arts, membre de l'Institut, sur les travaux de remaniement et d'accroissement réalisés depuis 1849 dans les musées impériaux*, Paris, 1863, p. 93.

l'attitude de l'Empereur vis-à-vis de moi. » Nous trouvons que le trait est assez osé, lorsque l'on tient compte de la véritable attitude du général Gazan lors du débarquement de l'exilé de l'île d'Elbe et de ses propres justifications à ce sujet un demi-siècle plus tôt... Sans s'embarrasser de ces scrupules, le comte Gazan disait à la fin de sa lettre qu'il allait faire une dernière démarche auprès de Napoléon III afin de demander une réponse catégorique : « *Il me refuse une place de huit à dix mille francs, mais, au souvenir de mon père, c'est une de vingt et vingt-cinq mille qu'il aurait dû m'accorder depuis longtemps, pour me donner le moyen de faire une dot à mes deux filles.* »

Le titre de comte de la Peyrière héréditaire et les dotations majoratiraires furent confirmés en faveur d'Eugène Gazan par arrêté ministériel du 6 juillet 1867. En 1873, il était juge au tribunal civil de première instance de Saint-Omer. Sa femme Marie Françoise Virginie Justine Seytres mourut le 10 février 1880 à Paris, 8e arrondissement, en son domicile au 17, rue de Lisbonne. Dans son acte de décès, sa mère est désignée par le titre de « *princesse de Castiglione* ». Eugène François Henry décéda le 22 juin 1887 à Paris, 8e arrondissement, en son domicile au 51, rue de Miromesnil, à 5 heures 30 du soir.

Le ménage Gazan de la Peyrière-Seytres eut trois enfants :

– Marie Laure Pauline Gazan de la Peyrière, née à Sartène en Corse le 16 juin 1840. Elle épousa le 10 février 1873 à Paris, 8e arrondissement, Auguste Flaminius Joseph Ballero, avocat, ancien sous-préfet de Castellane et de Mauléon [1] (Basses-Pyrénées), docteur en droit, chevalier de la Couronne d'Italie, né à Calvi le 23 mai 1838, demeurant à Paris, au 18 de la rue Croix-des-Petits-Champs, fils de Nicolas Ballero, consul général du royaume d'Italie en Corse, chevalier des ordres de Saint-Maurice et de Saint-Lazare, et de Joséphine de Perreti, demeurant à Bastia. Les témoins du mariage furent Adrien Alfred Lescouvé, président de chambre de la cour d'appel d'Aix, demeurant à Aix-en-Provence, et Ernest Alziary, propriétaire, demeurant à Grasse, frère utérin de l'épouse. Les époux Ballero eurent deux fils : Ernest né le 15 mars 1875 (décédé en 1953) et Joseph Eugène André né le 23 mars 1877 (décédé en 1933) dont descendance. Marie Laure Pauline mourut à Paris le 11 mars 1920.

– Jean Alexandre Achille Gazan de la Peyrière, né le 10 janvier 1843 à Bône en Algérie au domicile de son père près du fort Cigogne. Licencié en droit, avocat, il fit une belle carrière dans l'administration. Entre le 1er février 1862 et le 30 décembre 1866, il fut secrétaire au cabinet du préfet de la Seine, le baron

---

1. *Journal d'Annonay*, le 31 octobre 1869.

Haussmann. S'épuisant au travail, il ne pensait pas trop à sa santé, qui se dégrada. Le 18 août 1866, il sollicita au ministre de l'Intérieur « *ma nomination à une sous-préfecture. Je suis le petit-fils du général de division Gazan de la Peyrière, comte de l'Empire, pair des Cent-Jours. Mon dévouement est acquis à la dynastie impériale à laquelle me rattachent les traditions de ma famille et mes sentiments personnels.* » [1] Son zèle fut récompensé, et il fut nommé successivement sous-préfet de Bourganeuf, département de la Creuse (décembre 1866 – août 1867), puis de Saint-Sever, département des Landes (août 1867 – octobre 1869) [2], et enfin de l'arrondissement d'Orthez, département des Basses-Pyrénées (à partir d'octobre 1869, installé le 5 novembre) en remplacement de M. Guiraud, décédé [3]. Il fut relevé de ses fonctions par le Gouvernement de la Défense nationale pendant la guerre de 1870. En août 1871, de Paris, il demanda au ministre de l'Intérieur sa réintégration dans l'administration départementale. Achille Gazan de la Peyrière ambitionnait le poste de secrétaire général des Alpes-Maritimes, où il pensait trouver un climat favorable à sa santé fragile [4] ; on lui diagnostiquait « *une affection de poitrine* », une bronchite chronique. Il mourut le 20 juin 1872 à Paris, 8e arrondissement, à son domicile au 17, rue de Lisbonne.

– Jeanne Sidonie Gazan de la Peyrière, née le 30 octobre 1846 à Bône en Algérie. Sans alliance, elle décéda le 23 février 1869 à Paris, 9e arrondissement, au 13, rue de Bruxelles.

Jean de Dieu Théodore Napoléon

Jean de Dieu Théodore Napoléon, qui se faisait nommer baron Gazan de la Peyrière, né à Séville le 9 juin 1811, filleul du maréchal Soult, se maria en 1836 avec Thérèse Pauline Seytres, sœur de Marie Françoise Virginie Justine Seytres citée ci-dessus. Thérèse Pauline était née à Voghera en Italie vers 1811. Elle décéda le 29 janvier 1907 à Grasse. Il mourut le 27 mars 1881 à 10 heures du soir à Grasse, rue Gazan. Son décès fut déclaré par Étienne Bertrand, notaire, neveu par alliance, et Charles Mathieu Adolphe Felker, chef de bataillon en retraite, parent par alliance.

Tout comme leurs frère et sœur aînés, ils eurent trois enfants, un fils et deux filles :

---

1. AN, F1bI 161/7.
2. Il fut reçu en cette qualité comme membre de la Société archéologique, scientifique et littéraire du Vendômois (*Bulletin de la Société archéologique, scientifique et littéraire du Vendômois*, 1867, p. 190).
3. *Journal du Loiret*, les 25-26 octobre 1869. *Journal d'Annonay*, le 31 octobre 1869.
4. AN, F1bI 161/7.

– Jean Théodore Gazan de la Peyrière, né le 1er avril 1834 à Antibes. Jean Théodore Napoléon fut promu sous-lieutenant du 89e régiment d'infanterie de ligne le 1er octobre 1856 [1] ; il reçut une médaille pour la campagne d'Italie de 1859, mais n'était que lieutenant en 1868. Il épousa le 26 octobre 1869 à Grasse Marie Louise Henriette Isnard. Il est désigné dans son acte de mariage comme « *capitaine d'infanterie démissionnaire* ». La mariée, née le 13 avril 1848, possédait le domaine de Cravesan à La Roquette-sur-Siagne. Son père était Auban Isnard, négociant, et sa mère Henriette Escoffier. Les témoins furent Alfred Lescouvé, demeurant à Nice, président du tribunal civil à Nice, chevalier de la Légion d'honneur, officier d'Académie, commandeur de l'ordre de Sainte-Anne de Russie, beau-frère de l'époux, et Pierre Félix Vauthier, ingénieur de l'arrondissement de Grasse, oncle germain maternel de l'époux. Marie Louise Henriette Isnard mourut le 1er septembre 1873, à 1 heure du matin, à La Roquette-sur-Siagne ; Amélie Maglione épouse Cauvière, sa nièce, en garda le souvenir comme d'une « *aimable et si accueillante châtelaine de ce domaine de Cravesan* » [2].

Le couple eut deux filles : Marie Léonie Henriette, née le 6 septembre 1870 à 9 heures du soir à Grasse, au domicile de son père, rue de la Commune (l'acte fut signé par Alfred Giraud, parfumeur, oncle germain, et Ernest Alziary, parfumeur, oncle germain) ; et Marie Louise Pauline Thérèse, née le 23 août 1873 à La Roquette-sur-Siagne à 4 heures du soir, décédée le 21 décembre 1877 à Grasse au domicile de son père, au n° 7 rue Gazan (ancienne rue de la Commune). Marie Léonie Henriette vécut avec son père et sa grand-mère Seytres dans cet hôtel après la mort de sa mère et de sa sœur. Amélie Maglione parle d'Henriette dans son carnet : « *C'était une mystique... Elle a dû souffrir au contact de son butor de père qui l'aimait et la gâtait avec les grâces de l'âme imitant le petit chien. Il y a des plantes délicates, qu'il ne faut pas transplanter...* » [3] Jean Théodore Gazan de la Peyrière trépassa le 18 janvier 1917 ; avec lui, s'éteignit le nom de Gazan de la Peyrière.

– Claire Hélène Gazan de la Peyrière, née le 3 septembre 1836 à 2 heures du matin à Grasse ; elle décéda le 29 décembre 1840 à 4 heures du matin.

– Isabelle Amélie Gazan de la Peyrière, née le 26 juillet 1838 à Grasse, épousa le 20 mars 1860 à Grasse Adrien Alfred Lescouvé, substitut du procureur général près la cour impériale d'Aix. Il était né le 18 juin 1822

---

1. *Annuaire militaire de l'Empire français pour l'année 1862*, Paris-Strasbourg, 1862, p. 351.
2. https://sites.google.com/site/lhistoiredunefamille/les-maisons
3. *Ibid.*

à Amiens et domicilié à Aix, fils de Constant Bernard Adrien Lescouvé, propriétaire, demeurant à Amiens, et de Jeanne Marie Louise Jacquerot native de Paris. Les témoins furent André Vincent Baffer, domicilié à Marseille, contrôleur de la manufacture des tabacs à Marseille, oncle germain maternel par alliance de l'épouse, et Pierre Félix Vauthier, domicilié à Grasse, conducteur principal des ponts et chaussées, oncle germain maternel par alliance de l'épouse. Isabelle Amélie décéda le 1er février 1891 à 1 heure du matin à Paris, 6e arrondissement, au 129, boulevard Saint-Germain. Son époux était officier de la Légion d'honneur depuis 1879 et commandeur de l'ordre impérial de Sainte-Anne de Russie de 2e classe. Lors de sa longue carrière, il exerça comme substitut à Bernay (1848), Louviers (1852), Périgueux (mars 1853) et Châlons-sur-Saône (mai 1853), puis comme procureur à Ajaccio (décembre 1853) et à Tournon (1855). Il devint ensuite substitut du procureur général à Aix (1857) et procureur à Aix (1862), avocat général à Aix (1863), président à Nice (1867), président de chambre à Aix (1870), et enfin premier président à Limoges (1878). Il décéda le 24 mai 1903 à Paris, en son domicile situé au 165, rue de Rennes [1]. Leur premier fils Léon Adrien Lescouvé, né à Aix le 7 mars 1861, devint conseiller à la cour d'appel de Lyon et chevalier de la Légion d'honneur en 1928 [2]. Leur second fils Théodore Paul Lescouvé, né le 15 février 1864 à Aix, devint premier président de la Cour de cassation, grand officier de la Légion d'honneur en 1927 – il reçut sa prestigieuse décoration des mains du maréchal Foch – et enfin grand-croix de la Légion d'honneur par décret du 14 avril 1932. Il décéda en avril 1940 [3].

LA FAMILLE REIST

Le frère de la comtesse Gazan, Fridolin Xavier Reist, horloger à Lyon, épousa le 20 août 1808, à Lyon, Marie-Jeanne Weibel, née le 20 juin 1789 à Lyon, fille d'un horloger lyonnais natif de Huttenheim en Alsace. Ils eurent deux filles : Florine Théodorine née le 28 juillet 1810 à Lyon, surnommée Dorine dans la famille, et Antoinette Victoire, née le 1er janvier 1813 à Lyon. Les deux sœurs venaient passer leurs vacances chez le général Gazan à Grasse [4] ; même après la mort de la comtesse, les relations entre les deux familles ne cessèrent pas. Florine Théodorine épousa le

---
1. AN, LH/1613/3.
2. AN, 19800035/306/41197.
3. AN, LH/1613/5.
4. Communication privée de madame Yvette Brun.

10 juillet 1830, à Lyon, Jean Marie Denys Brun, professeur de mathématiques au collège royal puis impérial (lycée Ampère) de Lyon, né le 27 juillet 1794 dans cette ville. Ils eurent une nombreuse descendance.

Antoinette Victoire décéda le 1er mai 1833 à Lyon, encore jeune. C'était l'époque de l'épidémie de choléra en France. Son décès précipita celui de sa mère, morte de chagrin à Lyon le 17 février 1834. Fridolin la suivit dans la tombe le 19 mars 1860 (Lyon, 1er arrondissement). Son gendre Brun décéda le 31 juillet 1868 à Oullins où il avait une propriété. Sa veuve Florine Théorodine mourut à son domicile au 2e arrondissement de Lyon (n° 30, rue de Lyon) le 9 janvier 1875 ; à ses funérailles célébrées à l'église de Saint-Bonaventure puis au cimetière de Loyasse, furent présents monsieur et madame Eugène Gazan de la Peyrière et leurs enfants, monsieur et madame Léon (Jean Théodore Napoléon) Gazan de la Peyrière et leurs enfants, ainsi que des membres de la famille Amic-Gazan, ce qui prouve que les familles Gazan et Reist étaient proches. C'est certainement la famille Reist que le général Gazan évoquait dans une lettre de 1806 quand il parlait de deux « *pauvres familles* » qu'il devait entretenir.

Post mortem

À Grasse, le général possédait l'hôtel Gazan de la Peyrière, ancien hôtel de Villeneuve, construit sous le règne de Louis XIV par la famille noble Durand de Sartoux, qu'il acheta en 1808 ; ses armes ornent de nos jours la porte en noyer de cette demeure située au n° 7 de la rue Gazan (avant rue Neuve ou de la Commune, ou encore rue Mirabeau en 1791 [1]). L'hôtel, acquis par le parfumeur François Costa (1883-1977) en 1963, fut restauré par son fils Jean-François Costa en 1975. Plus tard, il fut le siège social des fabricants de matières premières pour la parfumerie, ex-syndicat Prodarom. En 2005-2006, l'hôtel, propriété de la famille Costa, fut acquis par la ville de Grasse. En 2009, la demeure était en cours de rénovation en vue d'être transformée en quinze appartements privés. Les appartements ont finalement été livrés en juillet 2013.

En août 1891, la municipalité de Grasse demanda au ministre de l'Intérieur la permission de donner le nom de Gazan à une rue de la ville, ce qui fut accordé ; ce fut naturellement celle où il avait habité. Une rue Gazan existe également à Paris dans le 14e arrondissement ;

---

1. Par ordonnance municipale du 18 avril 1791, la rue reçut le nom du grand orateur Mirabeau, décédé le 2 avril de la même année.

ouverte vers 1865, elle prit ce nom en 1867. En 1924, lors de la création de la Cité universitaire de Paris, sa portion la reliant au boulevard Jourdan fut renommée rue de la Cité-Universitaire. Le comédien et humoriste Coluche vécut au n° 11 de la rue Gazan. Il y a aussi une rue Gazan à Antibes et à Toulouse, mais il est possible, du moins pour celle d'Antibes, qu'elles commémorent un autre général Gazan, Marie Joseph [1].

L'immense domaine de la Peyrière, situé sur la route de Mougins, était le lieu de villégiature favori du général Gazan. Il y avait un château (visible sur le cadastre napoléonien), un moulin et un étang que l'on appelle aujourd'hui « étang de Fontmerle » [2]. Cet étang était alors plus étendu que de nos jours. Le général tirait ses revenus des champs de blé et des oliviers implantés sur ses terres. Cette propriété fut, après la mort de Gazan, morcelée, puis vendue. Le golf Country Club de Cannes-Mougins s'est installé en 1923 au bord de la route départementale qui traverse les anciennes terres du général Gazan. Après la Seconde Guerre mondiale, Jean Cocteau et Jean Marais sont venus sur les lieux dans le cadre du projet de créer une cité du cinéma à Mougins, mais cela n'a pas abouti. C'est aujourd'hui un quartier résidentiel aux belles propriétés sous l'ombrage des arbres. Le domaine a été, vers 1960, l'objet d'un lotissement. Des vedettes de cinéma y ont acquis des parcelles de terrain.

Les funérailles de Gazan eurent lieu au cimetière attenant à l'église des Cordeliers. Sa première sépulture ressemblait à une pyramide. Cette pyramide, achetée par le vicomte Charles de Noailles, se trouverait encore aujourd'hui, sans inscriptions, dans le jardin portant son nom à Grasse. La tombe actuelle du général Gazan, dont le corps a été transféré au nouveau cimetière Sainte-Brigitte de Grasse (carré n° 2) en 1882 [3], a la forme d'une colonne surmontée d'une urne ; tout près, se trouve le caveau familial des Lescouvé, dans lequel reposent quelques membres de la famille Gazan (dont Isabelle Amélie et son époux Alfred Lescouvé ; Théodore Gazan, fils du général ; Jean de Dieu Théodore Gazan, fils du général, et son épouse Pauline ; Claire Hélène morte en 1840 à l'âge de 4 ans ; le comte Jean Théodore Gazan, dernier du nom ; ainsi que Françoise Augustine Adèle Élisabeth Seytres, sœur des épouses des frères Gazan, veuve d'André Vincent Baffer, rentier de Marseille, morte le 11 janvier 1900 à l'âge de 91 ans, née à Grasse).

Le nom du général Gazan de la Peyrière est inscrit sur le pilier sud de l'Arc de Triomphe de l'Étoile à Paris.

---

1. Voir sa notice biographique dans les Annexes.
2. http://www.ville-mougins.fr/fr/culture-a-la-une/la-peyriere-en-histoire.html
3. Le cimetière Sainte-Brigitte fut inauguré le 15 décembre 1873.

Armoiries du général Gazan
surmontant la porte d'entrée de son hôtel particulier à Grasse.
Photo Jean-Marie Husselstein.

L'hôtel Gazan de la Peyrière à Grasse.
Photos Jean-Marie Husselstein.

À gauche : Tombe du général Gazan au cimetière Sainte-Brigitte.

À droite : Caveau des familles Gazan de la Peyrière
et Lescouvé au cimetière Sainte-Brigitte.

En bas : Noms de batailles et sièges sur la tombe du général Gazan.

Photos Pierre Rolland.

Conclusion

« *La guerre est une belle chose… quand on en est revenu* », peut-on lire dans les souvenirs de Paulin [1]. Le général Gazan fut de ceux qui revinrent, auréolés de gloire. Selon son fils, « *l'Empereur, à Sainte-Hélène, aimait encore à nommer mon père parmi ses lieutenants le plus sûrement éprouvés* » [2]. En 1855, le journal Union du Var énonçait : « *Nous sommes heureux de pouvoir annoncer qu'il vient d'être rendu un éclatant témoignage à la mémoire et aux services militaires d'un de nos compatriotes que la ville de Grasse se glorifie de compter au nombre de ses enfants.* » Il s'agit de l'installation au musée de Versailles d'un grand portrait de Gazan [3]. D'autres portraits sont exposés au Musée d'art et d'histoire de Provence à Grasse. Ils évoquent les deux batailles emblématiques de la carrière de l'illustre Grassois : Dürrenstein en 1805 et Vitoria en 1813, deux moments forts de sa vie militaire.

Soldat chanceux qui frôla la mort dans plusieurs batailles et combats, mais qui revint finir ses jours dans ses foyers, près des siens, Gazan s'employa de 1786 à 1815 uniquement à faire ce qu'il croyait être son devoir. En 1830, malgré un âge avancé, il se proposa encore pour servir activement son pays et le nouveau régime établi qui lui paraissait plus juste que le précédent, sous lequel il avait été rayé des cadres de l'armée. Il ne se départit jamais d'une grande prudence politique qui lui permit de servir la France avec honneur mais sans gloire tapageuse. Selon les historiens, il était l'un des rares généraux de Napoléon à avoir conservé les traditions royalistes et libérales, suscitant la méfiance des bonapartistes autant que des ultras.

Si l'on juge Gazan à l'aune des chefs prestigieux comme Davout ou Lannes, force est d'admettre qu'il ne possédait pas de talents stratégiques exceptionnels. En tant que commandant d'armée, il se montra au-dessous de sa tâche. Dès l'entrée de l'armée de Wellington en campagne fin

---

1. Général Paulin, *Souvenirs*, Paris, 2002, p. 2.
2. « Note sur les services du général comte Gazan de la Peyrière, mon père, sur son dévouement à la cause napoléonienne », par le comte Gazan de la Peyrière, Paris, le 19 juin 1865. SHD, dossier Gazan.
3. Dans le *Rapport de M. le comte de Nieuwerkerke* datant de 1863, l'artiste citée est « Mlle Girard ». Un portrait de Gazan par Clotilde Juillerat appartient de nos jours au musée de Versailles. Il s'agit certainement de la même œuvre.

mai 1813, les ordres de Gazan manquent de cohérence ou sont expédiés trop tard ; le général semble désemparé et écrasé par sa responsabilité. Il nous a paru intéressant d'étudier en détail son comportement pendant cette période, en s'appuyant sur sa correspondance, ainsi que son rôle crucial dans la perte de la bataille de Vitoria. Il fut certainement soulagé de reprendre en juillet 1813 son poste de chef d'état-major du maréchal Soult, retrouvant ses occupations habituelles auxquelles il était rompu depuis des années. Au contraire, lorsqu'il était placé comme divisionnaire sous les ordres de maréchaux, il donnait la pleine mesure de ses capacités, forgées dans la fournaise des guerres de la Révolution, et faisait preuve d'un grand courage personnel : ainsi, à Dürrenstein, il chargea l'épée à la main en entraînant ses hommes. On le vit encore à Albuera essayer de rallier son ancienne division ; exposé au feu de l'ennemi, il y fut grièvement blessé.

Dans le privé, le général Gazan se démarquait par sa modestie et sa bienveillance. Les années de guerre ne l'avaient donc pas totalement endurci. Son épouse l'accompagna lors de ses campagnes ; cette Alsacienne avait quitté sa région natale pour le suivre et finit ses jours en Provence. Malgré une nombreuse descendance, le nom de Gazan de la Peyrière s'éteignit au XXe siècle. Mais le souvenir du général est perpétué par les noms de rues, tandis que ses exploits militaires font désormais l'objet du présent ouvrage dans lequel, sans prétendre à l'exhaustivité, nous nous sommes efforcée de fournir le plus de renseignements possible à la lumière des sources existantes et accessibles. Nous espérons donc avoir contribué à faire sortir de l'oubli un général de Napoléon qui mérite amplement sa mention sur l'Arc de Triomphe, ce monument impérissable à la gloire des armées françaises.

Les batailles de Dürrenstein, Pultusk
et Ostrolenka figurent,
parmi d'autres, sur l'Arc de Triomphe de l'Étoile.
Photo Bruno Griffon de Pleineville.

Le nom du général Gazan est inscrit
sur l'Arc de Triomphe de l'Étoile.
Photo Bruno Griffon de Pleineville.

Annexes

Composition de la division Gazan (2ᵉ du 5ᵉ corps d'armée) à la bataille de Dürrenstein, le 11 novembre 1805

Général de division Gazan
Aides de camp : chef d'escadron Tripoul, capitaines Monnot et Maingarnaud
Chef d'état-major : adjudant-commandant Fornier d'Albe
Adjoints : capitaines Montélégier et Faure
Commandant l'artillerie : chef d'escadron Saint-Loup
Commandant le génie : capitaine Paporel
Adjoint : capitaine Barrin
Sous-inspecteur aux revues : Laran
Commissaire des guerres : Féraud

1ʳᵉ brigade : général de brigade Graindorge
Aide de camp : lieutenant Mignot

4ᵉ léger, 3 bataillons : colonel Bazancourt
100ᵉ de ligne, 3 bataillons : colonel Ritay

2ᵉ brigade : général de brigade Campana
Aide de camp : capitaine Campana

103ᵉ de ligne, 3 bataillons : colonel Taupin

1ᵉʳ régiment d'artillerie à pied (2ᵉ et 5ᵉ compagnies)
6ᵉ régiment d'artillerie à pied (4ᵉ compagnie)
5ᵉ bataillon *bis* du train d'artillerie

Au 1ᵉʳ novembre, l'effectif fut le suivant : 245 officiers et 5 588 hommes présents sous les armes, 21 officiers et 329 hommes aux hôpitaux, 10 officiers et 62 hommes détachés ; 315 chevaux.
Matériel d'artillerie : 2 pièces de 12, 6 pièces de 8, 4 pièces de 2, 2 obusiers de 6.

La division Dupont comptait dans ses rangs le 9ᵉ léger, les 32ᵉ et 96ᵉ de ligne et le 1ᵉʳ hussards.

Troupes sous les ordres du général Gazan à la bataille de Vitoria

ARMÉE DU MIDI
Commandant en chef : général de division Gazan de la Peyrière

1re division d'infanterie : général de division Leval
    Brigade Mocquery : 9e léger, 24e de ligne
    Brigade Morgan : 88e et 96e de ligne
    Artillerie et train divisionnaires

2e division d'infanterie : général de division Cassagne (détachée à l'armée du Centre)

3e division d'infanterie : général de division Villatte
    Brigade Rignoux : 27e léger, 63e de ligne
    Brigade Lefol : 94e et 95e de ligne
    Artillerie et train divisionnaires

4e division d'infanterie : général de division Conroux
    Brigade Rey : 32e et 43e de ligne
    Brigade Schwiter : 55e et 58e de ligne
    Artillerie et train divisionnaires

5e division d'infanterie
    Brigade Maransin : 12e léger, 45e de ligne

6e division d'infanterie : général de division Darricau
    Brigade Baille de Saint-Pol : 21e léger, 100e de ligne
    Brigade Rémond : 28e léger, 103e de ligne
    Artillerie et train divisionnaires

Division de cavalerie légère : général de division Pierre Soult
    Brigade Vinot : 2e hussards, 21e chasseurs à cheval
    Brigade N. : 5e et 10e chasseurs à cheval
    Artillerie et train divisionnaires

1re division de dragons : général de division Tilly
    Brigade Ismert : 2e, 4e et 26e dragons
    Brigade Ormancey : 14e, 17e et 27e dragons

2e division de dragons : général de division Digeon
    Brigade Sparre : 5e et 12e dragons
    Brigade N. : 16e et 21e dragons
    Artillerie et train divisionnaires

Artillerie de réserve : 2 batteries
Train de réserve

Parc d'artillerie : 2 compagnies d'artillerie, 1 compagnie de pontonniers, artificiers, train

Génie : 2 compagnies de sapeurs, 2 compagnies de mineurs, train

Gendarmerie

Train des équipages

Rapport du général Gazan au duc de Feltre, ministre de la Guerre

Briviesca, le 15 juin 1813

Depuis que l'armée de Portugal avait détaché des troupes dans le nord de l'Espagne, l'armée du Midi l'avait remplacée dans ses positions, et occupait en première ligne depuis les bords du Tage jusqu'aux frontières de la Galice. L'armée tenant une aussi grande étendue de terrain, il était aisé de prévoir la difficulté qu'il y aurait à la réunir sur un point central du moment que l'ennemi entrerait en opération, et en conséquence toutes les dispositions étaient prises pour que les ordres pussent parvenir avec célérité dès l'instant que la réunion deviendrait nécessaire.

Vers la mi-mai des avis ayant annoncé que l'armée anglaise se rassemblait sur le Coa, et qu'elle ne tarderait pas à entrer en position, des ordres furent immédiatement donnés pour que les diverses divisions de l'armée se rassemblassent au centre de leurs cantonnements respectifs ; et le 24, les rapports m'ayant annoncé que l'ennemi passait l'Agueda, j'obtins l'ordre du roi pour l'évacuation de Madrid, et le rappel en deçà du Guadarrama du tiers de l'armée qui était encore à Madrid et sur les bords du Tage.

Les ordres les plus prompts furent expédiés pour que le général Leval, qui commandait ce corps de troupes, repassât immédiatement les monts, et vînt me joindre à marche forcée à Tordesillas sur le Douro, où je portai mon quartier général. Je réunis sur ce point la division Conroux, qui occupait la province d'Avila.

Le général Villatte, qui était à Salamanque, reçut l'ordre de se retirer aussi du moment que les têtes de colonnes ennemies se montreraient sur lui ; et le général Tilly, avec six régiments de dragons, se porta en avant pour le soutenir. La 6e division, aux ordres du général Darricau, occupa Toro ; et la 2e division de dragons, commandée par le général Digeon, fut laissée à Zamora pour éclairer les bords de l'Esla, et pour se lier avec la cavalerie légère de l'armée de Portugal, qui était sur Benavente.

Le 26 à 8 heures du matin les postes avancés de la division Villatte, qui étaient sur les bords de la Tormes, furent attaqués par une cavalerie nombreuse, qui débouchait par les routes de Tamames et de Matilla, et en même temps les colonnes ennemies parurent sur les hauteurs de Cabrerizos ; mais, arrivées à hauteur de ce village, la cavalerie ennemie, qui venait par la route de Tamames, ayant passé la Tormes à gué, se trouva en mesure d'agir sur ce général, lequel arrêta alors sa troupe, et après avoir formé ses carrés commença à faire jouer son canon, ce qui retarda le mouvement de l'ennemi. Les troupes aux ordres du général Villatte ayant été formées et s'étant remises en marche, 4 000 chevaux entourèrent cette division ; trois charges furent essayées contre les carrés des 94e de ligne et 27e léger, mais ces braves régiments montrèrent dans cette occasion par leur fermeté ce que peut la bonne infanterie contre une masse de cavalerie, repoussant constamment les charges de l'ennemi, lequel renonça enfin à son entreprise, après avoir perdu beaucoup d'hommes et de chevaux : le 2e régiment de dragons, qui était aux ordres du général Villatte, effectua sa retraite, étant placé dans les intervalles des carrés. Il essaya même deux charges qui furent heureuses. Enfin l'ennemi cessa toute poursuite à hauteur du village d'Aldea Lengua, où parut la tête de la 1re division de dragons, commandée par le général Tilly ; et le général Villatte, couvert par cette cavalerie, effectua tranquillement son mouvement de retraite sur le rio Trabancos, d'où il me rejoignit le lendemain sur le Douro, où il prit position. Cette affaire fait infiniment d'honneur au général Villatte, qui la dirigeait, et aux braves troupes qui y ont concouru, dont la perte a été insignifiante.

Du 27 au 30 l'ennemi ne présenta sur les troupes que j'avais sur la rive gauche du Douro que quelques petits corps de cavalerie, mais tous les rapports annonçaient que lord Wellington réunissait ses masses d'infanterie à Salamanque, et que sa cavalerie se portait sur la rive droite de l'Esla. Le 31, au point du jour, trois régiments de hussards anglais passèrent l'Esla, au gué d'Almendra, se répandirent dans toute la plaine qui est entre Zamora et cette rivière, et donnèrent la facilité à la division Graham de se porter sur Zamora, où elle rétablit immédiatement le pont du Douro, ce qui donna le moyen à lord Wellington de porter son armée sur la rive droite de cette rivière. Le général Digeon, qui était en observation sur les bords de l'Esla, se replia sur la division Darricau, qui était à Toro. Ces deux corps avaient pour instruction de se soutenir mutuellement et d'opposer quelque résistance à l'ennemi, afin de le retarder dans sa marche et de gagner du temps pour donner au général Leval celui qui lui était nécessaire pour arriver sur le Douro.

Le 2 juin, une reconnaissance de 100 chevaux fut envoyée par le général Digeon, qui avait pris poste en arrière du défilé de Pedrosa del Rey, sur Toro, pour avoir des nouvelles de l'ennemi, que l'on n'avait point encore vu déboucher de cette ville ; l'officier qui la commandait s'étant retiré trop lentement, se trouva tout d'un coup débordé par 1 200 chevaux ennemis. Le général Digeon, qui aperçut le mouvement, courut au-devant pour la faire rentrer ; mais l'ennemi l'ayant gagné de vitesse, le 16e régiment de dragons fut obligé de passer le défilé pour faciliter la retraite à ce détachement, et il s'ensuivit un combat de cavalerie à force inégale, dans lequel le 16e dragons a soutenu sa réputation de bravoure, mais dans lequel il y a eu 100 chevaux et quelques hommes hors de combat. Le restant de la division Digeon étant formé en arrière du défilé, l'ennemi arrêta son mouvement et se replia sur Toro.

Depuis cette époque les troupes de l'armée du Midi n'ont plus eu d'occasion de se mesurer avec l'ennemi, et le général Leval ayant rejoint l'armée en avant de Valladolid, elle a continué sa retraite jusqu'ici, en formant l'arrière-garde des armées françaises en Espagne.

Tels sont, Monseigneur, les événements auxquels l'armée du Midi a pris part depuis sa retraite des bords du Tage ; les troupes qui la composent sont belles, bonnes, et animées du meilleur esprit. L'Empereur peut compter sur elles ; et je me flatte que dans les combats plus conséquents qui vont avoir nécessairement lieu, l'armée du Midi soutiendra son ancienne réputation, et qu'elle méritera par sa conduite de nouvelles faveurs de Sa Majesté.

(*Supplementary despatches, correspondence, and memoranda, of Field Marshal Arthur, Duke of Wellington*, volume 14, appendix, London, 1872, pp. 229-231)

Rapport du général Gazan sur la bataille de Vitoria

L'armée du Midi était en position sur les hauteurs en avant de Pancorbo, lorsque le 18, à 2 heures de l'après-midi, je reçus l'ordre du roi de compléter la garnison du fort de Pancorbo à 600 hommes, et de porter l'armée sur la rive gauche de l'Ebro, passant par le pont d'Armunoz, prenant toutefois position en avant de ce fleuve pour couvrir la marche des troupes de l'armée du Centre, qui, de Treviño et d'Haro, se portait par la route de la Puebla sur Vitoria.

En conséquence de cet ordre, l'armée du Midi commença son mouvement rétrograde à l'entrée de la nuit, et au jour je lui fis prendre position en arrière de Miranda ; et vers midi, les troupes de l'armée du Centre ayant terminé leur mouvement, celles de l'armée du Midi reprirent le leur, en se dirigeant par la route de la Puebla sur Vitoria, où, d'après l'ordre que j'en avais reçu, le quartier général de l'armée devait aller s'établir ; et c'est par suite de cet ordre que le parc d'artillerie, et les équipages de l'armée, qui depuis deux jours étaient établis à la Puebla, furent envoyés à Vitoria.

En débouchant de la Puebla je trouvai le roi, qui faisait prendre position à la Garde, ainsi qu'aux troupes de l'armée du Centre, sur le plateau qui se trouve sur la rive gauche de la Zadorra, en face du village de Nanclares, dans l'objet de soutenir des troupes de l'armée de Portugal qui se retiraient de Montevite, ayant un faible engagement avec l'ennemi. Cet engagement étant terminé, et le général comte Reille ayant passé la Zadorra, je reçus l'ordre du roi de faire prendre position à l'armée du Midi sur la hauteur en avant du village d'Ariñez, plaçant les troupes à cheval sur la route, la droite près de la Zadorra, et prolongeant la gauche sur la montagne de Subijana de Alava.

L'armée du Centre dut se former en seconde ligne, sur la hauteur de Margarita, et fut chargée de garder le pont de Villodas et de Tres-Puentes. Les troupes de l'armée de Portugal qu'avait avec lui le comte de Reille furent prendre position en 3me ligne sur la hauteur de ----.

La cavalerie m'étant inutile dans la position que prenait l'armée, la 1re division de dragons fut envoyée à Ali, et la 2de à Ariaga. La division de cavalerie légère resta à Ariñez, où le quartier général de l'armée s'établit.

La colonne ennemie qui avait eu l'engagement avec les troupes de l'armée de Portugal établit son camp sur la hauteur en avant de Montevite, en portant ses avant-postes de gauche sur le village de Nanclares, et ceux de droite sur la Zadorra.

Le 20 au matin je rectifiai la position que l'armée avait prise le 19 fort tard. La brigade d'infanterie de l'avant-garde, aux ordres du général Maransin, occupait le village de Subijana. La petite route qui de Subijana conduit à la Puebla fut reconnue, et de forts postes furent établis sur les hauteurs à la gauche de Subijana, pour observer la vallée de l'Ebro, celle de Treviño, et le point de la Puebla. De cette position on voyait encore parfaitement celle du camp ennemi ; et aucun mouvement ne pouvait être fait sans qu'il fût aperçu.

La journée du 20 se passa sans aucun événement, et sans que l'ennemi fît aucune espèce d'observation sur le fond qui était occupé par l'armée.

Dans la nuit du 20 au 21 un déserteur ennemi arriva à mes avant-postes, et donna pour renseignement qu'il avait laissé, il y avait quelques heures, lord Wellington avec un gros corps de ses troupes sur la route de Bilbao à Vitoria ; ce déserteur fut immédiatement envoyé au quartier général du roi.

Le 21, à 5 heures du matin, on aperçut beaucoup de mouvement dans le camp ennemi ; on y vit les troupes se former et les tentes disparaître. J'en fis immédiatement prévenir le Roi, qui se trouvait dans ce moment sur la hauteur de Margarita, et qui se rendit immédiatement à la droite de ma ligne, d'où Sa Majesté apercevait le mouvement de l'ennemi.

Peu de temps après les rapports du général Maransin annoncèrent qu'une forte colonne arrivait à la Puebla, et qu'il continuait son mouvement par la grande route, se dirigeant sur Ariñez ; tandis qu'une colonne moins forte se dirigeait sur la crête de la montagne de Subijana, par la petite route. Des ordres furent immédiatement envoyés au général Maransin de se porter, avec la totalité de ses troupes, sur la crête de la montagne, afin d'y devancer l'ennemi. Le général Darricau reçut ordre de remplacer, avec une de ses brigades, le général Maransin au village de Subijana. Le général Maransin commença son mouvement ; mais l'ennemi, qui de la Puebla s'était dirigé sur Subijana, étant arrivé avant lui sur la crête de la montagne, ce général ne put parvenir à y monter ou à s'y maintenir, d'autant plus que les troupes qui débouchaient de la Puebla par la grande route, prenaient en grande partie la même direction, et qu'elles allaient continuellement renforçant celles qui étaient arrivées sur la crête.

Le général Maransin se maintint sur le revers de la montagne. La brigade de la 6me division qui s'était portée sur Subijana s'établit sur la hauteur en arrière de ce village, en arrêtant, par un feu soutenu, le mouvement de l'ennemi. L'artillerie de la 6me division, ainsi que la gauche de cette ligne, prirent part à l'action, et le village de Subijana fut repris. La colonne qui avait continué son mouvement par la grande route fut vivement canonnée par l'artillerie de la division de cavalerie légère qui était dans la batterie nouvellement construite, et par celle de la 6e division, et fut arrêtée dans son mouvement par le feu du 88e régiment, qui défendait la batterie, et par les troupes qui défendaient l'approche du bois : elle prit position, et ne chercha plus à pousser vivement son attaque. Pendant que cette attaque avait lieu sur la rive gauche de la Zadorra, le corps ennemi qui était campé à Montevite s'était rapproché de la Zadorra : toutes les troupes qui le composaient s'étaient massées en arrière du village de Nanclares, d'où une partie filait sur Villodas, mais n'avait encore rien entrepris. Cette tranquillité de la part de l'ennemi sur ma droite donnait à penser que l'attaque de l'ennemi sur la gauche n'était point la vraie ; et qu'en la faisant, il n'avait d'autre intention que celle de nous obliger à dégarnir notre droite en portant nos forces sur ce point. J'en fis l'observation au roi, mais elle ne fut point goûtée, M. le maréchal Jourdan ayant annoncé ouvertement et publiquement que tous les mouvements que faisait l'ennemi sur notre droite n'étaient que de fausses démonstrations, auxquelles on ne devait faire aucune attention ; et que si nous perdions la bataille, ce serait parce que la montagne qui était à la gauche de Subijana resterait au pouvoir de l'ennemi ; et en conséquence je reçus l'ordre de reprendre cette position, et de m'y maintenir ; et le général Tilly fut envoyé, par ordre direct du roi, avec sa division de dragons, à ----, pour observer le débouché de la vallée de Treviño sur Vitoria, par où l'on présuma que l'ennemi se dirigeait. Je crois même que M. le général comte d'Erlon reçut l'ordre de faire observer le même point par une de ses divisions, et le roi quitta la ligne de la droite pour se porter à la gauche de la 4e division ; sans doute pour être mieux à même de diriger les mouvements des troupes qui allaient s'exécuter dans cette partie. En conséquence de cette disposition du roi, la 3e division, aux ordres du général Villatte, reçut l'ordre de partir de sa position en arrière d'Ariñez ; de se porter sur la hauteur à la gauche du village de Zumelzu, d'y former ses troupes, et d'attaquer par la crête des montagnes les troupes que l'ennemi y avait établies. Les généraux Darricau et Maransin furent prévenus du mouvement du général Villatte, et reçurent l'ordre de le seconder dans cette attaque en attaquant à leur tour des troupes qu'elles avaient sur leurs fronts, afin de les empêcher de renforcer celles que le général Villatte allait attaquer. L'artillerie qui était à la gauche de la 4e division fut renforcée par quatre pièces, et le feu le plus soutenu recommença. Ces diverses dispositions furent ponctuellement exécutées. Le général Villatte attaqua l'ennemi avec sa vigueur ordinaire ; rien ne put résister au choc de sa division. La position qui devait nous assurer le gain de la bataille fut reprise, ainsi que la hauteur qui se trouve sur le front de Subijana, et l'ennemi fut culbuté sur tous les points. L'affaire était dans cet état à l'armée du Midi, lorsque des avis parvenus au roi annoncèrent que les troupes qui étaient établies le long de la Zadorra étaient fortement attaquées, et que l'ennemi passait cette rivière sur le pont de Tres-Puentes ; et que le général Avy, qui gardait celui de Villodas, avec le 27e de chasseurs à cheval, et deux pièces de canon, ne pouvait plus s'y maintenir. Sur ces différents avis le roi me donna l'ordre de cesser toute attaque sur l'ennemi, et de replier l'armée du Midi sur une position plus en arrière qui me serait indiquée. Un mouvement pareil était très difficile à faire, puisque les deux tiers de l'armée étaient engagés avec l'ennemi, et qu'il me fallait beaucoup de temps pour faire prévenir le général Villatte, qui se trouvait dans les montagnes et en avant de la ligne, que l'armée allait abandonner. J'en fis l'observation à Sa Majesté. Je lui dis même que si elle avait les moyens de résister aux attaques que l'ennemi ferait sur la Zadorra, je croyais pouvoir lui répondre de me maintenir dans la position que j'occupais ; mais sa réponse fut qu'il fallait se retirer. Dès lors je dus m'occuper à rallier le plus de mes troupes en donnant l'ordre aux divisions Conroux, Darricau et Villatte, et à la brigade Maransin, de se replier de position en position jusqu'à ce qu'ils fussent arrivés sur celle qui devait m'être indiquée par M. le maréchal Jourdan. Ces ordres une fois transmis, je me portai sur la hauteur en arrière d'Ariñez, où je donnai l'ordre à la division Leval de se rendre, après avoir toutefois fait occuper le village d'Ariñez par un de ses régiments. Ce mouvement n'avait pour but que de contenir la colonne ennemie qui marchait par la grande route, et celle aussi qui allait déboucher par le pont de Villodas, afin de donner plus de facilité au restant de l'armée qui était à la gauche de se retirer. Ce mouvement s'exécuta avec calme. L'artillerie de la réserve, celle de la 3e division, et celle de la 1re, et de la cavalerie légère, qui s'y réunirent, firent un si grand feu qu'ils arrêtèrent le mouvement des colonnes ennemies, et donnèrent une grande facilité aux troupes de la gauche de se replier. Mais me trouvant débordé sur ma droite par l'ennemi, qui avait passé la Zadorra, je dus penser à me replier pour venir prendre position sur une hauteur en arrière du village de Margarita, qui était occupé par des troupes de l'armée du Centre, lesquelles étaient fortement engagées avec l'ennemi. Ce mouvement s'exécuta encore. L'artillerie, et la 1re division, que je dirigeai personnellement, s'y forma de nouveau, et recommencèrent leur feu. Mais la droite de la ligne se trouvant continuellement débordée – ne recevant point d'ordre pour prendre la position dont le roi m'avait parlé – et l'ennemi étant déjà aux portes de Vitoria, je dus continuer mon mouvement sur cette ville, après toutefois avoir encore pris position à ---, toujours dans l'intention de soutenir avec ma division de droite, et mon artillerie, la retraite du restant de l'armée, qui sans cette disposition se serait nécessairement trouvée compromise.

(*Supplementary despatches, correspondence, and memoranda, of Field Marshal Arthur, Duke of Wellington*, volume 14, appendix, London, 1872, pp. 236-240. Un autre rapport de Gazan a été publié par Du Casse dans les *Mémoires du roi Joseph* : c'est celui qui est cité dans le texte.)

Justification de la conduite de Gazan pendant le débarquement de Napoléon en mars 1815 (lettre ouverte, imprimée et diffusée)

Le Lieutenant-Général des Armées du Roi, Comte GAZAN, Inspecteur-Général de la première Division militaire,
À Monsieur le Marquis DE GOURDON, Maire de la ville de Grasse, département du Var.

Monsieur le maire,
Depuis plus d'un mois je suis en butte à la plus noire calomnie, et les propos les plus révoltants sont tenus journellement sur mon compte par des habitants de la ville de Grasse, sans que les autorités aient rien fait pour y mettre un frein.
On me reproche d'avoir favorisé le passage de l'homme qui, par sa présence, a attiré sur la France tous les fléaux. Je vous demande à vous, monsieur le maire, et à vos adjoints, de dire la vérité tout entière en cette circonstance.
Lorsque, dans cette fameuse nuit que j'ai passée à la commune (et plût à Dieu que je ne me fusse pas rendu à votre invitation !) vous me demandâtes mon opinion sur ce qu'il y avait à faire en cette circonstance ; je vous demandai d'abord, si vous aviez les moyens d'opposer de la résistance, et à cet effet je posai les questions suivantes :
La commune a-t-elle des armes à sa disposition ?
A-t-elle des cartouches ?
A-t-elle les moyens d'en faire confectionner ?
Sur la première question il me fut répondu : que la commune n'avait que trente fusils à sa disposition, sur lesquels, cinq à peine étaient en état de faire feu. On me répondit négativement sur les deux autres. Alors je dus dire : que si la commune n'avait pas d'autres moyens de résistance, je pensais qu'il était impossible de s'opposer au passage, et par conséquent de le tenter. Vous partageâtes mon opinion, monsieur le maire, avec vos adjoints, et vous ajoutâtes même : que vous saviez ce que c'était que de faire la guerre, et qu'il fallait, pour se défendre, d'autres moyens que ceux dont on pouvait disposer. Le commandant de la garde nationale et le commissaire de police, qui étaient aussi présents, furent du même avis. Vous savez que je ne quittai la mairie que pour me rendre à ma campagne, et qu'en sortant je dis hautement, que je prenais ce parti, afin de n'être point dans le cas de voir les arrivants, ou de me faire faire prisonnier par eux.
La conduite que vous aviez tenue dans cette circonstance fut approuvée deux jours après par monsieur le préfet, et des remerciements ont été faits par beaucoup de propriétaires qui ne voyaient que la destruction de la ville de Grasse, si la mairie avait tenu une autre conduite.
Par quelle fatalité veut-on maintenant me faire un crime de mon opinion en cette circonstance, et dire officieusement que j'ai paralysé le courage et la bonne volonté des habitants de Grasse ? Qu'étais-je pour produire cet effet ? J'étais un simple citoyen qui émettait son opinion, et qui n'était point en position de donner des ordres, ni de faire

des dispositions. C'est donc à tort que l'on m'inculpe pour un pareil fait. Vous aviez le droit, Monsieur le Maire, de prendre tel parti que vous auriez voulu, et certes, ce n'est point moi qui vous en ai empêché.

Maintenant on pousse l'infamie jusques à dire, que les scélérats qui ont été piller et dévaster mes propriétés situées sur les teroirs des communes de Valbonne et de Mougins, ont trouvé dans un vieux secrétaire, qui ne ferme seulement pas, des lettres de l'île d'Elbe et des Proclamations de Napoléon. La méchanceté est poussée trop loin, elle doit avoir un terme. Je viens réclamer de vous, monsieur le maire, un acte de toute justice ; c'est celui de faire connaître à vos concitoyens la conduite que j'ai tenue dans la nuit du 28 février. Si, comme je l'espère, vous vous rendez à ma demande, je ne doute point qu'alors l'opinion des habitants de la ville de Grasse ne redevienne ce qu'elle avait toujours été à mon égard, et qu'ils ne me conservent leur estime à laquelle j'attache beaucoup de prix, et que ma conduite n'a pu me faire perdre. Si cependant on m'attribuait d'autres torts, je demande et je provoque même, qu'une plainte ou dénonciation en forme soit dirigée contre moi, afin que j'aie par là les moyens de me justifier de tout ce dont je serais inculpé. Un honnête homme, qui n'a rien à se reprocher, doit désirer qu'une pareille démarche soit faite à son égard, et je la sollicite de la justice des autorités de Grasse.

Quant à la menace du pillage de mes maisons, je ne dois point la craindre, puisqu'elles sont sous votre sauvegarde et sous celle de la loi.

Veuillez, monsieur le maire, m'honorer d'une réponse et croire à la considération distinguée avec laquelle

J'ai l'honneur de vous saluer,
Comte Gazan.

Paris, le 19 août 1815

P. S. (manuscrit) : Les faits qui sont relatés dans la présente lettre n'ont point été démentis, et je sais que la crainte seule inspirée par quelques habitants de la ville de Grasse, d'ailleurs fort mal notés dans l'opinion, a été la cause que la mairie de Grasse n'a point répondu à la présente lettre, à laquelle je donnai la plus grande publicité.

Discours prononcé sur la tombe de M. le lieutenant-général comte Gazan, pair de France, par M. F.-P. Gazan, juge d'instruction de l'arrondissement de Grasse, le 11 avril 1845

Messieurs,

Une vie glorieuse et chère vient de s'éteindre, et, auprès de ce cercueil prêt à disparaître à nos yeux, la fierté de nos souvenirs pourrait être aussi grande que l'amertume de nos regrets. C'est la ville de Grasse qui avait donné à la France le général Gazan, et le nom du général Gazan est aujourd'hui gravé sur le bronze consacré à nos victoires ; c'est au milieu de nous ou de nos pères qu'il avait commencé à aimer son pays, et l'Europe entière a gardé la mémoire des services que son pays a reçus de lui.

Dès les premiers temps de cette lutte inégale engagée par tant de peuples contre nous seuls, le général Gazan comptait déjà avec honneur dans la foule de braves qu'avait enfantés notre sol pour repousser l'invasion étrangère. Il prit part, depuis lors, sur les frontières du Rhin, à la plupart des combats qu'eurent à soutenir nos infatigables cohortes, et ce fut à force d'actions d'éclat, au prix de son sang plusieurs fois répandu, qu'il franchit rapidement tous les grades, pour mériter enfin, à Zurich, celui de lieutenant-général, qui lui fut décerné sur le champ même de bataille. L'Italie, l'Allemagne, l'Espagne devinrent ensuite les divers théâtres de ces hauts faits d'armes qui lui valurent si souvent les ovations de la reconnaissance publique. Tacticien consommé autant que soldat intrépide, aussi calme au milieu du feu qu'il était impétueux dans l'attaque, plus d'une fois il eut le bonheur de fixer le sort de ces batailles qui ont illustré les plus grands de nos capitaines. Lorsqu'un archiduc d'Autriche dirigeait contre la France les forces coalisées des États du Nord, le général Gazan commandait une de ces divisions, si faibles en nombre, qui eurent à soutenir le premier choc des légions ennemies. L'histoire est là pour nous redire les manœuvres savantes de nos plus habiles guerriers contre l'irruption qui menaça alors notre territoire ; l'histoire nous montre le général Gazan se signalant encore, au milieu de tant d'héroïsme, par les conceptions de son heureuse stratégie, par la hardiesse et la promptitude de son exécution. À Diernstein, douze mille Français sont débordés par trente mille Russes, et les colonnes ennemies les ont déjà cernés de toutes parts ; rendre les armes ou affronter mille morts, est la seule alternative qui leur reste. Le général Gazan, ne prenant conseil que de sa valeur, s'élance avec ses bataillons sur le rempart de baïonnettes qui l'enveloppe ; il s'ouvre un passage, à travers le fer et la muraille de l'ennemi, et l'armée française échappe à sa destruction. Plus tard, lorsque c'est en Espagne qu'il va commander en chef plusieurs divisions réunies, lorsqu'il est souvent appelé à tenir dans ses mains le bâton des maréchaux de l'Empire, il déploie, avec un nouvel éclat, les inépuisables ressources de son génie et de son courage, dans cette guerre d'extermination, qu'il fallait soutenir tout à la fois contre les assassinats des guérillas et contre de puissantes armées. Au milieu des périls et des privations de tous les genres, maintes fois en butte à la faim et dépourvu de tout, il maintient la discipline au sein de ses troupes, et il sait encore les rendre victorieuses. Après un des combats les plus meurtriers pour le général Wellington, des volontés trop timides laissaient s'éloigner en bon ordre l'armée anglo-portugaise, comme si la victoire n'était pas à nous ; réuni en conseil au maréchal qui commandait et au roi Joseph en personne, le général Gazan proclame que Wellington est battu ; il veut qu'on le poursuive, qu'on achève une défaite certaine, et sa voix n'est pas écoutée ; seul alors à la tête de quelques escadrons, il se précipite sur l'armée qui se retire, et, comme il l'avait prévu, ce dernier coup détermine la déroute de l'ennemi, qui lui abandonne de nombreux prisonniers et une partie de ses canons. À Vitoria, quand tout espoir semblait perdu, quand l'armée française, déjà presque sans direction, allait fléchir sous des destins contraires, il ouvre tout à coup devant elle une voie de salut, en se rendant maître d'un pont que l'on ne songeait pas même à attaquer. À une époque plus malheureuse pour nos armes, c'est lui encore qu'on retrouve aux côtés du maréchal Soult, dans cette immortelle retraite de Toulouse, dernier honneur de nos Aigles renversés.

Mais, messieurs, ce n'est point dans ce lieu funèbre qu'il serait permis de retracer en détail tous les jours mémorables d'une vie qui en a compté un si grand nombre. Le nom du général Gazan est trop souvent écrit dans les plus brillantes pages de nos annales, et c'est dans les bulletins de nos triomphes, qu'il faut aller relire ce que fut celui qui le porta, celui que l'Empereur, loin de sa patrie, aimait encore à nommer, parmi ses lieutenants le plus sûrement éprouvés.

La seconde partie de son existence ne vous est pas moins connue ; aucun de vous n'a oublié le noble sentiment qui l'éloigna de sa carrière, à un âge où il aurait pu encore la pousser si loin. Toujours fidèle à son drapeau d'affection, il ne tarda pas à quitter l'armée, après nos revers de 1814 ; lui aussi, à cette époque d'épreuve, aurait pu conserver son grade et ses honneurs. En acceptant la coopération qui lui fut proposée à la condamnation du maréchal Ney, il aurait pu fixer près de lui le crédit et la fortune ; il aima mieux briser son épée. Quinze années de défaveur, de suspicion, de rancunes ne lassèrent point son inflexible constance. Il ne voulut sortir de son inaction qu'après la révolution de 1830, quand la bannière qu'il avait défendue se leva de nouveau sur sa patrie régénérée. Mais alors, et dès les premiers jours, malgré l'incertitude d'un avenir rendu menaçant par tant de passions brûlantes, il n'hésita pas à se dévouer encore à la France, et dans le commandement si dangereux qu'il accepta, il fut aussi fort, aussi inébranlable contre le déchaînement des partis, qu'il l'avait été sur les champs de bataille.

Nous l'avons vu ensuite, vaincu par la fatigue et par les ans, venir demander à sa terre natale le repos de ses vieux jours. Dans ces dernières années qu'il a passées avec nous, comme en famille, qui de nous, messieurs, n'a été touché de ces habitudes si paisibles et si simples dont il avait composé sa vie ? Revenu dans nos rangs, comme s'il n'en était jamais sorti, c'est seulement quand il pouvait se rendre utile, qu'il se souvenait de sa place élevée parmi les illustrations de notre temps. Accessible et affable pour tous, aussi modeste dans l'emploi de sa fortune que dans ses relations sociales, moins jaloux d'imposer par ses titres que de se concilier l'affection, il était pour nous, comme un ami que nous respections par le cœur bien plus encore que par le sentiment de son élévation et de ses dignités. Chacun de nous se rappellera à jamais avec quel soin il s'efforçait d'éloigner les occasions de retracer les événements qui honoraient le plus son existence ; en particulier comme en public, il s'était fait du silence une constante loi, et cette modestie que nous remarquions à peine, tant il nous y avait habitués, nous pouvons d'autant mieux l'apprécier aujourd'hui, que nous sentons plus vivement combien elle était grande. Messieurs, le général Gazan pouvait remettre le soin de sa renommée à la justice de la nation et à l'impartialité de l'histoire. Au moment où les derniers honneurs lui sont rendus, c'est surtout à la rare aménité de ses manières et à son caractère toujours si égal et si bon, que j'ai voulu payer, au nom de tous, un juste tribut de reconnaissance.

À nous maintenant d'entourer de nos respects, de prendre dignement sous notre garde ces précieuses dépouilles qu'il est venu léguer à ses concitoyens. Puisse-t-il, dans ce moment suprême, entendre encore, avec l'expression de nos regrets, celle du souvenir ineffaçable des bienfaits qu'il a répandus autour de lui ! Adieu, âme grande et généreuse ; adieu, toi qui n'as passé au milieu de nous que pour te faire aimer. Comme homme public, tu vivras dans la mémoire publique ; comme homme privé, tu vivras dans nos cœurs. Ami de mon père, mon bienfaiteur, adieu, adieu !

Discours prononcé sur la tombe de M. le lieutenant-général comte Gazan, pair de France, par M. le Docteur Maure

Messieurs,
C'est un solennel et douloureux événement, pour la ville qui l'a vu naître, que d'accompagner à sa dernière demeure le plus illustre de ses enfants.

Comment, au milieu de la vive douleur et du respect profond qui réunissent tant de citoyens autour d'une tombe prête à se fermer à jamais, comment parler de l'homme qu'ils admirent et qu'ils pleurent d'une manière digne de leurs sentiments ? comment rappeler les exploits du grand capitaine, en termes dignes de lui ?

Je ne l'essaierai pas.

Car des paroles que trouble la douleur, ne répondraient pas à l'immensité de vos regrets, et seraient impuissantes à retracer cette vie pleine de jours et ces jours pleins de gloire. D'ailleurs, les souvenirs de tous ceux qui entourent ces restes mortels sont plus éloquents que mes paroles.

Qui de nous ignore les faits d'armes et la noble conduite qui ont fait du général Gazan un des plus hauts dignitaires de la France ? Et, pour rappeler tous les combats où son intrépide valeur a servi la patrie, ne faudrait-il pas rappeler toute l'histoire militaire de cette grande époque qui a couvert notre pays de gloire ?

Tout le continent européen a été le théâtre de ses exploits : l'Italie, la Suisse, l'Autriche, la Pologne, l'Espagne l'ont tour à tour vu victorieux. À Zurich, l'impétuosité de son attaque décide le succès de cette bataille qui sauve la France. Gênes le voit, au combat de la Coronata, tomber glorieusement à la tête de ses troupes victorieuses ; mais le génie de la France ne voulait pas qu'il succombât à ses blessures, et la victoire avait encore besoin de lui. Aussi elle le retrouve à Diernstein, où l'un des plus beaux faits d'armes de nos annales militaires lui valut d'être fait grand officier de la Légion d'honneur. Elle l'attendait encore au siège si mémorable de Saragosse, pour lui en décerner l'honneur.

Mais pourquoi le suivre sur les champs de bataille qui furent pour lui des champs de victoire ? Vous n'ignorez pas ses services éclatants. Soit que son bras exécute les projets que l'habile sagesse de nos plus grands généraux avait tracés, soit qu'il conçoive lui-même le plan de ses immortels combats, la bravoure, la fidélité à la France, l'honneur, la gloire, voilà ce que l'on trouve dans la carrière éternellement mémorable de celui que nous pleurons.

Et quand, après ces victoires, il fut en des temps difficiles, appelé à commander une de nos plus populeuses cités, avec quelle profonde sagesse, il sut allier la modération à l'énergie, et se montrer aussi grand citoyen qu'il avait été grand capitaine.

Le nom du général victorieux brille sur l'éternel monument élevé à nos armes glorieuses, et il perpétuera son souvenir dans les âges futurs ; mais son inaltérable bonté, et l'admirable simplicité dont il aimait à couvrir l'éclat de sa gloire, feront vivre à jamais sa mémoire dans le cœur de tous ceux qui l'ont connu. Oh ! combien je voudrais, moi qu'il honora d'une amitié constante, combien je voudrais être capable de retracer toutes les qualités qui ornaient sa belle âme !

Les pauvres savent seuls combien il était bienfaisant et généreux ; car s'il savait faire le bien, il savait aussi se cacher pour le faire, ajoutant ainsi la charité chrétienne à toutes les vertus qui honoraient le citoyen et le guerrier.

Nous pouvons pleurer l'homme que nous étions habitués à voir et à aimer ; le concitoyen, l'ami, le père est mort ; mais le grand général ne l'est pas. Les services qu'il a rendus à son pays le font immortel. Il vivra éternellement à travers les âges, il vivra avec les nobles compagnons d'armes qu'il est allé rejoindre, et à qui nous devons cette gloire que toutes les nations envient à la France.

Annexes

Les aides de camp du général Gazan

Pendant toute sa carrière, Gazan fut très bienveillant envers ses aides de camp et sollicitait régulièrement pour eux avancement, décorations et congés. Ainsi, après la bataille de Dürrenstein en novembre 1805, il désigna plus spécialement au maréchal Mortier, parmi « *les braves qui se sont distingués* », ses trois aides de camp. En août 1806, il rappelait à M. Tabarié, chef de division au ministère de la Guerre, sa promesse de présenter au ministre ses demandes du grade de colonel pour le chef d'escadron Tripoul et du grade de chef de bataillon pour le capitaine Maingarnaud, « *qui possèdent toutes les qualités requises pour occuper avec distinction les emplois que je réclame pour eux, tant par leurs talents et leur bravoure que par leur ancienneté de service* ». On constate, d'après sa lettre à Berthier du 16 juin 1806, qu'il plaçait les intérêts de ses officiers au-dessus des siens : « *Ces deux officiers ont toujours servi avec la plus grande distinction, connaissent parfaitement l'instruction d'un corps, et ne demanderaient pas mieux que d'y être placés, afin de pouvoir s'instruire encore davantage, qu'ils ne peuvent le faire dans les états-majors. Veuillez donc, Monseigneur, leur être favorable, et leur reconnaissance, ainsi que la mienne, égalera le bienfait qu'ils recevront de vous.* » Ses demandes ne furent point exaucées, ces deux officiers ne réunissant pas les conditions requises. D'après certains indices, on peut dire qu'une bonne entente régnait dans son état-major. Gazan ne cessa de protéger, envers et contre tous, son aide de camp Arnaud, prévenu de nombreux méfaits.

Joseph-César Tripoul

Joseph-César Tripoul, né le 14 février 1777 à Puget-sur-Argens (Var), était le compatriote de Gazan. Il était le fils de François Tripoul, négociant, viguier, et de Marie Catherine Arnoux, fille d'un menuisier. Il était au collège des pères de la doctrine chrétienne quand éclata la Révolution. Soldat au 5e bataillon des volontaires du Var le 1er septembre 1792, sergent six jours plus tard, sergent-major le 26 décembre, il fut promu sous-lieutenant le 5 janvier 1793 et lieutenant le 26 juillet au même bataillon. Il servit à l'armée du Midi en 1792, puis à l'armée d'Italie à partir de 1793. Lieutenant à la 166e demi-brigade de bataille le 30 janvier 1794, il commença son service dans les états-majors comme adjoint à l'adjudant-général Raymond le 20 mai 1795. Après s'être distingué dans plusieurs combats, Tripoul fut nommé capitaine le 21 novembre 1796 à la 69e demi-brigade de ligne. En mars-mai 1799, il exerça à titre provisoire les fonctions de commandant de la place de Bologne et combattit avec succès les insurgés ; lors d'une attaque contre un corps de 5 ou 6 000 insurgés renforcés par un parti autrichien, Tripoul, à la tête de 500 gardes nationaux bolonais, les attaqua à Cento, les mit en déroute, leur prit 5 pièces d'artillerie et fit quantité de prisonniers. Le succès de cette attaque fut dû principalement au courage du capitaine commandant, qui se jeta dans un fossé ayant plus de quatre pieds d'eau, escalada les retranchements qui entouraient Cento, accompagné d'un seul grenadier, vint ouvrir les portes de la ville aux braves Bolonais et se rendit maître de la ville. Les magistrats de Bologne lui adressèrent des lettres de félicitations et donnèrent une fête en son honneur.

Le 3 mars 1800, Tripoul fut nommé aide de camp du général Gazan à titre provisoire. Il se distingua lors du siège de Gênes et fut blessé d'un coup de feu au bras droit au combat de la Coronata le 2 mai 1800. Le 25 décembre, à la bataille de Pozzolo, il fit 300 prisonniers à la tête d'un bataillon de la 96ᵉ de ligne ; Gazan demanda pour lui un sabre d'honneur, et Suchet appuya la demande. Le 30 janvier 1801, de Padoue, Gazan écrivit à Berthier : « *J'ai choisi pour mon troisième aide de camp le citoyen Tripoul, adjoint à l'état-major général de l'armée d'Italie.* » Devenu officiellement aide de camp de Gazan le 31 mai 1801, il fut promu chef d'escadron le 5 juillet 1802.

Le 1ᵉʳ fructidor an X (19 août 1802), de Paris, le chef d'escadron Tripoul écrivit au général Duroc, « *gouverneur du palais du gouvernement* » :

« *Général Gouverneur,*

Entré au service en 1792, en qualité de volontaire, je continue à servir depuis cette époque, & ai fait toutes les campagnes de la guerre de la Révolution.

La manière distinguée, dont je me suis comporté dans différentes affaires, notamment dans celle du passage du Mincio de l'an neuf, déterminèrent en ma faveur, la demande d'un sabre d'honneur, dont vous avez eu connaissance ; mais ayant obtenu depuis, le grade de chef d'escadron, je craindrais d'être importun en sollicitant cette 1ʳᵉ récompense.

C'est en considération de cet exposé, que j'ose vous prier, mon général, de vouloir bien engager le 1ᵉʳ Consul à me faire comprendre parmi ceux qui doivent faire partie de la Légion d'honneur, qui va se former.

Je vous serai très reconnaissant de ce que vous voudrez bien faire pour moi. »

Cette démarche n'aboutit pas.

Le 9 messidor an XII (27 juin 1804), Gazan fit une démarche en faveur de son premier aide de camp, s'adressant directement à l'Empereur :

« Sire,

Il fut fait en l'an neuf, une demande d'un sabre d'honneur en faveur de M. Tripoul, mon aide de camp, & par suite de cette demande, vous eûtes la bonté de lui accorder un brevet de chef d'escadron.

Le ministre de la Guerre lui fit espérer par une lettre, que je joins à la présente, que cet avancement, qui tenait lieu de la récompense que l'on réclamait pour lui, ne lui ôterait point le droit de faire partie de la Légion d'honneur, & qu'il se ferait un plaisir de soumettre ses services distingués au grand conseil.

Je viens donc prier Votre Majesté, au moment où le travail de la Légion se fait, de ne point oublier cet officier, qui mérite sous tous les rapports, de faire partie de ce corps honorable.

J'ai l'honneur d'être, de Votre Majesté, le dévoué serviteur. »

Tripoul lui-même écrivit aussi au grand chancelier le 18 septembre 1804 : « *Apprenant que par suite d'une disposition de S. M., tous les officiers qui ont reçu des armes d'honneur, sont officiers de la Légion, permettez que je réclame la même faveur de la justice du grand conseil. Il fut fait en l'an 10 une demande d'un sabre d'honneur pour moi ; mais je n'obtins point cette récompense, parce que je venais d'être nommé chef d'escadron, & que l'organisation de la Légion d'honneur devant se faire peu de temps après, le ministre de la Guerre me fit espérer par une lettre (que mon général vient d'adresser à S. M.) que j'y aurais les mêmes droits que ceux qui avaient déjà reçu des armes d'honneur. En effet, les actions d'éclat qui déterminèrent cette demande n'en existent pas moins, & je sais qu'elles ont été mises sous les yeux du grand conseil, par Son Exc. le ministre de la Guerre. D'après ce que je viens d'avoir l'honneur de vous exposer, je ne doute pas que S. M. l'Empereur ne me fasse jouir des mêmes avantages que mes camarades, si vous daignez lui soumettre, en grand conseil, le contenu de ma lettre. »*

Conformément à la loi, Tripoul fut donc nommé chevalier de la Légion d'honneur le 17 messidor an XII (6 juillet 1804). Il devait attendre quelques années avant d'atteindre un grade supérieur dans l'ordre.

En novembre, après la bataille de Dürrenstein, Gazan recommanda particulièrement au maréchal Mortier « *M. Tripoul, mon aide de camp, chef d'escadron, qui a reçu une balle dans son chapeau, qui a eu la lame de son sabre cassée par une balle* ». Il sollicitait pour lui le grade de colonel dans un régiment vacant, suggérant le 13e chasseurs à cheval dont le colonel venait de mourir. Cependant, le ministre Dejean stipula le 22 septembre 1806 : « *M. Tripoul ne peut être proposé pour un régiment, n'ayant servi dans la ligne que très peu de temps et dans les grades inférieurs.* »

Tripoul fit les campagnes de Prusse et de Pologne en qualité d'aide de camp du maréchal Soult. C'est lui-même qui en avait pris l'initiative, ayant réclamé la protection de Soult « *pour me faire entrer dans la garde de S. M., ou auprès de vous, si vous daigniez me l'accorder* ». Tripoul avait prévenu Gazan de sa démarche, « *qu'il approuve fort, puisqu'elle me serait avantageuse* ».

Blessé à la bataille d'Eylau d'un coup de feu à la jambe gauche, il fut admis à la retraite pour raison de santé. En août 1808, Tripoul, à l'époque major du 43e régiment d'infanterie de ligne, fut fait officier de la Légion d'honneur. Le 28 janvier 1809, il fut fait chevalier de l'Empire sous le nom de « chevalier du Reiran » par lettres patentes.

Tripoul fut rappelé à l'activité pour commander la 27e cohorte de la garde nationale en septembre 1812. En janvier 1813, il fut nommé major du 156e de ligne et fit la campagne de Saxe. Le 28 mai 1813, il fut enfin promu colonel, au 23e régiment provisoire d'infanterie, puis fut appelé à prendre le commandement des bataillons de guerre du 67e de ligne au 12e corps d'armée. Après la bataille de Leipzig, il prit définitivement sa retraite.

Le 1er octobre 1814, le vieux soldat demanda au comte d'Artois la croix de Saint-Louis, qui « *avait toujours été la récompense des braves* ». Il ne semble pas l'avoir obtenue. En mai 1815, Tripoul faisait partie du collège électoral du département du Var ; il fut désigné avec d'autres membres pour faire partie d'une délégation du département envoyée présenter leur dévouement à Napoléon. Le 23 mai 1815, il fut élu député du Var par le collège d'arrondissement de Draguignan, battant le général Bertrand de Sivray, avec 29 voix sur 52. Sous la Restauration, il payait 328,45 francs de contribution et était considéré « *ultralibéral* », comme Gazan. Il voulut d'abord se marier avec mademoiselle Cavalier, mais ses parents, royalistes, refusèrent la main de leur fille à un républicain rallié à l'Empire. Le 7 janvier 1823, Tripoul épousa Marie Amoureuse Barbe née le 18 frimaire an VII (8 décembre 1798), fille d'un agriculteur, avec comme témoin de mariage l'époux de mademoiselle Cavalier précitée. Il n'y eut pas de postérité. Il décéda dans sa ville natale le 24 mars 1827. Son frère Louis, ancien lieutenant au 2e bataillon des volontaires du Var, commissaire des guerres, avait péri en 1812 pendant la retraite de Russie. Sa veuve se remaria avec Antoine François Gavot, maire du Puget ; leur fils Émile devint vice-président du tribunal de Nice.

(Danielle et Bernard Quintin, *Dictionnaire des colonels de Napoléon*, S.P.M., 1996, pp. 847-848 et S.P.M., 2013, pp. 836-837. SHD, 2Yf 97700, dossier Tripoul. AN, LH/2631/16. *Archives de l'honneur*, tome premier, Paris, 1805, pp. 128-133. Frédéric d'Agay, *Grands notables du Premier Empire : Var*, CNRS éditions, 1988, pp. 166-168.)

Jean Maingarnaud

Jean Maingarnaud naquit le 3 mars 1772 à Ruffec (Charente) dans la famille de Jean Maingarnaud, marchand de bois pour la marine, et d'Élisabeth Chesne. En août 1792, il s'engagea dans le 4ᵉ bataillon bis des volontaires de la Charente. Sergent le 10 novembre 1792, sous-lieutenant trois jours plus tard, il servit à l'armée du Nord ; lieutenant le 25 août 1794, il fut incorporé avec son bataillon dans la 20ᵉ demi-brigade bis d'infanterie légère au premier amalgame en juin 1795. Cette demi-brigade fut versée au second amalgame le 20 février 1796 dans la 10ᵉ légère, demi-brigade commandée par Gazan. Maingarnaud servit à l'armée de Rhin-et-Moselle et fut blessé d'un coup de feu au ventre à la bataille de Rastadt le 5 juillet 1796. Il servit ensuite aux armées du Rhin, d'Allemagne, du Danube et d'Helvétie. Le 12 mai 1799, Gazan fit la demande officielle d'employer Maingarnaud en qualité de son aide de camp, ce qu'il était déjà manifestement depuis le 5 avril, date de la promotion de Gazan au grade de général ; l'affectation devint effective le 11 juin. Le général en chef Masséna le nomma capitaine pour sa bravoure au passage de la Limmat, le 26 septembre 1799 ; ce grade fut confirmé trois ans plus tard, mais avec rang à la date de sa nomination provisoire, grâce aux sollicitations réitérées de Gazan qui évoquait au ministre « *la conduite distinguée qu'il a tenue dans toutes les affaires où il s'est trouvé* ». Gazan écrira également de Lille, le 26 juin 1805, à Lacépède, grand chancelier de la Légion d'honneur : « *J'ai l'honneur de vous demander l'admission à la Légion d'honneur, de monsieur Maingarnaud, capitaine, l'un de mes aides de camp ; cet officier a d'autant plus de droits à la bienveillance de Sa Majesté Impériale et Royale, qu'il s'est non seulement distingué, mais dévoué dans toutes les affaires où il s'est trouvé, notamment le trois vendémiaire an huit, au passage de la Limmat (en Suisse). Chargé par moi d'enlever une position importante, il en chassa l'ennemi, lui prit ses deux pièces de canon, et ses caissons. Monsieur le maréchal Masséna, général en chef, sous les yeux de qui se passait l'affaire, lui en écrivit la lettre ci-jointe. Pendant cette campagne et jusqu'à la paix, il n'a cessé de mériter les suffrages et l'estime de ses chefs, il est couvert d'honorables blessures. J'ose réclamer de Votre Excellence de vouloir bien prendre ma demande en considération, et en la mettant sous les yeux de Sa Majesté, d'obtenir pour cet officier la faveur que je réclame.* » Masséna s'en mêla aussi, indiquant qu'à l'affaire du 3 vendémiaire an VIII (la bataille de Zurich), Maingarnaud avait enlevé, « *à la tête d'une vingtaine de tirailleurs, les deux seules pièces de canon qui restaient à un bataillon russe* ». Il servit ensuite au siège de Gênes et au passage du Mincio, où il mérita de nouveaux éloges de ses chefs.

Maingarnaud suivit Gazan pendant la campagne de 1805 en Autriche et se signala au combat de Dürrenstein. Le général recommanda particulièrement au maréchal Mortier « *M. Maingarnaud, un de mes aides de camp, capitaine, qui a chargé par deux fois à la tête d'une partie de l'infanterie, et qui a encore marché à la tête du 100ᵉ régiment au moment de faire la trouée* ». Mortier promit à Maingarnaud qu'il rendrait compte à l'Empereur de la part qu'il avait prise à la bataille.

Maingarnaud devint aide de camp du maréchal Lefebvre le 29 septembre 1806. Il fit les campagnes de Prusse et de Pologne, se signala au siège de Dantzig, fut cité dans un bulletin de la Grande Armée et promu chef de bataillon le 11 avril 1807. Il servit ensuite en Espagne (1808) et au Tyrol (1809). Le 5 mai 1809, Maingarnaud fut promu colonel tout en continuant son emploi d'aide de camp. Il fut fait chevalier de l'Empire par décret du

15 août 1809. Le 17 septembre 1810, il reçut sous ses ordres le 96ᵉ régiment d'infanterie de ligne en Espagne. Le colonel Maingarnaud fut tué à la bataille de Chiclana en Andalousie, le 5 mars 1811. Il était chevalier de la Légion d'honneur depuis le 24 avril 1806, de l'ordre militaire de Saint-Henri de Saxe, de l'ordre de Joseph-Maximilien de Bavière et de l'ordre militaire de Bade. Sa femme Marie Catherine Madeleine Souiris, née à Ajaccio, était intimement liée à celle des Bonaparte, et en particulier à Madame Mère ; il l'avait épousée le 11 juillet 1803 à Turin.

(Danielle et Bernard Quintin, *Dictionnaire des colonels de Napoléon*, S.P.M., 1996, pp. 561-562 et S.P.M., 2013, pp. 553-554. Stéphane Calvet, *Dictionnaire biographique des officiers charentais de la Grande Armée*, Les Indes savantes, 2010, pp. 192-193. SHD, 2Ye 2461, dossier Maingarnaud. LH/1696/25.)

Claude François Cosme Monnot

Claude François Cosme Monnot était originaire de Saint-Vit (Doubs). Né le 26 septembre 1770, il était le fils de François Monnot, chirurgien, et de Françoise Michaud. Il fut élu sous-lieutenant au 5ᵉ bataillon des volontaires du Doubs le 5 août 1792 et passa avec ce grade à la 11ᵉ demi-brigade légère commandée par Gazan au premier amalgame le 11 juillet 1794, puis à la 10ᵉ légère au second amalgame le 20 février 1796. Monnot servit avec son unité sur le Rhin, la Moselle et le Danube. Alors qu'il servait à l'armée de Rhin-et-Moselle, le chef de brigade Gazan le nota ainsi : « *Sous-lieutenant, a bonne vue, est bon marcheur et n'est atteint d'aucune infirmité ; sait lire et écrire, possède les éléments du calcul, connaît l'instruction des détails, a beaucoup de fermeté et d'intelligence, remplit parfaitement ses devoirs et a toujours eu une bonne conduite avant et pendant la Révolution.* » Le 26 mai 1799, il fut promu lieutenant à la 10ᵉ légère. Le 25 septembre 1799, il fut blessé d'un coup de feu à la jambe gauche au passage de la Limmat, où il prit un canon. Il devint aide de camp de Gazan le 2 avril 1800, fut blessé à l'affaire du 2 mai et ensuite à nouveau d'un coup de feu à la poitrine le 21 mai 1800. Nommé capitaine à titre provisoire le même jour, il eut son grade confirmé le 9 août 1800. Masséna le cita avantageusement.

Monnot fit les campagnes de la Grande Armée avec Gazan et fut nommé chef de bataillon le 2 janvier 1807. Le 16 janvier, il fut incorporé au 88ᵉ de ligne. Il fit campagne en Espagne avec cette unité et se signala à la bataille d'Ocaña. Chevalier de la Légion d'honneur depuis le 17 janvier 1805, il fut fait officier de l'ordre le 17 décembre 1809 et chevalier de l'Empire par lettres patentes le 9 mars 1810. Il montra à la bataille d'Albuera « *un courage au-dessus de tout éloge* ». Major en second le 6 août 1811, il fut attaché à l'état-major du 5ᵉ corps d'armée. Le maréchal Soult le chargea ensuite du commandement provisoire du 40ᵉ de ligne d'octobre à décembre 1811. Le 12 juillet 1812, Monnot fut fait major au 117ᵉ de ligne, puis promu colonel du 21ᵉ léger le 16 juillet 1813. Il guerroya ensuite dans le sud-ouest de la France. Parmi ses blessures, on cite un coup de feu à la jambe gauche « *devant Chinchilla* » le 5 octobre 1812, un éclat d'obus à l'épaule gauche à Orthez le 27 février 1814, et enfin une grave blessure par un boulet à la jambe gauche à Toulouse le 10 avril 1814.

Le 30 avril 1814, le colonel Monnot fit à Montpellier la déclaration suivante : « *Je déclare que j'adhère aux actes du Sénat conservateur et du gouvernement provisoire relatifs au rétablissement de Louis XVIII au trône de Saint Louis et d'Henry IV, et que je jure fidélité et soumission à Sa Majesté.* » Fait chevalier de Saint-Louis le 14 novembre 1814 (décoration qu'il avait sollicitée et à laquelle il disait attacher « *le plus grand prix* »), mais mis en non-activité le 20 décembre 1814, Monnot accueillit avec joie le retour de Napoléon. Le 19 mars 1815, il écrivit au grand maréchal Bertrand : « *Une blessure grave que j'ai reçue devant Toulouse et dont je souffre encore m'a empêché de voler au-devant de Sa Majesté. Mes vœux l'accompagnaient, ils sont exaucés. Daignez, Monseigneur, présenter à Sa Majesté l'hommage de ma fidélité et de mon dévouement. L'attachement inviolable que je lui ai conservé a été cause de mon renvoi en demi-solde. Je n'ai point regretté de ne pas servir ceux qui déshonoraient le thrône* (sic) *et l'armée.* » Il envoya une lettre identique au maréchal Davout, ministre de la Guerre, en ajoutant : « *Sans des douleurs qui m'empêchent de faire des marches forcées, j'aurais volé sous les Aigles de Sa Majesté à la première nouvelle de son débarquement en France.* » Il fut nommé, pendant les Cent-Jours, commandant du département de l'Ain, puis commandant d'armes par intérim à Besançon, et enfin commandant de la garde nationale du département de la Dordogne. Remis en non-activité le 1er août 1815, Monnot fut mis à la retraite par ordonnance du 21 août 1822. Il était marié depuis le 28 février 1802 avec Jeanne Françoise Michaud. Il décéda le 16 août 1851 à Cussey-sur-l'Ognon (Doubs).

(Danielle et Bernard Quintin, *Dictionnaire des colonels de Napoléon*, S.P.M., 1996, p. 622 et S.P.M., 2013, p. 613. SHD, 3Yf 85564, dossier Monnot. LH/1911/5. Archives départementales du Doubs, état civil.)

Antoine d'Espérandieu

Antoine d'Espérandieu naquit le 17 mai 1774 à L'Isle-sur-la-Sorgue. Engagé à 16 ans à l'armée du Nord en 1791, il était sous-lieutenant lorsqu'il fut fait prisonnier par les Anglais lors de la prise de Malte. Il rentra en France deux ans après et fit les campagnes de 1806 et 1807 avec l'Empereur. Le 24 avril 1806 (le même jour que Maingarnaud), le lieutenant Espérandieu du 58e régiment fut fait chevalier de la Légion d'honneur. L'insigne mit pourtant beaucoup de temps à arriver ; en attendant, le récipiendaire fut autorisé à porter le ruban. Après la mort du général Campana, dont il était aide de camp, à la bataille d'Ostrolenka le 16 février 1807, le général Gazan le prit pour aide de camp. Le 28 octobre 1808, le grand chancelier de la Légion d'honneur écrivit à Gazan : « *J'ai l'honneur de vous adresser, monsieur le général et cher confrère, un aigle d'argent, pour M. le capitaine Espérandieu, votre aide de camp. Je vous délègue, à cet effet, conformément aux ordres de Sa Majesté impériale et royale.* » Le général Pépin disait de lui qu'il « *n'est pas joli, mais il est bel homme et fort aimable. Je lui crois un cœur excellent et, ce que je sais pertinemment, c'est un brave. Doué d'un caractère fort doux, il sait se faire aimer de tous ceux qui le connaissent, m'a dit Gazan.* » À la bataille d'Albuera où périt le général Pépin, Espérandieu fut blessé au bras droit d'un coup de sabre. Il resta aide de camp de Gazan jusqu'en 1812. En décembre 1812, Espérandieu fut promu chef de bataillon et passa au 103e de ligne. Il commanda la 34e demi-brigade provisoire en 1813, le 29e régiment provisoire en 1814, le 2e bataillon de guerre du 62e de ligne en 1815. Il avait combattu à Leipzig. Il était chevalier de Saint-Louis du 19 juillet 1814, ce qui ne l'empêcha point de provoquer dans sa troupe une souscription volontaire de 600 francs pour collaborer aux frais de guerre. Le 19 janvier 1815, Espérandieu avait épousé, à Pont-Saint-Esprit, Anne

Gabrielle Christine Pépin (1791-1854), fille du général Pépin. Il décéda le 26 mars 1854 à Pont-Saint-Esprit.

(« Un soldat de l'Empire : le général Joseph Pépin (1765-1811) », in *Carnet de la Sabretache*, 1932, p. 213. LH/2784/16. SHD, C8 363.)

Jean Maurice Victor Vincent de Paul Fabreguettes

Né le 20 juillet 1786 à Lodève (Hérault), fils d'un fabricant de drap, Jean Maurice Victor Vincent de Paul Fabreguettes entra en 1806 aux vélites de la Garde impériale. Il passa sous-lieutenant au 13e régiment provisoire le 4 avril 1808. Grièvement blessé d'un coup de baïonnette à la bataille de Medina de Rioseco le 14 juillet 1808, il fut employé à l'état-major du maréchal Bessières dès le 8 août 1808. Il passa à l'état-major du maréchal Soult le 13 novembre de la même année, « *immédiatement après l'affaire de Burgos* » où il avait été grièvement blessé d'un coup de baïonnette. La liste des batailles et sièges auxquels il participa est impressionnante : Villafranca, Lugo, La Corogne, Chavès, Braga, Porto, Arzobispo, Sierra Morena, Olivença, Badajoz, La Gébora, Albuera (où il fut blessé « *très dangereusement* »). Il servit « *constamment avec zèle, activité et le plus grand dévouement* ». La mort du général Werlé à Albuera avait empêché Fabreguettes de devenir son aide de camp, alors que la nomination était déjà faite. Depuis le 17 juin 1811, il fut employé à l'état-major général de l'armée d'Espagne, et le 27 novembre 1812, il devint aide de camp de Gazan. Fabreguettes fut promu capitaine le 17 janvier 1814. Dès le 1er mai 1814, il fut mis en demi-solde, mais reprit ses fonctions d'aide de camp auprès de Gazan en 1815, avant d'être remis en demi-solde le 15 mars 1816. Il était chevalier de la Légion d'honneur depuis le 27 décembre 1814. Le 1er août 1821, il fut admis à la retraite par ordonnance royale. Le 7 juillet 1822, il épousa Rose Antoinette Aimée Cavalier, née le 18 août 1803 à Saint-Vallier (Alpes-Maritimes). Il était chevalier de la Légion d'honneur depuis le 27 décembre 1814.

Sous la monarchie de Juillet, le capitaine Fabreguettes revint au service et fut nommé commandant de place à Châteauneuf le 24 septembre 1830, puis adjudant de place à Antibes le 18 avril 1831. Il prit définitivement sa retraite le 22 mars 1846 et décéda le 18 septembre 1863 à Saint-Vallier.

(SHD, 4Yf 29379. LH/922/39. Archives départementales de l'Hérault et des Alpes-Maritimes, état civil.)

Les Gazan en 1815 : fin de la confusion

On confond souvent le général Gazan de la Peyrière avec un autre général Gazan appartenant à une branche différente de la famille, dont nous donnons ci-dessous une biographie succincte. Marie Joseph Gazan se trouvait à Antibes au moment du retour de Napoléon de l'île d'Elbe. En 1815, un autre Gazan croisa le chemin de Napoléon revenant d'exil : Alexandre Zacharie Alexis Nicolas Gazan, ancien élève de l'École polytechnique, né le 7 mars 1792 à Antibes. Capitaine d'artillerie en demi-solde en 1815, il fut présenté par le général Drouot à l'Empereur comme « *le neveu du général Gazan* » et persista dans son refus de rompre le serment prêté au roi, se chargeant seulement d'un exemplaire manuscrit d'une proclamation de Napoléon pour le remettre aux autorités d'Antibes. Il deviendra colonel d'artillerie, directeur de l'artillerie à Toulon en 1848 et commandeur de la Légion d'honneur par décret du 12 mars 1857 (LH/1103/30). Resté célibataire, il décédera à Antibes le 11 janvier 1887. C'est lui l'auteur de l'opuscule sur « *le débarquement de Napoléon au golfe Juan* », avec l'historien local Paul Sénequier.

Marie Joseph Gazan

Né à Antibes le 23 mai 1785, Marie Joseph Gazan était le fils d'Emmanuel Gaspard Gazan, « *bourgeois* », et de Marie-Thérèse Vial. Il aurait fait ses études à l'école militaire de Sorèze, avant d'entrer à l'École polytechnique. Il fut ensuite employé à la légation française à Malte, d'août 1802 à janvier 1804. Le 20 janvier 1804, il fut admis à l'école militaire de Fontainebleau. Il en sortit sous-lieutenant. Il servit ensuite au 24e de ligne, avant d'être fait aide de camp du général Vial, son oncle. Il fit les campagnes de 1806-1807 à la Grande Armée, servit en Espagne de 1808 à 1812, puis en Allemagne en 1813, où le général Vial perdit la vie à la bataille de Leipzig en octobre. Gazan fut blessé plusieurs fois : à Iéna, Eylau, Talavera, devant Cadix (mars 1811, à la bataille de Chiclana), Dresde et Leipzig.

Il convient de se reporter aux souvenirs de Paulin pour connaître les détails de l'emploi du temps du commandant Marie Joseph Gazan le 1er mars 1815, au moment du débarquement de Napoléon. Le 30 mai 1815, le général Gazan de la Peyrière demanda que le « *chef d'escadron* » Gazan fût employé près de lui ; cela n'aboutit à rien. Sous la Restauration, il fut employé à l'inspection de la 1re division militaire, passa ensuite dans le cadre de l'état-major et obtint, en qualité de lieutenant de roi, le commandement de l'île Sainte-Marguerite, qu'il exerça pendant quatre ans. Dès 1821, il fut affecté à l'état-major de la place de Paris. Promu colonel le 27 décembre 1822, Gazan fut employé à la 1re division militaire et fait baron par ordonnance du 10 février 1824. Sous la monarchie de Juillet, il reçut le titre personnel de baron par lettres patentes du 30 octobre 1830, avec ce règlement d'armoiries : « Coupé : au I, d'azur à une épée haute d'argent, montée d'or, accostée de deux oliviers du même ; au II, d'or à un orme de sinople, terrassé du même, surmonté de trois étoiles d'azur et à une pie au naturel posée au pied de l'arbre à dextre. » Nommé maréchal de camp le 31 décembre 1835, il obtint le commandement du département de la Saône-et-Loire, puis de celui de l'Eure en 1839. Promu lieutenant-général le 20 avril 1845, il fut nommé directeur du personnel et des opérations militaires du ministère de la Guerre. Il fut mis à la retraite le 17 avril 1848 et mourut du choléra en juin 1849 à Paris. Il était grand officier de la Légion d'honneur et chevalier de Saint-Louis. Sa femme s'appelait Virginie de Saint-Pierre, fille du célèbre écrivain Bernardin de Saint-Pierre.

(SHD, 2Yd 1184. LH/1103/35 : dossier Marie Joseph Gazan. *Dictionnaire de biographie française*, tome 15, Paris, 1982. Général Paulin, *Souvenirs*, Paris, 2002.)

Bibliographie

Sources manuscrites

Archives départementales des Alpes-Maritimes : état-civil d'Antibes, Grasse, La Colle, La Roquette-sur-Siagne, Mougins, Saint-Vallier, Vallauris ; cadastre napoléonien de Grasse et de Mougins ; recensement de la population de Grasse au XIXe siècle.
Archives départementales de l'Hérault : état-civil de Lodève.
Archives de Paris : état-civil.
Archives départementales des Bouches-du-Rhône : état-civil de Marseille.
Archives départementales du Bas-Rhin : état-civil de Molsheim, Nordhouse, Sélestat, Strasbourg, Wolxheim ; C 193.
Archives départementales du Doubs : état-civil de Saint-Vit et de Cussey-sur-l'Ognon.
Archives départementales du Rhône : état-civil de Lyon et d'Oullins.
Archives départementales du Var : état-civil de Puget-sur-Argens et de Toulon.
Archives nationales d'outre-mer, Algérie : état-civil de la commune de Bône.

Centre de documentation du Musée d'art et d'histoire de Provence (Grasse), MF 3 : fonds Gazan. Quelques objets ayant appartenu au général sont conservés au musée.

Service historique de la Défense (SHD)

6Yd 12 : dossier Ney.
7Yd 336 : dossier Gazan de la Peyrière.
2Yd 1184 : dossier Marie Joseph Gazan.
2Ye 2461 : dossier Maingarnaud.
2Yf 97700 : dossier Tripoul.
3Yf 85564 : dossier Monnot.
4Yf 29379 : dossier Fabreguettes.

14Yc 38 : Infanterie (1786-An III), 27e régiment.

Sous-série 1M : Mémoires et reconnaissances

1M 335 : *Campagne de l'armée de Rhin-et-Moselle en 1796*, par le chef d'escadron Courier.
1M 336-342 : *Journal du général de brigade Decaen, Relation de la bataille de Neresheim* par le capitaine Perrin-Solliers, *Journal des opérations militaires par le corps de troupes aux ordres de Desaix, du 12 prairial au 6 messidor an IV, Journal des opérations du 6 messidor au 30 vendémiaire an V, Journal des marches de l'armée de Rhin-et-Moselle, 1796.*

1M 347 : *Journal de la 5ᵉ campagne de l'armée de Rhin-et-Moselle, 12 prairial an IV – 22 nivôse an V*, par Reynier.

1M 349-350 : Relations du siège de Kehl.

1M 354 : Campagnes des armées du Centre, de la Moselle, de Rhin-et-Moselle (1792-1795).

1M 355 : Campagnes des armées du Rhin et de Rhin-et-Moselle (1793-1797).

1M 356 : Armée de Mayence, bulletins historiques décadaires.

1M 365 : *Rapport du général Oudinot, commandant l'avant-garde, de la journée du 6 au 7 prairial an VII*. Armée du Danube, bulletins historiques mensuels du 1ᵉʳ ventôse an VII au 30 frimaire an VIII.

1M 448 (imprimé) et 1M 1943 : *Journal historique des opérations du centre de l'armée, depuis le 15 messidor an VIII jusqu'au 29 nivôse an IX. Journal historique des opérations du centre de l'armée, depuis le 15 messidor an VIII jusqu'au 28 nivôse an IX*, par Préval.

1M 450 : *Situation du centre au 15 vendémiaire an IX. Journal historique de la lieutenance du centre dans la campagne de l'an IX*, par Martinel, chef de section des ingénieurs-géographes.

1M 627 : Grande Armée, 1805.

1M 653 : Grande Armée, 1806-1807.

1M 659 : *Campagnes de Prusse et de Pologne, 1806-1807*, par Tranchant de Laverne.

1M 767-780 : *Relation circonstanciée de la bataille d'Orthez*, par Dulamon. *Notes sur l'armée du Midi (1811-1812)*, par le chef d'escadron Massoni. *Mémoire sur la retraite des armées françaises et relation de la bataille de Vitoria*, par le chef d'escadron Moline de Saint-Yon.

1M 1943 : *Gênes – Le Var – Marengo*, par le général Préval. *Rapport du général Gazan sur les opérations de la division depuis le 26 frimaire jusqu'au 29 nivôse an IX. Situation de l'armée d'Italie au 30 thermidor an VIII.*

Sous-série 4M : Historiques anciens des corps de troupe

4M 36 : *Le régiment de Lyonnais, 1616-1794*, par Sadi Carnot, Lyon, 1929.

4M 55 : *Historique du 54ᵉ régiment d'infanterie de 1657 à 1898* (manuscrit).

4M 56 : *Historique du 56ᵉ régiment d'infanterie de ligne*, par le capitaine adjudant-major Lemaitre, manuscrit, 1869.

4M 87 : Historiques du 100ᵉ régiment d'infanterie.

4M 88 : Historiques du 103ᵉ régiment d'infanterie.

Série B : Révolution

B2 77, B2 115, B2 211-212, B2 235, B2 238, B2 317, B2 323-343, B2 360, B2 365.
B3 69-71, B3 77, B3 240, B3 243, B3 259-260, B3 263, B3 265, B3 377-378.
B5 135.
B13 186, B13 189, B13 192, B13 194, B13 286-303.

Série C : Empire

C1 34.
C2 7-9, C2 28, C2 38, C2 201, C2 232, C2 381, C2 469, C2 481, C2 493, C2 499.
C8 20-21, C8 104, C8 106-112, C8 356, C8 363, C8 374.

Bibliographie 465

C16 21.
C17 92.

Divers

2K 40 (renseignements sur la ville de Grasse au XVIIIe siècle), Xb 328 (10e demi-brigade légère, an IV – an XII), Ya 242 et Ya 243 (compagnie écossaise), Yb 18.

Archives de la Légion d'honneur

LH/1103/38 : dossier Gazan de la Peyrière.
LH/1103/30 : dossier Alexandre Zacharie Alexis Nicolas Gazan.
LH/1103/35 : dossier Marie Joseph Gazan.
LH/1284/25 : dossier Henriod.
LH/1613/3 : dossier Adrien Alfred Lescouvé.
LH/1613/4 : dossier Louis Alexandre Augustin Lescouvé.
LH/1613/5 : dossier Théodore Paul Lescouvé.
LH/30/21 : dossier Fortuné Louis Oscar Amic-Gazan.
19800035/306/41197 : dossier Léon Adrien Lescouvé.
LH/2631/16 : dossier Tripoul.
LH/1696/25 : dossier Maingarnaud.
LH/1911/5 : dossier Monnot.
LH/922/39 : dossier Fabreguettes.
LH/2784/16 : dossier d'Espérandieu.

Archives nationales (AN)

Archives du pouvoir exécutif : AF III 200 (états de situation de l'armée de Mayence, an VI – an VII), AF IV 1037 (Légion d'honneur), AF IV 1040 (titres et dotations), AF IV 1115-1116 (inspections et revues), AF IV 1158 (gendarmerie et police militaire), AF IV 1199 (états de situation), AF IV 1436, AF IV 1615[1] et 1615[2] (corps d'armée du maréchal Mortier en 1808), AF IV 1622 (le siège de Saragosse), AF IV 1626 (correspondance sur l'Espagne), AF IV 1630-1634 (l'armée du Midi).
CC 487, 494, 497 : Composition de la Chambre des pairs : ordonnances de nomination et de transmission, déclarations, admissions. 1814-1847.
CC 988 : Chambre des pairs impériale. 3 juin –7 juillet 1815.
F1bI 161/7 : Dossiers individuels administratifs : dossier Gazan de la Peyrière, sous-préfet.
F1cIII Var 3, F1cIII Var 4, F1cIII Var 12 : esprit public et élections.
F3II 10 : Var (Grasse), correspondances diverses.
O1 3673, O1 3674, O1 3675 : Maison du Roi.
F7 9707 : Situation des départements : Var.
304 MI 46 (311 AP 46) : Archives Masséna.
381 AP 1[1], 381 AP 31[1], 381 AP 31[2], 381 AP 32 : Archives Joseph Bonaparte.
384 AP 12*-14, 384 AP 95, 384 AP 96 : Archives Suchet.
400 AP 13, 400 AP 143 : Fonds Napoléon.
402 AP 36, 402 AP 37, 402 AP 48, 402 AP 49, 402 AP 53 : Fonds Mornay-Soult.

Archivo Histórico Nacional

Diversos-colecciones, 75, N. 57.
ES.28079. AHN/1.1.37.364//CONSEJOS, 6224, Exp.114.

Périodiques

Bulletin de la Société archéologique, scientifique et littéraire du Vendômois, 1867.
Chronique du journal général de l'imprimerie et de la librairie, le 24 mars 1866, 55ᵉ année, 2ᵉ série, n° 12.
Diario de Mallorca, le 5 mai 1809 et le 25 mars 1811.
El Conciso, le 14 février 1811.
Gaceta de la Regencia de España e Indias, 1810 et 1811.
Journal d'Annonay, le 31 octobre 1869.
Journal de la Société d'agriculture et de commerce du département du Var, tome troisième, 3ᵉ année, juillet-août 1840, Draguignan.
Journal de Paris, dimanche 31 mars 1811, vendredi 14 juin 1811.
Journal du Loiret, les 25-26 octobre 1869.
L'Ami des sourds-muets, 1842-1843, juillet et août.
Le Moniteur, brumaire an VIII, nᵒˢ 38, 39, 40, 41, 42, 43, 44, 45 : Rapport du général Masséna au Directoire exécutif sur les opérations du 3 au 18 vendémiaire an VIII. Le Moniteur, le 5 frimaire an XIV : Bulletin sur la bataille de Dürrenstein. Le Moniteur universel, le 29 juin 1815. Le Moniteur universel, le 1ᵉʳ juillet 1815.
Le Moniteur algérien, le 10 janvier 1845.
The Dublin University Magazine, vol. XLII, July to December, 1853.

Sources imprimées

Agoult colonel comte Charles d', Mémoires, Mercure de France, 2001.
Almanach national, impérial et royal, différentes années.
An Ensign in the Peninsular War : the letters of John Aitchison, London, 1994.
Annuaire militaire de l'Empire français pour l'année 1862, Paris-Strasbourg, 1862.
Audebard de Férussac J. d', Journal historique du siège de Saragosse, suivi d'un coup d'œil sur l'Andalousie, Paris, 1816.
Barrès Jean-Baptiste, Souvenirs d'un officier de la Grande Armée, Paris, 2002.
Beaucour F. et J.-B., Lettres, décisions et actes de Napoléon à Pont-de-Briques, An XIII / 1805, Levallois, 1988.
Béchet de Léocour général, Souvenirs, Paris, 1999.
Blaze Sébastien, Mémoires d'un apothicaire sur la guerre d'Espagne pendant les années 1808 à 1814, tomes 1-2, Paris, 1828.
Bulletins officiels de la Grande Armée, dictés par l'empereur Napoléon, Paris, 1822.
Cailloux dit Pouget François-René, Souvenirs de guerre, Paris, 1997.
Casse A. du, Mémoires et correspondance politique et militaire du roi Joseph, tomes 7-10, Paris, 1854-1858.
Chastenay madame de, Mémoires, 1771-1815, Paris, 1987.
Chuquet Arthur, Lettres de 1815, première série, Paris, 1911.

Bibliographie

Clermont-Tonnerre Gaspard de, *L'expédition d'Espagne, 1808-1810*, Paris, 1983.
Collection complète des lois, décrets, ordonnances, règlements et avis du Conseil d'État, tome 31, Paris, 1831.
Collection générale des lois, décrets, arrêtés, sénatus-consultes, etc., etc., recueillie et mise en ordre par L. Rondonneau, tome deuxième, *Assemblée constituante, mars – 19 septembre 1791*, Paris, 1817.
Correspondance de Napoléon Ier, tome 14, Paris, 1863.
Correspondance de Napoléon Ier, tome 28, Paris, 1869.
Correspondance de Napoléon Bonaparte avec le comte Carnot, ministre de l'Intérieur, pendant les Cent-Jours, Paris, 1819.
Correspondance du comte de La Forest, vol. 6-7, Paris, 1912-1913.
Correspondance inédite de Napoléon Ier conservée aux archives de la guerre, publiée par Ernest Picard et Louis Tuetey, tome I, Paris, 1912.
Dedon l'aîné, chef de brigade d'artillerie, *Précis historique des campagnes de l'armée de Rhin-et-Moselle*, Paris, 1798.
Discours prononcés sur la tombe de M. le lieutenant-général comte Gazan, pair de France, par M. le juge Gazan et par M. le docteur Maure, Grasse, 1845.
Donaldson Joseph, *The recollections of a soldier during the Peninsula & South of France campaigns of the Napoleonic Wars*, Leonaur, 2008.
Dupont général, *Lettre adressée par M. le lieutenant-général comte Dupont, à M. le maréchal Mortier, duc de Trévise*, Paris, le 24 juin 1826.
Duvergier J. B., *Collection complète des lois, décrets, ordonnances, règlements, avis du Conseil d'État*, tome premier, Paris, 1834.
Ecquevilly M. le Mis d', *Campagnes du corps sous les ordres de Son Altesse Sérénissime Mgr le prince de Condé*, tome second, Paris, 1818.
Ernouf baron, *Souvenirs d'un officier polonais : scènes de la vie militaire en Espagne et en Russie (1808-1812)*, Paris, 1877. [Souvenirs de Brandt]
État général de la France, tome premier, Paris, 1789.
Exposé de la conduite politique de M. le lieutenant-général Carnot, depuis le 1er juillet 1814, Paris, 1815.
Fée A. L. A., *Souvenirs de la guerre d'Espagne*, Paris, 2008.
Fleury de Chaboulon, *Les Cent-Jours. Mémoires pour servir à l'histoire de la vie privée, du retour, et du règne de Napoléon en 1815*, tome II, Londres, 1820.
Fressinet baron, *Appel aux générations présente et futures*, Genève, 1817.
Gazan colonel & Sénequier Paul, *Le retour de l'île d'Elbe*, Grasse, 1903.
Gouvion Saint-Cyr maréchal, *Mémoires sur les campagnes des armées du Rhin et de Rhin-et-Moselle*, tomes 2 et 4, Paris, 1829.
Gurwood lieutenant-colonel, *The Dispatches of Field Marshal the Duke of Wellington*, vol. X, London, 1838.
Gurwood colonel, *The Dispatches of Field Marshal the Duke of Wellington*, vol. VI, London, 1852.
Gurwood colonel, *The Dispatches of Field Marshal the Duke of Wellington*, vol. VII, London, 1845.
Guyot M., *Traité des droits, fonctions, franchises et privilèges*, tome second, Paris, 1787.
Jomini général Antoine, *Souvenirs sur la guerre d'Espagne, 1808-1814*, Paris, 2009.
Journal de marche du grenadier Pils (1804-1814), Paris, 1895.

Knebel Karl Ludwig von, *Literarischer Nachlaß und Briefwechsel*, Leipzig, 1836.
L'Ambigu, ou variétés littéraires et politiques, publié par M. Peltier, vol. XXXIII, Londres, 1811.
Lannes Jean, « Lettres, rapports reçus ou envoyés par Son Excellence Monsieur le maréchal duc de Montebello à Sa Majesté l'Empereur ou aux autres maréchaux pendant le siège et la prise de la ville de Saragosse », in *Revue des études napoléoniennes*, 7ᵉ année, juillet à décembre 1918, tome 14, Slatkine reprints, Genève, 1976.
Larpent Francis Seymour, *The private journal of Judge-Advocate Larpent*, Staplehurst, 2000.
Lavaux sergent, *Mémoires de campagne*, Arléa, 2004.
Lecestre Léon, *La guerre de la Péninsule (1807-1813) d'après la correspondance inédite de Napoléon Iᵉʳ*, Paris, 1896.
Lecestre Léon, *Lettres inédites de Napoléon Iᵉʳ*, volume 2, Plon, 1897.
Leith Hay major, *A Narrative of the Peninsular War*, vol. I, Edinburgh, 1831.
Lenoble Pierre-Madeleine, *Mémoires sur les opérations militaires des Français*, Paris, 1821.
Les carnets du colonel Bial, 1789-1814, Paris, 2003.
Les cahiers du général Brun, baron de Villeret, Paris, 1953.
Lettres, ordres et apostilles de Napoléon Iᵉʳ, extraits des archives Daru, 1965.
Marcel capitaine Nicolas, *Campagnes en Espagne et au Portugal, 1808-1814*, Paris, 2003.
Mémoires d'André Masséna, tomes 1-5, Paris, 1966.
Mémoires de A.-C. Thibaudeau, 1799-1815, Paris, 1913.
Mémoires de F. de Roverea, tomes 2 et 4, Bern-Zurich-Paris, 1848.
« Mémoires de Ferdinand-Emmanuel, marquis de Villeneuve-Bargemon », in *Carnet de la Sabretache*, 1923.
Mémoires de la comtesse Potocka, L'Harmattan, 2005.
Mémoires du comte Miot de Melito, tome troisième, Paris, 1858.
Mémoires du duc de Rovigo, tome 1, Paris-Londres, 1828.
Mémoires du duc de Rovigo, tome 3, Paris, 1828.
Mémoires du général baron de Marbot, tome I, Mercure de France, 1983.
Mémoires du général comte de Saint-Chamans, 1802-1832, Paris, 2008.
Mémoires du général comte François Dumonceau, tome I, Bruxelles, 1958.
Mémoires du maréchal-général Soult, tome premier, Paris, 1854.
Mémoires du maréchal Marmont, duc de Raguse, tome 2, Paris, 1857.
Mémoires du maréchal Ney, tome 1, Bruxelles, 1833.
Mémoires du maréchal Soult : Espagne & Portugal, Librairie Hachette, 1955.
Mémoires et journaux du général Decaen, tome premier, Paris, 1910.
Mémoires et relations politiques du baron de Vitrolles, tome troisième, Paris, 1884.
Mémoires militaires du maréchal Jourdan, Paris, 1899.
Mémoires pour servir à l'histoire de la ville de Toulon en 1793, rédigés par M. Z. Pons, Paris, 1825.
Mémoires sur Carnot par son fils, tome premier, Paris, 1861.
Memoirs of Sir Lowry Cole, Macmillan, 1934.
Napoléon Bonaparte, *Correspondance générale*, tomes V-VII, Fayard, 2008-2010.
Naylies M. de, *Mémoires sur la guerre d'Espagne*, Paris, 1817.
Œuvres complètes de Napoléon, tome 4, Stuttgart et Tubingue, 1823.
Paulin général, *Souvenirs*, Paris, 2002.

Pellot Joseph, *Mémoire sur la campagne de l'armée française dite des Pyrénées, en 1813 et 1814*, Bayonne, 1818.
Petiet Auguste, *Souvenirs historiques, militaires et particuliers, 1784-1815*, S.P.M., 1996.
Procès du maréchal de camp baron Cambronne, précédé d'une notice historique très détaillée sur la vie et le caractère de cet officier général, Paris, 1816.
Rapport de M. le comte de Nieuwerkerke, surintendant des Beaux-Arts, membre de l'Institut, sur les travaux de remaniement et d'accroissement réalisés depuis 1849 dans les musées impériaux, Paris, 1863.
Recueil des bulletins de l'armée d'Espagne, Paris, H. Agasse, 1808.
Rochechouart général comte de, *Souvenirs sur la Révolution, l'Empire et la Restauration*, Paris, 1933.
Roy J.-J.-É., *Les Français en Espagne*, Tours, 1857.
Sand George, *Histoire de ma vie*, tome I, Paris, 1902.
Ségur Philippe de, *Un aide de camp de Napoléon, de 1800 à 1812*, Paris, 1873.
Simmons George, *Recollections of the Peninsula, South of France & Waterloo campaigns of the Napoleonic Wars*, Leonaur, 2007.
Souvenirs de F. V. Boulgarine : http://elcocheingles.com/Memories/Texts/Bulgarin/Bulgarin.htm
Souvenirs militaires d'Hippolyte d'Espinchal, Paris, 2005.
Staël madame de, *Considérations sur les principaux événements de la Révolution française*, tome premier, Paris, 1820.
Stanhope Philip Henry, fifth Earl, *Notes of conversations with the Duke of Wellington*, Oxford University Press, 1947.
Supplementary despatches, correspondence, and memoranda, of Field Marshal Arthur, Duke of Wellington, volume 14, appendix, London, 1872.
Thiard général, *Souvenirs diplomatiques et militaires*, Soteca, 2007.
Thiboult du Puisact Jacques de, *Journal d'un fourrier de l'armée de Condé*, Paris, 1882.
[Thiébault], *Journal des opérations militaires du siège et du blocus de Gênes*, par un des officiers généraux de l'armée, Paris, An Neuf.
Thiébault baron, *Journal des opérations militaires et administratives des siège et blocus de Gênes*, nouvelle édition, tomes 1-2, Paris, 1846-1847.
Thirion Auguste, *Souvenirs militaires*, Paris, 1998.
Vigo-Roussillon François, *Journal de campagne*, Paris, 1981.
Woodberry lieutenant, *Journal de guerre, 1813-1815*, Mercure de France, 2013.

Bibliographie sommaire

Agay Frédéric d', *Grands notables du Premier Empire : Var*, CNRS éditions, 1988.
Agulhon Maurice, *La vie sociale en Provence intérieure au lendemain de la Révolution*, Société des études robespierristes, 1970.
Alombert capitaine, *Le corps d'armée aux ordres du maréchal Mortier : combat de Dürrenstein*, Paris-Nancy, 1897.
Alombert P.-C. et Colin J., *La campagne de 1805 en Allemagne*, tomes 1-4, Paris, 1902-1908.
Andolenko général, *Aigles de Napoléon contre drapeaux du tsar*, Eurimprim, 1969.
Antoine de Saint-Gervais A., *Histoire des émigrés français*, tome 2, Paris, 1828.
Archives de l'honneur, tome premier, Paris, 1805.

Arneville Charles et Marie-Blanche d', « Autour de deux portraits de famille : le général baron Joseph Pépin et le colonel Antoine d'Espérandieu », in *Revue de l'Institut Napoléon*, 1984.

Beatson F. C., *With Wellington in the Pyrenees, being an account of the operations between the Allied Army and the French from July 25 to August 2 1813*, London, 1993.

Beauchamp Alphonse de, *Histoire des campagnes de 1814 et de 1815*, tome deuxième, Paris, 1817.

Belmas Jacques Vital, *Journaux des sièges faits ou soutenus par les Français dans la Péninsule, de 1807 à 1814*, tomes 1-3, Paris, 1836-1837.

Bérard Victor, *Indicateur général de l'Algérie*, Alger, 1848.

Bergerot Bernard, *Le maréchal Suchet, duc d'Albufera*, Paris, 1986.

Bernard-Attanoux comte, « Les volontaires du Var sous la 1re République : le 2e bataillon de volontaires », in *Bulletin de la société d'études scientifiques et archéologiques de Draguignan*, tome XXVI, 1906-1907.

[Collectif], *Biographie nouvelle des contemporains*, tome 8, Paris, 1822.

Bittard des Portes René, *Histoire de l'armée de Condé pendant la Révolution française (1791-1801)*, Genève, 1975.

Bonnal H., *La Manœuvre d'Iéna*, Paris, 1904.

Bordes Maurice, « Le rôle des subdélégués en Provence au XVIIIe s. », in *Provence historique*, tome 23, fasc. 93-94, 1973.

Boudon Jacques-Olivier (dir.), *Napoléon et les lycées*, Nouveau Monde éditions, 2011.

Boullier M., *Histoire des divers corps de la maison militaire des rois de France*, Paris, 1818.

Bourdeau E., *Campagnes modernes*, tome 1 : *L'épopée républicaine*, Paris, 1916-1921.

Bourdeau E., *Campagnes modernes*, tome 2, 1re partie, Paris, 1916.

Bowden Scott, *Napoleon and Austerlitz*, Chicago, 1997.

Brialmont Alexis Henri, *Histoire du duc de Wellington*, tome I, Paris-Bruxelles, 1856.

Buckley Roger Norman (éd.), *The Napoleonic War journal of Captain Thomas Henry Browne, 1807-1816*, Army Records Society, 1987.

Bülow M. de, *Histoire des campagnes de Hohenlinden et de Marengo*, Londres, 1831.

Calvet Stéphane, *Dictionnaire biographique des officiers charentais de la Grande Armée*, Les Indes savantes, 2010.

Cambon Jean, *Jean-Pierre Maransin*, Tarbes, 1991.

Campagne des armées françaises, en Prusse, en Saxe et en Pologne, Paris, 1807.

Carrot Georges, *La Garde nationale de Grasse, 1789-1871*, thèse, Nice, 1975.

Chandler David G., *Jena 1806 : Napoleon destroys Prussia*, Osprey, 1995.

Charles archiduc, *Campagne de 1799 en Allemagne et en Suisse*, tome I, Vienne, 1819.

Charles archiduc, *Campagne de 1799 en Allemagne et en Suisse*, tome II, Vienne-Paris, 1820.

Charles d'Autriche archiduc, *Principes de la stratégie, développés par la relation de la campagne de 1796 en Allemagne*, tome 2, Paris, 1818.

Chassin Ch.-L. & Hennet L., *Les volontaires nationaux pendant la Révolution*, Paris, 1899.

Chuquet Arthur, *Les Guerres de la Révolution : Hoche et la lutte pour l'Alsace (1793-1794)*, Paris, 1893.

Chuquet Arthur, *Les Guerres de la Révolution. L'expédition de Custine*, Plon, Paris, s. d.

Chuquet Arthur, *Les Guerres de la Révolution : Wissembourg (1793)*, Paris, s. d.

Chuquet Arthur, « Napoléon à Cannes et à Grasse », in *Revue de Paris*, le 15 mars 1923.

Bibliographie

Clerc commandant, *Campagne du maréchal Soult dans les Pyrénées occidentales en 1813-1814*, Paris, 1894.
Clerget C., *Tableaux des armées françaises pendant les guerres de la Révolution*, Paris, 1905.
Colin J., *Campagne de 1793 en Alsace et dans le Palatinat*, tome 1, Paris, 1902.
Comeau baron de, *Souvenirs des guerres d'Allemagne*, Paris, 1900.
Crowdy T. E., *Incomparable : Napoleon's 9th light infantry regiment*, Osprey, 2012.
Damamme Jean-Claude, *Lannes, maréchal d'Empire*, Paris, 1999.
Dempsey Guy, *Albuera 1811 : the bloodiest battle of the Peninsular War*, London, 2008.
Desbrière Édouard, *Projets et tentatives de débarquement aux îles Britanniques*, tome 4, Paris, 1902.
Dictionnaire de biographie française, tome 15, Paris, 1982.
Dictionnaire des braves et des non-girouettes, Paris, 1816.
Dumas lieutenant-colonel J.-B., *Neuf mois de campagnes à la suite du maréchal Soult*, Paris, 1907.
Dussieux L., *L'armée en France*, 3 vol., Versailles, 1884.
Edwards Peter, *Albuera : Wellington's fourth Peninsular campaign, 1811*, Ramsbury, 2008.
Egger Rainer, *Das Gefecht bei Dürnstein-Loiben 1805*, Wien, 1986.
Escalettes Jean-Paul, *10 avril 1814 : la bataille de Toulouse*, Portet-sur-Garonne, 1999.
Esdaile Charles, *The Peninsular War*, London, 2003.
Expilly abbé, *Dictionnaire géographique, historique et politique des Gaules et de la France*, tome troisième, Amsterdam, 1764.
Fabre de Massaguel Jacques, *L'école de Sorèze de 1758 au 19 fructidor an IV*, Sorèze, 2000.
Fabry J.-B.-G., *Itinéraire de Buonaparte de l'île d'Elbe à l'île Sainte-Hélène*, 2 tomes, Paris, 1817.
Fletcher Ian, *Vittoria 1813*, Osprey, 1998.
Fontmichel Hervé de, *Le pays de Grasse*, Paris, 1963.
Fonville Robert, *Un général jacobin de la Révolution et de l'Empire : Claude Ignace François Michaud*, Besançon-Paris, 1978.
Forges de Parny Léon de, *Les gardes du corps du roi*, Cannes, 1972.
Foucart P., *Campagne de Pologne : Pultusk et Golymin*, tomes 1-2, Paris, 1882.
Foucart P., *Campagne de Prusse : Iéna*, Paris, 1887.
Foucart P., *Campagne de Prusse : Prenzlow – Lubeck*, Paris, 1890.
Frignet-Despréaux, *Le maréchal Mortier, duc de Trévise*, tome 3, Paris-Nancy, 1920.
Furet François et Richet Denis, *La Révolution française*, Fayard, 1973.
Gabriel de Chénier L.-J., *Histoire de la vie militaire, politique et administrative du maréchal Davout*, Paris, 1866.
Gachot Édouard, *La campagne d'Helvétie (1799)*, Paris, 1904.
Gachot Édouard, *Le siège de Gênes (1800)*, Paris, 1908.
Galli H., *L'armée française en Allemagne, 1806*, Paris, 1888.
Garros Louis, *Le général Cambronne*, Paris, 1949.
Gates David, *The Spanish ulcer : a history of the Peninsular War*, London, 2001.
Gavier Mario Díaz, *Zaragoza 1808-1809 : el espíritu de Numancia*, Madrid, 2009.
Girod de l'Ain Maurice, *Vie militaire du général Foy*, Paris, 1900.
Glover Michael, *The Peninsular War, 1807-1814 : a concise military history*, London, 2001.
Gotteri Nicole, *Le maréchal Soult*, Paris, 2000.
Grasset capitaine A., *La guerre d'Espagne*, tomes 1-3, Paris-Nancy, 1914-1932.

Griffon de Pleineville Natalia, « General Gazan de la Peyrière : Fighting for Napoleon », in *History Today*, volume 53, issue 4, April 2003.
Griffon de Pleineville Natalia, « Le général Gazan de la Peyrière », in *Tradition magazine*, n° 173, décembre 2001.
Griffon de Pleineville Natalia et Chikanov Vladimir, *Napoléon en Pologne : la campagne de 1806-1807*, Le Livre chez Vous, 2008.
Grouvel François, *Histoire des gardes du corps du roi pendant la période révolutionnaire, 1789-1801*, Dijon, 1998.
Grouvel vicomte, *L'Armée de Condé*, tome 2, Paris, 1961.
Guthrie William, *Nouvelle géographie universelle*, tome II, Paris, an VII.
Hennequin L., *La campagne de 1794 entre Rhin et Moselle*, Paris, 1909.
Hennequin L., *Zürich* : Masséna en Suisse, Paris-Nancy, 1911.
Henry et Hardy lieutenants, *Historique du 27e régiment d'infanterie*, Charles-Lavauzelle, 1899.
Heylli Georges d', *Les grands procès politiques. Le maréchal Ney d'après les documents authentiques*, Paris, 1869.
Héralde Jean-Baptiste d', *Mémoires d'un chirurgien de la Grande Armée*, Paris, 2002.
Hibbert Christopher, *Wellington : a personal history*, London, 1998.
Hill Joanna, *Wellington's right hand : Rowland, Viscount Hill*, Stroud, 2011.
[Collectif], *Histoire de Grasse et sa région*, éditions Horvath, 1984.
Historiques des corps de troupe de l'armée française, Paris, 1900.
Houssaye Henry, *Iéna et la campagne de 1806*, Paris, 1918.
Houssaye Henry, *1815 : la première Restauration, le retour de l'île d'Elbe, les Cent-Jours*, Paris, 1927.
Houssaye Henry, *1815 : la seconde abdication, la Terreur blanche*, Paris, 1906.
Hillairet Jacques, *Dictionnaire historique des rues de Paris*, 2 volumes, Paris, 1963.
Ideville comte d', *Le maréchal Bugeaud*, tome premier, Paris, 1881.
Jaurès Jean, *Histoire socialiste de la Révolution française*, tome 1, Éditions sociales, 1968.
Jomini lieutenant-général, *Histoire critique et militaire des guerres de la Révolution*, tome 12, Paris, 1822.
[Jomini A. H. de], *Vie politique et militaire de Napoléon*, tomes 3-4, Paris, 1827.
Juárez Florencio Ontalba y Jaén Pedro Luis Ruiz, *La Batalla de Ocaña : campañas militares en la provincia de Toledo en 1809*, Toledo, 2006.
Juhel Pierre O., *La bataille d'Ocaña*, Paris, 2013.
Kersnovski A. A., *Istoria rousskoï armii, tome 1 : Ot Narvy do Parija, 1700-1814* [Histoire de l'armée russe : de Narva à Paris], Moscou, 1992.
Kurtz Harold, *Le procès du maréchal Ney*, Paris, 1964.
[Collectif], *La batalla de Castillejos y la Guerra de la Independencia en el Andévalo occidental*, Huelva, 2010.
La défense du Var et le passage des Alpes, Paris, 1890.
Labourdette J. F., « La compagnie écossaise des gardes du corps du roi au XVIIIe siècle : recrutement et carrières », in *Histoire, économie et société*, 1984, 3e année, numéro 1.
Laffargue général André, *Jean Lannes, maréchal de France, duc de Montebello*, Auch, 1975.
Lamare colonel, *Relation des sièges et défenses d'Olivença, de Badajoz et de Campo-Mayor, en 1811 et 1812*, Paris, 1825.
Lamarque Philippe, *L'héraldique napoléonienne*, 2 volumes, Paris, 1999.
Lamiraux général, Études de guerre. *La manœuvre de Soult, 1813-1814*, Paris-Limoges, 1902.

Bibliographie

Lapène Édouard, *Campagnes de 1813 et de 1814 sur l'Èbre, les Pyrénées et la Garonne*, Paris-Toulouse, 1823.
Lapène Édouard, *Conquête de l'Andalousie : campagne de 1810 et 1811 dans le midi de l'Espagne*, Paris-Toulouse, 1823.
Larreina Emilio, *La batalla de Vitoria, 1813 : el fin de la aventura*, Madrid, 2009.
Lavergne Hubert, *Histoire de la Révolution française dans le département du Var*, Toulon, 1839.
Le Bihan Alain, *Francs-maçons parisiens du Grand Orient de France*, Paris, 1966.
Lechartier G., *La Manœuvre de Pultusk*, Paris, 1911.
Lejeune général baron, *Sièges de Saragosse*, Paris, 1840.
[Collectif], *Les Soréziens du siècle*, Privat, 1902.
Liévyns, Verdot et Bégat, *Fastes de la Légion d'honneur*, tomes 1 et 3, Paris, 1845.
Linden Jean, « Le maréchal Masséna », in *Revue du Souvenir Napoléonien*, n° 321, janvier 1982.
Lipscombe Nick, *The Peninsular War Atlas*, Osprey, 2010.
Lombard Jean, *Un volontaire de 1792*, Paris, 1903.
Longy lieutenant, *La campagne de 1797 sur le Rhin*, Paris, 1909.
Loraine Petre F., *Napoleon's campaign in Poland*, London-Pennsylvania, 2001.
Loraine Petre F., *Napoleon's conquest of Prussia 1806*, London, 1993.
Martimprey A. de, *Historique du 9ᵉ régiment de cuirassiers*, Paris-Nancy, 1888.
Martinien A., *Tableaux par corps et par batailles des officiers tués et blessés pendant les guerres de l'Empire (1805-1815)*, Paris, s. d.
Michelet Jules, *Histoire de la Révolution française*, tome 1, Paris, 1979.
McGuffie T. H., *Peninsular cavalry general (1811-13) : the correspondence of Lieutenant General Robert Ballard Long*, George G. Harrap & Co. LTD, 1951.
Moreel Léon, *Le maréchal Mortier, duc de Trévise (1768-1835)*, Paris, 1957.
Mullié C., *Biographie des célébrités militaires des armées de terre et de mer*, tome 2, Paris, 1851.
Muir Rory, *Wellington : the path to victory, 1769-1814*, Yale University Press, 2013.
Munier Marie-Odile, *La Salle des Illustres de l'abbaye-école de Sorèze*, Presses du Centre universitaire Champollion, 2006.
Muret Théodore César, *Histoire de l'armée de Condé*, tome 2, Paris, 1844.
Napier W. F. P., *Histoire de la guerre dans la Péninsule et dans le midi de la France*, tome sixième, Paris, 1834.
Napier W. F. P., *History of the War in the Peninsula and in the South of France*, vol. III, London, 1840.
Naulet Frédéric, *La campagne de Prusse*, ouvrage à paraître prochainement.
Noyon N., *Statistique du département du Var*, Draguignan, 1846.
Ollero Lobato Francisco, « La ocupación francesa de Sevilla y la difusión del neoclasicismo : la decoración de la casa de los Cavaleri », in *Laboratorio de Arte*, n° 15, 2002.
Oman sir Charles, *A History of the Peninsular War*, volumes I-VII, London-Pennsylvania, 1995-1996.
Ouvrard Robert (dir.), *Avec Napoléon à Iéna et Auerstaedt*, Cosmopole, 2006.
Pajol comte, *Pajol, général en chef*, Paris, 2006.
Paulmier L.-P., *Considérations sur l'instruction des sourds-muets*, Paris, 1844.

Phipps colonel Ramsay Weston, *The Armies of the First French Republic and the Rise of the Marshals of Napoleon I*, volumes II et V, Westport, 1980.
Pierre Michel Désiré, *Ney : du procès politique à la réhabilitation du « Brave des Braves », 1815-1991*, S.P.M., Paris.
Pigeard Alain, *Dictionnaire de la Grande Armée*, Paris, 2002.
Pigeard Alain, *Les Étoiles de Napoléon*, Entremont-le-Vieux, 1996.
Priego López Juan, *Guerra de la Independencia, 1808-1814*, volumen quinto, Madrid, 1981, volumen VI, Madrid, 1992.
Quintin Danielle et Bernard, *Dictionnaire des colonels de Napoléon*, S.P.M., 1996 et 2013.
Quoy-Bodin Jean-Luc, « La franc-maçonnerie dans les armées de la Révolution et de l'Empire. Le cas des généraux », in *Revue de l'Institut Napoléon*, n° 137, 1981.
Reboul Robert, *Biographie et bibliographie de l'arrondissement de Grasse*, Marseille, 1978.
Regnault de Warin et al., *Manuel des braves : biographie héroïque*, tome premier, Paris, 1818.
Résumé d'inspection de l'infanterie de l'armée du Danube par le général de division Dubois-Crancé, in *Carnet de la Sabretache*, 1901.
Révérend Vte A., *Armorial du Premier Empire*, tome premier, Paris, 1974.
Révérend Vte A., *Titres, anoblissements et pairies de la Restauration, 1814-1830*, Paris, 1974.
Révérend Vte A., *Titres et confirmations de titres. Monarchie de Juillet*, Paris, 1909.
Révérend Vte A., *Titres et confirmations de titres, 1830-1908*, Paris, 1974.
Rietstap J. B., *Armorial général*, Gouda, 1861.
Rogniat baron, *Relation des sièges de Saragosse et de Tortose par les Français*, Paris, 1814.
Sarramon Jean, *La bataille des Arapiles (22 juillet 1812)*, Toulouse, 1978.
Sarramon Jean, *La bataille de Vitoria*, Paris, 1985.
Schepeler Andreas Daniel von, *Histoire de la révolution d'Espagne et de Portugal, ainsi que de la guerre qui en résulta*, tome III, Liège, 1831.
Sénequier Paul, *Grasse : notes à la suite de l'inventaire des archives communales*, Grasse, 1893.
Six Georges, *Dictionnaire biographique des généraux & amiraux français de la Révolution et de l'Empire (1792-1814)*, tomes I-II, Paris, 1934.
Six Georges, *Les généraux de la Révolution et de l'Empire*, Paris, 2002.
Soboul Albert, *Histoire de la Révolution française*, tome I, Gallimard, 1962.
Sokolov O. V., *Austerlitz : Napoléon, Rossia i Ievropa, 1799-1805* [Austerlitz : Napoléon, la Russie et l'Europe], tome 1, Moscou, 2006.
Susane général, *Histoire de l'infanterie française*, tome 3, Paris, 1985.
Thiers A., *Histoire de l'Empire*, tome premier, Paris, 1865.
Thiers Adolphe, *Histoire du Consulat et de l'Empire*, tome neuvième, Paris, 1849.
Thiry Jean, *Les débuts de la seconde Restauration*, Paris, 1947.
Tisserand E., *Histoire de la Révolution française dans les Alpes-Maritimes*, Nice, 1878.
Titeux lieutenant-colonel Eug., *Le général Dupont : une erreur historique*, tome 1, Puteaux-sur-Seine, 1903.
Tulard Jean (dir.), *Dictionnaire Napoléon*, Fayard, 1999.
Tulard Jean, *Napoléon et la noblesse d'Empire*, Tallandier, 2001.
Tulard Jean, *Napoléon ou le mythe du sauveur*, Fayard, 1983.
« Un soldat de l'Empire : le général Joseph Pépin (1765-1811) », in *Carnet de la Sabretache*, 1932.
Valentin René, *Le maréchal Jourdan*, Charles-Lavauzelle, 1956.

Valentin René, *Le maréchal Masséna*, Charles-Lavauzelle, 1960.
Vassiliev I. N., *Nessostoïavchiissia revanch : Rossia i Frantsia, 1806-1807 gg.* [Une revanche manquée : la Russie et la France, 1806-1807], tomes 1-3, Moscou, 2010.
Vaulabelle Achille de, *Chute de l'Empire : histoire des deux Restaurations*, tome troisième, Paris, 1847.
Victoires, conquêtes, désastres, revers et guerres civiles des Français, de 1792 à 1815, tome 20, Paris, 1820.
Vidal de La Blache capitaine, *L'évacuation de l'Espagne et l'invasion dans le Midi*, tome I, Paris-Nancy, 1914.
Wilson sir Robert. *A sketch of the campaigns in Poland in the years 1806 and 1807*, London, 1810.
Wirth Joseph, *Le maréchal Lefebvre, duc de Dantzig (1755-1820)*, Perrin, 1904.
Yermolov A. P., *Zapiski, 1798-1826* [Notes], Moscou, 1991.
Zins Ronald, *Le maréchal Lannes*, Horace Cardon, 2009.

Table des matières

Avant-propos (du maire de Grasse) 7
Préface (Jacques-Olivier Boudon) 9
Introduction 11
Chapitre 1 – Les premières armes 13
Chapitre 2 – L'appel de la Nation 27
Chapitre 3 – Sur le Rhin 43
Chapitre 4 – En Suisse 73
Chapitre 5 – Le siège de Gênes 93
Chapitre 6 – En Italie 115
Chapitre 7 – Du Consulat à l'Empire 129
Chapitre 8 – « L'immortel combat de Dürrenstein » 139
Chapitre 9 – En Prusse 173
Chapitre 10 – En Pologne 191
Chapitre 11 – L'enfer de Saragosse 221
Chapitre 12 – Les combats de 1809 en Espagne 243
Chapitre 13 – Sous le soleil de l'Andalousie 255
Chapitre 14 – L'expulsion du Paradis 283
Chapitre 15 – À la tête d'une armée 299
Chapitre 16 – La déroute de Vitoria : « le Leipzig du Midi » 327
Chapitre 17 – Dans les Pyrénées 349
Chapitre 18 – Le retour de Napoléon 373
Chapitre 19 – La rancune des Bourbons 395
Chapitre 20 – Le retour en grâce 417
Conclusion 439
Annexes 443
Bibliographie 463

651179 - Avril 2016
Achevé d'imprimer par